DESCARTES

JOHN COTTINGHAM
(Org.)

DESCARTES

DIREÇÃO EDITORIAL:
Marcelo C. Araújo

COMISSÃO EDITORIAL:
Avelino Grassi
Márcio Fabri dos Anjos

TRADUÇÃO:
André Oídes

COORDENAÇÃO EDITORIAL:
Ana Lúcia de Castro Leite

REVISÃO:
Bruna Marzullo
Leila Cristina Dinis Fernandes

DIAGRAMAÇÃO:
Juliano de Sousa Cervelin

CAPA:
Vinicio Frezza / Informat

ILUSTRAÇÃO DA CAPA:
Detalhe da obra de Nils Forsberg,
"Dispute of Queen Cristina Vasa and Rene Descartes", 1884.

Coleção Companions & Companions

Título original: *The Cambridge Companion to Descartes*
Copyright © Cambridge University Press, 1992
The Edinburgh Building, Cambridge, CB2 2RU, UK
40 West 20th Street, New York, NY – 10011-4211 – USA
ISBN 0-521-36623-2

Todos os direitos em língua portuguesa, para o Brasil, reservados à Editora Ideias & Letras, 2017.
3ª Reimpressão.

Rua Barão de Itapetininga, 274
República - São Paulo/SP
Cep: 01042-000 – (11) 3862-4831
Televendas: 0800 777 6004
vendas@ideiaseletras.com.br
www.ideiaseletras.com.br

Dados Internacionais de Catalogação na Publicação (CIP)
(Câmara Brasileira do Livro, SP, Brasil)

Descartes / John Cottingham (org.); tradução de André Oídes. - Aparecida, SP: Ideias & Letras, 2009. - (Coleção Companions & Companions)

Título original: Descartes.
Vários colaboradores.
Bibliografia.
ISBN 978-85-7698-031-5

1. Antropologia filosófica 2. Descartes, René, 1596-1650 3. Descartes, René, 1596-1650 – Crítica e interpretação I. Cottingham, John. II. Título. III. Série.

09-01584   CDD-128

Índices para catálogo sistemático:

1. Antropologia filosófica 128
2. Homem: Metafísica: Filosofia 128

Sumário

Colaboradores – 7

Cronologia – 9

Abreviaturas – 10

Introdução – 11

1. A vida de Descartes e o desenvolvimento de sua filosofia – 33
   GENEVIÈVE RODIS-LEWIS

2. Descartes e o escolasticismo: O pano de fundo intelectual do pensamento de Descartes – 77
   ROGER ARIEW

3. A natureza do raciocínio abstrato: Aspectos filosóficos do trabalho de Descartes em álgebra – 116
   STEPHEN GAUKROGER

4. A metafísica cartesiana e o papel das naturezas simples – 143
   JEAN-LUC MARION

5. O *Cogito* e sua importância – 171
   PETER MARKIE

6. A ideia de Deus e as provas de sua existência – 213
   JEAN-MARIE BEYSSADE

7. O círculo cartesiano – 243
   Louis E. Loeb

8. Dualismo cartesiano: Teologia, metafísica e ciência – 285
   John Cottingham

9. A filosofia da ciência de Descartes e a revolução científica – 311
   Desmond Clarke

10. A física de Descartes – 345
    Daniel Garber

11. A fisiologia de Descartes e a relação desta com sua psicologia – 405
    Gary Hatfield

12. Descartes sobre o pensar com o corpo – 447
    Amélie Oksenberg Rorty

13. A recepção da filosofia de Descartes – 473
    Nicholas Jolley

Bibliografia – 509

Índice remissivo – 527

Colaboradores

ROGER ARIEW é Professor de Filosofia no *Virginia Polytechnic Institute and State University*; é o tradutor de *Descartes' Philosophy according to the Order of Reasons* (1984-1985), de Martial Gueroult, e de *Medieval Cosmology* (1985), de Pierre Duhem, cotradutor de *Leibniz: Philosophical Essays* (1989), e coeditor de *Revolution and Continuity: Essays in the History and Philosophy of Early Modern Science* (1991).

JEAN-MARIE BEYSSADE é Professor de Filosofia na Universidade de Paris – Sorbonne. É o autor de *La philosophie première de Descartes* (1979) e tradutor de *L'entretien avec Burman* (1981); desde 1988, é dirigente do *Centre d'Etudes Cartésiennes*.

DESMOND CLARKE é Professor Associado de Filosofia e vice-presidente do *University College*, em Cork; é o autor de *Descartes' Philosophy of Science* (1982), *Occult Powers and Hypotheses* (1989), e editor geral da série "Clássicos da Filosofia e da Ciência", que inclui sua tradução de Poulain de la Barre, *The Equality of the Sexes* (1990).

JOHN COTTINGHAM é Professor de Filosofia e chefe do Departamento de Filosofia da Universidade de Reading. É autor de *Rationalism* (1984), *Descartes* (1986) e *The Rationalists* (série *Oxford History of Western Philosophy*, 1986), editor de *Descartes' Conversation with Burman* (1976) e cotradutor de *The Philosophical Writings of Descartes* (1985-1991).

DANIEL GARBER é Professor de Filosofia e dirigente do Departamento de Filosofia da Universidade de Chicago. É autor de *Descartes' Metaphysical Physics* (1992), cotradutor de *Leibniz: Philosophical Essays* (1989) e coeditor de *Cambridge History of Seventeenth Century Philosophy* (ainda no prelo).

STEPHEN GAUKROGER é Leitor de Filosofia na Universidade de Sydney. É autor de *Explanatory Structures* (1978) e *Cartesian Logic* (1989), editor de *Descartes: Philosophy, Mathematics and Physics* (1980) e *The Uses of Antiquity* (1991) e tradutor de *Arnauld: On True and False Ideas* (1990).

GARY HATFIELD é Professor de Filosofia na Universidade da Pennsylvania. É o autor de *The Natural and the Normative: Theories of Spatial Perception from Kant to Helmholtz* (1991) e de diversos ensaios sobre filosofia e a ciência do século XVII.

NICHOLAS JOLLEY é Professor de Filosofia na Universidade da Califórnia, em San Diego, e autor de *Leibniz e Locke* (1984) e *The Light of the Soul* (1990).

LOUIS E. LOEB é Professor de Filosofia na Universidade de Michigan, em Ann Arbor; e autor de *From Descartes to Hume: Continental Metaphysics and the Development of Modern Philosophy* (1981) e de diversos artigos sobre a história do período inicial da filosofia moderna.

JEAN-LUC MARION é Professor de História da Filosofia Clássica na Universidade de Paris X – Nanterre. É autor de *Sur l'ontologie grise de Descartes* (1975), *Sur la théologie blanche de Descartes* (1981) e *Sur le prisme métaphysique de Descartes* (1986), e tradutor (em colaboração com P. Costabell) de *René Descartes, Règles utiles et claires pour la direction de l'esprit dans la recherche de la vérité* (1977).

GENEVIÈVE RODIS-LEWIS é Professora honorária na Universidade de Paris – Sorbonne, autora de diversos estudos, incluindo *Nicolas Malebranche* (1963), *L'œuvre de Descartes* (1971), *L'anthropologie cartésienne* (1990).

AMÉLIE OKSENBERG RORTY é Professora de Filosofia no *Mt. Holyoke College*. É autora de *Mind in Action* (1988), editora de *Essays on Descartes' Meditations* (1986) e de *Essays on Aristotle's Ethics* (1980), *Essays on Aristotle's Poetics* (1992), e de diversos ensaios sobre a história da filosofia dos séculos XVII e XVIII.

Cronologia

1596	Nasce em La Haye, perto de Tours, em 31 de março.
1606-1614	Frequenta o Colégio Jesuíta de La Flèche, em Anjou.
1616	Recebe diploma de Direito da Universidade de Poitiers.
1618	Vai para a Holanda; alista-se no exército do príncipe Maurício de Nassau; encontra Isaac Beeckman; compõe um curto tratado sobre música, o *Compendium Musicae*.
1619	Viaja pela Alemanha; 10 de novembro: tem uma visão do novo sistema matemático e científico.
1622	Retorna para a França; durante os anos seguintes passa temporadas em Paris e viaja pela Europa.
1628	Compõe as *Regulae ad directionem ingenii* ("Regras para a direção do Espírito"); parte para a Holanda, que será seu lar até 1649, embora com frequentes mudanças de endereço.
1629	Começa a trabalhar em seu *Le Monde* ("O mundo").
1633	Condenação de Galileu; abandona o plano de publicar *"O Mundo"*.
1635	Nascimento da filha natural de Descartes, Francine, batizada em 7 de agosto (falecida em 1640).
1637	Publica o *Discours de la Méthode* ("Discurso do método"), com *La Dioptrique* ("A Dióptrica"), *Les Météors* ("Os meteoros") e *La Géométrie* ("A Geometria").
1641	*Meditationes de prima philosophia* ("Meditações sobre Filosofia Primeira") publicadas juntamente com os primeiros seis conjuntos de *Objectiones cum Responsionibus* ("Objeções e respostas").
1642	Segunda edição das *Meditações* é publicada, juntamente com as *Objeções e Respostas* (inclusive o sétimo conjunto) e a *Carta a Dinet*.

1643	A filosofia cartesiana é condenada na Universidade de Utrecht; começa a longa correspondência de Descartes com a Princesa Elizabete da Boêmia.
1644	Visita a França; publica o *Principia Philosophiae* ("Princípios de Filosofia").
1647	Agraciado com pensão do Rei da França; publica *Notae in Programma Quodam* ("Comentários sobre um certo panfleto"); começa a trabalhar em sua *Description du Corps Humain* ("Descrição do corpo humano").
1648	Entrevistado por Frans Burman em Egmond-Binnen (*Colóquio com Burman*).
1649	Vai para a Suécia a convite da Rainha Cristina; *Les Passions de L'âme* ("As paixões da alma") são publicadas.
1650	Morre em Estocolmo, em 11 de fevereiro.

Abreviaturas

Ao longo deste livro, as referências às obras de Descartes são feitas em parênteses no corpo principal do texto, por números de página e volume das edições-padrão franco-latina e inglesa de Descartes (AT e CSM ou CSMK, respectivamente). Para detalhes completos dessas edições, ver a Bibliografia, p. 509. A Seção I da Bibliografia também contém detalhes completos de outras edições (como as de Hall e Olscamp), às quais são normalmente feitas referências pelo nome do editor, seguido de uma referência de página. No caso dos *Princípios de Filosofia* e das *Paixões da alma* de Descartes, as referências serão às vezes dadas somente pelos números originais de parte e artigo (os quais são reproduzidos em todas as edições e traduções).

Para todas as outras obras citadas nas Notas ao final de cada capítulo, os detalhes completos de publicação podem ser encontrados na Bibliografia.

Introdução

Descartes é talvez o mais amplamente estudado de todos os grandes filósofos. Estudantes de incontáveis cursos introdutórios descobrem que sua imaginação foi capturada pela solitária jornada em busca de conhecimento descrita na obra-prima de Descartes, as *Meditações sobre Filosofia Primeira*. A crítica radical de "pré-juízos" (*praejudicia*) e opiniões preconcebidas que inicia a obra parece simbolizar a própria essência da investigação filosófica. E a tarefa de encontrar alicerces seguros para o conhecimento humano e uma base confiável para a ciência e a ética engloba, para muitos, aquilo que torna a filosofia digna de ser praticada. A excitação sentida no primeiro encontro com a filosofia cartesiana não diminui quando esta é examinada mais profundamente. As investigações de Descartes sobre a natureza e a estrutura do universo material, suas visões sobre a liberdade humana e a existência de Deus, e sua explicação da condição humana e da relação entre a mente e a matéria, exercem todas uma poderosa tração intelectual sobre nós, ainda hoje. E mesmo quando os detalhes do sistema são esquecidos, o ponto de partida de Descartes na busca pela verdade, seu *Cogito ergo sum* ("Penso, logo existo") permanece como a máxima filosófica mais celebrada de todos os tempos.

Mas apesar da fama do sistema de Descartes, há muitos pontos do projeto cartesiano que parecem mal orientados, de um ponto de vista do século XX. Muitos filósofos que trabalham hoje, seja em teoria do conhecimento, seja em filosofia da mente, definiriam provavelmente suas posições como anticartesianas. As razões para isto vão bem além do fato de que os desenvolvimentos da ciência física tornaram obsoletos muitos dos resultados científicos de Descartes. É obviamente verdade que as teorias cartesianas sobre a cosmologia e a astronomia são hoje pouco mais que curiosidades históricas; sua explicação ingenuamente mecanicista da gravidade, por exemplo, já foi há muito descartada pelos cientistas. Mas as preocupações filosóficas quanto à estrutura da explicação cartesiana do conhecimento são de natureza mais profunda. Algumas dessas preocupações começaram a ser formuladas menos de um século após a morte de Descartes, e um problema central que parece cercear seu ambicioso programa para alcançar a verdade foi habilmente resumido por Hume:

> Bastante recomendado por Descartes como uma soberana proteção contra o erro, [é um método que procede] mediante uma cadeia de raciocínios, deduzida a partir de algum princípio original que não pode possivelmente ser falacioso... Mas não existe semelhante princípio original, que tem prerrogativa sobre todos os outros... [e mesmo] que houvesse, não poderíamos avançar um só passo além dele, a não ser mediante o uso destas mesmas faculdades que já supusemos não serem confiáveis.[1]

Descartes recomendava que os filósofos abolissem tudo e produzissem um novo começo: *omnia semel in vita evertenda atque a primis fundamentis denuo inchoandum* ("Uma vez na vida devemos demolir tudo completamente e começar de novo desde os alicerces" AT VII 17: CSM II 12). Mas Hume, como muitos diriam hoje, expôs corretamente as pretensões da razão à reconstrução do conhecimento a partir do zero; e em nosso mundo moderno pós-wittgensteiniano, a lição parece ter sido reforçada: o conhecimento humano só pode operar no interior dos modos de vida social e linguisticamente condicionados que habitamos. Os filósofos não podem mais ter a esperança de pisar fora dos limites da história e da cultura e construir uma linguagem-mestra que "ilustre a estrutura última da realidade".[2]

Revoluções em filosofia, no entanto, raramente são incidentes simples e ordenados; a verdadeira história não é uma história de rendições incondicionais, mas de contínuas escaramuças, avanços e recuos. Em primeiro lugar, os pontos de vista de Descartes em relação à filosofia e à ciência são frequente-

---

[1] Hume, *Enquiry into the Human Understanding* ("Investigação sobre o entendimento humano" – 1748), Seção XII, Parte I, pp. 150-151.

[2] Ver R. Rorty, *Philosophy and the Mirror of Nature* ("A Filosofia e o Espelho da natureza"), p. 357.

mente bem mais sutis e complexos que o assumido por seus críticos pós-humeanos; olhar para seus escritos reais sobre a verdade e o conhecimento é perceber que seu sistema está longe de se adequar à caricatura de "fundacionismo racionalista" com a qual é tão frequentemente identificado.³ Em segundo lugar, não podemos compreender apropriadamente o estado da filosofia moderna sem estudarmos as estruturas de pensamento – em grande parte determinadas pelas ideias de Descartes – que geraram os modelos de conhecimento e entendimento contra os quais reagiram os pensadores do século XX. Descartes é ainda corretamente chamado de pai da filosofia moderna, não no sentido de que nossos atuais sistemas de crenças seguem claudicantemente o modelo cartesiano, mas no sentido mais rico e mais interessante de que, sem a filosofia de Descartes, a própria forma dos problemas com os quais ainda lutamos – sobre conhecimento e ciência, subjetividade e realidade, matéria e consciência – teria sido profundamente diferente. O sistema de Descartes, bem como o referencial filosófico do século XVII no qual ele emergiu, recompensam ricamente o estudo sério, pela fascinação intrínseca a ambos e também porque demarcam o amplo território no interior do qual nossa cultura moderna se desenvolveu.

René Descartes nasceu em 1596, em uma pequena cidade que hoje traz seu nome (e que anteriormente chamava-se La Haye), localizada entre Tours e Poitiers. Foi educado pelos jesuítas no colégio de La Flèche, que havia sido fundado há pouco em Anjou, onde permaneceu como interno por oito ou nove anos. A exata cronologia do período de Descartes em La Flèche tem sido há muito assunto de debate erudito, e os problemas de datação acurada são discutidos em detalhes na reconstrução dos primeiros anos de Descartes feita por Geneviève Rodis-Lewis (ver Capítulo 1). Enquanto o meio e o fim da carreira de Descartes são bastante bem documentados (parcialmente como resultado de sua volumosa correspondência, da qual boa parte sobreviveu), os relatos que temos de seus primeiros anos contêm muitas brechas. Devemos muitos pontos de interesse a seu biógrafo Baillet (cuja *Vie de Monsieur Des-Cartes* foi publicada em 1691). Contu-

---

3   Para este tema, ver Cottingham, "The Cartesian legacy".

do, como demonstrado por Rodis-Lewis, Baillet estava às vezes preparado para inventar o que lhe pareciam detalhes plausíveis, quando encontrava o registro incompleto.

Em La Flèche, Descartes estudou literatura clássica e matérias tradicionais baseadas nos clássicos, como história e retórica. Mais tarde, frequentou cursos de matemática, filosofia moral e teologia, bem como "filosofia natural" ou ciência física. A atitude de Descartes para com a educação que recebera em La Flèche era ambivalente: mais tarde ele escreveria que o colégio era "uma das melhores escolas da Europa", mas considerava que a filosofia que havia aprendido ali, "apesar de cultivada por muitos séculos pelas melhores mentes, não continha nenhum ponto que não fosse disputado, e portanto duvidoso" (AT VI 8: CSM I 115). Como filósofo maduro, Descartes faria da substituição da filosofia escolástica que havia absorvido enquanto jovem um ponto principal de seu programa para inaugurar um novo método nas ciências; mas devemos ser cuidadosos para não projetarmos para trás estas aspirações posteriores, ao interpretarmos a perspectiva de Descartes enquanto jovem. Como nota Rodis-Lewis, a correspondência primitiva de Descartes mostra que ele de fato "reconhecia o valor do curso completo de filosofia fornecido pelos jesuítas", e este ponto é reforçado no estudo de Roger Ariew sobre as influências escolásticas que moldaram o clima intelectual em que cresceu Descartes (ver Capítulo 2). Para compreender a perspectiva posterior de Descartes, é importante saber algo sobre os princípios da pedagogia escolástica nos séculos XVI e XVII, e o estudo de Ariew expõe os elementos mais importantes: fidelidade às visões tomistas sobre a teologia e ampla assunção do corretismo das doutrinas de Aristóteles nos campos da lógica, filosofia natural, ética e metafísica. Como mostra Ariew, o conservadorismo implícito ao programa educacional jesuíta permitia, não obstante, a oportunidade para cautelosas e sutis modificações de doutrinas estabelecidas, em áreas selecionadas. No que diz respeito a sua filosofia, não há dúvida quanto à ambição de Descartes em desenvolver um sistema que evitaria o conflito com a fé aceita pela Igreja, contando apenas com os princípios abstratos mais gerais, os quais, acreditava ele, exigiriam a aquiescência universal de todos os seres humanos, independentemente de pressupostos religiosos: "Escrevi minha filosofia de tal modo a torná-la aceitável em qualquer lugar – até mesmo entre os turcos" (AT V 159: CSMK 342). Tais princípios poderiam parecer estarem em conflito com as doutrinas escolásticas, mas a estratégia de Descartes era amplamente reconciliatória, visando enfatizar os pontos de contato: "No que diz respeito aos princípios, aceito somente aqueles que no passado foram sempre terreno comum a todos os filósofos sem exceção, e que são, portanto, os mais antigos de todos" (AT VII 580: CSM II 392).

Aos vinte e dois anos (após receber um diploma de Direito em Poitiers), Descartes parte em uma série de viagens pela Europa, "decidindo" (como ele narraria mais tarde) "não buscar nenhum conhecimento que não fosse aquele que pode ser encontrado ou em mim mesmo ou no grande livro do mundo" (AT VI 9: CSM I 115). Uma importante influência que agiu sobre Descartes nesse período foi sua amizade com o holandês Isaac Beeckman, o qual estimulou seu perpétuo interesse pela matemática – uma matéria em que ele discernia a precisão e certeza do tipo daquilo que merecia ser genuinamente chamado *scientia* – conhecimento confiável e sistemático baseado em primeiros princípios indubitáveis. Boa parte da energia de Descartes enquanto jovem foi dedicada à matemática pura e aplicada, e a primeira amostra de sua obra, que ele finalmente se aventurou a publicar (anonimamente) em 1637 – a coleção de três ensaios prefaciados pelo *Discurso do Método* – continha três notáveis exemplos de seu sucesso: a lei do seno da refração (na *Dióptrica*), o cálculo dos ângulos da curvatura do arco-íris (na *Meteorologia*) e a solução do problema de Papus, na *Geometria* (ver ensaio de Stephen Gaukroger, Capítulo 3). Um dos mais importantes resultados gerais que emergiram do trabalho de Descartes nessas áreas foi, como mostra Gaukroger, a ideia de uma álgebra geral que permitiria a exibição de relações abstratas de um modo que fosse livre de interpretações numéricas específicas. A realização de Descartes neste sentido representou, como argumenta Gaukroger, um notável e substancial avanço em relação às concepções clássicas anteriores da geometria, as quais haviam largamente se baseado em intuições espaciais. A invenção de estruturas de pensamento altamente abstratas, neutras no que diz respeito ao tema, é proclamada por Descartes em uma obra antiga, as *Regulae* ("Regras para a direção do espírito"), como selo de autenticidade de sua nova abordagem do conhecimento:

Vim a enxergar que a exclusiva preocupação da matemática é com questões de ordem ou método, e que é irrelevante se a medida em questão envolve números, figuras, estrelas, sons ou qualquer outro objeto que seja. Isso me fez perceber que deve haver uma ciência geral que explica todos os pontos que podem ser levantados a respeito da ordem e da medida, independentemente do tema (AT X 377: CSM I 19).

Essa concepção conduz diretamente à famosa ideia cartesiana da ciência como desdobramento de relações matemáticas abstratas, uma ideia que até hoje permanece sendo central para aquilo que concebemos como o empreendimento científico.[4]

Na Regra XII das *Regulae*, Descartes delineou um modelo para todo o conhecimento humano enquanto baseado, em última instância, na intuição autoevidente daquilo que ele chamou de "naturezas simples". Estas incluíam não apenas as naturezas "corpóreas" (como figura, extensão e movimento), as quais viriam a ser os elementos fundamentais para a construção da física cartesiana, mas também as naturezas "intelectuais", que nos permitem compreender conceitos mentalistas fundamentais como os de dúvida, conhecimento e volição. Em seu estudo do papel desempenhado pelas naturezas simples no sistema de Descartes (ver Capítulo 4), Jean-Luc Marion argumenta que o que está envolvido não é uma mera inovação terminológica, mas uma revolução epistemológica. Descartes efetivamente expulsa da metafísica o reino aristotélico de essência e natureza objetiva (*ousia* e *physis*), que determina de antemão os objetos do conhecimento e o substitui pela noção de objetos intuitíveis acessados direta e imediatamente pelo intelecto humano. Segue-se que, longe de ser (como às vezes se argumenta) um estudo preliminar sobre o "método", as *Regulae* são uma obra profundamente metafísica, contendo (embora não em forma completamente elaborada) todos os elementos necessários para a disposição da metafísica madura de Descartes. O que se prefigura aqui é uma concepção notavelmente ambiciosa do escopo da

---

4   Embora Descartes tenha sido impedido, por diversas razões complexas, exploradas no capítulo de Gaukroger, de estender a ideia ao reino da lógica formal.

filosofia, inspirada pela simplicidade e clareza do raciocínio matemático, mas estendendo-se muito além deste: "Aquelas longas cadeias de raciocínios bastante simples e fáceis, que os geômetras comumente usam para chegar a suas mais difíceis demonstrações, deram-me a ocasião de supor que todas as coisas que caem sob o escopo do conhecimento humano encontram-se interconectadas da mesma maneira" (AT VI 19: CSM I 120). A tarefa de encadear as naturezas simples da maneira apropriada, de modo a engendrar um sistema unificado de conhecimento confiável, foi o objetivo que Descartes estabeleceu para si mesmo. Este é um projeto concebido por ele de maneira admiravelmente original, em comparação com tudo o que transcorrera antes. A chave para o verdadeiro conhecimento havia de ser encontrada não nos pronunciamentos dos sentidos, nem na sabedoria recebida do passado, mas voltando-se interiormente para os recursos da própria mente humana:

> Devo trazer à luz as verdadeiras riquezas de nossas almas, abrindo a cada um de nós os meios pelos quais podemos encontrar, no interior de nós mesmos, sem qualquer ajuda de outros, todo o conhecimento de que podemos necessitar para a conduta da vida e os meios de usá-lo, a fim de adquirir os mais obscuros itens de conhecimento que a razão humana é capaz de possuir (AT X 496: CSM II 400).

Descartes já havia começado a trabalhar sobre a metafísica ao final dos anos 1620 (ver Capítulo 1), mas só muito tempo depois viria a publicar qualquer explicação sistemática de seus pontos de vista, primeiro em forma de esboço, na Parte IV do *Discurso* (publicado em francês em 1637), e depois em rico e dramático detalhe em sua obra-prima, as *Meditações sobre Filosofia Primeira* (publicada pela primeira vez em latim em 1641; a definitiva segunda edição, com o conjunto completo de *Objeções e Respostas*, foi publicada em Amsterdã no ano seguinte). Descartes escolheu o título para deixar claro que "a discussão não é limitada a Deus e à alma, mas trata em geral de todas as primeiras coisas a serem descobertas pelo filosofar" (carta a Mersenne, de 11 de novembro de 1640). Nessa época Descartes já havia vivido na Holanda por um período considerável (embora com frequentes mudanças de endereço), e aquele país permaneceria sendo seu lar pela maior parte do restante de sua vida.[5]

O programa cartesiano para a metafísica começa com um sistemático exercício de dúvida, destinado à remoção do entulho das opiniões preconcebidas, frequentemente baseadas em fontes não confiáveis ou em pressuposições não esmiuçadas. O testemunho dos sentidos é desafiado, e a dúvida é então conduzida adiante (pelas várias fases do assim chamado argumento do sonho), à medida que o meditador questiona a natureza e existência do mundo a seu redor, e até mesmo as verdades fundamentais da matemática (como posso saber que um Deus enganador não me faz errar "toda vez que adiciono dois e três ou que conto os lados de um quadrado"?). Finalmente, ao final da Primeira Meditação, Descartes evoca o cenário de pesadelo em que há um "demônio malicioso de máximo poder e astúcia", que emprega todas as suas energias a fim de enganar: "Devo supor que o céu, a terra, o ar, as cores, as figuras, os sons e todas as coisas exteriores são meramente as ilusões de sonhos planejados por ele, a fim de pôr cilada ao meu juízo" (AT VII 22: CSM II 15). Mas a torrente da dúvida é detida pela rocha da certeza encontrada no início da Segunda Meditação – o conhecimento indubitável que o meditador tem de sua própria existência enquanto ente pensante: "Eu sou, eu existo, é necessariamente verdadeiro sempre que enunciado por mim ou concebido por minha mente". Expressado em outro lugar mediante a famosa sentença *je pense, donc je suis*, este é o "ponto de Arquimedes" de Descartes, sobre o qual ele propõe construir um novo e confiável sistema de conhecimento: "observando que esta proposição, *Penso, logo existo*, era tão firme e certa que todas as mais extravagantes suposições dos céticos eram incapazes de abalá-la, decidi que podia aceitá-la sem hesitação como o primeiro princípio da filosofia que eu buscava" (*Discurso*, Parte IV, AT VI 32: CSM I 127).

O "*Cogito*" de Descartes (para usar o rótulo mediante o qual seu primeiro princípio de metafísica viria a ser conhecido) parece, à primeira vis-

---

[5] Para as razões deste longo e autoimposto exílio de Descartes em relação a sua terra natal, ver Capítulo 1, pp. 36-37.

ta, tão simples e honesto a ponto de ser inteiramente não problemático. De fato, o próprio Descartes afirmava aqui não estar fazendo nada além de seguir a autoevidente "luz da razão" presente em seu interior, a qual "quando opera por conta própria é menos sujeita ao erro do que quando se esforça ansiosamente para seguir numerosas regras diferentes, invenções do engenho e ociosidade humanas, que servem mais para corrompê-la que para torná-la mais perfeita" (AT X 521: CSM II 415). Mas apesar dos apelos conciliatórios de Descartes à autoevidente simplicidade do *Cogito*, o estatuto lógico preciso deste último, bem como a base exata de sua suposta indubitabilidade, foram sujeitos à detalhada análise crítica mesmo na época do próprio Descartes; ademais, o que disse Descartes, quando desafiado em relação a seu primeiro princípio, envolve uma concessão implícita de que muito mais é necessário a fim de explicar a base da certeza deste último e o papel desempenhado por ele no desenvolvimento subsequente do sistema cartesiano. Talvez nenhuma outra parte do sistema cartesiano tenha desencadeado uma discussão mais rigorosa e exaustiva em nossa própria época. O ensaio de Peter Markie (ver Capítulo 5) parte para o exame das principais questões interpretativas e filosóficas envolvidas. Entre os problemas que ele discute, estão a relação entre intuição e dedução na explicação cartesiana do conhecimento, a extensão em que a verdade alegadamente "primária" do *Cogito* pressupõe vários tipos de conhecimento prévio e a relação entre nosso conhecimento do *Cogito* e as afirmações gerais de Descartes sobre uma classe de "percepções claras e distintas" que infundem assentimento. A conclusão sugerida é que um defensor de Descartes precisa mostrar que as crenças do meditador a respeito de seu pensamento e existência são tão bem fundamentadas na razão a ponto de serem certas; tal fundamento resiste até mesmo às mais exageradas razões que possam ser arquitetadas para a dúvida.

Uma vez assegurado da certeza de sua própria existência, o meditador cartesiano pode proceder à construção de um sistema de conhecimento, movendo-se de "dentro para fora". O primeiro passo crucial é estabelecer a existência de um Deus perfeito e não enganador. Em um argumento causal bastante criticado, Descartes raciocina que o conteúdo representacional (ou "realidade objetiva") da ideia de Deus, a qual ele encontra dentro de si, é tão grande que ela não pode ter-se originado dentro de sua própria mente (imperfeita), mas deve ter sido implantada ali por um ente perfeito real, Deus (Terceira Meditação). A prova é mais tarde suplementada por uma segunda demonstração (na Quinta Meditação), de que a ideia de perfeição logicamente implica a existência (o assim chamado "argumento ontológico"). Uma vez que a existência da divindade tenha sido estabelecida, Descartes pode proceder à restituição de sua crença no mundo a seu redor: a forte propensão que temos para crer que muitas de nossas ideias provêm de objetos exteriores deve (dado que Deus não é enganador) ser correta em termos gerais, e portanto o mundo exterior existe (Sexta Meditação). Mais importante ainda, o conhecimento de Deus gera um método confiável para a busca da verdade: embora os seres humanos sejam frequentemente propensos ao erro (particularmente quando confiam nos obscuros e confusos pronunciamentos dos sentidos), desde que confinem seus juízos às "ideias claras e distintas" que Deus implantou em cada alma, e lembrem-se de suspender o assentimento em questões nas quais não possuem uma cognição clara e distinta, eles podem construir cadeias garantidas de raciocínio a respeito da natureza das mentes e do mundo material. A ciência genuína é possível.

A importância de Deus no sistema de conhecimento de Descartes pode assim dificilmente ser exagerada. Mas, como argumenta Jeam-Marie Beyssade em seu ensaio sobre a ideia de Deus (ver Capítulo 6), há um paradoxo no coração da metafísica cartesiana. Por um lado, todo o sistema de Descartes depende de nosso assegurado conhecimento de Deus; por outro lado, a ideia de Deus é explicitamente enunciada por Descartes como estando além de nossa compreensão. Através de um cuidadoso exame crítico do que diz Descartes sobre a ideia de Deus, e das várias versões das provas de Sua existência encontradas no *Discurso*, nas *Meditações* e nos *Princípios de Filosofia*, Beyssade parte para a resolução do paradoxo. O infinito encontra-se de fato, por sua própria natureza, além da *compreensão* das mentes humanas finitas. Contudo, podemos alcançar dele um genuíno *entendimento*, mediante um complexo movimento do pensamento de um atributo divino a outro, o que Descartes denomina "indução". Ademais, a unidade que experimentamos no interior de nossas próprias mentes finitas fornece uma analogia por meio da qual podemos adequadamente vislumbrar a substância pensante completa, perfeita e unitária que é Deus. Como reconhece Beyssade, o problema principal para Descartes é mostrar como a ideia (nunca completamente compreendida) de Deus é não obstante livre de vaguidade e inconsistência; o que emerge é a resoluta honestidade com que Descartes compreendia o problema e a notável sutileza de suas tentativas de resolvê-lo.

O papel de Deus como garantidor da possibilidade do genuíno conhecimento humano gera outra profunda tensão no sistema cartesiano, que foi apontada na época do próprio Descartes por Marin Mersenne e Antoine Arnauld, e veio a ser conhecida como o problema do "círculo cartesiano". Se a confiabilidade das percepções claras e distintas do intelecto humano depende de nosso conhecimento de Deus, então como pode este conhecimento ser estabelecido, em primeiro lugar? Se a resposta é que podemos provar a existência de Deus a partir de premissas que percebemos clara e distintamente, isso parece um raciocínio circular; pois como somos habilitados, antes de sermos assegurados da existência de Deus, a assumir que nossas percepções claras e distintas são confiáveis? Uma gigantesca literatura contemporânea oferece uma ampla variedade de soluções para este problema, mas Louis Loeb, em seu ensaio sobre o círculo cartesiano (Capítulo 7), distingue-as em dois tipos gerais de interpretação: as *epistêmicas* (de acordo com as quais Descartes afirma fornecer uma regra de verdade que nos dá uma boa razão para não duvidarmos de nossas percepções claras e distintas) e as *psicológicas* (de acordo com as quais os argumentos de Descartes são planejados para mostrar que é psicologicamente impossível para nós duvidarmos de tais percepções). Loeb oferece uma detalhada e cuidadosamente qualificada versão da interpretação psicológica, que faz justiça aos textos centrais nos quais Descartes discutiu o problema do círculo – textos que fornecem algumas das mais complexas e filosoficamente ricas argumentações de todo o corpus cartesiano. A explicação de Loeb rende a lição mais geral de que nosso entendimento do projeto da epistemologia cartesiana precisa conceder um lugar maior do que o frequentemente permitido ao papel psicológico de nossas faculdades cognitivas na geração de crenças irresistíveis e inabaláveis. Isso, em certo sentido, diminui a brecha entre a concepção "racionalista" de conhecimento, frequentemente atribuída a Descartes, e a epistemologia "naturalizada" de Hume e dos pós-humeanos. Dito isso, persiste uma divergência crucial, insinuada por Loeb ao final de seu texto, a saber, que para Descartes a razão é, por excelência, o gerador do assentimento irresistível, enquanto que para Hume outros aspectos de nossa natureza humana assumem o comando onde a razão falha. Essa questão é somente um exemplo da extensão em que as preocupações cartesianas infiltram-se nos problemas filosóficos centrais sobre a validação do conhecimento humano, os quais se encontram bastante vivos ainda hoje.

Talvez o mais bem conhecido resultado das reflexões metafísicas de Descartes seja sua teoria da natureza da mente como uma substância *sui generis*, cuja natureza é absolutamente estranha à da matéria. Essa doutrina (a doutrina do "dualismo cartesiano", como é geralmente conhecida hoje) é anunciada com um floreio de confiança na Parte IV do *Discurso*: "este 'Eu' mediante o qual eu sou o que sou é inteiramente distinto do corpo e poderia existir sem ele" (AT VI 33: CSM I 127). A doutrina é marcadamente fora de passo com a maior parte das abordagens modernas do fenômeno da consciência (mas não todas[6]), e na própria época de Descartes ela marcava uma quebra com a explicação aristotélica tradicional da alma. Esta última resistia à objetivação do mental como uma substância separada, e tendia a tratar a razão e o pensamento como atributos baseados (assim como outras funções, tais como a sensação, a locomoção e a digestão) nas operações orgânicas do ser humano completo. Em meu ensaio sobre o dualismo cartesiano (Capítulo 8), delineio vários tipos de motivação – teológica, metafísica e científica – que parecem ter levado Descartes a sua intransigente insistência em relação à natureza incorpórea

---

[6] Poucos filósofos modernos têm muito a dizer a favor do dualismo de substâncias; no entanto, para tendências antirreducionistas na atual filosofia da mente que devem alguma coisa, pelo menos, a Descartes, ver, por exemplo, Nagel, *The View from Nowhere*, e McGinn, *The Subjective View*.

do eu pensante. Sugiro que, enquanto Descartes claramente via seus pontos de vista como servindo à causa da fé religiosa, mediante a facilitação da crença na sobrevivência pessoal à morte corpórea, sua versão do dualismo não é, de fato, necessária para tal crença, nem fornece um apoio não ambíguo a ela. No que diz respeito aos argumentos puramente metafísicos de Descartes a favor do dualismo, não parece haver meio de escapar à conclusão de que eles são irreparavelmente defeituosos (por razões que os críticos contemporâneos do próprio Descartes não tiveram nenhuma dificuldade em expor). Mas quando Descartes aproximava-se da natureza do pensamento e seu concomitante próximo, a linguagem, do ponto de vista de um cientista preocupado, tanto quanto possível, em reduzir fenômenos complexos a descrições simples de matéria em movimento, ele empregava argumentos bem diferentes para mostrar por que as operações semânticas e linguísticas eram radicalmente resistentes a tal explicação física. Alguns desses argumentos dependem do que eram (na época) afirmações empíricas plausíveis (embora sejam vulneráveis, à luz do que hoje é conhecido sobre o funcionamento do sistema nervoso), enquanto outros parecem apoiar-se em pronunciamentos um tanto desdenhosos sobre as limitações da "mera matéria", pronunciamentos estes que se encontram severamente desafinados em relação às vigorosas ambições do programa reducionista de Descartes para a ciência em geral. Quanto ao estatuto geral da explicação cartesiana da mente, tanto seus detratores quanto seus defensores devem admitir que esta constitui uma embaraçosa lacuna na orgânica concepção cartesiana do conhecimento como um sistema interconectado de verdades. A metáfora unitária da "árvore do conhecimento", com a metafísica como as raízes, a física como o tronco e as ciências práticas como os ramos (AT IXB 15: CSM I 186), mascara a realidade de um universo cartesiano contendo elementos discrepantes e incompatíveis – mente e matéria –, cujas operações não podem ser reunidas sob um único conjunto de princípios explicatórios.

Embora seus pontos de vista sobre a natureza da mente tenham levado Descartes a estabelecer limites firmes para a ciência física, em todas as outras áreas ele exibia uma confiança notável em relação ao escopo e ao poder explicatório de seu programa científico. Em 1633, ele tinha pronto para a publicação um tratado sobre física e cosmologia, *Le Monde* ("O Mundo" ou "O Universo"), mas cautelosamente retirou a obra ao ouvir sobre a condenação de Galileu, que fora condenado por defender a hipótese heliocêntrica (a qual Descartes também apoiava). Mas em 1644 Descartes completou, em latim, uma gigantesca exposição de seu sistema, os *Principia Philosophiae* ("Princípios de Filosofia"), dividido em quatro partes: a Parte I lidava com a metafísica, a Parte II cobria os princípios gerais da física cartesiana, a Parte III fornecia, de acordo com esses princípios, uma detalhada explicação da natureza e movimentos do Sol, das estrelas e dos planetas, e a Parte IV explicava as origens da Terra e uma ampla variedade de fenômenos terrestres. Descartes dividiu cada uma dessas partes em um grande número de "artigos" curtos, cada qual tendo aproximadamente o tamanho de um parágrafo, e sua esperança era que a obra fosse adotada como um livro didático nas universidades e que finalmente substituísse os manuais escolásticos padrão baseados em princípios aristotélicos. Embora Descartes não tenha visto essa esperança se realizar, permanece verdadeiro, como observa Desmond Clarke em seu ensaio sobre a filosofia da ciência de Descartes e a revolução científica (ver Capítulo 9), que Descartes ocupa um papel essencial na transição do amplamente aceito ponto de vista escolástico da ciência a sua completa rejeição, e subsequente emergência daquilo que consideramos como sendo a metodologia científica moderna. A transição, como nota Clarke, não foi algo abrupto nem bem delineado, e há alguns aspectos da ciência cartesiana que revelam que seu autor não pôde escapar inteiramente das pressuposições engastadas em sua herança cultural e intelectual. Mas vários elementos característicos de uma abordagem distintamente nova são manifestos. Primeiro, há a "parcimoniosa" assunção de que o tamanho, figura e movimento de pequenas partículas de matéria seriam adequados para explicar todos os efeitos físicos; e segundo (e intimamente ligado ao primeiro), há uma insistência em alijar o aparato tradicional de formas substanciais e qualidades reais como algo redundante, não representando nada além de pseudoexplicações.

No momento de expor o estatuto preciso de suas teorias científicas, no entanto, a posição de Descartes era determinada por aspirações conflitantes. Por um lado, ele estava em grande medida preparado para adotar aquilo que consideramos como a abordagem moderna à ciência – a adoção de hipóteses cujo valor jazia em fornecer explicações plausíveis (no caso de Descartes, mecânicas) para os fenômenos, mesmo que a verdade destas não pudesse ser demonstrada de maneira inequívoca. Por outro lado, quanto aos princípios centrais de sua física, e aos alicerces metafísicos que jaziam abaixo destes, Descartes insistia em padrões de certeza em geral mais rigorosos. Clarke argumenta que esta última insistência é mais bem vista como um tipo de ressaca da educação escolástica de Descartes, e que os esforços deste para descrever o grau de certeza resultante de sua prática científica são um "esforço condenado de classificar na linguagem dos escolásticos a probabilidade produzida pelo novo método científico". Uma moral aqui presente é a necessidade de descobrir o pano de fundo intelectual no qual Descartes operava, se pretendemos obter uma compreensão apropriada de sua prática científica real e do modo (frequentemente enganoso) como ele descrevia tal prática.

Essa moral é sublinhada no ensaio de Daniel Garber sobre a física de Descartes (ver Capítulo 10), que começa por lembrar-nos de que "bem adiante no século XVII, ao longo da vida de Descartes, a filosofia aristotélica encontrava-se bastante viva e relativamente bem". Garber discute o fundamento lógico da concepção cartesiana de matéria ou "corpo" como extensão – uma concepção que jaz no coração da física de Descartes – e mostra como esta conecta-se com duas importantes doutrinas cartesianas – a impossibilidade de átomos no vazio e a falsidade das teorias escolásticas das formas substanciais. Ele então procede a uma detalhada análise daquele que é talvez o mais problemático e fascinante elemento da física cartesiana – a natureza do movimento. Dado que a matéria consiste simplesmente em extensão, segue-se que o único modo pelo qual os corpos podem ser individuados é o movimento, (que determina a figura e o tamanho das partículas individuais – *Princípios*, Parte II, art. 23). Mas apesar do papel crucial que o movimento desempenha na ciência cartesiana, Descartes vacilava em suas explicações do movimento, às vezes definindo-o de uma maneira complexa, que permitia uma distinção não arbitrária entre movimento e repouso, e às vezes tratando-o simplesmente como movimento local (movimento de lugar para lugar). Quando Descartes chegou a formular as leis do movimento, sua abordagem influenciou grandiosamente o desenvolvimento subsequente da ciência; particularmente importantes foram seu princípio de conservação (que a quantidade de movimento, medida como tamanho vezes velocidade, é conservada) e o que Garber denomina o "princípio de persistência" (que tudo permanece no estado em que está, a menos que seja modificado por causas externas). O primeiro desses princípios revelou-se radicalmente errado em seus detalhes, e foi posteriormente suplantado pelo conceito moderno da conservação do *momentum* (massa vezes velocidade), mas não obstante, argumenta Garber, ele "definiu um importante modo de pensar sobre como fazemos física". Quanto ao segundo (que prefigura a lei newtoniana de inércia), marcou uma perfeita ruptura com a doutrina aristotélica de que todos os corpos tendem naturalmente ao repouso.

O mais importante traço geral da ciência cartesiana é sua rejeição de poderes e qualidades ocultas, e a proclamação de um programa para "matematizar" a física: "Não reconheço nas coisas corpóreas nenhuma matéria à parte daquilo que os geômetras denominam quantidade e tomam como objeto de suas demonstrações, isto é, aquilo a que todo tipo de divisão, figura e movimento é aplicável" (*Princípios*, Parte II, art. 64). Aqui Descartes não é inteiramente consistente: ele às vezes fala de modo a sugerir que os corpos têm poderes, por exemplo, para comunicar movimento ou para resistir à mudança de movimento. Mas seu ponto de vista considerado parece ter sido que a única causa última de todas as transações envolvendo mudança e movimento é Deus mesmo. Essa noção antecipa o "ocasionalismo" de Nicolau Malebranche, desenvolvido posteriormente no mesmo século; despido de seus adornos teológicos, ele forma a base da posterior visão humeana que rejeita a noção de eficácia causal nos objetos, e reduz a causalidade a nada mais que uma série de regularidades constantes.[7] Novamente vemos aqui a penetrante influência das ideias cartesianas em aspectos centrais do pensamento filosófico subsequente.

---

[7] O termo "humeana" é usado aqui de acordo com o que pode ser chamado de leitura "padrão" das visões de Hume a respeito da causalidade. Para um interpretação alternativa, ver Wright, *The Sceptical Realism of David Hume*.

Descartes havia originalmente planejado incluir em seus *Princípios de Filosofia* uma quinta e uma sexta partes, lidando, respectivamente, com plantas e animais, e com o homem, e ao longo de sua vida de trabalho ele esteve preocupado em estender seu programa científico geral às principais manifestações da vida animal e às condições corporais de fenômenos psicológicos, como a percepção sensorial e a memória. Como aponta Gary Hatfield em seu ensaio sobre a fisiologia de Descartes e sua relação com a psicologia deste (ver Capítulo 11), todas as principais obras de Descartes, tanto aquelas publicadas por ele quanto as impressas postumamente, contêm alguma discussão de tópicos de fisiologia ou da fisiologia e psicologia dos sentidos (embora os termos "fisiologia" e "psicologia" sejam problemáticos e precisem ser interpretados com sensibilidade em relação às diferenças entre o uso do século XVII e o uso moderno). O objetivo geral de Descartes (um bom exemplo é seu tratamento do movimento do coração e da circulação do sangue – ver *Discurso*, Parte IV) era, argumenta Hatfield, "mecanizar virtualmente todas as funções que haviam tradicionalmente sido atribuídas às almas vegetativa e sensitiva". O quadro geral que emerge da obra de Descartes é algo que teve enorme influência no desenvolvimento das ciências biológicas modernas: o modelo dominante é aquele de uma máquina animal governada por mecanismos de estímulo e resposta, cujo comportamento complexo deve ser explicado puramente com base na estrutura e organização dos órgãos internos.

De um ponto de vista filosófico, o maior interesse pela explicação cartesiana é como ela propõe lidar com a relação entre os funcionamentos fisiológicos assim descritos e as ocorrências mentais na "alma racional", que é, para Descartes, implantanda em cada máquina corporal humana. Hatfield distingue dois aspectos distintos e conflitantes da abordagem de Descartes: a *concepção da interação* (segundo a qual eventos mentais são arbitrariamente correlacionados com eventos corporais, de acordo com a vontade divina ou as "instituições da natureza") e a *concepção da inspeção* (segundo a qual o conteúdo de um evento mental é determinado pela "visão" direta que a alma tem dos eventos cerebrais). Como mostra Hatfield, a última concepção presenteava Descartes com sérios problemas explicatórios: embora ele tenha se esforçado para evitar a ingênua imagem da mente examinando o cérebro em busca de pequenas figuras que se parecem com objetos exteriores, não é fácil fazer um sentido claro e não ambíguo de sua explicação da relação entre, por exemplo, sensações visuais e imagens na glândula pineal (o pequeno órgão presente no cérebro, que Descartes tomava como sendo o principal "assento" das atividades da alma – AT XI 352: CSM I 340). Essa questão é apenas um aspecto do intratável problema da relação entre mente e matéria na filosofia de Descartes. Uma crucial dificuldade específica que emerge é uma tensão entre o objetivo cartesiano oficial de reduzir toda a fisiologia animal a interações mecânicas "cegas" e a necessidade, ao explicar como estes mecanismos conduzem à saúde e sobrevivência do organismo animal, de reverter à noção aristotélica de causalidade "final" ou proposital. Enquanto mantinha oficialmente que "a busca costumeira por causas finais é absolutamente inútil na física" (AT VII 55: CSM II 39), Descartes era compelido a reconhecer, em seus escritos fisiológicos, que o funcionamento benéfico do organismo depende das ordenações benéficas de Deus na natureza, planejadas para assegurar a saúde e o bem-estar da criatura viva. A tensão permanece em nossa moderna visão de mundo com a questão ainda não completamente resolvida de se a linguagem teleológica e funcional das ciências biológicas é ou não redutível, em última instância, às descrições mecânicas e matemáticas da física pura.

Alguns dos problemas associados com a relação entre mente e corpo foram examinados por Descartes em sua última obra publicada, *Les Passions de l'âme* ("As Paixões da Alma", 1649), completada pouco antes de sua infeliz visita a Estocolmo a convite da Rainha Cristina da Suécia. Descartes parece ter estado infeliz e inquieto ao longo do tempo que passou naquela "terra de ursos, pedras e gelo" (AT V 349: CSMK 375), e o mandado real de estar à disposição às cinco da manhã para instruir a rainha em filosofia obrigou-o a quebrar seu hábito perene de "ficar deitado" até tarde da manhã; esse rompimento de seus padrões de sono, associado aos rigores do inverno sueco, levou à contração de uma pneumonia, da qual ele faleceu em 11 de fevereiro de 1650, a apenas um mês de seu quinquagésimo quarto aniversário.

Nas *Paixões*, Descartes faz a transição da fisiologia e psicologia para a ética, a qual ele considerava como uma das ciências culminantes que brotavam de seu sistema filosófico: a obtenção de uma vida plena, saudável e satisfeita seria um dos frutos de uma correta compreensão científica dos mecanismos do corpo e de sua relação com a mente. As emoções e os sentimentos que surgem da intermistura de mente e corpo constituem, para Descartes, um dos principais ingredientes da boa vida, e são responsáveis por algumas das mais ricas e vívidas experiências de que os humanos podem gozar; além disso, ao desenvolvermos hábitos de pensamento e comportamento mediante os quais as paixões podem ser controladas e apropriadamente canalizadas, podemos tornar-nos não os escravos, mas sim os mestres de nossas paixões. A realização deste objetivo é o "principal uso da sabedoria" (AT XI 488: CSM I 404). Amélie Rorty, em seu ensaio "Descartes sobre o pensar com o corpo" (ver Capítulo 12), examina a contribuição do pensamento baseado no corpo, tanto para o desenvolvimento da própria ciência, quanto para a obtenção de uma vida de valor; ela revela, na primeira destas áreas, uma relação crucial entre aquilo que denonima o *sistema de informação* (os órgãos exteriores dos sentidos e todos os mecanismos corporais envolvidos na apresentação de ideias perceptuais e propriedades de objetos físicos à mente) e o *sistema de manutenção* (aquelas operações e mecanismos corporais voltadas para a sobrevivência e manutenção saudável do corpo). Um importante resultado derivado dessa análise é que as sensações corporais desempenham, para Descartes, um papel imprescindível na identificação de um corpo epistemologicamente confiável e no estabelecimento das correlações que permitem ao sistema de informação do corpo promover o desenvolvimento do entendimento científico genuíno do mundo. É ademais sugerido que, embora o sistema de informação e o sistema de manutenção sejam funcionalmente interdependentes, os critérios para a integridade de cada sistema são logicamente distintos, de modo que podemos, sem circularidade, identificar um corpo sadio independentemente da confiabilidade de seu sistema de informação.

Mas além dessas preocupações epistemológicas, que demonstram as íntimas ligações que vigoram entre a busca metafísica de Descartes pela verdade nas *Meditações* e o trabalho fisiológico e psicológico que ocupou seus últimos anos, uma análise da seção de conclusão das *Paixões* revela o que Descartes considerava como objetivo final de seu sistema: a expansão (na frase de Rorty) da saúde médica à integridade moral. Rorty mostra como os hábitos de pensamento e sentimento envolvidos nas virtudes cartesianas de autorrespeito e *générosité* fornecem (dado que a benevolência divina garante a confiabilidade daquilo que a natureza nos ensina) guias confiáveis para se determinar a vontade na direção do bem. O que é produzido nesse caso fica longe de uma rigorosa "geometria da ética", pois a metafísica não pode fornecer nenhum teste último para decidir disputas de valor (como, por exemplo, as questões de prioridade que podem surgir se os objetivos da alta ciência entram em conflito com as preocupações sociais e morais da comunidade). Mas, por tudo isso, as ideias de Descartes apontam o caminho para uma fundamentação plausível e realista da ética, o que, por sua vez, mostra que sua aspiração de fornecer um sistema científico unificado e útil na prática não era uma jactância vazia. O programa que Descartes orgulhosamente anunciava ao público na parte final do *Discurso* era, como ele próprio reconhecia, algo muito improvável de ser completamente realizado no futuro previsível, mas podia contudo pretender representar a mais rica e excitante concepção daquilo que o filósofo-cientista da nova era podia ter esperança de alcançar:

> [Considerando] a lei que nos obriga a fazer tudo o que está em nosso poder para assegurar o bem-estar geral da humanidade, meus olhos foram abertos à possibilidade de obter conhecimentos que seriam de grande utilidade para a vida, e que poderiam substituir a filosofia especulativa ensinada nas escolas. Através desta filosofia poderíamos conhecer o poder e a ação do fogo, da água, do ar, dos astros, dos céus e de todos os outros corpos que nos circundam... e poderíamos empregar estes conhecimentos... para nos tornarmos como que senhores e possuidores da natureza. Isso é desejável não apenas para a invenção de inúmeros dispositivos que nos facilitariam o gozo dos frutos da terra e de todos os bens que nela encontramos, mas também, e de modo mais importante, para a manutenção da saúde, que é indubitavelmente o principal bem e fundamento de todos os outros bens nesta vida (AT VI 62: CSM I 142).

Nobres como possam ter sido as aspirações de Descartes,[8] os críticos de seu sistema rapidamente começaram, durante o século seguinte a sua morte, o trabalho de demolição sistemática que continua até o presente. Como observa Nicholas Jolley no início de seu ensaio sobre a recepção da filosofia de Descartes (ver Capítulo 13), o espirituoso e mordaz veredicto de Voltaire sobre seu célebre compatriota já continha muitos dos elementos encontrados hoje na ainda comumente aceita caricatura do "racionalismo cartesiano". Em um nível mais detalhado, a vigorosa perseguição à "nova filosofia" começou já durante a vida do próprio Descartes, tanto nas universidades protestantes holandesas quanto na França dominada pelos católicos. Boa parte da oposição provinha do lado da teologia, notavelmente sobre o tema da transubstanciação na eucaristia, doutrina que, apesar dos esforços do próprio Descartes em demonstrar o contrário, era amplamente vista como ameaçada pela explicação cartesiana da matéria; mas, como mostra Jolley, a hostilidade teológica não provinha apenas dos jesuítas, os quais Descartes uma vez esperou recrutar como defensores de sua filosofia, mas também de seus arquirrivais, os jansenistas (apesar da simpatia em relação ao cartesianismo expressada por sua estrela mais brilhante, Antoine Arnauld). No reino da ciência, contudo, as ideias de Descartes mostraram-se extremamente populares, apesar das proibições oficiais relativas a seu ensino, e uma rica variedade de escolas filosóficas, todas devendo algo às doutrinas cartesianas, proliferou rapidamente. Entre os mais importantes destes desenvolvimentos estava a filosofia ocasionalista proposta por, entre outros, Arnold Geulincx e Nicolau Malebranche – uma filosofia que (como sugerido acima) pavimentou o caminho para a sistemática crítica humeana das explicações tradicionais da causalidade. Em muitos lugares, no entanto, havia uma forte resistência filosófica às ideias de Descartes, mais notavelmente da parte de Thomas Hobbes e Pierre Gassendi, ambos os quais contribuíram com críticas aos argumentos de Descartes nas *Ob-*

---

[8] Para um lado mais sinistro das aspirações de Descartes, como visto a partir de nossa presente perspectiva informada pela consciência do perigo imposto ao meio ambiente pelo poder controlador da ciência, ver Grene, *Descartes*, cap. 2.

jeções publicadas com as *Meditações* em 1641. Um terceiro e ainda mais determinado crítico foi Pierre-Daniel Huet, cuja *Censura Philosophiae Cartesianae* (1689) teve, como mostra Jolley, uma poderosa influência sobre o modo como as ideias cartesianas foram percebidas nos anos finais do século XVII. A importância de todos esses desenvolvimentos, de uma perspectiva moderna pelo menos, foi transcendida pela obra de três gigantes filosóficos do final do século XVII, Espinosa, Locke e Leibniz – todos críticos, de diferentes maneiras, das assunções cartesianas, seja nas áreas da ciência, da metafísica ou do método filosófico, mas ainda assim sutil e penetrantemente influenciados pelas estruturas de pensamento dispostas por Descartes. A história continua até a época presente. Nossa visão de mundo moderna, nossa concepção do empreendimento filosófico, desenvolveu-se em muitos aspectos de maneiras que Descartes não poderia nem por um momento ter imaginado; mas permanece ainda muito do que ele reconheceria, muito do que ele veria como continuação bem-sucedida do programa que ele inaugurou. Se há uma lição que deve emergir deste volume, é o extraordinário alcance e fertilidade das ideias cartesianas, estendendo-se ao longo de todo o campo da filosofia e construídas no sentido mais amplo possível do termo. O programa ousadamente ambicioso que Descartes descreveu como "infinito, além do poder de uma única pessoa" (AT X 157), é um programa que ainda desperta reações conflitantes; se desejamos compreender a complexa e tortuosa história da emergência da Era Moderna, há poucas tarefas mais recompensadoras que tentar expandir nossa compreensão deste programa e do sistema filosófico que permanece como sua encarnação mais bem-acabada.

1 A vida de Descartes e o desenvolvimento de sua filosofia

Geneviève Rodis-Lewis

"Um dia resolvi... empregar todos os poderes de meu espírito em escolher os caminhos que deveria seguir" (*Discurso*, Parte I: AT VI 10: CSM I 116). Assim Descartes introduz seu célebre primeiro retiro solitário durante o inverno de 1619-1620. Mas ele prossegue notando que decidiu adiar o envolvimento de fato com a obra de sua vida até que houvesse alcançado "uma idade mais madura que os vinte e três anos, que [ele] contava então" (Parte II: AT VI 22: CSM I 122). A partir do final do inverno de 1619-1620, então, ele começou a viajar, e as viagens ocuparam "os nove anos seguintes"; somente após esses "nove anos" ele veio finalmente a elaborar sua filosofia, que haveria de ser "mais certa que aquela comumente aceita" (Parte III: AT VI 28, 30: CSM I 125-6). Este período da juventude de Descartes é obscuro, graças aos erros de seus principais biógrafos que foram repetidos ao longo dos séculos. Há uma expressa tendência a pôr em relevo seu interesse pela ciência e a busca pelos fundamentos desta – um interesse que de fato desenvolveu-se gradualmente e relativamente tarde.

Primeiros anos

É à biografia de Adrien Baillet que devemos a preservação de muitos documentos que foram subsequentemente perdidos.[1] Ele ge-

---

[1] As fontes de Baillet incluíam as memórias de Clerselier, e os manuscritos e as cartas que Legrand estava preparando para incorporar a uma edição maior que a de

ralmente fornece detalhes de suas fontes, e às vezes trata-as de modo judiciosamente crítico. Lamentavelmente, contudo, quando não tem acesso aos fatos, ele simplesmente inventa-os sem aviso. Todos supõem que a família de Descartes tenha sido uma família nobre e antiga. Baillet entrevistou os sobrinhos-netos de Descartes, que lhe contaram sobre Pierre Descartes, um fidalgo e soldado que combatera na defesa de Poitiers no século XVI. Baillet supõe que Joaquim (pai do filósofo) seja filho deste Pierre e que tenha assumido suas obrigações como Conselheiro do Parlamento da Bretanha em preferência à "vida ociosa" de um nobre fora do serviço militar (*Vie* I 4). Ou assim Baillet ousa assumir. Mas de fato Joaquim era filho de um outro Pierre Descartes, um médico, cujo túmulo encontra-se ainda no lar da família, em Chatellerault. Por alguma razão inexplicável, Baillet menciona esse médico como pertencendo a um outro ramo da família, que havia caído em tempos difíceis, a ponto de estar sujeito ao mesmo imposto pago por cabeça que era cobrado dos plebeus, e tendo que solicitar uma isenção.[2]

Clerselier. Ver Baillet, *La Vie de M. Des-Cartes* (1691), Introdução, vol. I, pp. 21-22 (as referências a Baillet serão a partir daqui feitas no texto por números de volume e página, da seguinte maneira: *Vie* I 20). Uma fonte adicional foi a obra de Lipstorp *Specimina philosophiae cartesianae*, publicada em 1653; um apêndice a esta obra havia incluído, sem referências ou datas, informações sobre o local de nascimento de Descartes, seus estudos em La Flèche, o encontro com Beeckman em Breda, nomes de amigos em Paris e posteriormente na Holanda, e alguns dos locais de residência de Descartes. Também publicada em 1653 foi a obra *Renati Cartesii... vita*, de Borel, que enfatizava os sítios e as batalhas nos quais Descartes teria tomado parte (a primeira edição foi perdida; para detalhes da segunda edição de 1656, ver AT XII vii). A *Historia philosophiae cartesianae* (1674) de Tepel listava (embora sem qualquer ordem cronológica) os países em que Descartes havia vivido ou visitado.

[2] *Vie* I 4. Baillet descreve o lar da família de Descartes como "um dos mais nobres em Touraine, estendendo-se ao longe para dentro da província de Poitou". Barbier, em *Trois Médecins poitevins au XVIe siècle* (1897), p. 36, não encontrou nenhuma referência à isenção do Doutor Pierre Descartes em relação ao imposto por cabeça. É interessante que Joaquim, um filho de médico, casou-se ele próprio com a filha de um médico – Jean Ferrand. Ferrand foi assim o avô materno de René (e não bisavô, *pace* AT XII 40).

Joaquim Descartes casou-se em 1589 com Jeanne Bochard, filha do tenente-geral da guarnição de Poitiers. René Descartes nasceu em 31 de março de 1596, na casa de sua avó materna em La Haye, na província de Touraine. (A cidade foi nomeada La Haye-Descartes em 1801, mas desde 1967 tem sido conhecida simplesmente como Descartes; a casa em que nasceu Descartes é agora um pequeno museu.) Foi batizado em 3 de abril na Igreja de São Jorge, e seus padrinhos detinham responsabilidades administrativas e financeiras que os colocavam em posição de beneficiar o futuro da criança. A ordem de *noblesse de robe*, para ser completamente confirmada, tinha de ser mantida por pelo menos três gerações, e a condição de *chevalerie* foi finalmente concedida à família Descartes somente em 1668. (Baillet buscou em vão evidências do título em gerações anteriores.) No curso de sua detalhada pesquisa sobre os casamentos do irmão, irmã, meio-irmão e meia-irmã de René, e toda a progênie destes (exceto dois em ordens religiosas), Baillet nunca é aturdido pela ausência de qualquer pessoa de condição nobre ou posto militar, embora forneça detalhes sobre diversos cargos que foram ocupados, alguns bastante importantes. A única relação de nobreza citada por ele é o casamento da irmã de René, Jeanne, com um cavaleiro (o Chevalier du Crévy); os filhos tornar-se-iam um barão e um conde. Baillet era ignorante do fato de que René, como os dois outros filhos de Joaquim, recebera seu diploma de Direito em Poitiers; e seu engano quanto à verdadeira posição da família levou-o a fazer diversas assunções incorretas sobre a relação de Descartes com o exército (cf. *Vie* I 41).

Assim como a sobrinha de Descartes, Catherine (citada por Baillet como uma de suas fontes), Baillet acreditava que René fora "concebido na Bretanha", não sabendo que os pais deste viviam em Chatellerault. Mas, ao final de março de 1596, o pai de Descartes encontrava-se de fato no Parlamento assentado em Rennes, e anteriormente sua mãe teria estado apta a partir para La Haye, onde deu à luz todos os seus filhos. Baillet segue a história amplamente aceita de Descartes, de que seu nascimento custara a vida de sua mãe, e esta falecera poucos dias após seu nascimento, "de uma doença dos pulmões causada pelo sofrimento".³ Mas ela morreu de fato em La Haye em maio do ano seguinte, após dar à luz um filho que morreu três dias depois. René teve uma ama que viveria mais que ele; em seu leito de morte, ele enviou uma mensagem a seus irmãos para continuar a pensão dela. Terá ele sido alojado com sua ama, ou vivia ela na casa da avó de Descartes? De qualquer modo, o jovem René, "nascido entre os jardins de Touraine" (a Brasset, 23 de abril de 1649: AT V 349), passou ali a melhor parte de sua infância, talvez visitando ou sendo visitado pelo pai de tempos em tempos. Ele provavelmente cresceu junto com seu irmão Pierre, até a partida deste último para La Flèche no início de 1604, e com sua irmã Jeanne, que permaneceu em La Haye até a morte da avó em 1610. Baillet, pensando que René vivesse com o pai, que era "estarrecido pelas questões que o infante filósofo costumava lhe colocar" (*Vie* I 16), faz René entrar para o colégio o mais cedo possível, após a admissão de Pierre em janeiro de 1604. Por causa de sua saúde delicada, ele foi confiado aos cuidados do diretor, Padre Charlet, "assim que o inverno e a Quaresma terminaram" (*Vie* I 28).

O que Baillet não sabia era que Charlet só chegou a La Flèche em outubro de 1606; isso alui completamente as datas que ele fornece para o período de Descartes em La Flèche, a saber, da Páscoa de 1604 a setembro de 1612. Contudo, as datas de Baillet foram aceitas por Adam e Tannery em sua edição da correspondência de Descartes e utilizadas por Adam nas primeiras seções de sua biografia de Descartes (AT XII). Adam não se compromete com as atividades que Baillet atribui a Descartes para ocupá-lo enquanto jovem, de 1612 até sua partida para se alistar no exército; mas subitamente, ao final do volume, ele fornece uma nota registrando o fato de que Charlet chegou a La Flèche em 1606 (AT XII 237). Ele acrescenta então um breve apêndice propondo as datas "1606-1614 (ou mesmo de 1607 a 1615)" (AT XII 565). Mas a datação alternativa acrescentada en-

---

³ Carta a Elizabete, de maio ou junho de 1645 (AT IV 220-221). Joaquim Descartes casou-se novamente (talvez por volta de 1600; o primeiro filho deste casamento nasceu em 1601). Esta segunda esposa veio da Bretanha, da região de Nantes.

tre parênteses faria de fato uma diferença crucial em relação ao nome do professor de filosofia de Descartes: o sistema em voga era que um dado professor mantivesse a mesma classe durante todo o curso de três anos de duração. Padre Fournet é o nome mencionado nas *Notes sur Descartes* de Monchamp (Liège, 1913), e isso é seguido por vários editores, gerando correções inúteis na edição Adam-Milhand da correspondência e na edição revisada de Adam e Tannery. No entanto, já em 1928 Joseph Sirven havia mostrado que a resposta correta é Etienne Noël, que ensinou filosofia durante os três anos acadêmicos de 1612-1613, 1613-1614, e 1614-1615.[4]

Descartes elogiaria mais tarde o "tratamento igualitário" que os jesuítas concediam a seus pupilos, "quase não fazendo distinção alguma entre os mais humildes e aqueles de mais alto nascimento" (carta de 12 de setembro de 1638: AT II 378). Quando as acomodações internas do colégio foram inauguradas (os pupilos haviam anteriormente se alojado em diversas pensões), diversos quartos privados foram separados para garotos de nascimento nobre, alguns dos quais até mesmo tinham seus próprios pajens. Baillet justifica o privilégio no caso de Descartes fazendo referência à "saúde frágil" deste. O Padre Charlet, diz ele, permitia que Descartes "ficasse deitado" todas as manhãs, notando que sua mente era "naturalmente inclinada à meditação" (mesmo sendo tão jovem!); estas "manhãs passadas na cama" foram a "fonte dos mais importantes resultados filosóficos que sua mente produziu" (*Vie* I 28). De qualquer modo, o jovem estudante tinha de fato o lazer de fazer bastantes leituras fora da sala de aula, um fato que Baillet sublinha prontamente (*Vie* I 20), citando o *Discurso* como confirmação: com a permissão de seus professores, ele havia "terminado todos os livros" que caíram em suas mãos, "a respeito dos assuntos que são considerados mais abstrusos e incomuns" (AT VI 5). Quando Descartes recuperou a saúde, reteve por toda a vida o hábito de ficar na cama até tarde da manhã "com as janelas abertas". Até a descoberta dos antibióticos, tais

---

[4] Sirven, *Les Années d'apprentissage de Descartes*. Sirven é seguido por Gilson na edição revisada de seu *Descartes, Discours de la méthode, text et commentaire* (daqui em diante referido como *Comentário*), p. 479.

medidas eram o único tratamento disponível para a tuberculose; e na carta em que Descartes menciona a "enfermidade dos pulmões" herdada de sua mãe, que lhe concedera uma "tosse seca e uma constituição pálida", ele diz que a tosse durou "até que ele tivesse mais de vinte anos de idade" (AT IV 221). Se esta definitiva melhora de sua saúde não houvesse ocorrido, ele dificilmente teria tido permissão para partir para o exército.

Baillet é de fato culpado de uma má interpretação no caso desse último ponto, o qual ele liga à conclusão dos estudos de Descartes e ao decepcionante currículo delineado na Parte I do *Discurso*. Ali encontramos um contraste entre aquilo que Descartes recebera como promessa – um "claro e seguro conhecimento de tudo o que é útil na vida" (AT VI 4: CSM I 113) – e seu próprio veredicto refletindo sua decepção por não ter satisfeito seu "sincero desejo de aprender a distinguir o falso do verdadeiro, a fim de enxergar claramente [suas] próprias ações e proceder com confiança nesta vida" (AT VI 10: CSM I 115). A historicidade dessas observações tem sido questionada sob o pretexto de que elas refletem o ponto de vista posterior de Descartes.[5] Parte da linguagem utilizada pressupõe de fato suas descobertas mais maduras; por exemplo, "eu tinha como *quase* falso..." (AT VI 8) prepara o terreno para "eu rejeitei como *absolutamente* falso" (AT VI 31). Mas na verdade quando Descartes evoca os objetivos de seus professores e suas deficiências, a certeza considerada por ele como insuficiente é menos de um tipo teórico que prático. A constituição frágil deve ter frequentemente levado a uma falta de resolução no jovem estudante, mesmo que ele não tenha realmente chegado à conclusão, naquela época, de que alguém não deve tolher sua própria liberdade com promessas,[6] ou de que as leis da virtude devem ser definidas de modo a incluir a firmeza de resolução. As reflexões críticas que Descartes desenvolveu mais tarde, após encontrar seu verdadeiro caminho na busca pela verdade, refletem o desapontamento que o fez abandonar o estudo das "letras" (AT VI 9). Baillet fala em vez disso do abandono dos "livros" (*Vie* I 34) – uma perspicaz mudança que implica

---

[5] Cf. Gilson, *Comentário*, p. 101.

a rejeição da falsa ciência bem como da literatura. Mas o *Discurso* faz somente as mais breves referências à subjacente aspiração de alcançar a "glória" (AT VI 9), uma aspiração que Descartes genuinamente sentia, e a qual ele contrastava com a "profissão" que se esperava que ele seguisse para obter "honra" ou "riquezas" (ibid.). E é a glória, ao final da vida de Descartes, que é o objetivo dos "Voluntários" que aparecem no balé *O Nascimento da Paz*.[7]

A conexão entre o ensino da história, que enfatiza feitos nobres, e os "excessos dos cavaleiros errantes em nossos contos de cavalaria" (AT VI 7) explica a atração que o jovem Descartes sentia pelo exército. Ele viria mais tarde, bastante tempo depois de sua saúde ter-se recuperado, a confessar a "bílis quente que cedo [o] havia atraído aos feitos de armas" (carta a Mersenne, 9 de janeiro de 1639: AT II 480); Baillet enfatiza esse ponto em locais diversos (*Vie* I 41, 51). Mas ele bagunça a cronologia, quando lembra frequentemente que Descartes foi um "espectador mais que um ator" – uma frase que o próprio Descartes conecta a suas viagens após o inverno decisivo de 1619-1620 (*Discurso*, Parte III: AT VI 28). Baillet assume que o pai de Descartes fora soldado e fidalgo, e que o jovem fora destinado por sua ascendência a seguir "o serviço do Rei e do Estado em uma carreira militar" (*Vie* I 35, 19, 40, 219). Na realidade, a juventude de Descartes fora colorida por um ideal daquilo que a cultura denominava "generosidade de espírito" (*la génerosité*) – um ideal que já o inspirava bem antes que ele fosse bem-sucedido, em sua última obra, em fornecer uma base filosófica para esta virtude principal. Tendo aprendido sobre as façanhas dos heróis da história durante seus dois anos de estudo das "humanidades", Descartes veio a amar a "eloquência" e, mais ainda, a "poesia" – dons que provêm "mais da ins-

---

[6] Cf. carta a Elizabete, 4 de agosto de 1645: AT IV 265 e as notas (de Leibniz) intituladas "Cartesius" (AT XI 650).

[7] Encenado em Estocolmo em 19 de dezembro de 1649. O texto foi redescoberto e publicado na *Revue de Genève*, em 1920, por Nordström; encontra-se impresso na edição revisada de AT V 616ss. Para *la Gloire*, ver especialmente p. 620.

piração que de regras estabelecidas" (AT VI 7). Ele chegou à classe em que era ensinada a poesia exatamente quando estava sendo celebrado o aniversário da morte de Henrique IV, com diversas cerimônias e uma grande antologia de poemas (a maior parte em latim). Foi sugerido que Descartes pode ter escrito o soneto (em francês) aclamando a descoberta das luas de Júpiter por Galileu (que "iluminou a escuridão da morte do Rei..."). De qualquer maneira, os estudantes foram instruídos sobre as novas descobertas devidas ao desenvolvimento do telescópio – embora sem que o problema da hipótese heliocêntrica fosse levantado (o soneto menciona o Sol girando ao redor da Terra).[8]

O ideal de "generosidade" explica também o interesse de Descartes pela matemática superior baseada na álgebra e geometria, desprendida como era esta das várias aplicações da matéria ensinadas nas salas de aula gerais. Em seu primeiro ensaio, o *Compendium Musicae*, ou "Compêndio de Música", escrito em latim e lidando com as razões matemáticas envolvidas na harmonia, ele escolheu, por assim dizer, a mais desinteressada aplicação disponível da matemática. Baillet comete um erro adicional aqui quando liga à infância de Descartes uma observação que de fato se relaciona a uma fase bastante posterior: ele poderia ter sido um artesão, diz Baillet, uma vez que "teve sempre uma forte inclinação para as artes" (*Vie* I 35: "artes" aqui tem o sentido de "habilidades técnicas"). A surpresa do filósofo quanto ao fato de que "nada mais elevado houvesse sido construído sobre tão firmes e sólidos alicerces [matemáticos]" (AT VI 7) registra uma atitude que há muito havia sido abandonada, quando Descartes escrevera o elogio às habilidades técnicas na Parte IV do *Discurso* e observara que, para se alcançar o conhecimento de utilidade prática na vida, deve-se deixar para trás a "filosofia especulativa ensinada nas escolas" e estabelecer uma nova

---

[8] Embora reconhecesse o valor dos clássicos, Descartes não tinha nenhum desejo de permanecer ignorante em relação aos eventos de sua própria época (AT VI 6). E embora tenha escolhido o francês para sua primeira publicação, ele atribuía igual valor a pensamentos bem expressados em "baixo bretão" – um idioma que ele teria ouvido ao visitar sua família na região próxima a Nantes.

filosofia, tendo como modelo as demonstrações matemáticas (AT VI 61). Enquanto ainda estava no colégio, por contraste, Descartes diz que "não tinha ainda percebido o verdadeiro uso da matemática" (AT VI 7). Foi durante as poucas semanas que passaram juntos em 1618 que Beeckman fez Descartes interessar-se pela primeira vez pelas questões da mecânica e da hidráulica, e livrou-o de seu purismo matemático (e sua falta de interesse pela observação empírica). Não obstante, a primeira carta que Descartes escreveu após seu retorno a Middelbourg preserva ainda um contraste entre os elevados estudos de Beeckman e os temas aplicados sobre os quais este último trabalhava então (perspectiva e técnicas de fortificação), e os quais ele pensava que seu amigo desprezaria, do ponto de vista do "elevado firmamento das ciências" (*ex edito scientiarum caelo*, 24 de janeiro de 1619: AT X 151-152). Tendo sido ou não Beeckman quem revelou a Descartes o "verdadeiro uso" da matemática, não há referência a ele no *Discurso*.[9]

A matemática era ensinada no segundo ano do curso de filosofia em La Flèche. Se seguirmos as datas de Baillet, Descartes teria completado o curso em 1612, e não teria estudado sob orientação do professor especialista de matemática, Jean François, que chegou ao colégio no início do ano acadêmico de 1612-1613.[10] François publicou (após a morte de Descartes) trabalhos sobre aritmética e geometria voltados para assuntos práticos – levantamento topográfico e hidrografia – e planejados para expor as "superstições da astrologia".[11] Deve ter sido ele quem emprestou a Descartes, para suas sessões matinais de estudo na cama, diversas obras de "ciências obtusas", alertando-o ao mesmo tempo contra aquelas que eram "cheias de superstição e falsidade" (AT

---

[9] Beeckman, em seu *Journal tenu par Isaac Beeckman de 1604 à 1634*, diz que o jovem Descartes havia estudado bastante matemática com os jesuítas, mas não havia encontrado ninguém para unir esse estudo com o estudo da física (AT X 52). Ver também meu artigo "Du doute vécu au doute suprême".

[10] Descartes enviou uma cópia de seus *Princípios de Filosofia* "a R. P. F., [seu] antigo mestre" (carta a Bourdin, outubro de 1644: AT IV 144).

[11] Cf. Gilson, *Comentário*, pp. 120, 126, 129.

VI 5-6). Acima de tudo, reconhecendo seus dons excepcionais, ele convidou-o a tomar parte no curso de matemática superior que era ministrado àqueles futuros jesuítas destinados a se especializarem no ensino de matemática. Descartes, que não possuía tal vocação, recordaria mais tarde o veredicto proferido sobre sua aptidão: "Eu sabia como os outros me julgavam, e via que eles não me consideravam inferior a meus condiscípulos, mesmo embora alguns deles estivessem já destinados a tomar o lugar de meus professores" (AT VI 5: CSM I 113).

Quanto à filosofia moral, que era ensinada no terceiro ano do currículo de filosofia e frequentemente confiada a outro professor com uma formação mais literária, o curso de instrução de Descartes teve uma orientação antiestoica (como era cada vez mais comum na época); daí sua posterior condenação da "insensibilidade" (a virtude estoica da *apatheia*), do "orgulho", do "desespero" (por exemplo, o suicídio de Catão) e do "assassinato" (parricídio: o caso de Brutus) (AT VI 8: CSM I 114). O curso final de teologia era reservado àqueles que tinham vocação especial. Para Descartes, o céu podia ser obtido mesmo pelos mais ignorantes (AT VI 6), e ele viria mais tarde a fazer uma cuidadosa distinção entre fé e razão, preservando a distinção, mesmo quando reconhecia que a fé era necessária para completar a demonstração da imortalidade ou quando empregava a razão para discutir vários aspectos da transubstanciação, enquanto insistia sobre o "mistério" envolvido (carta a Mesland, 9 de fevereiro de 1645).

Essa separação entre fé e razão permitiu a Descartes rejeitar a totalidade da "filosofia" escolástica juntamente com outras ciências cujos "princípios" dependiam da fé (AT VI 8-9). Com grande ironia ele recorda no *Discurso* as afirmações feitas a favor daquela filosofia: "ela nos fornece os meios de falar plausivelmente sobre qualquer assunto e de ganhar a admiração dos menos instruídos" (AT VI 6). Quando ele rejeita como "quase falso" tudo o que é meramente provável (uma formulação que prepara o caminho para a dúvida hiperbólica), há um eco no início da Regra 2 das *Regulae*, que contrasta a certeza das demonstrações matemáticas com as "disputas" resolvidas somente com apelos à autoridade. Opiniões formadas nesta última base podem ser inteiramente falsas (AT X 362). Não obstante, Descartes reconhecia o valor do curso completo de filosofia fornecido pelos jesuítas (carta de 12 de setembro de 1638: AT II 378); e quando o *Discurso* e os *Ensaios* apareceram em 1637, ele imediatamente (em 14 de junho) enviou uma cópia ao Padre Etienne Nöel, para ser encaminhada a seus colegas menos ocupados (Vatier, Fournier, Mesland). Noël era então o diretor de La Flèche.[12]

No *Discurso* Descartes menciona não apenas a filosofia, mas também "a jurisprudência e a medicina" (AT VI 6). Aqui ele está de fato recordando as "riquezas" que haviam permitido a seu pai, que era filho de um médico, alcançar a "honra" de ser um conselheiro parlamentar. Mas não há necessidade de supor, como o faz Adam (AT XII 39), que René possa ter estendido sua estada em La Flèche para iniciar o estudo dessas duas matérias, ou mesmo que tenha estudado ambas enquanto esteve em Poitiers (AT XII 40). Gilson, rejeitando a primeira sugestão, acha a segunda "obviamente correta";[13] e mesmo Sirven, que reduz a estada em Poitiers para um ano, enuncia que "é natural supor que Descartes tenha complementado seus estudos legais com alguns cursos sobre medicina".[14] Mas quando Descartes encontrou Beeckman em 1618 (tendo este último acabado de receber seu doutorado em medicina), não há indicação de que a medicina tenha figurado em suas discussões. Descartes começou a estudar anatomia somente em 1629, e um completo desenvolvimento de seu interesse nessa área haveria de esperar o asseguramento do alicerce da ciência, da qual a medicina é uma das habilidades mais úteis (*Discurso*, Parte IV: AT VI 62), ou um dos

---

[12] AT I 382-383. Os comentadores envolveram-se em uma sequência de erros aqui, seguindo incorretamente as primeiras datas que Baillet fornece a respeito do período de Descartes em La Flèche. Na edição Adam-Milhand da correspondência de Descartes, é dito que a carta de 14 de junho de 1637 é endereçada a Fournet (vol. I, p. 19). Parece que Fournet, que ensinara filosofia para a classe acima da de Descartes e era conhecido de Descartes através das discussões combinadas que eram mantidas para os estudantes de todos os três anos finais, nunca expressou suas reações ao *Discurso* (que lhe fora enviado via Plemp: carta de 15 de setembro de 1637: AT I 399); ele morreu cedo em 1638.

[13] Gilson, *Comentário*, p. 119.

[14] Sirven, p. 52.

ramos da árvore da filosofia (Prefácio à edição francesa dos *Princípios*: AT IXB 14: CSM I 186). Seguir Baillet, adiantando o interesse de Descartes pela medicina para o final dos anos 1610, é arriscar a reviver o velho boato de que ele foi um secreto Rosa-cruz; embora ele possa ter sido ávido para encontrar os Rosa-cruzes tão cedo quanto em 1619, para ver "se tinham algum novo conhecimento que valesse a pena ser adquirido", ele afirma que nunca soube de fato algo sobre eles.[15]

As invenções de Baillet para preencher o tempo entre 1612 e 1617 são ainda mais incongruentes. Baillet supõe que Descartes estivera em Paris, onde teria trabalhado com Mersenne e com o grande especialista em ótica, Mydorge; isso ocorreu somente após seu retorno da Itália, em 1625, ou talvez pouco depois de sua partida, em 1623. Embora não saibamos exatamente quando o interesse de Descartes pela ótica começou, Baillet está sem dúvida errado ao representar o jovem Descartes como totalmente devotado à ciência, a ponto de ter de evitar aqueles que interromperiam sua pesquisa.[16]

Viagens, carreira militar, primeira filosofia

Baillet produz uma elaborada explicação para a escolha de Descartes em servir, não no exército real, mas com as forças do príncipe Maurício de Nassau (*Vie* I 39-40). Sua linha de argumentação geral é que Descartes "tornou-se soldado apenas para estudar os costumes dos homens" (*Vie* I 41). Ele refere-se a uma carta muito posterior, na qual Descartes menciona "aqueles que consideram uma carreira de soldado como a mais nobre de todas", mas registra sua própria opinião, "como filósofo", de que "dificilmen-

---

[15] Cf. Baillet, *Vie* I 87, 91; AT X 193, 196. Para a atitude de Descartes em relação aos Rosa-cruzes, ver Gouhier, *Les Premières Pensées de Descartes*, pp. 150-157.
[16] Baillet, *Vie* I 38. Cf. *Vie* I 154. De acordo com Baillet, Descartes era mais atraído pela ciência que pelo exército, ao qual seu pai queria que ele se juntasse; "Descartes não tinha nenhum desejo de tornar-se um grande guerreiro" (*Vie* I 41).

te poderia conceder a ela um lugar entre as profissões respeitáveis, vendo que a maioria dos jovens são hoje atraídos a ela principalmente por causa das oportunidades de ociosidade e licença que tal carreira proporciona" (AT V 557). Pode ser que o desapontamento de Descartes com a vida de soldado tenha vindo cedo, e sido ainda mais agudo devido ao entusiasmo inicial. Quando encontrou Beeckman acidentalmente em 10 de novembro de 1618, Descartes agradeceu-lhe tê-lo resgatado da ociosidade e chamado sua mente extraviada de volta ao pensamento sério (23 de abril 1619: AT X 162-163). Descartes estava então começando a aprender o idioma flamengo (AT X 152), mas teria questionado Beeckman em latim. Em seu *Diário*, Beeckman menciona primeiro "o poitevino" (*le Poitevin*), depois "René le Poitevin", e finalmente "René Descartes" – às vezes acrescentando "*du Perron*" (o nome de uma grande fazenda que Descartes havia herdado de sua mãe e que viria a vender antes de sua partida para a Itália).[17]

Beeckman pode ter dado a Descartes o "Registro", um pequeno livro de notas encadernado em pergaminho, para registrar seus pensamentos sobre assuntos científicos, como o próprio Beeckman havia feito em seu *Diário*. A seção contendo tais reflexões foi intitulada "Parnassus". Leibniz posteriormente recopiou algumas dessas notas, juntamente com outras reflexões de várias outras seções intituladas "Preambula" ("Preliminares").[18] A partir do

---

[17] Descartes menciona na primeira seção do "Registro", intitulada "Parnassus", vários problemas que lhe foram colocados por Beeckman. (Cf. cartas a Beeckman de 24 de janeiro e 26 de março de 1619: AT X 153, 154.) A desavença posterior com Beeckman resultou de ter este último enviado a Mersenne várias proposições do *Compendium Musicae*, como se fossem trabalho dele próprio. Ver tradução de Buzon, *Descartes, Abregé de musique, avec présentation et notes*.

[18] Essa cópia incompleta, feita por Leibniz em Paris, foi publicada pela primeira vez por Foucher de Careil (Paris, 1859) sob o título *Cogitationes privatae* ("Pensamentos privados"); o título pode ter ou não figurado no manuscrito original de Leibniz, que foi perdido desde então. Baillet é uma fonte inestimável nesse caso, fornecendo trechos extensos que não são encontrados no manuscrito de Leibniz (incluindo o relato dos sonhos). Mas ele frequentemente oferece paráfrases em vez de citações diretas. Acerca da ordem correta das seções, ver Gouhier, *Premières pensées*, pp. 11-18. Ver também Rodis-Lewis, "Le Premier Registre de Descartes".

inventário encontrado após a morte de Descartes em Estocolmo (AT X 8) e dos comentários de Baillet (*Vie* I 51), sabemos que o lema "O temor a Deus é o princípio da sabedoria" seguia-se ao título "Preambula". Preparando-se para adentrar o palco (do mundo instruído), Descartes adianta-se "mascarado" (*larvatus prodeo*) como um simples soldado.[19] Após algumas reflexões pessoais iniciais, a seção intitulada *Experimenta* reúne várias observações concretas, especialmente sobre as paixões.[20] Segue-se então uma referência ao famoso sonho de novembro de 1619. Através do *Discurso* sabemos que Descartes esteve presente à "coroação do imperador" (Parte II: AT VI II), e em seguida encontrou um alojamento sossegado onde tinha "todo o lazer" para a reflexão, "fechado em um quarto aquecido por uma estufa" (*poêle*, ibid).[21] Baillet, no *Resumo* de sua *Vie de Descartes* publicado em 1692, diz, sem mencionar suas fontes, que este retiro de inverno fora passado em Neuburgo-no-Danúbio; este era um pequeno principado independente aliado ao ducado da Bavária, cujo governante era o novo imperador.[22]

Descartes havia prometido a Beeckman que, tão logo tivesse o lazer, esperava terminar a Mecânica e a Geometria, das quais considerava Be-

---

[19] Para essa interpretação, ver Gouhier, *Premières pensées*; e também seu *La Pensée Religieuse de Descartes*.

[20] Esta seção aparentemente incluía uma história (ausente da cópia de Leibniz) de uma aventura no mar (Baillet relata-a na terceira pessoa, *Vie* I 102ss.): achando que alguns marinheiros estivessem planejando matá-lo, Descartes sacou sua espada e revelou "a impressão de que uma demonstração de coragem pode produzir sobre aqueles de espírito desprezível" (AT X 190). Baillet data a história de 1621; ver, no entanto, AT XII 62, em que é sugerida a data de 1619.

[21] Já ao final de março Descartes havia decidido partir para a Alemanha, onde a guerra parecia inevitável (AT X 151). Ver em acréscimo os comentários de Adam em AT X 167 e XII 62. As celebrações da coroação do imperador em Frankfurt, às quais Descartes esteve presente em 1619, foram mantidas de 20 de julho a 9 de setembro (AT XII 47). *Poêle* era o nome dado a um quarto aquecido por um grande forno ou estufa de barro que era alimentado na cozinha do outro lado de uma parte divisória, e assim poderia ter produzido as "faíscas" ou os "lampejos" vistos por Descartes durante sua noite de sonhos.

[22] Neuburgo não é mencionado nem na primeira nem na segunda edição de AT XII.

eckman como sendo o "autor original" (23 de abril: AT X 162). O que podemos reconstruir da "maravilhosa descoberta" que encheu Descartes de "entusiasmo" antes de seus sonhos da noite de 10-11 de novembro de 1619 permite-nos inferir que a geometria – e sua aplicação à matemática – desempenhava um papel central naquela descoberta. Já em 26 de março de 1619 (AT X 158), Descartes trabalhava em vários problemas que levavam à técnica de expressar equações por curvas, um resultado que "não deixava quase nada mais a ser descoberto na Geometria". A tarefa era, contudo, uma tarefa vasta e além da capacidade de um único indivíduo (*nec unius*). Ao esboçar seu objetivo incrivelmente ambicioso, Descartes diz: "Notei em meio ao caos desta ciência certa luz, com ajuda da qual penso ser capaz de dispersar a mais densa escuridão". O epitáfio final de Chanut oferece um eco desta primitiva confiança: o jovem (*adolescens*) "em seu caminho para o exército,/ em meio à calma do inverno,/ combinando os mistérios da natureza com as leis da *mathesis*/, ousava esperar/, com uma única chave, destrancar os segredos de ambas" (AT XII 391). Tal foi o "entusiasmo" que precedeu a noite turbulenta de 10-11 de novembro.[23]

É uma infelicidade que Leibniz, que criticaria mais tarde a interpretação errônea de Baillet em relação ao "entusiasmo" de Descartes, não tenha copiado o relato original.[24] O que Baillet oferece está longe de ser uma tradução exata do latim original de Descartes. E sua introdução confirma o quão longe ele se encontrava em sua falha em compreender que aquilo que acontecera a Descartes fora uma revelação do caminho que este deveria seguir. Baillet fala sobre a "decisão de livrar-se das opiniões preconcebidas", recebidas no colégio e reforçadas durante um "retiro" (inventado) realizado durante uma primeira visita a Paris. Ele insiste na dificuldade de Descartes em "escapar de si mesmo", movido pelo amor à verdade, "cuja busca seria sua preocupação vitalícia", e conclui: "[Descartes] tornou-se tão fatigado que um fogo apoderou-se de seu cérebro, e ele caiu em um estado de exci-

---

[23] Ver Rodis-Lewis, "L'alto e il basso e i sogni di Descartes".
[24] Leibniz, *Die philosophischen Shcriften*, ed. Gerhardt, vol. IV, p. 315.

tação inspirada (*enthousiasme*) que de tal modo prendeu seu espírito exausto que ele se tornou presa de sonhos e visões" (*Vie* I 80-81: AT X 181).

Essas "visões" foram de fato sonhos comuns – não obstante a primeira tenha começado com um pesadelo de "fantasmas" (*fantômes*). Em meu *L'Oeuvre de Descartes*,[25] proponho que o "melão" oferecido a ele por um estranho é um símbolo do mundo "em uma bola" – uma concepção a respeito da qual ele falaria muito posteriormente a Chanut (1 de fevereiro de 1647: AT IV 609). Algumas linhas antes é feita uma menção ao desejo extravagante de nos tornarmos como os deuses em nosso conhecimento – a tentação presente no Jardim do Éden. Descartes foi assaltado por um "mau espírito" (*malo spiritu*), e logo despertou com uma dor aguda em seu lado direito.[26] No último sonho, o mais calmo, diversos livros apareciam e desapareciam. O primeiro foi uma *Enciclopédia* (isso aparece em um fragmento citado pelo Padre Poisson em relação à interconexão das ciências (AT X 225) e é incorretamente traduzido por Baillet como "Dicionário"); este foi então substituído por uma *Antologia* de poetas latinos, aberto no poema de Ausônio que começa com o verso "Que estrada na vida devo seguir?". A única referência a isso no *Discurso*, pouco antes da descrição de seu inverno de solidão, é a observação de Descartes dizendo "um dia resolvi... escolher os caminhos que deveria seguir" (AT VI 10). Isso é retomado depois, ao final do código moral na Parte III: "Pensei que não podia fazer melhor que... dedicar toda a minha vida a cultivar minha razão e avançar tão longe quanto pudesse no conhecimento da verdade" (AT VI 27: CSM

---

[25] Rodis-Lewis, *L'Ouvre de Descartes*, pp. 51-52 e notas pp. 451-453.
[26] Baillet cita aqui o latim por uma vez, mas fala em seguida sobre o "gênio mau" (*mauvais génie*), que lembra o "gênio maligno" das *Meditações*. Mas este último encontra-se ainda no futuro distante, no que diz respeito a Descartes. Baillet revela sua preocupações sacerdotais quando passa a falar do arrependimento de Descartes por seu "grave pecado" – uma noção que deu ensejo a interpretações psicanalíticas ainda mais duvidosas. Quanto aos "lampejos" que Descartes viu então em seu quarto (mais uma alucinação do que um sonho), Baillet diz que eles foram a princípio temidos como o relâmpago (que atinge aqueles que aspiram tornar-se como os deuses), mas foram mais tarde interpretados (após o terceiro sonho) como a luz do espírito da verdade.

I 124). Somente Deus possui o conhecimento infinitamente perfeito, infinitamente completo; a "enciclopédia" humana deve progredir mediante o encadeamento das ciências (AT X 225).

Ao final do último sonho (e Descartes começa a interpretá-lo antes de estar totalmente acordado), a enciclopédia reaparece, incompleta: antes de ter dominado o funcionamento das ciências, o homem deve progredir lentamente. Até sua última carta a Elizabete, Descartes visará "avançar na busca da verdade, que é meu principal bem nesta vida" (9 de outubro de 1649: AT V 430). O *Discurso* implica que o desenvolvimento do método de Descartes começou durante o retiro de inverno, e o final da Parte III apresenta-o como a conclusão de seu progresso inicial em direção à verdade (AT VI 27); mas a condensação em quatro máximas deve certamente pertencer a um período mais tardio.[27] Quanto ao "tratado" que Descartes começou a escrever logo após sua noite de sonhos, seu assunto não pode ser conhecido. Baillet oferece 23 de fevereiro (de 1620) como a data de uma promessa de terminá-lo "antes da Páscoa" (*Vie* I 86), e também menciona um voto separado de ir a Loretto dar graças à Virgem.[28] Mas Foucher de Careil, editor das *Cogitationes Privatae*, fornece a data como sendo 23 de setembro, e não separa as duas promessas. A segunda data é muito mais provável: Descartes diz ter começado suas viagens quando o inverno mal havia terminado (AT VI 28), e não sabemos aonde ele foi na primavera de 1620, após sua residência de inverno em Neuburgo. Teria ele usado seu uniforme de soldado "como um passaporte", como sugere Baillet (*Vie* I 99)?[29] Borel faz com que Descartes vá à batalha da Montanha Branca; Lipstorp resiste a essa sugestão, evitando fazer com que Descartes tome parte

---

[27] Sirven, *Les années d'apprentissage de Descartes*, p. 169ss.

[28] De acordo com Baillet, Descartes fez um "voto" (*voeu*), na manhã seguinte aos sonhos, de ir em peregrinação à capela da Virgem em Loretto e partiu para a Itália "antes do final de novembro". Mas é dificilmente provável que Descartes tenha planejado cruzar os Alpes durante a estação do inverno.

[29] Para as experiências militares de Descartes, cf. seu encontro com um soldado que pensava que ele havia sido ferido em batalha (*Le Monde*, cap. 1: AT XI 6: CSM I 86). O balé *La Naissance de la paix* descreve os horrores da guerra.

na vitória do exército católico, que custou ao pai da princesa Elizabete o trono da Boêmia. Baillet, por sua vez, ataca as invenções de Borel e nota que Descartes não poderia ter visto os instrumentos de Tycho Brahe em Praga, pois estes não mais estavam lá (*Vie* I 74). Mas ele faz sim Descartes seguir o exército do imperador até Pressburgo e o cerco de Neuhausel – "um episódio tão sinistro que testemunhá-lo tornou-o completamente desgostoso da vida militar" (*Vie* I 97).

Se pudermos omitir todos esses episódios sombrios, parece de qualquer maneira que Descartes fez de fato uma promessa em 23 de setembro de 1620 de visitar Loretto antes do final de novembro, para dar graças por seus sonhos de 1619. Ele também propôs terminar seu "tratado" até a Páscoa de 1621, dando assim a si mesmo tempo para mais viagens. Mas nada disso lança muita luz sobre a "descoberta" de novembro de 1620, que é mencionada nos primeiros livros de notas. Ela deve ter sido feita em um lugar que permitia tanta tranquilidade quanto o retiro do inverno anterior (o que exclui Praga, onde teve lugar a batalha da Montanha Branca em 8 de novembro, seguida de uma semana de pilhagem). A "descoberta" deve presumivelmente ter sido relacionada ao tratado em que Descartes trabalhava então. Uma possível resposta é que ela lidava com a álgebra, e que o manuscrito foi destruído depois que Descartes incorporou alguns de seus resultados em um trabalho mais completo – a *Geometria*. Podemos também perguntar quando Descartes começou a escrever suas (nunca terminadas) *Regulae*, sobre as quais ele sem dúvida continuou a trabalhar até sua partida para a Holanda em 1628, e que visavam "investigar toda verdade para o conhecimento da qual é adequada a razão humana" (AT X 395). Certamente algumas dessas investigações haviam sido iniciadas em um período anterior, embora tentar determinar todos os detalhes seja ir longe demais.[30] Além do título, que se refere à "busca da verdade", podemos encontrar diversos elementos que parecem refletir o ideal da unificação das ciências, vislumbrado por Descartes em seu estado de "entusiasmo"

---

[30] Cf. Weber, *La Constituition du texte des Regulae*.

em novembro de 1619. A *mathesis* mencionada no epitáfio de Chanut é um desses traços proeminentes.[31] E a primeira regra corresponde adequadamente às primeiras reflexões de Descartes acerca do encadeamento das ciências produzido por um simples investigador utilizando a luz natural do "bom senso".[32] Ademais, longe de aspirar a um estado divino, as *Regulae* definem *sapientia* (que denota tanto a sabedoria quanto a ciência) como algo estritamente "humano" (AT X 359-361).[33]

Entre as obras que hoje estão perdidas, Baillet menciona também um pequeno "Tratado de Esgrima" (*Traité d'Escrime*), que ele atribui (cedo demais) ao período seguinte ao último ano de Descartes em La Flèche (incorretamente datado de 1612), quando o jovem rapaz estivera ocupado com "assuntos militares" (*Vie* I 35) antes de rumar para Paris. O duelo em que Descartes lutou, mostrando misericórdia para com seu oponente desarmado, é atribuído a um período posterior a 1621, quando Descartes estava de fato em Paris (*Vie* II 501).[34] Mas, no período de março de 1623 a maio de 1625, Descartes estava viajando pela Itália, uma jornada para a qual Baillet fornece um itinerário detalhado (*Vie* I 117-128). Baillet estava cônscio (a partir de uma carta de Descartes a Mersenne, datada de 11 de outubro de 1638) de que Descartes "nunca viu" Galileu, e acrescenta que "não sabemos que acidente ocorreu para que o encontro não acontecesse" (*Vie* I 123). Se Descartes foi ou não a Loretto, conforme era sua intenção, não se pode saber. Mas ele de fato reclamou do calor de Roma, apesar das

---

[31] A tradução de *mathesis* (*universalis*) como "matemática", que aparece na Regra IV (AT X 378), foi questionada. Marion retém o termo original: cf. sua edição *Règles utiles et claires pour la direction de l'esprit*, p. 15 e nota 31.

[32] *Bona Mens*; cf. o "bom senso" (*le bon sens*) do *Discurso*, que é identificado com a razão.

[33] Comparar com o tratado intitulado *Studium Bonae Mentis*, do qual algumas citações foram preservadas por Baillet (AT X 191ss.); este foi talvez escrito um pouco mais tarde, após o retorno de Descartes a Paris.

[34] Adam situa o episódio em 1628 (AT X 536). Em 1630, Descartes menciona ter direcionado seus estudos "para algo diferente do uso das armas" (para Gibieuf, via Mersenne, 4 de novembro de 1630: AT I 174).

fontes d'água (a Balzac, 5 de maio de 1631: AT I 204), e viria posteriormente a descrever uma avalanche que testumunhara em seu retorno pelos Alpes (*Meteorologia*: AT VI 316, 320-321).

O desejo de Descartes de "adquirir alguma experiência do mundo", como coloca Baillet, era um desejo ao qual ele havia renunciado já em 1630, quando foi convidado a ir para Constantinopla com o embaixador francês (carta a Mersenne, 4 de novembro: AT I 173-174). Após seu retorno da Itália ele rapidamente se tornou famoso, embora não saibamos quando exatamente ele envolveu-se com o círculo de Mersenne.[35] De acordo com Baillet, Descartes teria sido profundamente afetado pela morte de Bacon em 1626; em uma parte anterior da biografia, ele nos diz que "o chanceler Bacon já havia estabelecido os fundamentos de uma nova filosofia", e prossegue mencionando Clavius, Viète, Tycho Brahe, Kepler, Stevin e o "emergente Galileu" (*Vie* I 10, 11). Ecos de Bacon (e Kepler) podem ser encontrados nas *Regulae*,[36] e Descartes redigiu em 1630 uma lista de qualidades "tiradas de Bacon" (*tiré de Verulamio*; carta a Mersenne, de janeiro de 1630: AT I 109), louvando ainda o método deste em diversos lugares (AT I 195, 251). Em suas obras, Descartes raramente menciona os nomes de outros escritores, mas refere-se sim ao trabalho de Gilbert sobre o magnetismo (*Regulae* AT X 431; o *De Magnete* deste último havia aparecido em Londres em 1600). Quanto à pesquisa sobre a refração, discutida na Regra VIII, Leibniz mais tarde acusaria frequentemente Descartes de ter tomado seus resultados de Snell, cujas descobertas datam do mesmo período. Mas Beeckman, a quem Descartes visitara em Dordrecht em 8 de outubro de 1628, testemunha que Descartes já havia definido o ângulo de refração por meio de uma hipérbole (AT X 335-337).

---

[35] Mersenne falaria a respeito de um "excelente matemático" a um de seus correspondentes que expressara o desejo de saber mais de "nosso des Chartes", seu "excelente método", suas "descobertas" e sua "explicação da refração". Cf. Mersenne, *Correspondência*, vol. I, pp. 418, 420, 429.

[36] Ver os índices da edição de Marion das *Regulae* (nota 31, acima) para numerosos paralelos com Bacon.

O *Diário* de Beeckman permite incidentalmente que determinemos outro dos erros de Baillet. Baillet relata que, após o cessar fogo em La Rochelle, em 3 de outubro de 1628, Descartes visitou a frota inglesa e, depois, em novembro, retornou a Paris, onde causou uma forte impressão na residência do núncio papal, em um encontro ao qual esteve presente o cardeal Bérulle. O cardeal encontrou-se com Descartes em privado e "lhe impôs um dever de consciência de consagrar toda a sua vida a seus estudos filosóficos" (*Vie* I 166). As datas do encontro entre Descartes e Bérulle e a participação (ou presença) de Descartes no cerco de La Rochelle são assuntos que permanecem obscurecidos pelos relatos conflitantes dos biógrafos. Borel cita seu informante, Villebressieu, como relatando ter acompanhado Descartes até La Rochelle, onde a arte da fortificação havia alcançado um pináculo. Talvez o entusiasmo do engenheiro ao descrever sua própria visita, no verão de 1628, tenha sido tão contagiante que Borel não pôde resistir a enviar Descartes ao próprio cerco; mas sabemos a partir do *Diário* de Beeckman que Descartes esteve na Holanda do outono de 1628 em diante, e assim dificilmente poderia ter estado presente ao cerco (cf. AT XII 99).

Quanto ao encontro na residência do núncio papal, Descartes menciona-o em uma carta ao já mencionado Villebressieu, escrita no verão de 1631, a qual descreve o poder do "bom raciocínio" a partir de princípios que são "mais bem estabelecidos e mais naturais que os de qualquer outra pessoa" (AT I 213). A conclusão da carta refere-se, de modo semelhante ao final da Parte III do *Discurso*, às exortações dos amigos de Descartes a que ele se devotasse a "buscar os fundamentos de uma filosofia mais certa que aquela comumente praticada" (cf. AT VI 30). Rejeitando a dúvida cética[37] e falando em "cavar até os alicerces" (AT VI 29), Descartes teria buscado, após seu encontro com Bérulle, "razões para duvidar de muitas coisas que os outros consideravam certas" (AT VI 30): isso incluiria a matemática, que

---

[37] Aqueles que "apenas duvidam por duvidar" (*Discurso* Parte III: AT VI 29). Ao seguir o desejo de Montaigne de testar a si mesmo com a ajuda do "grande livro do mundo", Descartes acabou por achar que os costumes dos homens davam-lhe "dificilmente qualquer razão para confiança" (AT VI 10).

sua nova metafísica tornaria subordinada a Deus. Mas quando foi que ele concebeu este projeto (mais radical)? Por ocasião de seu retorno da Itália, Descartes deve ter ouvido (em abril de 1625) o relato das últimas palavras de seu antigo comandante, Maurício de Nassau: questionado a respeito de sua fé, este havia respondido "Acredito que dois e dois são quatro".[38] Nas *Regulae* encontramos uma afirmação similar da certeza especialmente privilegiada da matemática, que a metafísica mais radical de Descartes viria em breve a questionar. Baillet conta que no verão de 1628 Descartes "quis escrever sobre assuntos relacionados a Deus" (*Vie* I 157, 170-1). Antes de se estabelecer na Holanda, ele passou um último inverno na zona rural da França, para permitir a si mesmo concentrar-se na perfeita solidão de que necessitava de tempos em tempos.[39] É altamente improvável que Descartes tenha ido encontrar-se com Beeckman, a fim de planejar uma estada prolongada na Holanda, *antes* do encontro decisivo na residência do núncio papal. Mas se adiantarmos a data deste último encontro para novembro de 1627, ao invés de 1628, tudo se encaixa – o inverno na zona rural francesa, e o plano de escrever sobre "assuntos relacionados a Deus".

Mudança para a Holanda:
O Mundo, o *Discurso* e as *Meditações*

O plano de escrever sobre Deus era um que Descartes havia comunicado ao oratoriano Gibieuf, o qual havia prometido corrigir o trabalho. Descartes escreveu a ele em 18 de julho de 1629 dizendo que não havia começado ainda (AT I 17); mas no ano seguinte relatou que havia "começado o trabalho... na Frísia" (carta a Mersenne, 15 de abril de 1630: AT I 144).

---

[38] A anedota aparece em Guez de Balzac, *Le Socrate chrétien*, pp. 255-256; Descartes era muito próximo de Balzac na época. Ver em acréscimo meu "Du doute vécu au doute suprême", p. 883.

[39] Cf. carta a Balzac de 5 de maio de 1631 para o desgosto de Descartes por ser perturbado por "petits voisins" (AT I 203).

Em 26 de abril de 1629, Descartes se inscreveu na Universidade de Franeker (ao norte de Zuydersee): *René Des Cartes, Français, philosophe* (seu conceito de "filosofia" agora incluía tanto a metafísica quanto a explicação do todo da natureza). Exceto por uma interrupção de "mais de dois meses" antes de 8 de outubro de 1629 (data em que renovou o contato com Mersenne: AT I 23), Descartes relatou ter dedicado os "primeiros nove meses" de seu período na Holanda ao projeto (AT I 144). Ele deixou Beeckman acreditar que ele estava retornando a Paris e permaneceu no segredo de sua perfeita solidão, quando elaborou então a subordinação do *Cogito* a Deus. Para iniciar a tarefa de escrever, escolheu uma remota universidade onde encontraria os livros de que necessitava (ele deixara a França trazendo apenas a Bíblia e o Tomás de Aquino). Para relaxar, tinha a intenção de prosseguir sua pesquisa sobre a ótica. O irmão de Metius, professor de matemática em Franeker, foi mencionado no início da ótica como tendo desenvolvido uma lente de aumento. A primeira carta de Descartes neste período é endereçada a um artesão, Ferrier, a quem ele convidava a partilhar de sua vida "como um irmão" (18 de junho de 1629; AT I 14). Ferrier nunca veio, mas Descartes estava provavelmente ainda em Franeker quando escreveu a Gibieuf em julho. Logo depois, no entanto, ficou sabendo sobre a observação dos parélios, que havia sido feita em Roma naquela primavera; e abandonou suas investigações metafísicas, que haviam provado a "existência de Deus e de nossas almas quando separadas de nossos corpos – da qual se segue sua imortalidade".[40] Aos olhos de Descartes, a distinção que ele havia revelado entre os dois tipos de substância, o pensamento e a matéria extensa, era bastante suficiente para estabelecer "os fundamentos da física" (carta a Mersenne, 15 de abril de 1630: AT I 144: CSMK 22).

---

[40] Carta a Mersenne, 25 de novembro de 1630 (AT I 182). As *Meditações* viriam mais tarde a lidar com as mesmas questões, descobertas em uma sequência diferente, mas dispostas na mesma ordem ontológica. Mas não devemos assumir que as duas obras fossem idênticas em seu escopo (cf. Millet, *Descartes, sa vie, ses travaux, ses découvertes*, p. 203; e AT XII 129-144); nem deveríamos supor, por outro lado, que o trabalho mais antigo (que era "bastante longo": carta a Mersenne de março de 1637: AT I 350) fosse meramente um assunto de poucas páginas.

Pouco tempo depois, Descartes mudou-se para Amsterdã, a fim de manter-se em contato mais próximo com o mundo instruído e de obter um maior abastecimento de observações e experimentos (alguns relatados por marinheiros que estavam de chegada, os quais ele questionava nas docas). Ali permaneceu por vários anos, saudando os "frutos" de um país que se encontrava "em paz" e as maneiras discretas da população, em meio à qual ele podia "levar uma vida tão solitária e retirada como se estivesse no mais remoto deserto".[41] "Em que outro país poderia [ele] gozar de tão completa liberdade?"[42] O motivo para a escolha de Descartes não tinha nada a ver com as restrições impostas pela Igreja Católica à liberdade de pensamento. Mersenne e Gassendi defendiam a nova física na França sem serem perseguidos; e Descartes encontrar-se-ia sujeito a ataques muito maiores por parte dos calvinistas nos Países Baixos, por conta de seu sistema metafísico e de seu "papismo". Ao longo de sua vida ele foi um católico romano praticante.[43] Embora tenha passado longos períodos em concentração solitária, teve diversos amigos verdadeiros, como Huygens e Pollot, aos quais escreveu cartas de condolência que asseguram que a filosofia deve ser complementada pela fé: "Não há nada nem na razão nem na religião que deva fazer com que aqueles que viveram uma vida honrosa temam qualquer mal depois desta vida".[44]

---

[41] *Discurso*, Parte III: AT VI 31: CSM I 126. Esta paz na Holanda coexistia com a "longa duração" da Guerra dos Trinta Anos. Cf. carta a Huygens de 18 de setembro de 1637 (AT I 396, 582).

[42] Carta a Balzac, 5 de maio de 1631 (AT I 203-204), que contrasta as pressões sofridas por Descartes na França com a liberdade e repouso de que ele gozava em Amsterdã, com todos os seus confortos e sua atmosfera interessante. A frase citada no texto encontra-se gravada na placa que G. Cohen afixou na casa que Descartes habitava em 1634, em frente à Igreja Ocidental (o endereço exato é conhecido a partir de uma carta: AT I 229). Em 1629, ele escolheu uma casa na Kalverstraat (Rua do Bezerro) de modo que pudesse ter dos açougueiros um suprimento de orgãos frescos para dissecação.

[43] Para detalhes desta e de suas várias residências na Holanda, ver AT XII 103-105, 123-128.

[44] Carta a Pollot, janeiro de 1641 (AT III 279); cf. carta a Huygens, 10 de outubro de 1642 (AT III 796-799). O segundo texto, na edição revisada de AT, fornece a redação da carta original que Clerselier havia cortado, incluindo as palavras "Eu sou um daqueles que mais ama a vida" (AT III 798).

Um dos principais amigos de Descartes foi Plemp, um católico e homem ligado à medicina, que o apresentou à anatomia e às técnicas de dissecação.[45] Quanto a seu interesse por parélios, Descartes agiu imediatamente para fazer um "estudo sistemático do todo da meteorologia", incluindo as "cores do arco-íris".[46] Em pouco tempo ele estava investigando "todos os fenômenos da natureza, isto é, a totalidade da física" (13 de novembro de 1629: AT I 70).[47] Em 18 de dezembro de 1629, ele anunciou que estava prestes a "iniciar o estudo da anatomia" (AT I 102), e perguntou a Mersenne se as demandas da fé e da religião impunham quaisquer restrições sobre "a extensão das coisas criadas" (AT I 80). Para evitar toda a controvérsia com uma teologia excessivamente comprometida com o universo fechado de Aristóteles (ibid. 85), ele pôs-se a descrever, em um espaço "imaginário" ilimitado, um "novo mundo" que se desenvolvera a partir do caos (*Discurso* Parte V: AT VI 42, 45). A ideia desta "fábula" deu-lhe grande deleite, e ele esperava viver o suficiente para completar o projeto (25 de novembro de 1630: AT I 179). Desde o início ele planejava incluir a fisiologia no sistema; após concluir que sua própria explicação do universo igualava-se ao "mundo real" (AT XI 63), ele decidiu deixar um espaço para a transição da cosmologia à fisiologia, e fornecer uma explicação do corpo humano como uma máquina já pronta.[48]

---

[45] Durante uma visita a um hospital, Descartes observou a síndrome do membro fantasma de uma menina (*Princípios*, Parte IV, art. 196). Em 1637, Plemp ensinava em Louvain e manteve uma importante troca de cartas com Descartes acerca da circulação do sangue.

[46] Carta a Mersenne, 8 de outubro de 1629 (AT I 23). Esta é a primeira carta a Mersenne, que viria a se tornar seu principal correspondente.

[47] Daqui em diante, as cartas citadas sem o nome do destinatário são para Mersenne. A correspondência deste período cobre numerosas questões de mecânica, música e (20 de novembro de 1630) a questão da linguagem universal (AT I 76-82). A diversidade dos fenômenos naturais não pode ser ignorada, e o objetivo de Descartes é subsumir tudo a seu sonho de uma ciência perfeita (AT I 76-82).

[48] O manuscrito completo (que hoje está perdido) concebia uma transição do cap. 15 (um universo similar ao nosso: AT XI 104, 118) para o cap. 18, que começa a seção *L'Homme*. Por acaso as duas seções foram publicadas em 1664 por diferentes editores com poucas semanas de intervalo entre si; Clerselier protestou acerca da separação

Mas ele pensava que deveria ser possível "demonstrar efeitos a partir de suas causas" (AT VI 45) e aplicar a todos os mundos possíveis as "leis da natureza", que têm como princípio as "perfeições de Deus" (ibid. 43).

Para especificar as leis do movimento (*Le Monde*, caps. 6-7), Descartes teve de recorrer a "diversas questões metafísicas" (15 de abril de 1630: AT I 145). Em um *plenum* (espaço totalmente preenchido) extenso, o movimento requer a ação do Criador, que é única e, para nós, contínua no tempo; as leis da matemática, que tornam tal ação inteligível, foram criadas simultaneamente com as naturezas intelectuais.[49] Em virtude da ação divina, o movimento ocorre indefinidamente ao longo de uma linha reta (o princípio da inércia); mas no *plenum* isto irá gerar vórtices e vários elementos diferenciados pela "matéria sutil" impelida através de todos os interstícios da matéria.

No final do ano de 1630, Descartes havia desistido de seu plano de ir à Inglaterra (2 de dezembro: AT I 191). Uma carta posterior, de 11 de junho de 1640, confirma que ele gostaria de ter ido, mas a despeito dos convites subsequentes de seus amigos ingleses, Digby e Newcastle (o irmão de Cavendish), ele nunca fez a viagem. Em 1631, Villebressieu provavelmente levou-o a uma breve visita à Dinamarca. Enquanto estavam ambos em Amsterdã, o engenheiro contou a Descartes suas descobertas, e Descartes exortou-o a colocá-las em uso na prática: a "cadeira móvel" seria "muito útil, especialmente para soldados feridos". O próprio Descartes brincava com ilusões de ótica, incluindo um sistema de espelhos que fez com que um exército inteiro passasse diante dos olhos de seu amigo, no interior de seu quarto (Baillet, *Vie* 258-9). A *Meteorologia* se inicia referindo-se a vários fenômenos extraordinários desse tipo, possíveis de serem explicados pela ciência; e a *Busca da Verdade* anuncia o grandioso projeto de causar

---

em seu prefácio a *L'Homme*, mas, não obstante, o título "*L'Homme*" veio a ser incorretamente considerado como o título de uma obra separada. A edição de 1677 continha ambos os textos, mas imprimia *L'Homme* no início do volume, antes de *Le Monde*.

[49] Cf. cartas de 6 e 26 de maio de 1630 (AT I 149-153). A tese aqui desenvolvida deixa de lado a questão teológica do "Verbo" (*Logos* ou Razão) incriado.

admiração ao mundo mediante a revelação dos segredos das "mais impressionantes ilusões e truques sutis que a engenhosidade humana é capaz de arquitetar" (AT X 505: CSM II 405). Mas o diálogo, possivelmente uma obra tardia, nunca foi completado.

De tempos em tempos Descartes punha de lado seu *O Mundo* para dedicar-se a outras pesquisas. Ao final de 1629 ele juntou-se a Golius, que era professor de matemática, na Universidade de Leiden; ele próprio inscreveu-se como "matemático" em 27 de junho de 1630. Ao final de 1631, Golius expôs-lhe o problema de Papus, sem solução desde os tempos clássicos: quadrados e cubos podiam ser igualados a equações de segundo e terceiro graus, mas nenhuma equação desse tipo podia ser encontrada para os sólidos de revolução ("supersólidos"). Descartes obteve sucesso em igualar curvas a equações de todos os graus, e enviou sua solução (encontrada em "cinco ou seis semanas": AT I 244) a Golius em janeiro de 1632 (AT I 235). Ele também incluiu em uma carta a Mersenne (de 25 de novembro de 1630) a primeira parte de sua *Ótica*, sobre a refração, um projeto que havia sido esboçado anteriormente: a seção relevante, contendo a descrição matemática de uma curva, seria completada antes de uma explicação da "natureza das cores e da luz", que "conteria uma física completa, por assim dizer" (AT I 178-9). A mesma carta fala sobre "buscar resultados práticos na medicina" depois de ele haver completado o "Tratado", que seria denominado *Du Monde ou de la Lumière*. O trabalho subsequente neste tratado incluía uma explicação da astronomia e uma descrição de todos os corpos particulares (5 de abril de 1632: AT I 243); mas ele necessitava de mais tempo (3 de maio: AT I 248). Em 10 de maio ele solicitou detalhes a respeito de cometas (AT I 250-1), que seriam o assunto do último capítulo antes da interrupção do trabalho. Descartes percebeu que era incapaz de fazer com que a geração mecânica das criaturas vivas se seguisse facilmente a partir da geração mecânica dos corpos inertes; em 10 de maio ele escreveu que estava tentando realizar a transição e, em junho, que imaginava se poderia incluí-la no tratado completo. Mas durante o verão ele decidiu contentar-se com uma explicação da função principal do homem em seu estado acabado (AT I 263). Contudo, na mesma carta em que avaliava que logo estaria em condições de enviar a obra completa a Mersenne (AT

I 270), ele relatava ter ouvido dizer que o *Sistemi del mondo* de Galileu havia sido proibido em Roma. Embora soubesse que a condenação carecia de qualquer justificação científica, seu desejo de evitar toda a controvérsia levou-o a adiar seus próprios planos de publicação. Posteriormente, todavia, no *Discurso* (Parte V), ele esboçou o conteúdo de seu livro e forneceu um exemplo de suas descobertas filosóficas (a circulação do sangue), esperando gerar uma demanda pela publicação e talvez até mesmo obter uma modificação da proibição. Embora seu método científico não fosse completamente exposto no *Discurso*, mas concentrado, em vez disso, em quatro regras (uma mera "parte de meu método", AT I 339), Descartes tinha virtualmente prontos para publicação três *Ensaios* que serviriam para ilustrar a riqueza do método – a *Dióptrica*, a *Meteorologia* e a *Geometria*.[50]

O *Discurso* fora planejado como um "prefácio" aos ensaios, e levou dois ou três meses para ser escrito. A ideia de tal prefácio aparece em uma carta de novembro de 1635 endereçada a Huygens, o qual estava aconselhando Descartes a respeito de seus planos de publicação. O prefácio tomaria a forma de uma "história de [sua] mente" ou biografia intelectual – um projeto que Descartes já havia discutido com seus amigos de Paris (cf. carta de Balzac a Descartes, de 30 de março de 1628: AT I 570). No título um tanto formidável que ele propusera a Mersenne em março de 1636, Descartes realçava, à parte de seu método, as provas da "existência de Deus e da alma quando separada do corpo" (AT I 339); mas, apesar disso, ele posteriormente afirmou que a quarta seção da obra (a seção metafísica) fora escrita muito rapidamente e no último momento (carta a Vatier, 22 de fevereiro de 1638: AT I 560). Descartes escreveu o *Discurso* em uma pequena casa isolada, próxima a Utrecht. Reneri havia sido indicado em 1635 como professor de filosofia (isto é, física) na universidade ali situada, e Descartes já o havia acompanhado a Deventer em 1632. Quando escolheu J. Maire de Leiden como seu editor, Descartes mudou-se para lá a fim

---

[50] À luz de sua solução para o problema de Papus, Descartes tinha uma seção adicional a acrescentar à *Geometria* durante o estágio de revisão: carta a Noel de outubro de 1637 (AT I 458).

de supervisionar a impressão dos diagramas (que foram confiados ao jovem Schooten, futuro tradutor da *Geometria* para o latim). O "Privilégio", ou licença de publicação, que Mersenne estava tentando obter na França ainda não havia chegado; Descartes viria mais tarde a encurtá-lo, achando-o laudatório demais, e finalmente lançaria sua primeira publicação anonimamente. Temos uma carta de condolência endereçada a Huygens, que havia perdido sua esposa, enviada de Alkmaar em 20 de maio de 1637; mas não é possível que Descartes tenha permanecido ali por muito tempo, pois em junho ele estava em Leiden para a impressão da versão encurtada do Privilégio, e para despachar cópias do livro. Ele enviou uma ao Príncipe de Orange através de Huygens, que era diplomata, e uma ao embaixador francês para Luís XIII e Richelieu.

Em outubro de 1637, Descartes completou para Huygens uma longa descrição de diversos *engins*, dispositivos mecânicos como a polia, a alavanca e assim por diante (AT I 431-447); esta foi postumamente publicada por Poisson como a *Mecânica* (*Mechánique*) de Descartes, em 1668. Na época (1637), Descartes vivia entre Alkmaar e Haarlem; em maio ele havia decidido alugar um local onde pudesse viver longe de olhares intrometidos com sua filha Francine, a qual ele dissimularia como sua "sobrinha". Ela havia nascido em Deventer em 19 de junho de 1635, e fora batizada na Igreja Reformada como filha de Hélène Jans e "René filho de Joaquim".[51] A mãe era uma serviçal, mas não sabemos se Descartes a conheceu desde a época de sua primeira estada em Deventer ou somente em Amsterdã, onde a criança foi concebida, em 15 de outubro de 1634 (Descartes registrou o fato), na casa próxima à Igreja Ocidental. Em uma carta a um destinatário desconhecido, em 30 de agosto de 1637, ele fazia preparativos para a chegada de sua "sobrinha" juntamente com Hélène, na qualidade de serviçal. Em 1640 ele planejava levar a menina para a França, a fim de dar a ela uma boa educação; mas ela faleceu em 7 de setembro, de febre escarlate. Uma carta de condolência a Pollot, de janeiro de 1641, menciona suas próprias

---

[51] Os documentos encontram-se reproduzidos em Cohen, *Les Ecrivains français en Hollande*.

"lágrimas de tristeza" recentemente causadas pela "perda de duas pessoas que eram muito próximas" (AT III 278).[52]

Os três *Ensaios* e a passagem sobre a circulação do sangue no *Discurso* levantaram muitas questões entre os leitores de Descartes. As do jesuíta Vatier acerca da metafísica não sobreviveram, embora tenhamos posse da resposta de Descartes (22 de fevereiro de 1638: AT I 558-565). Pollot é um dos poucos que questionaram Descartes acerca da moral, da metafísica e da doutrina dos animais como máquinas (*Discurso* Partes III-V; carta de março de 1638: AT II 34-36). Descartes queria evitar a imposição de dúvidas incapacitantes a seus leitores não especialistas (o livro estava em francês), e havia por isso encurtado os argumentos a partir da dúvida e evitado a suposição de um Deus enganador ou de nenhum Deus – sendo seu propósito a destruição do ateísmo e da dúvida.[53] Uma ideia cogitada por Descartes em uma ocasião seria imprimir seu trabalho anterior sobre a metafísica em lugar da Parte IV do *Discurso*, em uma eventual tradução latina do livro (carta de

---

[52] Do final de 1637 até 1640, a Francine de Descartes e Hélène provavelmente viveram "em Sandport, uma pequena cidade próxima a Harleem na direção de Alkmaar" (a Pollot, 5 de maio de 1639: AT II 546). Na primavera de 1640, Descartes preparou-se para ir a Leiden (pensando que poderia ter suas *Meditações* impressas ali), e pode ter sido isso que levou Francine e sua mãe a irem para Amersfoort. Em 20 de outubro, morreu o pai de Descartes (embora René só tenha sabido da notícia algum tempo depois; carta de 3 de dezembro: AT III 35). Em 28 de outubro ele havia escrito a seu pai, a partir de Leiden, dizendo que havia tido de adiar sua viagem à França (AT III 228-9). Pouco tempo depois, faleceu sua irmã Jeanne, que havia sido sua companheira de infância (em 1644, ele visitaria os filhos e o marido dela, du Crévy; AT IV 130). Não é claro se as duas perdas evocadas na carta a Pollot são as duas mortes recentes na família ou se Descartes refere-se à morte de sua filha e de seu pai. A relação de Descartes com seu pai parece ter sido sempre mais ou menos tensa. Após o aparecimento do *Discurso*, o pai de Descartes reclamou de ter um filho que era tão absurdo a ponto de ter-se amarrado em couro (um comentário do qual Baillet não sabia: AT XII 433-434).

[53] Cf. carta a Mersenne, 25 de novembro de 1630. Para conquistar a dúvida, é necessário um argumento que a leve aos seus máximos limites; daí ser levantada, ao final da Primeira Meditação e nos *Princípios*, Parte I, art. 5, a possibilidade de que não exista nenhum Deus.

março ou abril de 1637: AT I 350). Mas nenhuma versão latina apareceu até 1644, e em 1638 Descartes decidiu em vez disso "esclarecer" o que não havia sido totalmente compreendido (a Vatier, 22 de fevereiro; a Mersenne, 27 de julho: AT I 561: AT II 267). O tópico que ele tinha em mente era provavelmente o da causa dos vários tipos de ideias. Mas ele se pôs, em adição, a completar sua primeira metafísica não terminada, para explicar os erros da mente em assuntos especulativos: nossa vontade, que sozinha é ativa e infinita, é responsável por nossos julgamentos. Isso torna-se a Quarta Meditação; no resumo metafísico presente no *Discurso*, temos meramente os elementos essenciais que virão a formar a Terceira e a Quinta Meditações, sem qualquer fase intermediária. Um lacuna adicional, a ser preenchida na Sexta Meditação, é a distinção real entre mente e corpo (que no *Discurso* havia sido ligada muito apressadamente ao *Cogito*), e a prova da existência dos corpos; a transição da metafísica para a física no *Discurso* não havia exigido essa demonstração complexa, porque nenhuma pessoa de "bom senso" alguma vez duvidou da existência das coisas materiais (Resumo das *Meditações*: AT VII 12). Uma questão adicional a ser tratada era a união de nossas almas com nossos próprios corpos: nossas sensações e paixões nos informam apenas sobre as interações entre nossos corpos e os objetos exteriores, e são por conseguinte sinais que conduzem à preservação da união.

Após o aparecimento do *Discurso*, Descartes quis publicar as principais objeções que havia recebido, juntamente com suas respostas; mas um dos objetores, Morin, professor do *Collège de France*, recusou sua permissão. No caso das *Meditações*, Descartes sugeriu a circulação do texto em latim antes da publicação, de modo que pudesse apresentar a Michel Soly, seu editor em Paris, um texto completo, incluindo as objeções e respostas. O primeiro conjunto de Objeções veio de um sacerdote holandês, Caterus (Kater),[54] e o segundo conjunto foi selecionado ou reunido por Mersenne,

---

54   O manuscrito havia sido enviado por meio de dois sacerdotes que se encontravam em Harleem. Em 1640, Descartes e Huygens foram juízes de uma competição musical entre os dois e o compositor francês Boesset (AT III 255-256, 266-267). Apenas um dos dois objetores, Bloemart, estava vivo em 1649, e tomou providências para que um retrato de Descartes fosse pintado antes de sua partida para a Suécia. O

que havia recebido o manuscrito no final de 1640. A coleção completa, juntamente com as respostas de Descartes, foi então encaminhada a Hobbes, que na época encontrava-se em Paris. O quarto conjunto (por Antoine Arnauld) foi o que Descartes mais apreciou, embora ele tenha retido a última parte de sua resposta, lidando com assuntos teológicos, para a segunda edição.[55] O quinto conjunto (por Gassendi), no qual o objetor dirige-se a Descartes como "Ó Mente", exasperou-o, e em sua resposta ele chama Gassendi de "Ó Carne". O sexto e último conjunto, novamente reunido por Mersenne, apresenta objeções adicionais de "geômetras" (talvez Fermat, que havia discutido os *Ensaios*).[56] A distribuição do livro nos Países Baixos não foi satisfatória, e Descartes confiou a segunda edição a Elsevier, em Amsterdã. Nessa edição, ele excluiu da página do título a frase "com a aprovação dos eruditos doutores da Sorbonne". Ele havia esperado em vão por tal aprovação até a data da publicação da primeira edição, mas o Padre Gibieuf não fora capaz de obtê-la. (As objeções de Gibieuf a Descartes foram perdidas, mas temos a resposta de Descartes de 10 de janeiro de 1642: AT II 472-480.) A segunda edição também corrigia o título da primeira: Mersenne, após "Meditações sobre Filosofia Primeira", havia anunciado demonstrações da "existência de Deus e da imortalidade da alma". Mas Descartes já havia indicado os limites da razão (no Resumo) e a necessidade da fé para complementá-la (Segundas Respostas: AT VII 152-153). A segunda edição trazia um título mais próximo dos temas aos quais ele já havia se referido em 1630: a existência de Deus e a distinção entre a alma humana e o corpo.

---

retrato em questão é provavelmente o pintado por Frans Hals, uma cópia da qual se encontra no Louvre. (Encontra-se no Statens Museum de Kunst, em Copenhagen, aquele que pode ter sido um estudo preliminar para este retrato.)

[55] Arnauld é nomeado na segunda edição; Gassendi é o único objetor cujo nome apareceu na primeira edição.

[56] Um outro conjunto de objeções, que chegou tarde demais para a primeira edição (e apareceria somente muito tempo depois, ao ser publicada a correspondência de Descartes) foi o de "Hyperaspistes" – pseudônimo de um amigo de Gassendi (julho de 1641: AT III 397-412); para a resposta de Descartes em agosto, ver AT III 421-435.

A segunda edição das *Meditações* também acrescentava um sétimo conjunto de objeções, do jesuíta Bourdin, juntamente com as respostas de Descartes e uma carta aberta ao superior de Bourdin, o Padre Dinet. Na carta, Descartes deplora os ataques que recebera, tanto de Bourdin quanto dos calvinistas da Universidade Utrecht; ao mesmo tempo, defende sua causa perante seus antigos professores, tendo já iniciado uma apresentação geral mais acessível de sua filosofia, a qual ele esperava que fosse utilizada nos colégios jesuítas. Descartes ficara chocado com o fato de Bourdin ter apresentado para debate público no colégio jesuíta de Paris teses atacando a *Dioptrique*, sem lhe dar a chance de se defender.

O tom do Sétimo Conjunto de Objeções e Respostas é áspero, e elas não foram incluídas na tradução francesa das *Meditações, Objeções e Respostas* (1647). Em agosto de 1641, Descartes recusava-se até mesmo a ler as objeções de um inglês chamado Huebner (AT III 438; Baillet chama-o Huelner); ele estava farto de debates vazios e irritado com a querela que havia irrompido em Utrecht em 1641, a qual viria a se tornar ainda mais acrimoniosa.[57] Os calvinistas, liderados por Voet, haviam atacado o "papismo" de Descartes; Descartes denunciara Voet na carta a Dinet e finalmente lhe respondeu diretamente em uma longa carta aberta datada de 1643. Para refutar a acusação de ateísmo (baseada no fato de que ele prova a existência de Deus a partir da ideia de Deus, a qual, conforme é objetado, nem todas as pessoas possuem), Descartes recorda a maneira como Sócrates questiona o ignorante menino escravo no *Meno*: o menino possuía o conhecimento geométrico dentro de si, mas este precisava ser trazido para o exterior e tornado explícito.[58]

---

[57] Ver, em acréscimo, Verbeek (ed. e trad.), *René Descartes et Martin Schoock, La Querelle d'Utrecht*. O volume contém (em tradução francesa) as cartas a Dinet e Voet, a "Lettre apologetique" aos magistrados de Utrecht; e o panfleto de Schoock, *Admiranda methodus*. Está incluída também uma detalhada introdução histórica. Ver também Verbeek, *Descartes and the Dutch: Early reactions to Cartesianism*.

[58] AT VIIIB 108-114. Ver o apêndice de minha edição franco-latina das cartas a Regius e dos *Comentários sobre um certo Panfleto* para várias outras passagens de importância filosófica. Ver especialmente AT VIIIB 108-114 sobre as "leis da caridade".

A disputa de Utrecht originou-se a partir dos excessos de Regius (Henri De Roy, ou Le Roy), um discípulo que Descartes havia apoiado (apesar de ousado e excessivamente entusiástico), mas que nunca compreendeu sua metafísica.[59] Regius havia sido nomeado professor de medicina em Utrecht em julho de 1638 (com o auxílio de Reneri, que morreu em 1639), e causado um grande alvoroço ao defender a circulação do sangue, mas também por propor uma definição do homem como um *ens per accidens* – uma definição que Descartes condenava vigorosamente.[60] Em julho de 1645 irrompeu uma discussão, quando Descartes soube, "com tristeza", que Regius havia produzido novas teses afirmando que a natureza espiritual da alma não podia ser demonstrada e definido a alma como um "modo do corpo" – um erro pior que o anterior, aos olhos de Descartes. Regius acusou Descartes de dissimular sua verdadeira opinião, contra o que Descartes calorosamente protestava, enquanto às vezes mencionava ainda a amizade entre ambos (AT IV 256-257). Ao final de 1647, Regius publicou um panfleto (*Programma*) listando vinte e uma teses anticartesianas; Descartes respondeu em detalhes nos *Comentários sobre um certo panfleto* (*Notae in programma quodam* AT VIIIB 349-369). E na *Lettre-Preface* (Carta-Prefácio) à tradução francesa de 1647 dos *Princípios* acrescentou uma rejeição formal dos pontos de vista de seu antigo discípulo (AT IXB 19-20).

Últimos anos

A publicação do texto original em latim dos *Principia Philosophia* em Amsterdã, em 1644, e a publicação de uma tradução francesa em Paris, em 1647 (pouco depois do aparecimento da versão francesa das *Meditações*),

---

[59] Regius foi o primeiro a ler o manuscrito das *Meditações*; ver a resposta de Descartes a suas objeções (carta de 24 de maio de 1640: AT III 65-71). Para a defesa de Regius da tripla teoria das almas vegetativa, sensitiva e intelectual, ver AT III 369-371.

[60] Uma unidade acidental, em oposição a essencial. "Dificilmente seria possível dizer algo mais ofensivo", comentara Descartes (dezembro de 1641: AT III 460).

coincidiram cada qual com uma visita de Descartes à França. Estas foram as primeiras duas ocasiões em que ele retornou à terra natal desde sua partida em 1628. Um propósito da primeira visita foi o de comparecer à distribuição da herança de seu pai, que não estava ainda totalmente resolvida.[61] Ele esperava levar consigo a Paris os recém-publicados *Princípios*, mas o livro chegou um pouco depois. Ele havia, no entanto, levado consigo uma cópia de impressor na qual faltavam os diagramas, e seu amigo Picot (um sacerdote de inclinações de *libertin* com quem ele estava hospedado) começou a traduzir o texto imediatamente. Já reconciliado com Bourdin, Descartes confiou a este a tarefa de distribuir várias cópias aos jesuítas;[62] ao dividir a obra em artigos curtos, ele esperava facilitar seu uso como livro didático nos colégios da ordem. Sua falha em alcançar este objetivo e a recepção mais favorável do livro por parte de leitores não especialistas tornaram-no mais inclinado a concordar com as propostas para traduzir suas obras para o francês – de Picot em relação aos *Princípios*, de De Luynes em relação às *Meditações*, e de Clerselier em relação às *Objeções e respostas*.

Os *Princípios* visavam evitar a condenação em que havia incorrido Galileu ao insistir sobre a verdade do movimento da Terra – uma proposição que Copérnico havia apresentado meramente como hipótese. Descartes

---

[61] Ele deve ter recebido uma parte quando, em 1642-1643, alugou um pequeno Chateau em Endegeest, próximo a Leiden, e um grande grupo de serviçais domésticos. Durante a visita de 1644 à França ele planejava ir a La Flèche, mas parece que negócios de família impediram a visita. Ao retornar da França ele viveu próximo a Harleem ou Alkmaar. Quando partiu para a Suécia, em 1649, estava vivendo em Egmond den Hoef.

[62] Duas cópias foram enviadas ao padre Dinet, e uma a "P. F., meu antigo professor". Este era o padre J. François, o matemático que chegara a La Flèche em 1612, mas ele não foi identificado por Baillet nem por AT (IV 144), por causa da contínua confusão acerca das datas de Descartes no Colégio. Outras cópias foram para Vatier (que havia apreciado o *Discurso* e os *Ensaios*), Fournier, que chegou a elogiar a *Meteorologia* em sua *Hidrografia* (1643), e Mesland, que havia escrito a Descartes acerca da liberdade da vontade (para a resposta de Descartes, de 2 de maio de 1644, ver AT IV 110-120; o tema é retomado em 1645, AT IV 172-175]. Mesland também questionou Descartes sobre a Eucaristia (AT IV 161-169). Não muito tempo depois, Mesland foi mandado para o Novo Mundo – não para o Canadá (como diz um erro encontrado em um manuscrito de Chartres, frequentemente seguido), mas para a Venezuela.

enumera diversas hipóteses para comparação (Parte III, art. 15-18) e insiste que todo movimento é relativo e deve ser referido às coordenadas relevantes: assim a Terra é imóvel em relação a sua atmosfera. Não obstante, ela é chamada de "planeta", "transportado por seu próprio céu" (art. 26). O Sol é frequentemente descrito como uma "estrela fixa", e as "estrelas fixas" são mencionadas no fim da obra (Parte IV, art. 206) entre as teses cartesianas dotadas de "certeza metafísica"; elas aparecem no final de uma lista que começa com a metafísica pura (discutida na Parte I) e caminha para as leis gerais do movimento (Parte II).

A primeira edição de 1644 foi dedicada à princesa Elizabete, filha mais velha de Frederico, Conde Palatino e Eleitor do Sagrado Império Romano, que havia sido deposto do trono da Boêmia após sua derrota próximo de Praga em 1619.[63] Graças aos bons serviços de Pollot, Descartes a havia visitado na Haia; quando deixou Endegeest, em 1643, para mudar-se para uma localização mais ao norte, em Egmond, eles começaram a se corresponder. O tema das cartas era a união da alma e do corpo, um fato experienciado na vida cotidiana apesar de sua natureza permanecer obscura (cartas de 21 de maio e 28 de junho: AT IV 663-668, 690-695).

De 1645 em diante, a correspondência tornou-se mais frequente, especialmente depois que Elizabete partiu para viver com uma tia na Alemanha (agosto de 1646). A princesa encorajou Descartes a desenvolver suas próprias reflexões sobre a moralidade (a princípio ele havia aludido a Sêneca), e solicitou a ele que definisse e classificasse as paixões. Descartes enviou a ela um pequeno tratado em 1646, que viria finalmente a ser aumentado em aproximadamente um terço e publicado por Le Gras em Paris em 1649.[64]

---

[63] Elizabete vivia em exílio próximo a Haia; além do latim, ele sabia cinco outros idiomas, incluindo alemão, flamengo e, provavelmente, inglês (sua mãe era a irmã de Carlos I da Inglaterra). Cf. carta a Descartes, 24 de maio de 1645, e resposta de maio/junho: AT IV 209, 221.

[64] Sugeri a hipótese de que a seção sobre a generosidade (arts. 152-161) tenha sido acrescentada no volume final, publicado em 1649. Ver meu "Le Dernier Fruit de la métaphysique cartésienne: la générosité", pp. 43-54.

As versões francesas das *Meditações* e das *Objeções e respostas* haviam sido preparadas antes da visita de Descartes à França, ocorrida em 1644. Descartes conheceu então os respectivos tradutores, o Duc de Luynes e Clerselier (e foi posto em contato com Chanut, gento de Clerselier), e levou consigo as traduções, releu-as e acrescentou algumas pequenas mudanças. A edição ficou pronta no início de 1647 (Paris: Veuve J. Camusat e P. Le Petit) e foi intitulada *Meditations Métaphysiques*; o subtítulo anunciava as demonstrações da existência de Deus e da "real distinção entre a alma e o corpo do homem". Desde a edição original em latim, Gassendi havia reagido contra as respostas de Descartes, publicando, em 1644, uma longa *Disquisitio Metaphysica* de "Exemplos" (isto é, Contraobjeções). Clerselier havia feito uma seleção resumindo os pontos essenciais, e Descartes escreveu (em francês) uma carta a Clerselier "servindo como resposta a uma seleção das principais objeções produzidas por M. Gassendi contra as respostas anteriores" (AT IXA 202). Sua intenção era que esse novo material substituísse o Quinto Conjunto de Objeções e Respostas na edição francesa. No volume que finalmente apareceu em 1647, o Sexto Conjunto de Objeções e Resposta segue-se imediatamente ao Quarto Conjunto; mas no último minuto Clerselier acrescentou ao final do volume o Quinto Conjunto, seguido da carta de Descartes. O Sétimo Conjunto de Objeções e Respostas e a carta a Dinnet não foram incluídos; as relações de Descartes com os jesuítas não eram mais polêmicas, mas também não havia sido alcançado um acordo.[65] Quando voltou a Paris, em 1647, Descartes escreveu uma carta ao tradutor dos *Princípios* para servir como prefácio à edição francesa. Na carta ele comparava a filosofia a uma árvore, cujas raízes são a metafísica; e o tronco (a física) nutre os ramos, dos quais os principais são a medicina, a mecânica e a moral. A primeira dessas ciências, a medicina, encontrava-se ainda em um estado inadequado no que dizia respeito a Descartes; seu interesse pela segunda revela-se no projeto que ele haveria de empreender, para planejar uma escola de artesãos (AT XI 659ss). Quanto à terceira – "o mais perfeito sistema moral, que pressupõe um

---

[65] As Sétimas Objeções e Respostas e a carta a Dinet foram incluídas por Clerselier em sua edição posterior, de 1661.

conhecimento completo das outras ciências" (AT IXB 14: CSM I 186) – esta permaneceu como um ideal. O final da Parte II das *Paixões da alma* fala sobre a resolução de "fazer o melhor" para obter um progresso contínuo; "julgar bem para agir bem, e julgar tão bem quanto possível para fazer o melhor que se pode" são as máximas encontradas já no *Discurso*, na "moral provisória" com a qual o homem deve contentar-se (*Paixões*, art. 148; *Discurso*, Parte III: AT VI 28). A meta da perfeição encontra-se ainda em vista, mas a *Lettre-Preface* dos *Princípios* conclui que pode demorar séculos antes que todas as verdades da ciência sejam alcançadas (AT IXB 20). Não obstante, Descartes estava certo de que todas estas verdades *seriam* deduzidas de seus princípios (ibid.). Seus amigos mecanicistas, como Mersenne, falhavam em compreender a necessidade implicada pelos fundamentos metafísicos que Descartes havia disposto.

Um dos resultados da metafísica de Descartes era a teoria de um *plenum* material (espaço completamente preenchido pela matéria) identificado com a extensão, e isso levou a uma disputa em seus intercâmbios com Pascal. Descartes estava pesaroso por Mersenne não ter sido mais rápido em fornecer-lhe um relatório acerca dos experimentos conduzidos na Itália, a respeito do "vácuo" que aparecia a certa altitude em um tubo invertido de mercúrio. Em Paris, ele soube que Pascal, graças à excelente fábrica de vidro em Rouen, havia conseguido reproduzir o experimento utilizando tubos retos e curvos, bem como seringas. O próprio Pascal planejava ir a Paris para consultar especialistas médicos, e Descartes visitou-o em 23 de setembro de 1647 (Baillet coloca que Pascal foi ao mosteiro de Mersenne, onde ele foi recebido por Descartes). O encontro não foi bem-sucedido. Um grande grupo estava presente, e Pascal estava cansado; Roberval, sempre um forte oponente de Descartes, ridicularizou a explicação cartesiana do experimento, que envolvia uma "matéria sutil" deslizando para o interior do tubo na parte de cima deste.[66] Após a morte

---

[66] A irmã de Pascal, Jacqueline, escreveu a sua irmã mais velha (cujo marido, F. Périer, realizou o experimento de Puy de Dôme em 1648) como se segue: "na manhã de 24 de setembro, Descartes retornou para oferecer a Pascal seu conselho acerca da saúde [deste último] e sugeriu que ele devia descansar na cama durante as manhãs" (Pascal, *Oeuvres complètes*, ed. Mesnard, vol. III, p. 481).

de Mersenne (em 1648), Descartes escolheu Carcavi como seu intermediário para o intercâmbio de informação com o mundo científico; em 11 de junho de 1649 ele escreveu a Carcavi perguntando a respeito de um experimento do qual havia ouvido falar e o qual ele próprio havia aconselhado Pascal a realizar após o encontro de ambos. "Assegurei-lhe de que obteria sucesso", escreveu mais tarde Descartes a Carcavi, "uma vez que o resultado conforma-se inteiramente aos meus princípios; sem meu asseguramento ele nunca se teria dado ao trabalho de considerar o assunto, dado que suas próprias opiniões eram bastante contrárias às minhas".[67]

No início de 1648, Descartes começou a explicar "a maneira como o animal é formado, desde o princípio de seu desenvolvimento" (carta a Elizabete, 31 de janeiro: AT V 112). Embora Descartes não pudesse realizar experimentos em seres humanos, a obra que ele iniciava era uma nova *Description du corps humain* ("Descrição do corpo humano" – publicada mais tarde, em 1664, por Clerselier, que a colocou após *L'Homme* acrescentando o subtítulo "A formação do feto"). Se tivesse terminado o projeto, Descartes o teria usado para substituir sua explicação anterior do ser humano totalmente formado. Ele havia conjeturado tal objetivo já em 20 de fevereiro de 1639; mesmo reconhecendo os limites de seu conhecimento, ele estava não obstante certo de que a geração das coisas vivas era um processo natural, "dado que se suponha que esta natureza sempre age de acordo com as leis exatas da mecânica impostas por Deus" (carta a Mersenne: AT II 525).

---

[67] 17 de agosto de 1649, AT V 391. A "oposição" entre os princípios de Descartes e os de Pascal talvez possa ter levado Pascal a negligenciar o valor das sugestões de Descartes. Para este ponto altamente disputado cf. Pascal, *Oeuvres complètes*, vol. II, p. 655ss. Em outubro de 1647, Pascal respondeu à crítica de E. Noel (o antigo professor de Descartes), que havia invocado Aristóteles e sustentado que a natureza não permite (*ne souffre pas*) a existência de um vácuo. Pascal, como nota Mesnard, pode ter assimilado muito prontamente a posição de Descartes à dos aristotélicos; de fato, desde *Le Monde*, Descartes havia rejeitado o suposto "medo do vácuo" da natureza (*crainte du vide*: AT XI 20).

Na carta de 31 de janeiro a Elizabete, Descartes menciona também uma viagem posterior que faria à França, onde havia recebido a oferta de uma pensão real.[68] A viagem iria ser longa (ele ficaria na França durante todo o inverno seguinte) e ele planejava partir já em março de 1648 (carta a Chanut, 21 de fevereiro: AT V 131). Mas ele partiu de fato depois do que havia planejado, pois sabemos que em 16 de abril de 1648 Descartes passou o dia sendo entrevistado por um estudante de vinte anos de idade, Burman. Os dois almoçaram juntos,[69] e Burman tomou notas das respostas de Descartes a suas questões cuidadosamente preparadas; as notas foram subsequentemente transcritas por Clauberg. A entrevista lidava principalmente com as *Meditações*, antes de passar a tópicos dos *Princípios*; discutindo estes últimos, Descartes acrescentou alguns comentários importantes sobre a liberdade divina e a criação das verdades eternas.[70] Em conexão com o Livro I, art. 26 dos *Princípios*, Descartes sublinha a originalidade de sua posição acerca da concepção positiva do infinito. Finalmente, Descartes comenta a abertura do *Discurso* e termina modificando as altas esperanças que havia colocado acerca da ciência médica na Parte VI: é melhor apoiar-se na própria experiência pessoal, como dizia Tibério.[71]

---

[68] Ele nunca recebeu a pensão, por causa da interferência da revolta de 1648 ("La Fronde"). A pensão é mencionada em uma carta de março ou abril de 1648, provavelmente endereçada a Silhon em vez de Newcastle (AT V 133). Silhon era o secretário de Mazarin, e Descartes já o conhecia em 1628.

[69] Cf. AT V 148. Acerca da questão de se nosso pensamento pode abranger mais de uma coisa em um único instante, Descartes observa: "Eu agora estou cônscio e tenho o pensamento de que estou falando e de que estou comendo" (Cottingham [ed.], *Descartes' Conversation with Burman*, p. 6). Uma nota de cautela é levantada por Wahl, *Du rôle de l'idée d'instant dans la philosophie de Descartes*: o texto não é escrito pelo próprio Descartes. Talvez "Burman-Clauberg, *Conversation with Descartes*" fosse um título melhor; ver, no entanto, Cottingham (ed.), *Descartes' conversation with Burman*, p. 16 ss.

[70] Os artigos dos *Princípios* que são discutidos (Parte I, arts. 22-24) complementam o argumento das *Meditações*.

[71] Descartes diz que alguém só pode apoiar-se em sua própria experiência "quando já alcançou a idade de trinta anos" (AT V 179); Montaigne coloca a idade de 20 anos (último capítulo dos *Ensaios*, intitulado "De l'expérience"). Descartes havia citado Tibério anteriormente, em outubro de 1645 (carta a Newcastle: AT IV 329). Em sua

Descartes partiu para a França em maio de 1648, e logo fez as pazes com Gassendi (embora Roberval continuasse a atacá-lo). Na França, ele recebeu uma carta perguntando-lhe a respeito da memória e da duração da alma, e convidou o autor a vir e discutir o assunto com ele pessoalmente, mostrando seu contínuo respeito pelos amantes da verdade (4 de junho: AT V 194). O autor era de fato o grande Arnauld, já forçado a esconder sua identidade, e Descartes escreveu-lhe uma longa carta adicional em 29 de julho (AT V 219-224). A volumosa correspondência de Descartes (publicada em parte por Clerselier em 1657, 1659 e 1667) deve-se assim parcialmente a sua prolongada ausência da França e de fato a sua decisão de não visitar a Inglaterra. (As cartas que ele trocou com Henry More em fevereiro e abril de 1649 são plenas de interesse filosófico.) Seu principal correspondente, Mersenne, caiu doente em 1648, e viria a falecer em setembro daquele ano. Mas assim que a revolta conhecida como La Fronde eclodiu em agosto, com barricadas sendo erguidas em Paris, Descartes partiu. A esperança que ele havia começado a acalentar, de que poderia gozar de maior tranquilidade na França do que na Holanda, evaporou. Não obstante, quando, em fevereiro de 1649, foi convidado pela Rainha da Suécia a visitar Estocolmo, ele expressou sua relutância a Brasset, secretário do embaixador francês na Haia, e fez uma observação a respeito de seu prazer em ouvir que a França havia escapado das tempestades que a ameaçavam (23 de abril de 1649: AT V 349-350). E quando a rainha enviou um navio com um almirante para levá-lo à Suécia, ele permitiu que o navio partisse sem ele (carta a Chanut, 31 de março: AT V 324). Onde estava seu instinto de autopreservação? Sua razão para o atraso era que ele tinha negócios a concluir (ibid. 325); e pode ser que ele ainda estivesse terminando seu tratado sobre as *Paixões*. Ele entregou o manuscrito a Elsevier quando passou por Amsterdã em setembro.

Ultima enfermidade, em fevereiro de 1650, Descartes recusou durante uma semana ser sangrado, então finalmente se submeteu e morreu na manhã seguinte, exaurido por duas longas sessões de sangria.

Pouco depois de chegar à Suécia, ele escreveu a Elizabete dizendo que sentia falta da solidão e das oportunidades que esta lhe proporcionava para progredir na "busca da verdade".[72] Mesmo elogiando a rainha sueca, ele teria desejado que ela fosse menos obcecada em estudar grego (AT V 430). Terá sido durante este período que Descartes iniciou seu diálogo não terminado, a *Busca da verdade por meio da luz natural*? Nessa obra encontramos o porta-voz de Descartes, Eudoxo ("Bom Senso"), mostrando o caminho a Poliandro ("Muitos Homens") – um homem comum que se livrou de ser preenchido pelo estudo excessivo com opiniões preconcebidas – e atacando a confiança complacente de Epistemon (o "homem de erudição"). O projeto era substancial, e a composição do diálogo andava devagar, interrompendo-se logo após o ponto em que o próprio Poliandro descobre a verdade de que se eu estou duvidando, eu existo.[73] Em dezembro estava sendo celebrado o fim da Guerra dos Trinta Anos, e Descartes escreveu o texto de um balé para o "Nascimento da Paz". A rainha estava frequentemente ocupada com outros negócios, mas para manter sua mente livre de distrações ela providenciara para que suas lições de filosofia ocorressem às cinco horas da manhã. Descartes estava instalado na embaixada francesa em frente ao Palácio Real, mas tinha de cruzar uma ponte para chegar até o Palácio. Embora fosse de carruagem, ainda assim ele se resfriou e sucumbiu à febre. Esteve delirante por vários dias, recusando toda assistência médica, até que finalmente concordou em recebê-la. Ele faleceu em 11

---

[72] Carta de 9 de outubro de 1649 (AT V 429-431). Esta seria sua última carta a Elizabete; ao final ele diz: "Não posso garantir completamente o futuro". Em 15 de janeiro de 1650, ele escreveu a Brégy: "o desejo que tenho de retornar a minha remota solidão aumenta a cada dia... não estou em meu elemento aqui" (AT V 467: CSMK 384).

[73] AT X 521. A longa primeira parte do diálogo (AT X 492-527) foi publicada (em latim) com as *Regulae* em 1701. O início da versão original francesa foi encontrado entre os papéis de Leibniz. A data é muito discutida, mas vários pontos parecem indicar que as *Meditações* já haviam sido escritas.

de fevereiro de 1650, e suas últimas palavras a seu criado foram "*il faut partir*" ("é necessário partir").[74]

(Traduzido para o inglês por John Cottingham.)

---

[74] No túmulo temporário de Descartes, Chanut fez com que fosse gravado um belo epitáfio; ele é citado por Lipstorp, Borel, e Clerselier (ao final do prefácio ao vol. I de sua edição das cartas) e em AT XII 589-591. Após a morte de Descartes e a abdicação da Rainha Cristina, seu corpo foi levado para Paris, em 1667, para ser enterrado na Abadia de Sainte Geneviève, que foi mais tarde destruída durante a Revolução. A Convenção votou pela transferência do corpo para o Panthéon, mas isso foi recusado sob o Diretório. Em 1819, os restos mortais foram alojados na igreja de S. Germain-des-Prés. O químico sueco Berzelius, que estava em Paris na época, relata que foram encontrados fragmentos de ossos, mas não o crânio. Pouco depois, um crânio trazendo uma velha inscrição "René Descartes" foi posto a venda em Estocolmo. Berzelius comprou-o e ofereceu "para ser posto com os outros restos do filósofo" (carta a Cuvier, 6 de abril de 1821: AT XII 618-619). Cuvier guardou o crânio para o Museu de História Natural, onde é frequentemente colocado em exposição.

2 Descartes e o escolasticismo: O pano de fundo intelectual do pensamento de Descartes

Roger Ariew

O sistema cartesiano é comumente visto, como o era também na época de Descartes, como uma reação contra a filosofia escolástica, que ainda dominava o clima intelectual da Europa no início do século XVII. Mas não é suficiente, ao se discutirem as relações de Descartes com os escolásticos, simplesmente enumerar e comparar as várias doutrinas cartesianas e escolásticas. Para se entender o que distinguia Descartes tanto dos escolásticos quanto de outros inovadores, deve-se compreender as razões por trás das várias opiniões, mas, além disso, deve-se entender o contexto intelectual em que estas razões desempenhavam seu papel, para ver quais medidas táticas poderiam ter sido usadas para levar adiante alguma doutrina ou persuadir outros acerca dela. Neste ensaio, tento primeiro contrastar a atitude de Descartes para com a filosofia escolástica como vista através de sua correspondência com sua atitude enquanto revelada através de suas obras publicadas. Tento, em seguida, fornecer um panorama da pedagogia jesuíta e da filosofia jesuíta, o suficiente para se começar a compreender a tentativa de Descartes de obter apoio entre membros daquela ordem. Finalmente, descrevo algumas escaramuças entre Descartes e os jesuítas, para capturar o sabor de tais intercâmbios. Talvez a lição mais interessante a ser aprendida mediante um olhar sobre as relações de Descartes com a escolástica é o puro poder e autoridade do aristotelismo durante o século XVII.

A ATITUDE DE DESCARTES PARA COM O ENSINO DA FILOSOFIA ESCOLÁSTICA

Para a maioria, o tópico das relações de Descartes com a escolástica traz à mente os comentários depreciativos de Descartes, no *Discurso do método*, acerca da filosofia que lhe fora ensinada: "*Nos meus dias de colégio, descobri que não se poderia imaginar nada tão estranho nem tão incrível que não tenha sido dito por algum filósofo*" (AT VI 16: CSM I 118).[1] No *Discurso*, Descartes parece encontrar pouca coisa de valor em sua educação, incluindo sua educação nas ciências e filosofia escolásticas; quando muito, "a filosofia nos fornece os meios de falar plausivelmente sobre qualquer assunto e ganhar a admiração dos menos instruídos", e "a jurisprudência, a medicina e as outras ciências trazem honras e riquezas àqueles que as cultivam" (AT VI 8: CSM I 115); mas "não existe [na filosofia] nenhum ponto que não seja motivo de disputa e, portanto, que não seja duvidoso" e, "quanto às outras ciências, na medida em que tiram seus princípios da filosofia, [...] nada de sólido poderia ter sido construído sobre fundamentos tão instáveis" (ibid.).

Obviamente, o Descartes do *Discurso* representava a si próprio como insatisfeito com o aprendizado das escolas em geral. No entanto, podemos ter um vislumbre de um Descartes com uma atitude diferente, quando lemos sua correspondência. Em 1638, aproximadamente um ano após a publicação do *Discurso*, Descartes escreveu uma carta respondendo a uma solicitação de sua opinião acerca da educação adequada para o filho de um correspondente. Na carta, Descartes tentava dissuadir o correspondente de enviar seu filho para a escola na Holanda. De acordo com Descartes, "não há lugar na Terra onde a filosofia seja melhor ensinada que em La Flèche"

---

[1] Ênfase minha. O enunciado é ambíguo, é claro, entre Descartes ter aprendido a frase ciceroniana e ter chegado a dar-se conta do assunto por si mesmo. As declarações do *Discurso* são fórmulas que fazem eco de típicas asserções céticas; para o pano de fundo literário do *Discurso*, ver Gilson, *Discours de la méthode texte et commentaire*. Ainda assim, o caso é que o desacordo acerca de questões filosóficas e mesmo a estranheza das posições filosóficas são partes do conhecimento comum compartilhado por Descartes.

(AT II 378), a instituição jesuíta na qual ele próprio fora educado. Descartes apresentava quatro razões para preferir La Flèche. Primeiro, afirmava ele, "a filosofia é muito mal ensinada aqui [na Holanda]; os professores ensinam apenas uma hora por dia, por aproximadamente meio ano, sem nunca ditar quaisquer escritos, nem completar seus cursos em um tempo determinado". Segundo, aconselhava Descartes, "seria uma mudança muito drástica para alguém, quando saindo de casa pela primeira vez, estudar em outro país, com outra língua, outro modo de vida e outra religião"; La Flèche não era longe do lar do correspondente, e "há ali muitos jovens de todas as partes da França e eles formam uma mistura tão variada que, em conversa com eles, se aprende tanto quanto se se tivesse viajado para longe". Descartes em seguida elogiava como uma inovação benéfica a "igualdade que os jesuítas mantém entre si, tratando quase do mesmo modo os mais bem nascidos [*les plus releuez*] e os menos [*les moindres*]". E o mais importante, Descartes assegurava que, embora, em sua opinião, "não é como se tudo o que é ensinado em filosofia seja tão verdadeiro quanto os Evangelhos, não obstante, por ser a filosofia a chave para as outras ciências", ele acredita que "é extremamente útil ter estudado todo o currículo de filosofia, do modo como é ensinado nas instituições jesuítas, antes de comprometer-se a elevar a mente acima do pedantismo, a fim de tornar-se sábio no tipo correto [de filosofia]" (ibid.).

É claro que preferir La Flèche a uma universidade holandesa não é o mesmo que conferir um endosso incondicional a La Flèche. Por outro lado, algumas das declarações de Descartes, especialmente sua última afirmação, parecem de fato inconsistentes em relação àquelas do *Discurso*. Como poderia o Descartes do *Discurso* recomendar o aprendizado da filosofia escolástica como preparação para as ciências e para sua própria filosofia? O estudo da filosofia escolástica não é antitético em relação ao projeto cartesiano de livrar-se dos efeitos de anos de dependência em relação aos sentidos? Não iria o estudo da filosofia escolástica meramente reforçar aqueles maus hábitos? Ainda assim, o conselho de Descartes em sua carta parece franco e aberto. As três primeiras afirmações de Descartes na carta correlacionam-se muito bem com o que se pode descobrir como tendo sido realmente o estado da educação jesuíta do século XVII.

Descartes estava certo em sugerir que os estudantes teriam recebido mais ensino de filosofia, e um ensino de filosofia mais rigoroso, em La Flèche do que em uma universidade holandesa. O currículo de filosofia de La Flèche é razoavelmente bem conhecido, e a rotina diária de seus alunos é bem documentada.[2] Em La Flèche, assim como em outros colégios jesuítas da época,[3] o currículo de filosofia teria durado três anos (os três anos finais da educação de um estudante, isto é, da idade de mais ou menos 15 anos em diante). Teria consistido em preleções, proferidas duas vezes por dia em sessões de duas horas cada, a partir de um currículo determinado, baseado principalmente em Aristóteles e Tomás de Aquino. Durante o período de Descartes, o primeiro ano era dedicado à lógica e à ética, consistindo em comentários e questões baseados na *Isagoge* de Porfírio e nas *Categorias, Da Interpretação, Analíticos anteriores, Tópicos, Analíticos posteriores* e *Ética a Nicômaco* de Aristóteles. O segundo ano era dedicado à física e à metafísica, baseado principalmente na *Física, De Caelo, Da Geração e da corrupção* Livro I, e *Metafísica* Livros I, 2 e 11 de Aristóteles.[4] O terceiro ano de filosofia era um ano de matemática, consistindo em aritmética, geometria, música e astronomia, incluindo tópicos como frações, proporções, figuras elementares, técnicas para medi-

---

[2] Para mais informações a respeito de La Flèche e seu currículo, consultar Rochemonteix, *Un Collège de Jésuites aux XVIIe et XVIIIe siècles: le Collège Henri IV de la Flèche*; uma exposição mais popular do mesmo material pode ser lida em Sirven, *Les Années d'apprentissage de Descartes*.

[3] Para outros colégios, bem como teoria educacional jesuíta geral, consultar Wallace, *Galileo and His Sources, the Heritage of the Collegio Romano in Galileo's Science*; *Monumenta Paedagogica Societatis Jesu* (Matriti, 1901); e Dainville, *L'Education des Jésuites*; também Brockliss, "Aristotle, Descartes and the New Science: Natural philosophy at the University of Paris, 1600-1740", *Annals of Science* 38 (1981): 33-69; e idem, *French Higher Education in the Seventeenth and Eighteenth Centuries: A Cultural History*.

[4] Posteriormente, o segundo ano tornou-se o ano de física e matemática, sendo o terceiro ano dedicado à metafísica.

ção de distâncias e alturas, trigonometria, gnomônica, geografia e hidrografia, cronologia e ótica.⁵ Esperava-se que os alunos estudassem cuidadosamente as preleções de seus professores. A rotina diária dos alunos teria incluído um número de horas de estudo obrigatório. Eles tinham de mostrar seu trabalho diariamente a um monitor e repetir materiais tirados de suas preleções a um *repetitor*; seu aprendizado teria sido testado em debates orais semanais e mensais diante de seus pares e professores.

Ademais, Descartes não estava exagerando ao afirmar que a população de estudantes de La Flèche era diversificada, geograficamente bem como de outro modo. La Flèche aceitava meninos de todos os cantos da França e de todas as posições sociais. Nos dias de Descartes, seus internos contavam aproximadamente cem, e o colégio ensinava, em adição a esses, a por volta de mil e duzentos estudantes externos ou diurnos. Além disso, a igualdade de tratamento praticada pelos jesuítas, e mencionada por Descartes, parece ter sido de fato uma inovação no contexto da França do século XVII; ela parece ser verificável por meio de documentos disponíveis. Os filhos das famílias mais humildes viviam nos mesmos quartos que os das famílias mais enaltecidas. Ao chegar a La Flèche, alguém deixava sua espada no armorial. "Sem uma espada, um cavalheiro esquecia-se de seu nascimento; não haveria distinção entre nobre, burguês etc.".⁶ Há mesmo o caso de Jean Tarin, um dos contemporâneos de Descartes, nascido em Anjou em 1586, que fora para La Flèche "na pobreza, com os pés descalços e nada além de uma camisola e um saco de nozes e pão"; primeiro ele foi assistente de cozinha e varredor de salas por aproximadamente quatro anos, mas depois se tornou lacaio do jovem Comte de Barrant, que lhe propiciou os meios e o lazer para estudar. Em 1616, ele tornou-se professor de

---

⁵ Ver, por exemplo, Gaultruche, *Institutio totius mathematicae* (1656), um bom exemplo do que teria sido ensinado em matemática em La Flèche, pois Gaultruche foi um jesuíta que ensinou matemática em La Flèche e Caens.

⁶ Rochemonteix, *Un Collège de Jésuites*, vol. II, p. 27.

gramática do Collège Honcourt, em Paris, e em 1625 tornou-se o diretor do mesmo colégio.[7]

Deve-se concluir que a atitude para com a educação escolástica na filosofia exibida por Descartes em parte de sua correspondência representa de modo mais próximo os pontos de vista de Descartes em relação ao assunto; na pior das hipóteses, a carta ao correspondente anônimo acerca da educação do filho deste deveria valer como corretivo para a interpretação dos pontos de vista mais negativos de Descartes em relação à educação escolástica, tomados a partir do *Discurso*.[8]

Descartes solicita objeções: As cartas a Noel

Há outra carta, escrita por Descartes por volta da época da publicação do *Discurso*, que também lança dúvida sobre a confiabilidade de qualquer interpretação literal daquela obra. Em junho de 1637, Descartes escreveu a um de seus antigos professores enviando uma cópia de seu recém-publi-

---

[7] Ibid., pp. 25-27. De modo similar, Marin Mersenne, o principal correspondente de Descartes, foi um dos estudantes de origem humilde que estudou em La Flèche e desempenhou um papel na vida intelectual do século XVII. Para a biografia intelectual de Mersenne, ver Lenoble, *Mersenne ou la naissance du mécanisme*, ou Dear, *Mersenne and the Learning of the Schools*.

[8] Como já indiquei, é difícil reconciliar o entusiasmo de Descartes por La Flèche com sua atitude acerca da educação escolástica apresentada no *Discurso*. É claro que Descartes está meramente acentuando o rigor acadêmico do ensino, a disciplina, e o espírito social de La Flèche; em face disso, tal posição é bastante compatível com a tese do *Discurso*, de que os assuntos ensinados não eram de muito uso. Mas por que alguém recomendaria uma escola mais rigorosa ao invés de uma menos rigorosa, quando aquilo que é ensinado mais rigorosamente é de pouco uso? Essa questão torna-se mais premente quando nos damos conta de que já em 1634 Regius (Cadeira de Medicina, e, de 6 de setembro em diante, Professor extraordinário em Utrecht) ministrava lições privadas sobre física e filosofia cartesianas, tendo sido ensinado por Reneri. Uma coisa é recomendar La Flèche como a melhor entre as piores, mas outra coisa é recomendá-la em vez de Utrecht, onde se poderia aprender filosofia cartesiana.

cado *Discurso*. Como coloca Descartes, ele envia o volume como um fruto que pertence a seu professor, *cujas primeiras sementes foram plantadas por ele em sua mente*, assim como devia também à ordem de seu professor (a Ordem dos Jesuítas) o pouco conhecimento que tinha das letras (AT I 383).

Ora, é verdade que Descartes enviou cópias do *Discurso* a um grande número de pessoas: amigos íntimos, a nobreza, vários intelectuais, jesuítas e outros.[9] É também verdade que Descartes indica na carta o fato de não ter mantido contato com seus antigos professores após ter deixado La Flèche: "Estou certo de que não guardastes o nome de todos os alunos que tivestes há vinte e três ou vinte e quatro anos atrás, quando ensinastes filosofia em La Flèche, e de que sou um daqueles que foram apagados de vossa memória".[10] Ademais, a tentativa de promover suas obras tornando-as foco de discussão já era parte da estratégia de Descartes. Quando, em 1641, Descartes publicou as *Meditações sobre filosofia primeira*, ele o fez juntamente com uma série de *Objeções* e *Respostas* à obra. Ele tivera a esperença de fazer o mesmo com o anterior *Discurso*. Na Parte VI do *Discurso*, Descartes anuncia:

> Muito me agradaria que [as pessoas] examinassem [meus escritos critos], e, a fim de que se tenha maior oportunidade, peço a todos aqueles que tiverem objeções a fazer que se deem ao trabalho de enviá-las ao meu editor, para que, avisado por ele, eu tente publicar minha resposta ao mesmo tempo que as objeções; por esse meio, vendo juntas umas e outras, os leitores julgarão mais facilmente a verdade (AT VI 75: CSM I 149).

---

[9] Ver, por exemplo, a carta de 14 de junho de 1637 a Huygens (?): AT I 387, na qual Descartes indica que, das três cópias do *Discurso* inclusas, uma é para o destinatário da carta, outra para o Cardeal de Richelieu, e a terceira para o próprio rei.

[10] AT I 383. Esta sentença permite adivinhar que o destinatário da carta é o Padre Etienne Noël, *repetitor* de Descartes em filosofia, especialmente dado que Noël era diretor de La Flèche em 1637. Ver Rodis-Lewis, "Descartes et les mathématiques au collège", em: Grimaldi e Marion (eds.), *Le Discours et sa méthode*, p. 190 n; ver também idem, "Descartes aurait-il eu un professeur nominaliste?" e "Quelques Questions disputées sur la jeunesse de Descartes", em: *Idées et vérités éternelles chez Descartes*, pp. 165-181.

Assim, a carta escrita por Descartes a seu antigo professor deve ser lida conforme o contexto acima; a carta era uma parte e uma parcela da estratégia de Descartes para promover discussões acerca de seus pontos de vista. E é claro que Descartes solicitava objeções de seu professor e de outros membros da ordem jesuíta na carta: "Se, dando-se ao trabalho de ler este livro ou de fazê-lo ser lido por outros membros de vossa [ordem] que possuem mais tempo e notando erros nele, os quais sem dúvida são numerosos, vós me fizésseis o favor de pôr-me a par delas, continuando assim a instruir-me, eu ficaria extremamente grato" (AT I 383). Ainda assim, é curioso ver o Descartes do *Discurso* sendo tão obsequioso e enviando seu trabalho a seus professores "como fruto pertencente a eles, e cujas sementes eles plantaram".

Não temos uma resposta do antigo professor de Descartes, mas podemos inferir o que ele disse, dado que temos uma segunda carta de Descartes endereçada a ele, escrita em outubro de 1637. Descartes agradecia a seu correspondente ter-se lembrado dele e dar sua promessa de ter o livro examinado e as objeções encaminhadas. Descartes pressionava seu correspondente a anexar suas próprias objeções, dizendo que não havia nenhuma objeção cuja autoridade seria maior e nenhuma que ele desejasse mais (AT I 454-6). Descartes acrescentava que ninguém teria mais interesse em examinar seu livro que os jesuítas, uma vez que ele não via como alguém poderia continuar a ensinar as matérias tratadas, por exemplo, a meteorologia, como o fazia a maioria dos colégios jesuítas, sem refutar o que ele havia escrito e sem tampouco segui-lo. No entanto, ao final da carta Descartes parecia reconhecer a razão pela qual os jesuítas poderiam não aceitar de bom grado sua filosofia; ele tentou responder à dificuldade:

> Uma vez que sei que a principal razão que requer que aqueles de vossa ordem rejeitem com extremo cuidado todos os tipos de *novidades* em assuntos de filosofia é o medo que eles têm de que essas razões provoquem também mudanças na teologia, quero particularmente indicar que não há nada a temer deste lado acerca dessas coisas, e que sou capaz de agradecer a Deus o fato de que as opiniões que me pareceram mais verdadeiras na física, em considerando as causas naturais, foram sempre aquelas que melhor concordaram com os mistérios da religião (AT I 455-6: CSMK 75; ênfase acrescentada).

Descartes estava certo de que um obstáculo às relações amigáveis com os jesuítas seria a aversão destes em relação a toda novidade, por causa do desejo que tinham de salvaguardar a teologia, e de que eles o veriam corretamente como oferecendo novidades. Como em situações anteriores, Descartes parecia entender bem sua situação; ele parecia ter uma compreensão clara das práticas e dos objetivos educacionais jesuítas do século XVII.

A pedagogia jesuíta nos séculos XVI e XVII

Houve um renascimento da filosofia tomista durante a segunda metade do século XVI. Durante todo o Concílio de Trento (1545-1563), a *Summa Theologiae* de Tomás foi colocada ao lado da Bíblia, na mesma mesa, para ajudar o concílio em suas deliberações, de modo que este pudesse derivar respostas apropriadas. Em 1567, o Papa Pio V proclamou Santo Tomás de Aquino Doutor da Igreja. Santo Inácio de Loyola, fundador dos jesuítas, aconselhava-os a seguirem as doutrinas de Santo Tomás em assuntos de teologia.[11] Naturalmente, teria sido difícil seguir Santo Tomás em teologia sem aceitar também boa parte de sua filosofia; e seguir Santo Tomás em filosofia teria exigido que se seguisse também Aristóteles. Nada disso fora inesperado; o conselho de Inácio foi formalizado na *ratio studiorum* de 1586 dos jesuítas: "Em lógica, filosofia natural, ética e metafísica, deverá ser seguida a doutrina de Aristóteles".[12] O sabor desse conselho pode ser captado através de uma circular do chefe da Ordem dos Jesuítas (Fraçois de Borgia) aos Superiores da Ordem, escrita logo após o fim do Concílio de Trento e imbuída do espírito do Concílio e do concelho de Santo Inácio de Loyola. Cito a circular completa:

---

[11] Rochemonteix, *Un Collège de Jésuites*, vol. IV, p. 10, citando Inácio de Loyola: "in theologia praelegendum esse S. Thomam".

[12] Ibid., p. 8n.

Aquilo que deve ser sustentado em teologia e filosofia

Que ninguém defenda ou ensine nada oposto, depreciativo ou desfavorável à fé, seja em filosofia ou em teologia. Que ninguém defenda nada contra os axiomas recebidos pelos filósofos, tais como: há somente quatro tipos de causas;[13] há somente quatro elementos;[14] há somente três princípios das coisas naturais;[15] o fogo é quente e seco; o ar é úmido e quente.[16]

---

[13] Os quatro tipos de causas, como dadas na *Física* de Aristóteles, Livro II, caps. 3-10, são: formal, material, eficiente e final; todos os quatro tipos estariam envolvidos na explicação completa de uma mudança. Por exemplo, na explicação aristotélica da reprodução do homem, a causa material é a matéria fornecida pela mãe, a causa formal é a forma específica do homem (isto é, animal racional), a causa eficiente é fornecida pelo pai, e a causa final é o fim para o qual o processo é dirigido.

[14] Aristóteles discute os quatro elementos no *De Caelo* III e IV. Os elementos, isto é, terra, água, ar e fogo, são caracterizados por pares dos contrários: quente e frio, seco e úmido (*Da Geração e da corrupção* I). Na teoria do movimento de Aristóteles, os elementos movem-se naturalmente em um movimento retilíneo, em que os primeiros dois elementos têm um movimento natural para baixo, em direção ao centro do universo, enquanto os outros dois têm um movimento natural para cima, em direção à periferia da região sublunar. Isso cria uma distinção entre o mundo sublunar dos elementos e o mundo supralunar dos céus, cujo éter move-se naturalmente em um movimento circular.

[15] Os três princípios das coisas naturais são forma, matéria e privação, discutidos por Aristóteles no Livro I da *Física*. A forma de uma coisa é sua atualidade, enquanto a matéria é sua potencialidade; privação é o que a coisa não é. Por exemplo, em uma mudança na qual a água passa de fria a quente, o calor é a forma de que a coisa carece, mas é a água, a matéria ou o sujeito, que recebe a forma e torna-se quente (o próprio frio ou a matéria pura não mudam). A mudança é o ganho ou a perda de formas; mas algumas formas são essenciais e não podem ser perdidas (por exemplo, o homem não pode perder a forma "animal racional" e continuar sendo homem). Assim, uma forma é acidental quando confere uma nova qualidade a uma substância já formada – calor, por exemplo. Por outro lado, uma forma substancial confere ser (existência); há geração de um novo ente quando uma forma substancial une-se com a matéria, e destruição real quando uma forma substancial se separa da matéria.

[16] Estes "axiomas" são suficientes para banir as filosofias epicurista, estoica e atomista. Os epicuristas e atomistas explicam a mudança pela substituição ou rearranjo de partículas básicas, os átomos, e não pela substituição de formas em uma matéria capaz de aceitar várias formas. Ademais, para um epicurista ou um atomista, as próprias partículas seriam mais básicas que os elementos, e uma insistência em quatro elementos iria contra a cosmologia estoica.

Que ninguém defenda nada contra a opinião mais comum dos filósofos e teólogos, por exemplo, que os agentes naturais agem à distância sem um meio.[17]

Que ninguém defenda qualquer opinião contrária à opinião comum sem consultar o Superior ou Monitor.

OPINIÃO QUE [OS JESUÍTAS] DEVEM SUSTENTAR, ENSINAR E MANTER COMO VERDADEIRA

Acerca de Deus. O poder de Deus é infinito em intensidade; Ele é um agente livre, de acordo com a verdadeira filosofia. Sua Providência estende-se a todos os entes criados em geral, a cada um em particular, e a todas as coisas humanas; Ele conhece todas as coisas presentes, passadas e futuras, de acordo com a verdadeira filosofia.

Acerca dos Anjos. Os anjos são verdadeiramente dispostos em categorias e não são puro ato, de acordo com a verdadeira filosofia. Eles encontram-se em um lugar e movem-se localmente de lugar para lugar, de modo que não se deve sustentar que eles não se encontram em um lugar e não se movem, e também de modo que sua substância encontra-se presente de alguma maneira em um lugar e depois em outro.

Acerca do Homem. A alma intelectiva é verdadeiramente a forma substancial do corpo, de acordo com Aristóteles e a verdadeira filosofia. A alma intelectiva não é numericamente uma em todos os homens, mas há uma alma distinta e própria em cada homem, de acordo com Aristóteles e a verdadeira filosofia.[18] A alma intelectiva é imortal, de acordo com Aristóteles e a verdadeira filosofia. Não há diversas almas no homem, as almas intelectiva, sensitiva e vegetativa, e nem há dois

---

[17] Esta "noção comum" é suficiente para rejeitar a filosofia de escolásticos não tomistas, como os ockhamistas. Em seu *Comentário às Sentenças* II, Q. 18, Ockham aceita uma explicação do magnetismo como ação à distância, sem a intervenção de um meio, em vez de aceitar um meio como necessário à propagação de uma qualidade magnética.

[18] O alvo desta opinião é a doutrina averroísta da unidade numérica da alma intelectiva, isto é, a doutrina que nega a existência das almas individuais e afirma que há somente uma alma intelectiva.

tipos de almas nos animais, as almas sensitiva e vegetativa, de acordo com Aristóteles e a verdadeira filosofia.[19] A alma, seja no homem ou nos animais, não se encontra na pelagem ou nos cabelos. Os poderes sensitivo e vegetativo no homem e nos animais não têm seu sujeito na matéria-prima. Os humores são, de alguma maneira, parte do homem e dos animais. O ente inteiro de substância composta não é unicamente em forma, mas em matéria e forma.

Varia. Os predicáveis são cinco em número. A essência divina não têm uma única subsistência comum a três pessoas, mas apenas três subsistências pessoais. O pecado é um mal formal e uma privação, não algo positivo. Não somos causas de nossa própria predestinação.

Que todos os professores conformem-se a estas prescrições; que não digam nada contra as proposições aqui enunciadas, seja em público ou em privado; sob nenhum pretexto, nem mesmo o da piedade ou verdade, devem eles ensinar qualquer coisa outra que não seja aquela que estes textos estabeleceram e definiram. Isto não é apenas uma admoestação, mas um ensinamento que impomos.[20]

Alguém pode conjecturar se a tentativa de Descartes visando obter a aceitação de sua filosofia pelos jesuítas não era um empenho quixotesco, dado o texto acima. Descartes tentou de fato indicar que suas doutrinas não eram perigosas para a fé; mas os jesuítas definiam o perigo à fé como qualquer novidade, seja em teologia ou em filosofia, especialmente no que dizia respeito aos axiomas e às opiniões comuns do escolasticismo. E Descartes não teria um desempenho muito bom a esse respeito. Ele rejeitava as quatro causas, argumentando que causas finais não são apropriadas para a

---

[19] O alvo desta opinião parece ser as doutrinas agostiniana e franciscana da pluralidade das formas substanciais. João Duns Escoto e Guilherme de Ockham sustentavam a tese de que o homem é um composto de formas (racional, sensitiva etc.), uma tese rejeitada por Tomás de Aquino, o qual argumentava que há somente uma forma ou alma no homem (a alma racional), que desempenha as funções que as outras almas desempenham nos entes inferiores.

[20] Bibliothèque Nationale, mss. fond latim, n. 10989, regist. ord. fol. 87, conforme transcrito em Rochemonteix, *Un Collège de Jésuites*, vol. IV, pp. 4n-6n.

filosofia natural.²¹ Ele rejeitava os quatro elementos e sustentava que havia apenas um tipo de matéria, e que todas as suas variedades poderiam ser explicadas como modificações da extensão.²² Além disso, Descartes não aceitava os três princípios aristotélicos de matéria, forma e privação. Exceto pelos entes racionais, que possuem mentes, Descartes rejeitava a doutrina das formas substanciais.²³ E finalmente, embora Descartes pudesse ter concordado que o fogo é quente e seco, e o ar é quente e úmido, teria sido como descrição fenomenológica, e não como representando qualquer realidade básica; tais enunciados teriam sido inconsistentes com a filosofia mecânica de Descartes, que exigia algum tipo de corpuscularismo, bem como uma rejeição das causas finais e das formas substanciais (exceto no caso do corpo do homem enquanto enformado por uma alma).

Por outro lado, Descartes teria concordado com a opinião comum de que os agentes naturais não agem à distância sem um meio.²⁴ O interessante é que Descartes podia aceitar todas as opiniões teológicas e filosóficas acerca de Deus, dos anjos e do homem que os jesuítas eram obrigados a sustentar e defender, inclusive que o poder de Deus é infinito em intensidade;²⁵ que Ele é um agente livre;²⁶ que a alma intelectiva no homem é a

---

21 Ver Quarta Meditação: AT VII 55 e outras passagens.
22 Regra IV: AT X 442, por exemplo. Se quiséssemos aproximar mais Descartes de Aristóteles (como faz R. Le Bossu, em *Parallèle des principes de la physique d'Aristote et de celle de Descartes* [Paris, 1674], pp. 286-287), poderíamos dizer que Descartes aceita três dos quatro elementos de Aristóteles, isto é, o fogo, o ar e a terra (ver, por exemplo, *Le Monde*: AT XI 25.) Mas isso seria desconsiderar a importante diferença de que os elementos de Aristóteles são diferenciados *qualitativamente*, enquanto há somente uma diferença quantitativa entre os elementos de Descartes.
23 Ver *Princípios* IV, art. 198 e outras passagens; Descartes não diz (em uma carta a Regius: AT III 491-492) que rejeita as formas substanciais abertamente, ele meramente afirma que elas não são necessárias; o contexto da afirmação é uma carta interessante na qual Descartes aconselha Regius a abster-se de disputas públicas e de propor novas opiniões (que alguém deve reter as velhas opiniões em nome, fornecendo apenas novas razões).
24 Descartes é um mecanicista; seu mundo é um *plenum*. Para a impossibilidade do vácuo, ver AT IV 329.
25 Terceira Meditação, AT VII 45-50 (AT IX 32-40).
26 AT I 152 e outras passagens.

forma substancial do corpo;[27] que a alma intelectiva não é numericamente uma, compartilhada por todos os homens, e que há apenas uma alma no homem (AT III 369-371: CSMK 182); que o pecado é uma privação, e não algo positivo (AT VII 54: CSM II 38). A única exceção notável era a negação de Descartes das almas animais, tanto sensitivas quanto vegetativas (AT III 369-372; AT VI 56-59). Talvez Descartes tenha pensado que sua ortodoxia em relação a assuntos teológicos levaria à aceitação de suas novidades filosóficas, uma vez que elas fossem vistas como se harmonizando com as doutrinas teológicas católicas.

Talvez também durante a época de Descartes houvesse uma interpretação um pouco mais liberal do conselho de Inácio de Loyola para seguir Tomás de Aquino. A dificuldade tradicional em relação a esse conselho era que havia muitas autoridades divergentes, incluindo as autoridades dos Padres da Igreja. Esse problema foi tratado de modo franco em uma circular de Cláudio Aquaviva, 5º Geral dos jesuítas (1580-1615), a seus Superiores, escrita a fim de expressar claramente os princípios básicos subjacentes à *ratio studiorum* de 1586:

> Sem dúvida, não julgamos que, no ensino da teologia escolástica, devemos proibir as opiniões de outros autores quando elas são mais prováveis e mais comumente aceitas que as de Santo Tomás. Contudo, por ser sua autoridade, sua doutrina, tão certa e mais geralmente aprovada, as recomendações de nossas Constituições exigem que o sigamos *costumeiramente*. Isto é assim porque todas as suas opiniões, quaisquer que sejam (exceto aquelas acerca da imaculada conceição da Virgem Santíssima), podem ser defendidas, e não devem ser abandonadas exceto após um longo exame e por sérias razões.

Essa interpretação do conselho de Inácio de Loyola traçava uma linha estreita entre seguir *costumeiramente* as opiniões de Tomás e abandoná-las por razões extraordinárias, após longo exame. Certamente Descartes teria

---

[27] Para a doutrina de que a unidade numérica de um corpo não depende de sua matéria, mas de sua forma, que é a alma, ver a carta a Mesland: AT IV 346: CSMK 278.

pensado que abandonava as opiniões de Tomás somente por sérias razões, após um longo exame. A tarefa de Descartes teria sido a de demonstrar suas razões, para mostrar que elas eram mais prováveis. Mas a circular de Aquaviva continuava: "Deve-se ter como principal objetivo do ensino o fortalecimento da fé e o desenvolvimento da piedade. Portanto, ninguém deve ensinar algo que não esteja em conformidade com a Igreja e as tradições aceitas, ou isso pode diminuir o vigor da fé ou o ardor de uma sólida piedade". A intenção de Aquaviva era clara. O principal objetivo do ensino é a manutenção da fé, e a nada deve ser permitido interferir com este objetivo. Todo ensino deve conformar-se à fé; e uma vez que as tradições aceitas sabidamente conformam-se à fé, elas devem ser ensinadas e as novidades devem ser evitadas. A circular continuava:

> Tentemos, mesmo quando não há nada a temer pela fé e pela piedade, evitar que sejamos suspeitos de querer criar algo novo ou ensinar uma nova doutrina. Portanto, ninguém deve defender qualquer opinião que vai contra os axiomas aceitos em filosofia ou em teologia, ou contra aquilo que a maioria dos homens competentes julgariam como sendo o sentimento comum das escolas teológicas.
> Que ninguém adote novas opiniões nas questões já tratadas por outros autores; de modo similar, que ninguém introduza novas questões nos assuntos relacionados de alguma maneira à religião ou nos assuntos de alguma importância, sem primeiro consultar o Monitor de estudos ou o Superior.[28]

A proibição contra a sustentação ou o ensino de novas doutrinas, contra a adoção de novas opiniões e até mesmo contra a introdução de novas questões, a fim de não diminuir a fé de qualquer maneira, teria certamente tornado difícil, se não impossível, para Descartes fazer com que seus pontos de vista fossem aceitos. As opiniões de Descartes iam contra muitos dos axiomas aceitos na filosofia. Teria sido uma avaliação muito otimista

---

[28] Bibliothèque Nationale, mss. fonds latinos, n. 10989, em 4 Reg. ord., como transcrito em Rochemonteix, *Un Collège de Jésuites*, vol. IV, pp. 11n-12n.

pensar que ele pudesse obter aceitação entre uma maioria de homens competentes nas escolas teológicas.

Ainda assim, tão conservadoras quanto pudessem parecer as práticas jesuítas, havia sempre a possibilidade de que novas doutrinas viessem a ser aceitas, especialmente aquelas que não pareciam ameaçar a fé, aquelas que pareciam distantes de assuntos teológicos. É quase paradoxal que uma ordem aparentemente tão conservadora em relação à filosofia e à teologia, com uma pedagogia que rejeitava a novidade, fosse capaz de produzir trabalhos originais em meteorologia, teoria magnética, geologia e matemática.[29] Por outro lado, as razões pelas quais os jesuítas evitavam as novidades não eram dogmáticas, mas decorrentes da prudência. Poder-se-ia portanto esperar uma rígida aderência a posições oficiais, em relação a doutrinas consideradas perigosas para a piedade, combinada com alguma tolerância em relação a doutrinas consideradas não ameaçadoras.

É exatamente uma tal mistura de doutrinas conservadoras e progressistas que pode ser frequentemente observada; por exemplo, aqui estão algumas doutrinas de uma tese pública em física, apresentada por um estudante de La Flèche, Jean Tournemine, em 1642.[30] Na seção a respeito do mundo e dos céus, ele nos diz que "os astros e o firmamento não são movidos por um princípio interno, mas por inteligências". A tese parece ser uma rejeição de alguns elementos progressistas da física escolástica, que poderiam ter aberto um caminho para o princípio de inércia.[31] Por outro lado, ele nos diz também que "a autoridade apostólica nos ensina que há três céus. O primeiro é o dos planetas, cuja substância é fluida, como é

---

[29] Cf. Heilbron, *Electricity in the Seventeenth and Eighteenth Centuries: A Study in Early Modern Physics*.

[30] Joannes Tournemyne (La Flèche, 1642), conforme editado em Rochemonteix, *Un Collège de Jésuites*, vol. IV, pp. 365-368.

[31] Incluindo a rejeição de doutrinas escolásticas do século XIV, como um ímpeto circular para os céus. Cf. Nicolau de Oresme, *Livre du ciel et du monde*, ed. e trad. Menu e Denomy; e Alberto de Saxe, *Quaestiones super quatuor libros de caelo et mundo* (1516).

mostrado por observações astronômicas; o segundo é o firmamento, um corpo sólido como seu nome implica; e o terceiro é o empíreo, no qual os astros são especificamente distintos dos céus". Essa estranha teoria dos céus rompe com a explicação aristotélico-ptolomaica dos céus, em voga no século XVII, que era ela própria uma modificação do sistema aristotélico de esferas concêntricas, com o acréscimo dos epiciclos e excêntricos tridimensionais ptolomaicos.[32] A teoria do estudante de La Flèche está claramente em discordância com os princípios aristotélicos acerca dos céus; a hipótese de um primeiro céu fluido (e a teoria como um todo) parece mais adequada ao esquema tychoniano.[33]

Quanto aos elementos, é afirmado que "a partir da definição de elemento, é óbvio que quatro devem ser postulados, isto é, terra, água, ar e fogo, nem mais nem menos", e "calor, frio, umidade e secura são qualidades ativas primárias". Estas são asserções extremamente rígidas a respeito da doutrina escolástica que parecia a mais atacada no século XVII, especialmente o enunciado de que a definição de elemento requer exatamente

---

[32] Como representada, por exemplo, em Eustachius a Sancto Paulo, *Summa Philosophica Quadripartita* (1609), Parte III, p. 96. É interessante notar que a "autoridade apostólica" é invocada a favor da teoria. Cf. as *Louvain Lectures* de Bellarmine, trad. Baldini e Coyne, *Studi Galileiani* I (1984).

[33] A oposição entre fluido e sólido indica que a tese não é uma versão das esferas concêntricas tornadas fluidas. Ver Grant, "Celestial Orbs in the Latin Middle Ages". A razão pela qual esta teoria dos céus parece ser tychoniana é que a solidez é atribuída ao firmamento, ou corpo celeste mais externo, contendo o universo fluido dos planetas. A fluidez é atribuída ao mundo dos planetas por causa de "observações astronômicas". Isto parece aludir ao tipo de observações de cometas e novas que Tycho Brahe usou para argumentar contra a solidez das esferas celestes planetárias. O sistema tychoniano, no qual a Terra era o centro do universo, com os planetas girando em torno do Sol como seu centro, era um perfeito meio-termo entre o antigo sistema aristotélico-ptolomaico e o sistema heliocêntrico copernicano; ele não exigia uma nova física para o movimento da Terra. Ele exigia, no entanto, um céu planetário fluido, uma vez que as trajetórias de alguns planetas se interceptavam. Descartes discute sistemas astronômicos, inclusive o de Tycho Brahe, em *Princípios* III 16-19, 38-41.

quatro elementos.³⁴ Ele nos diz também (como esperado) que "o sistema de Copérnico acerca da rotação diurna da terra e sua revolução em torno de seu próprio centro, que é o Sol imóvel, é falsa e imprudente"; mas ele nos diz que "nenhum dos experimentos populares é suficiente para atacá-la". Esta última admissão parece ser bastante progressista (em dependência da referência a "experimentos populares"), uma vez que parece indicar a aceitação da relatividade do movimento.³⁵

Há uma tensão palpável entre o vigor intelectual da nova Ordem dos Jesuítas estabelecendo um sistema educacional completamente novo e a tentativa de rejeitar as novidades. Essa tensão é evidente até mesmo em um importante evento do qual o jovem Descartes deve ter participado, a primeira celebração memorial da morte de Henrique IV, o patrono de La Flèche, em 4 de junho de 1611. Para a ocasião, os estudantes de La Flèche compuseram e recitaram versos. As composições foram publicadas para a posteridade como *Lacrymae Collegii Flexiensis* (La Flèche, 1611). Um dos poemas tem o improvável título "Acerca da Morte do Rei Henrique, o Grande, e a Descoberta de Alguns Novos Planetas ou Astros Móveis em Torno de Júpiter Notados

---

³⁴ Ver Reif, "The texbook tradition in natural philosophy, 1600-1650".

³⁵ É difícil dizer o que exatamente era argumentado pelo estudante em sua tese. Mas havia muitos "experimentos populares" na época afirmando refutar a astronomia copernicana; por exemplo, balas de canhão disparadas à mesma distância para o leste e para o oeste eram usadas como evidência contra a rotação da Terra exigida pelo sistema copernicano. De acordo com os princípios modernos da física, estes resultados não podem ser considerados contra a rotação da Terra, de modo que a admissão, por parte do estudante, de que "experimentos populares" não podem derrotar o copernicanismo é interessante. Durante o mesmo período, defensores do copernicanismo, como Gassendi e Mersenne, utilizavam experimentos similares em defesa do copernicanismo: uma pedra caindo do mastro de um navio em movimento cai paralelamente ao mastro – *De motu impresso a motore translato* (Paris, 1642), relatado por Mersenne em seus *Cogitata* (Paris, 1644). Devemos assinalar que chamar o sistema copernicano de "falso e imprudente" é menos severo que chamá-lo de "tolo e absurdo em filosofia e formalmente herético", como fez a Igreja em 1616. Ver abaixo para a reação de Descartes à condenação do heliocentrismo de Galileu por parte da Igreja em 1633.

por Galileu, Famoso Matemático do Grão-Duque de Florença".³⁶ O poema tem pouco mérito literário, mas nele o leitor tem sua atenção voltada para a imagem do Sol girando em torno da Terra, apiedando-se da tristeza do povo francês pela perda de seu rei e oferecendo-lhes um novo archote – os novos astros em torno de Júpiter. O poema combina uma visão ingênua e poética do Sol com um anúncio da descoberta das luas de Júpiter por Galileu, ocorrida no ano anterior.³⁷ O poema sugere

---

³⁶ Em Rochemonteix, *Un Collège de Jésuites*, vol. I, pp. 147n-148n:

> La France avait déjà repandu tant de pleurs
> Pour la mort de son Roy, que l'empire de l'onde
> Gros de flots ravageait à la terre ses fleurs,
> D'un déluge second menaçant tout le monde;
>
> Lorsque l'astre du jour, qui faisait la ronde
> Autour de l'Univers, meu des proches malheurs
> Qui hastaient devers nous leur course vagabonde
> Lui parla de la sorte, au fort de ses douleurs;
>
> France de qui les pleurs, pour l'amour de ton Prince,
> Nuisent par leur excès àtoute autre province,
> Cesse de t'affliger sur son vide tombeau;
>
> Car Dieu l'ayant tire tout entier de la terre
> Au ciel de Jupiter maintenant il esclaire
> Pour servir aux mortels de céleste flambeau.

[A França havia já derramado tantas lágrimas/ Pela morte de seu Rei, que o império das ondas,/ Pesado com a água, devastou à terra suas flores,/ Ameaçando todo o mundo com um segundo dilúvio;/ Quando o astro do dia, fazendo sua ronda/ Em torno do Universo, movido pelo desastre próximo/ Que se apressou em direção a nós em seu curso errante/ Falou-lhe desta sorte, em meio a suas dores: França, cujas lágrimas, pelo amor de teu Príncipe,/ Ferem por seu excesso a todas as outras províncias,/ Pare de afligir-se sobre sua tumba vazia;/ Pois tendo Deus o levado inteiramente da terra/ O céu de Júpiter ele agora ilumina,/ Para servir de fogo celeste aos mortais.]

³⁷ Galileu, *Siderius Nuncius*.

que os estudantes de La Flèche haviam sido informados da descoberta, mas talvez não de sua significância, seu uso como argumento a favor do sistema copernicano e contra o aristotélico.

Primeiras objeções e respostas:
A correspondência com Morin

A solicitação de objeções feita por Descartes e seu envio de cópias não produziram muitos frutos. De início, Descartes não tinha certeza se receberia uma reação favorável da parte dos jesuítas. Assim escreveu ele a Huygens:

> Quanto ao meu livro, não sei que opinião as pessoas leigas terão dele; quanto às pessoas das escolas, entendo que elas estão mantendo-se quietas, e que, aborrecidas por não encontrarem nele algo para se apoderarem a fim de exercitar seus argumentos, contentam-se em dizer que, se o que está contido nele for verdadeiro, toda a sua filosofia terá de ser falsa (AT II 48).

Mas ele tinha esperança; na mesma carta, ele escreveu:

> Há pouco recebi uma carta de um dos jesuítas de La Flèche, na qual encontro tanta aprovação quanto desejaria de quaquer um. Até agora ele não encontra dificuldade em nada que eu quis explicar, mas apenas com o que eu não quis escrever; como resultado, ele aproveita a ocasião para solicitar minha física e minha metafísica com grande insistência. E uma vez que compreendo a comunicação e a união que existem entre os daquela ordem, o testemunho de um deles sozinho é suficiente para me permitir esperar ter todos eles do meu lado (AT II 50).

Finalmente, Descartes recebeu várias respostas; entre elas encontravam-se uma de Libertius Fromondus, um antiatomista, uma do aluno de Fromondus,

Plempius, e uma terceira do aristotélico progressista Jean Baptiste Morin.[38] Fromondus tratava Descartes como um atomista e enviou-lhe um tratado contra os epicuristas e atomistas, que ele havia escrito anteriormente; mas não respondeu à resposta de Descartes. Descartes escreveu a Huygens acerca do intercâmbio: "Quanto a Fromondus, o pequeno desentendimento que tivemos não merece vossa atenção... De qualquer modo, a disputa entre nós foi mais como um jogo de xadrez; nós permanecemos bons amigos".[39] A correspondência com Plempius foi mais longa, com muitas cartas debatendo questões biológicas, como a teoria da circulação do sangue, sendo trocadas entre eles.[40] Mas o intercâmbio mais interessante foi o que houve entre Descartes e Jean Baptiste Morin, que escreveu a Descartes em 22 de fevereiro de 1638 com alguns comentários sobre a astronomia e a teoria da luz de Descartes.

No intercâmbio, Morin envolveu Descartes em algumas questões filosóficas provocativas. Primeiro, Morin reclamava de que uma vez que a mente de Descartes era acostumada às mais sutis e elevadas especulações da matemática, este fechava-se e barricava-se em seus próprios termos e maneiras de falar, de modo tal que parecia inicialmente quase inexpugnável (AT I 540). Ele então dizia:

> No entanto, não sei o que esperar de vós, pois alguns levaram-me a crer que, se eu usasse os termos das escolas, mesmo um pouco, vós

---

[38] Mersenne perguntou a Descartes se os estrangeiros formulavam objeções melhores que as dos franceses. Descartes respondeu que não contava como francesas nenhumas das que havia recebido, a não ser as objeções de Morin. Ele fez alusão a uma disputa com Petit, a qual rejeitava, dizendo que não levou Petit a sério, mas simplesmente zombou dele em troca. Ele lista então as objeções dos estrangeiros: Fromondus de Louvain, Plempius, um jesuíta anônimo de Louvain, e alguém da Haia. AT II 191-192: CSMK 105.

[39] AT II 49. A correspondência entre Descartes e Fromondus, bem como aquela entre Descartes e Morin, é discutida por Daniel Garber em "Descartes, the Aristotelians, and the revolution that did not happen in 1637".

[40] A correspondência entre Descartes e Plempius é discutida por Marjorie Grene, "Animal mechanism and the Cartesian vision of nature", em Brophy (ed.), *The Cartesian and Newtonian Revolution: Essays on Matter, Motion, and Mechanism*; ela não foi sempre um intercâmbio prazeiroso.

instantaneamente me julgaríeis mais digno de desprezo que de resposta. Mas, lendo vosso discurso, não vos julgo inimigo das escolas, como sois representado... As escolas parecem apenas ter falhado ao estarem mais ocupadas com a especulação em busca dos termos necessários para tratar as coisas, que na investigação da própria verdade das coisas mediante bons experimentos; assim elas são pobres na segunda e ricas na primeira. É por isso que sou como vós, a esse respeito; busco a verdade das coisas apenas na natureza, e não deposito minha confiança nas escolas, as quais uso somente por seus termos (AT I 541).

A resposta de Descartes foi interessante. Primeiro, ele assegurava Morin de que não tentava fechar-se e barricar-se em termos obscuros como um movimento defensivo, e que se ele de fato fazia uso de demonstrações matemáticas, era porque elas lhe ensinavam a descobrir a verdade, em vez de disfarçá-la (AT II 200-201: CSMK 108). Ele dizia então: "Quanto ao meu desprezo pelas escolas, do qual ouvistes falar, ele só pode ter sido imaginado por pessoas que não conhecem nem meus hábitos nem minhas disposições. E, contudo, em meus ensaios fiz pouco uso dos termos conhecidos apenas dos eruditos, não porque os desaprovo, mas apenas porque quis também me fazer compreender por outros" (AT II 201-202). Mais adiante, na mesma carta, defendendo-se contra uma das objeções de Morin, Descartes aceita algumas distinções escolásticas; tentando impressionar Morin com seu conhecimento da terminologia escolástica, ele salpica sua carta com tais termos: "Uso aqui livremente os termos das escolas a fim de que não julgueis que eu os desprezo" (AT II 205). Ele insiste em responder a Morin *in forma*; inclui alguns termos e frases escolásticos de debate, tais como *distinguo, concedo totum, nego consequentiam*, e até mesmo sugere que estava tomando o termo "infinito" *syncategorematice*, "de modo que as escolas não tivessem nada a objetar neste assunto".[41]

---

[41] AT II 205-207. *In forma* significa "em forma lógica"; *distinguo, concedo totum* e *nego consequentiam* significam "distinguo", "concedo totalmente" e "nego a consequência", respectivamente. "Tomando o termo 'infinito' sincategorematicamente" alude a refinamentos medievais da doutrina aristotélica da infinitude potencial (em oposição à infinitude atual), da *Física* III, caps. 4-8. Os lógicos distinguiam entre termos ca-

Há uma divertida resposta à carta de Descartes, na forma de um comentário marginal em uma carta de Mersenne a Descartes:

> Vós tanto renovastes a nossa confiança e tanto nos enriquecestes com as excelentes respostas que destes ao Sr. Morin e a mim que, eu vos asseguro, em vez dos 38 *sols* da postagem do pacote, vendo o que ele continha, eu teria de bom grado pago 38 *écus*. Nós lemos juntos a resposta; e o Sr. Morin achou vosso estilo tão belo que vos aconselho a nunca mudá-lo. Pois vossas analogias e curiosidades satisfazem mais do que aquilo que todos os outros podem produzir... Além disso, fostes muito bem-sucedido na resposta ao Sr. Morin, ao mostrar que não desprezais ou, pelo menos, não sois ignorante da filosofia de Aristóteles. Isto é o que contribuiu para o aumento da estima que o Sr. Morin testemunha ter para convosco. É isto também o que asseguro àqueles que, enganados pela clareza e precisão de vosso estilo – o qual sois capaz de diminuir para fazer-se compreender pelo homem comum –, creem que vós não compreendeis de todo a filosofia escolástica; deixo, pois, que saibam que vós compreendeis a filosofia escolástica tão bem quanto os mestres que a ensinam, e que parecem mais orgulhosos de sua própria habilidade.[42]

---

tegoremáticos e sincategoremáticos, ou termos que têm significação por si mesmos, e termos que não têm significação separada (termos cosignificativos). Exemplos do primeiro tipo são nomes e verbos substantivais, e exemplos do primeiro tipo são adjetivos, advérbios, conjunções e preposições. Uma lista dos termos sincategoremáticos comumente incluiria: cada um, todo, ambos, de todo tipo, nenhum, nada, nem, mas, só, somente, é, não, necessariamente, contingentemente, começa, termina, se, a menos que, exceto que, e infinitamente muitos. Pode-se chamar estas palavras de constantes lógicas (ou talvez conectivos, funções, quantificadores) e distingui-las dos termos predicativos. A distinção é aplicada à infinitude para produzir tanto um infinito categoremático quanto um sincategoremático. Ela permite a solução de alguns enigmas lógicos, uma vez que pode ser verdade que algo é infinito, tomado sincategorematicamente, e falso que algo é infinito, tomado categorematicamente. Para mais acerca da infinitude como termo sincategoremático, ver Gabbey e Ariew, "Body and the physical world", em Ayers e Garber (eds.), *Cambridge History of Seventeenth Century Philosophy* (no prelo).

[42] AT II 287. É difícil acreditar que Mersenne está sendo honesto em seu comentário marginal – que ele acredita que Descartes compreende a filosofia escolástica tão

A maior estima que Morin sentia por Descartes não o impediu de enviar uma segunda carta, no estilo da resposta de Descartes, objetando ainda a respeito dos usos de termos e etc. Descartes respondeu à carta, mas com menos entusiasmo. Morin escreveu uma terceira carta, mas Descartes interrompeu aí a correspondência. Descartes escreveu a Mersenne: "Não responderei ao Sr. Morin, uma vez que ele não deseja que eu o faça. Ademais, não há nada em sua última carta que me dê a oportunidade de responder com algo útil; entre nós, parece-me que os pensamentos dele encontram-se agora mais distantes dos meus do que eram a princípio, de modo que nunca chegaremos a um acordo" (15 de novembro de 1638: AT II 437).

Os episódios que anteciparam as objeções e respostas ao *Discurso* parecem ter falhado completamente. Quando Fromondus deu-se ao trabalho de responder, não foi para iniciar um diálogo. Pior ainda, quando um diálogo foi iniciado, como no caso de Morin, este não resultou em nenhum encontro de mentes. Como poderia Descartes esperar obter sucesso em convencer os membros mais conservadores da comunidade intelectual, incluindo aqueles com uma agenda intelectual específica, como os jesuítas, quando não pôde convencer alguém como Morin a respeito de seus pontos de vista? Morin, renomado teórico da ótica, astrólogo do rei e professor de matemática do Collège de France, pelo menos chamava a si mesmo de pensador progressista: "Sou como vós", disse ele a Descartes, "posto que busco a verdade das coisas na natureza, e não deposito minha confiança nas escolas, as quais uso somente por seus termos". É verdade que Morin era um antiatomista e anti-heliocentrista, como eram os conservadores, mas ele era um matemático do Collège de France, e não um teólogo ou membro de um colégio jesuíta; ao menos ele estava disposto a entreter um debate. Os intercâmbios com Fromondus e Morin não podiam agradar a um filósofo que sustentava que

---

bem quanto os mestres que a ensinam. Pode-se dizer que o próprio Mersenne compreende a filosofia escolástica muito bem, como seus escritos demonstram, e acompanha as várias disputas. Por outro lado, como veremos, até mesmo Descartes tem consciência de sua insuficiência a esse respeito, consciente de não ter lido a filosofia escolástica nos últimos quinze anos ou mais.

quando alguém detém a verdade, não pode falhar em convencer seus oponentes (*Regulae*, Regra II: AT X 363: CSM I 11).

O INCIDENTE COM BOURDIN E O PROJETO DE EUSTACHIUS

As relações de Descartes com os jesuítas deram uma virada em 1640. Em 30 de junho e 1 de julho daquele ano, um professor de Clermont, o colégio jesuíta em Paris, manteve um debate público no qual seu aluno, um jovem nobre chamado Charles Potier (que mais tarde tornou-se cartesiano), defendeu algumas teses; entre elas estavam três artigos a respeito das teorias da matéria sutil,[43] da reflexão e da refração de Descartes. O professor, Padre Bourdin, compôs um prefácio à tese e convocou uma *velitatio* (contenda), proferida por ele próprio. Mersenne compareceu ao debate e defendeu Descartes. Ele aparentemente puniu Bourdin por ter atacado Descartes publicamente sem ter enviado suas objeções a Descartes; Mersenne então remeteu a Descartes a *velitatio*, juntamente com os três artigos acerca das doutrinas de Descartes, como se viessem do próprio Bourdin.[44]

Descartes escreveu a Mersenne em 22 de julho de 1640, agradecendo-lhe a afeição que Mersenne havia mostrado por ele "na disputa contra as teses dos jesuítas". Ele dizia a Mersenne que havia escrito ao reitor do Colégio de Clermont solicitando que eles (os jesuítas) dirigis-

---

[43] O mundo de Descartes é um *plenum* de matéria sutil (éter, ou Matéria Primeira), cuja ação é utilizada por Descartes para explicar fenômenos tão diversos como a gravitação e a luz. Bourdin reclama do uso que Descartes faz da matéria sutil para explicar a propagação da luz, na *Ótica* I, pp. 5-7, "como um cego pode sentir os corpos a seu redor usando sua bengala" (AT VI 84: CSM I 153).

[44] Baillet, *La Vie de M. Des-Cartes* II 73. Bourdin foi professor de humanidades, em La Flèche (1618-1623), e também de retórica (1633) e matemática (1634). Foi mandado para Paris, para o Collège de Clermont (mais tarde conhecido como Collège Louis-le-Grand) em 1635. Em um par de ocasiões, Descartes pede a Mersenne para lhe dizer se a *velitatio* enviada por Mersenne foi dada a ele por Bourdin, de modo que Descartes pudesse julgar se Bourdin agiu de boa-fé. Ver AT III 162, por exemplo.

sem a ele (Mersenne) suas objeções contra o que ele (Descartes) havia escrito, "pois não queria ter quaisquer negócios com nenhum deles em particular, exceto na medida em que fosse atestado pela ordem como um todo" (AT III 94). E ele reclamava que a *velitatio* que Mersenne enviara-lhe fora "escrita com a intenção de obscurecer a verdade, em vez de iluminá-la".[45] Ao mesmo tempo, Descartes escrevia a Huygens dizendo: "Creio que irei à guerra contra os jesuítas; pois o matemático deles em Paris refutou publicamente minha *Dióptrica* em suas teses – sobre isso escrevi a seu Superior, a fim de engajar a ordem inteira nesta disputa" (AT III 103: CSMK 151).

O incidente com Bourdin degenerou-se, com Descartes referindo-se consistentemente às objeções de Bourdin como *cavilações*.[46] O período dessa disputa foi particularmente difícil para Descartes, posto que foi a época de sua publicação das *Meditações*, sua obra sobre "Filosofia Primeira" ou metafísica. Esta certamente o conduziria a controvérsias ainda maiores, dado que seu conteúdo era ainda mais próximo da teologia do que o fora aquele do *Discurso* e de seus *Ensaios* anexos acerca de tópicos físicos e matemáticos. O verão de 1640 foi também a época em que Mersenne estava encaminhando as meditações de Descartes aos intelectuais do século XVII, solicitando objeções que seriam publicadas junto com as *Meditações*. Descartes esperava até mesmo um conjunto de objeções do próprio Bourdin.[47] Devemos lembrar que este empreedimento seria crucial para Descartes, se ele esperava vencer sua guerra contra os jesuítas. O incidente inteiro deve ser posto no contexto da falha das solicitações de objeções e respostas para o *Discurso*, da malsucedida correspondência com Morin e das subsequentes hostilidades abertas com os jesuítas.

---

[45] AT III 94. Em outra carta, Descartes diz a Mersenne que ficou chocado com a *velitatio* de Bourdin, pois ele não faz uma única objeção a qualquer coisa que Descartes escreveu, mas em vez disso ataca doutrinas que Descartes não sustenta. AT III 127-128.

[46] Isto é, "sofismas" ou "cavilações". Ver AT III 163, 184, 250, por exemplo.

[47] Bourdin escreveu as *Sétimas Objeções*, que não foram recebidas por Descartes a tempo para a primeira impressão das *Meditações e Objeções e Respostas*, mas foram postas na segunda impressão.

Em 30 de setembro de 1640, Descartes escreveu a Mersenne: "As cavilações do Padre Bourdin fizeram com que eu resolvesse me armar, de agora em diante, tanto quanto me for possível, com a autoridade de outros, uma vez que a verdade é tão pouco apreciada sozinha". Neste contexto, ele disse a Mersenne que não iria viajar naquele inverno, uma vez que estava "esperando as objeções dos jesuítas dentro de quatro ou cinco meses", e acreditava que "devia colocar-se na postura apropriada para aguardá-las" (AT III 184-185). Ele fez então um pedido incomum e uma revelação interessante:

> Como resultado, sinto-me inclinado a ler algo da filosofia deles – o que não faço há vinte anos – a fim de observar se ela hoje me parece melhor do que pensava. Para esse fim, rogo-vos que me envie os nomes dos autores que escreveram livros de filosofia e que têm mais seguidores entre os jesuítas, e se há novos desde os últimos vinte anos; lembro-me somente dos coimbrãos, Toletus e Rubius. Eu gostaria também de saber se há alguém que escreveu um resumo de toda a filosofia escolástica e que tem seguidores, pois isto me pouparia o trabalho de ler todos os pesados tomos deles. Parece-me que houve um *chartreux* ou um *feuillant* que fez isso, mas não lembro seu nome (AT III 185: CSMK 154).

Os escolásticos de que Descartes se lembrava, os coimbrãos Toletus e Rubius, eram jesuítas autores de livros didáticos que Descartes provavelmente lera em La Flèche. Os coimbrãos (ou conimbricenses) eram professores do Colégio das Artes, em Coimbra (Portugal), e publicaram uma série de comentários enciclopédicos sobre as obras de Aristóteles, entre 1592 e 1598. O mais conhecido dos coimbrãos foi Petrus de Fonseca, que contribuiu para a *Ratio studiorum* e publicou separadamente seus próprios comentários sobre a *Metafísica* e o *De Anima*.[48] Franciscus Toletus foi um professor do *Collegio Romano* (1562-1569) que publicou numerosos comentários so-

---

[48] Ver C. H. Lohr, "Renaissance Latin Aristotle Commentaires: Authors C", *Renaissance Quarterly* 28 (1975) e "Authors D-F", *Renaissance Quarterly* 29 (1976). Ver também Schmitt, Skinner e Kessler (eds.), *Cambridge History of Renaissance Philosophy*, pp. 814, 818.

bre as obras de Aristóteles, incluindo os importantes *Lógica* (1572), *Física* (1575), e *De anima* (1575).[49] Antônio Rubius ensinou filosofia no México e publicou comentários sobre a *Lógica* de Aristóteles, a *Logica mexicana* (1603), a *Física* (1605), o *De caelo* (1615) e o *De anima* (1611).[50]

Não possuímos a resposta de Mersenne, mas ele presumivelmente identificou Eustachius a Sancto Paulo como o *feuillant* que Descartes recordava como tendo escrito um resumo de toda a filosofia escolástica em um volume, pois em sua próxima carta a Mersenne Descartes escreveria: "Adquiri a *Filosofia* do Irmão Eustachius a Sancto Paulo, que me parece o melhor livro jamais escrito sobre este assunto; eu gostaria de saber se o autor ainda está vivo" (AT III 232).

Eustachius a Sancto Paulo (Asseline) entrou para os *feuillants*, uma Ordem Cisterciense, em 1605, e foi professor de teologia na Sorbonne. Ele publicou a *Summa philosophica quadripartita de rebus dialecticis, moralibus, physicis, et metaphysicis* em 1609. Esta foi republicada diversas vezes ao longo da primeira metade do século XVII, até 1648.[51]

Não devemos enganar-nos a respeito do sentido do elogio de Descartes em relação à *Summa* de Eustachius como "o melhor livro jamais escrito sobre esse assunto". Na mesma carta, Descartes diz acerca da filosofia das escolas: "Quanto à filosofia escolástica, não a considero difícil de refutar por causa da diversidade de opiniões [dos escolásticos]; pois se pode facilmente derrubar todos os fundamentos a respeito dos quais [os escolásticos] concordam entre si; e feito isso, todas as suas disputas particulares pareceriam ineptas" (AT III 231-232: CSMK 156). Este julgamento era reforçado à medida que Descartes lia mais livros escolásticos, buscando um livro didático tão bom quanto o de Eustachius, mas que fosse escrito por um jesuíta; Descartes disse a Mersenne: "Darei uma olhada no texto do Sr. Draconis [isto é, De Raconis], o qual creio que possa ser encontrado aqui; pois se for mais breve que o outro e tão bem recebido quanto, preferirei este último" (AT III 234).

---

[49] Ver Lohr, "Authors So-Z", *Renaissance Quarterly* 35 (1982) e Schmitt, Skinner e Kessler (eds.), *Cambridge History of Renaissance Philosophy*, p. 838.
[50] Ver Lohr, "Authors Pi-Sm", *Renaissance Quarterly* 33 (1980).
[51] Ver Lohr, "Authors D-F".

Charles d'Abra de Raconis nasceu calvinista e converteu-se ao catolicismo. Ensinou filosofia no Collège des Grassins e no Collège du Plessis, em Paris. Em seguida, ocupou uma cadeira de teologia no Collège de Navarre, também em Paris. Ele publicou sua *Summa totius philosophiae* em 1617, republicando-a em partes e expandindo-a numerosas vezes ao longo da primeira metade do século XVII, até 1651.[52]

Mais tarde, Descartes escreveu:

> Vi a *Filosofia* do Sr. Raconis, mas ela não é tão adequada para meu plano quanto a do Padre Eustachius. Quanto aos coimbrãos, seus escritos são demasiadamente longos; eu teria desejado sinceramente que eles tivessem escrito tão brevemente quanto o outro, uma vez que eu preferiria lidar com a sociedade como um todo, a lidar com um particular.[53]

Descartes parece ter ganho confiança à medida que lia a filosofia escolástica; disse ele a Mersenne: "Agradeço-vos a carta que transcrevestes para mim; mas não encontro nela nada de útil, nem qualquer coisa que me pareça tão improvável quanto a filosofia das escolas" (AT III 256). Ele também informou Mersenne acerca de seu novo projeto, o "plano" ao qual ele se referira na carta previamente citada:

> Meu intento é escrever em ordem um livro didático de minha filosofia na forma de teses, em que, sem qualquer superfluidade de discurso, colocarei somente minhas conclusões, juntamente com as verdadeiras razões das quais eu as deduzo – algo que penso poder fazer em poucas

---

[52] Ver Lohr, "Authors A-B", *Studies in the Renaissance* 21 (1974).
[53] AT III 251. Descartes nunca menciona uma das obras mais interessantes do gênero, o *Corps de philosophie contenant la logique, l'etique, la physique et la metaphysique* (Genebra, 1627), de Scipion Dupleix. Dupleix é mais um historiador que um filósofo, resumindo o saber escolástico de sua época tão sucintamente quanto possível, para uma audiência que não é confortável com o latim – o que significa uma audiência não escolástica. Cf. E. Faye, "Le corps de philosophie de Scipion Dupleix et l'arbre cartesien des sciences", *Corpus* 2 (1986): 7-15.

palavras. E, no mesmo livro, publicarei um texto ordinário de filosofia [isto é, um texto escolástico], tal como, talvez, aquele do Irmão Eustachius, com minhas notas ao final de cada questão, ao qual acrescentarei as várias opiniões de outros e o que se deve crer a respeito de todas elas, e talvez eu faça, ao final, algumas comparações entre estas duas filosofias (AT III 233: CSMK 157).

Posteriormente, ele informou a Mersenne que havia começado o projeto (AT III 259: CSMK 161). Ele também escreveu a outros a respeito; fez um teste com o chefe dos jesuítas, quase usando o projeto como uma ameaça, mas também tentando determinar a reação dos jesuítas ao projeto. Ele até mesmo atribuiu o projeto a um de seus amigos não nomeados (AT III 270). Mas o projeto foi logo abortado: "Estou descontente por ouvir a respeito da morte do Padre Eustachius; pois, embora isto me dê maior liberdade para escrever minhas notas acerca de sua filosofia, eu teria não obstante preferido fazê-lo com sua permissão, enquanto ele ainda estava vivo".[54] Descartes continuou a usar o projeto como ameaça ou ficha de barganha com os jesuítas, mas não mais parecia disposto a produzir a obra. Ele escreveu a Mersenne, a respeito de uma carta de Bourdin: "Creio que o Provincial dele a enviou a fim de perguntar-vos se é verdade que estou escrevendo contra eles... É certo que eu teria escolhido o compêndio do Padre Eustachius como o melhor, se quisesse refutar alguém; mas é também verdade que perdi completamente o intento de refutar essa filosofia; pois vejo que ela é tão completa e claramente destruída mediante o estabelecimento de minha filosofia apenas, que nenhuma outra refutação é necessária".[55]

---

[54] AT III 280. Descartes havia indicado anteriormente que ele só queria realizar o projeto "com os escritos de uma pessoa viva e com sua permissão, o que me parece que obterei facilmente quando minha intenção, ao considerar aquele que escolhi como o melhor de todos os que escreveram sobre filosofia, for conhecida" (AT III 234).

[55] AT III 470. Quanto a Descartes manter aberta como uma ameaça contra os jesuítas a opção de escrever tal filosofia, ver AT III 470, 480-481.

O projeto de Descartes em relação a Eustachius é instrutivo por muitas razões. Uma das inferências que devemos fazer a partir dele é que Descartes não estava familiarizado com a filosofia escolástica no período de seu maior trabalho, durante os anos de 1637-1640. Quando finalmente formulou suas obras maduras, ele afastou-se, ou dramaticamente ou por graus, de uma tradição escolástica que ele não mais conhecia muito bem. É claro, Descartes havia aprendido filosofia escolástica em sua juventude em La Flèche, mas abandonou o estudo dela por vinte anos, entre 1620 e 1640, aproximadamente, e somente retomou somente em 1640, para armar-se contra os esperados ataques dos jesuítas. Deveríamos esperar que Descartes fosse geralmente bem-versado em filosofia escolástica[56] apenas quando escrevia suas primeiras obras, as *Regras para a Direção do Espírito*, por exemplo. (Os resquícios de escolasticismo nas obras maduras de Descartes, o *Discurso* e as *Meditações*, são, portanto, facilmente enganosos para os intérpretes.) Finalmente, de 1640 em diante, nas *Respostas* às *objeções* às *meditações* e nos *Princípios de Filosofia*, Descartes reaprendeu a filosofia escolástica (e a terminologia escolástica) e começou o processo de reinterpretar seus pensamentos (ou traduzir suas doutrinas) para torná-los mais compatíveis com o escolasticismo.[57] É possível detectar as sutis mudanças na doutrina e terminologia de Descartes, mediante o contraste de seus escritos anteriores e posteriores – aqueles de antes e depois de 1640, aproximadamente.

É bem sabido que Descartes recusou-se a publicar seu *Le Monde* depois de tomar conhecimento da condenação de Galileu pela Igreja Católica em 1633. A Igreja havia declarado a imobilidade do Sol como tola e absurda no âmbito da filosofia, e formalmente herética, e o movimento da Terra como merecedor da mesma censura no âmbito da filosofia e como sendo no mínimo errôneo no âmbito da fé. Claramente, a Igreja estava tentando defender a fé, mas estava também defendendo uma filosofia par-

---

[56] Mas provavelmente apenas na filosofia escolástica representada pelos coimbrãos Toletus e Rubius, isto é, um neotomismo dos séculos XVI e XVII.

[57] Para diferenças entre o escolasticismo jesuíta e não jesuíta, ver Ariew e Gabbey em Ayers e Garber (eds.), *Cambridge History of Seventeenth Century Philosophy*, Parte IV, cap. 1.

ticular; a imobilidade da Terra e a revolução do Sol em torno da Terra eram princípios do aristotelismo. Descartes respondeu em estilo característico: "Isso tanto me espantou que eu quase resolvi queimar todos os meus papéis, ou pelo menos não deixar ninguém vê-los. Pois não posso imaginar que Galileu, que é italiano e até mesmo bem amado pelo papa, segundo compreendo, possa ter sido tornado um criminoso por qualquer coisa diferente de ter desejado estabelecer o movimento da Terra" (AT I 270-271: CSMK 41). Em seu *Le Monde*, Descartes era claramente comprometido com o movimento da Terra: "Confesso que, se o movimento da Terra é falso, todos os fundamentos de minha filosofia também o são. Pois aquele é claramente demonstrado por estes. Ele está tão ligado a todas as partes de meu tratado que não posso separá-lo sem tornar o resto defeituoso" (ibid.). Assim Descartes suspendeu a publicação e moderou seus pronunciamentos públicos sobre esse tema. Ele evitou toda a discussão desse tema no resumo que fez do *Le Monde* em seu *Discurso* de 1637, e quando finalmente assumiu uma postura pública sobre assunto, em seus *Princípios de Filosofia* de 1644, foi para afirmar que "estritamente falando, a Terra não se move" (*Princípios*, Parte III, art. 28).

O progressismo filosófico de Descartes acerca do movimento da Terra parece ter resultado em uma posição politicamente mais sustentável. Podem ser vistas mudanças semelhantes na terminologia de Descartes a respeito de assuntos relacionados. Descartes era pessimista no *Le Monde* a respeito da possibilidade de uma definição de movimento; ele até mesmo ridicularizava a definição dos escolásticos: "Para torná-la inteligível de algum modo, eles não foram capazes de explicá-la mais claramente que nestes termos: *motus est actus entis in potentia, prout in potentia est*. Para mim, estas palavras são tão obscuras que sou compelido a deixá-las em latim, pois sou incapaz de interpretá-las" (AT XI 39: CSM I 94). Para Descartes, a natureza do movimento é mais simples e mais inteligível que a natureza das outras coisas – retas como o movimento de um ponto, e superfícies como o movimento de uma reta, por exemplo – em vez de ser explicada por elas. Mas nos *Princípios* Descartes fornece sua própria definição de movimento, tanto no sentido comum da palavra quanto no sentido estrito, contrastando sua definição com a dos escolásticos (Parte II, art. 24-25). De modo similar, Descartes criticava a doutrina escolástica do lugar, relacionada à do movimento, em suas obras iniciais: "Quando definem lugar como 'a superfície ao redor de um corpo', eles não estão realmente concebendo algo falso, mas meramente utilizando mal a palavra 'lugar'..." (*Regulae*: AT X 433-434: CSM I 53). Descartes rejeitava o conceito de lugar intrínseco dos escolásticos (ibid.) e ridicularizava o conceito de espaço imaginário destes (AT XI 31). Mas nos *Princípios* Descartes desenvolveu uma doutrina de lugar interno e externo claramente em débito para com aquelas doutrinas que ele havia previamente rejeitado.[58]

É possível multiplicar esses exemplos, mas talvez um exemplo a mais seja suficiente para mostrar que estas ocorrências não se limitam aos aspectos mais científicos da filosofia de Descartes. Uma das doutrinas filosóficas cartesianas que se encontrava sob ataque era a doutrina da falsidade material. Nas *Meditações*, Descartes caracterizava a falsidade material como "ocorrendo nas ideias, quando elas representam não entes como entes" (AT VII 44: CSM II 30). O exemplo de falsidade material de Descartes era sua ideia de frio, a qual, embora seja este meramente a ausência de calor, representa o frio como algo real e positivo. Como Arnauld corretamente assinalara, em suas *Objeções* às *Meditações*, "se o frio é meramente uma ausência, então não pode haver uma ideia de frio que o represente para mim como uma coisa positiva" (AT VII 207: CSM II 145). A resposta de Descartes parece ter sido um afastamento de sua posição inicial; isto é, Descartes afirmou nas *Respostas* que a razão de ter chamado de materialmente falsa a ideia de frio era que ele era incapaz de julgar se aquilo que ela lhe representava era ou não algo positivo existindo fora de sua sensação.[59] Mas houve também um interessante acréscimo na resposta de Descartes. Ele parece ter usado a ocasião para exibir seu conhecimento de filosofia escolástica de uma maneira ostentosa; a resposta parece suspeitamente similar àquelas dirigidas a Morin. Descartes, que não

---

[58] Cf. *Princípios* II, arts. 10-15. Estas distinções podem ser encontradas na Parte III da *Summa* de Eustachius a Sancto Paulo.

[59] AT VII 234: CSM II 164. M. D. Wilson, *Descartes*, pp. 115-116, argumenta que a resposta de Descartes a Arnauld é inconsistente com sua doutrina presente na Terceira Meditação.

costumava citar fontes, afastou-se de seu hábito para enunciar que não se preocupava com seu uso da falsidade material, pois Suárez definira a falsidade material do mesmo modo em suas *Disputas metafísicas*, disp. 9, sec. 2, n. 4.[60] A resposta é ainda mais curiosa, dado que Descartes não se referiu a Suárez em nenhum outro lugar, mesmo embora seus correspondentes tenham se referido a ele. E a doutrina escolástica de Suárez corresponde ainda a uma terceira noção de falsidade material. A doutrina de Suárez é basicamente uma expansão da doutrina tomista de que a verdade e a falsidade consistem em composição e divisão.[61] Assim, a falsidade material conforme utilizada por Suárez refere-se a proposições, não a ideias.

Parece ter havido uma vacilação na mente de Descartes, entre a falsidade material de uma ideia como representando um não ente como ente, e como tendo tão pouco conteúdo que não podemos dizer se ela representa algo ou não; mas Descartes agravou a aparente vacilação com uma incaracterística e imprevista referência a Suárez, acerca da falsidade material como se originando a partir da composição e da divisão. No fim, a doutrina da falsidade material parece ter desaparecido inteiramente. Ela não retornou nos *Princípios*, tendo sido possivelmente substituída pela explicação de Suárez, que assimilaria a noção à falsidade formal.[62]

Reconciliações e condenações

Após a publicação das *Meditações*, Descartes envolveu-se em controvérsias filosóficas em uma escala maior. Ele disputou com Voëtius, reitor da Universidade de Utrecht, e um julgamento foi pronunciado contra ele pelos magistrados de Utrecht em 1642.[63] Talvez por causa de seus pro-

---

[60] *Respostas* IV: AT VII 235.
[61] Tomás de Aquino, *Da Interpretação* I, conferência I, n. 3.
[62] Cf. M. D. Wilson, *Descartes*, pp. 116-117.
[63] Ver Verbeek (ed. e trad.), *René Descartes & Martin Schoock, La Querelle d'Utrecht*; e idem, *Descartes and the Dutch: Early Reactions to Cartesianism, 1637-1656*.

blemas maiores com os protestantes nos Países Baixos, Descartes buscou fazer as pazes com os jesuítas. Em 1644, depois que Descartes publicou o *Sétimo conjunto de objeções*, de Bourdin, juntamente com sua *Carta a Dinet*, reclamando de quão mal ele havia sido tratado, houve uma reconciliação entre Descartes e Bourdin. Descartes visitou Bourdin no Collège Clermont, e Bourdin ofereceu-se para desempenhar o papel de Mersenne em Paris, para distribuir as cartas de Descartes. Descartes também visitou o próprio colégio de La Flèche, pela primeira vez desde que o havia deixado. De 1644 até sua morte em 1650, as relações entre Descartes e os jesuítas permaneceram aparentemente cordiais.[64] Contudo, em 1663, as obras de Descartes foram incluídas no *Índice de Obras Proibidas* com a anotação, "*donec corrigantur*" – "até serem corrigidas".[65] Mas isso não impediu Descartes de ter seguidores.

Descartes reuniu até mesmo alguns seguidores entre os jesuítas de La Flèche, embora muito tardiamente. Por exemplo, pode-se encontrar apoio a diversas doutrinas modernas primitivas na tese de um estudante (de nome Ignace de Tremblay), defendida em julho de 1700 em La Flèche.[66] Pode-se também encontrar um jesuíta malebranchista e cartesiano, Père André, ensinando em La Flèche, embora não sem alguns problemas com seus superiores.[67]

Houve um espasmo final de oposição à obra de Descartes durante a primeira década do século XVIII.[68] Miguel-Ângelo Tamburini foi eleito Geral da Ordem Jesuíta em 31 de janeiro de 1706; seu primeiro ato foi a

---

[64] Ver, por exemplo, AT IV 156-158, 584. Em AT IV 159, Descartes diz a Dinet: "Tendo tentado escrever uma filosofia, sei que vossa Sociedade sozinha, mais que qualquer outra, pode fazê-la ser bem-sucedida ou falhar".

[65] A provável razão pela qual Descartes foi posto no Índice foi, ironicamente, sua tentativa de aventurar-se na teologia, sua explicação da transubstanciação; ver Armogathe, *Theologia cartesiana: l'explication physique de l'Eucharistie chez Descartes et Dom Desgabets*.

[66] Rochemonteix, *Un Collège de Jésuites*, vol. IV, pp. 357-364.

[67] Ibid., pp. 82-88, 94-98.

[68] O cartesianismo também parece ter sido desaprovado pelas autoridades civis até 1715; ver Brockliss, *French Higher Education*, p. 353.

promulgação da proibição de trinta proposições.⁶⁹ Algumas das proibições pareciam ser mais condenações de posições malebranchianas que das de

---

⁶⁹ Rochemonteix, *Un Collège de Jésuites*, vol. IV, pp. 89n-93n: 1. A mente humana pode e deve duvidar de tudo exceto de que ela pensa e consequentemente de que ela existe. 2. Do resto, pode-se ter conhecimento certo e racional somente depois de ter conhecido clara e distintamente que Deus existe, que Ele é supremamente bom, infalível e incapaz de induzir nossas mentes ao erro. 3. Antes de ter conhecimento da existência de Deus, cada pessoa poderia e deveria sempre permanecer em dúvida quanto a se a natureza com a qual a pessoa foi criada não é tal que ela se engane a respeito dos julgamentos que lhe parecem mais certos e evidentes. 4. Nossas mentes, na medida em que são finitas, não podem conhecer nada de certo acerca do infinito; consequentemente, nunca devemos torná-lo objeto de nossas discussões. 5. Para além da fé divina, ninguém pode estar certo de que os corpos existem – nem mesmo seu próprio corpo. 6. Os modos ou acidentes, uma vez produzidos em um sujeito, não necessitam de causas para conservá-los mediante uma ação positiva; mas eles devem durar enquanto não sejam destruídos pela ação positiva de uma causa externa. 7. A fim de admitir que alguma quantidade de movimento que Deus originalmente imprimiu à matéria está perdida, seria preciso assumir que Deus é mutável e inconstante. 8. Nenhuma substância, seja espiritual ou corpórea, pode ser aniquilada por Deus. 9. A essência de cada ente depende da livre vontade de Deus, de modo que, em outra ordem de coisas que Ele era livre para criar, a essência e as propriedades, por exemplo, da matéria, da mente, do círculo etc., teriam sido outras, diferentes das que são no presente. 10. A essência da matéria ou de um corpo consiste em sua extensão atual e externa. 11. Nenhuma parte da matéria pode perder qualquer quantidade de sua extensão sem perder o mesmo tanto de sua substância. 12. A interpenetração dos corpos, propriamente falando, e o espaço vazio de corpos implicam uma contradição. 13. Podemos representar para nós mesmos a extensão local em todo lugar; por exemplo, para além dos céus, existe realmente um espaço preenchido por corpos ou por matéria. 14. Em si mesma, a extensão do mundo é indefinida. 15. Só pode haver um mundo real. 16. Há no mundo uma limitada e precisa quantidade de movimento, que nunca foi aumentada ou diminuída. 17. Nenhum corpo pode mover-se sem que todos aqueles dos quais ele se afasta e todos aqueles dos quais ele se aproxima movam-se ao mesmo tempo. 18. Para um corpo, mover-se é o mesmo que ser conservado por Deus sucessivamente em diferentes lugares. 19. Somente Deus pode mover corpos; anjos, almas racionais, e os próprios corpos não são causas eficientes, mas causas ocasionais do movimento. 20. As criaturas nada produzem como causas eficientes, mas somente Deus produz todos os efeitos, *ad illarum praesentiam*. 21. Os animais são meros autômatos privados

Descartes. De qualquer modo, a tentativa de condenação não poderia ter sido bem-sucedida por muito tempo; como se pode ver, entre as proposições dos jesuítas encontram-se até mesmo a negação da relatividade do movimento e a negação da conservação da inércia. Mais uma vez, no entanto, a resiliência das ideias aristotélicas parece ter sido demonstrada.

Os modernos tendem a pensar no cartesianismo como tendo desferido o golpe fatal no escolasticismo; e isso, apesar da surpreendente tenacidade do aristotelismo, tem um timbre de verdade. No entanto, a derrota do aristotelismo foi consumada por medidas táticas, bem como por argumentos e doutrinas. Descartes, como vimos, era agudamente consciente deste aspecto de suas relações com seus contemporâneos e predecessores; em uma carta a Beeckman, ele escreveu:

> Considerai primeiro quais são as coisas que uma pessoa pode aprender de outra; vereis que elas são linguagens, histórias, experiências e demonstrações claras e distintas, como as dos geômetras, que trazem convicção à mente. Quanto às opiniões e máximas dos filósofos, meramente repeti-las não é ensiná-las. Platão diz uma coisa, Aristóteles outra, Epicuro outra, Telésio, Campanella, Bruno, Basso, Vanini e todos

---

de todo conhecimento e sensação. 22. A união da alma racional e do corpo não é nada além do ato mediante o qual Deus intencionou que algumas percepções na alma fossem excitadas em relação a algumas mudanças do corpo e, reciprocamente, que se produzissem no corpo alguns movimentos determinados em seguida a alguns pensamentos ou volições da alma. 23. Esta comunicação de movimentos e efeitos não é requerida pela própria natureza do corpo e da alma; ela é o resultado do livre decreto de Deus. 24. Cor, luz, frio, calor, som e todas as propriedades chamadas sensíveis são afecções e modificações da própria mente, e não dos corpos ditos quentes, frios etc. 25. Corpos mistos, mesmo de animais, não diferem uns dos outros, exceto por variações de magnitude, figura, situação, textura, repouso ou movimento de átomos ou partículas de matéria que os constituem. 26. Na percepção, a mente não age; ela é uma faculdade puramente passiva. 27. Julgamento e raciocínio são atos da vontade, não do intelecto. 28. Não existem formas substanciais dos corpos na matéria. 29. Não existem acidentes absolutos. 30. O sistema de Descartes pode ser defendido como uma hipótese cujos princípios e postulados harmonizam-se entre si e com suas deduções.

os inovadores, todos dizem diferentes coisas. De todas estas pessoas, quem me ensina, isto é, quem ensina a qualquer um que ama a sabedoria? Sem dúvida é a pessoa que pode persuadir primeiro alguém com suas razões, ou pelo menos com sua autoridade (AT I 156).

Descartes, vencendo algumas batalhas iniciais ao parecer desafiar a autoridade e perdendo outras quando tentava identificar-se com as autoridades convencionais, finalmente venceu a guerra, talvez por ter persuadido outros com suas razões.

3 A natureza do raciocínio abstrato: Aspectos filosóficos do trabalho de Descartes em álgebra

Stephen Gaukroger

Ninguém contribuiu mais para o desenvolvimento inicial da álgebra que Descartes. Em particular, ele foi capaz de unificar a aritmética e a geometria até um ponto significativo, ao mostrar as conexões mútuas entre elas em termos de notação algébrica. Esta foi uma façanha que eclipsou seus outros trabalhos científicos, e Descartes acreditava que a álgebra podia servir como modelo para seus outros empreendimentos. A conexão entre a álgebra e seus outros trabalhos científicos foi explorada, através de uma consideração da questão do método, na primeira obra publicada de Descartes, o *Discurso do Método para bem conduzir a própria razão e procurar a verdade nas ciências, juntamente com a Dióptrica, a Meteorologia e a Geometria, que são ensaios neste método* (1637). O que é ostensivamente apresentado nesta obra é um tratado geral sobre o método, ao qual são anexados três exemplos do método. E são três exemplos muito bem-sucedidos, pois em cada caso somos apresentados a pelo menos um novo resultado fundamental: a lei do seno da refração na *Dióptrica*, o cálculo e a confirmação experimental dos ângulos da curvatura do arco-íris na *Meteorologia*, e a solução do problema do lugar geométrico de Papus para quatro ou mais retas na *Geometria*. Mas seria um grave erro enxergar a *Geometria* meramente como uma exemplificação do método. Descartes efetivamente trata a abordagem algébrica desenvolvida por ele na *Geometria* como uma fonte, em vez de simplesmente uma exemplificação do método correto. Ademais, os aspectos metodológicos da álgebra não exaurem de modo algum o interesse desta, e embora eu deva abordá-los superficialmente, o foco deste artigo encontrar-se-á em outra parte.

Os três temas principais que desejo abordar são: o que o trabalho algébrico de Descartes realmente significa; em que consiste sua originalidade; e como é possível a aplicação da álgebra ao mundo físico. Mas subjacente a esses temas encontra-se uma questão mais profunda, a saber, a questão da natureza abstrata da álgebra. Uma coisa que devo tentar esclarecer é em que consiste esta abstração para Descartes.

A natureza da álgebra de Descartes

Álgebra, aritmética, geometria

Os gregos classificavam os problemas geométricos como ou planos, ou sólidos, ou lineares, dependendo se sua solução exigia linhas retas e círculos, ou seções cônicas, ou curvas mais complexas. Euclides restringiu-se aos dois postulados de que uma linha reta pode ser desenhada entre quaisquer dois pontos, e que um círculo pode ser desenhado tendo como centro qualquer ponto dado, para passar por qualquer outro ponto dado. Mas a gama de problemas que podem ser resolvidos unicamente com base nestes postulados é muito restrita, e um terceiro foi acrescentado por matemáticos posteriores; a saber, que um dado cone pode ser cortado por um dado plano. A geometria das seções cônicas que resultou daí foi tratada na antiguidade como um ramo abstruso da matemática, de pouca relevância prática. Aristóteles havia convincentemente mostrado que o movimento natural dos corpos era ou retilíneo (no caso dos corpos terrestres), ou circular (no caso dos corpos celestes), de maneira que, de um ponto de vista físico, parecia que poderíamos passar sem as curvas mais complexas: estas aparentemente não tinham nenhuma base na natureza, e eram de interesse puramente matemático. Mas no século XVII a necessidade de fornecer alguma explicação para as curvas além da linha reta e do círculo tornou-se premente. A parábola, sendo a trajetória percorrida pelos projéteis, era estudada em balística, e os astrônomos estavam bem cônscios do fato de que planetas e cometas descreviam trajetórias elípticas, parabólicas e hiperbólicas. E na ótica, que era uma das áreas mais intensamente estudadas da ciência natural do século XVII, um conhecimento de pelo menos as seções cônicas era necessário para a construção de lentes e espelhos. O trabalho dos matemáticos alexandrinos sobre as seções cônicas deixara muito a desejar, e muitos de seus resultados eram mais frequentemente o resultado de engenhosas soluções singulares de problemas específicos, em vez de serem devidos à aplicação de algum procedimento geral.

É precisamente um tal procedimento geral que Descartes desenvolve e põe em uso na *Geometria*, um tratado que teve um efeito revolucionário no desenvolvimento da matemática. A *Geometria* é composta de três livros, o primeiro lidando com "problemas que podem ser construídos usando apenas círculos e linhas retas", o segundo lidando com "a natureza das curvas", e o terceiro com a construção de "problemas sólidos e supersólidos". O primeiro livro é o mais importante, no que concerne aos fundamentos da álgebra, e consequentemente devo concentrar-me nele.[1]

A partir de seu título, que indica que este primeiro livro diz respeito somente àqueles problemas que utilizam linhas retas e curvas em sua construção, pode-se esperar que o primeiro livro contenha o material tradicional, e os outros dois contenham o material novo. Afinal, Euclides havia fornecido uma explicação razoavelmente exaustiva dos problemas que podem ser construídos usando apenas linhas retas e círculos. Mas de fato o propósito do primeiro livro é, acima de tudo, apresentar um nova maneira algébrica de resolver problemas geométricos mediante o uso de procedimentos aritméticos e vice-versa. Em outras palavras, o objetivo é mostrar como, se pensarmos neles em termos algébricos, podemos combinar os recursos das duas áreas.

A *Geometria* começa com uma comparação direta entre a aritmética e a geometria (AT VI 369). Assim como na aritmética as operações que utilizamos são adição, subtração, multiplicação, divisão e radiciação, também na geometria podemos reduzir qualquer problema a um que não exija nada além de um conhecimento de comprimentos de linhas retas, e nesta forma

---

[1] Para uma explicação completa da *Geometria*, ver Scott, *The Scientific Work of René Descartes*, caps. 6-9.

o problema pode ser resolvido usando nada mais que as cinco operações aritméticas. Descartes introduz assim termos aritméticos diretamente na geometria. A multiplicação, por exemplo, é uma operação que pode ser realizada usando apenas linhas retas (isto é, usando apenas uma régua):

> Seja AB tomado como uma unidade, e exigido multiplicar BD por BC. Tenho somente que unir os pontos A e C, e traçar DE paralela a CA; então BE será o produto desta multiplicação (AT 370).

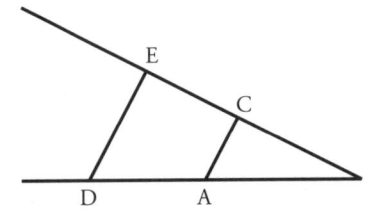

Se queremos encontrar uma raiz quadrada, por outro lado, necessitamos de retas e círculos (ou seja, régua e compasso):

> A fim de encontrar a raiz quadrada de GH, acrescento, ao longo da reta, FG, que é igual a uma unidade; então, dividindo FH em duas partes iguais, em K, descrevo o círculo FIH em torno de K como centro, e traço a partir do ponto G uma reta perpendicular, de G estendendo-se até I, e GI é a raiz desejada (AT VI 370-371)

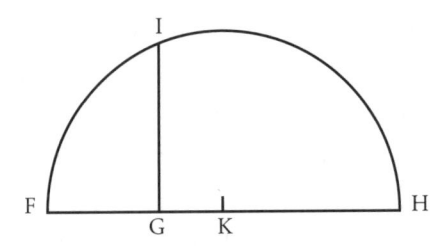

Note-se que, dado FG como a unidade arbitrariamente escolhida, GI pode muito bem revelar-se irracional: isto não é relevante na construção geométrica.

Descartes em seguida assinala que não precisamos realmente desenhar as retas, mas podemos designá-las por letras. Ele nos instrui a rotular todas as retas deste modo, aquelas cujo comprimento buscamos determinar, bem como aquelas cujo comprimento é conhecido, e então, procedendo como se já houvéssemos resolvido o problema, combinamos as retas de modo que toda quantidade possa ser expressa de duas maneiras. Isso constitui uma equação, e o objetivo é encontrar uma tal equação para toda reta desconhecida. Em casos nos quais isto não é possível, escolhemos arbitrariamente retas de comprimento conhecido para cada reta desconhecida para a qual não temos nenhuma equação, e:

> Se há várias equações, devemos usar cada uma em ordem ou a considerando sozinha, ou a comparando com as outras, de modo a obtermos um valor para cada uma das retas desconhecidas; e devemos combiná-las até que reste uma única reta desconhecida que seja igual a alguma reta conhecida, cujo quadrado, cubo, quarta, quinta ou sexta potência etc., seja igual à soma ou diferença de duas ou mais quantidades, uma das quais é conhecida, enquanto a outra consiste em médias proporcionais entre a unidade e este quadrado, cubo ou quarta potência etc., multiplicado por outras retas conhecidas. Posso expressar isto como se segue:
>
> $z = b$
> ou $z^2 = -az + b^2$
> ou $z^3 = az^2 + b^2z - c^3$
> ou $z^4 = az^2 - c^3z + d^4$ etc.
>
> Isto é, z, que tomo pela quantidade desconhecida, é igual a b; ou o quadrado de z é igual ao quadrado de b menos a multiplicado por z... Assim todas as quantidades desconhecidas podem ser expressas em termos de uma única quantidade, sempre que o problema possa ser construído por meio de círculos e linhas retas ou por seções cônicas, ou por uma curva apenas um ou dois graus maior (AT VI 373-374).

Esta é uma abordagem nova à questão. Equações algébricas de duas incógnitas, $F(x,y) = O$, eram tradicionalmente consideradas indeterminadas, uma vez que as duas incógnitas não podiam ser determinadas a partir de uma tal equação. Tudo o que se podia fazer era substituir x por valores arbitrariamente escolhidos e então resolver a equação de y para cada um destes valores, algo que não era considerado de modo algum uma solução geral da equação. Mas a abordagem de Descartes permite que este procedimento seja transformado em uma solução geral. O que ele efetivamente faz é tomar x como a abscissa de um ponto e o y correspondente como sua ordenada, e então o x desconhecido pode ser variado de modo que a cada valor de x corresponde um valor de y que pode ser computado a partir da equação. Terminamos, desse modo, com um conjunto de pontos que forma uma curva completamente determinada satisfazendo a equação.

Um exemplo: O tratamento do problema do lugar geométrico de Papus por Descartes[2]

Este procedimento é exemplificado na resolução de um dos grandes problemas matemáticos não resolvidos legados pela antiguidade, o problema do lugar geométrico de Papus para quatro ou mais retas. O problema havia sido enunciado por Papus em termos de um problema de lugar geométrico de três ou quatro retas. Essencialmente, o que está em questão é o seguinte. No caso do problema de três retas, são dadas três retas com suas posições, e a tarefa é encontrar o lugar geométrico dos pontos a partir dos quais três retas podem ser traçadas até as retas dadas, cada qual formando um ângulo dado com cada reta dada, de modo que o produto dos comprimentos de duas das retas mantenha uma proporção constante para com o quadrado do comprimento da terceira. No caso do problema de quatro retas, são dadas quatro retas com suas posições, e devemos encontrar o lugar geométrico dos pontos a partir dos quais quatro retas podem ser traçadas até as retas dadas, de modo que o produto do comprimento de duas das retas mantenha uma proporção constante para com o produto do comprimento das outras duas.

Era sabido na antiguidade que o lugar geométrico em cada caso é uma seção cônica passando através das insterseções das retas, mas nenhum procedimento geral para a resolução do problema fora desenvolvido. O tratamento de Descartes para a questão é algébrico e completamente ge-

---

[2] Os leitores que encontrarem dificuldades em relação à matemática que se segue podem desejar omitir esta seção.

ral, permitindo expressar as relações entre as retas usando somente duas variáveis. A abordagem de Descartes é mostrar como o problema, explicitamente resolvido para quatro retas, mas de um modo que é teoricamente generalizável para *n* retas, pode, como todos os problemas geométricos, ser reduzido a um problema no qual tudo o que precisamos saber são os comprimentos de certas retas. Estas retas são os eixos coordenados, e os comprimentos nos fornecem as abscissas e ordenadas de pontos. O problema de quatro retas é apresentado como a seguir (AT VI 382-387):

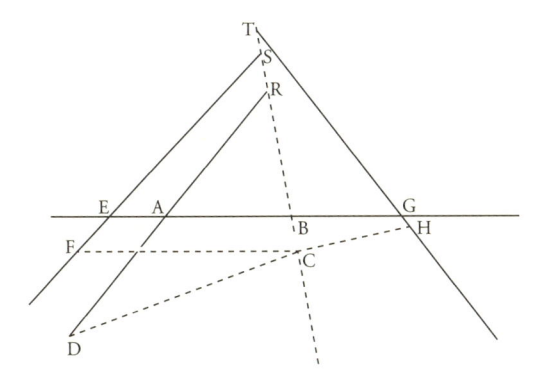

Aqui as linhas cheias são as retas dadas, e as linhas tracejadas são aquelas buscadas. Descartes toma AB e BC como as retas principais, e passa a relacionar todas as outras a estas. Seus comprimentos são x e y, respectivamente, e, de fato, AB é o eixo x, e BC é o eixo y, um pormenor que é obscurecido no diagrama de Descartes pelo fato de que AB e BC não são desenhados perpendicularmente entre si (dado que fazê-lo obscureceria as proporções). Agora os ângulos do triângulo ABR são dados, de modo que a razão AB:BR passa a ser conhecida. Se chamarmos esta razão de $\frac{z}{b}$, então BR = $\frac{bx}{z}$, e CR = $y + \frac{bx}{z}$ (onde B encontra-se entre C e R). Os ângulos do triângulo DRC também são conhecidos, e se representarmos a razão CR:CD como $\frac{z}{c}$, então CR = $y + \frac{bx}{z}$ e CD = $\frac{cy}{z} + \frac{bcx}{z^2}$. Ademais, uma vez que as posições de AB, AD e EF são fixas, o comprimento k de AE é, portanto, dado; logo, EB = $k + x$ (onde A encontra-se entre E e B). Os ângulos do triângulo ESB também são dados, e portanto também é dada a razão BE:BS. Se chamarmos esta razão de $\frac{z}{d}$, teremos então BS = $\frac{dk + dx}{z}$ e CS = $\frac{zy + dk + dx}{z}$ (onde B encontra-se entre S e C). Os ângulos do triângulo

FSC são dados, portanto a razão CD:CF é conhecida. Se chamarmos esta razão de $\frac{z}{e}$ obteremos então CF = $\frac{ezy + dek + dex}{z^2}$. Sendo l o comprimento dado de AB, temos BG = $l - x$; e se tomarmos a razão conhecida BG:BT no triângulo BGT como sendo $\frac{z}{f}$, então BT = $\frac{fl - fx}{z}$ e CT = $\frac{zy + fl - x}{z}$, e se tomarmos CT:CH no triângulo TCH como sendo $\frac{z}{g}$, então CH = $\frac{gzy + fgl + fgx}{z^2}$.

Não importando com quantas retas de uma dada posição estejamos lidando, o comprimento de uma reta que passa por C formando um dado ângulo com estas retas pode sempre ser expresso em três termos da forma $ax + by + c$. Para três ou quatro retas fixas, a equação será uma equação quadrática, e isso significa que, para qualquer dado valor de y, os valores de x podem ser encontrados mediante o uso de apenas régua e compasso, e um número suficientemente grande de valores permitirá que tracemos a curva à qual C deve pertencer. Para cinco ou seis retas a equação é uma cúbica, para sete ou oito uma quártica, para nove ou dez uma quíntica e assim por diante, aumentando um grau a cada introdução de duas outras retas.

O avanço de Descartes para além da matemática antiga

Ao resolver o problema de Papus, Descartes resolveu um dos mais difíceis problemas legados pela matemática antiga, e o resolveu de modo simples, elegante e generalizável. Fazendo-o, ele desenvolveu uma técnica que foi bastante além daquelas empregadas na antiguidade.

No segundo livro da *Geometria*, Descartes estende mais seu tratamento dos lugares geométricos de Papus para três ou quatro retas, distinguindo as curvas correspondentes a equações de segundo grau, a saber, a elipse, a hipérbole e a parábola. Este tratamento é razoavelmente exaustivo, mas ele considera pouquíssimos casos correspondentes a cúbicas, sustentando (de modo bastante otimista, como se revelará depois)[3] que seu método já

---

[3] Ver Grosholz, "Descartes' Unification of Algebra and Geometry", em Gaukroger (ed.), *Descartes, Philosophy, Mathematics, and Physics*, pp. 156-168.

mostra como se deve lidar com estas. Sua classificação geral das curvas, e em particular sua rejeição das curvas transcendentais, provocou muita discussão,[4] mas isto não cabe ser discutido aqui. Talvez valha a pena mencionar, contudo, que seu método para traçar tangentes a curvas assumiu uma nova importância com o desenvolvimento do cálculo (para o qual Descartes não fez nenhuma contribuição direta), pois era equivalente a encontrar a inclinação de uma curva em qualquer ponto, o que é uma forma de diferenciação. Finalmente, no terceiro livro são examinados problemas sólidos e supersólidos. Isso marca um importante avanço para além dos matemáticos alexandrinos, que só com relutância reconheciam construções que faziam uso de curvas outras que não linhas retas e círculos, e a categoria dos problemas de sólidos nunca havia sido sistematicamente cogitada. Aqui Descartes estende sua análise algébrica para muito além das preocupações dos matemáticos da antiguidade. O traço mais admirável de sua abordagem é que, a fim de preservar a generalidade de sua análise estrutural da equação, ele estava preparado para permitir não apenas raízes negativas, mas também raízes imaginárias, apesar da natureza de outro modo completamente contraintuitiva destas. Para compreendermos exatamente a radicalidade disso, precisamos primeiro dizer um pouco mais acerca da natureza da álgebra e do lugar de Descartes em seu desenvolvimento.

A ORIGINALIDADE DA ABORDAGEM DE DESCARTES

Álgebra geométrica

O traço característico da álgebra é sua abstração. Ela abrange estruturas matemáticas que são definidas puramente em termos operacionais e relacionais, sem qualquer restrição quanto à natureza das entidades relacionadas. Estritamente falando, ela não tem conteúdo próprio, mas

---

[4] Ver em particular Vuillemin, *Mathématiques et métaphysique chez Descartes*.

adquire conteúdo apenas através da interpretação. É assim que pensamos a álgebra hoje, mas ela não foi sempre vista segundo tais termos abstratos, e podemos distinguir dois estágios cruciais em seu desenvolvimento: a libertação do número em relação às intuições espaciais e a libertação da própria álgebra em relação a uma interpretação exclusivamente numérica. O primeiro desses estágios é largamente devido a Descartes. Nem sempre é estimado, no entanto, o quão original foi a abordagem algébrica de Descartes. Até uma época relativamente recente, pensava-se que os gregos possuíam uma "álgebra geométrica", isto é, um procedimento para lidar com problemas genuinamente algébricos o qual, por causa da crise efetuada pela descoberta pitagórica da incomensurabilidade linear, resultou na formulação e resolução geométrica desses problemas. Essa álgebra geométrica, dizia-se, foi subsequentemente redescoberta, despojada de sua linguagem geométrica, e daí tornada mais geral, na obra de Descartes e outros.

O que está em questão aqui é se a formulação e resolução geométrica de certas classes de problemas matemáticos pelos gregos pode ser construída como álgebra em roupagem geométrica. Não se pode negar que há muitas proposições em Euclides, por exemplo, para as quais podemos facilmente encontrar resultados algébricos equivalentes. Ademais, muitas das proposições do segundo livro dos *Elementos* de Euclides podem receber uma interpretação algébrica muito facilmente compreensível, ao passo que frequentemente se percebeu a existência de problemas no oferecimento de interpretações puramente geométricas para as mesmas proposições. Finalmente, parece que a álgebra geométrica era exatamente o que era necessário como resposta à crise ocasionada na matemática pela descoberta da incomensurabilidade linear, uma descoberta com a qual os procedimentos aritméticos disponíveis eram incapazes de lidar.

Desafios a esse tipo de interpretação existiram de fato desde os anos 1930, mas só mais recentemente foi amplamente reconhecido que há algo de errado com a visão da álgebra geométrica. Jacob Klein, em seu trabalho pioneiro sobre o desenvolvimento inicial da álgebra, por exemplo, mostrou que mudanças muito radicais no conceito de número foram necessárias antes que a álgebra se tornasse possível, e que estas não foram efetuadas até a obra de Vieta, no final do século XVI.⁵ Em segundo lugar, hoje ficou claro que a geometria pitagórica das áreas, longe de ser uma álgebra geométrica planejada para resolver o problema da incomensurabilidade, foi de fato planejada para eliminar o que era efetivamente considerado um problema insolúvel.⁶ Terceiro, todas as proposições dos *Elementos* de Euclides têm de fato interpretações geométricas,⁷ e em diversos casos a apresentação algébrica as trivializa.⁸ A conclusão que devemos tirar é, creio eu, que simplesmente não há nenhuma evidência para apoiar a alegação tradicional de que os matemáticos gregos operavam com quaisquer ideias genuinamente algébricas, conscientemente ou de outro modo.

No entanto, dizer que os gregos não operavam com uma álgebra geométrica não é dizer que a geometria não desempenhava um papel importante na aritmética grega. Ela de fato desempenhava sim um papel muito importante, mas um papel bastante contrário à interpretação tradicional, pois diminuía, em vez de aumentar, a abstração da aritmética. Uma compreensão desse papel é importante se pretendemos estimar completamente a originalidade da álgebra de Descartes, e o melhor contraste com a abordagem dele é a bastante influente explicação do número oferecida por Aristóteles em sua *Metafísica*.⁹

A concepção aristotélica: Número, matéria e espaço

Para Aristóteles, os objetos matemáticos possuem matéria, e esta matéria é o que ele chama de "matéria noética". Ora, a matemática é distinguida por Aristóteles pelo fato de que seus objetos não mudam e não

---

5   Kleinm, *Greek Mathematical Thought and the Origin of Algebra*.
6   Szabó, *The Beginnnings of Greek Mathematics*, especialmente o Apêndice.
7   Ver especialmente a discussão da Proposição 5 do Livro II dos *Elementos*, ibid., pp. 332-353.
8   Unguru, "On the need to rewrite the history of Greek mathematics".
9   O que se segue é derivado de Gaukroger, "Aristotle on intelligible matter", onde pode ser encontrada uma explicação muito mais completa.

possuem existência independente. Estes objetos são noéticos, em oposição a sensíveis, e chegamos a eles através da abstração a partir de números e figuras "sensíveis", isto é, os números e figuras dos objetos sensíveis. Objetos sensíveis são constituídos de matéria sensível, e Aristóteles acha que os objetos matemáticos devem ser constituídos de matéria noética. Ele adota essa doutrina, pois acredita que números e figuras são propriedades, e que propriedades devem sempre ser instanciadas em algo. Números e figuras sensíveis são instanciados na matéria sensível, mas números e figuras noéticas não podem, pois são apenas objetos de pensamento; dado que são propriedades, no entanto, eles devem ser instanciados em algo, e assim Aristóteles inventa um novo tipo de matéria puramente abstrata para que sejam instanciados nela.

No caso da geometria, Aristóteles emprega dois tipos diferentes de abstração. O primeiro envolve a desconsideração da matéria dos objetos sensíveis, de modo a restarem propriedades como "ser triangular" e "ser redondo". A geometria investiga a propriedade de "ser redondo" em termos bastante gerais, como a forma do que quer que, mais geralmente falando, seja redondo. E o que quer que, mais geralmente falando, seja redondo, é algo que alcançamos por um tipo complementar de abstração, na qual desconsideramos as propriedades dos objetos sensíveis, de modo que aquilo que possui estas propriedades torna-se o objeto de investigação. O que resta é um substrato de extensão indeterminada, caracterizado unicamente em termos de suas dimensões espaciais: comprimento, largura e profundidade. Essa abstração pode então ser levada mais adiante, produzindo planos e, finalmente, retas e pontos, cada qual destes substratos possuindo diferentes dimensões. Mas esses substratos não podem ser nem sensíveis, uma vez que foram privados das propriedades que os tornariam sensíveis, nem podem ter uma existência independente, uma vez que são meras abstrações. Eles são então o que Aristóteles chama de matéria noética.

Aristóteles faz a mesma afirmação acerca dos números, no entanto, e isso é mais problemático. Podemos imaginar a matéria noética geométrica como espaços de uma, duas e três dimensões, mas como devemos imaginar a matéria noética do número? A resposta é: quase do mesmo modo – dado que tenhamos em mente que, na matemática grega, ao passo que a geometria opera com retas, a aritmética opera com *comprimentos* de reta (ou áreas, ou volumes). A distinção é de extrema importância, e Aristóteles é bem cônscio disso. Um comprimento de reta, na medida em que é um comprimento determinado, pode ser visto como potencialmente divisível em partes descontínuas, isto é, em uma pluralidade determinada de comprimentos unitários. É ao tratarmos o comprimento do pé como sendo indivisível, por exemplo, que podemos tratá-lo como sendo um comprimento unitário, isto é, como sendo a medida de outros comprimentos (cf. Livro I da *Metafísica* de Aristóteles). E neste caso o comprimento de reta torna-se efetivamente o mesmo que o número, que Aristóteles define como uma pluralidade medida por uma unidade ou um "uno". A distinção central entre aritmética e geometria jaz no fato de que a primeira lida com magnitudes descontínuas, e a segunda lida com magnitudes contínuas. A reta considerada simplesmente como uma reta encontra-se no interior do tema da geometria, pois é infinitamente divisível e é, portanto, uma magnitude contínua; mas considerada ou como um comprimento unitário, ou como uma soma de comprimentos unitários, ela encontra-se no interior do tema da aritmética.

Em termos dessa distinção, podemos compreender claramente a que equivale a aritmética na concepção de Aristóteles: uma geometria métrica. Embora ele nunca mencione explicitamente a geometria métrica, sua terminologia aritmética – números *lineares*, *planos* e *sólidos*, números sendo *medidos*, fatores *medindo* produtos na multiplicação – consistentemente sugere que esta é a concepção de aritmética que ele aceita como verdadeira. De fato, a geometria métrica é uma disciplina essencialmente aritmética, comum ao todo da matemática antiga desde o antigo período babilônico até os alexandrinos.[10] No presente contexto, sua importância jaz no fato de que, embora lide com retas, planos etc., ela lida com eles não *enquanto* retas e planos, mas *enquanto* comprimentos unitários e áreas unitárias, ou somas ou produtos de tais

---

[10] Acerca do desenvolvimento inicial da geometria métrica, ver Knorr, *The Evolution of the Euclidean Elements*, p. 107ss.

comprimentos e áreas unitárias. Aristóteles fala, ao longo de sua obra, a respeito de números em uma dimensão, números planos e números sólidos, e nunca introduz a ideia da *representação* geométrica dos números. Nem, de fato, qualquer autor grego ou alexandrino fala de números sendo representados geometricamente. Aqui é instrutivo o fato de que as proposições aritméticas dos *Elementos* de Euclides, aquelas que ocupam os livros VII a IX, sejam explicitamente enunciadas em termos de comprimentos de retas, como se os números fossem comprimentos de retas: e isso é exatamente o que eles são.

Aristóteles não foi um inovador na matemática. Ele não tentou desenvolver uma nova forma de matemática, mas sim fornecer uma base filosófica apropriada para a matemática de sua época. Aquilo para o qual ele fornece uma base, no caso da aritmética, não é uma forma de aritmética que, devido a sua fundamentação baseada na álgebra geométrica, é particularmente abstrata e geral, mas sim uma forma de aritmética que, sendo construída em termos de geometria métrica, é dependente de intuições espaciais e, como consequência, é severamente limitada. Considere-se, por exemplo, a operação aritmética da multiplicação e, em particular, a mudança dimensional envolvida nessa operação, que resulta no produto ser sempre de uma dimensão superior. Isso não é uma restrição notacional; é algo inerentemente conectado à ideia de que os números, para os matemáticos gregos, são números *de* algo. Uma consequência disso é que quando multiplicamos, devemos multiplicar números de algo: não podemos multiplicar dois por três, por exemplo, devemos sempre multiplicar dois "algos" por três "algos". É neste sentido que Klein chamou os números de "determinados" para os gregos. Eles não simbolizam magnitudes gerais, mas sempre uma determinada pluralidade de objetos.[11] Ademais, nas operações aritméticas não são mantidos apenas os aspectos dimensionais da geometria, mas também a natureza física e intuitiva dessas dimensões, de modo

---

[11] Klein, *Greek Mathematical Thought*, p. 133ss.

que, por exemplo, não mais que três comprimentos de reta podem ser multiplicados juntos, uma vez que o produto nesse caso é um sólido, que esgota o número de dimensões disponíveis.[12]

Álgebra cartesiana e abstração

Descartes opõe-se explicitamente a esta concepção espacial. No início da *Geometria*, depois de ter mostrado os procedimentos geométricos para a multiplicação e radiciação, ele introduz letras únicas para designar comprimentos de retas. Mas sua interpretação dessas letras é significativamente diferente da interpretação tradicional. Na interpretação tradicional, se a é um comprimento de reta, então a^2 é um quadrado com lados de comprimento a, ab é um retângulo com lados de comprimentos a e b, e a^3 é um cubo com lados de comprimento a. Na interpretação de Descartes, no entanto, estas quantidades são todas dimensionalmente homogêneas:

> Deve ser notado que todas as partes de uma única reta devem ser sempre expressas pelo mesmo número de dimensões cada uma, dado que a unidade não esteja determinada na condição do problema. Assim, a^3 contém tantas dimensões quanto ab^2 ou b^3, sendo estas as partes componentes da reta que chamei de $\sqrt[3]{a^3 - b^3 + ab^2}$ (AT VI 371).

Aqui a passagem entre aritmética e geometria é algo que aumenta a abstração das operações, não algo que restringe sua abstração, como nas concepções antigas. A questão do nível de abstração é crucial. Para os matemáticos da antiguidade, somente se uma figura ou número determinados pudessem ser construídos ou computados poder-se-ia dizer que alguém resolveu um problema matemático. Ademais,

---

[12] A única exceção a esta restrição sobre a multiplicação ocorre em uma obra alexandrina relativamente tardia, a *Métrica* de Heron, I 8, em que dois quadrados, isto é, áreas, são multiplicados juntos.

os únicos números permissíveis como soluções eram números naturais: números negativos, em particular, eram números "impossíveis". É verdade que próximo ao fim do período alexandrino, mais notavelmente na *Aritmética* de Diofanto, começamos a encontrar a busca por problemas e soluções concernentes a magnitudes gerais, mas estes procedimentos nunca constituem nada além de técnicas auxiliares formando um estágio preliminar ao estágio final, em que um número determinado é computado. Descartes opõe-se explicitamente a isso, e na Regra XVI das *Regras para a direção do espírito* explica detalhadamente o contraste entre sua abordagem e a abordagem tradicional, em termos bastante claros:

> Deve ser assinalado que, enquanto os aritméticos designam usualmente cada magnitude por várias unidades, isto é, por um número, nós ao contrário abstraímos aqui dos próprios números exatamente como fizemos acima [Regra XIV] das figuras geométricas, bem como de qualquer outra coisa. Nossa razão para fazê-lo é parcialmente para evitar o tédio de um cálculo longo e desnecessário, mas sobretudo para que as partes do problema que são essenciais permaneçam sempre distintas e não sejam obscurecidas por números inúteis. Se, por exemplo, procuramos a hipotenusa de um triângulo retângulo cujos lados fornecidos são 9 e 12, o aritmético dirá que ela é igual a $\sqrt{225}$, isto é, 15. Nós, por outro lado, escreveremos *a* e *b* no lugar de 9 e 12 e acharemos que a hipotenusa é igual a $\sqrt{a^2 + b^2}$, deixando as duas partes da expressão a^2 e b^2 distintas, ao passo que no número elas são confundidas... Insistimos nestas distinções, nós que buscamos desenvolver um conhecimento claro e distinto dessas coisas. Os aritméticos, por outro lado, ficam satisfeitos se o resultado buscado apresenta-se, mesmo se não enxergam como ele depende daquilo que foi dado; mas de fato é unicamente no conhecimento desse tipo que reside a ciência (AT X 455-456, 458: CSM I 67-68, 69).

Para Descartes, a preocupação com magnitudes gerais é constitutiva do empreendimento matemático. Ele não reconhece nenhum número ou figura como "impossível" em bases intuitivas. De fato, ele prontamente concorda com restrições puramente algébricas, exigindo que o conceito de "número" seja estendido para incluir não apenas inteiros, mas também frações e números irracionais. E sua análise estrutural da equação leva-o a aceitar raízes negativas e imaginárias. Aqui, nossas intuições acerca do que são os números são efetivamente sacrificadas à definição estrutural de número fornecida pela álgebra.

A esse respeito, Descartes inaugura um desenvolvimento em que a gama de itens subsumidos à categoria de "número" é expandida e consolidada, conforme a generalidade da álgebra aumenta e suas regras de operação definem como números novos tipos de entidade. Como apontado por Kneale,[13] até inclusive a época da introdução dos números complexos, os matemáticos assumiam uma atitude não-reflexiva quanto à extensão da ideia de número. A retenção das regras gerais da álgebra exigira que eles introduzissem novos tipos de entidades, as quais haviam sido forçados a adotar para resolver problemas propostos em um estágio anterior, mas eles não levantavam nenhuma questão geral acerca deste procedimento. A situação mudou no final dos anos 1830 e início dos anos 1840. Em primeiro lugar, Peacocke, Gregory e De Morgan começaram a conceber a álgebra em termos matemáticos tão abstratos que não era mais necessário construir as entidades relacionadas de suas operações como números, de todo. Em segundo, Hamilton começou a trabalhar em uma álgebra de números hipercomplexos, os quais, apesar de serem definidos por operações algébricas, não satisfazem todas as regras que são válidas para os números complexos. Estes dois desenvolvimentos sugeriam que a álgebra podia ser mais geral do que havia sido pensado. Foi neste contexto que George Boole, considerado por muitos como o fundador da lógica formal moderna, foi capaz de desenvolver um cálculo abstrato para a lógica. Mostrando como as leis da álgebra podem ser formalmente enunciadas sem interpretação e como as leis que governam os núme-

---

[13] Kneale e Kneale, *The Development of Logic*, p. 390ss.

ros até os complexos não precisam valer todas juntas em todo sistema algébrico, ele foi capaz de passar ao desenvolvimento de uma álgebra limitada que representava as operações da silogística tradicional.

Livre de sua interpretação exclusivamente numérica, a álgebra torna-se um aparato muito mais poderoso, e sua aplicação à lógica leva-a diretamente às questões mais fundamentais. Tal desenvolvimento é uma continuação do trabalho de Descartes em álgebra, mas é uma continuação completamente estranha à abordagem do próprio Descartes. Para compreendermos por que é este o caso, devemos considerar o que Descartes pensa como sendo metodologicamente distintivo acerca da álgebra.

Álgebra, dedução e "análise" cartesiana[14]

Como vimos, Descartes sustenta que, ao passo que os matemáticos anteriores estavam exclusivamente preocupados em computar soluções numéricas particulares para as equações, ele abstrai dos números, pois está preocupado com as características estruturais das próprias equações. Agora é possível traçar aqui uma analogia direta com a lógica. Se pretendemos pensar sobre a lógica em termos algébricos, do mesmo modo como Descartes pensa algebricamente sobre a aritmética, o que devemos fazer é abstrair de *verdades* particulares (exatamente como Descartes abstrai de *números* particulares) e explorar as relações entre as verdades, independentemente de seu conteúdo, em termos estruturais abstratos. Mas este movimento em direção a um nível superior de abstração, que Leibniz vislumbrou, e que é constitutivo da lógica moderna e da filosofia da matemática, era absolutamente estranho a Descartes. Descartes era cego para a possibilidade de a lógica ser construída em termos de uma extensão de suas técnicas algébricas, pois concebia a lógica (que para ele era a silogística aristotélica) como um método re-

---

[14] Para uma discussão completa das questões levantadas nesta seção, ver Gaukroger, *Cartesian Logic*.

dundante de apresentação de resultados já alcançados, ao passo que a álgebra, pensava ele, era algo completamente diferente, a saber, um método de descoberta de novos resultados. A questão do método foi abordada em outra parte deste volume, mas umas poucas palavras acerca de como ela se relaciona especificamente com a álgebra não estaria fora de lugar aqui.

Quando, na Regra IV das *Regras para a direção do espírito*, Descartes discute a necessidade de "um método para encontrar a verdade", ele volta sua atenção para a matemática. Quando primeiro estudara matemática, diz Descartes, ele a achara insatisfatória. Embora os resultados que os matemáticos obtinham fossem verdadeiros, eles não deixavam claro como haviam chegado a seus resultados, e em muitos casos parecia que esta era mais uma questão de sorte que de habilidade. Consequentemente, muitos haviam, bem compreensivelmente, rejeitado a matemática como vã e pueril. Mas os fundadores da filosofia na antiguidade haviam feito da matemática um pré-requisito para o estudo da sabedoria. Isso indicava a Descartes que eles deviam ter possuído "uma espécie de matemática diferente da nossa" (AT X 376: CSM I 18), e ele afirma encontrar traços desta "verdadeira matemática" nos escritos de Papus e Diofanto. Mas estes autores temiam "que seu método [de descoberta], sendo tão fácil e simples, perdesse seu valor se fosse divulgado e, assim, a fim de ganhar nossa admiração, puseram em seu lugar verdades estéreis que, com alguma engenhosidade, eles demonstraram dedutivamente" (AT X 376-377:CSM I 19).

A arte da descoberta que Descartes acredita ter redescoberto é o que ele chama de "análise". Na antiguidade, análise e síntese eram procedimentos complementares, e Papus distinguia dois tipos de análise: a "análise teórica", na qual tentamos estabelecer a verdade de um teorema, e a "análise problemática", na qual tentamos descobrir algo desconhecido. Se estes procedimentos forem completados com sucesso, devemos então provar nosso resultado por meios sintéticos, segundo os quais partimos de definições, axiomas e regras, e deduzimos nosso resultado unicamente a partir destas. Os textos matemáticos da antiguidade, preocupados como eram com a demonstração rigorosa, apresentavam somente provas sintéticas. Descartes faz duas coisas: ele efetivamente restringe a "análise" à análise problemática, e rejeita completamente a necessidade da síntese. Este segundo ponto é evidente assim que se lança um olhar sobre a *Geometria*. As tradicionais listas de definições, postulados etc. estão completamente ausentes, e somos imediatamente introduzidos às técnicas de resolução de problemas. Para Descartes, o objetivo do exercício, um objetivo que, conforme ele acredita, somente a álgebra pode permitir a alguém alcançar de modo sistemático, é o de resolver problemas. Uma vez que alguém resolveu um problema, a apresentação do resultado em termos sintéticos é, para Descartes, completamente redundante. Em termos mais gerais, isso equivale a uma rejeição do valor da inferência dedutiva na matemática.

Esta é uma das partes mais problemáticas da concepção que Descartes tem da álgebra, e ele afasta-se neste ponto não apenas dos matemáticos modernos, mas também de seus contemporâneos. A fonte do problema jaz em sua visão de que a inferência dedutiva nunca pode ter qualquer valor epistêmico, e nunca pode desempenhar qualquer papel no aumento do conhecimento. Leibniz foi o primeiro filósofo a responder completamente a esta visão. Ele salientou que, ao passo que a análise pode ser valiosa como uma maneira de resolver problemas particulares, na apresentação sintética ou dedutiva de resultados na matemática nós colocamos em ação uma extensão e estruturação sistemática do conhecimento, que permite que lacunas, dificuldades falhas etc. sejam reconhecidas, precisamente identificadas e resolvidas.

Este é um problema profundo, no entanto, e muitos filósofos já questionaram a situação da dedução. Sexto Empírico, um dos mais importantes céticos antigos, ofereceu o seguinte argumento engenhoso contra a inferência dedutiva.[15] Comparem-se os seguintes argumentos:

---

[15] Sextus Empiricus, *Outlines of Pyrrhonism*, II, 159 (edição de Loeb: vol. I, pp. 253-255).

A

(1) Se é dia, está claro.
(2) É dia.
_____
(3) Está claro

B

(1) É dia.
_____
(2) Está claro.

A é um argumento dedutivo, *B* é um argumento não dedutivo. O argumento de Sexto é que os argumentos dedutivos são sempre, por seus próprios critérios, defeituosos. No caso presente, por exemplo, ou (3) segue-se de (2) ou não. Se sim, então *B* é um argumento perfeitamente aceitável, pois em *B* nós simplesmente inferimos (3) a partir de (2). Mas se este é o caso, então (1) é claramente redundante. Por outro lado, se (3) não se segue de (2) então (1) é falso, uma vez que (1) claramente afirma que (3) segue-se de (2). Assim, a prova dedutiva é impossível: o que *A* nos diz a mais e acima de *B* é redundante ou falso. Não muitos filósofos estiveram preparados para ir tão longe quanto Sexto, mas muitos levantaram preocupações gerais acerca do problema da dedução. Alguns, como J. S. Mill, sustentaram que as premissas contêm a mesma asserção que a conclusão nos argumentos dedutivos, e que é isso que efetivamente torna válidos esses argumentos.[16] Aqui uma questão deve ser levantada acerca do problema dos argumentos dedutivos. Outros, como os positivistas lógicos, sustentaram que as verdades lógicas são analiticamente verdadeiras, e portanto não podemos nunca aprender nada de novo a partir delas.

Isto certamente não pode estar correto, pois nós algumas vezes aprendemos algo novo a partir de provas dedutivas. Considere-se, por exemplo, o primeiro encontro de Hobbes com os *Elementos* de Euclides, conforme relatado por Aubrey em suas *Breves vidas* :

> Estando na biblioteca de um cavalheiro, os *Elementos* de Euclides jaziam abertos, e era o 47º El. do livro I. Ele leu a proposição.

---

[16] Ver o Livro II de Mill, *A System of Logic* [1843] (Londres: Longmans, 1967).

Por Deus, disse ele (ele vez ou outra proferia um juramento enfático, pela ênfase), isso é impossível! Então ele leu a Demonstração, que o remetia de volta a outra, a qual ele também leu. [E assim por diante] até que enfim ele foi demonstrativamente convencido daquela verdade. Isso o fez apaixonar-se pela Geometria.[17]

Aqui Hobbes começa não apenas não acreditando em algo, mas não acreditando nem mesmo que esse algo fosse possível, e uma cadeia de raciocínios dedutivos convence-o do contrário. Este é um caso claro de avanço epistêmico, ou seja, Hobbes termina com uma crença que ele não teria tido de outro modo, e o responsável por sua aquisição desta nova crença é um argumento puramente dedutivo. Mas é verdade que nem todos os argumentos dedutivos trazem consigo um avanço epistêmico: o argumento "se *p*, então *p*" claramente não envolve nenhum avanço epistêmico, embora seja um argumento dedutivo formalmente válido. Onde Descartes erra é em negar que *alguns* argumentos dedutivos envolvem avaço epistêmico. Isto é simplesmente implausível, como mostra o caso de Hobbes.

Ademais, mesmo que os argumentos dedutivos nunca *pudessem* realizar avanços epistêmicos, nós ainda teríamos boas razões para nos interessarmos pelas relações sistemáticas entre verdades, por exemplo, as verdades da geometria ou as verdades da aritmética, dado que é de alguma importância sabermos de que modo algumas seguem-se das outras e em que precisamente consiste este "seguir-se de". Mas Descartes assume que o avanço epistêmico é o único critério de valorização, e isto leva-o a rejeitar qualquer coisa que ele não acredita que seja um método de descoberta. Ele enxerga a álgebra como um método de descoberta *por excelência*, e é precisamente por enxergá-la desse modo que a possibilidade de pensar sobre a dedução em termos algébricos encontra-se fechada para ele.

---

[17] *Aubrey's Brief Lives*, ed. Oliver Lawson Dick (Londres: Secker and Warburg, 1960), p. 150.

A aplicação da matemática à realidade

A natureza abstrata da álgebra, como percebe Descartes, é a fonte de seu poder. Mas ela é também uma potencial fonte de dificuldades, pois se a matemática é tão abstrata quanto sustenta Descartes, sua relação com o mundo material pode tornar-se um problema. Esta é uma questão especialmente importante para Descartes, uma vez que ele se preocupa em desenvolver uma física matemática, uma explicação do mundo material que seja completamente matemática. Descartes lida com a questão da física matemática nas *Regras para a direção do espírito*, de uma maneira que liga a matemática, a epistemologia e a ciência natural, e sua explicação aqui é útil não apenas para nos ajudar a compreender de que modo ele pensa que algo tão abstrato quanto a álgebra pode relacionar-se ao mundo natural, mas também ao lançar alguma luz sobre em que ele pensa que esta abstração consiste.

Naturezas simples

Ao longo das *Regras*, Descartes insiste que o conhecimento deve começar com o que ele chama de "naturezas simples", que são aquelas coisas que não são ulteriormente analisáveis, e que nós captamos de uma maneira direta e intuitiva. Essas naturezas simples só podem ser captadas pelo intelecto, embora "ainda que somente o intelecto seja capaz de conhecer, ele pode ser auxiliado ou impedido pela imaginação, pela percepção sensível e pela memória" (AT X 398: CSM I 32). Na Regra XIV, a conexão entre o intelecto e a imaginação é elaborada de modo bastante interessante:

> Por "extensão" entendemos tudo o que possua comprimento, largura e profundidade, deixando de lado a questão de se ela é um corpo real ou apenas um espaço. Esta noção não necessita, penso eu, de qualquer elucidação adicional, pois não há nada que seja percebido com mais facilidade por nossa imaginação... Pois ainda que alguém pudesse persuadir-se, se supuséssemos que todo objeto no universo fosse aniqui-

lado, de que isto não impediria a extensão de existir por si só, seu conceito não faria uso de qualquer imagem corporal, mas seria meramente um falso juízo do intelecto trabalhando sozinho. Ele próprio admitirá isso, se refletir atentamente sobre esta imagem da extensão que ele tenta formar em sua imaginação. Ele notará, de fato, que não a percebe isolada de todo sujeito, e que sua imaginação dela e seu juízo dela são bem diferentes. Consequentemente, seja qual for a crença de nosso intelecto quanto à verdade do fato, estas entidades abstratas nunca são formadas na imaginação isoladas dos sujeitos (AT X 442-443: CSM I 59).

Descartes prossegue argumentando que, ao passo que "extensão" e "corpo" são representados por uma mesma ideia na imaginação, isto não é verdade em relação ao intelecto. Quando dizemos que "o número não é a coisa enumerada" ou "a extensão ou a figura não é o corpo", os significados de "número" e "extensão" aqui são tais que não há ideias especiais correspondendo a eles na imaginação. Estes dois enunciados são "obra do intelecto puro, o único que tem o poder de isolar entidades abstratas deste tipo" (AT X 444: CSM I 60). Descartes insiste que devemos distinguir enunciados desse tipo, nos quais os significados dos termos são separados do conteúdo das ideias na imaginação, de enunciados nos quais os termos, apesar de "empregados em abstração de seus sujeitos, não excluem ou negam nada que não seja realmente distinto daquilo que denotam" (AT X 445: CSM I 61).

O intelecto e a imaginação

Essa distinção entre os dois tipos de proposição é talvez mais claramente expressada na distinção entre seus objetos próprios, ou seja, os objetos do intelecto e os objetos da imaginação, respectivamente. Os objetos próprios do intelecto são entidades completamente abstratas e são livres de imagens ou "representações corpóreas". De fato, ao engajar-se em sua atividade própria, o intelecto "volta-se para si mesmo" (AT VII 73: CSM II 51) e contempla aquelas coisas que são puramente intelectuais, como o pensamento e a dúvida, bem como aquelas "naturezas simples" que são comuns tanto à mente quanto ao corpo, como a existência, a unidade e a duração. Mas o intelecto pode também aplicar-se a "ideias" na imaginação. Ao fazê-lo, ele também desempenha uma operação que é própria dele, mas a qual a imaginação não é capaz de desempenhar, a saber, a de separar os componentes dessas ideias por abstração.

É aqui que surge a necessidade da imaginação, pois o intelecto por si mesmo não tem nenhuma relação, de todo, para com o mundo. As entidades concebidas no intelecto são indeterminadas. A imaginação é necessária para torná-las determinadas. Quando falamos de números, por exemplo, a imaginação deve ser empregada para representar para nós algo que possa ser medido por uma multidão de objetos. O intelecto entende "cinco" como algo separado de cinco objetos (ou segmentos de reta, ou pontos, ou o que quer que seja), e logo a imaginação é requerida se este "cinco" deve corresponder a algo no mundo. Aquilo com que estamos efetivamente lidando aqui, no que concerne ao intelecto, é a álgebra. É à medida que os objetos da álgebra, o conteúdo indeterminado que foi separado pelo intelecto, podem ser representados e concebidos simbolicamente como retas e planos que eles podem ser identificados com o mundo real. A álgebra lida com entidades completamente abstratas, concebidas no intelecto, mas estas entidades abstratas devem ser representadas simbolicamente, e assim tornadas determinadas, o que requer o auxílio da imaginação. A imaginação, desse modo, representa magnitudes *gerais* (entidades abstratas) como magnitudes *específicas* (que não são distintas daquilo do qual são magnitudes).

No entanto, nem todo tipo de magnitude específica servirá para esta representação, neste caso. A magnitude específica privilegiada que Descartes deseja destacar é a extensão espacial. Há duas razões para isso. Primeiro, entidades algébricas podem ser representadas geometricamente, isto é, puramente em termos de extensão espacial. Segundo, Descartes argumenta (por exemplo, na Regra XII) que, quando consideramos os aspectos fisiológicos, físicos e óticos da percepção, fica claro que aquilo que vemos de modo algum se assemelha a corpos no mundo. O próprio mundo não contém cores, odores etc. (não contém qualidades secundárias), mas somente corpos espacialmente extensos. As qualidades secundárias que percebemos são simplesmente um traço da interação de nossos órgãos sensoriais, aparatos cognitivos etc., com o mundo exterior. Elas são acréscimos psíquicos de uma mente que percebe. Assim o mundo é simplesmente um corpo espacialmente extenso, e o que é registrado na imaginação não é nada além de simples magnitudes espacialmente extensas.

Em suma, portanto, o mundo corpóreo e as entidades abstratas da álgebra são representados na imaginação como magnitudes extensas e medidas de magnitudes extensas, respectivamente, sendo então o primeiro mapeado em termos das segundas:

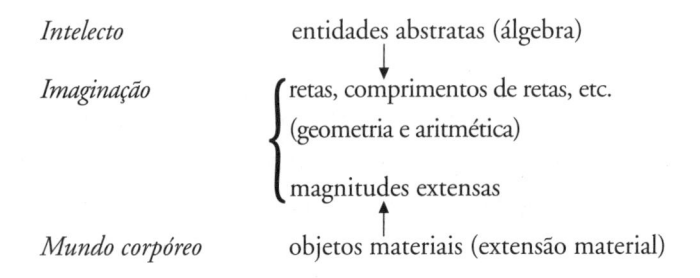

Intelecto   entidades abstratas (álgebra)
                                    ↓
Imaginação   ⎧ retas, comprimentos de retas, etc.
                          ⎨ (geometria e aritmética)
                          ⎩ magnitudes extensas
                                    ↑
Mundo corpóreo   objetos materiais (extensão material)

Neste esquema, o pensamento puro característico da álgebra, no qual se engaja o intelecto, não mapeia diretamente o mundo corpóreo. Em vez disso, uma representação dele na forma de aritmética e geometria mapeia uma representação do mundo corpóreo, uma representação consistindo exlusivamente em figuras bidimensionais. Esta concepção está sujeita a muitos problemas, como seria de se esperar de uma explicação que lida com essas questões fundamentais, mas ela nos fornece sim a primeira base epistemológica e metafísica explícita para uma física matemática na história da filosofia, e de muitas maneiras seu papel no pensamento de Descartes é ainda mais central que o "*Cogito*".

Conclusão

O que é notável acerca do trabalho de Descartes em álgebra é seu nível de abstração. Esta façanha foi frequentemente obscurecida, seja pelo próprio enunciado de Descartes de que tudo o que ele estava fazendo era redescobrir um método secreto de descoberta conhecido pelos matemáticos da antiguidade, seja pela amplamente aceita visão moderna de que esses matemáticos possuíam uma "álgebra geométrica", ou seja, uma interpretação algébrica da aritmética, empregando notação geométrica. Forneci algumas razões devido às quais creio que estes enunciados, e especialmente o segundo, estão errados. De fato, o que os matemáticos da antiguidade possuíam não era uma interpretação algébrica especialmente abstrata da aritmética, mas uma interpretação geométrica especialmente concreta. A interpretação abstrata veio somente quando os recursos da aritmética e da geometria foram combinados para produzir algo muito mais poderoso e abstrato que qualquer uma delas, e esta foi a façanha de Descartes. Ele inaugurou (com Vieta e outros) aquele que identifiquei como o primeiro estágio no desenvolvimento da álgebra, a saber, a libertação do número em relação a intuições espaciais. Isso abriu o caminho para o segundo estágio, a libertação da própria álgebra em relação a um interpretação exclusivamente numérica. O movimento para este segundo estágio foi, no entanto, um movimento completamente contrário a todo o teor da abordagem de Descartes. Isso não se deve tanto ao fato de que o movimento para o segundo estágio conduz a um nível de abstração que mesmo Descartes não estava preparado para aceitar; pois sua primeira ideia de uma "matemática universal" envolve uma concepção extremamente abstrata (mas intrabalhável) da matemática, que transcende qualquer conteúdo específico, lidando apenas com o que quer que possua ordem e magnitude (AT X 378: CSM I 19). Em vez disso, a contrariedade deve-se a sua exigência de que a álgebra fosse um método de descoberta, o que por sua vez significa que ela deveria ser epistemicamente informativa. A inferência dedutiva, pensava ele (erradamente), nunca pode ser epistemicamente informativa, e assim ele rejeitava qualquer conexão entre a álgebra e a lógica. Contudo, o segundo estágio no desenvolvimento da álgebra veio largamente como resultado da aplicação desta a sistemas de raciocínio dedutivo.

Descartes não era, então, incomodado de todo pela natureza bastante abstrata de sua álgebra em um contexto matemático. Mas, de muitas maneiras, é ainda mais notável que ele também não tenha sido incomodado por ela em um contexto físico. O principal objetivo de Descartes era desenvolver uma física matemática, e a matemática para ele era, em última instância, álgebra. Bem cônscio, pelo menos após sua fase inicial de "matemática universal", de que esta não poderia ser apenas uma questão de aplicar um sistema tão abstrato quanto a álgebra a algo tão concreto e específico quanto o mundo real, ele tentou estabelecer que ambos de fato têm uma coisa crucial em comum: a geometria. As únicas propriedades reais da matéria são aquelas que podem ser compreendidas totalmente em termos geométricos, e a álgebra é representada na imaginação em termos puramente geométricos. É, portanto, a geometria que une as duas coisas. Esta pode não ser a maneira mais proveitosa de se estabelecer uma base para a física matemática,[18] mas a pura ousadia e engenhosidade da concepção é emocionante, e de fato esta é a primeira tentativa filosófica explícita de se chegar a um acordo com algum detalhe acerca de como é possível uma física matemática.

Em suma, o trabalho de Descartes em álgebra é algo cujo interesse estende-se para bem além da matemática. Este trabalho fez dele um dos maiores matemáticos do século XVII. Mas ao ir até o fim das consequências deste trabalho em relação ao desenvolvimento de uma compreensão mecânica quantitativa do mundo corpóreo, ele tornou-se um dos maiores cientistas naturais do século XVII; e a ao ir até o fim de suas consequências em relação às questões do método, ele tornou-se seu maior filósofo.

---

[18] Ver Gaukroger, "Descartes' project for a mathematical physics", em Gaukroger (ed.), *Descartes*, pp. 97-140.

4 A metafísica cartesiana e o papel das naturezas simples

Jean-Luc Marion

Nas *Regulae*, na primeira parte da Regra XII, Descartes caracteriza as "ideias" em termos de "formatos" e "figuras" formados na imaginação (AT X 414: CSM I 41), reconstruindo assim de maneira bastante precisa, conquanto crítica, as doutrinas do *De anima* de Aristóteles. Mas na segunda parte da Regra XII ele abandona este uso aparentemente cauteloso do referencial tradicional e introduz um conceito absolutamente novo, o de "natureza simples" (*natura simplicissima*; *res simplex*). Esta não é apenas, nem principalmente, uma inovação terminológica; o que está envolvido é uma revolução epistemológica.[1]

Uma natureza simples tem dois traços característicos: ela não é simples, e não é uma natureza. Ela é, em primeiro lugar, oposta à "natureza", dado que, no lugar da coisa considerada em si mesma, de acordo com sua *ousia* (essência) ou *physis* (natureza), ela denota a coisa considerada em relação a nosso conhecimento: "Quando consideramos as coisas na ordem que corresponde a nosso conhecimento delas (*in ordine ad cognitionem nostram*), nossa visão delas deve ser diferente do que seria se falássemos delas de acordo com o modo como existem na realidade" (AT X 418: CSM I 44). Nosso conhecimento, então, não apreende as coisas como elas "realmente" (*re vera*) são, ou "em suas próprias categorias", e "em alguma classe de ser" (AT X 381: CSM

---

[1] Cf. Marion, *Sur l'ontologie grise de Descartes*, seção 22, p. 132ss; e Descartes, *Règles utiles et claires pour la direction de l'esprit*, trad. e ed. Marion, p. 239s. Ver também Hamelin, *Le Système de Descartes*, p. 85s; e O'Neil, "Cartesian simple natures".

I 21); em vez disso, deixando de lado a verdade da essência (*ousia*) de uma coisa, nós apreendemos o primeiro objeto cognoscível, qualquer que seja ele, dado que possa ser conhecido "facilmente" e, portanto, com certeza. Assim, longe de determinarem ou regularem previamente nosso conhecimento, as "naturezas" são simplesmente os produtos finais de nosso conhecimento. A "natureza" é um "objeto cognoscível" no sentido de "objeto simplesmente, na medida em que pode ser conhecido por nós"; ela depõe assim a tradicional *ousia* ou essência, e a expulsa de uma vez por todas da metafísica moderna (apesar das tentativas de Leibniz para trazê-la de volta).

Em segundo lugar, uma natureza simples não é "simples" no sentido comum do termo. Não estamos lidando com a simplicidade intrínseca de um átomo ou elemento, ou forma primária; em vez disso, a "simplicidade" é puramente relativa, referindo-se ao que quer que apareça de modo mais simples para a mente. Cada corpo, por exemplo, é redutível a três naturezas simples – extensão, figura e movimento. Contudo, não é nenhuma objeção dizer que uma figura poderia ser reduzida aos conceitos ainda mais simples de "extensão" e "limite"; pois mesmo que o conceito de limite seja em si mesmo mais abstrato que o de figura, esta mesma abstração permite que ele seja aplicado a um maior número de termos (não apenas à extensão, por exemplo, mas também à duração e ao movimento), tornando-o assim complexo do ponto de vista de nosso conhecimento. A natureza simples permanece sendo o termo mais simples, mas esta é uma simplicidade epistemológica, e não ontológica: ela não diz respeito à essência ou *ousia*. "Portanto, só estamos preocupados com as coisas na medida em que são percebidas pelo intelecto, e assim denominamos 'simples' somente aquelas coisas que conhecemos tão clara e distintamente que não podem ser divididas pela mente em outras conhecidas mais distintamente" (AT X 418: CSM I 44). O resultado é um conceito de "ideia" que é distinta e originalmente cartesiano: "ideia" definida como um objeto que é primário em relação a nosso conhecimento e não em relação a sua *ousia* ou essência – primário na medida em que é "fácil" de conhecer, e não em relação a alguma forma ou *eidos* indivisível.

Dada essa definição de uma ideia como uma "natureza simples", nossa próxima tarefa é dar uma olhada no uso que Descartes faz desta última expressão. A Regra XII fornece uma lista detalhada de naturezas simples, agrupadas sob três tópicos: (A) aquelas que são "puramente intelectuais" e cujo conhecimento requer apenas "alguma porção de racionalidade" (*nos rationis esse participes*); (B) aquelas que são "puramente materiais" e requerem alguma contribuição da imaginação; e (C) naturezas simples comuns ou "noções comuns" (*communes notiones*). Este último grupo é subdividido em dois tipos. Primeiro, há aquelas que pertencem às naturezas simples independentemente de serem elas intelectuais ou materiais, como a existência, a unidade etc.; estas naturezas são consequentemente designadas como "reais". Segundo, há aquelas que permitem, em virtude de serem "noções comuns" (no sentido aristotélico), que outras naturezas simples sejam conectadas – elas são "como que vínculos" (*veluti vincula quodam*); estas incluem o fato de que dois termos que são iguais entre si devem ser iguais a um terceiro termo (daí que o rótulo para essas naturezas seja o de naturezas "lógicas"). Identificadas deste modo nas *Regulae*, essas naturezas simples permitem que especifiquemos as condições de operação da *mathesis universalis* (Regra IV), dada a adição de uma teoria da ordem (Regras V-VII) e, para completar a explicação, uma teoria da medição (Regra XIV).[2]

Mas esta lista uniforme encobre um resultado que está de fato muito longe de ser homogêneo. No desenvolvimento das *Regulae* (como de fato será também o caso nos *Ensaios* posteriores, publicados com o *Discurso*), as naturezas simples são usadas somente na abordagem de questões estritamente científicas ou epistemológicas: a teoria das equações, a teoria das curvas (na ótica), as teorias da "geometria analítica", da reflexão e da refração, do magnetismo e assim por diante. O verdadeiro programa de trabalho de Descartes pareceria assim fazer uso somente daquelas naturezas simples

---

[2] Deveríamos acrescentar a estas listas a recapitulação, ou melhor, a brutal transformação, das categorias aristotélicas delineada na Regra VI (AT X 381, linhas 22ss: CSM I 21-22)? A resposta é sim, na medida em que o procedimento aqui conforma-se apenas a exigências epistemológicas; mas uma resposta negativa é sugerida, na medida em que as categorias em questão são, para Descartes, contaminadas pela fonte da qual derivam, e desaparecerão em breve do sistema cartesiano, assumindo uma significância completamente nova.

que são puramente materiais, conectadas pelas naturezas simples "comuns". As naturezas simples intelectuais, por contraste, embora sejam identificadas e listadas, não são de todo postas em uso neste estágio; pois seu emprego requereria, efetivamente, um raciocínio de tipo puramente intelectual, conduzido em abstração no que diz respeito ao mundo dos sentidos – um raciocínio dedicado a objetos teóricos que não podem ser percebidos pelos sentidos e são, no sentido estrito do termo, metafísicos. O programa das ciências, com seu método de procedimento, é bem diferente: a ciência lida com naturezas simples do tipo material – objetos que podem ser apreendidos somente através dos sentidos e da imaginação. E mesmo que as noções comuns ou os princípios da lógica apliquem-se a ambos os domínios, o material e o intelectual, a mente não obstante tem de proceder de modo bastante diferente dependendo de se seu conhecimento depende do "intelecto puro" (*ab intellectu puro*) ou do intelecto "que intui as imagens das coisas materiais" (*ab eodem imagines rerum materialium intuente*, AT X 419: CSM I 45). A distinção entre as naturezas simples que são intelectuais e as que são materiais corresponde à distinção entre a metafísica e a física, e portanto também àquela entre entendimento e imaginação. Este contraste, articulado explicitamente por Descartes em 1630,[3] foi central para sua obra nos anos subsequentes, e é um tema recorrente que percorre as *Meditações* e os *Princípios*: "A parte da mente que é de maior auxílio na matemática, a saber, a imaginação, faz mais mal do que bem nas especulações metafísicas"; ou novamente "isso geralmente acontece com quase todas as pessoas... que se são consumadas na metafísica, elas odeiam a geometria, enquanto que se dominaram a geometria elas não compreendem o que escrevi sobre a filosofia primeira".[4] Em suma, a aparência de homogeneidade que as natu-

---

[3] A carta a Mersenne de 15 de abril de 1630 introduz ao mesmo tempo o termo "metafísica" (e suas questões filosóficas associadas) e a doutrina da criação das verdades (matemáticas) consideradas "eternas" (AT I 144, linhas 4 e 15, e AT I 145, linhas 7ss.).

[4] Ver, respectivamente, a carta a Mersenne de 13 de novembro de 1639 (AT II 622, linhas 13-16), e os *Princípios de Filosofia* (Carta dedicatória: AT VIIIA 4, linhas 3-6: CSM I 192). Ver também a mesma distinção, em uma forma extremamente truncada, na carta a Elizabete de 28 de junho de 1643: "Os pensamentos metafísicos, que

rezas simples apresentam é ilusória: na realidade elas pertencem a faculdades e ciências que são radicalmente distintas – as naturezas simples materiais, captadas pela imaginação, pertencem à física e à matemática, enquanto as naturezas simples intelectuais, apreendidas pelo entendimento, pertencem à metafísica. E, mais ainda, a mente deve fazer uma escolha entre essas duas áreas de investigação, uma vez que a metafísica transcende e é exterior à física e à matemática, fornecendo os fundamentos para essas ciências; esta é de fato sua função essencial, que a define.

Este último ponto poderia levar-nos a aceitar a seguinte afirmação simples: "As *Regulae* portanto não... contêm qualquer traço de metafísica. Ao contrário, a incerteza que permanece nelas sobre a natureza da mente, e sua tendência a assumir todas as verdades sob o mesmo programa, mostra claramente que, quando ele escreveu as *Regulae*, o pensamento de Descartes operava ainda em um nível puramente científico".[5] De acordo com esta visão, a função das *Regulae* seria limitada à de construir uma teoria da ciência, realizada em termos matemáticos e físicos, sem cruzar a fronteira da metafísica em nenhum ponto. Mas esta tese é imediatamente vulnerável a um decisivo contraexemplo: as *Regulae* referem-se *sim* às naturezas simples puramente intelectuais, apesar de não fazerem qualquer uso delas, e assim reconhecem já o domínio de pensamento que será mais tarde revelado como a região da metafísica: "A ideia que representa para nós o que é o conhecimento ou a dúvida, ou a ignorância, ou a ação da vontade, que pode ser chamada 'volição', e coisas semelhantes" (AT X 419: CSM I 44). No mínimo, temos de admitir que, se as *Regulae* não expõem de fato uma

---

exercitam o intelecto puro, ajudam-nos a nos familiarizar com a noção da alma; e o estudo da matemática, que exercita principalmente a imaginação na consideração de figuras e movimentos, acostumam-nos a formar noções muito distintas do corpo" (AT III 692, linhas 10-16). Para essa distinção e outras referências, cf. Marion, *Sur le prisme métaphysique de Descartes*, p. 14-33.

[5] Alquié, *La Découverte métaphysique de l'homme chez Descartes*, p. 78. Para uma análise dos pontos fortes e fracos da interpretação que Alquié dá ao *Discurso*, ver Marion, "Le statut métaphysique de Discourse de la méthode", em Grimaldi e Marion (eds.), *Le Discours et sa méthode*.

metafísica cartesiana, elas não obstante articulam os conceitos fundamentais de uma tal metafísica, e atribuem a eles uma importância primária. A questão que isto, por sua vez, levanta é a seguinte: por que Descartes não se compromete a fornecer pelo menos um esboço de sua metafísica nas *Regulae*, dado que ele já tem todos os elementos conceituais necessários para isso a sua disposição?

Esta questão é duplamente premente quando observamos que as *Regulae* nos levam direto à própria beira da metafísica. Elas não simplesmente identificam as naturezas simples intelectuais (Regra XII), mas, já mesmo na Regra III, tentam conectar uma delas com uma natureza simples comum (real), aludindo assim, mesmo neste estágio inicial, a proposições que são estritamente metafísicas. Entre os exemplos que oferece do conhecimento por intuição (*intuitus*), Descartes menciona – mesmo antes do conhecimento geométrico (as definições do triângulo e da esfera) – os elementos do futuro *Cogito* de 1637 e 1641: "Cada um pode mentalmente intuir que existe, que pensa" (*uniusquisque animo potest intueri, se existere, se cogitare...*, AT X 368: CSM I 14). Esta cláusula justapõe uma natureza simples intelectual (*cogitare*) e uma natureza simples comum (*existere*). Então de que mais necessitamos aqui para nos permitir alcançar o primeiro princípio da metafísica? Nada, exceto o elo necessário entre estas duas naturezas simples – em outras palavras, nada exceto o ato de colocá-las na ordem correta. A falha em dar este último passo é ainda mais surpreendente, dado que a Regra XII procede à conexão de naturezas simples intelectuais ("se Sócrates diz que duvida de tudo, segue-se necessariamente que ele compreende pelo menos que duvida...", AT X 421: CSM 46), e também conecta dois exemplos da natureza simples comum, a existência ("eu sou, logo Deus é": *sum, ergo Deus est*) (ibid.).[6] Mais ainda, cada um desses dois elos necessários entre naturezas simples relaciona-se aos componentes do *Cogito* (dúvida – pensamento; existência finita – existência infinita); tudo o que falta é a ligação final dos elementos em uma única cadeia (dúvida – pensamento,

---

[6] Ver também Regra XII e Regra XIII (AT X 422, linhas 2-6, e AT X 432, linhas 24-27: CSM I 46, 53).

existência finita – existência infinita). Assim, se as *Regulae* não têm sucesso, nesse momento, em articular a declaração metafísica que é o *Cogito*, isso não é devido a qualquer incompatibilidade entre declarações metafísicas e naturezas simples, nem a qualquer ignorância das naturezas simples intelectuais e comuns, nem a qualquer inabilidade geral para conectá-las; o que falta é simplesmente a capacidade de estabelecer uma ordem necessária entre as naturezas simples que constituem o *Cogito*. Com a doutrina das naturezas simples, as *Regulae* já estão equipadas com todos os elementos necessários para articular a primeira proposição da metafísica; a transição para a metafísica depende não de quaisquer novos elementos ou conceitos, mas meramente da necessidade que os conecta – e esta necessidade depende, por sua vez, da *ordem*.

A hipótese que estou levantando – de que as *Regulae* contêm os elementos da metafísica (as naturezas simples intelectuais), mas não sua ordenação (seu alinhamento necessário com as naturezas simples comuns) – permite que lancemos um novo olhar sobre o veredicto de Ferdinand Alquié e o bastante discutido problema que ele tentou resolver. Em vez de demarcar uma fronteira intransponível entre as *Regulae* (e o *Discurso*) e as *Meditações*, uma fronteira destinada a preservar a lacuna entre o método e a metafísica, deveríamos reconhecer que a própria metafísica está embutida na teoria do método, nas *Regulae*; mas está presente como uma possibilidade que as *Regulae* não percebem ou desenvolvem.[7] Essa hipótese só poderá ser confirmada após uma investigação adicional, que visará estabelecer que as naturezas simples possuem de fato um estatuto e uma função metafísicos nas obras tardias de Descartes.

As naturezas simples desempenham um papel metafísico em pelo menos dois textos além das *Meditações*. A própria carta que introduz pela primeira vez o termo "metafísico" (AT I 144: CSMK 120) afirma também,

---

[7] Cf. carta do final de maio de 1637: "para mostrar que este método pode ser aplicado a tudo, incluí algumas breves observações sobre a metafísica, a física e a medicina no discurso de abertura" (AT I 370, linhas 25-27: CSMK 58).

como que lançando um desafio à visão dominante, que "as verdades matemáticas que chamais de 'eternas' foram estabelecidas por Deus e dependem inteiramente dele, não menos que todas as outras coisas criadas" (AT I 145). As verdades matemáticas são portanto *criadas*; elas são, em outras palavras, subordinadas às demandas transcendentes da metafísica. O que se entende por verdades matemáticas neste contexto? Descartes deixa isso claro mediante um exemplo: Deus era "tão livre para fazer com que não fosse verdade que todos os raios de um círculo são iguais quanto era livre para não criar o mundo" (AT I 152). Ora, este exemplo faz eco com aquele fornecido na Regra III, entre outros exemplos de naturezas simples: "que um triângulo é formado por três retas somente, e uma esfera por uma única superfície, e outros fatos semelhantes" (AT X 368: CSM I 14). Poder-se-ia também citar a natureza simples comum da igualdade: "coisas que são iguais a uma terceira coisa são iguais entre si" (AT X 419: CSM I 45). O resultado final é que as verdades matemáticas criadas consistem em combinações de naturezas simples materiais (extensão, figura) ligadas por naturezas simples comuns lógicas; e, conversamente, que as naturezas simples materiais e comuns são criadas e, portanto, transcendidas pela autoridade metafísica. Isso por sua vez acarreta duas conclusões. Primeiro, devemos mais uma vez distinguir aquelas naturezas simples que são materiais (matemáticas) e comuns daquelas que são intelectuais; só há referência aos dois primeiros tipos quando a subordinação ao poder criativo de Deus está sendo discutida. Segundo, este poder criativo corresponde ao envolvimento de "questões metafísicas" na física (AT I 145, linha 6), e a lacuna que separa as naturezas simples intelectuais de todas as outras é equivalente à divisão que separa a metafísica da matemática, e, portanto, da física. Não deveríamos concluir então que a fronteira entre a teoria da ciência e a metafísica é muito mais sutil do que é sugerido por um simples contraste cronológico entre as *Regulae* (anteriores) e as *Meditações* (posteriores), e que ela passa pelo meio do domínio das próprias naturezas simples?[8]

---

[8] Cf. carta a Mersenne de 27 de maio de 1638 (AT II 138, linhas 1-15).

Um segundo teste confirma isso. A Parte I dos *Princípios de Filosofia* é expressamente preocupada com a metafísica. Não obstante, após expor a teoria da verdade e do erro desenvolvida na Quarta Meditação, ela passa a lidar com as naturezas simples ou pelo menos seus equivalentes. Tendo examinado as percepções claras e distintas (artigos 45-46), Descartes passa a examinar no artigo 47 "todas as noções simples [*simplices notiones*] que são os componentes básicos de nossos pensamentos" (AT VIIIA 22: CSM I 208). Ele então distingue (no artigo 48) três tipos de "noções simples". (A) O primeiro compreende as *maxima generalia* ou "itens mais gerais... que se estendem a todas as classes de coisas", a saber, substância (que aqui é equivalente à existência na Regra XII), duração, ordem e número; é fácil reconhecer aqui o que foi anteriormente chamado de naturezas simples "comuns". (B) O segundo tipo compreende a substância extensa, que é explicada em termos das "noções" (naturezas simples) de grandeza, extensão, figura e posição (*situs*); esta corresponde, quando expandida, à lista das naturezas simples materiais. (C) Em terceiro, temos a substância pensante, explicada em termos das "noções" (naturezas simples) de percepção e vontade; esta corresponde à lista das naturezas simples intelectuais. Além dessas listas de naturezas simples, os *Princípios* acrescentam um quarto tipo – as "verdades eternas" (*aeternae veritates*, artigo 49, título). Cada verdade eterna é uma noção puramente mental, não um conceito de uma coisa, e consiste em uma "noção comum" no sentido de um "axioma". Os exemplos dados (o princípio da não contradição etc.) claramente nos permitem reconhecer um dos dois tipos de naturezas simples comuns apresentadas na Regra XII, a saber, axiomas lógicos e matemáticos; mas podemos também discernir aqui algumas das verdades "criadas" (lógicas, bem como matemáticas). Em suma, os *Princípios* preservam a doutrina das naturezas simples encontrada nas *Regulae*, mas desenvolve essa doutrina – como de fato desenvolve todo o sistema da ciência – de um ponto de vista metafísico e trabalhando a partir de um início metafísico.

Mas agora surge uma dificuldade, quanto à possibilidade de haver uma inconsistência na evidência que acaba de ser fornecida para estabelecer uma função metafísica para as naturezas simples. As naturezas simples são metafísicas por omissão, como implicado pelas *Regulae*, ou são metafísicas por subordinação, como sugerem as cartas de 1630? Ou, finalmente, e em contraste com as precedentes, são elas metafísicas em virtude de serem integradas aos próprios fundamentos do sistema, como a evidência dos *Princípios* nos levaria a supor?

Se as naturezas simples realmente preenchem uma função metafísica, e se a evidência acima pode ser fundida em um argumento coerente para apoiar esta visão, isso é algo que deve depender finalmente de uma análise das *Meditações*. Podemos encontrar as naturezas simples (no sentido em que são utilizadas nas *Regulae*) desempenhando um papel nas *Meditações*? E, neste caso, deveríamos rebaixar as *Meditações* ao nível de um tratado sobre o método ou, conversamente, deveríamos considerar o método como tendo uma função positiva e integral a desempenhar no desenvolvimento da metafísica?

Proponho argumentar a favor de uma tese paradoxal, mas essencialmente simples: tanto podemos quanto devemos ler as *Meditações* como uma figura composta de diferentes tipos de naturezas simples que se sobrepõem, interrompem e sucedem umas às outras. Compreendida desse modo, a metafísica de 1641 não tanto rejeita os elementos forjados pela teoria da ciência de 1627 quanto emprega esses elementos de uma maneira radicalmente nova, e leva-os a uma perfeição até então jamais sonhada. Tentarei estabelecer esta tese revelando sucessivamente a ação recíproca das naturezas simples na Primeira Meditação, depois na Quinta Meditação e, finalmente, o caso mais complicado de todos, na Terceira Meditação.

A Primeira Meditação não coloca precisamente ou primariamente em dúvida as verdades da matemática, que aparecem somente quase como uma reflexão posterior, no oitavo parágrafo; em vez disso, a atenção é voltada em primeiro lugar para as chamadas "coisas mais simples e mais universais" (*magis simplicia et universalia*), ou novamente as "coisas simplicíssimas e maximamente gerais" (*simplicissimae et maxime generales res*, AT VII 20, linhas 11 e 24: CSM II 14). O que é mencionado aqui são, é claro, as naturezas simples, como é mostrado por pelo menos três considerações.[9] Primeiro, os

---

[9]   É claro que o papel das naturezas simples na Primeira Meditação permanece invisível a menos que a leiamos à luz da teoria anterior de Descartes sobre a percepção sensorial (Regra XII; *Dióptrica*, seções 1 e 4; e *O Mundo*, cap. 1). Em seu livro

itens introduzidos aqui devem sua primazia lógica a sua simplicidade; esta simplicidade apoia-se não em um fundamento ôntico, mas em um fundamento meramente epistemológico, e surge simplesmente em virtude de eles conterem "algo certo e indubitável" (*aliquid certi et indubitati*, AT VII 20, linha 27). Esses itens possuem assim a característica essencial das naturezas simples – simplicidade no que concerne ao conhecimento e simplicidade definida por aquele conhecimento. Segundo, os termos em questão nos permitem conhecer a verdade daquilo que é percebido pelos sentidos, ao passo que não admitem de modo algum a menor similaridade entre a ideia percebida e a coisa correspondente. Estes "eventos familiares" (*usitata ista*, AT VII 19, linha 11: CSM II 13) ordinários, como vestir roupas ou sentar diante do fogo, são colocados em dúvida, mas eles não obstante pressupõem noções mais elementares (*particularia ista*, ibid., 29), como esticar as mãos, mover a cabeça e assim por diante; e estes particulares, por sua vez, sejam eles verdadeiros ou falsos, só podem ser concebidos mediante a pressuposição de conceitos que são absolutamente "simples e universais" (*simplicia et universalia vera*, AT VII 20, linha 11). Esta relação, que liga arbitrariamente o objeto puro da sensação ao reino da perfeita inteligibilidade, efetivamente

---

Demons, Dreamers and Madmen, cap. 6, Frankfurt nega que as naturezas simples estejam envolvidas aqui, e seu tradutor francês S. Luquet (*Démons, rêveurs et fous* [Paris: Presses Universitaires de France, 1989]) desvia-se ainda mais, ao construir esta posição de maneira ainda mais radical (p. 78 n.) [Frankfurt está, no entanto, correto ao apontar um engano na interpretação dada por Gueroult ao trecho de AT VII 19, linhas 31ss., em *Descartes selon l'ordre des raisons*, vol. I, pp. 34-35, e vol. II, p. 101. Ver ainda Marion, *Sur la théologie blanche de Descartes*, seção 14, p. 320s.]. A única evidência textual a favor da afirmação de Frankfurt é que a Primeira Meditação emprega o adjetivo neutro *simplicia* (AT VII 20, linha 11: CSM II 14) ou o substantivo *res* (linha 25). Mas isso não prova nada, uma vez que também nas *Regulae* encontramos o termo *res* bem como *natura* (ver referências em Marion, *Sur l'ontologie grise*, p. 132). Ademais, a Quinta Meditação reintroduz os mesmos conceitos que a Primeira, sob o título de "naturezas verdadeiras e imutáveis" (*verae et immutabiles naturae*: AT VII 64, linha 11: CSM II 45). Uma discussão completa da questão exigiria uma explicação detalhada do conceito de *la figuration codée*; cf. Marion, *Sur le prisme*. Para uma visão contrastante, cf. Laporte, *Le Rationalisme de Descartes*, pp. 13-44; e Curley, *Descartes against the Sceptics*

reforça a "codificação" estabelecida na Regra XII, por meio da qual as naturezas simples são codificadas como sensações.[10] Os termos que figuram na conclusão da Primeira Meditação desempenham assim a função das naturezas simples da Regra XII. Terceiro, e mais importante, a Primeira Meditação fornece uma lista de "coisas simples e universais" (*simplicia et universalia*) que reproduz o que a Regra XII havia chamado de "naturezas simples materiais". Isso é verdadeiro, apesar de certa diferença na maneira como os termos são agrupados: em 1627, a lista diz "figura, extensão, movimento etc." (AT X 419: CSM I 45), enquanto em 1641 a "natureza corpórea em geral" é explicada como "extensão, a figura das coisas extensas, a quantidade ou grandeza e número dessas coisas extensas, o lugar onde elas podem existir, o tempo que elas podem durar e assim por diante" (AT VII 20: CSM II 14). Os três primeiros conceitos enumerados aqui correspondem exatamente às três naturezas simples que são listadas, enquanto os últimos itens também se correlacionam intimamente o bastante, uma vez que correspondem a algumas das naturezas simples comuns (unidade, duração: AT X 419, linha 22: CSM I 45).

Uma vez que percebemos esse paralelismo entre as *Regulae* e as *Meditações*, podemos passar a explorar suas consequências. Parece, antes de mais nada, que o ponto de partida das *Meditações* – o projeto de estabelecer a ciência por meio da dúvida hiperbólica – não é nada menos que o ponto alcançado pelo final das *Regulae*, a saber, a ciência operando sobre as naturezas simples, tanto materiais quanto comuns. A segunda fase da empresa cartesiana não começa a partir do nada, mas se aproveita de realizações seguras obtidas na primeira fase; consequentemente, a interpretação da ideia como uma natureza simples permanece operante nas *Meditações*, pelo menos em parte. Uma peça adicional de evidência vêm à mente aqui: somente as naturezas simples materiais fazem sua aparição neste ponto das *Meditações*; não há nenhuma

---

[10] O termo "codificadas" é utilizado para sublinhar a correspondência sem semelhança que vigora entre sensíveis particulares e figuras geométricas – uma correspondência que une, mas ao mesmo tempo separa, os dois conjuntos de itens relacionados. Para esta noção, ver ainda Marion, *Sur la théologie blanche*, cap. 12, p. 231ss.

menção às naturezas simples intelectuais. Além disso, essas naturezas materiais entram no jogo apenas para serem desqualificadas por meio da dúvida hiperbólica: "Ele pode ter feito com que não houvesse nenhum corpo extenso, nenhuma figura, nenhuma grandeza, nenhum lugar" (AT VII 21, linhas 4-6: CSM II 14). É assim que as naturezas simples adentram o reino da metafísica; mas, uma vez que elas são naturezas simples meramente materiais (e comuns), elas fazem sua entrada apenas para se verem desqualificadas de participar. De certa forma, não há nada de notável a respeito dessa situação; ainda assim, por outro lado, ela é bastante surpreendente. O que encontramos é o resultado da doutrina da criação das verdades eternas (encontrada nas cartas a Mersenne de abril e maio de 1630): quando a autoridade da metafísica no sentido estrito é invocada, as leis da matemática, que regulam a física (mediante um processo de codificação), acham-se transcendidas e, portanto, desqualificadas. Tudo o que o sistema da dúvida desenvolvido em 1641 faz é dar uma interpretação negativa à incomensurabilidade das ciências,[11] baseada na ideia do "incompreensível", que havia sido intepretada de uma maneira positiva na discussão de 1630 sobre os fundamentos da ciência. As ciências que são baseadas nas naturezas simples materiais (e comuns) são, portanto, sempre subordinadas à metafísica. Para confirmar esta hipótese, devemos primeiro tentar revelar evidências textuais adicionais a seu favor nas *Meditações*.

A Quinta Meditação apoia o ponto essencial da análise que acabamos de oferecer: a dúvida hiperbólica inicialmente desqualifica apenas as naturezas simples materiais; uma vez que essa dúvida é removida (Terceira Meditação) e as regras de verdade e falsidade são restabelecidas (Quarta Meditação), são as naturezas simples materiais que são reabilitadas primeiro. De fato, o que está em questão aqui (como anteriormente) não são as verdades matemáticas, mas o que

---

[11] O termo "incomensurável" significa irreducibilidade a um padrão comum de medida (*immensus*, do latim, negativo de *mensus*, a partir de *mensus*, a partir de *metior*, medir); o objetivo da *mathesis universalis* nas *Regulae* havia sido exatamente uma redução a uma ordem e medida comuns (AT X 378). Ver ainda Marion, *Sur le prisme*, cap. 17, p. 142ss.

as torna possíveis e pensáveis em um nível lógico anterior, a saber, as "naturezas verdadeiras e imutáveis" (*verae et immutabiles naturae*, AT VII 64: CSM II 45); são estas que são restabelecidas primeiro, constituindo, como o fazem, o único objeto verdadeiro das "ideias na medida em que existem em meu pensamento" (*quatenus sunt in mea cogitatione*, AT VII 63: CSM II 45). Sugiro que estamos lidando aqui com as mesmíssimas naturezas simples que já ocuparam nossa atenção ao longo da Primeira Meditação. Há três razões para esta conclusão. Primeiro, as naturezas, ao passo que permanecem imutáveis, eternas e gerais (AT VII 64, linhas 11 e 16; AT VII 63, linha 22: CSM II 44), ainda permitem o conhecimento de inúmeros particulares (*innumerae ideae, innumerae figurae*, 63, linha 23; 64, linhas 7 e 28). Estas "coisas particulares" claramente remetem às coisas, sejam "particulares" ou "gerais", das quais aqueles "universais simples" são ditos compostos na Primeira Meditação (AT VII 19-20: CSM II 13-14). Em resumo, o que está acontecendo aqui é o restabelecimento do código que fora invalidado pelo processo da dúvida hiperbólica. Segundo, a lista dos termos gerais iguala-se à lista das naturezas simples materiais (incluindo uma natureza simples comum): "Imagino distintamente a quantidade... ou a extensão em comprimento, largura e profundidade que há nessa quantidade... grandezas, figuras, posições e movimentos locais... durações... inúmeros traços particulares referentes ao número e movimento das figuras..." (AT VII 63: CSM II 44). Como na Primeira Meditação e nas *Regulae*, as noções matemáticas (na Quinta Meditação, a essência do triângulo e suas propriedades) entram em cena somente depois, meramente como exemplos, em vez de elementos primários por seu próprio direito. Terceiro, e seguindo-se deste último ponto, a Quinta Meditação nos permite redescobrir a validade da ciência universal, na qual as naturezas simples materiais serão empregadas como o foram nas *Regulae*: a *mathesis universalis* das *Regulae* corresponde exatamente à *pura atque abstracta mathesis* da Quinta Meditação, que tem como seu objeto a "natureza corpórea".[12]

---

[12] "*natura corporea quae est purae Matheseos objectum*" (Quinta Meditação: AT VII 71, linha 8: CSM II 49). A edição CSM traduz *pura mathesis* como "matemática pura", uma versão que é discutível e, a meu ver, muito restritiva: ver a Sexta Meditação (AT VII 71, linha 15; AT VII 74, linha 2; e AT VII 80, linha 10: CSM II 50, 51,

O resultado final desses argumentos não é apenas que as naturezas simples estão ainda desempenhando um papel em 1641; mais que isso, sua destruição e subsequente restabelecimento são os principais alvos visados pela dúvida hiperbólica e pela certeza metafísica. É seu estatuto, efetivamente, que determina o estatuto da *mathesis* e consequentemente da matemática, e assim por sua vez o funcionamento da física (através do processo de codificação). É este encadeamento central, e somente ele – o papel das naturezas simples materiais –, que nos permite compreender por que as *Meditações* colocam em teste apenas e precisamente aquela ciência cuja certeza, a princípio, já havia sido estabelecida nas *Regulae*. Mas esta conclusão por sua vez dá margem a uma nova questão. Qual é o papel desempenhado pelas outras naturezas simples durante este processo de teste? Qual, em particular, é o papel das naturezas simples intelectuais?[13]

---

55). Há aqui uma conexão inevitável com a *mathesis universalis* da Regra IV, mas não se segue que as duas noções sejam idênticas. A *mathesis* das meditações de 1641 (que *não* é caracterizada como "universal") é explicitamente restrita às naturezas simples materiais (e comuns) e envolve o uso da imaginação, ao passo que a *mathesis* das *Regulae* de 1627, explicitamente descrita como *universalis*, estendia-se a princípio (se não de fato) a todas as naturezas simples, inclusive as intelectuais. O escopo restrito desta ciência ou *mathesis* nas meditações não obstante encontra-se lado a lado com a expansão do uso efetivo que é feito das naturezas simples. Para a *mathesis universalis* nas *Regulae*, ver McRae, "Descartes: the project of a universal science"; Crapulli, *Mathesis universalis, genesi di una idea nel XVI secolo*; Marion, *Sur l'ontologie grise*, seção 11; e Marion (ed.), *Règles utiles*, pp. 144-164, 302-309; Perini, *Il problema della fondazione nelle Regulae di Descartes*; Lachterman, "Objectum purae matheseos: mathematical reconstruction and passage from essence to existence", em A. O. Rorty (ed.), *Essays on Descartes' Meditations*.

[13] Quanto às naturezas simples materiais, elas são necessariamente limitadas à existência e, portanto, às naturezas simples comuns reais, quando a Sexta Meditação tenta mover-se da existência possível (*posse existere*) à existência real (*res corporeae existunt*) (AT VII 71, linha 15; 80, linha 4: CSM II 50, 55). Até mesmo a Quarta Meditação pode ser reduzida a uma variação sobre as naturezas simples, na discussão da *cognitio, dubitatio* e *ignorantia*. Para *cognitio* (conhecimento) e *ignorantia* (ignorância), ver AT VII 56, linha 22; 57, linha 17; 58, linhas 17ss. Para *dubitatio* (dúvida), ver AT VII 59, linha 26. A natureza simples intelectual *voluntatis actio* (ação da vontade) ou *volitio* (volição), que apareceu nas *Regulae* (AT X 419, linhas 14-15), retorna naquela Quarta Meditação em AT VII 56, linhas 28ss.; 57, linha 12; 58, linha 21; 59, linha 2; 60, linha 5.

Que estas desempenham de fato um papel na Quinta Meditação é aparente a partir do fato de que, no momento mesmo em que a *pura mathesis* e seu objeto são restabelecidos, encontramos uma referência a "alcançar o conhecimento de inúmeras outras questões tanto a respeito do próprio Deus quanto de outras coisas cuja natureza é intelectual" (AT VII 71: CSM II 49). A função dessas naturezas simples intelectuais precisa ainda ser explicada.

Para esclarecer completamente a função metafísica de todas as naturezas simples, precisamos voltar à Segunda Meditação. Essa Meditação pode efetivamente ser lida como um exame sistemático e exaustivo dos quatro tipos de naturezas simples revelados na Regra XII: intelectuais, materiais, comuns no sentido real e comuns no sentido lógico. Uma análise do uso desses quatro termos nos permitirá comparar o papel metafísico desempenhado por cada um deles.

As naturezas simples intelectuais compreendem a cognição, a dúvida, a ignorância, a ação da vontade e assim por diante (*cognitio, dubium, ignorantia, voluntatis actio*, AT X 419: CSM I 44). Mas os itens apresentados na Regra XII como uma lista de conceitos, sem qualquer organização interna ou implicação ontológica, reaparecerão na Segunda Meditação como um desdobramento das propriedades do pensamento (*cogitatio*), precisamente porque deste ponto em diante o pensamento tem o estatuto de uma *coisa* ou *res*: "O que sou eu então? Uma coisa que pensa (*res cogitans*). O que é uma coisa que pensa? Uma coisa que duvida, que entende, que afirma, que nega, que quer, que não quer, que imagina também e que sente" (*res dubitans, intelligens, affirmans, negans, volens, nolens, imaginans quoque et sentiens*, AT VII 28: CSM II 19).[14] O paralelismo aqui é bastante

---

[14] Para outras formulações, ver AT VII 27, linhas 20-23 (uma lista das coisas que eu *não sou*); 34, linhas 18-21 (onde a tradução francesa acrescenta "que ama e que odeia" [*qui aime et qui hait*]); *Princípios de Filosofia* Parte I, arts. 9, 65 (CSM II 18, 24; CSM I 195, 216). Estas últimas formulações nos permitem obter uma ideia mais clara daquilo em que consiste a paixão do amor; cf. Marion, "L'unique Ego et l'alteration de l'autre", em *Archivio di filosofia* LIV, 1-3 (1988): 607-624.

óbvio: *cognitio* ("cognição") nas *Regulae* torna-se *cogitatio* ("pensamento") na Segunda Meditação, com um eco adicional, posteriormente na mesma lista, no termo *intelligens* ("coisa... que entende"). *Dubium* ("dúvida") torna-se *dubitans* ("que duvida"); *ignorantia* ("ignorância") provavelmente corresponde a *affirmans / negans* ("que afirma e que nega"); *voluntatis actio* ("a ação da vontade") aparece como os dois modos de tal ação, *volens / nolens* ("quer, não quer"). Aqui, na Segunda Meditação, pela primeira vez seguimos a "ordem das razões";[15] a *res cogitans* toma certos conceitos, as naturezas simples intelectuais, que haviam até então permanecido ociosos e dá a eles uma função metafísica. O que está envolvido não é uma mera recitação de conceitos como se eles fossem objetos abstratos; em vez disso, a *res cogitans* coloca-os como modos de sua própria atividade. A *res cogitans* só pode realizar seu pensar na medida em que emprega as naturezas simples intelectuais como seus próprios modos de funcionamento. As *Regulae*, por sua vez, apesar de explorarem extensamente as naturezas simples materiais, não haviam colocado as naturezas simples intelectuais em ação (embora se referissem explicitamente a elas). Agora podemos ver o porquê: somente depois que as naturezas simples materiais são postas em dúvida (Primeira Meditação) e, portanto, removidas de cena, podem as naturezas simples intelectuais abrir a porta para a operação da razão pura. E a razão pura, operando metafisicamente, como que além de si mesma, deve agora tomar consciência delas. Nossa primeira conclusão, portanto, é esta: a essência da *res cogitans* é definida em termos idênticos aos da lista das naturezas simples intelectuais.

Entre as naturezas simples "comuns" (comuns no sentido de que se aplicam igualmente a realidades intelectuais e materiais), a Regra XII lista

---

[15] *A alusão é, obviamente, ao título da obra de Gueroult,* Descartes selon l'ordre des raisons. *Gueroult enfatiza um contraste que é fundamental (embora raramente formulado de modo explícito nos escritos de Descartes) entre a "ordem das matérias" (l'ordre des matières) e a "ordem das razões" (celui des raisons) (carta a Mersenne, 24 de dezembro de 1640: AT III 266). Sem contestar a tese básica de Gueroult, eu gostaria de afirmar que mesmo a "ordem das razões" é elaborada em termos de certas estruturas fixas.*

"a existência, a unidade, a duração e afins" (*existentia, unitas, duratio*, AT X 419: CSM I 45). Ora, a ação daquilo que chamamos de "*Cogito*" consiste meramente em apreender essa lista. Seus elementos aparecem em ambas as formulações da máxima, na Segunda Meditação: "portanto, devo enfim concluir que esta proposição, *eu sou, eu existo*, é necessariamente verdadeira sempre que é enunciada por mim ou concebida em minha mente"; "Eu sou, eu existo, isto é certo. Mas por quanto tempo? Por todo o tempo em que eu penso".[16] O *Cogito* consiste em um único fato: o "eu" (*ego*) coloca em ação, mediante um ato de pensar, a natureza simples comum da existência. E porque este ato ocorre no tempo ("sempre", "por todo o tempo em que"), ele também põe em ação a natureza simples da duração. É assim que o *ego* consegue identificar a si mesmo como uma coisa pensante: "Pensar... apenas isto é inseparável de mim... se eu deixasse totalmente de pensar, deixaria totalmente de existir" (AT VII 27: CSM II 18). A passagem da essência à existência é estritamente equivalente, no que concerne ao *ego*, a reforçar o emprego das naturezas simples intelectuais com o emprego das naturezas simples comuns. Nossa segunda conclusão é esta: a existência da *res cogitans* é manifestada com a ajuda dessas naturezas simples comuns.

Mas por naturezas simples "comuns" entendem-se também as noções comuns ou os princípios da lógica. As *Regulae* fornecem alguns exemplos – o fato de que dois termos iguais são iguais a um terceiro termo, o vínculo entre as figuras geométricas e suas propriedades, e assim por diante. Esses princípios, em conformidade com o impulso básico das *Regulae*, dependem da limitada autoevidência que se aplica às naturezas simples puramente materiais. Mas a lista pode ser expandida. Os *Princípios de Filosofia* recapitulam – desta vez de um ponto de vista metafísico – as naturezas simples comuns (descritas como "noções ou axiomas comuns") e acrescentam à lista das *Regulae* um novo axioma, cuja tarefa especial é ligar as naturezas simples intelectuais a uma natureza simples real: "aquele que pensa não

---

[16] AT VII 25, linhas 11-13, e 27, linhas 9-10 (CSM II 17-18). Para uma interpretação dessas frases, que são absolutamente únicas na obra de Descartes, ver minha análise, Marion, *Sur la théologie blanche*, seção 16, e *Sur le prisme*, seções 11-12.

pode senão existir enquanto pensa".¹⁷ Foi precisamente a ausência desta natureza simples comum, na Regra III, que impediu o movimento que vai de uma listagem de naturezas simples evidentes ("que ele existe, que pensa", AT X 368: CSM I 14) à articulação do primeiro princípio da metafísica. Igualmente, o elo necessário estabelecido na Regra XII entre a dúvida de Sócrates e a asserção da verdade e da falsidade (AT X 421: CSM I 46) falha em incluir o essencial passo adicional – que a existência segue-se imediatamente da própria dúvida; o que falta é o princípio de um elo necessário entre as naturezas simples intelectuais e as naturezas simples comuns reais (em particular, a existência). Na Segunda Meditação, por contraste, é feito o uso da noção comum que pode forjar um elo necessário entre a existência e o pensamento, embora o elo seja expresso ao avesso: "Poderia ocorrer que se eu deixasse totalmente de pensar, deixaria totalmente de existir" (AT VII 27: CSM II 18). Nossa terceira conclusão, então, é esta: o elo entre a essência do *ego* e sua existência consiste simplesmente no fato de que uma natureza simples comum ou noção comum é usada para fazer a ligação necessária entre uma natureza simples intelectual e uma natureza simples comum real.

As naturezas simples materiais de fato aparecem, é claro, na Segunda Meditação. Mas para estabelecer a prioridade da *res cogitans* sobre todas as outras coisas existentes, a análise do pedaço de cera toma não apenas as qualidades sensíveis da cera, mas também seu aspecto determinável ("algo extenso, flexível e mutável") e subordina-o à primazia da "inspeção puramente men-

---

¹⁷ *Princípios* Parte I, art. 49. Cf. Livro I, art. 10, onde o *"ego cogito ergo ego sum"* é explicitamente classificado entre as naturezas simplicíssimas (*notiones simplicissimae*), seguindo a ordem do conhecimento ("para qualquer um que filosofe de maneira ordenada"; *cuilibet ordine philosophandi*); o trecho passa a invocar naturezas simples intelectuais (pensamento, certeza) e naturezas simples comuns, tanto reais (existência) quanto lógicas (a impossibilidade de algo pensar sem existir). O famoso, mas estéril, debate acerca do estatuto da pressuposição *"pour penser il faut être"* é certamente devido a um mal-entendimento: o que está em jogo aqui não são as premissas formais ou silogísticas do *Cogito*, mas as naturezas simples que o *Cogito* utiliza e, neste sentido, pressupõe. Cf. a evidência citada em *Sur la théologie blanche*, seção 16, p. 372ss.

tal" (*pura mentis inspectio*, AT VII 31: CSM II 21). As três características, "extenso", "flexível" e "mutável" reintroduzem as três principais naturezas simples materiais (extensão, figura e movimento); e daí a análise do pedaço de cera termina por subordinar as naturezas simples materiais às intelectuais. Temos, portanto, uma inversão da tendência presente nas *Regulae*, que passavam em silêncio sobre as naturezas intelectuais e faziam uso apenas das naturezas materiais. Segue-se disso uma conclusão adicional: o objetivo e o resultado da Segunda Meditação é inverter a hierarquia das naturezas simples e colocar as naturezas simples intelectuais no topo.

A Segunda Meditação é assim revelada como um exercício maravilhosamente coerente de utilização e ordenação das naturezas simples. Elas são utilizadas, uma vez que pela primeira vez *todas* as naturezas simples, inclusive as intelectuais, são sistematicamente dispostas e organizadas, ao passo que as *Regulae* negligenciavam totalmente o último tipo. E elas são ordenadas, em primeiro lugar, porque as naturezas intelectuais recebem precedência sobre as materiais em termos de certeza e autoevidência, e em segundo, e mais importante, porque elas sobrevivem à dúvida hiperbólica que desqualifica as naturezas materiais. Deve ser enfatizado que a Primeira Meditação *nunca* lida com as naturezas simples em geral, independentemente do tipo; seu alvo é *exclusivamente* as naturezas simples materiais. Não há, que eu saiba, nenhum texto que coloca em dúvida as naturezas simples intelectuais;[18] e como resultado, o fato de que eu penso (e portanto existo), ignoro, duvido, quero e assim por diante, nunca é ameaçado pela dúvida. Essa distinção certamente fornece uma resposta radical à suposta dificuldade do "círculo cartesiano": este falso problema simplesmente não surge a menos que alguém confunda as naturezas simples, que são, de fato, de tipos distintos, bem como ordenadas em uma hierarquia definida.

---

[18] Note-se, em particular, que o famoso nível mais alto da dúvida, na Primeira Meditação (o Deus enganador, AT VII 21, linhas 1-16: CSM II 14), refere-se apenas às naturezas simples *materiais* (extensão, figura, grandeza, posição e noções aritméticas e geométricas); nunca há qualquer menção às naturezas simples intelectuais (conhecimento, pensamento etc.).

Essa releitura das *Meditações* deixou de fora até o momento qualquer referência a um texto crucial – a Terceira Meditação –, e não abordou ainda a questão de se o restabelecimento das naturezas simples é adicionalmente garantida por Deus. As dificuldades aqui são mais complexas que aquelas que encontramos até agora e, portanto, teremos de ser mais cautelosos; as soluções a serem oferecidas serão, consequentemente, menos convencionais.

Uma observação inicial nos colocará ao menos na direção certa; a Terceira Meditação confirma os resultados da Segunda, na medida em que subordina as naturezas simples materiais ao *ego* (e, portanto, às naturezas simples intelectuais). Para começar, ela reproduz, sob o título de "coisas corpóreas", a lista das naturezas simples materiais: "a grandeza ou extensão... figura... posição... e movimento ou mudança" (*magnitudinem sive extensionem... figuram... situm... et motum sive mutationem*). Mas em adição a isso, sem qualquer referência à diferença de tipo envolvida, temos duas naturezas simples comuns reais que já haviam sido encontradas, "duração e número" (*duratio et numerus*). E o mais crucial de tudo, há em acréscimo uma noção que até então não havia sido reconhecida ou havia mesmo sido rejeitada – a de *substância* (AT VII 43: CSM II 30).[19] O próximo passo é estabelecer se o *ego* pode construir essas noções simplesmente a partir de seus próprios recursos. A resposta vem em duas partes. Primeiro, as naturezas simples comuns reais "substância, duração, número e todas as outras coisas semelhantes" podem ser subordinadas ao *ego*, principalmente

---

[19] O termo "substância" (*substantia*) aparece apenas na segunda parte da Terceira Meditação (AT VII 43, linha 20: CSM II 30); ao longo das duas primeiras Meditações ele permaneceu desconhecido. Deixando de lado o *Discurso* (AT VI 33, linha 4; 43, linha 26: CSM I 127, 133), é realmente apenas nos *Princípios de Filosofia* que a *substantia* é finalmente reintegrada entre as *notiones simplicies*, duração, número, ordem etc. (Parte I, arts. 48, 49: CSM I 208-209). Sobre este ponto crucial, ver Becco, "Première apparition du terme de substance dans la Meditation III de Descartes", e idem, "Remarques sur le 'Traite de la substance' de Descartes". Ver também Marion, *Sur la théologie blanche*, seção 16, p. 395ss.; e idem, *Sur le prisme*, seção 10, p. 131ss. e seção 13, p. 16ss.

porque este último é uma substância e, portanto, é familiar à classificação "substância" (com a *ratio substantiae*), mesmo em sua forma extensa (AT VII 44, linha 28, a AT VII 45, linha 2). Quanto à duração e ao número, o *ego* pode construir essas noções graças às variações em seu próprio pensar, e portanto pode subsequentemente transferi-las para as coisas corpóreas (ibid.). Segundo, as naturezas simples materiais são, como resultado, elas próprias redutíveis ao *ego* – embora através de um argumento que é admitidamente mais forçado que convincente: extensão, figura, posição e movimento são, apesar de naturezas simples materiais, não obstante modos de uma substância material e, portanto, vários modos de substância em geral (*modi quidam substantiae*); agora, uma vez que eu, o *ego*, sou também uma substância (*ego autem substantia*), os modos de uma substância diferente da minha podem, portanto, estar contidos em mim eminentemente. Esta é, de qualquer modo, a suposição que Descartes brandamente nos pede para aceitarmos (AT VII 45, linhas 5-8: CSM II 31). E portanto o *ego*, e todas as naturezas simples que ele abarca, contém "eminentemente" (*eminenter*) todas as outras naturezas simples, sejam materiais ou comuns.

Esta confirmação de uma hierarquia nas naturezas simples supostamente acarreta um resultado mais radical: o fato de que as naturezas simples podem ser reduzidas ao *ego* ou deduzidas dele. Qualquer realidade "objetiva" ou representativa contida em qualquer uma das naturezas simples, enquanto objetos de pensamento, é gerada pela realidade formal do *ego*. Contudo, este resultado dá origem a um problema sério. A prova *a posteriori* da existência de Deus requer a descoberta de uma ideia que o *ego* deve ser incapaz de gerar – uma ideia não derivada das naturezas simples. Mas se nada pode ser um objeto de pensamento a não ser através da mediação das naturezas simples, e se a ideia de Deus transcende todas as naturezas simples, o que a prova de Deus exige é uma ideia que represente Deus e seja ao mesmo tempo um objeto do pensamento racional; porém, nenhuma ideia que satisfaça a ambas as condições pode estar disponível. Para superar este formidável problema, Descartes é obrigado a introduzir – um tanto artificialmente – diversos novos ingredientes.

Para começar, como vimos, a Terceira Meditação introduz a *substância* como uma das naturezas simples comuns reais. Essa inovação, além de aparecer muito fora de hora, contradiz a crítica radical da noção de substância montada nas *Regulae*; mas o movimento duvidoso é inevitável, se Descartes pretende aplicar a Deus um termo que é ao mesmo tempo comum (uma pedra ou uma mente são substâncias, da mesma forma que Deus é uma substância), e ainda assim próprio somente a Ele: Deus é *substantia infinita*, substância infinita (AT VII 45, linha 11: CSM II 31). Esse agrupamento das noções comum e especial de substância é uma tentativa de fazer justiça a duas exigências opostas: (1) a de manter a noção de Deus dentro dos limites da racionalidade ordinária – daí a inclusão de Deus entre as noções simples através da (duvidosa) suposição de que a substância é uma natureza desse tipo – e (2) a de manter a transcendência de Deus face ao *ego*, que é a única fonte a partir da qual todas as naturezas simples são deduzidas. É este último ponto que sustenta o adjetivo "infinito", pois se a substância pode fornecer um suporte rigoroso para as naturezas simples, o infinito é proibido de fazer o mesmo, por uma razão muito forte: toda natureza simples deve, por definição, ser compreensível, ao passo que o infinito permanece, por definição, incompreensível (embora seja inteligível). "A ideia do infinito, se for uma ideia verdadeira, não pode ser compreendida (*comprehendi*) de todo, uma vez que a incompreensibilidade está contida na definição formal do infinito" (*incomprehensibilitas in ratione formali infiniti continentur*, Quintas Respostas, AT VII 368: CSM II 253). Uma qualificação idêntica aparece também quando o poder de Deus é mencionado: a impossibilidade de compreensão da noção é imediatamente enfatizada, como um corretivo para a visão de que nosso acesso à essência divina é fácil demais ("seu poder imenso e incompreensível"; *immensa er incomprehensibilis potentia*, Primeiras Respostas, AT VII 100, linhas 26-27: CSM 79). Se é pensado do ponto de vista do infinito, Deus permanece "impensável e inconcebível" (*incogitabilis et inconceptibilis*, Segundas Respostas, AT VII 140, linha 2: CSM II 100, e AT VII 189, linha 10: CSM II 133). A partir dessa perspectiva, Deus encontra-se então no extremo limite das naturezas simples; de fato, se refletimos acerca do estado extremamente frágil e ambíguo do termo "substância", Deus está completamente fora do domínio dessas naturezas.

Chegamos assim ao seguinte esquema relativamente simples: as naturezas simples materiais, que sozinhas são sujeitas à dúvida hiperbólica

(Primeira Meditação), são restabelecidas imediatamente depois que a dúvida é removida (Quinta Meditação). As naturezas simples intelectuais são equivalentes à *res cogitans* e seus modos e, portanto, como o *ego*, têm precedência sobre as naturezas simples materiais (Segunda Meditação). Quanto a Deus, ele transcende ambos os tipos de naturezas simples (Terceira Meditação). De acordo com este esquema, a Primeira e a Quinta Meditações (e portanto também a Sexta) assinalam precisamente o horizonte da *mathesis universalis* (a "ciência universal" das *Regulae*). O *ego*, por contraste, faz uso, pela primeira vez, da potencialidade das naturezas simples intelectuais, que as *Regulae* haviam mencionado sem desenvolver, e alcança uma nova dimensão da *mathesis universalis*. Por fim, Deus transcende absolutamente todas as naturezas simples, escapando completamente dos limites da *mathesis universalis* e revelando um horizonte que é de natureza absolutamente metafísica.

Não obstante, não se deve aderir muito rigidamente ao esquema acima. O próprio fato de que ele é tão elegante e esquemático o impede de fazer justiça a diversas peças de evidência textual que apontam na direção oposta – em direção a um vínculo íntimo entre Deus e as naturezas simples e, portanto, em direção a uma relação mais sutil entre a *mathesis universalis* e a metafísica. Para começar, Deus existe; de fato, a única e exclusiva ambição das *Meditações* ("nas quais a existência de Deus... é demonstrada", AT VII 17: CSM II 12) é provar este tanto: "Devemos concluir que Deus existe necessariamente" (AT VII 45: CSM II 31). Ora, a existência pertence às naturezas simples comuns (reais); além disso, na Quinta Meditação, encontramos a existência vinculada à essência mediante aquilo que as *Regulae* chamavam de "conjunção necessária" (*conjunctio necessaria*) entre naturezas simples. A comparação entre a relação que há entre um triângulo e suas propriedades, por um lado, e a essência de Deus e sua existência, por outro, serve apenas para reforçar nossa interpretação da existência como uma natureza simples. Outras propriedades de Deus poderiam sem dúvida ser expressadas em termos de naturezas simples comuns reais – em particular a eternidade (em comparação com a duração) e a unidade. Mais ainda, o debate acerca do limite entre o possível e o impossível para a onipotência divina não teria nenhum sentido se Descartes e seus críticos não estivessem preparados para aceitar implicitamente que princípios lógicos e noções comuns poderiam relacionar-se, pelo menos a princípio, com Deus; o que está em questão aqui são as naturezas simples comuns lógicas. Consequentemente, todas as naturezas simples comuns permanecem relevantes para as indagações a respeito de Deus.

Em segundo lugar, Deus pensa; isto é, ele assume a natureza simples mais importante, a do pensamento (*cogitatio*). Esta asserção, embora ausente das *Meditações*, aparece várias vezes em textos subsidiários: "o mais perfeito poder de pensamento, que entendemos encontrar-se em Deus..."; "... a ideia clara e distinta da substância pensante incriada e independente..." "o pensamento divino".[20] Não devemos subestimar a importância disso, especialmente uma vez que atribui a Deus a mais crucial das naturezas simples intelectuais, apesar do fato de que a Terceira Meditação havia reduzido todas essas naturezas ao *ego* apenas, e tornara-as incomensuráveis com a ideia de Deus. Em consequência, juntamente com o *Cogito* que subsume todas elas, as naturezas simples intelectuais também se relacionam com Deus. E logo todas as naturezas simples (exceto as materiais)[21] podem ser atribuídas a Deus, sujeitas ao embargo normal que opera quando estamos lidando com o infinito.

O resultado final é que a fronteira entre o método (*mathesis universalis*) e a metafísica não pode ser meramente analisada em termos de uma distinção entre dois tipos de naturezas simples. O objeto primário da metafísica, a mente humana (*mens humana*) é definido inteiramente em

---

[20] Ver, respectivamente, (i) AT VII 373, linhas 5-6: CSM II 257; (ii) *Princípios* Parte I, art 54: CSM I 211; e (iii) carta a Arnauld de 4 de junho de 1648, AT V 193, linha 17 CSMK 355. Há expressões similares em outros lugares: *souveraine intelligence* (carta a Chanut, 1 de fevereiro de 1647, AT IV 608: CSMK 309); *idea intellectionis divinae* (AT VII 188, linha 19: CSM II 132); *nature intelligente... qui est Dieu* (carta a Mersenne, 15 de novembro de 1638, AT II 435: CSMK 129).

[21] Daí a importância de recusar-se a atribuir qualquer tipo de extensão a Deus; contraste-se com Henry More em sua carta a Descartes, de 11 de dezembro de 1648: *Deus suo modo extenditur* (AT V 238-239). Uma tal atribuição, ao confundir as naturezas simples materiais e intelectuais, aboliria, para Descartes, a distinção entre a metafísica e a física.

termos das naturezas simples intelectuais. Ela (a metafísica) relaciona-se portanto à *mathesis* universal, por concentrar-se em pelo menos um de seus possíveis objetos restantes de investigação e por lidar com as naturezas simples comuns e com a mais importante das naturezas simples intelectuais. Não deveríamos, portanto, concluir que também a metafísica pertence à *mathesis universalis*, e é simplesmente um dentre os muitos objetos do método de investigação descrito nas *Regulae*? Acredito haver um critério final que exclua absolutamente tal conclusão, e que ao fazê-lo nos permita assinalar de modo bastante enfático a verdadeira fronteira entre o método e a metafísica. O critério em questão é insinuado na definição da *mathesis universalis* empregada durante a discussão de "alguma ordem de medição" (*aliquis ordo vel mensura*).[22] O ponto essencial é compreender o significado do contraste entre ordem e medida, e a melhor maneira de fazer isso é considerar antes de tudo os mais simples e mais frequentes exemplos fornecidos nas *Regulae* e nos *Ensaios* (exceto a *Meteorologia*). Nestes exemplos, o processo de ordenamento é acompanhado por uma medição, como na teoria das equações e na teoria das curvas. Mas pode perfeitamente acontecer que o ordenamento (definido anteriormente nas Regras V a VII) possa fornecer-nos um resultado que seja racionalmente autoevidente sem que tenhamos de recorrer à medição, ou antes de nos ocuparmos com a medição (que é definida apenas tão posteriormente quanto a Regra XIV). Isso é o que acontece no caso de muitas teorias da física (vórtices, partículas elementares etc.) e da fisiologia (teorias da percepção mediante figuração geométrica, espíritos animais e assim por diante). Estas tentativas científicas por certo alcançaram um sucesso desigual: ao ordenar sem medir, a ciência cartesiana caiu às vezes em uma caótica desordem. Mas na metafísica as coisas são bem diferentes; aqui a renúncia à medição não é em nenhum sentido um defeito, uma vez que todos os objetos puramente intelectuais

---

[22] AT X 378, linhas 1 e 6: CSM I 19. A edição CSM omite o "alguma" (*aliquis*) que Crapulli restituiu ao texto em sua edição crítica das *Regulae*, p. 15. Ver também meu comentário em *Sur l'ontologie grise*, seção 12, p. 72ss. e as referências a outras formulações em minha própria edição, Marion, *Règles utiles*, pp. 159-160.

carecem de extensão, e assim não podem, e portanto não devem, ser sujeitos à medição. Mais ainda, o mais elevado objeto da metafísica, Deus, é definido precisamente em termos de sua infinitude, em termos de sua absoluta incapacidade de ser medido, sua imensidade imensurável. (Note-se que o adjetivo *immensus* deriva do prefixo negativo *in*, mais *mediri*, que significa medir; cf. *essentia immensa*, AT VII 241, linhas 2-3: CSM II 168.)[23] Deus, portanto, resiste a toda medição, não por omissão, como os objetos extensos que não conseguimos medir, mas por excesso, por estar absolutamente além do reino da extensão. Esta "imensidade" por excesso não significa, no entanto, que a metafísica seja totalmente divorciada da *mathesis universalis*. Ela apenas resiste ao segundo traço característico do método universal, a saber, a medição, enquanto se conforma perfeitamente ao segundo, a saber, a ordem.

De fato as *Meditações* podem ser entendidas como um arranjo paradigmático de grupos ordenados de naturezas simples necessariamente conectadas. E é assim, de fato, que elas são apresentadas: "a ordem própria de meus argumentos e a conexão entre eles" (*rationum mearum series et nexus*, AT VII 9, linha 29: CSM II 8); "considerações de ordem parecem exigir"(*ordo videtur exigere*, AT VII 36, linha 30: CSM II 25); "atentai para a maneira como aquilo que escrevi adequa-se totalmente" (*ad cohaerentiam eorum quae scripsi attendere*, AT VI 379: CSM II 261). Como um exercício de tornar evidentes as conclusões através do processo de ordenação, sem nenhum recurso a qualquer medição de extensão, as *Meditações* podem até mesmo, com seu caráter supremamente metafísico, reclamar o preenchimento da definição essencial da *mathesis universalis*: a metafísica e o método são semelhantemente revelados como unicamente enxertados em uma mesma raiz – a ordem da autoevidência racional. E uma vez que essa

---

[23] Para outros exemplos, ver AT VII 55, linhas 20ss.; 56, linha 4; 57, linha 11; 110, linhas 26-27; 119, linha 13; 188, linha 23; 231, linhas 26ss.; 143, linha 20 (CSM I 38-40, 79, 85, 152, 162, 299). Para uma discussão adicional dessas passagens, ver meu ensaio "The essential incoherence of Descartes' definition of Divinity", em Rorty, *Essays on Descartes' Meditations*, p. 309ss.

ordem opera mediante a disposição das naturezas simples, as *Meditações* são capazes, com perfeita legitimidade, de preencher seu objetivo metafísico com o auxílio das naturezas simples. Pode-se ir além: o projeto das *Meditações* é levado a cabo inteiramente em termos das naturezas simples, dado que tudo o que acontece é que as naturezas simples materiais são deixadas para trás, de modo que o valor das naturezas simples intelectuais possa ser percebido. E isso é feito, por sua vez, mediante a revelação do vínculo necessário entre as naturezas simples intelectuais e as naturezas simples comuns reais (existência etc.), mediante a utilização das naturezas simples comuns lógicas (princípios e noções comuns).

Longe de constituir uma exceção ao método cartesiano (ou a seu princípio componente, a ordem) e longe de ignorar os objetos daquele método (as naturezas simples), a metafísica das *Meditações* leva-os à fruição. Mas esta realização especial das *Meditações* subverte, por sua vez, o método, ao revelar que somente a metafísica pode alcançar os fundamentos deste, fundamentos que, desde o princípio, pertenceram ao domínio da metafísica, e da metafísica apenas.[24]

(Traduzido para o inglês por John Cottingham.)

---

[24] Eu gostaria de registrar meus agradecimentos a John Cottingham por seus prestimosos comentários e sugestões de melhorias, e por sua límpida tradução [para o inglês] da versão francesa original deste capítulo.

5 O *Cogito* e sua importância

Peter Markie

A história básica é bem conhecida. Descartes sai procurando por algo absolutamente certo, que esteja além da menor e mais irracional dúvida, para servir como fundamento de seu conhecimento. Ele rejeita as proposições evidenciadas pelos sentidos. As preocupações céticas tradicionais sobre alucinações, loucura, sonhos e deuses enganadores convencem-no de que não há certeza ali. E ele aterrisa em um fundamento de certeza capaz de resistir até mesmo a suas preocupações a respeito de um deus enganador: ele existe.

> Mas eu me convenci de que não existia absolutamente nada no mundo, nenhum céu, nenhuma terra, nem mentes, nem corpos. Não se seguiria daí que eu também não existia? Certamente não: se me convenci de algo, então eu certamente existia. Mas há um enganador de supremo poder e suprema astúcia, que me engana deliberada e constantemente; e que ele me engane tanto quanto puder, ele nunca fará com que eu não seja nada, enquanto eu pensar ser alguma coisa. De modo que, após considerar tudo muito cuidadosamente, devo enfim concluir que esta proposição, *eu sou*, *eu existo*, é necessariamente verdadeira sempre que é enunciada por mim ou concebida em minha mente (Segunda Meditação: AT VII 25: CSM II 16-17).

Descartes rapidamente questiona a respeito de seu estado mental, em sua lista de certezas. Ele está certo de que pensa, duvida, imagina, quer e assim por diante: "O que sou eu então? Uma coisa que pensa (*res cogitans*). O que é uma coisa que pensa? Uma coisa que duvida, que entende, que afirma, que nega, que quer, que não quer, que imagina também e que sente" (AT VII 28: CSM

II 19). Ele também está certo daquilo que ele *parece* perceber: "Por exemplo, vejo a luz, ouço o ruído, sinto o calor. Mas estou dormindo, portanto tudo isso é falso. Contudo, certamente me parece que vejo, ouço e me aqueço. Isto não pode ser falso; o que em mim se chama 'sentir' é estritamente isto, e, neste sentido restrito do termo, é simplesmente pensar" (AT VII 29: CSM II 19).

Descartes em seguida define aquele que será o problema central da epistemologia pelos próximos trezentos anos. Como podemos passar do conhecimento certo que temos do conteúdo de nossa experiência para um conhecimento de sua causa? Como podemos saber se nossa experiência é causada por um mundo exterior que é basicamente da maneira que nossa experiência o representa? Ou é causada por um mundo exterior que é radicalmente diferente, digamos, um que contém um deus enganador que manipula nossa mente? Descartes resolve o problema apelando para um Deus onipotente e onibenevolente. Os filósofos subsequentes fizeram movimentos mais plausíveis, mas geralmente menos elegantes.

Desejo concentrar-me na afirmação inicial feita por Descartes, de certeza sobre seu pensamento e existência. Na superfície, a máxima geralmente usada para resumir sua posição – "Penso, logo existo" – parece tão óbvia e desinteressante quanto a afirmação de que peixes não precisam de bicicletas. A máxima nem mesmo surge com Descartes, uma vez que Agostinho o antecipa.[1] Descartes admite que sua posição é óbvia, dizendo-nos que sua máxima é "tão simples e natural que poderia ter ocorrido a qualquer escritor" (carta de novembro de 1640, AT II 24: CSMK 159).[2] Ainda assim, a afirmação de certeza sobre seu pensamento e existência feita por Descartes é extremamente importante, tanto para sua epistemologia quanto para sua metafísica,

---

[1] Ver Agostinho, *De Trinitate*, Livro X, cap. 10. Descartes afirma mover-se para além do ponto de Agostinho, ao enxergar que sua certeza de seu pensamento e existência e sua incerteza sobre seu corpo fornecem a base para uma defesa da distinção entre ele próprio e seu corpo: AT III 247: CSMK 159. Para mais acerca da relação entre a posição de Descartes e a de Agostinho, ver Anscombe, "The first person", Curley, *Descartes against the Skeptics*, e Noonan, "Identity and the first person".

[2] O destinatário desta carta é uma questão de debate; cf. AT V 660 n.

e, quando vamos além de uma leitura superficial do texto, sua explicação de como ele obtém essa certeza revela-se um dos aspectos mais desconcertantes de sua filosofia. Discutirei brevemente a importância da afirmação de certeza de Descartes e, em seguida desenvolverei uma interpretação de sua posição, uma que elimine os principais pontos de confusão. Finalmente, considerarei alguns problemas filosóficos gerais levantados pela posição de Descartes.

A importância da posição de Descartes

A afirmação feita por Descartes de certeza sobre seu pensamento e existência é central para seu programa geral na epistemologia. Ele quer responder ao ceticismo, e quer fazer isso no inerior do fundacionalismo, a visão de que todo nosso conhecimento começa com algumas crenças autoevidentes, que não são evidenciadas por quaisquer outras, mas que ainda assim fornecem nossa justificação para todo o restante daquilo que sabemos. Para ter sucesso neste programa, Descartes precisa definir o conjunto de crenças autoevidentes e mostrar que seu quadro de elementos é ao mesmo tempo certo e extensivo o suficiente para apoiar o restante de nosso conhecimento acerca do mundo. Sua afirmação da certeza sobre seu pensamento e existência é o movimento inicial em sua tentativa de fazê-lo.

Descartes também acha que sua afirmação da certeza de seu pensamento e existência desempenha um papel importante em sua metafísica. Na carta em que ele diz que a máxima "Penso, logo existo" é tão óbvia que poderia ter vindo da pena de qualquer escritor, ele observa que o valor real desta máxima é que ela pode ser usada para "estabelecer que este eu que pensa é uma substância imaterial sem nenhum elemento corpóreo" (loc. cit.). A ideia de que pode usar sua certeza inicial a respeito de seu pensamento e existência, e sua incerteza inicial a respeito de seu corpo, para estabelecer que ele é uma substância imaterial distinta de seu corpo é um tema perene na filosofia de Descartes. Ele o insinua nas *Regras*: "Novamente, há muitos exemplos de coisas que são ligadas entre si de maneira necessária, e que a maioria das pessoas coloca como contingentes, não notando a relação que há entre elas: por exemplo, a proposição, 'eu sou, logo Deus é' ou 'eu compreendo, logo tenho uma mente distinta do corpo'".

(Regra XII: AT X 421-422: CSM I 46). Assim como podemos derivar a existência de Deus de nossa própria existência, podemos de algum modo derivar a distinção entre nossa mente e nosso corpo do fato de que compreendemos. Os comentários de Descartes tornam-se mais informativos conforme sua filosofia se desenvolve. Na *Busca da verdade*, ele esboça um argumento a partir das premissas acerca de seu conhecimento de si mesmo e de sua ignorância do corpo, para chegar à conclusão de que ele é distinto de seu corpo:

> De fato, eu nem mesmo sei se possuo um corpo; vós me mostrastes que é possível duvidar disso. Posso acrescentar que não sou capaz de negar absolutamente que possuo um corpo. Contudo, mesmo que mantenhamos essas suposições intactas, isto não me impedirá de estar certo de que eu existo. Ao contrário, essas suposições simplesmente reforçam a certeza de minha convicção de que eu existo e não sou um corpo. De outro modo, se eu tivesse dúvidas sobre meu corpo, teria também dúvidas sobre mim mesmo, e não posso ter dúvidas sobre isso. Estou absolutamente convencido de que existo, tão convencido que é para mim totalmente impossível duvidar disso (AT X 518: CSM II 412).

No *Discurso do método*, Descartes começa com a premissa de que está certo de seu pensamento e de sua existência, mas incerto quanto a seu corpo:

> Em seguida, examinei com o que eu era. Vi que, enquanto podia fingir que não tinha nenhum corpo e que não existia nenhum mundo, nem nenhum lugar onde eu estivesse, eu não podia, de maneira alguma, fingir que eu não existia. Vi, ao contrário, que do mero fato de eu pensar em duvidar da verdade das outras coisas, seguia-se de modo bastante certo e evidente que eu existia; ao passo que, se tivesse meramente deixado de pensar, mesmo que todo o restante do que eu havia imaginado fosse verdadeiro, eu não teria tido nenhuma razão para acreditar que eu existia.

E infere que é distinto de seu corpo:

> A partir disso, reconheci que eu era uma substância cuja essência ou natureza inteira é simplesmente pensar, e que não requer nenhum lugar, nem

depende de nenhuma coisa material para existir. Consequentemente, este "eu" – isto é, a alma, por meio da qual sou aquilo que sou – é inteiramente distinto do corpo, e de fato é mais fácil de conhecer que o corpo, e não deixaria de ser aquilo que é, mesmo que o corpo não existisse (AT VI 32-33: CSM I 127).

Nas *Meditações*, Descartes diz que o pensamento é a única coisa que ele sabe ser parte de sua essência antes de provar a existência de Deus, e que "se segue do fato de que não estou cônscio de nada mais que pertença a minha essência, que nada mais pertence a ela de fato" (AT VII 8: CSM II 7). Nos *Princípios*, ele relata sua certeza de seu pensamento e de sua existência e sua incerteza de seu corpo, e então diz que "esta é a melhor maneira de descobrir a natureza da mente e a distinção entre a mente e o corpo" (Parte I, art. 8: AT VIIIA 7: CSM I 195).

A importância da afirmação da certeza de seu pensamento e existência feita por Descartes estende-se para além do papel que esta afirmação desempenha em seus programas na epistemologia e na metafísica. Compreender e avaliar o que ele tem a dizer exige que abordemos algumas questões filosóficas básicas que ele próprio ignora ou trata apenas de passagem, por exemplo, questões a respeito de como pensamos sobre nós mesmos e nos distinguimos de outros objetos no mundo. A posição de Descartes nos dá, assim, a ocasião para mais trabalhos e descobertas filosóficas.

É hora de obtermos uma melhor apreciação da posição de Descartes. Começarei com uma interpretação que apreende muitos, mas não todos, os seus enunciados.

A INTERPRETAÇÃO DA INTUIÇÃO AUTOEVIDENTE / INFERÊNCIA IMEDIATA

Descartes apresenta a intuição e a dedução como suas únicas fontes de certeza nas *Regulae*:

> Para não cairmos no mesmo erro, eis o recenseamento de todos os atos do intelecto mediante os quais somos capazes de alcançar um conhecimento das coisas, sem medo de nos enganarmos. Reconhecemos apenas dois: a intuição e a dedução (Regra III: AT X 368: CSM I 14).

Dedução é "a inferência de algo que se segue necessariamente de outras proposições conhecidas com certeza" (AT X 369: CSM I 15). Intuição é a faculdade por meio da qual obtemos as certezas iniciais que tornam possível a dedução:

> Por "intuição" entendo não o testemunho instável dos sentidos ou o juízo enganador de uma imaginação com más composições, mas o conceito formado por uma mente clara e atenta, que é tão fácil e distinto que não deixa nenhum espaço para a dúvida sobre aquilo que compreendemos. Ou, então, o que é a mesma coisa, a intuição é o conceito indubitável formado por uma mente clara e atenta, o qual procede unicamente da luz da razão (AT X 368: CSM I 14).

A intuição distingue-se da dedução pelo fato de que ela não envolve um movimento do pensamento ao longo de uma série de inferências, e distingue-se também por sua autoevidência imediata: "Portanto aqui distinguimos a intuição mental da dedução certa pelo fato de que nesta última somos cônscios de um movimento ou de um tipo de sucessão, ao passo que na primeira isso não ocorre, e também porque a dedução não requer uma autoevidência imediata, como no caso da intuição" (AT X 370: CSM 15). Descartes decide que, enquanto que as proposições autoevidentes são conhecidas somente por intuição, e as conclusões derivadas destas, em diversos passos intuídos, são conhecidas somente por dedução, as proposições imediatamente inferidas a partir de intuições autoevidentes podem ser descritas como conhecidas ou por intuição ou por dedução, dependendo de nossa perspectiva: "Segue-se que aquelas proposições que são imediatamente inferidas de primeiros princípios podem ser ditas conhecidas de um ponto de vista diferente, ora por intuição, ora por dedução. Mas os próprios primeiros princípios são conhecidos somente por intuição, e suas conclusões remotas o são somente por dedução" (AT X 370: CSM I 15).

Quando inferimos de modo imediato uma conclusão a partir de uma premissa autoevidente que é intuída, não temos consciência de qualquer movimento do pensamento ao longo de uma série de premissas, e assim podemos descrever nosso conhecimento da conclusão como intuitivo. Nenhuma série extensa de intuições nos leva à conclusão; há somente um ato mental no qual a premissa autoevidente é intuída e a conclusão imediata é tirada. Ainda assim, estamos também inferindo uma conclusão a partir de uma premissa, então podemos descrever nosso conhecimento como dedutivo.

Descartes diz que obtemos conhecimento de nosso pensamento e de nossa existência por intuição: "Assim, cada um pode mentalmente intuir que existe, que é uma coisa pensante, que um triângulo é limitado por apenas três retas, e uma esfera, por uma única superfície e coisas semelhantes. Percepções como estas são mais numerosas do que a maioria das pessoas o observa, posto que desdenham voltar suas mentes para tais naturezas simples" (AT X 368: CSM I 14).

Descartes teria presumivelmente ampliado o escopo de seu apelo à intuição, para explicar sua certeza em relação a seus estados mentais particulares; por exemplo, que ele duvida, quer, imagina, parece ver a luz, ouvir o ruído e sentir o calor.

O apelo de Descartes à intuição é pouco claro. O conjunto de proposições intuídas inclui tanto proposições autoevidentes não inferidas a partir de quaisquer outras quanto proposições imediatamente inferidas a partir de premissas autoevidentes. De que lado dessa distinção Descartes coloca as proposições a respeito de seu estado mental e a proposição de que ele existe? Descartes parece considerar as proposições a respeito de seu estado mental como proposições autoevidentes que não são inferidas, e a proposição de que ele existe como uma que é imediatamente inferida a partir das premissas a respeito de seu estado mental. Seu conhecimento de seu estado mental é intuitivo no sentido primário de ser autoevidente e não inferido. Seu conhecimento de sua existência é intuitivo no sentido ampliado de que ele imediatamente infere sua existência a partir de premissas intuídas, a respeito de seu estado mental.

Como diz Descartes ao Marquês de Newcastle:

Vós certamente admitireis que estais menos certo da presença dos objetos que vedes que da verdade da proposição: penso, logo existo? Ora, este conhecimento não é obra de vosso raciocínio, nem uma informação incutida em vós por vossos mestres; ele é algo que vossa mente enxerga, sente e manuseia; e embora vossa imaginação insistentemente se misture com vossos pensamentos e diminua a clareza desse conhecimento, ele é, não obstante, uma prova da capacidade de nossas almas para receber de Deus um tipo intuitivo de conhecimento (AT V 137: CSMK 331).

Descartes apresenta a inferência de que ele pensa e, portanto, existe, e diz que seu conhecimento é intuitivo e não um produto de seu raciocínio. Como pode esse conhecimento ao mesmo tempo envolver a inferência "Penso, logo existo" e ser também intuitivo? A resposta é que Descartes intui a proposição autoevidente de que ele pensa e simultaneamente infere imediatamente que existe. Seu conhecimento de que ele pensa é intuitivo no sentido primário de ser autoevidente e inteiramente não inferencial; seu conhecimento de que ele existe é intuitivo no sentido ampliado de ser imediatamente inferido a partir da premissa simultaneamente intuída de que ele pensa. Ele insiste nesta mesma coisa, dirigindo-se a Mersenne:

> E quando tomamos consciência de que somos entes pensantes, esta é uma noção primária que não é derivada por meio de qualquer silogismo. Quando alguém diz, "Penso, logo sou ou existo", ele não deduz a existência a partir do pensamento, mediante um silogismo, mas a reconhece como algo que é autoevidente por meio de uma simples intuição da mente. Isto é claro a partir do fato de que, se ele a estivesse deduzindo por meio de um silogismo, teria de ter tido conhecimento da premissa maior "Tudo que pensa é ou existe"; contudo, ele de fato a aprende por experimentar em seu próprio caso que seria impossível que ele pensasse sem existir (Segundas Respostas: AT VII 140: CSM II 100).

Descartes novamente apresenta a inferência imediata de sua existência a partir de seu pensamento e diz que seu conhecimento não é dedutivo, mas uma simples intuição da mente. Seu ponto novamente parece ser que o conhecimento que ele tem de seu pensamento é intuitivo, uma vez que envolve a apreensão de uma premissa autoevidente e não inferida, e seu conhecimento de sua existência é intuitivo, uma vez que envolve a inferência imediata de que ele existe, a partir da premissa simultaneamente intuída de que ele pensa. As observações de Descartes no *Discurso* e nos *Princípios* servem como apoio adicional a esta interpretação:

> E notando que esta verdade: "Penso, logo existo" era tão firme e certa que todas as mais extravagantes suposições dos céticos seriam incapazes de abalá-la, decidi que poderia aceitá-la sem escrúpulos como o primeiro princípio da filosofia que eu buscava (*Discurso*: AT VI 32: CSM I 127).
> Pois é uma contradição supor que aquilo que pensa não existe, no momento mesmo em que pensa. Consequentemente, este pedaço de conhecimento – *Penso, logo existo* – é o primeiro e mais certo de todos os que ocorrem a qualquer um que filosofa de maneira ordenada (*Princípios*, Parte I, art. 7: AT VIIIA 7: CSM I 195).

Em cada passagem, Descartes apresenta a inferência imediata de sua existência a partir de seu pensamento como um único pedaço de conhecimento; ele é o primeiro princípio de sua filosofia. Seu ponto parece ser que em um ato de intuição ele apreende a premissa e imediatamente infere a conclusão.

É importante notar dois outros pontos. Primeiro, Descartes diz que a premissa inicial de que ele pensa pode ser substituída por outras afirmações acerca de seu estado mental, por exemplo, que ele parece ver:

> Pois se eu digo "Estou vendo ou estou caminhando, logo existo",- e tomo isto como se aplicando à visão ou ao caminhar enquanto atividades corpóreas, então a conclusão não é absolutamente certa. Isto porque, como frequentemente ocorre durante o sono, é possível que eu pense que estou vendo ou caminhando, embora meus olhos estejam fechados e eu não esteja me movendo; esses pensamentos poderiam até mesmo ser possíveis se eu não tivesse um corpo de todo. Mas se tomo "vendo" ou "caminhando" como se aplicando ao sentido ou à consciência real de ver ou caminhar, então a conclusão é bastante certa, uma vez que diz respeito à mente, que sozinha tem a sensação ou o pensamento de que está vendo ou caminhando (*Princípios*, Parte I, art. 9: AT VIIIA 8: CSM I 195).

Segundo, a fala de Descartes nas *Regras*, sobre a intuição e a dedução a partir de intuições, consideradas como nossas duas fontes de conhecimento, dá ensejo à fala sobre a percepção clara e distinta no *Discurso*, nas *Meditações* e nos *Princípios*. Ele nunca anuncia que as faculdades são as mesmas, mas a equivalência destas é fortemente sugerida pelo fato de que ele as designa através de descrições similares: "a luz da razão" e a "luz da natureza". Ele nos diz nas *Regras* que "a intuição é o conceito indubitável formado por uma mente clara e atenta, o qual procede unicamente da luz da razão [*rationis luce*]" (Regra III: AT X 368: CSM I 14), e nos *Princípios* que: "a luz da natureza [*lumen naturae*] ou faculdade de conhecimento que Deus nos concedeu nunca pode encompassar qualquer objeto que não seja verdadeiro, na medida em que seja de fato encompassado por esta faculdade, isto é, na medida em que seja clara e distintamente percebido" (Parte I, art. 30: AT VIIIA 16: CSM I 203; considerem-se também as *Meditações*: AT VII 38-39: CSM II 26-27).[3]

Podemos, então, enunciar em termos da percepção clara e distinta a explicação que Descartes oferece para sua certeza de seu pensamento e existência: todas as suas percepções claras e distintas são certas, ele percebe direta, não inferencial, clara e distintamente as proposições a respeito de seu pensamento, e ele percebe clara e distintamente que existe, mediante a derivação imediata desta afirmação a partir de uma premissa a respeito de seu pensamento, percebida clara e distintamente. Como coloca ele, ao refletir sobre seu conhecimento de que é uma coisa pensante, no início da Terceira Meditação: "Neste primeiro conhecimento só há uma percepção clara e distinta daquilo que afirmo" (AT VII 35: CSM II 24).

Chamarei esta interpretação de "Interpretação da Intuição Autoevidente / Inferência Imediata". Quero agora apresentar algumas passagens que causam problemas para ela. Em seguida veremos como os problemas podem ser resolvidos.

---

[3] Descartes utiliza "razão natural" (*ratio naturalis*) e "luz natural" (*lumen naturale*) de modo intercambiável nos *Comentários sobre um certo panfleto* (AT VIIIB 353: CSM I 300).

Nosso conhecimento prévio do princípio geral de que aquilo que pensa deve existir

Uma passagem problemática encontra-se nos *Princípios*.

> E quando digo que a proposição "penso, logo existo" é a primeira e mais certa de todas as que ocorrem a qualquer um que filosofe de maneira ordenada, não nego, ao dizer isso, que alguém deve primeiro saber o que são o pensamento, a existência e a certeza, e que é impossível que aquilo que pensa não exista e assim por diante. Mas porque estas são noções bastante simples, que não nos fornecem elas mesmas nenhum conhecimento de qualquer coisa que existe, não pensei que elas precisassem ser listadas (Parte I, art. 10: AT VIIIA 8: CSM I 196).

Descartes diz que antes de saber que ele pensa e, portanto, existe, ele deve conhecer não apenas o que são o pensamento, a existência e a certeza, mas também a proposição geral de que é impossível para aquilo que pensa não existir. Seu ponto parece ser que a inferência de sua existência a partir de seu pensamento utiliza aquela proposição geral como uma premissa suprimida. A inferência não é "Penso, logo existo"; e sim "Penso, e tudo o que pensa deve existir, logo existo".

Podemos tentar acomodar esta passagem modificando nossa interpretação da inferência de Descartes. Sua explicação de sua certeza seria então que ele clara e distintamente percebe a proposição autoevidente de que tudo o que está pensando deve existir, e deduz que ele portanto existe. Sua percepção clara e distinta das premissas e da conclusão é suficiente para torná-las certas. Mas não podemos livrar-nos do problema tão facilmente. Recordemos o comentário de Descartes a Mersenne:

> E quando tomamos consciência de que somos entes pensantes, esta é uma noção primária que não é derivada por meio de qualquer silogismo. Quando alguém diz "Penso, logo sou ou existo", ele não deduz a existência a partir do pensamento, mediante um silogismo, mas a reconhece como algo que é autoevidente por meio de uma simples intuição da mente. Isto é claro a partir do fato de que, se ele a estivesse deduzindo

por meio de um silogismo, teria de ter tido conhecimento da premissa maior "Tudo o que pensa é ou existe"; contudo, ele de fato a aprende por experimentar em seu próprio caso que seria impossível que ele pensasse sem existir (Segundas Respostas: AT VII 140: CSM II 100).

Descartes nega explicitamente que sua inferência de sua existência a partir de seu pensamento seja um silogismo que utiliza a premissa geral de que tudo o que pensa deve existir. Ele também diz que aprendemos que pensamos e, portanto, existimos *antes de* aprendermos que tudo o que pensa deve existir. Ele repete esse ponto na resposta a uma das objeções de Gassendi:

> O autor das *Contraobjeções* afirma que quando digo "penso, logo existo" eu pressuponho a premissa maior "Tudo o que pensa existe", e portanto adotei já uma opinião preconcebida... o erro mais importante que nosso crítico faz aqui é a suposição de que o conhecimento de proposições particulares deve sempre ser deduzido de proposições universais, seguindo a mesma ordem que a de um silogismo na Dialética. Aqui ele mostra o quão pouco ele sabe da maneira pela qual descobrimos a verdade. É certo que se vamos descobrir a verdade, devemos sempre começar com noções particulares, a fim de chegarmos posteriormente às noções gerais (embora possamos inverter a ordem e deduzir outras verdades particulares uma vez que tenhamos descoberto as verdades gerais) (Apêndice às Quintas Objeções e Respostas: AT IX 205-206: CSM II 271).

Se modificarmos nossa interpretação de modo que a inferência de Descartes utilize a premissa geral de que tudo o que pensa deve existir, estaremos em conflito com suas respostas a Mersenne e Gassendi. Mas se não modificarmos nossa interpretação dessa maneira, como explicaremos a afirmação de Descartes nos *Princípios* de que, antes de sabermos que pensamos e portanto existimos, devemos saber que tudo o que pensa deve existir?[4]

---

[4] Williams, *Descartes*, pp. 91-92, sugere que a posição de Descartes deveria ser entendida de modo relativo a duas maneiras de interpretar a afirmação: "Tudo o que pensa deve existir". Podemos ler a afirmação de modo que ela pressuponha que há coisas que pensam,

A consciência que temos das substâncias

Os *Princípios* e as Terceiras Objeções e Respostas contêm outras passagens problemáticas:

> No entanto, não podemos inicialmente nos tornarmos cônscios de uma substância meramente por ser ela uma coisa existente, uma vez que esta por si só não tem nenhum efeito em nós. Podemos, contudo, vir facilmente a conhecer uma substância por meio de um de seus atributos, em virtude da noção comum de que o nada não possui nenhum atributo ou, por assim dizer, nenhuma propriedade ou qualidade. Assim, se percebemos a presença de algum atributo, podemos inferir que deve também estar presente uma coisa ou substância existente, à qual ele pode ser atribuído (*Princípios*, Parte I, art. 52: AT VIIIA 25: CSM I 210).
>
> Se eu puder explicar brevemente o ponto em questão: é certo que um pensamento não pode existir sem uma coisa que pensa, e em geral nenhum ato ou acidente pode existir sem uma substância à qual pertença. Mas não chegamos a conhecer uma substância imediatamente, tendo consciência da própria substância; chegamos a conhecê-la somente por ser ela o sujeito de certos atos (Terceiras Objeções e Respostas: AT VII 174-176: CSM II 124).

Descartes parece estar dizendo o seguinte. Cada objeto consiste em qualidades e em uma substância subjacente à qual os atributos inerem.

---

ou podemos lê-la de modo que ela não faça tal pressuposição. Quando Descartes diz que ele deve conhecer aquela afirmação geral a fim de saber que ele existe, ele está pensando na versão não existencial. Sua inferência de sua existência a partir de seu pensamento é: "Penso; tudo o que pensa deve existir; logo, existo", em que a premissa geral é lida de modo que não pressuponha a existência de coisas pensantes. Quando Descartes diz que seu conhecimento daquela afirmação geral é baseado em seu conhecimento das afirmações particulares de que ele pensa e de que ele existe, e quando ele diz que não utiliza um silogismo no qual aquela afirmação geral é uma premissa para que ele aprenda que existe, ele tem em mente a versão existencial da afirmação. Ainda assim, esta sugestão vai contra a asserção de Descartes de que seu conhecimento de seu pensamento e existência não envolve raciocínio, e é intuitivo; pois vimos que ele aplica o termo "intuição" apenas àquilo que é autoevidente ou *imediatamente* inferido a partir do que é autoevidente.

Tudo o que observamos imediatamente quando estamos cônscios de um objeto são alguns de seus atributos e, a partir da existência das qualidades observadas e do princípio geral de que toda qualidade observada encontra-se em alguma substância, inferimos a existência do sujeito subjacente.

Esta posição geral implica uma explicação do autoconhecimento que está em conflito com aquela que atribuímos a Descartes. Quando voltamos nossa atenção para o interior e refletimos sobre nós mesmos, tudo de que somos imediatamente cônscios são nossos pensamentos. Nosso conhecimento inicial não é corretamente descrito pelo enunciado "Eu estou pensando", mas pelo enunciado "O pensamento está ocorrendo". Não podemos inferir imediatamente nossa existência a partir desse conhecimento. O melhor que podemos inferir é que, uma vez que toda qualidade observada encontra-se em alguma substância, alguma substância pensa. Podemos raciocinar: "O pensamento existe, e sempre que alguma qualidade observada existe há uma substância que a possui, então há uma substância pensante". Nosso conhecimento é inferencial, mas a inferência é silogística, em vez de imediata, e tem um início e fim diferentes dos da inferência "Penso, logo existo".

Não podemos, é claro, resolver nosso problema decidindo que Descartes adota a inferência silogística que acabamos de considerar e a oferece como sua explicação de como ele obtém o autoconhecimento certo através da percepção clara e distinta. O que faríamos então de suas explícitas negações de que sua inferência da existência a partir do pensamento é um silogismo? O que faríamos do fato de que ele enuncia sua inferência da existência a partir do pensamento de modo que ela inclua uma referência explícita a ele próprio em particular? A inferência é "Penso, logo existo"; e não "O pensamento está ocorrendo, toda qualidade observada encontra-se em alguma substância, logo alguma substância pensante existe".[5]

---

[5] Descartes às vezes empenha-se em enfatizar o elemento de primeira pessoa em sua afirmação da certeza de seu pensamento e existência, acrescentando o pronome "ego", que é supérfluo no latim. Duas vezes nos *Princípios* e uma vez nas *Segundas Objeções e Respostas*, ele escreve: *ego cogito, ergo sum* (AT VIIIA 7: CSM I 195; AT VIIIA 8: CSM I 196; AT VII 140: CSM II 100).

A incerteza da percepção clara e distinta

A Interpretação da Intuição Autoevidente / Inferência Imediata atribui a Descartes o princípio de que a percepção clara e distinta sempre produz a certeza, mesmo em face de razões para a dúvida, como a Hipótese do Deus Enganador. Descartes está certo de que ele pensa e portanto existe, porque ele percebe clara e distintamente este fato. Contudo, enquanto Descartes parece fazer da percepção clara e distinta uma condição suficiente para a certeza nas *Regras*, ele parece mudar de ideia quando sujeita suas faculdades a um exame mais crítico nas *Meditações* e nas *Respostas*.

No início da Terceira Meditação, ele escreve:

> Mas e quando considerava algo muito simples e fácil em relação à aritmética ou à geometria, por exemplo, que dois e três somados produzem cinco, e outras coisas semelhantes? Não enxerguei pelo menos estas coisas claramente o suficiente para assegurar sua verdade? De fato, a única razão para meu julgamento posterior de que elas estavam abertas à dúvida foi que me ocorreu que talvez algum Deus tivesse podido me dar uma natureza tal que eu fosse enganado mesmo nas questões que pareciam mais evidentes. E sempre que minha crença preconcebida no poder de Deus me vem à mente, não posso senão admitir que seria fácil para Ele, se Ele assim o quisesse, fazer com que eu errasse mesmo naquelas questões que penso ver claramente com o olho de minha mente (AT VII 36: CSM II 25).

Descartes afirma que uma versão da Hipótese do Deus Enganador lhe dá razão para duvidar de verdades simples, mesmo quando ele as enxerga com o "olho da mente". Sua referência ao olho da mente parece ser uma referência à percepção clara e distinta.

A resposta de Descartes a seus críticos contém indicações adicionais de que ele não toma a percepção clara e distinta como sendo uma condição suficiente para a certeza. Quando Mersenne observa que: "um ateu percebe clara e distintamente que os três ângulos de um triângulo são iguais a dois ângulos retos, mas está tão longe de supor a existência de Deus que a nega completamente" (Segundas Objeções: AT VII 125; CSM II 89), Descartes responde:

O fato de que um ateu pode perceber "clara e distintamente que os três ângulos de um triângulo são iguais a dois ângulos retos" é algo de que não discordo. Mas sustento que essa percepção que ele tem não é um verdadeiro conhecimento, uma vez que nenhum ato de percepção que pode ser tornado duvidoso parece apto a ser chamado de conhecimento. Agora, uma vez que estamos supondo que este indivíduo é um ateu, ele não pode estar certo de que não está sendo enganado em questões que lhe parecem muito evidentes (como já expliquei completamente) (Segundas Respostas: AT VII 141: CSM II 101).

Descartes nega que o ateu possua o "verdadeiro conhecimento", sob o pretexto de que o ateu não tem certeza sobre se é enganado por algum deus. Antes de provar a existência e a natureza não enganadora de Deus, Descartes tem tão pouca certeza quanto o ateu a respeito da existência de um deus enganador. Suas percepções claras e distintas não devem produzir certeza para ele também.[6]

É difícil enxergar como a Interpretação da Intuição Autoevidente / Inferência Imediata pode ser modificada para levar em consideração essas passagens. Podemos tentar basear a interpretação em uma afirmação mais fraca acerca da percepção clara e distinta: nem todas as percepções claras e distintas produzem a certeza; somente um subconjunto apropriado delas o faz, e a inferência imediata feita por Descartes, de que ele pensa e portanto existe, cai neste subconjunto. Qual é, então, este subconjunto apropriado? Nas passagens da Terceira Meditação citadas acima, Descartes sujeita até mesmo as mais simples proposições, percebidas de modo absolutamente claro pelo olho da mente, à dúvida levantada pela hipótese de um deus enganador.

---

[6] É claro que, na resposta a Mersenne, Descartes refere-se explicitamente apenas à clareza, e não à clareza e distinção. Ainda assim, conquanto mencione apenas a clareza, ele não nega a afirmação de Mersenne de que um ateu pode ter uma percepção ao mesmo tempo clara e distinta. Em vez disso, ele prossegue negando que um ateu possa ter a certeza exigida para o conhecimento científico. Parece dificilmente provável que ele faria isso se sua discussão com Mersenne fosse a respeito de se um ateu poderia ter uma percepção ao mesmo tempo clara e distinta.

A irrelevância da percepção clara e distinta

Um último problema para a Interpretação da Intuição Autoevidente / Inferência Imediata é levantado pela discussão feita por Descartes na Segunda Meditação, a respeito da certeza de que ele tem de sua existência:

> Mas eu me convenci de que não existia absolutamente nada no mundo, nenhum céu, nenhuma terra, nem mentes, nem corpos. Não se seguiria daí que eu também não existia? Certamente não: se me convenci de algo, então eu certamente existia. Mas há um enganador de supremo poder e suprema astúcia, que me engana deliberada e constantemente; e que ele me engane tanto quanto puder, ele nunca fará com que eu não seja nada, enquanto eu pensar ser alguma coisa. De modo que, após considerar tudo muito cuidadosamente, devo enfim concluir que esta proposição, *eu sou, eu existo*, é necessariamente verdadeira sempre que é enunciada por mim ou concebida em minha mente (Segunda Meditação: AT VII 25: CSM II 16-17).

Descartes afirma a certeza de sua existência, mas nenhuma vez menciona a percepção clara e distinta ou uma inferência imediata da existência a partir do pensamento. Sua explicação, em vez disso, parece ser que ele está certo de que existe, pois não tem nenhuma razão para duvidar desta crença, e ele não tem nenhuma razão para duvidar dela porque toda hipótese que poderia dar-lhe uma razão para duvidar de tal crença, como por exemplo a hipótese de que algum deus o engana, simplesmente acarreta, e portanto afirma, esta crença. O argumento de Descartes a respeito de sua crença em sua existência pode ser estendido a sua crença de que ele pensa. Razões para a dúvida, como a Hipótese do Deus Enganador, simplesmente acarretam que esta crença é verdadeira.

Contudo, se isto é tudo em relação à posição de Descartes, o que devemos assumir a respeito de suas outras afirmações de certeza acerca de seu estado mental; por exemplo, sua afirmação de estar certo de que ele parece ver a luz? Razões para a dúvida, como a Hipótese do Deus Enganador, não acarretam que ele pareça ver a luz. O que devemos assumir em relação às referências de Descartes à percepção (intuição) clara e distinta como a fonte de sua certeza, e a sua inferência imediata, "Penso, logo existo"? Foi sugerido que o ponto da inferência de Descartes é simplesmente que toda razão para dúvida acarreta a existência dele, por acarretar que ele pensa. O problema com esta sugestão é que Descartes diz que a premissa de sua inferência pode ser qualquer afirmação a respeito de seu estado mental; ele pode muito bem raciocinar, "pareço ver; logo existo". O ponto dessa inferência certamente não é que toda razão para a dúvida acarreta a existência de Descartes por acarretar que ele parece ver.[7]

Precisamos fornecer a razão do ponto de Descartes, de que sua certeza de seu pensamento e existência resulta do fato de que toda razão potencial para dúvida afirma que ele pensa e existe, mas precisamos fazê-lo de uma maneira que nos permita ainda fornecer a razão de sua afirmação de certeza a respeito de seus outros estados mentais, sua referência à percepção clara e distinta, e sua inferência imediata de sua existência a partir de seu estado mental.

Rumo a uma interpretação melhorada

Encontramos diversas passagens que entram em conflito com a Interpretação da Intuição Autoevidente / Inferência Imediata, embora tenhamos inicialmente desenvolvido esta interpretação com base em fortes evidências textuais. Será que deveríamos simplesmente decidir que Descartes é radicalmente inconsistente? Ou, mais caridosamente, que seu brilhantismo faz com que ele enxergue diversas maneiras de explicar sua

---

[7] Ver Curley, *Descartes against the Skeptics*, para a sugestão de como apreender a inferência de Descartes. Ver Hintikka, "Cogito ergo sum: Inference or performance", e "Cogito ergo sum as an inference or a performance", para uma interpretação da posição de Descartes que se apoia fortemente na passagem da Segunda Meditação que temos à mão, a ponto de prestar uma atenção inadequada às referências de Descartes à percepção clara e distinta e a uma inferência imediata de sua existência a partir de seu estado mental. Para discussões da interpretação de Hintikka, ver Feldman, "On the performatory interpretation of the Cogito"; Frankfurt, *Demons, Dreamers and Madmen*, Kenny, *Descartes*; e M. D. Wilson, *Descartes*.

certeza quanto a seu pensamento e existência, enquanto sua amplitude mental o impede de ser capaz de escolher entre elas, e sua caridade faz com que ele deixe a escolha para nós? Acho que não. Podemos modificar a Interpretação da Intuição Autoevidente / Inferência Imediata para dar conta de algumas, mas não todas, as passagens problemáticas. O restante delas admite leituras alternativas consistentes com a interpretação modificada. Para desenvolver essa nova interpretação, devo primeiro examinar dois conceitos básicos da epistemologia de Descartes: seu conceito de certeza e seu conceito de uma crença razoável.

A epistemologia de Descartes contém *dois graus de avaliação epistêmica*; quer dizer, dois graus de justificação relativos aos quais as crenças são avaliadas. Um é o padrão mais alto da certeza. O outro é um grau inferior de justificação, que Descartes descreve como uma crença altamente provável ou bastante razoável. Na Primeira Meditação, depois que ele decide que suas crenças sensorialmente evidenciadas a respeito do mundo exterior não são certas, ele nota que elas são, não obstante, bastante razoáveis:

> Minhas opiniões habituais continuam retornando, e tornam-se, apesar de meus desejos, senhoras de minha crença, que é como que confinada a elas como resultado de uma longa ocupação e da lei do costume. Jamais perderei o hábito de confiar e consentir com essas opiniões, enquanto as considerar como são de fato, a saber, opiniões altamente prováveis – opiniões que, apesar de serem, em certo sentido, duvidosas, como acabamos de mostrar, é ainda muito mais razoável acreditar nelas que negá-las (AT VII 22: CSM II 15).[8]

---

[8] O certo e o bastante razoável não são os únicos graus de avaliação epistêmica na epistemologia de Descartes. Por exemplo, no início da Sexta Meditação, ele toma a afirmação de que o corpo existe como sendo provável, com base no fato de que ela fornece a melhor explicação de alguns dados sobre a imaginação (AT VII 73: CSM II 51). O grau de avaliação envolvido aqui é inferior ao certo e ao bastante razoável (o *altamente* provável). Os dados sobre sua imaginação não apoiam a existência do corpo a ponto de torná-la certa, nem bastante razoável.

É plausível pensar que Descartes aceitaria uns poucos princípios básicos a respeito desses dois graus de avaliação epistêmica. Primeiro, todas as crenças que preenchem as exigências de certeza para ele, como suas crenças sobre seu pensamento e existência na Segunda Meditação, são também bastante razoáveis; mas algumas de suas crenças bastante razoáveis, tais como suas crenças sensorialmente evidenciadas a respeito do mundo exterior, na Primeira Meditação, não são certas para ele.

Segundo, o grau de avaliação epistêmica alcançado por uma crença é determinado pela evidência que ele tem a favor dessa crença. A evidência sensorial que Descartes tem a favor de suas crenças no mundo exterior, na Primeira Meditação, torna essas crenças bastante razoáveis, mas não certas. A evidência que Descartes tem a favor de sua crença em sua existência, na Segunda Meditação, torna esta crença ao mesmo tempo bastante razoável e também certa. Quando uma crença é autoevidente, a evidência que Descartes tem a favor dela consiste em seu ato de percebê-la clara e distintamente. Quando uma crença não é autoevidente, a evidência de Descartes a favor dela consiste naquelas crenças que constituem sua razão para crer nela.

Terceiro, a diferença entre o que é *meramente* razoável e o que é certo é que Descartes tem uma frágil razão para duvidar do primeiro item. A razão de Descartes para duvidar deve ser frágil, uma vez que as crenças são bastante razoáveis – como ele coloca, sua razão para duvidar é "metafísica e exagerada" (AT VII 460: CSM II 308) –, mas mesmo uma frágil razão para a dúvida impede uma crença de ser certa. Uma hipótese dá a Descartes razão para duvidar de uma de suas crenças apenas quando tal hipótese é uma possibilidade que ele não excluiu, e quando ela indica como sua crença pode ser falsa apesar da evidência que ele possui. As hipóteses de que ele está sonhando e a de que algum deus o engana são possibilidades que ele não exclui, na Primeira Meditação, e elas indicam como suas crenças bastante razoáveis sobre o mundo exterior podem ser falsas, apesar da evidência sensorial que ele tem a favor dessas crenças. Os comentadores oferecem explicações rivais de como uma razão para dúvida é uma possibilidade que Descartes não excluiu. Aquela que mais respeita as observações de Descartes é que uma razão para dúvida é uma possibilidade que ele não excluiu, no sentido de que ele não tem certeza de que ela seja falsa. Na Primeira Meditação, Descartes não tem certeza de que não está sonhando e de que não está sendo enganado. Uma vez que ele decide que tem certeza quanto a esses pontos – no fim da Sexta e Terceira Meditações, respectivamente –, ele rejeita as Hipóteses do Sonho e do Deus Enganador como razões para dúvida. O fato de que qualquer hipótese que não foi excluída com certeza é capaz de servir como razão para a dúvida é exatamente o que torna a dúvida de Descartes "exagerada", como ele coloca. É também este o fato que torna suas razões para dúvida tão difíceis de excluir.[9]

Em relação a esses pontos, podemos compreender melhor a afirmação feita por Descartes de certeza sobre seu pensamento e existência. A afirmação de Descartes tem duas partes: (1) ele tem alguma evidência a favor dessas crenças, que as torna bastante razoáveis, e (2) esta evidência resiste até mesmo às mais frágeis e mais exageradas razões para dúvida, de modo que suas crenças são certezas; nenhuma hipótese que ele ainda tenha de excluir com certeza indica como suas crenças podem ser falsas, apesar da evidência que ele possui a favor delas. Uma vez que a afirmação de certeza feita por Descartes é complexa, sua explicação dela deve ser igualmente complexa. Ele deve explicar o que torna suas crenças bastante razoáveis para ele e por

---

[9] Descartes às vezes utiliza os termos "certeza metafísica" e "certeza moral", por exemplo, no *Discurso*: AT VI 37-38: CSM I 129-130, e nas Sétimas Objeções e Respostas: AT VII 471: CSM II 317. Conforme compreendo, a "certeza metafísica" refere-se àquilo que tenho chamado de "certeza", e a "certeza moral" refere-se àquilo que tenho chamado de "razoabilidade" e "alta probabilidade". Descartes também escreve a respeito de uma forma de certeza que é melhor intitulada "certeza psicológica", dado que tem a ver, não com a força de nossa evidência a favor de uma proposição, mas com nossa inabilidade de duvidar da proposição. Ver as observações de Descartes nas *Meditações*: AT VII 65: CSM II 45; AT VII 69-70: CSM II 48. Note-se que os pontos que defendo no texto são de certa forma independentes dessas questões; por exemplo: alguém pode aceitar os pontos que defendo no texto sem aceitar também minha visão de que as crenças moralmente certas devem ser igualadas às bastante razoáveis ou altamente prováveis. Para mais sobre todas as três formas de certeza, ver Feldman, "On the performatory interpretation"; Gewirth, "The Cartesian Circle"; Curley, *Descartes against the Skeptics*; e Markie, "The Cogito puzzle" e *Descartes's Gambit*.

que nenhuma hipótese que ele ainda tenha de excluir com certeza indica como elas podem ser falsas. Agora que entedemos melhor a forma que a explicação de Descartes deve assumir, voltemos à Interpretação da Intuição Autoevidente / Inferência Imediata e vejamos qual a melhor maneira de modificá-la.

A Interpretação da Intuição Autoevidente / Inferência Imediata Modificada

A primeira coisa que Descartes deve fazer é explicar o que torna suas crenças em seu pensamento e existência bastante razoáveis. É nesse ponto que entram em jogo seus frequentes apelos à percepção clara e distinta e a uma inferência imediata de sua existência a partir de seu pensamento. Descartes toma sua crença em seu pensamento sendo bastante razoável, porque a proposição de que ele pensa é uma proposição autoevidente, que ele percebe clara e distintamente como verdadeira. Seu ato de percepção clara e distinta é a "evidência" que torna bastante razoável sua crença de que ele pensa. O mesmo pode ser dito de suas outras crenças a respeito de seu estado mental. Sua crença em sua existência é bastante razoável, porque ele a infere imediatamente a partir de uma crença bastante razoável a respeito de seu estado mental.

Contudo, o que torna essas crenças tão razoáveis a ponto de serem certas? A resposta de Descartes é que ele não tem nenhuma razão para duvidar delas. Agora entra em jogo sua observação a respeito de como as razões para dúvida apenas afirmam seu pensamento e existência. Considere-se novamente a maneira como ele coloca a questão: "Mas há um enganador de supremo poder e suprema astúcia, que me engana deliberada e constantemente; e que ele me engane tanto quanto puder, ele nunca fará com que eu não seja nada, enquanto eu pensar ser alguma coisa" (Segunda Meditação: AT VII 25: CSM II 16-17). A Hipótese do Deus Enganador não lhe dá razão para duvidar de suas crenças de que ele pensa e existe; pois ela acarreta essas crenças e, portanto, falha em indicar como elas podem ser falsas, apesar de sua percepção clara e distinta. O mesmo é verdadeiro em relação à Hipótese do Sonho.

Dois aspectos dessa parte da posição de Descartes necessitam de desenvolvimento. Primeiro, a Hipótese do Deus Enganador e a Hipótese do Sonho claramente falham em lançar dúvida sobre suas crenças de que ele pensa e existe, mas por que é que nenhuma outra hipótese pode fazê-lo? Segundo, por que estas ou outras hipóteses não lançam dúvida sobre crenças como a de que ele parece ver a luz, as quais são às vezes usadas como premissas para o *Cogito*? A Hipótese do Deus Enganador não acarreta que ele pareça ver a luz; não poderia um deus enganá-lo acerca do que ele parece ver?

Descartes poderia lidar com a primeira questão adotando três princípios plausíveis a respeito das razões para dúvida. Primeiro, nenhuma hipótese lança dúvida sobre uma crença contingente que ela mesma acarreta.[10] Segundo, uma hipótese indica a Descartes como uma de suas crenças pode ser falsa somente se tal hipótese acarreta a proposição que ele expressaria como "Eu existo". A ideia é que Descartes deve relacionar uma hipótese a si próprio antes que ela lhe forneça uma razão para dúvida, e ele faz isso tornando sua crença de primeira pessoa como parte da hipótese. A hipótese que Descartes expressaria como "Algum deus engana o maior filósofo do século XVII" não lhe dá razão para duvidar de suas crenças, mas aquela que ele expressaria como "Algum deus engana o maior filósofo do século XVII e eu sou aquele filósofo" sim. Terceiro, uma hipótese indica como uma das crenças de Descartes pode ser falsa somente se tal hipótese acarreta a proposição que ele expressaria como "Eu penso". A ideia é que cada razão para dúvida deve indicar como as habilidades intelectuais de Des-

---

[10] O princípio é restrito a proposições logicamente contingentes, para evitar problemas causados pelo fato de que, da maneira como o acarretamento lógico é estritamente definido, toda hipótese acarreta toda proposição que seja uma verdade logicamente necessária. Uma proposição *p* acarreta uma proposição *q* somente quando é logicamente impossível que *p* seja verdadeira e *q* seja falsa. Alguns preferem um princípio mais vago, que não seja formulado em termos da relação lógica de acarretamento entre a hipótese e a crença, e assim não tenha de ser restrito a proposições contingentes: Nenhuma hipótese *h* lança dúvida sobre uma proposição acreditada *p*, se *h* "contém" *p*. A noção de contenção é indefinida. Os próximos dois princípios podem ser modificados de acordo.

cartes induzem-no ao erro devido às limitações intrínsecas delas próprias ou devido ao mau uso que ele faz delas, e qualquer hipótese nesse sentido incluirá a informação de que ele pensa. Estes três princípios acarretam que nenhuma hipótese lança dúvida sobre as crenças razoáveis que Descartes tem sobre seu pensamento e existência. O primeiro princípio requer que uma razão para duvidar dessas crenças não deve acarretá-las; o segundo e terceiro princípios requerem que uma razão para dúvida deve acarretá-las. Nenhuma hipótese preenche os três requisitos.

É mais difícil preencher a lacuna na explicação que Descartes fornece de por que nenhuma hipótese lança dúvida sobre crenças em estados mentais, tais como o de que ele parece ver a luz. Não poderia um deus enganador fazer com que ele pense que parece ver a luz quando ele de fato não a vê ou talvez, mais plausivelmente, fazê-lo pensar que ele vê vermelho quando ele realmente vê cor de laranja, ou que ele sente uma dor quando realmente tem uma coceira? A melhor maneira de preencher essa lacuna na explicação de Descartes pode ser um quarto princípio: uma hipótese indica como uma das crenças contingentes de Descartes pode ser falsa somente se for possível para ele ter a crença enquanto a hipótese for verdadeira e a crença for falsa. A ideia é que uma hipótese indica a Descartes como uma de suas crenças contingentes pode ser falsa somente se tal hipótese mostra como ele poderia de fato ter a crença e estar enganado.[11] Relativamente a este princípio, Descartes poderia argumentar que não tem nenhuma razão para duvidar de suas crenças acerca do conteúdo de seus estados mentais, uma vez que é impossível que ele tenha essas crenças e elas sejam falsas. Elas são todas incorrigíveis para ele. É impossível para ele acreditar falsa-

---

[11] Note-se que este princípio também é restrito a crenças em proposições logicamente contingentes; isto é, àquelas que poderiam ser falsas. Crenças em proposições que são necessariamente verdadeiras não podem satisfazer o princípio, dado que é impossível que elas sejam falsas. Novamente, alguém pode preferir um princípio mais vago que não utilize o acarretamento lógico: Uma hipótese indica como uma das crenças de Descartes pode ser falsa somente se a situação de a hipótese ser verdadeira e Descartes ter a crença não "contiver" a situação de a crença ser verdadeira.

mente que ele parece ver vermelho ou que ele sente dor. Acreditar que se vê vermelho é, em parte, parecer ver vermelho. Acreditar que se sente dor é, em parte, sentir dor.[12]

É importante avaliar como modificamos a Interpretação da Intuição Autoevidente / Inferência Imediata. Retivemos a opinião de que, de acordo com Descartes, ele percebe clara e distintamente a proposição autoevidente de que ele pensa, e imediatamente infere que ele existe. Contudo, mantivemos essa opinião como a explicação de Descartes de por que suas crenças em seu pensamento e existência são *bastante razoáveis* para ele. Apelamos para enunciados de Descartes dizendo como as razões para dúvida afirmam seu pensamento e existência, para desenvolvermos uma explicação de por que suas crenças são tão razoáveis a ponto de serem *certas*. Agora é hora de vermos como esta interpretação modificada lida com as passagens que causaram problemas para a interpretação inicial. Algumas dessas passagens ajustam-se muito bem à interpretação modificada; o restante pode ser reinterpretado de modo a não conflitar com ela.

Avaliação da Interpretação da Intuição Autoevidente / Inferência Imediata

Nossa interpretação modificada evita facilmente um dos problemas que examinamos. Nossa interpretação inicial era inconsistente com a afirmação de Descartes, nas *Meditações* e *Respostas*, de que algumas percepções claras e distintas, especificamente as de verdades matemáticas

---

[12] Alguns comentadores observaram que as crenças de Descartes sobre suas atividades mentais particulares não são imunes a razões para dúvida, exatamente da mesma maneira que suas crenças de que ele pensa e existe. Eles tomaram isto como uma indicação de que ou Descartes não fala sério ao afirmar a certeza de seus estados mentais particulares, ou ele não deve ser tomado literalmente em sua afirmação de que a premissa de que ele pensa pode ser substituída por afirmações tais como a de que ele parece ver. Ver Cottingham, *Descartes*, pp. 38-42. Se eu estiver na trilha certa, então não há necessidade de tal ginástica interpretativa.

muito simples, são tornadas duvidosas pela Hipótese do Deus Enganador. Nossa interpretação modificada é consistente com a afirmação de Descartes. Ela diz que todas as percepções claras e distintas são bastante razoáveis, e somente aquelas que dizem respeito a nosso pensamento e nossa existência são certas. A diferença entre as percepções claras e distintas que são certas e aquelas que são meramente bastante razoáveis é que as primeiras resistem a razões para dúvida, tais como a Hipótese do Deus Enganador. Essas razões para dúvida não indicam como nossas crenças em nosso pensamento e existência podem ser falsas, apesar das percepções claras e distintas que as apoiam.[13]

Um segundo problema era a inabilidade de nossa interpretação inicial para explicar os comentários de Descartes a respeito de como razões potenciais para dúvida acarretam que ele pensa e existe. A interpretação tornava esses comentários irrelevantes, ao reduzir a posição de Descartes a apenas duas afirmações: todas as percepções claras e distintas são certas, e ele clara e distintamente percebe seu pensamento e existência. Nossa interpretação modificada evita o problema. As referências de Descartes à percepção clara e distinta explicam a razoabilidade de suas crenças em seu pensamento e existência. Seus comentários a respeito de como razões potenciais para dúvida acarretam seu pensamento e existência ajudam a explicar porque aquelas crenças razoáveis são certas. Ambos os conjuntos de comentários são essenciais para a explicação de Descartes.

---

[13] Alguns comentadores acham que deveríamos lidar com as passagens problemáticas interpretando-as de modo que não contenham a afirmação de que algumas percepções claras e distintas são incertas. A discussão dessa questão é encontrada principalmente em debates sobre o "Círculo Cartesiano". Ver Cottingham, *Descartes*; Curley, *Descartes against the Skeptics*; Doney, "The Cartesian Circle" e "Descartes's conception of perfect knowledge"; Feldman, "Epistemic appraisal and the Cartesian Circle"; Frankfurt, *Demons, Dreamers and Madmen*; Gewirth, "The Cartesian Circle", "The Cartesian Circle reconsidered" e "Descartes: Two disputed questions"; Kenny, *Descartes* e "The Cartesian Circle and the eternal truths"; Van Cleve, "Foundationalism, epistemic appraisal and the Cartesian Circle"; e Markie, *Descartes's Gambit*.

Um terceiro problema diz respeito a se a inferência de Descartes de sua existência a partir de seu pensamento é imediata ou se ela é um silogismo. Recordemos a passagem dos *Princípios* citada acima, na Seção 3, que insiste na importância de um conhecimento prévio do princípio geral de que tudo o que pensa deve existir. A maneira de explicar essa passagem é prestar bastante atenção ao que Descartes diz que deve saber antes de conhecer seu pensamento e existência. Ele deve saber que aquilo que pensa deve existir, e ele também deve saber o que são o conhecimento, o pensamento, a existência e a certeza. Seu argumento certamente não é que toda essa informação deve ser acrescentada a sua inferência da existência a partir do pensamento, a fim de preencher a lacuna entre sua premissa inicial e sua conclusão. Ele não precisa acrescentar a seu argumento definições de pensamento, existência e certeza para passar do "eu penso" ao "eu existo". Seu argumento é este: ele deve possuir parte dessa informação para compreender as proposições de que ele pensa e de que ele existe, e o restante para compreender sua explicação de por que essas proposições são certas para ele. Ele não pode compreender as proposições, a menos que saiba o que são o pensamento e a existência. Ele não pode compreender sua explicação de por que elas são certas para ele, a menos que saiba o que é a certeza. Ele não pode compreender sua explicação de por que elas são certas, a menos que saiba que aquilo que pensa deve existir; pois parte de sua explicação é que sua crença de que ele pensa imediatamente acarreta, e portanto torna razoável, sua crença de que ele existe. Descartes não oferece o princípio geral de que "aquilo que pensa deve existir" como uma premissa suprimida em sua inferência de sua existência a partir de seu pensamento. Ele o oferece como algo que ele deve saber a fim de compreender por que seu pensamento e existência são certos para ele. Ademais, é suficiente que este princípio geral seja razoável para Descartes; ele não precisa ser certo. Quando Descartes afirma estar certo de seu pensamento e existência, na Segunda Meditação, ele não oferece a afirmação de certeza – "Estou certo a respeito de meus pensamentos e existência" – como uma certeza. Ele apresenta esta afirmação e sua explicação de por que ela é verdadeira, como crenças razoáveis a respeito de seu estado epistêmico.[14]

O último problema com nossa interpretação inicial dizia respeito à explicação de Descartes da consciência que temos das substâncias. O problema vem das passagens nos *Princípios* e nas Terceiras Objeções e Respostas, citadas acima nas páginas 149-150, nas quais Descartes parece dizer que tudo o que imediatamente observamos quando estamos cônscios de um objeto são algumas de suas qualidades, e a partir da existência das qualidades observadas, e do princípio geral de que toda qualidade observada encontra-se em alguma substância, podemos inferir a existência do sujeito subjacente. Quando refletimos sobre nós mesmos, então, tudo o que imediatamente observamos é nosso pensamento. Nosso conhecimento inicial é corretamente dado pelo enunciado "O pensamento está ocorrendo", e a partir disso podemos, na melhor das hipóteses, raciocinar "O pensamento existe, e sempre que qualquer qualidade observada existe há uma substância que a possui, portanto há uma substância pensante". Não podemos obter um co-

---

[14] Para mais acerca deste ponto, ver meu trabalho em *Descartes's Gambit*, especialmente os caps. 2 e 5. Também vale a pena notar uma passagem do *Colóquio com Burman* que se relaciona à passagem dos *Princípios*. Burman relata (AT V 147: CSMK 333) que Descartes explica a relação entre a passagem dos *Princípios* e sua insistência no fato de que seu conhecimento de seu pensamento e existência é intuitivo, traçando uma distinção entre conhecimento explícito e implícito. Na Segunda Meditação, ele sabe explicitamente que pensa e, portanto, existe, mas sabe apenas implicitamente que tudo o que pensa deve existir. Foge-me a diferença entre conhecimento explícito e implícito; ela pode estar ou não relacionada à solução que ofereci. Para mais acerca dessas questões, ver Curley, *Descartes against the Skeptics*; Frankfurt, "Descartes' discussion of his existence"; Williams, *Descartes*; e M. D. Wilson, *Descartes*.

Alguns comentadores parecem pensar que Descartes afirma estar certo de que ele está certo de seu pensamento e existência, o que exigiria que ele estivesse certo de sua explicação. Ver Gueroult, *Descartes selon l'ordre des raisons*, p. 51, e talvez Cottingham, *Descartes*, pp. 41-42, 69-70. Não conheço nenhum apoio textual para esta posição. Descartes não afirma estar certo de sua certeza sobre si mesmo, e nada que ele diz o compromete com tal visão.

nhecimento inicial de nós mesmos, mediante uma inferência imediata a partir da premissa autoevidente "Eu estou pensando", chegando à conclusão "Eu existo".

Há uma interpretação melhor destas passagens, que as torna irrelevantes para a lógica da inferência do *Cogito* de Descartes. Tomemos primeiro a passagem dos *Princípios*. Descartes não está preocupado em produzir um argumento geral acerca do conteúdo de nosso pensamento quando tentamos obter conhecimento a respeito de substâncias. Ele está preocupado com a maneira que podemos saber que uma coisa particular é uma substância. Seu argumento é que não simplesmente intuímos ou observamos o fato de que uma coisa particular é uma substância; como ele coloca, o mero fato de que algo é uma substância "não tem por si só nenhum efeito sobre nós". Nós aprendemos que uma coisa particular é uma substância observando primeiro que ela possui algumas qualidades e, depois, inferindo que ela é uma substância, por meio da premissa de que tudo o que possui qualidades observadas é uma substância: "se percebemos a presença de algum atributo, podemos inferir que deve também estar presente uma coisa ou substância existente, à qual ele possa ser atribuído". Descartes pode ser interpretado como defendendo o mesmo argumento na passagem das Terceiras Objeções e Respostas. Quando ele diz que "não chegamos a conhecer uma substância imediatamente, tendo uma consciência da própria substância; chegamos a conhecê-la somente por ser ela o sujeito de certos atos", seu argumento é que nós não simplesmente intuímos ou observamos diretamente que uma coisa particular é uma substância; inferimos este fato a partir da informação de que ela possui algumas qualidades observadas e de que tudo o que possui qualidades observadas é uma substância. No caso do próprio Descartes, portanto, ele não intui a proposição que expressaria como "Eu sou uma substância", e não infere imediatamente aquela proposição a partir de qualquer uma das proposições autoevidentes acerca de seu estado mental. Ele aprende que é uma substância ao raciocinar: "Eu penso, e tudo o que possui uma qualidade observada é uma substância; logo, eu sou uma substância". Essa posição é consistente com a afirmação de Descartes de que ele sabe que pensa e existe por intuir que pensa, e imediatamente inferir que existe.[15]

A versão modificada da Interpretação da Intuição Autoevidente / Inferência Imediata evita assim os problemas textuais que haviam em relação à versão inicial.[16] É hora de considerarmos algumas objeções à posição de

---

[15] Há outra maneira de interpretar as passagens, de modo que sejam consistentes com nossa interpretação modificada. Em vez de estar preocupado com nosso conhecimento *de que* algo é uma substância, Descartes pode estar preocupado com nosso conhecimento *daquelas* coisas que são substâncias. Seu argumento pode ser que nós nunca conhecemos simplesmente uma substância por si mesma. Só conhecemos uma substância mediante o conhecimento de proposições a seu respeito, no sentido de que ela possui alguns atributos. Isso pode ser o que ele tem em mente quando escreve, nas Terceiras Respostas, que "não chegamos a conhecer uma substância imediatamente, tendo uma consciência da própria substância; chegamos a conhecê-la somente por ser ela o sujeito de certos atos". No caso dele próprio, Descartes não simplesmente conhece a si mesmo por si mesmo; ele conhece a si mesmo mediante o conhecimento de proposições que lhe atribuem qualidades. Ele nunca é simplesmente cônscio de si mesmo; ele é sempre cônscio de si mesmo como tendo algum atributo. Essa leitura novamente torna as passagens consistentes com nossa interpretação modificada. Isso também foi sugerido por M. D. Wilson, *Descartes*, pp. 66-67, embora ela pareça ter mais reservas que eu a esse respeito. Duas outras passagens também podem ser lidas da mesma maneira; ver *Princípios*, Parte I, art. 11: AT VIIIA 8: CSM I 196; e Quartas Objeções e Respostas: AT VII 222: CSM II 156. Para um tratamento da posição de que Descartes assume que raciocina de fato: "O pensamento está ocorrendo, todo atributo encontra-se em uma substância, logo alguma substância existe", ver Sievert, "Descartes's self-doubt" e "Sellars and Descartes..."; e Kenny, *Descartes*; ver também minha discussão de Sievert e Kenny em "The Cogito puzzle" e *Descartes's Gambit*.

[16] Deixei de discutir uma passagem da Terceira Meditação que pode ainda ser considerada problemática até mesmo para a versão modificada da Interpretação da Inferência Imediata / Intuição Autoevidente. Descartes escreve: "E uma vez que não tenho nenhum motivo para pensar que existe um Deus, qualquer razão para dúvida que dependa somente desta suposição é muito frágil, e, por assim dizer, metafísica. Mas a fim de remover até mesmo esta frágil razão para dúvida, assim que houver oportunidade devo examinar se existe um Deus, e se existir, se ele pode ser um enganador. *Pois sem o conhecimento disto, parece que nunca poderei estar bastante certo de coisa alguma*" (AT VII 25: CSM II 25; ênfase minha). A observação de Descartes implica que até que ele saiba que Deus existe e não é um enganador, ele não pode

Descartes. Elas nos ajudarão a apreciar algumas das questões filosóficas subjacentes que Descartes deixa como exercícios para seus leitores.

PROBLEMAS PARA DESCARTES

Se concordássemos que Descartes pode, mediante uma inferência imediata, transferir sua crença razoável da proposição de que ele pensa para a proposição de que ele existe, teríamos ainda que objetar a sua explicação de como ele obtém a própria crença razoável de que ele pensa, para começar.[17]

---

estar certo nem mesmo a respeito de seu pensamento e existência. Ele assim rejeita por implicação a própria afirmação de autoconhecimento certo que estamos tentando compreender. Descartes posteriormente modifica sua posição de modo que ela não contenha esta implicação. Mersenne aponta-lhe a implicação: "Daí segue-se que vós não sabeis ainda clara e distintamente que sois uma coisa pensante, uma vez que, segundo vossa própria admissão, este conhecimento depende do conhecimento claro de um Deus existente; e isto vós não provastes ainda, na passagem onde tirais a conclusão de que sabeis claramente que sois" (Segundas Objeções: AT VII 125: CSM II 89). Descartes responde: "Quando eu disse que não podemos saber nada com certeza, até termos consciência de que Deus existe, declarei expressamente que falava apenas do conhecimento daquelas conclusões que podem ser recordadas quando não estamos mais atentando para os argumentos mediante os quais as deduzimos. Mas a consciência de primeiros princípios não é normalmente chamada de 'conhecimento' pelos dialéticos" (Segundas Respostas: AT VII 100: CSM II 100). Descartes está enganado sobre o que ele "declarou expressamente" na Terceira Meditação, mas o ponto importante é que, após consideração, ele rejeita a visão de que deve conhecer Deus para estar certo de seu pensamento e existência.

[17] Alguns comentadores objetam à tentativa de Descartes de inferir sua existência imediatamente da premissa de que ele pensa. M. D. Wilson, *Descartes*, p. 55; e Kenny, *Descartes*, pp. 169-170, objetam que a inferência imediata não é válida em teorias de quantificação de primeira ordem sem pressupostos existenciais. Hintikka, "Cogito ergo sum: Inference or performance", pp. 114-115, objeta que tal inferência é uma petição de princípio. Ver meus "The Cogito puzzle" e *Descartes's Gambit* para respostas a ambas as objeções; ver M. D. Wilson, *Descartes*, para uma resposta a Hintikka. Até certo ponto, as críticas à inferência de Descartes são encorajadas pelas críticas dele próprio ao raciocínio silogístico. Ver Curley, *Descartes against the Skeptics*; e Markie, *Descartes's Gambit*, para discussões das críticas de Descartes.

Ele diz que percebe clara e distintamente que pensa. Seu conceito de percepção clara e distinta é o conceito menos claro e distinto de sua filosofia. Ele nunca explica adequadamente o que é esta visão mental, ou por que o fato de apreender uma proposição por meio dela é suficiente para tornar bastante razoável a crença na proposição.[18] Um ponto que confunde especialmente é que Descartes apela para atos de percepção clara e distinta para explicar tanto seu conhecimento de afirmações contingentes acerca de seu estado mental quanto seu conhecimento de verdades simples e necessárias: "Assim, cada um pode mentalmente intuir que existe, que é uma coisa pensante, que um triângulo é limitado por apenas três retas, e uma esfera por uma única superfície, e coisas semelhantes. Percepções como estas são mais numerosas do que a maioria das pessoas o observa, posto que desdenham voltar suas mentes para essas naturezas simples" (*Regras*, III: AT X 368: CSM I 14). Nosso conhecimento de nossos estados mentais dificilmente é igual a nosso conhecimento de verdades simples e necessárias. É plausível dizer que aprendemos que toda esfera é limitada por uma única superfície em uma visão mental, na qual simplesmente apreendemos que a ideia da esfera inclui a ideia de ser limitada por uma única superfície. Contudo, não é assim que aprendemos que pensamos. Nós não aprendemos que pensamos por percebermos uma relação de inclusão, identidade, diversidade ou algo semelhante entre algumas ideias.[19] Descartes nos deixa imaginando

---

[18] Descartes fornece sua definição mais formal da percepção clara e distinta nos *Princípios*, Parte I, art. 45: AT VIIIA 21-22: CSM I 207-208. A questão é complicada pelo fato de que Descartes escreve sobre sua percepção clara e distinta de proposições (por exemplo, no *Discurso*: AT VI 33: CSM I 127), mas também sobre sua percepção clara e distinta de ideias (por exemplo, nos *Princípios*, Parte I, arts. 45-46: AT VIIIA, 21-22: CSM I 207-208), sobre proposições claras e distintas (por exemplo, nos *Princípios*, Parte I, art. 30: AT VIIIA 17: CSM I 203), e sobre ideias claras e distintas (por exemplo, nas *Meditações*: AT VII 46: CSM II 31). Para uma discussão adicional deste tópico, ver Frankfurt, *Demons, Dreamers and Madmen*; Gewirth, "Clearness and distinctness"; Kenny, *Descartes*; e Markie, *Descartes's Gambit*.

[19] Assumo que a asserção de Descartes, "Eu estou pensando", não tem o mesmo conteúdo que "O pensamento está ocorrendo".

como exatamente nossas crenças acerca de nosso estado mental e existência tornam-se razoáveis.

Notemos que não poderíamos melhorar as coisas simplesmente excluindo da explicação de sua certeza sobre seu pensamento e existência o apelo de Descartes à percepção clara e distinta. Assim nos restam apenas a segunda parte de sua explicação dessa certeza e, com efeito, com a observação de que cada razão potencial para dúvida acarreta que ele pensa e existe. Descartes ficaria vulnerável a uma crítica elegantemente enunciada por A. J. Ayer:

> O que Descartes pensava haver mostrado era que os enunciados de que ele estava consciente e de que ele existia eram de algum modo privilegiados; que eram, pelo menos para ele, evidentemente verdadeiros, de uma maneira que os distinguia de quaisquer outros enunciados factuais. Mas isto de modo algum segue-se de seu argumento. Seu argumento não prova que ele ou qualquer um, sabe coisa alguma. Ele simplesmente insiste na afirmação lógica de que um tipo de enunciado segue-se do outro.[20]

Descartes necessita de ambas as partes de sua explicação de sua certeza. Ele necessita de uma explicação daquilo que torna bastante razoáveis suas crenças em seu pensamento e existência, e uma explicação de por que essas crenças razoáveis resistem a toda razão para dúvida. Infelizmente, a primeira parte de sua posição é basicamente não informativa.

Descartes também diz muito pouco a respeito do conteúdo de suas crenças acerca de seu estado mental e existência. Ele toma o conteúdo de suas crenças em seus estados mentais como proposições que ele expressaria como "Eu estou pensando" e "Eu estou sentindo dor", em vez daquelas

---

[20] Ayer, "I think, therefore I am", p. 82. Feldman ("On the performatory interpretation") faz uma objeção similar à interpretação de Hintikka, a qual, como notamos, enfatiza as relações lógicas entre afirmações particulares e subestima o papel da percepção clara e distinta.

que ele expressaria como "O pensamento está ocorrendo" ou "A dor está ocorrendo". As primeiras proposições são sobre ele próprio em particular; elas acarretam a existência dele. Ainda assim, qual é exatamente o conteúdo dessas proposições, por meio do qual elas são sobre ele? Em outras palavras, o que há na autoconsciência de Descartes, quando ele percebe clara e distintamente que pensa, que torna sua consciência uma consciência *dele*? Ele está diretamente familiarizado consigo mesmo da mesma maneira que está diretamente familiarizado com uma ideia, como uma sensação de dor? Ele está cônscio de si mesmo em virtude de conceber um conceito particular de si mesmo? Se está, qual é este conceito?

Descartes parece comprometido com a visão de que ele não está diretamente familiarizado consigo mesmo. Ele pensa sobre si mesmo mediante a concepção de uma ideia de si mesmo. Nas *Meditações* ele escreve que:

> Indubitavelmente, as ideias que representam para mim substâncias equivalem a algo mais e, por assim dizer, contêm em si mesmas mais realidade objetiva que as ideias que meramente representam modos ou acidentes. Novamente, a ideia que me fornece meu entendimento de um Deus supremo, eterno, infinito, <imutável>, onisciente, onipotente e criador de todas as coisas que existem fora Dele, certamente possui em si mais realidade objetiva que as ideias que representam substâncias finitas (AT VII 40: CSM II 28).

Ele escreve nas *Segundas respostas* que: "A existência está contida na ideia ou no conceito de toda coisa singular, dado que não podemos conceber coisa alguma a não ser como existindo. A existência possível ou contingente está contida no conceito de uma coisa limitada, ao passo que a existência necessária e perfeita está contida no conceito de um ente sumamente perfeito" (AT VII 166: CSM II 117).

Sua posição geral parece ser que nós pensamos nas substâncias mediante a apreensão de ideias delas, e ele nunca indica que seus pensamentos sobre si mesmo são uma excessão. Qual é então a ideia por meio da qual Descartes pensa sobre si mesmo, quando ele sabe com certeza que pensa e existe? Ela não pode ser um conceito no qual ele concebe a si mesmo em relação a algum de seus traços não mentais, pois ele duvida de se possui quaisquer traços desse tipo na Segunda Meditação. A ideia poderia ser um conceito no qual ele concebe a si mesmo em relação a alguns de seus traços mentais. Descartes às vezes escreve como se concebesse a si mesmo desta maneira.

> Mas notei imediatamente que, enquanto tentava assim pensar que tudo era falso, era necessário que *eu, que o estava pensando*, fosse algo (*Discurso*: AT VI 32: CSM I 127; ênfase minha).
> É fácil para nós supormos que não há nenhum Deus e nenhum céu, e que não há corpos, e até que nós mesmos não temos mãos nem pés, nem de fato corpo algum de todo. Mas não podemos de modo algum supor que *nós, que estamos tendo tais pensamentos*, não somos nada (*Princípios*, Parte I, art. 7: AT VIIIA 7: CSM I 194-5).

Descartes descreve a si mesmo relativamente a seus pensamentos, mas seu argumento não é claro. Ele pode estar dizendo que seu conceito de si mesmo é o conceito de uma coisa com estes pensamentos. Ele pode estar nos dando outra versão da máxima "Penso, logo existo", ao nos dizer que tem alguns pensamentos, e que o fato de que ele os tem acarreta que ele existe.

Descartes está em dificuldades, se acredita que individua a si mesmo relativamente a seus pensamentos. Para começar, sua explicação de por que ele está certo de seu pensamento e existência precisará ser revisada. Ele não simplesmente "intui" que pensa, e imediatamente infere que existe. Ele primeiro descobre um atributo mental, determina que este é um pensamento, decide que uma e a mesma coisa o tem, e então conclui: "Eu penso" ou, mais propriamente, "A coisa com isto pensa", em que "isto" refere-se ao pensamento. Somente então ele infere imediatamente: "Eu existo", ou mais propriamente, "A coisa com isto existe".[21]

---

[21] Notemos a diferença entre essa explicação do processo mediante o qual Descartes obtém a certeza de sua existência e a posição considerada anteriormente, segundo a qual Descartes raciocina: "O pensamento está ocorrendo, toda qualidade observada existe em alguma substância; logo, alguma substância pensa". Descartes expressaria "O pensamento está ocorrendo" e "A coisa que tem isto pensa", em que "isto" refere-se a um pensamento do qual ele está imediatamente cônscio, como diferentes proposições; a primeira proposição não é sobre ele em particular, enquanto a segunda

A visão de que Descartes individua a si mesmo relativamente a seus pensamentos é aberta a sérias objeções. Suponhamos que ele considere uma de suas ideias, não saiba ainda se ele mesmo a produziu ou se Deus a produziu nele, e decida que o que quer que a tenha produzido seja perfeito. Suponhamos também que ele mesmo seja a fonte da ideia. Claramente, o pensamento que Descartes expressaria como "A coisa que produziu isto é perfeita", em que "isto" refere-se à ideia, não é igual àquele que ele expressaria como "Eu sou perfeito". Ele acredita no primeiro, mas pode não acreditar no segundo. A diferença entre os pensamentos é que, embora Descartes pense sobre si mesmo em cada um deles – ele é o referente tanto de "a coisa que produziu isto" quanto de "eu" –, no primeiro pensamento ele apenas pensa sobre si mesmo, e no segundo ele pensa sobre si mesmo *como ele mesmo*. Esta diferença entre os dois pensamentos é perdida, se analisamos o pensamento que Descartes expressaria como "Eu sou perfeito" como sendo aquele que ele expressaria como "A coisa que tem isto é perfeita", em que isto refere-se novamente à ideia. A diferença entre Descartes pensar sobre si mesmo e pensar sobre si mesmo como ele mesmo certamente não é aquela entre ele pensar sobre si mesmo como a causa de uma ideia, "A coisa que causou isto é perfeita", e ele pensar sobre si mesmo como a coisa que tem a ideia, "A coisa que tem isto é perfeita".[22]

Uma segunda objeção está contida na questão de Elizabeth Anscombe: "Como sei que não sou dez pensadores pensando em uníssono?".[23] Suponhamos que Descartes observe sua dor e diga a si mesmo: "Eu sinto dor". Ele também observa sua tristeza e diz a si mesmo: "Eu estou triste". Ele então toma nota de ambas as crenças e infere: "Eu sinto dor e estou triste". Esta terceira crença é justificada pelas duas primeiras, mas é difícil enxergar

---

sim. Ver Van Cleve, "Conceivability and the Cartesian argument for dualism", para uma interpretação segundo a qual Descartes individua a si mesmo relativamente a seus pensamentos. Zemach, *"De Se* and Descartes", também atribui esta posição a Descartes e em seguida a revisa para abordar algumas questões contemporâneas sobre autorreferência.

[22] Para mais acerca deste ponto, ver Markie, *Descartes's Gambit*, especialmente o cap. 3.
[23] Anscombe, "The first person", p. 58.

como isto pode ser assim, se cada crença envolve uma individuação dele mesmo relativamente a suas ideias. Sua inferência torna-se: "A coisa com isto^a sente dor, e a coisa com isto^b está triste, então a coisa com isto^c sente dor e está triste". Os demonstrativos referem-se a sua dor (^{a}), tristeza (^{b}) e à combinação de sua dor e tristeza (^{c}), respectivamente. Ele está justificado em acreditar em sua conclusão com base em suas duas premissas somente se estiver justificado em acreditar na premissa adicional: A coisa com isto^a é idêntica à coisa com isto^b. A premissa adicional não está justificada para ele. Ele não tem nenhuma razão para acreditar que o sujeito de uma sensação é idêntico ao sujeito da outra, dado que tudo de que ele é cônscio são as próprias sensações.

De modo geral, portanto, Descartes nos deixa imaginando como pensa sobre si mesmo quando forma suas crenças certas a respeito de seu pensamento e existência. Ele parece comprometido com a visão de que pensa sobre si mesmo concebendo algum conceito de si mesmo. Ainda assim, nenhum conceito adequado dele próprio parece estar disponível. Ele não pensa sobre si mesmo através de um conceito que o identifica por suas características físicas. Ele não pensa sobre si mesmo através de um que o identifica relativamente a suas características mentais. O que resta?[24]

Outro aspecto problemático da afirmação de certeza de seu pensamento e existência feita por Descartes é levantado pela questão de exatamente até que ponto se estende sua certeza acerca de seu pensamento. Descartes nos diz que está certo de afirmações sobre suas atividades mentais tais como que ele duvida e imagina; ele nos diz que está certo sobre afirmações sobre seus conteúdos mentais particulares, como que ele parece ver a luz, ouvir o ruído e sentir o calor. Ainda assim, até onde ele pode chegar? Pode ele estar certo sobre se está ou não irritado, deprimido, com ciúmes ou apaixonado? Ele não diz.

---

[24] Descartes poderia dizer que o conceito por meio do qual ele pensa sobre si mesmo é simplesmente o conceito de ser ele. Para um enunciado contemporâneo desta abordagem à autorreferência, ver Chisholm, *Person and Object*; ver também minha discussão em *Descartes's Gambit*.

Uma maneira de preencher esta lacuna na posição de Descartes é retornar a uma sugestão que consideramos anteriormente, a respeito de por que a Hipótese do Deus Enganador falha em lançar dúvida sobre crenças tais como a de que ele parece ver a luz. A hipótese falha em indicar como essas crenças podem ser falsas, porque é impossível para ele ter as crenças, ao mesmo tempo que a hipótese seja verdadeira e as crenças sejam falsas. As crenças são incorrigíveis. Descartes não pode acreditar que ele parece ver a luz a menos que ele realmente pareça ver a luz; ter a crença na experiência inclui ter a experiência. Descartes pode assumir uma abordagem similar, ao explicar a extensão de sua certeza: ele está certo de que essas crenças sobre seu estado mental são incorrigíveis. Se suas crenças sobre se ele está irritado, deprimido, com ciúmes, apaixonado e assim por diante não são incorrigíveis para ele, então elas não são certas para ele.

Se a posição de Descartes for desenvolvida desta maneira, ela estará aberta a argumentos que foram oferecidos contra a incorrigibilidade de até mesmo crenças sobre estados mentais, tais como suas crenças de que ele parece ver a luz e sentir dor. Em parte, a questão diz respeito à maneira como formamos nossas crenças sobre nossos estados mentais. Será que sempre formamos essas crenças mediante um ato de intuição autoevidente ou podemos também formá-las com base em uma inferência indutiva a partir algumas outras crenças, exatamente como são formadas nossas crenças a respeito de um mundo exterior? Se elas puderem ser formadas indutivamente, há espaço para o erro, como os críticos do incorrigível, tais como Keith Lehrer, são rápidos em apontar.

> Alguém pode acreditar que está tendo uma sensação S, uma dor, por exemplo, porque está tendo uma sensação diferente, S*, uma coceira, por exemplo, e confundiu S* com S, isto é, confundiu uma coceira com uma dor. Como isso poderia acontecer? Poderia acontecer ou por causa de alguma crença geral, a saber, que coceiras são dores, a qual alguém foi levado a ter por alguma autoridade, ou alguém pode simplesmente estar enganado nesta ocasião porque lhe foi dito por alguma autoridade que ele experimentaria uma dor. Em suma, alguém pode ter alguma falsa crença que, juntamente com a sensação de uma coceira, produz a crença de que esse alguém está sentindo dor. Crenças a respeito

de sensações podem ser inferenciais, e alguém pode inferir que está em um estado consciente no qual esse alguém não está, por inferir isto a partir de alguma falsa crença de que é este o caso.[25]

A questão da incorrigibilidade e certeza das crenças sobre estados mentais nos leva de volta à questão do conteúdo dessas crenças. De acordo com alguns críticos da posição de Descartes, estas crenças são corrigíveis e incertas, porque envolvem a classificação de uma experiência, e o ato de classificação pode estar errado. A. J. Ayer coloca a questão da seguinte maneira:

> O fato é que alguém não pode, no interior da linguagem, apontar para um objeto sem descrevê-lo. Se uma sentença deve expressar uma proposição, ela não pode meramente nomear uma situação; ela deve dizer algo a respeito desta. E ao descrever uma situação, alguém não está simplesmente "registrando" um conteúdo sensorial; está classificando este conteúdo de uma maneira ou de outra, e isto significa ir além do que é imediatamente dado.[26]

Ayer aplica essa observação sobre a linguagem até mesmo a crenças a respeito daquilo que parecemos experimentar. O conteúdo de nossa crença de que parecemos ver a cor branca é a proposição de que estamos tendo uma experiência similar em cor a outras que nós, e talvez outros, chamamos de "branco". Esta classificação de nossa experiência presente em relação a outras pode estar errada e é, portanto, incerta.

> Mesmo se excluírmos toda referência a outras pessoas, ainda é possível pensar em uma situação que me levaria a supor que minha classificação de um conteúdo sensorial estaria errada. Eu poderia, por exemplo, ter descoberto que sempre que eu sentia um conteúdo sensorial de uma certa qualidade, realizava algum movimento corporal distintivo

---

[25] Ver Lehrer, "Why not scepticism", pp. 351-352, e também Parsons, "Mistaking sensations".
[26] Ayer, *Language, Truth and Logic*, p. 91.

e ostentoso; e me poderia, em uma ocasião, ter sido apresentado um conteúdo sensorial que eu afirmava ser daquela qualidade, e eu então falhasse em produzir a reação corporal que eu viera a associar àquele conteúdo. Nesse caso, eu deveria provavelmente abandonar a hipótese de que conteúdos sensoriais daquela qualidade sempre evocam em mim a reação corporal em questão. Mas não deveria, logicamente, ser obrigado a abandoná-la. Se achasse mais conveniente, eu poderia salvar esta hipótese assumindo que produzi de fato a reação, embora não a tenha notado, ou, alternativamente, que o conteúdo sensorial não tinha a qualidade que eu afirmava que tivesse. O fato de que este é um curso possível, que não envolve nenhuma contradição lógica, prova que uma proposição que descreve a qualidade de um conteúdo sensorial apresentado pode ser tão legitimamente posta em dúvida quanto qualquer outra proposição empírica.[27]

Não é claro como Descartes responderia a esses argumentos. Ele poderia evitar o argumento de Lehrer limitando sua afirmação de certeza àquelas crenças sobre estados mentais que são intuídas, em vez de indutivamente inferidas a partir de alguma evidência. Para enfrentar o de Ayer, ele poderia rejeitar a afirmação inicial de que cada crença sobre estados mentais envolve a classificação de uma experiência; ele teria então de fornecer uma explicação alternativa do conteúdo dessas crenças.

De modo geral, portanto, a explicação, dada por Descartes, de sua certeza acerca de seu pensamento e existência deixa sem resposta algumas questões importantes. Somos deixados imaginando o que é a percepção clara e distinta, como ele concebe a si mesmo, quais de suas crenças sobre estados mentais particulares resistem a toda razão para dúvida, o que ele toma como sendo o conteúdo dessas crenças, e como ele defenderia a incorrigibilidade delas, assumindo que esta é uma fonte parcial da certeza daquelas crenças. Descartes diz apenas o suficiente para provocar essas importantes questões filosóficas; o fato de

---

[27] Ibid., pp. 92-93.

que ele as provoca é parte daquilo que torna sua posição interessante e importante.

Em conclusão, examinamos o papel que a afirmação de certeza de seu pensamento e existência feita por Descartes desempenha em sua filosofia, e as questões interpretativas e filosóficas provocadas por essa afirmação. Decidimos as principais questões interpretativas. As questões filosóficas permanecem como parte do legado de Descartes para nós.[28]

---

[28] Estou em débito para com John Cottingham e Margaret Wilson por seus comentários escritos sobre um rascunho anterior deste capítulo. Uma versão deste capítulo foi apresentada ao departamento de filosofia no St. Mary's College, Maryland; os participantes da discussão, especialmente Reg Savage, fizeram diversos comentários úteis.

6 A ideia de Deus e as provas de sua existência

JEAN-MARIE BEYSSADE

O PAPEL DE DEUS NO SISTEMA DE DESCARTES

Há um paradoxo no coração da metafísica cartesiana. Por um lado, todo o sistema de conhecimento científico de Descartes depende do conhecimento seguro que temos de Deus;[1] mas, por outro lado, a ideia de Deus é explicitamente enunciada por Descartes como estando além de nossa compreensão.[2] Este paradoxo emerge nas provas da existência de Deus de Descartes e articula-se a partir da relação entre a afirmação da existência de Deus e a elucidação da ideia de Deus, que é a base para aquela afirmação. Essa relação é difícil de explicar precisamente: será que a ideia de Deus é anterior à demonstração da existência de Deus?

---

[1] "A certeza e verdade de todo conhecimento depende unicamente de minha consciência do verdadeiro Deus, a tal ponto que eu era incapaz de todo conhecimento perfeito sobre qualquer outra coisa, até que me tornei cônscio Dele" (Quinta Meditação: AT VII 71: CSM II 49).

[2] "Não podemos compreender [ou 'apreender', comprendre] a grandeza de Deus, mesmo embora a conheçamos [connaissons]" (carta a Mersenne, 15 de abril de 1630: AT I 145: CSMK 23). "Uma vez que Deus é a causa cujo poder excede os limites do entendimento humano, e uma vez que a necessidade destas verdades [as verdades eternas da matemática] não excede nosso conhecimento, estas verdades são portanto algo menor que, e sujeito ao poder incompreensível de Deus" (carta a Mersenne, 6 de maio de 1630: AT I 150: CSMK 25). "Digo que sei, não que concebo ou compreendo, porque é possível saber que Deus é infinito e todo-poderoso mesmo embora nossa alma, sendo finita, não possa compreendê-lo ou concebê-lo" (carta a Mersenne, 27 de maio de 1630: AT I 152: CSMK 25).

Todas as provas que Descartes oferece da existência de Deus, sejam *a priori* ou *a posteriori*, fazem uso da ideia de Deus. E ele nos diz que "de acordo com as leis da verdadeira lógica, não se deve nunca perguntar se algo existe [*an sit*] sem saber de antemão o que é esse algo [*quid sit*]" (AT VII 107-108: CSM II 78); na ausência de tal conhecimento prévio, não poderíamos identificar como Deus o ente cuja existência estamos demonstrando. A ideia de Deus pareceria ser então uma premissa necessária para todas as provas da existência Dele, e isso implica claramente que devemos possuir em nosso interior a ideia relevante, a fim de sermos capazes de inferir que seu objeto ou *ideatum* realmente existe fora de nossas mentes. Mas, apesar disso, Descartes sustenta que o mesmo raciocínio que nos permite inferir a existência de Deus nos permite também, ao mesmo tempo, saber o que ele é (*Princípios* Parte I, art. 22). Parece então que a ideia de Deus é tornada manifesta apenas no real desenrolar da prova de sua existência e, o mais curioso ainda, que seu conteúdo é tornado explícito apenas ao final da prova, *depois* da afirmação da existência de Deus. Parece haver uma séria inconsistência aqui, que o discurso acerca da "incompreensibilidade" da ideia de Deus pode parecer destinado a esconder de vista.

Há duas linhas de pensamento que nos podem ajudar a enfrentar esta dificuldade. Uma diz respeito à estrutura diferente das várias provas da existência de Deus e ao papel exato que a ideia de Deus desempenha em cada uma delas. A segunda tem a ver com a relação, no reino da investigação metafísica, entre a afirmação da existência de algo e a determinação da essência deste algo: a relação entre o "aquilo" (*quod*) que corresponde à questão "isto é?" e o "aquilo que" (*quid*) que corresponde à questão "que tipo de coisa é esta?". Reconciliando estas duas linhas de pensamento, devemos ser capazes de ver mais claramente a conexão entre, por um lado, os diversos atributos que formam a ideia de Deus (considerada como uma ideia que é construída por nós) e, por outro lado, o princípio mediante o qual esses atributos são combinados (em virtude do qual a ideia é inata em nós). Na articulação dessa conexão, somos colocados cara a cara exatamente com aquilo que Descartes chama de "incompreensibilidade" no sentido positivo – aquela incompreensibilidade que é a marca característica do infinito (Quintas Respostas: AT VII 368, linhas 2-4: CSM II 253).

As várias provas da existência de Deus

Se examinamos a apresentação definitiva da filosofia primeira de Descartes, as *Meditações*, vemos que todas as várias provas diferentes da existência de Deus envolvem, como uma de suas premissas, uma referência explícita à ideia de Deus.

As provas que procedem do efeito à causa "são incompletas a menos que acrescentemos a elas a ideia que temos de Deus" (carta a Mesland, 2 de maio de 1644: AT IV 112: CSMK 232). E na Terceira Meditação Descartes realmente começa definindo o que entende por Deus. De fato ele fornece duas vezes tal definição. A primeira ocasião é quando ele discute a disparidade que se aplica a diferentes ideias com respeito a sua realidade objetiva: "a ideia pela qual entendo (*per quam intelligo*) um Deus soberano, eterno, infinito [imutável], onisciente, onipotente e criador de todas as coisas que existem fora Dele" (AT VII 40: CSM II 28). A segunda ocasião é quando ele tem sucesso em encontrar a única ideia da qual eu não poderia ser o autor: "pelo termo 'Deus' entendo (*intelligo*) uma substância infinita [eterna, imutável], independente, onisciente, onipotente e que criou tanto a mim mesmo quanto todas as outras coisas (se é verdade que há outras coisas) que existem" (AT VII 45: CSM II 31). Há aqui uma perfeita identidade entre a ideia por meio da qual concebo Deus (na primeira passagem) e o significado do termo 'Deus' (na segunda passagem); a prova não pode ser bem-sucedida, ou mesmo sair do chão, "se alguém não tem nenhuma ideia, isto é, nenhuma percepção, que corresponde ao significado da palavra 'Deus'" (AT IXA 210, linhas 2-4: CSM II 273). Na estrutura das provas causais, ou *a posteriori*, Deus desempenha o papel de um predicado na conclusão alcançada: existe necessariamente, fora de mim, uma causa *que é Deus*. A ideia de Deus é assim um requisito, em dois sentidos. Para começar, ela constitui, no interior do efeito que é o ponto de partida para a prova, um ponto inicial para o argumento: ou ela é o efeito em sua totalidade, na primeira versão da prova (onde procuro a causa de minha ideia de Deus), ou então é um aspecto indispensável deste efeito, na segunda, e mais "simples", versão da prova³ (onde procuro a causa de minha existência como um ente que possui esta ideia de Deus). E em acréscimo, com respeito à conclusão finalmente alcançada, a ideia de Deus é aquilo que define a natureza da causa cuja existência é inferida. É o que concede uma natureza determinada àquilo que seria de outro modo indeterminado; sem ela, seria como se estivéssemos dizendo que acreditamos na existência de um *nada* (AT IXA 210, linhas 5-6: CSM II 273).

Quando passamos ao argumento *a priori* na Quinta Meditação, chamado, desde Kant, de argumento ontológico, o papel da ideia de Deus sofre uma mudança crucial: Deus não é mais o predicado, mas o sujeito, e a existência é o predicado que lhe é atribuído. Aqui a ideia não é mais o significado de uma palavra, mas uma "natureza verdadeira e imutável". A definição inicial de um ente sumamente perfeito nos leva a reconhecer a existência desse ente como uma de suas perfeições.

Podemos então entender como Descartes foi capaz, quando veio a escrever os *Princípios de Filosofia*, a unir todas as suas provas, tanto *a priori* quanto *a posteriori*, como constituindo uma única maneira de provar a existência de Deus, "a saber, por meio da ideia de Deus" (*per ejectus scilicet ideam*: *Princípios*, Parte I, art. 22). Mas até que ponto esta reaproximação reflete uma genuína similaridade de estrutura entre as provas da existência de Deus de Descartes?

A EVIDÊNCIA DO DISCURSO

Para responder a essa questão, precisamos olhar para uma passagem mais antiga do *Discurso do método*, cuja importância foi reconhecida por

---

[3] "*Palpabilius adhuc idem demonstravi, ex eo quod mens, quae habet istam ideam, a se ipsa esse non possit*" (Segundas Respostas: AT VII 136, linha 7: CSM II 98). Para o termo *palpabilius*, ver Gouhier, *La Pensée métaphysique de Descartes*, cap. V, § 3.

[4] Ver Doney, "Les preuves de l'existence de Dieu dans la quatrième partie du Discours", em Grimaldi e Marion (eds.), *Le Discours et sa méthode*, p. 323ss.

Willis Doney.⁴ O texto relevante encontra-se na Parte IV do *Discurso*, entre as duas versões da prova *a posteriori* e a apresentação da prova *a priori*. Depois de mostrar que não posso ser o autor de minha própria existência, Descartes acrescenta: "Pois, seguindo os argumentos que acabo de expor, para conhecer a natureza de Deus tanto quanto minha própria natureza fosse capaz de conhecer, tive apenas que considerar, de cada coisa da qual eu encontrava em mim mesmo alguma ideia, se era ou não uma perfeição possuí-la" (AT VI 35: CSM II 128). É imediatamente claro, a partir dessa passagem, que a elucidação da natureza divina ou, mais precisamente, a elaboração de uma ideia de Deus, longe de preceder a prova *a posteriori*, segue-se a ela ou pelo menos é paralela a ela. Conforme apontado por Ferdinand Alquié,⁵ "é sempre no decurso do raciocínio sobre sua própria natureza que Descartes eleva-se para contemplar Deus" – para contemplar a existência divina, por certo, mas também, juntamente com esta, a natureza divina.

Este texto não tem nenhum paralelo nas *Meditações*, mas se olharmos a apresentação posterior de Descartes, nos *Princípios de Filosofia*, logo encontramos uma passagem correspondente. O Livro I, art. 22, fala da "grande vantagem" do método cartesiano de provar a existência de Deus por meio da ideia de Deus; a saber, que "o método nos permite ao mesmo tempo vir a conhecer a natureza de Deus (*simul quisnam sit... agnoscamus*), na medida em que a fraqueza de nossa natureza permite (*quantum naturae nostrae fert infirmitas*)" (AT VIIIA 13: CSM I 200). Voltando ao argumento presente no *Discurso*, somos agora surpreendidos pelo contraste entre a prova *a priori*, que de fato parte (como na Quinta Meditação) de uma ideia de Deus ("a ideia que eu tinha de um ente perfeito"), e as provas *a posteriori*, que (em contraste com a Terceira Meditação) não pressupõem nenhuma ideia desse tipo. Tudo o que as provas *a posteriori* do *Discurso* exigem é uma "investigação quanto à fonte de minha habilidade de pensar em algo mais perfeito do que eu era" (AT VI 33: CSM I 128). Em ambas as versões da prova causal no *Discurso*, Descartes simplesmente move-se de

---

⁵ Ver Alquié, *Descartes Oeuvres philosophiques*, vol. I, p. 607, nota 1.

"uma natureza que era verdadeiramente mais perfeita que a minha própria" para a existência de "algum outro ente mais perfeito". Permanece assim uma lacuna considerável, quase um abismo, entre as duas conclusões que (seguindo Doney) podemos chamar de "A" e "B": um "ente mais perfeito" [A] encontra-se longe da "coisa mais perfeita que somos capazes de conceber" [B]. A transição que resta ser feita entre A e B é sublinhada na seguinte passagem do *Discurso*: "De modo que restava apenas a possibilidade de que a ideia tivesse sido posta em mim por uma natureza verdadeiramente mais perfeita do que a minha, *e mesmo* (*et même*) que tivesse em si todas as perfeições das quais eu pudesse ter qualquer ideia, isto é – para explicar-me em uma palavra –, por Deus" (AT VI 34: CSM I 128).[6]

Agora, poderíamos tentar preencher a lacuna mediante a suposição de que o argumento do *Discurso* não está totalmente desenvolvido, e que deve ser interpretado como implicitamente pressupondo a ideia ou definição de Deus, que é explicitamente disposta na Terceira Meditação. Mas pode ser mais instrutivo enxergarmos Descartes buscando uma maneira de *gerar* uma ideia de Deus por meio de uma construção que opera em paralelo com a prova de Sua existência. Segundo esta visão, é somente depois que essa construção está completa que podemos passar para a prova *a priori*, a qual partirá da ideia (agora plenamente realizada) de um ente sumamente perfeito.

A IDEIA DE DEUS E O OBJETIVO AO QUAL VISO

A prova *a priori* de Deus parte do fato suposto, que é aceito como verdadeiro, de que todas as perfeições encontram-se unidas em uma única natureza, que é chamada de "Deus". Tudo o que resta a ser feito é analisar esta unidade e isolar uma das perfeições em questão, a saber, a existência. Por contraste, as duas provas *a posteriori* começam notando uma lacuna entre mim mesmo, ou minha natureza, e o pensamento ou ideia de algo

---

[6] Ênfase acrescentada. Cf. a tradução do *Discurso* para o latim, na qual é usada a frase correspondente *imo etiam*.

mais perfeito que eu. O ponto de partida do argumento é esta lacuna ou desigualdade, que pode, para os propósitos do argumento, ser pensada como pequena (penso em um ente que pode ser um pouco mais sábio que eu) ou como enorme (um ente de perfeição infinitamente maior em todas as dimensões de ser ou de perfeição). Partindo do comparativo ("*mais* perfeito *que*"), terminamos com o termo absoluto que transcende qualquer comparação – a natureza incomparável, que é infinita e além da compreensão.

Deveríamos concluir daí que, ao seguirmos as provas *a posteriori* da existência de Deus de Descartes, testemunhamos a *construção* de uma ideia de Deus – e que a ideia relevante é uma ideia que é formada ou confeccionada pela mente humana?[7]

Em um sentido, a resposta a esta questão é um claro sim; e a segunda das provas *a posteriori* é a mais iluminativa, nesse caso. É ao notar que minha natureza não é tal como eu idealmente desejaria que fosse, que venho a inferir que o ente do qual dependo possui todas as perfeições das quais careço e as quais desejo. A inferência tem duas partes. (1) Em cada classe de perfeição, por exemplo, conhecimento, poder, duração, constância e assim por diante, tenho uma concepção de um ente mais perfeito e, eventualmente, venho a conceber esta perfeição como infinita (ou, o que equivale à mesma coisa, como indefinida[8]). (2) Em seguida, passo lateralmente, por assim dizer, de uma classe de perfeição para outra, e assim construo a ideia de um ente absolutamente infinito ou sumamente perfeito. Alguém poderia talvez resumir a questão dizendo que Deus é (neste sentido) tanto construído quanto definido como aquele objetivo que me esforço por alcançar, como aquilo que aspiro ser. Não devemos confundir aqui ideias com pensamentos: alguns de meus pensamentos, como o desejo ou a dúvida, não são ideias; uma ideia é aquilo que representa um objeto. Não obstante, neste contexto, é todo o meu ser enquanto coisa pensante que é considerado, para os propósitos da construção da

---

[7] Fazendo dela uma das ideias descritas como "*a me ipso factae*" (AT VII 38, linha 1: CSM II 26).

[8] Cf. Segundas Respostas: AT VII 137, linhas 24-25: CSM II 99. Ver também *Colóquio de Descartes com Burman*, AT V 154: CSMK 339.

ideia de Deus. A ideia de Deus – a "marca do artesão impressa em sua obra" – não é de fato algo separado da própria obra (AT VII 51: CSM II 35); meu desejo, dúvida e vontade não são ideias enquanto tais, mas no que diz respeito a Deus elas servem como marcas ou traços – assinaturas que são o ponto de partida para a eventual construção da ideia de Deus. A construção aqui é na realidade um tipo de redescoberta: "como eu poderia compreender que duvido ou que desejo – isto é, que careço de algo –, a menos que tivesse em mim alguma ideia de um ente mais perfeito (*entis perfectioris*), que me permitisse reconhecer meus próprios defeitos por comparação?" (AT VII 45-46: CSM II 31). "Se eu fosse independente de qualquer outro ente, e fosse eu mesmo o autor de minha existência, eu certamente não deveria estar sujeito a qualquer tipo de dúvida, e não teria nada a desejar" (AT IXA 38: CSM II 33).[9]

Em suma, há aqui uma assimilação entre o conceito da divindade e o estatuto que eu desejaria idealmente possuir. A formação da ideia de Deus equivale, efetivamente, à determinação do objetivo ao qual eu viso.

CONSTRUIR *VERSUS* TORNAR EXPLÍCITO

Voltemo-nos agora, da maneira como a ideia de Deus é gerada, para a maneira como ela é, para usarmos a adequada terminologia de Doney, elicitada ou *tornada explícita*. O argumento, como vimos, funciona primeiro mediante a expansão ou amplificação das perfeições encontradas em meu interior, e segundo mediante a unificação ou junção das várias perfeições infinitas (ou indefinidas). Mas estes processos não geram a ideia de Deus; se o fizessem, a ideia seria inventada ou construída pela mente humana. Em vez disso, eles tornam a ideia explícita: é a presença prévia da ideia que torna possíveis os processos de pensamento. E é somente e precisamente porque a ideia do infinito é primária e incompreensível que ela pode compreender ou encompassar estes processos de pensamento sem ser reduzida a eles.

---

[9] Seguindo a versão francesa, que acrescenta a frase "independente de qualquer outro ente". Cf. o texto em latim, em AT VI 48, linhas 7-8, e cf. CSM II 33, nota 1.

Descartes enfatiza, em cada ocasião, que a ideia que eu assim formo, ou que é tornada explícita desta maneira, é uma ideia que é adaptada à natureza finita de minha mente ou que leva em consideração a disparidade entre o infinito e minha mente finita. A ideia me permite ter um conhecimento genuíno do infinito, como ele realmente é, mas apenas "tanto quanto minha própria natureza é capaz" (*Discurso*, Parte IV: AT VI 35, linha 8s.: CSM I 128), "na medida em que o olho de meu obscurecido intelecto admite" (Terceira Meditação: AT VII 52: CSM II 36), ou "na medida em que a fraqueza de nossa natureza permite" (*Princípios*, Parte I, art. 22). Em suma, o infinito que é assim representado é de fato representado como incompreensível: pois a verdadeira maneira de uma mente finita abrir-se para o infinito e conhecê-lo de uma maneira metódica e racional é fazendo uso de uma ideia que represente o infinito fielmente, e como um objeto verdadeiro, mas sem se atrever a encompassá-lo e sem esconder a distância que nos separa dele. Somente a essa distância respeitosa, como os súditos se aproximam de seu rei, pode a mente finita aproximar-se do infinito.

Se olharmos a passagem dos *Princípios* mencionada anteriormente, a qual se equipara à discussão presente no *Discurso*, encontramos uma referência expressa à qualidade inata da ideia de Deus e ao fato de que ela precede todo o processo de construção mental. "Quando refletimos sobre (*respicientes*) a ideia de Deus, com a qual nascemos (*ejus ideam nobis ingenitam*)..." (Parte I, art. 22): os vários predicados ("eterno", "onisciente" etc.) que Descartes passa a especificar são todos ligados à ideia inata de Deus – algo que levou Alquié a falar em um processo de raciocínio que é análogo à prova ontológica.[10] O raciocínio é realmente análogo, embora não seja, é claro, de modo algum idêntico, uma vez que o argumento depende não tanto da análise da ligação que há entre os vários predicados incluídos em uma ideia já dada, quanto do desenvolvimento daquela ideia mediante o acréscimo de um conteúdo determinado à forma unitária da infinitude ou perfeição (as duas noções são aqui intercambiáveis, dado que o argumento refere-se a "perfeições infinitas" ou à "absoluta imensidade, simplicidade e unidade" [AT VII 137, linha 15s.: CSM II 98]).

---

[10] Alquié, *Descartes, Oeuvres philosophiques*, vol. III, p. 104, nota 2.

Ao longo da prova, não obstante, a ideia de Deus precede, ao menos em termos de seu estatuto no argumento, a aspiração da mente humana à perfeição. Não é a aspiração humana que define a ideia do infinito; em vez disso, a ideia do infinito é que dá origem a essa aspiração. Quando parto das perfeições finitas que possuo ou que observo nas coisas exteriores, e passo às perfeições maiores às quais aspiro e imagino, é a ideia do infinito que domina o processo de amplificação por meio do qual aquelas perfeições finitas são elevadas até o infinito:

> Tive apenas que considerar, de cada coisa da qual eu encontrava em mim mesmo alguma ideia, se era ou não uma perfeição possuí-la, para estar certo de que nenhuma das coisas que assinalavam alguma imperfeição estavam presentes Nele, enquanto todas as outras estavam de fato presentes Nele (*Discurso*, Parte IV: AT VI 35: CSM I 128).
> O desejo que cada um de nós tem de possuir todas as perfeições *que podemos conceber*, e portanto todas aquelas que acreditamos estarem presentes em Deus, vem do fato de que Deus nos deu uma vontade que não tem limites. E é acima de tudo esta vontade infinita, que se encontra em nós, que nos permite dizer que Deus nos criou à Sua imagem (Carta a Mersenne de 25 de dezembro de 1639: AT II 628: CSMK 141-142).
> Quando refletimos sobre a ideia de Deus, com a qual nascemos, vemos... finalmente que Ele possui em Seu interior tudo aquilo *em que podemos claramente reconhecer* alguma perfeição que é infinita ou não limitada por qualquer imperfeição (AT VIIIA 13: CSM I 200).

A ideia da perfeição é assim encontrada, concebida e reconhecida antes e independentemente de qualquer aspiração humana. E a ideia da unidade entre todas as perfeições, que é a base da natureza verdadeiramente infinita de cada uma delas, e da "incompreensibilidade positiva" do todo, é anterior a qualquer outra ideia. Ela é inata e, como toda ideia inata, não é tanto uma ideia realmente presente quanto um poder ou uma faculdade de produzir a ideia.[11]

---

[11] Cf. Terceiras Respostas: *facultas illa eliciendi* (AT VII 189, linhas 1-4: CSM II 132); e *Comentários sobre um certo panfleto*, AT VIIIB 366, linhas 15-28: CSM I 309 (*potentia*, linha 18; *facultas*, linha 20).

O fato de que esta faculdade é um poder positivo explica por que é apropriado dizer que somos nós quem construímos a ideia de Deus. Não obstante, a habilidade de construir a ideia encontra-se, em última instância, radicada em algo passivo: o sentido de "admiração e adoração" que se apodera do intelecto quando ele volta seu olhar e submete-se ao infinito.[12]

Deus e infinitude

Voltemos agora à passagem um tanto restrita do *Discurso*, em que o argumento parte meramente da noção de algo "mais perfeito que eu", e alcança em primeira instância apenas a modesta conclusão de que "existe um ente mais perfeito que eu". Como vimos, esta modesta abertura conduz a um empreendimento mais ambicioso, que poderia ser denominado um *tornar explícita* (no caso, uma ideia inata que é como uma forma cujo conteúdo tem ainda de ser preenchido) ou um *processo de construção* (de uma ideia que é construída à medida que a mente aglutina seus vários conteúdos). O que temos aqui é exatamente comparável à maneira como o conceito de infinito é gerado na matemática, seja na geometria ou na aritmética.

A habilidade da mente em desenvolver uma progressão, por exemplo em uma contagem por números, é exercida de início no nível dos números finitos – por exemplo, começando com um número pequeno e adicionando um a ele. Mas a mente rapidamente percebe que tem um poder indefinido de repetir o processo: pode-se dizer que, no processo de construir números cada vez maiores, geramos a ideia de infinitude. Outra maneira de expressar isso é dizer que, desde o início, a mente exerce seu poder natural somente dentro do horizonte de um número infinito ou em virtude daquilo que poderia ser denominado a ideia de uma infinitude aritmética.

---

[12] A frase "admiração e adoração" (*admirari, adorare*) vem no final da Terceira Meditação (AT VII 52: CSM II 36). Cf. as Primeiras Respostas, nas quais é dito que deveríamos tentar "não tanto apoderarmo-nos das perfeições de Deus quanto rendermo-nos a elas" (*perfectiones... nom tam capere quam ab ipsis capi*: AT VII 114, linha 6: CSM II 82).

Descartes observa que este poder que temos de partir de um dado número e adicionar a ele indefinidamente nos fornece uma prova de que não somos as causas de nós mesmos, mas dependemos de um ente que nos ultrapassa (Segundas Respostas: AT VII 139: CSM II 100). Mas, é claro, este poder sozinho (o poder da adição aritmética) não nos permite conhecer a natureza do ente em questão. Uma vez que tenhamos estabelecido que Deus existe, será possível imputar a Ele (como sendo a causa) este poder que experimentamos no reino dos números; o poder que existe formalmente em nós será descoberto como existindo eminentemente em Deus.[13] Mas mesmo no estágio em que não sabemos ainda se Deus existe ou não, podemos reconhecer que há alguma causa externa, fora da mente, para o poder de adição indefinida que possuímos: se esta causa não é um Deus verdadeiro, ela pode ser então, por exemplo, um número infinito genuíno que existe fora de nós. Na terminologia técnica que Descartes emprega, diríamos que neste número existe "formalmente" toda a perfeição numérica que existe "objetivamente" em nossa ideia, quando pensamos nela (ao passo que, se Deus existe de fato, então a perfeição existe "eminentemente" nele).[14]

Daí deveria ficar claro como a ideia de Deus está relacionada à ideia ou ao conceito de um número infinito; a comparação é válida, mas não devemos ir longe demais. Em primeiro lugar, o número infinito pertence a um único domínio, o dos números, e deve ser portanto considerado como meramente indefinido, ao passo que Deus é verdadeiramente infinito, uma

---

[13] Para os termos "formalmente" e "eminentemente", cf. Segundas Respostas: AT VII 137, linhas 25-27: CSM II 99. Quem pode dar três moedas a um mendigo? Ou um homem que tem (*formalmente*) as três moedas em sua carteira, ou um rico banqueiro que tem (*eminentemente*) valores bem maiores em sua conta. Às vezes há um problema para o rico banqueiro: como obter o dinheiro vivo (cf. Definição IV em AT VII 161: CSM II 114).

[14] Ver a nota precedente. Se eu sonho com três moedas, elas possuem apenas uma realidade "objetiva" (em minha mente); se acordo e encontro-as em minha carteira ou encontro seu equivalente em minha conta bancária, elas também possuem realidade "formal" (fora de minha mente); as três moedas que existiam "objetivamente" em minha mente existirão agora também "formalmente" (em minha carteira) ou "eminentemente" (em minha conta).

vez que abrange o conjunto completo das perfeições (e a unidade absoluta destas constitui Sua verdadeira essência) (AT VII 50, linhas 16ss.; 137, linhas 15ss.; 163, linhas 8ss.: CSM II 34; 98; 115). E, em segundo lugar, a existência não pode ser derivada da ideia de um número infinito (porque este número pode ou não existir), ao passo que a existência origina-se necessariamente da ideia de Deus, uma vez que a existência é uma de Suas perfeições.

Essência e existência

Estamos agora em posição de tirar algumas conclusões acerca da relação entre a afirmação de existência (o *quod*) e a determinação da essência (o *quid*). A metafísica cartesiana produz três afirmações existenciais: eu sou, eu existo (o *Cogito*); Deus existe (a veracidade divina); as coisas corpóreas existem (os fundamentos da física). Agora, se as leis da verdadeira lógica ditam que a determinação da essência (o *quid*) deve sempre preceder o postulado da existência (o *quod*), esta será uma regra difícil de aplicar, no que diz respeito à metafísica.

É somente no caso da última dessas três afirmações, a da existência das coisas corpóreas, que a regra é seguida estritamente, e aqui estamos lidando com uma área que se encontra quase fora do reino da metafísica propriamente dita, dado que tem a ver com a transição da filosofia primeira para a física. A essência das coisas corpóreas ("o todo desta natureza corpórea que é o objeto da matemática pura" – AT VII 71: CSM II 49) é elucidada na Quinta Meditação, antes do meditador ter estabelecido se elas existem ou não. E a prova de sua existência, na porção central da Sexta Meditação, tomará portanto o significado do termo "corpo" (*corpus*) como já determinado: as coisas corpóreas cuja existência é estabelecida não são os objetos percebidos pelos sentidos, mas simplesmente coisas materiais – aquelas que possuem extensão.

No caso da primeira verdade do sistema cartesiano, por contraste, é a afirmação de existência ("eu sou, eu existo") que precede e suscita a investigação sobre a essência ("o que é este 'eu' que existe?") (AT VI 25: CSM

II 17). Mas, não obstante, a "regra geral da verdadeira lógica" não pode ser violada: para estabelecer minha existência, é necessário que eu já saiba, pelo menos implicitamente, o que sou. A tarefa que permanece é a de tornar este conhecimento preciso e explícito. Mas a especificação precisa que segue na Segunda Meditação ("sou, portanto, no sentido estrito, apenas uma coisa que pensa" – *sum igitur praecise tantum res cogitans*; AT VII 27: CSM II 18) é tanto uma restrição ("apenas uma coisa que pensa") como também, no interior deste domínio restrito do pensamento, uma enumeração ("uma coisa que pensa, quer dizer, que duvida, que entende, que afirma, que nega..." – AT VII 28: CSM II 19). Com efeito, as duas questões, da existência (*quod*) e da essência (*quid*), são resolvidas juntas e em paralelo, e este paralelismo tem duas consequências. A primeira afeta o *quod*: se acontecesse de eu cometer um erro acerca do *quid*, acerca de minha essência, então o *quod* – o "eu" que existe – seria posto em dúvida (AT VII 25, linha 17: CSM II 17). A segunda consequência afeta o *quid*: não há, em última instância, nenhum significado pré-existente para os termos que o meditador está prestes a utilizar para definir sua essência, tais como "mente" ou "inteligência" ou "razão"; estas são "palavras cujo significado ignorei até então" (AT VII 27, linha 15: CSM II 18). Estes termos tiram seu sentido unicamente da operação mesma pela qual estabeleço tanto minha essência quanto minha existência. A ideia de mim mesmo, as noções de *pensamento*, ou de uma substância pensante finita são certamente ideias inatas; mas seu conteúdo preciso é tornado determinado e atualizado somente na, e através da, operação que, mediante um processo de dúvida sistemática, me separa de todos os outros objetos e estabelece minha existência.

O movimento do pensamento é claramente o mesmo quando chegamos à prova de Deus, e há novamente um claro contraste com a prova dos objetos corpóreos. No caso de Deus, é um e o mesmo processo que estabelece o *quod*, a existência de Deus, e também elucida o *quid*, sua natureza. É claro que temos de possuir um conhecimento implícito do que Deus é, se for para termos a certeza de identificar corretamente o ente cuja existência estamos provando. Mas resta a tarefa de tornar precisa a ideia inata de Deus, que é a ideia de uma unidade que se encontra além de nossa compreensão. O processo de tornar precisa esta ideia envolverá tanto uma restrição (mediante a exclusão de tudo aquilo cuja adição transforme o verdadeiro Deus em um falso deus, e torne possível negar sua existência), como também uma enumeração (a catalogação dos predicados divinos). Ao passar a usar o termo "Deus", será que o meditador chega a uma "palavra cujo significado ele ignorou até então"? É claro que Descartes não coloca a questão desta maneira – fazê-lo teria parecido grotesco para um pensador do século XVII; mas permanece verdadeiro que é no e através do processo de reflexão metafísica que o conteúdo da ideia de Deus é determinado, e também, ao mesmo tempo, sua existência é provada. A união do infinito e do perfeito, que Descartes expõe através da noção da "positiva incompreensibilidade" de Deus, é tão essencial à ideia de Deus que é, de fato, requerida até mesmo para a prova ontológica. Esta prova parte da ideia de Deus que já está estabelecida e procede analisando essa ideia e tirando a existência como uma consequência necesssária. Mas se eu tivesse de compreender Deus, não poderia provar sua existência, pois "meu pensamento não impõe nenhuma necessidade às coisas" (AT VII 66: CSM II 46). Em vez disso, é "a necessidade da própria coisa que se impõe ao meu pensamento", e isso depende precisamente da incompreensibilidade de Deus. Descartes nos diz expressamente que há "apenas dois lugares" nas *Meditações* onde devemos simultaneamente refletir tanto sobre incompreensibilidade quanto sobre a perfeita clareza e distinção a serem encontradas na ideia de Deus. A primeira passagem que ele menciona vem depois da prova de Deus a partir de seus efeitos, quando temos de nos assegurar, por reflexão, de que não baseamos nosso raciocínio em uma ideia que possa ser materialmente falsa; a segunda passagem mencionada é da prova *a priori*, no momento mesmo em que a demonstração se desenrola.[15]

---

[15] "Quando eu disse que Deus pode ser clara e distintamente conhecido, estava referindo-me meramente ao conhecimento de tipo finito recém-descrito, que corresponde à pequena capacidade de nossa mente... Fiz o enunciado sobre o conhecimento claro e distinto de Deus em apenas dois lugares. O primeiro foi onde surgiu a questão de se a ideia que formamos de Deus contém algo de real... e o segundo foi onde afirmei que a existência pertence ao conceito de um ente sumamente perfeito" (Primeiras Respostas: AT VII 114-115: CSM II 82). As duas passagens mencionadas são da Terceira Meditação (AT VI 46: CSM II 32) e da Quinta Meditação (AT VII 65: CSM II 45).

O PROBLEMA DA CONSISTÊNCIA

As várias definições de Deus, como vimos, desempenham um papel vital na estrutura da metafísica cartesiana, e essas definições emergem como listas de atributos ou nomes aplicados a Deus. Mas será que a conexão entre os itens da lista é estabelececida de modo apropriado? Mais importante ainda, será que sua união é mesmo logicamente possível? O discurso sobre a "incompreensibilidade" da natureza divina pode, como notamos no início deste artigo, ser tomado como um tipo de pretexto para esconder as inconsistências e contradições que ameaçam emergir na lista de atributos divinos. A celebrada crítica de Leibniz à prova ontológica vem à mente aqui: antes que a prova possa sair do chão, a consistência interna da ideia de Deus precisa ser estabelecida.[16] Em nossa própria época, o mesmo tema foi abordado com diversas variações. Edwin Curley argumentou que os atributos divinos podem ser absolutamente incompatíveis (ou "incompossíveis") e apontou a falha de Descartes em fornecer qualquer princípio que nos permita determinar como cada atributo individual contribui para a "perfeição suprema".[17] Ele sublinhou também o caráter desesperadamente indefinido da ideia de Deus: "quando substituímos a ideia de um ente que possui todas as perfeições pela ideia de um ente que possui todas as perfeições compossíveis... introduzimos uma fraqueza fatal no argumento. A ideia de um ente que possui todas as perfeições compossíveis é desesperançosamente indefinida".[18] De outro ponto de vista, Jean-Luc Marion apontou o choque entre várias tradições teológicas que são parcialmente assimiladas em Descartes de maneira acidental e desregulada, e que geram em seu sistema "tensões irremediáveis" e "inconsistências irredutíveis", gerando nada menos que um "sistema de contradições".[19]

---

[16] Cf. Leibniz, *Discours de métaphysique*, § 23.
[17] "Como devemos comparar um ente que possui muito conhecimento e pouco poder com um ente que possui muito poder e pouco conhecimento?", Curley, *Descartes against the Skeptics*, cap. 6, p. 130.
[18] Ibid., p. 168.
[19] Ver Jean-Luc Marion, *Sur le prisme métaphysique de Descartes*, cap. IV, § 19; traduzido [para o inglês] por Van de Pitte, "The essential incoherence of Descartes' definition of divinity", em Rorty (ed.), *Essays on Descartes' Meditations*, p. 297ss.

Não estou inteiramente confiante de que o sistema cartesiano possa ser satisfatoriamente defendido contra objeções desse tipo. O que tenho certeza é que qualquer resposta plausível deve ser buscada através de uma explicação da noção cartesiana da "positiva incompreensibilidade" de Deus. Pois esta é a chave para a união entre os dois atributos divinos essenciais *infinito* e *perfeito*; e é também o que nos permite passar da noção de substância ou ente em geral para a "ideia clara e distinta da substância pensante incriada e independente, quer dizer, de Deus" (*Princípios* I 54).

O primeiro ponto a ser esclarecido é que a lista cartesiana de predicados divinos nunca conduz a uma definição unitária que possa ser a base de uma dedução rigorosa de todos os atributos divinos. Nesta conexão, é instrutivo comparar o procedimento de Espinosa na *Ética* e a tentativa de uma apresentação "sintética" feita por Descartes no final das Segundas Respostas – os "argumentos apresentados de modo geométrico" (AT VII 160ss.: CSM II 113ss.). Na Definição 6 de Espinosa, Deus é definido como "um ente absolutamente infinito, isto é, uma substância que consiste em uma infinidade de atributos, cada um dos quais exprimindo uma essência eterna e infinita".[20] Isto parece ser uma definição gerativa que nos fornece um princípio para aglutinar a infinidade de atributos divinos, cada um dos quais é infinito em seu próprio tipo. A Definição 8 de Descartes, por contraste, define Deus como "a substância que entendemos como sumamente perfeita, e na qual não concebemos absolutamente nada que implique qualquer defeito ou limitação daquela perfeição" (AT VII 162: CSM II 114). Isso não permite ao entendimento humano construir a ideia de Deus; não é uma matriz que gera um conjunto infinito de possíveis definições da natureza divina, cada qual partindo de uma dada perfeição que é aumentada ou elevada até o infinito. Em vez disso, é um tipo de crivo ou filtro que deixa passar qualquer coisa que pertença a nosso entendimento (*intelligere*) da perfeição suprema e elimina qualquer coisa que seja concebida (*concipere*) como um defeito ou limitação daquela perfeição.

---

[20] *Ética*, Parte I, Definição 6.

O que essa definição torna claro é a lacuna entre *entender* algo e *conceber* algo. A inabilidade de ser *concebido* é exatamente o que Descartes entende por incompreensibilidade, e é a marca característica do infinito. Se pudéssemos partir da unidade da essência divina e chegar a um princípio de dedução para cada um de seus atributos, então Deus seria compreensível – e nesse caso não seria mais Deus. Na expressão "sumamente perfeito" (*summe perfectum*), o advérbio "sumamente" (*summe*) não conota meramente o superlativo, mas se refere ao infinito incompreensível (exatamente como, quando Descartes opõe o "infinito no sentido positivo" ao "indefinido", é a totalidade de todas as perfeições que Descartes tem em mente).[21] Em todas as passagens em que ele discute a natureza divina, os dois adjetivos "infinito" e "perfeito" hão de ser ambos encontrados.

Mas nas várias provas da existência de Deus nunca encontramos um predicado único emergindo como dominante. É verdade, como aponta Curley, que há uma transição gradual, na Terceira Meditação, da "explicação da ideia de Deus mediante uma enumeração de suas perfeições à explicação dessa ideia por uma fórmula mais geral";[22] mas nenhuma redução a um predicado único é possível. Nem a onipotência nem a perfeição podem desempenhar este papel. Deus não tem nenhum "atributo principal",[23] precisamente porque a absoluta unidade de Seus atributos acarreta que cada atributo, através de sua relação com todos os outros atributos, seja identicamente infinito, a sua própria maneira.

Se houvesse uma genuína dedução dos atributos divinos, ela envolveria nossa apreensão, na intuição de uma natureza simples, da conexão lógica entre cada um dos predicados. Mas, neste caso, a distância incompreensível entre o finito e o infinito desapareceria, e a ideia resultante seria

---

[21] Cf. Primeiras Respostas, AT VII 113, linhas 7-8: CSM II 81; *Princípios*, Parte I, art. 18 (AT VIIIA 11, linhas 27-28: CSM I 199) e art. 27 (AT VIIIA 15, linhas 22-23: CSM I 202); *Comentários sobre um certo panfleto*: AT VIIIB 362, linha 12: CSM I 306.

[22] Curley nota também que esta é uma das maneiras pelas quais a Terceira Meditação lança os fundamentos para a Quinta (*Descartes against the Skeptics*, p. 167).

[23] Em contraste com as substâncias finitas; ver *Princípios*, Parte I, art. 53.

uma negação de Deus. A definição que Descartes oferece de fato em sua apresentação "geométrica" procede de maneira completamente diferente. Ela parte de cada predicado particular que encontramos em nossa experiência finita e permite que o predicado seja amplificado a ponto de tornar-se infinito e incompreensível, e unido com todos os outros predicados. E cada vez que encontramos uma limitação, uma imperfeição ou uma contradição, excluímos ou filtramos aquilo que concebemos como sendo incompatível com Deus.

"Indução" cartesiana e pensamento lateral

Se olharmos para o procedimento que acabamos de discutir e perguntarmos como ele evita a absoluta incoerência resumida na acusação de Curley, segundo a qual a ideia de Deus é "desesperançosamente indefinida", a resposta encontra-se no que podemos chamar de um raciocínio "lateral", no qual há um movimento que vai de um atributo divino a outro.

Descartes faz uma cuidadosa distinção entre o conhecimento intuitivo de Deus (algo que nunca possuímos) e o movimento do pensamento de um atributo a outro. Quando veio a descrever este último processo em 1648, ele ressuscitou um termo que havia utilizado anteriormente nas *Regulae*, a saber, "indução" (carta a Newcastle ou Silhon, de março ou abril de 1648: AT V 138, linha 28: CSMK 332). Nas *Regulae*, ele havia feito uma distinção entre dois tipos de processo dedutivo. Um envolve uma série linear de inferências, começando com uma natureza simples que nos é acessível, e em que cada elo da cadeia é intuído. Mas há um segundo tipo, em que nenhuma redução a uma série de intuições é possível, porque o processo estende-se ao longo de uma classe de objetos que são heterogêneos irredutíveis; esse processo é chamado de "indução" ou "enumeração" (Regra VII: AT X 388s.: CSM I 25s.).

Agora as mesmas metodologia e terminologia aplicam-se, sem qualquer restrição, à metafísica posterior de Descartes e, em particular, a sua explicação de nosso conhecimento de Deus. Na dedução dos atributos divinos, a incompreensibilidade nos impede de dominar uma natureza simples ou de reduzir a dedução a uma intuição. Não há nenhuma questão quanto ao tipo de conceito adequado que nos permitiria apreender uma essência divina cujo princípio de composição houvéssemos completamente dominado:

> Vedes claramente que conhecer Deus através Dele próprio, quer dizer, por um poder iluminador imediato da natureza divina em nossa mente, o que é entendido por conhecimento intuitivo, é bem diferente de fazer uso do próprio Deus para fazer uma *indução* de uma atributo a outro ou, para colocar mais adequadamente a questão, fazer uso de nosso conhecimento... natural de um dos atributos de Deus, de modo a construir um argumento que nos permita inferir outro de seus atributos (carta a Newcastle ou Silhon, de março ou abril de 1648: AT V 138: CSMK 332).

Para esclarecer essa "indução" de um atributo a outro, comecemos com o atributo particular de Deus que se relaciona ao conhecimento. Para desenvolver a noção da onisciência de Deus, elevamos ou aumentamos o atributo do conhecimento até que ele se torne um supremo *cogitatio* ou pensamento que se iguale a seu poder supremo, uma vez que Deus é não apenas o mais alto objeto de pensamento ("a mais clara e mais distinta de todas as nossas ideias", AT VII 46, linhas 8, 27-28: CSM II 31-32), mas também o pensador supremo – *substantia cogitans*, no sentido completo e primário que implica algo incriado e independente (AT VIIIA 26, linhas 2-3: CSM I 211). Como notado anteriormente, há um duplo movimento do pensamento, por meio do qual a ideia de Deus é gerada a partir de nossa própria experiência. Primeiro, há o movimento em uma categoria (neste caso, o conhecimento ou *intellectus*) do finito para o infinito ou indefinido (*cognitio indefinita sive infinita*: AT VII 137, linhas 24-25: CSM II 99); e depois há um movimento adicional partindo dessa categoria para as outras. Nossa presente preocupação é o segundo desses desenvolvimentos.

Experimentamos este último processo em nosso nível humano, no nível do finito. A segunda prova de Deus por seus efeitos nos leva ao núcleo da questão: não, por certo, à natureza interior do próprio Deus, cuja majestosa unidade é incompreensível para nós, mas à estrutura da ideia de Deus, que é uma ideia verdadeira, na medida em que a desproporção entre o infinito e o finito permite. A posição de Descartes, do *Discurso* em diante, é que a aquisição do conhecimento nos permite adquirir "pelos mesmos meios" todos os outros bens (AT VI 28, linhas 3-13: CSM I 125). Nosso modo humano de adquirir todos os outros bens por meio do conhecimento nos fornece (levando em conta a irredutível desproporção entre o finito e o infinito) uma fiel imagem do que é para Deus possuir todos eles juntos. "Pois estou agora experimentando um aumento gradual de meu conhecimento, e não vejo nada que o impeça de aumentar cada vez mais... Além disso, não vejo nenhuma razão por que eu não seria capaz de utilizar esse conhecimento aumentado para adquirir (*adipisci*) todas as outras perfeições de Deus" (AT VII 47: CSM II 32). O exato fraseamento aqui é importante. Descartes insistiu em mantê-lo, apesar das objeções de Mersenne, que queria substituir "adquirir" (*adipisci*) por "entender" (*intelligere*) (AT III 329: CSMK 174). Ele o defendeu também quando desafiado por Burman a explicar por que o conhecimento contribuía para a aquisição das outras perfeições: o conhecimento fornece os "meios para sua obtenção" (*medias ad eas conquirendas*: AT V 154: CSMK 339). O que temos aqui é um modelo de indução, no sentido técnico que Descartes atribui ao termo.

Em suma, os seres humanos não podem alcançar a natureza essencial de Deus, mas vislumbramos esta unidade ausente quando descobrimos, em um movimento lateral de pensamento, o elo causal entre termos que permanecem distintos (embora conectados) em nossa experiência humana ordinária.

A unidade divina e a unidade do eu

As observações precedentes nos mostram imediatamente como responder ao problema levantado por Curley acerca da compossibilidade dos atributos divinos. Se todas as categorias de ser tivessem um estatuto igual, seria impossível ter certeza de que não poderia surgir alguma perfeição ulterior que fosse incompatível com aquelas descobertas até então, solapando assim a estabilidade lógica do conjunto. Mas as várias categorias de ser não têm um estatuto equivalente. A extensão é excluída da natureza divina por causa de sua divisibilidade (AT VI 35, linhas 24-26: CSM I 128. Cf. *Princípios*, Parte I, art. 23); somente a categoria do pensamento é um local de residência adequado para a infinitude positiva ou suprema perfeição. O ser ou a substância no sentido primário e completo é uma natureza intelectual – a "incriada e independente substância pensante que é Deus".

Dizer que Deus é uma mente ou um espírito não é de maneira alguma o mesmo que cancelar a distância entre o infinito incompreensível e eu mesmo; é simplesmente reconhecer que a substância pensante, *substantia cogitans*, não é originalmente algo criado e dependente, mesmo embora o meditador comece por encontrar, no *Cogito*, uma tal substância que é de fato uma coisa incompleta e dependente. Não deveria ser nenhuma supresa encontrar esses temas desenvolvidos na longa carta sobre o tema do amor que Descartes escreveu a Chanut em 1647. O amor recebe aqui uma posição privilegiada, uma vez que "o verdadeiro objeto do amor é a perfeição",[24] e ele pode preencher até mesmo o vasto abismo que separa, por exemplo, os súditos e sua rainha, transcendendo os sentimentos palacianos de "respeito, veneração e admiração" (AT IV 611, linha 10: CSMK 310). A questão da incompreensibilidade é resolvida, não além do reino do pensamento, mas no interior deste, através da relação entre duas substâncias pensantes (criada e incriada): "Devemos considerar que Deus é uma mente, ou uma coisa que pensa, e que a natureza de nossa alma assemelha-se à dele suficientemente para que acreditemos que ela é uma emanação de sua suprema inteligência" (AT IV 608: CSMK 309). Mas e se considerarmos a infinitude do poder de Deus? Neste caso, devemos evitar o erro metafísico de tomar um predicado como unívoco quando aplicado a Deus e ao homem (AT VII 433, linhas 5-6: CSM II 292), e o deslize moral do orgulho – a "extravagância de querermos ser deuses" (AT IV 608, linhas 20-21: CSMK 309).

A consistência e coerente unidade dos atributos divinos não são nunca, portanto, reveladas na intuição de uma natureza simples, mas são confirmadas pela experiência de nossa natureza finita como coisas pensantes. A

---

[24] Descartes já havia afirmado isso anteriormente, na carta a Elizabete de 15 de setembro de 1645: AT IV 291: CSMK 265.

infinita perfeição de Deus é de fato um "ponto final" ao qual nosso esforço indefinido em direção à perfeição vagamente aspira (AT IV 608, linha 19, CSMK 309). Por haver uma lacuna infinita entre nós e Deus, a unidade que experimentamos em nosso interior é limitada e frágil,[25] ao passo que a unidade que vislumbramos em Deus, e na ideia de Deus, é absoluta e além de nossa compreensão. Mas assim como há uma semelhança entre nossa mente e a mente divina, do mesmo modo, quando experimentamos em nosso interior uma unidade entre várias diferentes faculdades, isto nos fornece uma representação do que é, em Deus, a absoluta simplicidade de um único ato,[26] e desta maneira somos assegurados da completa consistência de nossa ideia de Deus. Exemplos ilustrativos desse tipo de unidade experienciada são a unidade entre intelecto e vontade, quando afirmamos necessária mas livremente uma verdade autoevidente,[27] e a unidade entre a ciência ou verdadeira filosofia e a dominação técnica da natureza.[28] A unidade dos predicados divinos é garantida pela unidade do eu, embora não seja logicamente demonstrável a partir dessa última.

Entendendo Deus: Pensamento versus poder

Em Espinosa, o pensamento torna-se um dos dois atributos conhecidos de Deus (juntamente com a extensão, que Descartes nega, é claro, pertencer a Deus). E à luz da seção precedente, pode ser visto que é de fato o atributo do pensamento, mais ainda que a independência (ou, o que é

---

[25] Embora, conforme interiormente experienciada, mesmo nossa própria liberdade, apesar de supostamente infinita, seja perfeitamente compreendida; cf. *Princípios*, Parte I, art. 41: AT VIIIA 20, linhas 25, 28: CSM I 206.

[26] Cf. *Princípios*, Parte I, art. 23, e *Colóquio de Descartes com Burman*, AT V 165: CSMK 346.

[27] Sobre a experiência da liberdade iluminada, cf. Quarta Meditação, AT VII 59, linhas 1-4: CSM II 41; ver também o Axioma VII da "apresentação geométrica" (AT VII 166: CSM II 117).

[28] Cf. *Discurso*, Parte IV: AT VI 61-62: CSM I 142-143.

a mesma coisa, o poder infinito manifestado por um ente que é *causa sui*, causa de si próprio), que estabelece que Deus pode ser conhecido, apesar de nossa inabilidade de compreendê-lo.

Mas será que uma coisa não pensante poderia ser independente? Pode ser que Descartes tenha vacilado sobre este ponto. Em 15 de novembro de 1638, ele escreveu a Mersenne: "Se uma natureza intelectual fosse independente, não se seguiria que ela seria Deus" (AT II 435, linhas 10-18: CSMK 129). Não muito tempo depois, no entanto, em 30 de setembro de 1640, ele escreveu: "Não podemos conceber distintamente que o Sol, ou qualquer coisa finita, seja independente; pois a independência, se distintamente concebida, acarreta a infinitude" (AT III 191: CSMK 154). As duas passagens são, não obstante, reconciliáveis, se compreendemos que na realidade nenhuma coisa puramente material pode ser verdadeiramente independente, isto é, causa de si mesma no sentido positivo.[29]

O ponto central é que uma vez que chegamos a essa substância pensante (ou intelectual) independente e incriada, nossa inabilidade de compreendê-la (*comprehendere*) não ameaça nossa habilidade de entendê-la (*intelligere*). É admitidamente verdadeiro que a incompreensibilidade torna intransponível a distância entre minha mente finita e o infinito (ou Deus), e nos impede de dominar ou construir a ideia de Deus; pois somos obrigados a reconhecer um número infinito de *outras* perfeições, desconhecidas, em adição àquelas que conhecemos (AT VII 46, linhas 19-21: CSM II 32). Na verdade, somos impedidos de compreender *inteiramente* mesmo aquelas perfeições que de fato concebemos (AT VII 52, linhas 4-6: CSM II 35). Em suma, a incompreensibilidade elimina qualquer possibilidade de predicados a serem aplicados *univocamente* a Deus e aos humanos (AT VII 137, linha 22: CSM II 98). Não obstante, graças à semelhança entre o homem e Deus, assegurada pelo fato de que ambos somos entes pensantes, a falta de univocidade não é equivalente à mera equivocidade. A ideia do infinito me permite conhecer não uma parte do infinito, mas todo ele,

---

[29] Sobre a noção de *causa sui* no sentido positivo, cf. Primeiras Respostas: AT VII 109-111: CSM II 79-80, e Quartas Respostas: AT VII 235-245: CSM II 164-171.

embora de uma maneira que seja apropriada a uma mente finita (AT VII 367-368: CSM II 253-254).

É possível, portanto, que eu adquira um conhecimento de Deus que torne minha ideia Dele mais explícita e mais distinta. Mas, assim como a coerência da ideia de um triângulo não pode ser impugnada pela descoberta confiável de novas propriedades, também a coerência da ideia de Deus é garantida tão logo eu tenha compreendido como as perfeições que estendo até a infinitude são todas combinadas na unidade da mente divina. Se Deus não fosse uma "natureza intelectual" (1637: AT I 353, linha 23: CSMK 55), uma "substância pensante" (1644: AT VIIIA 26 linha 2: CSM I 211) ou uma "coisa pensante" (1647: AT IV 608, linha 12: CSMK 309), o conceito de um ente sumamente perfeito seria de fato "desesperançosamente indefinido". Mas uma vez que a natureza de Deus como um ente pensante é reconhecida, o problema da "incompreensibilidade" perde parte de sua força. Se Deus é considerado como "carecendo de todos os limites", então o conhecimento que temos Dele não pode talvez ser "intuitivo" (1637); a substância divina, sendo incriada e independente, não é uma substância no mesmo sentido que as substâncias criadas (1644); e uma vez que Deus é "infinito", ele retém "seu próprio lugar" e nos deixa no nosso (1647). Em suma, nós conhecemos Deus por analogia – mas a analogia é rigorosa, mantendo um equilíbrio entre os aspectos em que somos semelhantes a Deus (embora sem univocidade) e aqueles aspectos nos quais (sem equivocidade) diferimos.

Sumário e conclusões

Pode ser útil terminar este capítulo sumarizando algumas das questões que examinamos.

(1) As tradições teológicas que influenciaram Descartes incluíam, por um lado, uma concepção de Deus como *perfeito*, ligada a uma maneira positiva de entender a divindade, mediante a atribuição a ela de predicados compreensíveis, e, por outro lado, uma tradição que concebia Deus como

infinito e assumia uma postura negativa em relação a nosso entendimento de Deus, considerando-o como transcendendo os limites da inteligibilidade. Agora, se há ou não de fato uma contradição entre essas duas tradições, seria, a meu ver, falacioso inferir que esta contradição contamina a ideia de Deus de Descartes.[30] O Deus de Descartes é *ao mesmo tempo* perfeito *e* infinito. A infinitude age sobre a perfeição, tornando-a incompreensível: nenhuma perfeição infinita encontra-se dentro de nossa compreensão. Mas a perfeição também age sobre a infinitude, tornando-a inteligível: a infinitude de Deus é positiva e perfeitamente entendida. As visões de Descartes acerca desses assuntos são consistentes, provavelmente de 1628-1929 em diante, e certamente a partir das cartas de 1630 em diante.[31] Encontramos uma e a mesma ideia de Deus nos principais textos (o *Discurso*, as *Meditações* e os *Princípios*) e nas várias provas de Deus (as duas versões da prova *a posteriori* e a prova *a priori*).

(2) A ideia de Deus é frequentemente apresentada em Descartes como um catálogo de propriedades cuja validade é deixada sem justificação ("Por 'Deus' entendo um ente que é infinito e perfeito, e que possui as propriedades a, b, c... etc."). E isso dá à primeira vista a impressão daquilo que é

---

[30] Compare-se com a afirmação de Marion acerca de um "sistema de contradições" (acima, nota 19). A falácia de analisar problemas fora dos textos cartesianos e utilizar estes problemas para lançar dúvida sobre a coerência da posição do próprio Descartes pode ser chamada de "sofisma de Gilson", à luz da afirmação de Gilson de que as visões de Descartes sobre a liberdade são inconsistentes. Para estabelecer isto, Gilson explorou cuidadosamente os vínculos entre a posição de Descartes e as visões de Gibieuf, por um lado, e as de Petau, por outro (o primeiro, um crítico da noção de indiferença; o segundo, um defensor). O fato de que as doutrinas de Gibieuf e Petau eram inconsistentes levou Gilson a ver em Descartes uma justaposição de doutrinas incoerentes; na realidade, contudo, Descartes encontra no interior de seu sistema um lugar perfeitamente lógico para os dois aspectos diferentes da liberdade – liberdade de escolha e liberdade de iluminação. Ver em acréscimo Gilson, *La Doctrine cartésienne de la liberté et la théologie*.

[31] Temos evidências de que Descartes escreveu um primeiro rascunho de um tratado sobre a metafísica durante o retiro de inverno na Holanda em 1628-1629; cf. AT I 17: CSMK 5. O primeiro resumo explícito de seu conteúdo é dado em uma carta a Mersenne de 15 de abril de 1630 (AT I 144ss.: CSMK 22ss.).

frequentemente pensado como o "sofisma cartesiano": ao provar a existência de Deus, Descartes parte da ideia de Deus, mas se inserimos no significado do termo "Deus" ou o ente infinito e perfeito, quaisquer propriedades que escolhemos, então dificilmente podemos congratular-nos de nossa realização de termos demonstrado que essas propriedades aplicam-se a um ente perfeito e infinito.[32] A aparência de sofisma dissolve-se, no entanto, se enxergamos como a ideia de Deus adquire seu conteúdo ao mesmo tempo que a existência do *ideatum* é provada, e também como ela é construída mediante a amplificação das perfeições encontradas em nossa experiência do finito, mas de acordo com um princípio interno (a ideia inata) que impõe certas restrições lógicas ao processo de construção.

(3) A ideia inata de Deus não é uma regra gerativa para a construção do conceito, mas um filtro. Se fosse uma regra gerativa, a ideia de Deus não seria meramente clara e distinta, seria completa – teríamos um conceito que seria completamente adequado a seu objeto.[33] A incompreensibilidade de Deus exclui esse tipo de domínio por parte do intelecto humano, o qual envolveria o conhecimento intuitivo. Em vez dele, o que temos é um princípio de filtragem que retém certas propriedades e exclui outras de modo coerente. Sem essa coerência, o incompreensível se tornaria de fato ininte-

---

[32] Embora Descartes às vezes escorregue para a autocongratulação; cf. carta a Mersenne de 28 de janeiro de 1641: "j'ai prouvé bien expressément que Dieu était créateur de toutes chouses, et ensembles tous ses autres attributs: car j'ai démontré son existence par l'idée que nous avons de lui" (AT III 297: CSMK 172).

[33] Uma ideia clara e distinta (como definida, por exemplo, nos *Princípios*, Parte I, arts. 45, 46) não precisa ainda ser adequada (como definido nos *Princípios*, parte I, art. 54: AT VIIIA 26, linhas 3-5: CSM I 211). Para qualificar-se como adequada, uma ideia deve representar tudo o que há de ser encontrado em seu objeto; cf. AT VII 140, linhas 2-5; 189, linhas 17-18; 220, linhas 8-10; 365, linhas 3-5 (CSM II 100, 133, 155, 252). É impossível para uma mente finita *ter* uma ideia adequada de um ente infinito; nem pode ela *saber que tem* uma ideia adequada mesmo de um ente finito, mesmo embora seja talvez possível para uma mente finita *ter* uma ideia adequada de um ente finito. Ver, em acréscimo, Quartas Respostas: AT VII 220: CSM II 155, e *Colóquio de Descartes com Burman*, AT V 151-152: traduzido em Cottingham (ed.), p. 10 (e ver comentário nas pp. 65-67).

ligível, e seríamos deixados com uma ideia que seria de fato, nas palavras de Curley, "desesperançosamente indefinida".

(4) A segunda versão da prova de Deus a partir de seus efeitos torna clara a estratégia de Descartes. A reflexão sobre o que eu teria feito de mim mesmo, se fosse independente, mostra-me, ao mesmo tempo, quais perfeições devem ser concebidas como pertencentes a Deus e mostra também a coerência dessas perfeições. A lacuna ou distância entre mim e Deus, isto é, sua incompreensibilidade, é estabelecida quando reconheço que não sou, e nunca serei, *independente*. O que me é revelado é assim o próprio infinito, inteiro e como ele realmente é; mas ele me é revelado como algo que eu não sou e que não posso compreender. E essa é a maneira apropriada de um ente infinito manifestar-se a uma mente finita.

(5) Dado que nunca posso penetrar na essência de Deus pela posse de um princípio interno que liga suas propriedades, não posso estabelecer completamente sua natureza ou deduzir cada uma de suas propriedades, partindo de uma intuição real de sua essência. Nenhuma dedução sistemática ou arquitetônica dos predicados divinos é possível. O que se encontra disponível, em vez disso, é a indução: passo, de modo lateral, de um atributo a outro. Esse processo indutivo opera em meu interior quando passo de uma perfeição finita a outra (por exemplo, quanto maior meu conhecimento, maior meu poder); e opera analogamente em Deus, no movimento que vai de uma perfeição infinita a outra. Quando Descartes esboça seu catálogo de perfeições divinas, isso pode à primeira vista parecer uma mera composição de rapsódia; mas de fato o procedimento encontra um lugar seguro na terminologia do método cartesiano, como "indução" ou "enumeração".

(6) Não há nenhum atributo principal em Deus, dado que em Deus não há modos; tudo em Deus é um atributo, e todos os atributos têm condição idêntica. Mas em meu caso há um atributo principal – o pensamento (*cogitatio*), que é a essência do eu, alma ou mente (em contraste com o corpo ou extensão). É porque o pensamento, em contraste com a extensão, é um local de residência adequado para a infinitude e perfeição que ele pode ser atribuído a Deus. E é porque ele é atribuível a Deus (como um de seus atributos) e também a mim (como meu principal atributo) que

o mecanismo da indução pode funcionar, em mim mesmo, em Deus e no movimento do pensamento que vai de mim mesmo a Deus. Por causa dessa semelhança, o incompreensível pode ser entendido de modo positivo e, assim, dada uma indução suficientemente cuidadosa e ordenada, ele escapa do perigo de vaguidade e inconsistência. Quando a indução foi realizada, alcançamos o fim do conhecimento? Não de todo: a indução não envolve de modo algum a determinação ou o domínio cognitivo de todos os pontos; ela sempre pode ser retomada e continuada, ou seu material pode ser abordado segundo uma ordem diferente. "Nunca lidei com o infinito", escreveu Descartes, "exceto a fim de me submeter a ele, e nunca para determinar o que ele é e o que ele não é" (carta a Mersenne, 28 de janeiro de 1641: AT III 293: CSMK 172). Mas embora nosso conhecimento nunca esteja completo, nós temos de fato um conhecimento que é seguro e inabalável, um fundamento estável para a construção das ciências, um ponto fixo de certeza. A incompreensibilidade de Deus conforma-se assim perfeitamente às demandas do método cartesiano e abre a porta para a longa cadeia de verdades científicas e para o progresso em nossa indefinidamente longa jornada de compreensão.[34]

(Traduzido para o inglês por John Cottingham.)

---

[34] Estou profundamente em débito para com John Cottingham por sua perspicaz tradução do texto original francês deste ensaio e por suas muitas sugestões de melhorias.

7 O círculo cartesiano

LOUIS E. LOEB

A REGRA DA VERDADE E O PROBLEMA DO CÍRCULO CARTESIANO

Descartes escreve no segundo parágrafo da Terceira Meditação: "Portanto, parece que agora posso estabelecer como regra geral que todas as coisas que percebo muito clara e distintamente são verdadeiras" (AT VII 35: CSM II 24).[1] Eu chamo a este princípio *regra da verdade*. No terceiro parágrafo, Descartes decide que é prematuro tomar a regra da verdade como estabelecida. Ele escreve acerca de proposições "muito simples e fáceis" da aritmética e da geometria: "a... razão para meu... julgamento de que elas estavam sujeitas à dúvida era que me ocorrera que talvez algum Deus tivesse podido dar-me uma natureza tal que eu me enganasse mesmo nos assuntos que me pareciam mais evidentes" (AT VII 36: CSM II 25). Os assuntos que parecem mais evidentes, no contexto do parágrafo dois, são as crenças baseadas na percepção clara e distinta, de modo que essas crenças (juntamente com qualquer uma que pareça menos evidente) são elas próprias sujeitas à dúvida. Descartes escreve: "a fim de afastar... esta... razão para a dúvida, ... devo examinar se existe um Deus, e, se existir, se ele pode ser um enganador" (AT VII 36: CSM II 25). Na Terceira Meditação, Descartes oferece um argumento a favor da existência de um Deus não-enganador. A regra da verdade é finalmente provada na Quarta Meditação. Descartes conclui, com base na constatação de que Deus não é enganador,

---

[1] As referências a parágrafos específicos das *Meditações* seguem as divisões de parágrafos da segunda edição latina de 1642, conforme editada por Adam (AT VII); essa é a edição traduzida por Cottingham em CSM.

que "se... eu restrinjo minha vontade de modo que ela só se estenda àquilo que o intelecto revela clara e distintamente, e não além, então é impossível que eu me engane" (AT VII 62: CSM II 43).

Pensou-se que o procedimento de Descartes sofria de uma dificuldade óbvia. A regra da verdade é provada depois que até mesmo as crenças mais evidentes foram postas em dúvida. As premissas do argumento a favor da regra da verdade na Terceira e Quarta Meditações podem ser, na melhor das hipóteses, assuntos que parecem muito evidentes, assuntos que são eles próprios sujeitos à dúvida à luz da suposição de um Deus enganador. Mesmo que as premissas para a demonstração da regra da verdade sejam confinadas às crenças baseadas na percepção clara e distinta, o argumento de Descartes apoia-se em premissas cuja verdade foi posta em questão, a fim de mostrar que ele não se engana em relação a esses mesmos assuntos. O problema do "círculo cartesiano" é o problema de absolver Descartes da acusação de que seu procedimento é uma petição de princípio.

Uma vasta literatura oferece uma fantástica variedade de soluções para esse problema. Creio que duas amplas linhas de interpretação rivalizem agora entre si como soluções.[2] Podemos sublinhar a diferença entre elas no que diz respeito à afirmação de Descartes de que ele deve considerar se existe um Deus enganador a fim de "remover" (*tollere*) a razão para a dúvida. De acordo com a primeira interpretação, Descartes sustenta que o ar-

---

[2] Interpretações nas quais a memória, e não a percepção clara e distinta, é posta em dúvida não têm sido opções vivas desde o período que se seguiu à crítica de Frankfurt, "Memory and the Cartesian Circle", e *Demons, Dreamers and Madmen*, cap. 14. Para os obtuários, ver Doney, "Descartes's conception of perfect knowledge", p. 671, n. 4; Prendergast, "Review of Frankfurt", p. 304; Sanford, "Review of Frankfurt", p. 122; Curley, *Descartes against the Skeptics*, p. 104; Williams, *Descartes*, p. 193, n. 7; e Van Cleve, "Foundationalism, epistemic principles, and the Cartesian Circle", pp. 56-57. Já havia uma crítica substancial da interpretação baseada na memória em Merrylees, *Descartes*, cap. IV, § 3-4; Levett, "Note on the alleged Cartesian Circle"; Laporte, *Le rationalisme de Descartes*, pp. 162-163; e Wolz, "The double guarantee of Descartes' ideas", pp. 481-482. Para uma crítica adicional que é independente de Frankfurt, ver Gouhier, *La pensée métaphysique de Descartes*, pp. 302-305; Beck, *The Metaphysics of Descartes*, pp. 147-148; e Etchemendy, "The Cartesian Circle", §§ 2-3.

gumento a favor da regra da verdade remove a razão para a dúvida, porque fornece uma *boa razão* para não duvidar das crenças baseadas na percepção clara e distinta, ou pelo menos mostra que não há nenhuma *boa razão* para duvidar dessas crenças. Esta é a que eu chamo de interpretação *epistêmica*. Os proponentes dessa interpretação incluem Curley, Doney, Frankfurt e Gewirth.[3] De acordo com a segunda interpretação, Descartes sustenta que o argumento a favor da regra da verdade remove a razão para a dúvida, porque torna *psicologicamente impossível* duvidar das crenças baseadas na percepção clara e distinta ou pelo menos permite que alguém alcance um estado no qual é *psicologicamente impossível* duvidar delas. Esta é a que eu chamo de interpretação *psicológica*. Larmore e Rubin são muito claramente proponentes dessa interpretação.[4] Bennett é um proponente de uma versão comedida da interpretação.[5] Acredito que a interpretação psicológica mereça um desenvolvimento mais sustentado do que aquele que ela tem recebido. Essa interpretação não se cristalizou na literatura, embora uma

---

[3] Ver Gewirth, "The Cartesian Circle", "The Cartesian Circle reconsidered", e "Descartes: Two disputed questions"; Frankfurt, "Descartes' validation of reason" e *Demons, Dreamers and Madmen*, esp. cap. 15; Doney, "Descartes's conception of perfect knowledge"; e Curley, *Descartes against the Skeptics*, cap. 5. Doney, em "Descartes's conception of perfect knowledge", abandona a interpretação baseada na memória, que ele havia desposado em "The Cartesian Circle".

[4] Ver Rubin, "Descartes's validation of clear and distinct apprenhension"; e Larmore, "Descartes' psychologistic theory of assent". De fato, Cottingham, em *Descartes*, pp. 69, 76-77, toma Frankfurt (*Demons, Dreamers, and Madmen*) como um exemplo da interpretação psicológica, e Markie (*Descartes's Gambit*, pp. 43-44, para incluir a n. 4) cita Curley, *Descartes against the Skeptics*, e Gewirth, "The Cartesian Circle", como fornecendo uma explicação psicológica de como a razão para dúvida é removida. A interpretação e classificação das posições na literatura é ela mesma uma questão difícil.

[5] Bennett toma a resposta psicológica ao problema do círculo, e doutrinas relacionadas, como representando uma "linha menor" que não constitui a "explicação principal, oficial" de Descartes para seu procedimento, embora esteja na mente de Descartes "em algum nível" ("Truth and stability in Descartes's *Meditations*", §§ 1, 10, 12, 14). Meu capítulo do presente volume estava quase completo quando o manuscrito de Bennett (então inédito) chegou a minha atenção.

boa parcela do trabalho recente sobre o problema do círculo aponte em sua direção. Neste artigo, exploro o mérito textual daquela que tomo como a mais promissora versão da interpretação psicológica.

Uma interpretação psicológica da inabalabilidade e do conhecimento científico

Em uma carta de 1640 a Regius, Descartes escreve a respeito de uma "convicção baseada em um argumento tão forte que nunca pode ser abalado por qualquer argumento mais forte" (AT III 65: cf. CSMK 147). Uma crença poderia ser abalável antes que alguém viesse a possuir um argumento particular, e inabalável depois disso (cf. AT VII 460: CSM II 309). A crença de uma pessoa é inabalável precisamente quando a pessoa possui argumentos que impedem a crença de ser abalada por argumentação. Como deve ser entendida essa condição? Descartes frequentemente escreve sobre crenças que são firmes ou sólidas (AT VI 31; VII 17, 145, 146: CSM I 126; II 12, 103, 104). A firmeza é explicitamente associada à inabalabilidade nas Segundas Respostas, em que Descartes escreve a respeito de uma "convicção tão firme que é inteiramente incapaz de ser destruída (*tollere*)" (AT VII 145: CSM II 103). A metáfora é também associada com a inabalabilidade na *Busca da Verdade*, uma obra que contém referências persistentes à noção de uma base firme ou sólida para o conhecimento (AT X 496, 506, 509, 513: CSM II 400, 405, 407, 408). As crenças não são firmes se os argumentos puderem "subvertê-las" (*renverser*) (AT X 512, 513: CSM II 408). Estas passagens sugerem que uma crença é inabalável somente caso a pessoa possua argumentos que impeçam a crença de ser desalojada por argumentação.[6] Para fins de brevidade, digo que uma crença inabalável não pode ser desajolada por argumentação ou não pode ser desalojada.

---

[6] A "estabilidade" de Bennett é uma noção generalizada da crença inabalável, uma crença que não pode ser desalojada por argumentação ou por qualquer outro meio (cf. "Truth and stability", § 4).

A caracterização da inabalabilidade oferecida por Descartes nas passagens citadas da *Busca* e da carta a Regius não é epistêmica. Estas passagens não dizem que uma crença inabalável é uma crença tal que seria *irracional, injustificado* ou *não garantido* perturbá-la ou desistir dela diante de uma argumentação.⁷ De modo mais geral, essas passagens não fornecem uma caracterização normativa da "inabalabilidade". Elas não dizem que uma crença inabalável é uma crença que *não se deve* perturbar ou abandonar diante de uma argumentação. Uma crença inabalável é uma crença que não pode ser desalojada por argumentação. Se uma crença é ou não inabalável é uma questão de psicologia descritiva. Isso não é negar que possamos localizar discussões da inabalabilidade que pareçam mais epistêmicas ou normativas em caráter. O ponto importante é que uma explicação psicológica da inabalabilidade está disponível para nosso uso.⁸

---

⁷ O fato de que a "inabalabilidade" seja caracterizada com referência à noção de "argumento" ou "razão" (*ratio*: AT III 65; cf. VII 69, 70) não torna a explicação epistêmica, em vez de "psicológica", nos meus sentidos destes termos. Suponhamos, para fins de discussão, que a noção de "argumento" só possa ser caracterizada epistemicamente. A inabalabilidade de uma crença é relativa aos argumentos que alguém possui; a inabalabilidade é uma propriedade relacional. Podemos formular explicações epistêmicas desta relação, por exemplo, a crença de uma pessoa é inabalável somente caso a pessoa possua argumentos *que constituam boas razões para não abandonar* a crença diante de uma argumentação. Podemos formular explicações psicológicas desta relação, por exemplo, a crença de uma pessoa é inabalável somente caso a pessoa possua argumentos *que, no sentido psicológico, impeçam o desalojamento* da crença diante de uma argumentação. Das duas explicações grifadas da relação, apenas a primeira invoca noções epistêmicas. Podemos distinguir explicações epistêmicas e psicológicas da inabalabilidade, mesmo que Descartes forneça uma explicação epistêmica bem como psicológica, e mesmo que ele sustente que uma crença é inabalável em algum sentido psicológico especificado somente caso ela seja inabalável em algum sentido epistêmico especificado.

⁸ Tlumak fornece diversas caracterizações epistêmicas da inabalabilidade – "irrevisabilidade" em sua terminologia ("Certainty and Cartesian method", pp. 45, 46, 48). Ele explica a "certeza metafísica" como irrevisabilidade (pp. 44-45), e sustenta que a certeza metafísica "tem força normativa no contexto do problema cartesiano" (p. 43). Acredito que a normatividade da noção derive da adoção de Descartes da inabalabilidade como um objetivo de investigação (ver abaixo). Não precisamos considerar a caracterização normativa como fundamental. Esse ponto mina o segundo dos argumentos de Tlumak contra a interpretação psicológica (p. 57).

Embora a inabalabilidade não seja ela própria uma noção normativa, Descartes considera a firmeza ou inabalabilidade como um objetivo doxástico – um objetivo que nossas crenças devem alcançar. Isso está implícito na discussão da *Busca* de como alcançar a firmeza (cf. AT X 509-513: CSM II 406-409). E está explícito no primeiro parágrafo da Primeira Meditação, em que Descartes escreve sobre a necessidade de "começar tudo novamente desde os fundamentos, para estabelecer algo de firme (*firmum*) nas ciências" (AT VII 17: CSM II 12), e no primeiro parágrafo da *Busca*, em que ele formula o objetivo de lançar "os fundamentos para uma ciência sólida" (AT X 496: CSM II 400). A metáfora de um fundamento firme aparece também nas Partes II e IV do *Discurso do Método* (AT VI 12-14, 31: CSM I 117-118, 126), e é extensamente desenvolvida nas Sétimas Respostas (AT VII 536-556: CSM II 365-380).[9] Descartes escreve nas Segundas Respostas:

> Antes de mais nada, logo que pensamos perceber algo corretamente, somos espontaneamente convencidos de que esse algo é verdadeiro. Agora se esta convicção é tão firme que é impossível para nós ter alguma vez qualquer razão para duvidar daquilo de que estamos convencidos, então não há mais questões para perguntarmos: temos tudo o que poderíamos razoavelmente querer... Pois a suposição que estamos fazendo aqui é a de uma convicção tão firme que seja inteiramente incapaz de ser destruída; e tal convicção é claramente o mesmo que a mais perfeita certeza (AT VII 144-145: CSM II 103).

Esse é talvez o enunciado mais desenvolvido de Descartes sobre a inabalabilidade como um objetivo da investigação.[10]

---

[9] Bennett detalha a maneira como este material apoia a interpretação psicológica ("Truth and stability", § 1).

[10] A referência a uma "razão para duvidar" sugere uma leitura epistêmica da noção operativa de inabalabilidade. Como observa Bennett, no entanto, o termo latino *causa* pode também significar "causa", uma tradução que é mais consistente como o restante da passagem ("Truth and stability").

As Segundas Respostas identificam a crença inabalável com a *scientia*, o "conhecimento científico" (AT III 65). Há uma terminologia relacionada a esta, em outras passagens: "ciência certa" (AT VIIIA 10: CSM I 197), "conhecimento verdadeiro" (AT VII 141: CSM II 101), "conhecimento certo e verdadeiro" (AT VII 69: CSM II 48), "conhecimento perfeito" (AT VII 71: CSM II 49), e o fato de uma proposição ser "perfeitamente conhecida" (AT VII 69: CSM II 48). Essas expressões parecem ser variações teminológicas da noção de conhecimento científico.[11] O conhecimento, no sentido estrito do conhecimento científico, é identificado com a crença inabalável e tem, portanto, ele próprio uma caracterização psicológica.[12]

A SUPOSIÇÃO CÉTICA, ABALABILIDADE E DÚVIDA

Ao explicar a razão para a dúvida na Terceira Meditação, Descartes não afirma ter qualquer razão para acreditar que um Deus enganador existe; em vez disso, "ocorreu-me que talvez" Deus fosse um enganador. Ele salienta que não tem "nenhuma causa para pensar que haja um Deus enganador" e que ele "nem mesmo sabe ainda se há um Deus" (AT VII 36: CSM II 25). Descartes apela para estes traços de sua situação ao observar

---

[11] Para discussões de um ou de ambos os conceitos inter-relacionados de inabalabilidade e conhecimento científico, ver Doney, "The Cartesian Circle", p. 337; Kenny, *Descartes*, pp. 191-193; Doney,"Descartes's conception of perfect knowledge", esp. pp. 388-391; Frankfurt, *Demons, Dreamers and Madmen*, pp. 24, 124, 179-180; Curley, *Descartes against the Skeptics*, pp. 104-105; Tlumak, "Certainty and the Cartesian method", pp. 44-50, 57-60; Williams, *Descartes*, pp. 62, 200-204; Gombay, "Mental conflict: Descartes", pp. 491-494; Williams, "Descartes' use of skepticism", p. 345; Cottingham, *Descartes*, pp. 2-3, 25, 67, 70-71; Markie, *Descartes's Gambit*, pp. 59-72; Rodis-Lewis, "On the complimentarity of Meditations III and V", pp. 277-281; e Garns, "Descartes and indubitability", esp. §§ 1-11.

[12] Embora sustente que Descartes emprega concepções epistêmicas e psicológicas de certeza, Markie (*Descartes's Gambit*, pp. 34, 53-57) oferece apenas uma explicação epistêmica do conhecimento científico (pp. 59-72). Isso deixa Markie, segundo sua própria admissão, sem uma solução para o problema do círculo (cf. p. 162, n. 12).

que "qualquer razão para duvidar que dependa simplesmente desta suposição [de um Deus enganador] é muito frágil e, por assim dizer, metafísica" (AT VII 36: CSM II 25). *Supor* que Deus seja um enganador não precisa ser o mesmo que acreditar que Deus é um enganador. Sugiro que entendamos amplamente a noção de suposição; supor *p* é o mesmo que acreditar, assumir, hipotetizar, conjecturar, suspeitar, conceber ou imaginar, que *p*. Supor *p* é o mesmo que estar no estado psicológico de manter uma dessas atitudes proposicionais em relação a *p*.

A suposição de que existe um Deus enganador não é, estritamente falando, a única suposição que torna duvidosas mesmo as crenças mais evidentes:

> Quanto ao tipo de conhecimento possuído pelo ateu, é fácil demonstrar que não... é certo. Como enunciei anteriormente, quanto menos poder o ateu atribui ao autor de seu ser, mais razão ele terá para suspeitar que sua natureza pode ser tão imperfeita a ponto de permitir que ele seja enganado mesmo em assuntos que lhe pareçam absolutamente evidentes (AT VII 428: CSM II 289).

A suposição de que alguém é causado por algo menos poderoso que Deus é ela própria uma causa de dúvida. A suposição, em sua forma mais geral, que torna duvidosas as crenças baseadas na percepção clara e distinta, é que *a faculdade da percepção clara e distinta é defeituosa* – seja como resultado de um Deus enganador, de um demônio poderoso, de alguma outra cadeia de eventos ou do acaso (cf. AT VII 21: CSM II 14). Refiro-me ao conetúdo proposicional indicado anteriormente em itálico como *a hipótese cética*. Se a regra da verdade é verdadeira – se tudo o que alguém percebe clara e distintamente é verdadeiro – então a hipótese cética é falsa. Refiro-me à suposição de que a hipótese cética é verdadeira como sendo *a suposição cética*.

Descartes afirma, no parágrafo catorze da Quinta Meditação, que as crenças baseadas na percepção clara e distinta são abaláveis na medida em que são mantidas por alguém que carece do conhecimento de Deus (isto é, da existência de um Deus não enganador) e da regra da verdade:

E então podem agora me ocorrer outros argumentos que poderiam facilmente minar minha opinião, se eu não possuísse o conhecimento de Deus; e assim eu jamais teria um conhecimento certo e verdadeiro de coisa alguma, mas apenas opiniões instáveis e mutáveis... Posso facilmente cair em dúvida..., caso não possua conhecimento de Deus. Pois posso convencer-me de que tenho uma disposição natural para me enganar, de tempos em tempos, mesmo nas coisas que penso perceber tão evidentemente quanto possível (AT VII 69-70: CSM II 48).

O conhecimento da regra da verdade é uma condição necessária para o conhecimento científico. (Adio a questão do que constitui o conhecimento da regra da verdade neste contexto.) A explicação psicológica da inabalabilidade é operativa aqui. Uma pessoa que careça do conhecimento da regra da verdade pode supor que a percepção clara e distinta seja defeituosa. Descartes não enuncia que, à luz desta suposição, alguém deva perturbar ou desistir das crenças baseadas na percepção clara e distinta; em vez disso, a suposição pode "abater (*deicere*)" ou desalojar essas crenças.

Ademais, alguém que suponha que a hipótese cética seja verdadeira cai, desse modo, em dúvida. Esse ponto, que ocorre em certo número de passagens adicionais (cf. AT VIIIA 9-10; VII 141, 428: CSM I 197; II, 101, 289), estabelece uma conexão entre o fato de uma crença ser duvidosa e o fato de ela ser abalável. O fato de que alguém que careça do conhecimento da regra da verdade possa supor que hipótese cética seja verdadeira, e desse modo cair em dúvida, não mostra que as crenças daquela pessoa são abaláveis, a menos que a dúvida seja um estado que tenha a propriedade psicológica de ser capaz de desalojar a crença. Essa conexão é confirmada nas Segundas Respostas. Descartes escreve: "Sustento que esta percepção que ele possui não é o verdadeiro conhecimento, uma vez que nenhum ato de percepção que possa ser tornado duvidoso parece apto a ser chamado de conhecimento" (AT VII 141: CSM II 101). Quatro páginas (na edição de Adam e Tannery) adiante, ele identifica a "perfeita certeza" com "uma convicção tão firme que é inteiramente incapaz de ser destruída" (AT VII 145: CSM II 103). A crença duvidosa não é conhecimento científico. A dúvida deve ser, portanto, um estado que tem a propriedade psicológica de ser capaz de desalojar a crença.

Sugiro que a dúvida seja capaz de desalojar a crença em virtude de ela desassentar ou desestabilizar a crença. Uma crença que é instável está sujeita a ser desalojada, embora possa permanecer no lugar. Esse modelo gera um retrato coerente dos textos relevantes. Quando uma crença é "abalada" (*concutere*), como na carta a Regius, ela é desestabilizada.[13] As persistentes metáforas da crença firme e sólida (*firmus* em latim, e *firme* ou *solide* em francês) devem ser entendidas em termos de estabilidade.[14] Uma crença inabalável ou firme é uma crença que não pode ser desestabilizada por argumentação. A referência à crença mutável ou inconstante (*vagas*) na passagem da Quinta Meditação sugere também que a dúvida é desestabilizante.[15] Descartes não sustenta que a dúvida seja suficiente para desalojar a crença; ele sustenta que a dúvida (até o momento em que é removida) é suficiente para desestabilizar a crença.[16] O fato de uma crença ser desestabilizada explica como ela pode ser desalojada. Permanece sendo o caso que uma crença é inabalável apenas caso ela não possa ser desalojada por argumentação; uma crença inabalável não pode ser desalojada por argumentação porque ela não pode ser desestabilizada por argumentação.

---

[13] A tradução de Kenny de *concuti* como "abalada" ("*shaken*") (CSMK 147) e a de Rodis-Lewis, *ébranlée* (*Descartes*, p. 266), são mais próximas do alvo que a de Gewirth, "destruída" ("*destroyed*") ("The Cartesian Circle", p. 390) ou a de Williams "nocauteada" ("*knocked out*") (*Descartes*, p. 204).

[14] Elas são às vezes assim traduzidas, como por exemplo em CSM II 12. Ver também a tradução sugerida por Etchemendy, de fir*manda* (AT VII 15) em termos de "estabilização" ("*stabilization*") ("The Cartesian Circle", pp. 37-38).

[15] Doney, que frequentemente invoca a terminologia "crença não assentada" ("*unsettled belief*") ("Descartes's conception of perfect knowledge", pp. 390, 391, 401), traduz o latim *vagas* como "instável" (p. 389).

[16] A leitura ontologicamente mais econômica da posição de Descartes *identificaria* a dúvida com a crença instável. Nessa leitura, a afirmação de que a suposição cética torna duvidosas as crenças baseadas na percepção clara e distinta significa que a suposição desestabiliza essas crenças. Essa é uma posição peirciana: o fim da investigação é a crença assentada ou firme – a dúvida é um estímulo para este estado. Ver Charles S. Peirce, "The fixation of belief", *Popular Science Monthly*, 1877, §§ III-IV, reimpresso em Tomas (ed.), *Charles S. Peirce, Essays in the Philosophy of Science*.

A INABALABILIDADE DAS PERCEPÇÕES CLARAS E DISTINTAS CORRENTES *VERSUS* RECORDADAS

A afirmação de que crenças baseadas na percepção clara e distinta podem ser abaladas pela suposição cética requer uma restrição. A percepção clara e distinta é psicologicamente compulsória, dado que a crença em *p* é irresistível toda vez que *p* é clara e distintamente percebida: "minha natureza é tal que, tão logo percebo algo muito clara e distintamente, não posso deixar de acreditar que esse algo seja verdadeiro" (AT VII 69: CSM II 48). A base textual para essa doutrina é esmagadora (cf. AT VIIIA, 21; VII 38, 144, 460; III 64; IV 115-116; V 148: CSM I 207; II 27, 103, 309; CSMK 147, 233, 334). A percepção clara e distinta divide-se em intuição, a apreensão da verdade de uma proposição toda de uma vez ou em um só momento, e demonstração, uma sequência conectada de intuições (cf. *Regras para a direção do espírito*, III, VII, XI). Descartes escreve, novamente no parágrafo catorze da Quinta Meditação: "quando considero a natureza de um triângulo, parece-me muitíssimo evidente... que seus três ângulos são iguais a dois ângulos retos; e pelo tempo que atento para a prova, não posso deixar de acreditar que isso seja verdade" (AT VII 69-70: CSM II 48). Os *Princípios* e o *Colóquio com Burman* reiteram o ponto de que a doutrina da irresistibilidade da percepção clara e distinta aplica-se à demonstração bem como à intuição (cf. AT VIIIA 9; 30-31; V 148: CSM I 197, CSMK 334-335). A crença em *p* é psicologicamente irresistível toda vez que alguém intui *p* ou atenta para uma demonstração de *p*.[17]

Chamo a crença em *p*, toda vez que alguém percebe clara e distintamente *p*, de percepção clara e distinta *corrente*. Consideremos um instante em que alguém não está tendo uma percepção clara e distinta corrente de *p*, mas recorda-se de que anteriormente percebeu clara e distintamente que

---

[17] Deixo aberta a questão de o que precisamente está envolvido no atentar para uma demonstração. Descartes parece sustentar que o atentar para uma demonstração requer que "sejamos capazes de apreender a prova... em sua totalidade" (AT V 149: CSMK 335).

p. Chamo a crença em *p*, no instante da recordação, de percepção clara e distinta *recordada*. (Percepções claras e distintas recordadas, como as que caracterizei, são *meramente* recordadas, no sentido de que não são também clara e distintamente percebidas no instante da recordação.) Crenças *baseadas em* percepções claras e distintas são ou percepções claras e distintas correntes, ou recordadas. Chamo de *axioma*, para uma pessoa, uma proposição que aquela pessoa intuiu, e de *teorema*, uma proposição que uma pessoa demonstrou (mas não intuiu). Percepções claras e distintas correntes incluem axiomas correntes e teoremas correntes; percepções claras e distintas recordadas incluem axiomas recordados e teoremas recordados.[18]

Descartes persistentemente invoca a distinção entre teoremas correntes e recordados em passagens pertinentes ao círculo (ver AT VIIIA 9-10; VII 69-70, 140, 145-146, 246; II 64-65: CSM I 197; II 48, 100, 104-105, 171; CSMK 147). Em todas, exceto duas destas passagens (AT VII 140, 246: CSM II 100, 171), ele explicitamente sustenta que, embora a crença em *p* seja irresistível pelo tempo em que é um teorema corrente, a crença em *p* não é irresistível nas vezes em que é um teorema recordado. Aqui está uma citação mais extensa do parágrafo catorze da Quinta Meditação:

> Admitidamente, minha natureza é tal que, tão logo percebo algo muito clara e distintamente, não posso deixar de acreditar que esse algo seja verdadeiro. Mas... frequentemente a memória de um julgamento feito anteriormente pode retornar, quando não estou mais prestando atenção aos argumentos que me levaram a fazer este julgamento. E então podem agora me ocorrer outros argumentos que poderiam facilmente minar minha opinião, se eu não possuísse o conhecimento de Deus; e assim eu jamais teria um conhecimento certo e verdadeiro de coisa alguma, mas apenas opiniões instáveis e mutáveis. Por exemplo,

---

[18] É possível haver axiomas recordados, se for possível a alguém recordar que intuiu uma proposição, mas sem intuir a proposição no momento da recordação. Nenhuma doutrina cartesiana impede essa possibilidade, embora alguns axiomas sejam tais que não podemos pensar neles sem percebê-los clara e distintamente (cf. AT VII 145: CSM II 104).

quando considero a natureza de um triângulo, parece-me muitíssimo evidente... que seus três ângulos são iguais a dois ângulos retos; e pelo tempo que atento para a prova, não posso deixar de acreditar que isso seja verdade. Mas tão logo eu desvie o olho de minha mente para longe da prova, embora me recorde de tê-la percebido muito claramente, posso facilmente cair em dúvida a respeito de sua verdade, caso não possua conhecimento de Deus. Pois posso convencer-me de que tenho uma disposição natural para me enganar, de tempos em tempos, mesmo nas coisas que penso perceber tão evidentemente quanto possível (AT VII 69-70: CSM II 48).

A suposição cética não pode desalojar um teorema corrente, uma vez que os teoremas correntes são irresistíveis; ela pode desalojar teoremas recordados (cf. AT VIIIA 9-10: CSM I 197). Teoremas recordados, evidentemente, não são psicologicamente irresistíveis. De modo mais geral, percepções claras e distintas recordadas podem ser desalojadas pela suposição cética (cf. AT VII, 460: CSM II 309).[19] Percepções claras e distintas recordadas, diferentemente de percepções claras e distintas correntes, não são psicologicamente irresistíveis (cf. AT V 178: CSMK 353).[20]

A doutrina psicológica de que percepções claras e distintas recordadas podem ser desalojadas pela suposição cética parecerá mais plausível quando colocada contra o pano de fundo de minha sugestão de que a dúvida é um estado que desestabiliza a crença. Se esta sugestão estiver correta, devemos esperar que a suposição cética desestabilize a crença, uma vez que alguém que supõe que a hipótese cética seja verdadeira cai em dúvida. A irresistibilidade das percepções claras e distintas correntes é causada por elas *serem* clara e distintamente percebidas, não por alguém *acreditar* que elas

---

[19] Axiomas que não podem ser pensados sem que sejam clara e distintamente percebidos são uma excessão (cf. nota 18).

[20] Uma vez que a dúvida é um estado que é capaz de desalojar a crença, deveríamos esperar que Descartes sustentasse que as percepções claras e distintas correntes não podem ser duvidosas. Essa é a posição de Descartes em AT VII 146, 460, 477; V 178: CSM II 104, 309, 321; CSMK 353).

são clara e distintamente percebidas. Por contraste, alguém acredita em uma percepção clara e distinta recordada, pelo menos em parte, com base no fato de que esse alguém anteriormente percebeu clara e distintamente a proposição. Seja a crença em *p* uma percepção clara e distinta recordada. Consideremos os seguintes estados psicológicos: a crença, com base no fato de que *p* foi clara e distintamente percebida, em *p*; e a suposição de que a faculdade da percepção clara e distinta é defeituosa. Parece plausível que estes estados, tomados juntos, sejam instáveis – especialmente se a suposição de que a percepção clara e distinta é "defeituosa" for tomada como significando que ela não é confiável, que ela produz crenças falsas mais frequentemente que crenças verdadeiras.[21] A suposição cética, portanto, desestabiliza a crença em *p*. Isso explica como a suposição cética pode desalojar percepções claras e distintas recordadas.

A inabalabilidade poderia a princípio ser obtida evitando-se percepções claras e distintas recordadas em favor de percepções claras e distintas correntes. Uma pessoa que seguisse essa política reintuiria qualquer axioma e redemonstraria qualquer teorema, toda vez que acreditasse no axioma ou teorema em questão. Dado que suas crenças baseadas na percepção clara e distinta seriam

---

[21] Descartes escreve, no entanto, sobre a suposição de que percepção clara e distinta conduz "de tempos em tempos" ao erro (AT VII 70, 428: CSM II 48, 289) e que "a maneira como sou feito torna-me propenso ao erro frequente" (AT VII 70: CSM II 48). Na Primeira Meditação, por contraste, a suposição cética é explicitamente que alguém é enganado "o tempo todo" (AT VII 21: CSM II 14). (As traduções de Haldane e Ross da primeira e terceira destas passagens obscurecem o latim; ver E. S. Haldane e G. R. T. Ross, *The Philosophical Works of Descartes* (Cambridge University Press, 1911, reimpr. 1970), vol. I, pp. 184 e 147, respectivamente.) Para uma discussão prévia do contraste, ver Gouhier, *La pensée métaphysique de Descartes*, pp. 301-302. É controverso se o escopo da suposição cética na Primeira Meditação estende-se para além da percepção sensorial (cf. Frankfurt, *Demons*, esp. caps. 7-8). Mesmo que não se estenda, deveríamos esperar que se Descartes sujeita a percepção sensorial à suposição de que ela é sistematicamente defeituosa, ele é obrigado a sujeitar a percepção clara e distinta à suposição análoga. É surpreendentemente difícil encontrar uma referência textual explícita de que ele o faz. Para desanalogias adicionais entre as suposições céticas da Primeira e Segunda Meditações, ver Loeb, "Is there radical dissimulation in Descartes' Meditations?", p. 247-253.

confinadas a percepções claras e distintas correntes, e seriam portanto irresistíveis, elas não poderiam ser abaladas pela suposição cética. Acredito que Descartes rejeitaria essa técnica para a obtenção da inabalabilidade simplesmente com base no fato de que os humanos não têm capacidade cognitiva suficiente, a qualquer momento, para intuir todo axioma, e demonstrar todo teorema, em que acreditam naquele momento – "a mente não pode pensar em um grande número de coisas ao mesmo tempo" (AT V 148: CSMK 335).[22]

Como a inabalabilidade pode ser obtida? Descartes escreve no parágrafo quinze da Quinta Meditação:

> Agora, no entanto, percebi que Deus existe,... e tirei a conclusão de que tudo quanto percebo clara e distintamente é necessariamente verdadeiro. Consequentemente, ... não há argumentos contrários que possam ser aduzidos para me fazer duvidar disso, mas, ao contrário, tenho disso um conhecimento certo e verdadeiro. E tenho conhecimento não apenas deste assunto, mas de todos os assuntos que me lembro de ter outrora demonstrado, na geometria e assim por diante (AT VII 70: CSM II 48).

O conhecimento da regra da verdade é uma condição suficiente, bem como necessária, para a inabalabilidade especificamente das percepções claras e distintas recordadas.[23] Essa afirmação é repetida nas Segundas Res-

---

[22] Cf. Etchemendy, "The Cartesian Circle", p. 8; e Cottingham, *Descartes*, pp. 70, 77, n. 24. A técnica sacrificaria também o objetivo de alcançar um sistema de crenças compreensivo (cf. AT X 371-372; IXB 2-3: CSM I 16, 179-180).

[23] Há uma passagem relacionada na Terceira Meditação: "A única razão para meu julgamento posterior de que elas [as proposições simples da matemática] estavam abertas à dúvida foi que me ocorreu que talvez algum Deus tivesse podido dar-me uma natureza tal que eu fosse enganado mesmo nas questões que pareciam mais evidentes" (AT VII 35-36: CSM II 25). As crenças baseadas na percepção clara e distinta são duvidosas *apenas* na medida em que são sustentadas por alguém que não tem conhecimento da regra da verdade; tal conhecimento é suficiente para remover a dúvida. Se a dúvida é não apenas capaz de desalojar a crença, mas necessária para que uma crença seja desalojada, então essa passagem é equivalente à afirmação de que o conhecimento da regra da verdade é suficiente para a inabalabilidade.

postas (AT VII 146: CSM II 104-105) e na carta a Regius (AT III 65: CSMK 147).[24] Consideremos uma proposição que alguém anteriormente percebeu clara e distintamente, de modo tal que esse alguém retém a crença na proposição, sem perceber clara e distintamente a proposição, nem se lembrar de que percebeu clara e distintamente a proposição. A crença retida não é nem uma percepção clara e distinta corrente, nem uma percepção clara e distinta recordada, em meu sentido desses termos; ela (meramente) subsiste na memória. Tais crenças originam-se da percepção clara e distinta, mas não são *baseadas em* percepções claras e distintas, conforme meu sentido estipulado. Alguém não pode, em geral, aplicar a regra da verdade a uma crença subsistente em uma proposição, porque não precisa acreditar que a proposição foi clara e distintamente percebida.[25] Alguém só pode aplicar a regra da verdade a uma proposição que toma como tendo sido clara e distintamente percebida. É por isso que Descartes afirma que o conhecimento da regra da verdade é suficiente para a inabalabilidade especificamente de proposições que alguém se lembra de ter percebido clara e distintamente.[26] Uma vez que as percepções claras e distintas correntes são inabaláveis em qualquer caso, o conhecimento da regra da verdade é suficiente para a inabalabilidade das crenças *baseadas em* percepções claras

---

[24] Na carta a Regius, Descartes afirma que uma demonstração *da existência de um Deus não enganador* é suficiente para assegurar a inabalabilidade. Isso deve ser entendido contra o pano de fundo das passagens da Quinta Meditação e das Segundas Respostas; uma tal demonstração é suficiente na medida em que permite a alguém demonstrar a regra da verdade.

[25] Pode-se acreditar com base em alguma evidência indutiva de que a proposição tenha sido clara e distintamente percebida.

[26] Descartes está considerando a inabalabilidade das crenças que alguém se lembra de ter clara e distintamente percebido, com base na assunção de que a memória está correta. Cf. Frankfurt, "Memory and the Cartesian Circle", pp. 510-511; *Demons*, pp. 160-161; e Bennett, "Truth and stability", §§ 7, 12. Descartes não enfrenta diretamente a questão de se a inabalabilidade da crença de memória de que alguém percebeu clara e distintamente a proposição pode ser ela própria assegurada. Creio haver dificuldades aqui para qualquer interpretação de Descartes, independentemente de se o "conhecimento científico" é concebido psicológica ou epistemicamente.

e distintas. No contexto do problema do círculo cartesiano, podemos confinar nossa atenção a uma afirmação mais limitada: que o conhecimento da regra da verdade é uma condição suficiente para que *as* crenças baseadas na percepção clara e distinta não possam ser abaladas *pela* suposição de que a hipótese cética é verdadeira. Isso é o que tenho em mente quando escrevo abaixo sobre a "inabalabilidade".

O CONHECIMENTO DA REGRA DA VERDADE COMO ASSEGURANDO A INABALABILIDADE: UM CONFLITO

As passagens da Quinta Meditação, das Segundas Respostas e da carta a Regius não explicam como o conhecimento da regra da verdade assegura a inabalabilidade. O material desenvolvido até aqui permite uma inferência relevante. Uma crença inabalável tem a propriedade psicológica de não poder ser desalojada por argumentos. Se a suposição cética pode desalojar percepções claras e distintas recordadas, e se o conhecimento da regra da verdade resulta na inabalabilidade das percepções claras e distintas recordadas, então *o conhecimento da regra da verdade deve ser psicologicamente incompatível com a suposição de que a hipótese cética é verdadeira.*[27] Descartes escreve nas Segundas Respostas:

> Portanto, vedes que, uma vez que nos tornamos cônscios de que Deus existe, é necessário que imaginemos que ele é um enganador se desejamos lançar dúvida sobre aquilo que percebemos clara e distintamente. E uma vez que é impossível imaginar que ele é um enganador, tudo aquilo que percebemos clara e distintamente deve ser completamente aceito como verdadeiro ou certo (AT VII 144: CSM II 103).

---

[27] Alternativamente, o conhecimento da regra da verdade, apesar de compatível com a suposição cética, elimina a habilidade da suposição cética de desalojar percepções claras e distintas recordadas. Tornar-se-á aparente que Descartes não tem em vista essa alternativa.

O conhecimento de que um Deus todo-perfeito existe (e de que o engano é uma imperfeição) é psicologicamente incompatível com a suposição de que Deus é um enganador. Dado que Descartes afirma que Deus existe, e a percepção clara e distinta só poderia ser defeituosa se Deus fosse um enganador, ele presumivelmente sustenta que o conhecimento de que um Deus todo-perfeito existe é psicologicamente incompatível com a suposição de que a percepção clara e distinta é defeituosa. As Segundas Respostas confirmam, portanto, a presente interpretação.[28]

Resta refinar a tese de que o "conhecimento" da regra da verdade é suficiente para a inabalabilidade. As percepções claras e distintas correntes são psicologicamente irresistíveis. A crença na regra da verdade é psicologicamente irresistível sempre que ela é uma percepção clara e distinta corrente. Nas vezes em que a crença de que "tudo o que alguém percebe clara e distintamente é verdadeiro" é psicologicamente irresistível, é psicologicamente impossível supor que a percepção clara e distinta seja defeituosa. Pelo menos Descartes tomaria isto como psicologicamente impossível, dado que ele assume que a presença de uma crença irresistível em *p* é psicologicamente incompatível com uma suposição concorrente de que *não p*. Descartes apoia-se nesta assunção, na passagem das Segundas Respostas citada no parágrafo precedente. Uma percepção clara e distinta corrente da regra da verdade é psicologicamente incompatível com a suposição de que a hipótese cética seja verdadeira, de modo que as percepções claras e distintas recordadas são inabaláveis sempre que a regra da verdade é uma percepção clara e distinta corrente. (Dado que a irresistibilidade da percepção clara e distinta corrente aplica-se tanto à intuição quanto à demonstração, este resultado é válido toda vez que alguém intui a regra da verdade ou atenta para sua demonstração – toda vez que a regra da verdade é um axioma corrente ou um teorema corrente.[29] É por essa razão que Descartes não sustenta, nem no parágrafo quinze da Quinta Meditação, nem na carta a

---

[28] Rubin notou que essa passagem confirma a interpretação psicológica ("Descartes's validation", p. 205).

[29] Na exigência de que "a regra da verdade deve ser repassada em uma única varredura intelectual, mantida toda diante da mente de uma vez" ("Truth and stability",

Regius, que uma intuição da regra da verdade é exigida para assegurar a inabalabilidade. Para propósitos expositivos, frequentemente assumo que a regra da verdade é um teorema, não um axioma – algo demonstrado, não intuido.)

A explicação de por que uma percepção clara e distinta corrente da regra da verdade é psicologicamente incompatível com a suposição cética não se generaliza às percepções claras e distintas recordadas. Dado que as percepções claras e distintas recordadas não são psicologicamente irresistíveis, a recordação de que alguém demonstrou previamente a regra da verdade não é psicologicamente incompatível com a suposição cética. É psicologicamente possível que a suposição cética apareça, e desaloje percepções claras e distintas recordadas, em momentos em que a regra da verdade for um teorema recordado.[30] As percepções claras e distintas recordadas, diferentemente das percepções claras e distintas correntes, não constituem um "conhecimento" da regra da verdade para os propósitos de assegurar a inabalabilidade.

As percepções claras e distintas recordadas seriam inabaláveis *todas as vezes* para alguém que atentasse sempre ou continuamente para a demonstração da regra da verdade.[31] Acredito que Descartes rejeitaria essa técnica para a obtenção da inabalabilidade simplesmente com base no fato de que não é humanamente possível sustentar tal atenção perceptual: "minha natureza é... tal que

---

§ 9), Bennett ignora a aplicação de Descartes da doutrina da irresistibilidade da percepção clara e distinta ao ato de atentar para uma demonstração. É a interpretação baseada na memória que exerce pressão na direção da exigência que uma percepção clara e distinta da regra da verdade seja comprimida em uma intuição momentânea – uma demonstração da regra da verdade apoia-se na memória dos passos anteriores, e portanto aparentemente não poderia ser invocada para validar a memória. Cf. Stout, "The basis of knowledge in Descartes", esp. pp. 463-467; Doney, "The Cartesian Circle", pp. 328-329; Frankfurt, "Memory and the Cartesian Circle", pp. 508-509, e *Demons, Dreamers and Madmen*, pp. 158-159.

[30] Cf. Feldman e Levidson, "Anthony Kenny and the Cartesian Circle", p. 496. Rubin ignora esse ponto ("Descartes's validation of clear and distinct perception", pp. 206-208).

[31] Cf. Parsons, "Review of Frankfurt", p. 40; e Garns, "Descartes and indubitability", p. 89. Van Cleve ("Foundationalism", n. 31) e Bennett ("Truth and stability", § 9) sugerem que isso representa a posição de Descartes. Não vejo como essa sugestão pode acomodar os textos que passo a citar.

não posso manter minha visão mental fixa em uma mesma coisa, de modo a continuar precebendo-a claramente" (AT VII 69: CSM II 48 cf. AT VII 62; VIIIA 9: CSM II 43; I 197). Descartes afirma na Quinta Meditação que a recordação de que alguém demonstrou a regra da verdade é suficiente para a inabalabilidade, mesmo se esse alguém não estiver mais atentando para a demonstração (cf. AT VII 70: CSM II 48).[32] Há uma passagem similar na carta a Regius (cf. AT III 65: CSMK 147).[33] A afirmação de Descartes de que uma demonstração da regra da verdade é suficiente para a inabalabilidade significa que a inabalabilidade é assegurada se a regra da verdade for ou um teorema corrente, ou (sujeito a uma restrição a ser discutida) um teorema recordado. Como vimos, no entanto, a recordação de que alguém demonstrou a regra da verdade não assegura a inabalabilidade.[34] Nossa tarefa é resolver esse conflito.

---

[32] Para discussões da relação desta afirmação com o problema do Círculo Cartesiano, ver Doney, "Descartes's conception of perfect knowledge", esp. pp. 393-396; Frankfurt, *Demons, Dreamers and Madmen*, pp. 159-160, 172-177; Parsons, "Review of Frankfurt", pp. 40-41, 43; Curley*Descarttes against the Skeptics*, p. 104ss.; Gombay, "Mental conflict", pp. 495-497; Etchemendy, "The Cartesian Circle", pp. 11-12, 18-19, 34-35; e Garns, "Descartes and indubitability", pp. 88-89.

[33] Há uma diferença aparente (além daquela discutida na nota 24). Descartes afirma na Quinta Meditação que as crenças baseadas na percepção clara e distinta são inabaláveis, dado que alguém se recorde de ter percebido clara e distintamente a regra da verdade; a condição na carta a Regius é que a pessoa se recorde dessa "conclusão" (AT III 65: CSMK 147) – não que ela se recorde de ter percebido clara e distintamente a regra da verdade. Descartes escreve nas Segundas Respostas: "Surgirá a questão de se possuímos a mesma convicção firme e imutável acerca dessas conclusões, quando simplesmente recordamos que elas foram previamente deduzidas de princípios bastante evidentes (nossa habilidade de chamá-las de 'conclusões' pressupõem uma tal recordação)" (AT VII 146: CSM II 104). Se aplicarmos o princípio parentético à condição contida na carta a Regius, ela será equivalente à condição contida na Quinta Meditação.

[34] Observando que "o cético... não pode duvidar [da existência e benevolência de Deus] enquanto intui suas provas", Williams contempla a possibilidade de que "o cético, deixando de intuir as provas, volte então a objetar, meramente porque não está mais intuindo": "[O] uso de proposições que não estão sendo intuídas naquele instante é uma condição estrutural mínima para se avançar de todo na aquisição de um conhecimento sistemático, e... seria irracional despender todo o tempo ensaiando

Um primeiro passo na resolução do conflito: Dois sentidos de "inabalabilidade"

O primeiro passo na explicação é localizar uma noção enfraquecida de inabalabilidade. Caracterizei anteriormente uma crença inabalável como uma que não pode ser desalojada por argumentação. Chamo isto agora de *inabalabilidade no sentido forte*. Um sentido mais fraco de inabalabilidade emerge na Quinta Meditação. No parágrafo catorze, Descartes explica que, se carece do conhecimento da regra da verdade, ele pode nutrir a suposição cética, uma suposição que pode minar percepções claras e distintas recordadas. No parágrafo quinze ele escreve:

> Agora, no entanto, percebi que Deus existe, ... e tirei a conclusão de que tudo quanto percebo clara e distintamente é necessariamente verdadeiro. Consequentemente, ... não há argumentos contrários que possam ser aduzidos para me fazer duvidar disso, mas, ao contrário, tenho disso um conhecimento certo e verdadeiro. E tenho conhecimento

as provas da resposta geral ao ceticismo" ("Descartes' use of skepticism", p. 349, e cf. p. 352, n. 13; cf. *Descartes*, p. 206). A inabalabilidade não desempenha nenhum papel essencial na interpretação de Williams. Seria necessário utilizar percepções claras e distintas prévias para adquirir um conhecimento sistemático, quer a inabalabilidade fosse um objetivo da investigação, quer não. Além disso, crenças que fossem "cumulativas" ("Descartes' use of skepticism", p. 345; *Descartes*, p. 202) e sistemáticas poderiam ser desalojadas pela suposição cética. Embora Williams sustente que o conhecimento científico deva ser inabalável no sentido de "imune a ser recolocado em dúvida" ("Descartes' use", p. 349, e cf. pp. 344, 345;cf. *Descartes*, pp. 202, 204), ele não explica como a inabalabilidade (como ele a caracteriza) pode ser alcançada, ou mesmo como a "condição estrutural mínima" pode ser satisfeita no caso da regra da verdade. De acordo com Williams, o cético é obrigado a continuar a usar ou aceitar (cf. *Descartes*, pp. 200-206) a regra da verdade quando ela é uma percepção clara e distinta recordada. A crença na regra da verdade, enquanto distinta da crença irresistível na regra da verdade, é compatível com a suposição cética, uma suposição que pode desalojar percepções claras e distintas recordadas, inclusive a própria regra da verdade. Para uma exposição e crítica úteis de Williams, ver Stubbs, "Bernard Williams and the Cartesian Circle".

não apenas deste assunto, mas de todos os assuntos que me lembro de ter outrora demonstrado, na geometria e assim por diante. Pois, que me poderão agora objetar? (AT VII 69-70: CSM II 48).

Subsequentemente à demonstração da regra, "não há argumentos contrários que possam ser aduzidos para me fazer [*impellere*] duvidar" seja da própria regra da verdade, seja de outros teoremas recordados. O latim "*impellere*" pode significar "forçar", "fazer", "constranger" ou "compelir", por um lado, ou "causar", "conduzir", "levar" ou "induzir", por outro lado. Estas leituras diferem, embora cada uma delas produza uma explicação psicológica da inabalabilidade. A dúvida é um estado que é capaz de desalojar a crença. Afirmar que nenhum contra-argumento pode ser aduzido para *causar* a alguém a dúvida em relação a teoremas recordados é afirmar que teoremas recordados não podem ser desalojados – que eles são inabaláveis no sentido forte. *Causar* a alguém a perda de uma crença difere de *forçar* alguém a perder uma crença. Alguém pode causar a um especialista em defesa pessoal a desistência em relação a algum dinheiro, sem forçá-lo a desistir do dinheiro, se o especialista em defesa pessoal não se aproveitar de seus meios de impedir a perda. De modo similar, um argumento poderia causar a alguém a perda de uma crença, sem forçar esse alguém a perder a crença, se esse alguém possuísse os meios de impedir a perda da crença, mas falhasse em se aproveitar desses meios. A crença seria, não obstante, inabalável, no sentido de que a pessoa é capaz de impedir que ela seja desalojada. Chamo a isto *inabalabilidade no sentido fraco*. Um pouco mais precisamente, a crença de uma pessoa é inabalável, no sentido fraco, somente caso a pessoa possua argumentos que lhe permitam impedir a crença de ser desalojada por argumentação. Uma crença que é inabalável no sentido forte é inabalável no sentido fraco, mas não vice-versa.[35] Afirmar que nenhum contra-

---

[35] Dos comentadores citados na nota 11, somente Gombay (p. 492) é sensível a essa distinção. A noção de "estabilidade" de Bennett á aparentada à inabalabilidade no sentido forte: uma crença "da qual a pessoa não será mais tarde forçada a desistir" ("Truth and stability", § 1).

argumento pode ser aduzido para *forçar* alguém a duvidar de teoremas recordados é afirmar que alguém pode impedir os teoremas recordados de serem desalojados – que eles são inabaláveis no sentido fraco.

Na edição francesa das *Meditações*, Descartes acrescenta, em seguida a "Pois, que me poderão agora objetar...", "para obrigar-me a colocar estes assuntos em dúvida" (AT IXA 56: CSM II 48).[36] Uma vez que alguém tenha demonstrado a regra da verdade, não há nenhum argumento que possa *obrigar* (*obliger*) esse alguém a duvidar de percepções claras e distintas recordadas. O ponto de Descartes é que percepções claras e distintas recordadas são inabaláveis porque não há nenhuma objeção que possa *forçar* alguém a duvidar delas, e portanto esse alguém pode impedir que elas sejam desalojadas. Esta evidência de que Descartes está preocupado em obter a inabalabilidade no sentido fraco ocorre em uma das duas passagens nas quais Descartes afirma que a recordação de que se demonstrou a regra da verdade é suficiente para o conhecimento científico.[37] Além desses detalhes textuais, o verbo "*impellere*" nos permite ler Descartes como preocupado com o sentido enfraquecido da inabalabilidade. Devemos adotar esta leitura, se ela nos permitir encontrar em Descartes uma explicação de como a recordação de que se demonstrou a regra da verdade assegura a inabalabilidade.

Um segundo passo na resolução do conflito

O segundo passo na explicação é observar que recordar que se demonstrou a regra da verdade não assegura a inabalabilidade no sentido

---

[36] Haldane e Ross (ver nota 21 acima), vol. I, p. 184, não traduzem o material da edição francesa.

[37] A segunda passagem, na carta a Regius, é suscetível ao mesmo tratamento: "Há convicção quando resta alguma razão que nos possa levar [*impellere*] a duvidar, mas o conhecimento científico é a convicção baseada em argumentos tão fortes que nunca pode ser abalada por qualquer argumento mais forte" (AT III 65: cf. CSMK 147). Aqui, também, podemos entender *impellere* no sentido de "forçar".

fraco, *contanto que se retenha a habilidade de reproduzir a demonstração*. A recordação de que se demonstrou a regra da verdade, embora psicologicamente compatível com a suposição de que a hipótese cética seja verdadeira, permite que se obtenha um estado que é psicologicamente incompatível com aquela suposição, contanto que se retenha a habilidade de reproduzir a demonstração. O exercício (atento) da habilidade de reproduzir a demonstração gera uma crença irresistível na regra da verdade, impedindo assim que se suponha que a hipótese cética seja verdadeira e, portanto, impedindo que as percepções claras e distintas possuídas pela pessoa sejam desalojadas. Alguém que retenha a habilidade de reproduzir a demonstração da regra da verdade possui argumentos – argumentos que incluem a demonstração da regra da verdade – que lhe permitem impedir que as percepções claras e distintas recordadas sejam desalojadas; essas crenças são inabaláveis no sentido fraco. Estou agora em posição de acrescentar a exigida restrição à afirmação de Descartes de que recordar que se demonstrou a regra da verdade é uma condição suficiente para a inabalabilidade. Ela é suficiente para alguém que retenha a habilidade de reproduzir a demons-

[38] Garns especula ("Descartes and indubitability", p. 97) que Descartes tenciona que, sempre que um meditador que tenha demonstrado a existência de um Deus não enganador e internalizado as regras do método cartesiano considere a noção de Deus ou de um ente onipotente, ou da fonte de seu ser, ele automaticamente se recorde da prova de que este ente é um não enganador (pp. 98-99). (Garns não insere essa sugestão na interpretação psicológica. Ele apoia uma solução não psicológica para o problema do círculo – cf. pp. 87-88.) Garns considera mal sucedida essa posição sucedida porque ela ignora a hipótese de que exista um gênio maligno (pp. 97-99) – a noção de um gênio maligno não desencadearia automaticamente a prova da existência de um Deus não enganador (p. 99). Essa consideração não é obrigatória. A hipótese do gênio coloca a percepção clara e distinta em dúvida apenas se é suposto que o gênio é "maligno" no sentido de fazer com que a pessoa tenha uma faculdade defeituosa de percepção clara e distinta. Por que não dizer, no espírito da especulação de Garns, que Descartes sustenta que *esta* suposição conduz a pessoa automaticamente a recordar a prova de que a percepção clara e distinta não é defeituosa? Uma dificuldade mais séria é que Descartes não defende em nenhum lugar que haja circunstâncias nas quais a consideração de noções ou proposições apropriadamente relacionadas desencadeie automaticamente a reprodução de uma

tração.³⁸ Chamo a posição esboçada neste parágrafo de *explicação baseada na reproducibilidade*, uma explicação de como a recordação de que se demonstrou a regra da verdade assegura o conhecimento científico.

A explicação baseada na reproducibilidade compromete Descartes com uma assimetria entre dois tipos de percepções claras e distintas recordadas. Chamo de *proposições básicas* as proposições que são essenciais para a demonstração da regra da verdade. As proposições básicas incluem, entre outras, os princípios acerca da causação invocados na Terceira Meditação, no curso da demonstração de que Deus existe, e as proposições de que Deus existe, de que o engano é uma imperfeição e de que Deus não é enganador. Podemos pensar em qualquer proposição como sendo essencial para a demonstração de si mesma, de modo que a regra da verdade é ela própria uma proposição básica. Proposições não básicas não são essenciais para a demonstração da regra da verdade – um teorema da geometria seria um exemplo. De acordo com a explicação baseada na reproducibilidade, todas as percepções claras e distintas recordadas – sejam elas crenças em proposições básicas ou em não básicas – são tornadas inabaláveis pela habilidade de reproduzir a demonstração da regra da verdade. A explicação baseada na reproducibilidade não impõe nenhuma exigência geral de que alguém retenha a habilidade de reproduzir as demonstrações de proposições que esse alguém se lembra de ter demonstrado. A habilidade de reproduzir a demonstração da regra da verdade, no entanto, pressupõe a habilidade de reproduzir as percepções claras e distintas de cada uma das proposições básicas – não se pode reproduzir a demonstração da regra da verdade sem perceber clara e distintamente que Deus existe, que Deus não é enganador etc. As percepções claras e distintas recordadas de proposições básicas

---

dada demonstração. Laporte, citando o penúltimo parágrafo da Quarta Meditação, sustenta uma versão mais fraca da posição: através de "uma meditação atenta e reiterada" (AT VII 62: CSM II 43), um meditador cartesiano pode habituar-se a lembrar da conclusão de que Deus não é um enganador, a fim de refrear a suposição cética (*Le rationalisme de Descartes*, p. 161). Se a regra da verdade for meramente um teorema recordado, no entanto, ela não será psicologicamente irresistível, e não será suficiente para bloquear a suposição cética.

constituem um caso especial; elas não podem ser tornadas inabaláveis, a menos que se retenha a habilidade de reproduzir as demonstrações delas próprias.[39]

A explicação baseada na reproducibilidade vai além de tudo o que diz Descartes, na medida em que ela exige que a obtenção da inabalabilidade no sentido fraco dependa da retenção da habilidade de reproduzir a demonstração da regra da verdade. Precisamos investigar se é plausível atribuir esta visão a Descartes. Não há nenhum obstáculo, a princípio, para que uma pessoa retenha a habilidade de reproduzir uma dada demonstração em particular. Não é uma objeção dizer que certas pessoas podem carecer dessa habilidade. Qualquer explicação da tentativa de Descartes de remover a dúvida acerca da percepção clara e distinta designará um papel para a demonstração da regra da verdade. Não é nenhuma objeção dizer que algumas pessoas não são capazes de compreender esta demonstração. Descartes está tentando mostrar como o conhecimento é possível para

---

[39] Etchemendy considera uma versão fortalecida da explicação baseada na reproducibilidade, na qual nosso *conhecimento de que* temos a habilidade de reproduzir a demonstração da regra da verdade (em vez de meramente o fato de termos a habilidade) nos protege da dúvida metafísica. Etchemendy então rejeita essa posição, apelando para um argumento destinado a mostrar que tal conhecimento seria ocioso (cf. "The Cartesian Circle", p. 19). Uma adaptação de seu argumento sugere que a habilidade de reproduzir a demonstração da regra da verdade seria ela própria ociosa: se a habilidade de reproduzir a demonstração da regra da verdade assegura a inabalabilidade, então a habilidade de reproduzir qualquer proposição que recordamos como tendo sido clara e distintamente percebida asseguraria igualmente a inabalabilidade daquela proposição. Isso ignora o ponto de que Descartes procura assegurar, na medida do humanamente possível, a inabalabilidade (coincidente) de *todas* as percepções claras e distintas recordadas. Na ausência da habilidade de reproduzir a demonstração da regra da verdade, tal inabalabilidade pode ser alcançada somente se a pessoa possui a habilidade (i) de reproduzir as demonstrações de *toda* percepção clara e distinta recordada, e (ii) de fazê-lo *coincidentemente*. A capacidade finita da mente humana – como Etchemendy deveria admitir (cf. p. 8) – é incompatível com (ii). E também, por razões recém-explicadas no texto, (i) é uma condição muito mais onerosa que aquela exigida pela explicação baseada na reproducibilidade (ver também p. 219-220, acima).

humanos com dotes cognitivos ordinários (cf. AT VI 1-3: CSM I 111-112), não que qualquer humano – mesmo um com habilidades cognitivas abaixo do normal – pode alcançar o conhecimento. A presente versão da interpretação psicológica toma o "conhecimento", isto é, o conhecimento científico, como exigindo a crença inabalável. A afirmação de Descartes é que a crença inabalável é possível para alguém que retenha a habilidade de reproduzir a demonstração da regra da verdade. Se algumas pessoas não retêm essa habilidade, isto no máximo mostra que essas pessoas não possuem crenças inabaláveis.

Passagens que se relacionam diretamente com a explicação baseada na reproducibilidade

Volto-me agora para os obstáculos textuais à explicação baseada na reproducibilidade. Das muitas passagens em que Descartes afirma que a inabalabilidade depende do "conhecimento" da regra da verdade, apenas duas mencionam que a recordação de que alguém demonstrou a regra da verdade assegura a inabalabilidade. A questão é se a recordação de que se demonstrou a regra da verdade constitui um conhecimento daquela regra (para o propósito de assegurar a inabalabilidade), mesmo que a pessoa não seja mais capaz de reproduzir a demonstração. Na passagem da Quinta Meditação, Descartes afirma que várias crenças são inabaláveis "ainda que não mais atente para os argumentos que me levaram a julgar que tal é verdadeiro, pelo tempo que me lembro de tê-lo percebido clara e distintamente". A carta a Regius contém uma linguagem similar. Podemos distinguir duas situações em que alguém se lembra de ter demonstrado uma proposição, mas sem atentar ao mesmo tempo para a demonstração. Na primeira, (i) a pessoa não está atentando para a demonstração porque a esqueceu; essa pessoa não reteve a habilidade de reproduzir a demonstração. Na segunda situação, (ii) a pessoa não está atentando para a demonstração, mesmo embora não a tenha esquecido; essa pessoa se lembra da demonstração, no sentido de que retém a habilidade de reproduzi-la, mas não está exercendo aquela habilidade no momento da recordação. Seria um obstáculo à explicação baseada na reproducibilidade se Descartes sustentasse que a recordação, na situação (i), de que a pessoa demonstrou a regra da verdade assegura a inabalabilidade. A linguagem de Descartes, no entanto, é compatível com (ii).

Nas duas passagens consideradas, Descartes enuncia as condições para se assegurar a inabalabilidade especificamente de proposições básicas, e generaliza o resultado para proposições não básicas. Descartes escreve, no parágrafo quinze da Quinta Meditação: "Tirei a conclusão de que tudo quanto percebo clara e distintamente é necessariamente verdadeiro. Consequentemente, ainda que não mais atente para os argumentos que me levaram a julgar que tal é verdadeiro, pelo tempo que me lembro de tê-lo percebido clara e distintamente não há argumentos contrários que possam ser aduzidos para me fazer duvidar disso". Uma vez que alguém demonstrou a regra da verdade, a crença na regra de verdade, uma proposição básica, é inabalável. Descartes estende esse resultado: "E tenho conhecimento não apenas deste assunto, mas de todos os assuntos que me lembro de ter outrora demonstrado, na geometria e assim por diante". As proposições não básicas também são inabaláveis, uma vez que alguém demonstrou a regra da verdade. Na carta a Regius, Descartes também distingue entre proposições básicas e não básicas, e sustenta que a inabalabilidade de ambas é assegurada pela lembrança de que alguém demonstrou as proposições básicas, mesmo que esse alguém não mais atente para a demonstração *destas proposições* (cf. AT III 65: CSMK 147). Nas duas passagens em que se remete diretamente à questão daquilo que se qualifica como "conhecimento" da regra da verdade para o propósito de assegurar a inabalabilidade, Descartes aplica especificamente às proposições básicas uma linguagem compatível com a situação (ii).

Há sete passagens em que Descartes afirma que a inabalabilidade das percepções claras e distintas recordadas depende do conhecimento da regra da verdade, sem distinguir entre a inabalabilidade de proposições básicas e não básicas. Seis destas passagens contêm a linguagem ou uma modesta variante da linguagem, que se refere à lembrança de se ter percebido clara e distintamente uma proposição sem se atentar ao mesmo tempo para a percepção clara e distinta (cf. AT V 178; VIIIA 9-10; VII 69-70, 140,

245-246, 460: CSMK 353; CSM I 197; II, 48, 100, 171, 309). Estas seis passagens são compatíveis com a situação (ii). Algumas dessas utilizam uma linguagem suplementar fortemente sugestiva da situação (ii), em vez da situação (i). Descartes escreve "tão logo eu desvie o olho de minha mente para longe da prova, embora me recorde de tê-la percebido muito claramente, posso facilmente cair em dúvida a respeito de sua verdade, caso não possua conhecimento de Deus" (AT VII 70: CSM II 48).

Apenas uma passagem é incompatível à primeira vista com a explicação baseada na reproducibilidade. Descartes escreve nas Segundas Respostas:

> Há outras verdades que são percebidas muito claramente por nosso intelecto pelo tempo que atentamos para os argumentos dos quais depende nosso conhecimento delas; e somos portanto incapazes de duvidar delas durante esse tempo. Mas podemos esquecer os argumentos em questão e mais tarde lembrar simplesmente as conclusões que foram deduzidas deles. Agora surgirá a questão de se possuímos a mesma convicção firme e imutável acerca dessas conclusões, quando simplesmente recordamos que elas foram previamente deduzidas de princípios bastante evidentes... Minha resposta é que a certeza exigida é de fato possuída por aqueles cujo conhecimento de Deus lhes permite entender que a faculdade intelectual que Ele lhes deu não pode deixar de tender para a verdade... Este ponto foi explicado tão claramente no final da Quinta Meditação que não me parece necessário acrescentar mais nada aqui (AT VII 146: CSM II 104-105).

A linguagem que se refere à lembrança da conclusão, apesar de termos esquecido os argumentos a favor desta, sugere que Descartes tem em vista a situação (i). Não acho que esta seja uma forte evidência contra a explicação baseada na reproducibilidade. Primeiro, se a explicação baseada na reproducibilidade estiver correta, a posição de Descartes tem a complexidade de envolver a assimetria notada acima – as percepções claras e distintas de proposições não básicas, diferentemente das proposições básicas, podem ser tornadas inabaláveis mesmo que a pessoa não retenha a habilidade de reproduzir suas demonstrações. A passagem das Segundas Respostas não é incompatível com esta interpretação, se Descartes estiver concentrando-se em proposições não básicas. Segundo, a sentença final da passagem remete o leitor ao fechamento da Quinta Meditação, para um enunciado mais completo da posição de Descartes. Vimos que na Quinta Meditação a discussão de Descartes da inabalabilidade especificamente de proposições básicas é compatível com a situação (ii). Finalmente, as Segundas Respostas são uma excessão, na medida em que parecem ter em vista a situação (i). As outras oito discussões do asseguramento da inabalabilidade – as seis citadas no parágrafo precedente, mais as duas passagens em que Descartes afirma que a recordação de que se demonstrou a regra da verdade é suficiente para a inabalabilidade – são todas compatíveis com (ii).[40] De fato, à luz dessas oito passagens, parece permissível entender o latim "*oblivisci*" (AT VII 146) e o francês "*oublier*" (AT IXA 115) menos literalmente, como "perder de vista" ou "não atentar para". Essa leitura das Segundas Respostas é compatível com (ii). A evidência textual total sugere fortemente que Descartes não sustentava que as percepções claras e distintas recordadas são

---

[40] Haldane e Ross traduzem uma passagem dos *Princípios*, Parte I, art. 13: "Mas uma vez que ela não pode sempre dedicar sua atenção a elas [quando ela se lembra da conclusão e contudo não pode *recordar* a ordem de sua dedução], e concebe que pode ter sido criada de uma tal natureza que foi enganada mesmo naquilo que era mais evidente, ela vê claramente que tem um grande motivo para duvidar da verdade de tais conclusões" (op. cit. na nota 21 acima, vol. I, p. 224; ênfase acrescentada). Eles traduzem uma passagem da Quinta Meditação: "Como frequentemente me recordo de ter formado um julgamento passado sem ao mesmo tempo *recordar* apropriadamente as razões que me levaram a fazê-lo, pode acontecer nesse ínterim que outras razões se me apresentem, as quais me fariam facilmente mudar de opinião" (vol. I, p. 183; ênfase acrescentada). A linguagem de lembrar-se de uma conclusão sem recordar sua demonstração sugere que a demonstração foi esquecida, que Descartes tem em vista a situação (i). Na primeira passagem, o material entre colchetes traduz o francês: "*sans prendre garde à l'ordre dont elle peut etre demontrée*" (AT IXB 30-31). Na segunda passagem, o verbo latino é *attendere* (AT VII 69). Nenhum dos textos carrega qualquer sugestão de que a demonstração foi esquecida. Tlumak engana-se em sua afirmação de que "Descartes repetidamente insiste que, uma vez que a existência de um Deus bom... é reconhecida, estamos certos da conclusão de uma prova que corretamente nos lembramos de ter percebido clara e distintamente, mesmo embora não possamos reproduzir suas premissas" ("Certainty and Cartesian method", p. 49). Descartes diz isso no máximo uma só vez, nas Segundas Respostas.

inabaláveis, uma vez que alguém demonstrou a regra da verdade, mesmo que esse alguém não seja mais capaz de reproduzir a demonstração.[41]

IMUTABILIDADE E PERMANÊNCIA

Restam obstáculos textuais à explicação baseada na reproducibilidade vindos de outra direção. A noção de inabalabilidade – ou firmeza, ou solidez – de Descartes é um dentre um feixe de conceitos interconectados. Descartes escreve sobre crenças que são tanto firmes quanto imutáveis (ou inalteráveis) (AT VII 145, 146: CSM II 103, 104) e sobre crenças que são imutáveis (AT VII 428: CSM II 289) – em contraste com as crenças que são mutáveis (AT VII 69: CSM II 48). Ele escreve também sobre crenças que são tanto firmes quanto duradouras (ou permanentes) (AT VII 17: CSM II 12) – em contraste com as crenças que são flutuantes (AT X 368: CSM I 14). Parece claro que a crença imutável e a crença permanente são elas próprias objetivos da investigação. A permanência é à primeira vista distinta da imutabilidade, entendida literalmente. Ao passo que uma crença que é literalmente imutável deve ser permanente, uma crença poderia ser permanente sem ser imutável. Uma crença, uma vez que alguém a sustente, pode ser mut*ável*, mesmo embora ela não se altere de fato. Embora Descartes atribua mais peso à imutabilidade, a permanência é proeminente no primeiro parágrafo das *Meditações*. A explicação baseada na reproduci-

---

[41] A explicação baseada na reproducibilidade pode ser generalizada: se a habilidade de *reproduzir* a demonstração da regra da verdade é suficiente para a inabalabilidade, a habilidade de *produzir* uma demonstração da regra da verdade deve ser suficiente para a inabalabilidade. Em parte nenhuma Descartes afirma que uma demonstração (corrente ou prévia) da regra da verdade é *necessária* para a inabalabilidade. Ele diz que "uma convicção firme e imutável acerca" das percepções claras e distintas recordadas "é de fato possuída por aqueles cujo conhecimento de Deus lhes permite entender que a faculdade intelectual que Ele lhes deu não pode deixar de tender para a verdade" (AT VII 146: CSM II 104-105: HR II 42-43). A inabalabilidade requer a habilidade de demonstrar a regra da verdade, e não que a regra da verdade tenha sido demonstrada.

bilidade nos deve uma explicação das interconexões entre a inabalabilidade, a imutabilidade e a permanência.

Em particular, precisa ser mostrado que o asseguramento da inabalabilidade é compatível com o asseguramento da imutabilidade e da permanência.

Começarei com a imutabilidade. (No que se segue, construo "imutabilidade" como significando "imutável especificamente por argumentação".) Uma crença que é inabalável, no sentido forte de não poder ser desalojada, poderia ser imutável.[42] Uma crença que é inabalável no sentido fraco pode ser desalojada, se não se exercer a habilidade de impedir que ela seja desalojada. Uma crença que pode ser desalojada, mesmo que não seja desalojada, não é literalmente imutável. A inabalabilidade no sentido forte é compatível com a imutabilidade literal, mas não pode ser ela própria obtida; a inabalabilidade no sentido fraco pode ser obtida, mas não é compatível com a imutabilidade literal.

A única saída deste dilema é localizar algum sentido técnico, não literal, do termo "imutável", que seja compatível com a mera inabalabilidade no sentido fraco. Embora haja certo número de passagens que fornecem tratamentos discursivos da "inabalabilidade", a "imutabilidade" (conforme se aplica à crença ou ao conhecimento humanos) não recebe um igual tratamento. A aproximação mais próxima de uma glosa ocorre nas Segundas Respostas:

> Pois a suposição que estamos fazendo aqui é a de uma convicção tão firme que é inteiramente incapaz de ser destruída; e essa convicção é claramente o mesmo que a mais perfeita certeza. Mas pode-se duvidar se qualquer certeza desse tipo, ou convicção firme e imutável, pode ser tida de fato (AT VII 145: CSM II 103).

Descartes identifica a convicção firme com a certeza perfeita, e a certeza perfeita com uma convicção que é firme ou inabalável *e imutável*.

---

[42] "Poderia" – em vez de seria – por razões que emergem abaixo: a imutabilidade, diferentemente da inabalabilidade, é uma propriedade contínua de uma crença.

Qual a força dessa condição adicional na explicação do conhecimento científico?[43]

Suponhamos que no instante *t* alguém acredite em *p*, lembre-se de ter percebido clara e distintamente *p*, e retenha a habilidade de reproduzir uma demonstração da regra da verdade; suponhamos, em outras palavras, que a crença em *p* seja inabalável no instante *t*. A inabalabilidade de uma crença no instante *t* não garante sua inabalabilidade em um instante subsequente *t'*. Há várias possibilidades: (a) a pessoa pode ter esquecido a crença, no instante *t'* ; (b) ela pode ter retido a crença, no instante *t'*, mas ter esquecido que a crença foi clara e distintamente percebida; ou (c) ela pode, no instante *t'*, ter retido a crença e lembrado que a crença foi clara e distintamente percebida, mas ter esquecido a demonstração da regra da verdade. No caso (a), aquela pessoa não tem mais uma crença, e muito menos uma crença inabalável, na proposição, no instante *t'*. No caso (b), ela não poderia aplicar a regra da verdade à crença, no instante *t'*. No caso (c), ela não satisfaz, no instante *t'*, uma condição necessária para a inabalabilidade de qualquer percepção clara e distinta recordada. Crenças inabaláveis podem resistir a serem desajoladas por argumentação. Nos casos (a-c), a crença não é desalojada por argumentação; em vez disso, a crença inabalável é perdida devido ao esquecimento. A posse de uma crença inabalável em *p* no instante *t* não garante a posse contínua de uma crença inabalável em *p*. (Esta conclusão aplica-se à inabalabilidade em ambos os sentidos, forte e fraco.) A imutabilidade, por contraste, carrega a conotação de uma propriedade contínua de uma crença. Dado que a inabalabilidade de uma crença é relativa a um instante específico, a inabalabilidade não acarreta a imutabilidade.

Sugiro que a exigência de imutabilidade representa o reconhecimento de Descartes de uma lacuna entre a inabalabilidade em um dado instante e

---

[43] Gombay – o único comentador que conheço que tenta distinguir entre firmeza e imutabilidade – identifica a imutabilidade, em vez da firmeza, com a inabalabilidade (cf. "Mental conflict", pp. 492-494, 498-500). Não vejo como essa interpretação pode acomodar a evidência das Segundas Respostas e da *Busca* citadas em minha discussão anterior da metáfora da firmeza.

a inabalabilidade contínua. Podemos pensar nesta exigência como impondo condições adicionais, semelhantes às que são necessárias para a posse de uma crença inabalável em uma proposição, para garantir a posse contínua de uma crença inabalável naquela proposição. Esta exigência acrescenta-se ao conceito de conhecimento científico, sem exigir que uma crença seja literalmente imutável. Podemos explicar por que Descartes não enfatiza a distinção entre inabalabilidade e imutabilidade. Em cada um dos casos (a-c), a inabalabilidade é insuficiente para a inabalabilidade contínua, devido à possibilidade de esquecimento.[44] O esquecimento é uma questão de variação individual na habilidade ou no desempenho cognitivo, e não é intrínseco à natureza humana. As limitações individuais em relação ao esquecimento não excluem a possibilidade do conhecimento humano, mesmo que esse conhecimento requeira uma *contínua* inabalabilidade (no sentido fraco).[45]

---

[44] Distinções entre proposições básicas e não básicas, entre os vários objetivos da investigação e entre vários tipos de esquecimento são necessárias a fim de avaliarmos se o não-esquecimento é ele próprio, para Descartes, um objetivo da investigação ou uma exigência para o conhecimento científico. Há um caso adicional: (d) a pessoa pode ter esquecido a demonstração de *p* no instante *t'*. Uma vez que isso se reduz ao caso (c) se *p* for uma proposição básica, restrinjo (d) às proposições que não são básicas. No caso (d), a perda de memória não impede a inabalabilidade contínua ao longo do instante *t'*. Nos casos (a-c), a perda de memória impede sim a inabalabilidade contínua ao longo do instante *t'*. Nos casos (a-d), a perda de memória é compatível com a inabalabilidade da crença em *p* em um instante anterior *t*. Até onde posso ver, apenas no caso (a) a perda de memória é automaticamente incompatível com a permanência da crença em *p*. Para discussões prévias do esquecimento, ver Feldman e Levison, "Anthony Kenny and the Cartesian Circle", p. 496; Kenny, "A reply to Feldman and Levison", p. 498; Tlumak, "Certainty and Cartesain method", p. 49; e Markie, *Descartes's Gambit*, pp. 65-69.

[45] Talvez algum esquecimento do tipo presente nos casos (a) ou (b) *seja* intrínseco à natureza humana. Isso não mostra que a inabalabilidade contínua *para a maior parte das crenças que foram uma vez percebidas clara e distintamente* seja um objetivo irrealista; ele só é irrealista para indivíduos que têm falhas sistemáticas de memória, uma condição que não é intrínseca à natureza humana. Os casos (a) e (b) são incompatíveis com a inabalabilidade contínua especificamente da proposição *p* em questão. Só o caso (c) é incompatível com a inabalabilidade contínua de *qualquer* crença, mas é humanamente possível lembrar da demonstração da regra da verda-

Volto-me agora para a permanência. Mesmo a contínua inabalabilidade no sentido fraco é compatível com a impermanência; uma crença com inabalabilidade contínua no sentido fraco pode ser perdida se alguém falha em valer-se de seus meios de impedir a crença de ser desalojada. A questão é se a inabalabilidade contínua no sentido fraco é também compatível com a permanência. Na medida em que as percepções claras e distintas recordadas são desalojadas pela suposição cética, a permanência exige que nunca se suponha que a hipótese cética seja verdadeira. É tentador pensar que o asseguramento da *permanência* de percepções claras e distintas recordadas – tanto quanto o asseguramento de sua inabalabilidade *no sentido forte* – exigiria portanto a contínua atenção à demonstração da regra da verdade. Isso ignora a afirmação de Descartes de que não é humanamente possível atentar continuamente para qualquer assunto de modo a percebê-lo com clareza. Assim como a própria natureza de alguém impede que esse alguém atente continuamente para a demonstração da regra da verdade, a própria natureza desse alguém o impede de atentar continuamente para a hipótese cética. A habilidade de reproduzir a demonstração da regra da verdade não precisa ser exercida continuamente, mesmo para obter a permanência da crença, porque a suposição de que a hipótese cética é verdadeira não voltará ela própria continuamente à memória.[46]

E quanto àquelas ocasiões em que a suposição cética volta sim à memória? Alguns comentadores observaram que a suposição pode então ser desalojada pelo exercício da habilidade de reproduzir a demonstração da regra da verdade.[47] Essa é uma técnica para a restauração de crenças desalojadas pela suposição cética, mediante o desalojamento da própria supo-

---

de. Esse ponto mina uma objeção que Feldman e Levison ("Anthony Kenny and the Cartesian Circle", p. 496, terceiro parágrafo) dirigem a Kenny.

[46] Assumo que uma mera disposição para supor que a hipótese cética seja verdadeira não seria suficiente para desalojar as percepções claras e distintas recordadas ocorrentes; a fim de fazê-lo, a suposição teria de ser ocorrente.

[47] Cf. Laporte, *Le rationalisme de Descartes*, p. 161; Larmore, "Descartes' psychologistic theory of assent", p. 71; Cottingham, *Descartes*, p. 72; e Garns, "Descartes and indubitability", pp. 98-99.

sição cética. A restauração de uma crença desalojada, no entanto, não é a obtenção da permanência na crença; ela minimiza a perda ou a impermanência – tanto quanto um especialista em defesa pessoal pode exercer sua habilidade para recuperar seu dinheiro depois de tê-lo perdido. A permanência na crença requer o exercício *preventivo* ou *preemptivo* da habilidade de reproduzir a demonstração da regra da verdade. A habilidade de um especialista em defesa pessoal de impedir a perda de seu dinheiro depende de sua habilidade tanto de reconhecer que a perda do dinheiro é iminente, quanto de reagir defensivamente, no momento oportuno. De modo similar, o exercício preemptivo da habilidade de reproduzir a demonstração da regra da verdade depende da habilidade tanto de reconhecer que a suposição de que a hipótese cética seja verdadeira é iminente, quanto da habilidade de reproduzir a demonstração da regra da verdade, no momento oportuno. A impermanência devido à suposição cética pode ser evitada por tal exercício preemptivo da habilidade de reproduzir a demonstração da regra da verdade. Embora isso não mostre que a permanência possa ser obtida, isso mostra sim que não há nada intrínseco à explicação baseada na reproducibilidade que impeça a obtenção da permanência.

Em suma, não vejo nenhum obstáculo textual significativo a uma interpretação segundo a qual Descartes sustenta que a obtenção da inabalabilidade depende da retenção da habilidade de reproduzir a demonstração da regra da verdade. Isso completa minha exposição da base textual a favor de uma versão da interpretação psicológica que incorpora a explicação baseada na reproducibilidade. Antes de concluir, ofereço algumas breves observações acerca das objeções filosóficas que podem ser levantadas à posição de Descartes conforme caracterizada pela interpretação psicológica.

Objeções filosóficas à interpretação psicológica

A demonstração da regra da verdade é uma petição de princípio contra a suposição cética. Que ela é de fato uma petição de princípio será aparente, mesmo para pessoas que demonstraram a regra da verdade e recordaram-se de tê-lo feito, se elas revisarem seu procedimento argumentativo prévio. Uma tal pessoa saberia também que uma percepção clara e distinta corrente da regra da verdade tem o resultado de fazer com que a pessoa acredite irresistivelmente na regra da verdade, mesmo embora este resultado seja a conclusão de um argumento que é uma petição de princípio. Proceder, sob essas condições, à reprodução da demonstração da regra da verdade parece algo semelhante a tomar intencionalmente uma pílula ou intencionalmente se submeter a um feitiço hipnótico, que induza uma crença irresistível para a qual se carece de boas evidências.[48] Isso é o mesmo que entrar intencionalmente em uma ilusão epistemológica.

A presente versão da interpretação psicológica não sucumbe a essa objeção. Descartes está tentando mostrar como o conhecimento científico pode ser obtido. Embora alguém não possa deixar de acreditar na regra da verdade quando esse alguém reproduz de fato sua demonstração, pode-se evitar a reprodução da demonstração da regra. Alguém que possua a contínua habilidade de reproduzir a demonstração da regra da verdade pode negar-se a exercer essa habilidade. Uma tal pessoa alcançou, não obstante, a contínua inabalabilidade no sentido fraco e, portanto, o conhecimento científico, apesar de quaisquer escrúpulos a respeito da ilusão. A objeção pode ser colocada de forma ligeiramente diferente. Alguém que, sob as condições delineadas, procedesse à reprodução da demonstração da regra da verdade, a fim de restaurar uma crença desalojada ou antecipar-se à impermanência, não estaria envolvido na ilusão? Ou consideremos alguém que suponha que a hipótese cética seja verdadeira. Vem a sua atenção o fato de que há um argumento tal que, se ele atentar para este argumento, ele irresistivelmente acreditará que a hipótese cética seja falsa. Ele imagina se não está na natureza da questão o fato de que o argumento, quaisquer que forem seus detalhes, será uma petição de princípio contra a suposição cética. Ele se satisfaz com o fato de que, inevitavelmente, o argumento será uma petição de princípio. As crenças dessa pessoa não são ainda inabaláveis. Não estaria ela envolvida na ilusão, se procedesse a atentar para o argumento a favor da regra da verdade pela primeira vez?

---

[48] Cf. Rubin, "Descartes's validation", p. 208; Williams, *Descartes*, p. 207; Gombay, "Mental conflict", p. 495; e Bennett, "Truth abd stability", § 13.

Especulo que Descartes responderia com referência aos custos de não entrar na ilusão. A ilusão consiste na crença irresistível na verdade de uma proposição para a qual alguém carece de boas evidências. Qualquer percepção clara e distinta encontra-se compreendida na ilusão. Não há nenhuma percepção clara e distinta para a qual alguém tem uma boa evidência, se a boa evidência exigir um argumento que não seja uma petição de princípio contra a suposição cética. Evitar a ilusão exige que esse alguém se negue totalmente a exercer sua faculdade de percepção clara e distinta. Descartes sustenta que, ao passo que a percepção clara e distinta é internamente coerente, a percepção sensorial é internamente incoerente – a percepção sensorial por si mesma gera crenças conflitantes. A percepção clara e distinta resolve esses conflitos sustentando uma das crenças conflitantes e corrigindo a outra. A resolução é efetuada em virtude de uma assimetria nas propriedades psicológicas das faculdades: ao passo que a percepção clara e distinta é psicologicamente irresistível, a percepção sensorial gera inclinações suprimíveis à posse de crenças.[49] Ao se negar a exercer a faculdade da percepção clara e distinta, a pessoa priva-se dos meios para a resolução dos conflitos que surgem no interior da percepção sensorial. O sistema doxástico resultante seria inerente e inelimininavelmente instável.[50] Essa instabilidade poderia ser evitada somente pela negação de exercer a faculdade da percepção sensorial, bem como a da percepção clara e distinta. O custo de entrar na ilusão deve ser pesado contra o custo de não fazê-lo – instabilidade ineliminável ou a negação de utilizar as próprias faculdades cognitivas.

Pode-se sentir que essas observações não respondem ao ponto subjacente à objeção – que a resposta psicológica para o problema do círculo tem significância meramente psicológica, e não epistêmica.[51] Essa objeção será provavelmente oferecida por aqueles que pensam que uma solução adequada para o problema do círculo deve ser de caráter epistêmico. Uma resposta

---

[49] Defendo a atribuição dessas doutrinas a Descartes em "The priority of reason in Descartes", §§ 2-3.
[50] Ele careceria também de compreensividade (cf. nota 22).
[51] Cf. Gewirth, "The Cartesian Circle", p. 379; Frankfurt, "Descartes' validation of reason", p. 153, e *Demons, Dreamers and Madmen*, pp. 170-171; Wilson, *Descartes*, p. 133; e Markie, *Descartes's Gambit*, p. 44.

completa exigiria uma comparação detalhada das forças e fraquezas das interpretações epistêmicas e psicológicas. A meu ver, todas as versões conhecidas da interpretação epistêmica ou falham em absolver Descartes da petição de princípio, ou absolvem-no desta acusação somente graças a uma má construção da questão em pauta, ou colapsam (sob escrutínio), tornando-se versões da interpretação psicológica. O espaço não me permite defender essa visão. Posso, entretanto, enunciar uma resposta parcial: o interesse de Descartes é pelo conhecimento científico como *ele* o concebe; ele oferece sim caracterizações puramente psicológicas desta noção e de noções relacionadas, que fornecem os materiais para a resposta psicológica ao problema do círculo.[52] Os textos fornecem uma alternativa à explicação epistêmica.

Tomo nota, de fato, de uma estratégia para acomodar passagens que parecem exigir a interpretação epistêmica. Tanto quanto alguém pode acreditar irresistivelmente que tudo o que percebe clara e distintamente é verdadeiro, alguém pode acreditar irresistivelmente que a regra da verdade fornece uma boa (ou mesmo conclusiva) *razão* para não duvidar de crenças baseadas na percepção clara e distinta. Alguém pode acreditar irresistivelmente nisso se também perceber clara e distintamente, e portanto acreditar irresistivelmente, princípios epistêmicos relevantes sobre a relação entre as boas razões a favor de uma crença e a grande probabilidade de que a crença seja verdadeira. De modo mais geral, a partir da perspectiva da interpretação psicológica, podemos pensar nas passagens que sugerem a interpretação epistêmica como implicitamente inseridas na atitude proposicional "acredito irresistivelmente que..." ou como relatos daquilo em que se pode irresistivelmente acreditar.[53] Os detalhes requerem desenvolvimento.

---

[52] Não vejo como Markie pode afirmar que não há "nenhum apoio textual" para "explicações puramente psicológicas de como as razões para dúvida são excluídas" (*Descartes's Gambit*, p. 44).

[53] Cf. Rubin, "Descartes's validation", pp. 197-198; e Loeb, "The priority of reason", § 6. Algumas passagens que, em tradução, parecem exigir uma interpretação epistêmica são suscetíveis de traduções alternativas que são mais hospitaleiras à interpretação psicológica. Essas passagens podem ser acomodadas sem recurso à estratégia que esbocei; sobre esse ponto, cf. nota 10.

A SIGNIFICÂNCIA DA INTERPRETAÇÃO PSICOLÓGICA

A interpretação psicológica e as respostas que esbocei às objeções filosóficas feitas à posição que esta interpretação atribui a Descartes apoiam-se em doutrinas cartesianas sobre as propriedades psicológicas das faculdades cognitivas. Alguns poderiam concluir que a interpretação psicológica deva ser abandonada, com base no fato de que ela faz com que a posição de Descartes dependa de um fato acidental ou contingente da psicologia humana – o fato de que a percepção clara e distinta corrente é irresistível. Essa poderia ser uma razão para rejeitar a resposta psicológica ao problema do círculo. Não é uma razão para rejeitar a *interpretação psicológica*, a atribuição da resposta psicológica a Descartes. Ao contrário, o considerável mérito textual dessa interpretação sugere que o racionalismo de Descartes não pode ser entendido separado da doutrina de que a percepção clara e distinta, diferentemente da percepção sensorial, é psicologicamente irresistível.[54] (A questão histórica interessante é por que Descartes insistiu nessa doutrina psicológica.[55]) De fato, argumento em outro lugar que, para Descartes, a superioridade ou prioridade da razão ou da percepção clara e distinta em relação à percepção sensorial reside em última instância na maior irresistibilidade da razão.[56]

Sou inclinado a pensar que as propriedades psicológicas das faculdades cognitivas desempenham um papel mais essencial na epistemologia dos séculos XVII e XVIII do que normalmente se entende.[57] Acredito que tanto Descartes quanto Hume adotam objetivos doxásticos caracteriza-

---

[54] Cf. Larmore, "Descartes' psychologistic theory of assent", pp. 61-62.
[55] Para algumas explicações que foram tentadas, ver Kenny, *Descartes*, p. 185; Doney, "Descartes's conception of perfect knowledge", pp. 399-400; Frankfurt, *Demons, Dreamers and Madmen*, p. 164; e Loeb, "The priority of reason", § 4. Uma explicação adequada desempenharia um papel em uma avaliação mais completa do mérito da interpretação psicológica da posição de Descartes em relação ao problema do círculo.
[56] Cf. Loeb, "The priority of reason", esp. §§ 1-6.
[57] Para uma versão mais desenvolvida dos temas deste parágrafo, cf. Loeb, "The priority of reason", § 7.

dos em termos psicológicos – objetivos que se relacionam a propriedades, como a permanência, inabalabilidade e estabilidade da crença. Neste sentido, Descartes e Hume estão envolvidos em um projeto epistemológico comum. Uma explicação de como obter esses objetivos psicologicamente definidos está inextricavelmente ligada a uma concepção das propriedades psicológicas das faculdades cognitivas. É em suas concepções dessas propriedades que Descartes e Hume divergem: para Descartes, apenas a razão gera crenças psicologicamente irresistíveis; para Hume, as crenças irresistíveis resultam da percepção sensorial, da memória e da inferência causal, bem como da razão ou intuição e demonstração.[58] Esse contraste é crucial para a diferença entre o racionalismo de Descartes e o empirismo de Hume.[59]

---

[58] Cf. O *Treatise* de Hume, pp. 8, 31, 153, 225.
[59] Agradeço a Jonathan Bennett pelo acesso a um rascunho de seu "Truth and stability" antes da publicação. Sou grato a Paul Boghossian, Richard Brandt, Stephen Darwall, Allan Gibbard, Gideon Rosen, Lawrence Sklar, William Taschek, David Velleman, Nichols White e Stephen Yablo pela valiosa discussão. Sou especialmente grato a John Cottingham pelos detalhados comentários e sugestões escritas. Finalmente, deveria ser notado que embora o editor do presente volume tenha fornecido, do início ao fim, referências padronizadas às edições CSM e CSMK, a redação de fato das citações da carta a Regius (pp. 202, 203 e 231, acima) foi tirada de A. Kenny (ed.)*Descartes, Philosophical Letters* (Oxford: Clarendon, 1970), p. 74. A tradução de Kenny foi incorporada em sua totalidade à edição CSMK, mas com algumas modificações; a edição CSMK não havia aparecido quando o presente capítulo foi completado.

8 Dualismo cartesiano: Teologia, metafísica e ciência

JOHN COTTINGHAM

Ao longo de sua vida, Descartes acreditou firmemente que a mente ou alma do homem (ele não fazia distinção entre os dois termos)¹ fosse essencialmente não física. Em seu primeiro grande trabalho, as *Regulae* (c. 1628), ele declarou que "o poder através do qual conhecemos as coisas no sentido estrito é puramente espiritual, e não é menos distinto de todo o corpo do que o sangue é distinto dos ossos ou a mão é distinta do olho" (AT X 415: CSM I 42). Em sua última obra, as *Paixões da alma* (*Passions de l'âme* – 1649), ele observou que a alma, embora "ligada" ou "unida" a "todo o agrupamento dos órgãos corporais" durante a vida, é "de uma natureza tal que não tem nenhuma relação com a extensão ou com as dimensões, ou outras propriedades da matéria da qual o corpo é composto" (AT XI 351: CSM I 339). E, entre esses dois extremos cronológicos, temos a afirmação central das *Meditações* (1641): há uma distinção "real" (*realis*) entre a mente e o corpo; em outras palavras, a mente é uma "coisa" (*res*) distinta e indepen-

---

¹ Cf. Resumo das *Meditações*: "*l'esprit ou l'âme de l'homme (ce que je ne distingue point)*" (AT IX 10: CSM II 10n., ênfase acrescentada). Esta asserção da intercambialidade dos termos "mente" e "alma" na metafísica cartesiana aparece na versão francesa de 1647 das *Meditações*. O texto latino original de 1641 refere-se simplesmente à mente (*mens*, AT VII 14). Cf. também as versões francesa e latina do título da Sexta Meditação.

² O termo "real" (*realis*) é muito mais preciso em Descartes do que é sugerido pelas conotações mais vagas e imprecisas do termo inglês moderno "*real*": "estritamente falando, uma distinção real existe somente entre duas ou mais substâncias" (*Princípios*, Parte I, art. 60: AT VIIIA 28: CSM I 213).

dente.² A coisa pensante que "eu" sou é "realmente distinta do corpo e pode existir sem ele" (AT VII 78: CSM II 54).

A mensagem parece ser uma só. A tese da incorporealidade da mente parece, do início ao fim, um ponto fixo no pensamento de Descartes. De fato, a agora difundida adoção do rótulo "dualismo cartesiano" para referir-se à tese da incorporealidade teve o efeito de fazer dessa tese a própria marca da filosofia de Descartes. Ainda assim, embora seja inegável que Descartes tenha repetidamente afirmado a tese da incorporealidade, suas razões para aderir a ela não foram de modo algum homogêneas. Este capítulo contemplará três tipos bastante distintos de considerações que motivaram o "dualismo" de Descartes, a saber: o teológico, o metafísico e o científico. Argumentar-se-á que há certa harmonia entre o primeiro e o segundo desses elementos, mesmo embora a relação entre eles certamente não seja uma relação de acarretamento mútuo. Entre o segundo e o terceiro elementos, por contraste, sugerir-se-á que há certo tipo de tensão; pois ao passo que os argumentos metafísicos de Descartes parecem destinados a excluir até mesmo a possibilidade de que o dualismo seja falso, naquelas que podem ser chamadas suas discussões "científicas" da natureza da mente o tom é muito menos dogmático, e o resultado é muito mais sensível à evidência empírica, do que as exposições ordinárias do "dualismo cartesiano" normalmente permitem.

Teologia: Da fé à razão

As expressões informais das visões das pessoas de hoje a respeito da tese da incorporealidade sugerem uma tendência à divisão ao longo de linhas religiosas: os teístas convictos têm mais tendência a serem dualistas. Uma razão importante para isso pode ter a ver com a doutrina da pós-vida, que a muitos parece exigir que aquilo que sobrevive à morte, o portador da personalidade e da consciência, seja algum tipo de alma incorpórea. Será que essa assunção era parte do pano de fundo do século XVII?

Certamente o próprio Descartes, em sua obra publicada, sublinhava a conexão entre a crença religiosa e o dualismo. A carta Dedicatória à Faculdade de Teologia da Sorbonne, que foi afixada à primeira edição das *Meditações*, nota que os fiéis são obrigados a aceitar que "a alma humana não morre com o corpo", e sugere que uma demonstração dessa afirmação por meio da "razão natural" serviria à causa da religião e ao combate ao ateísmo (AT VII 3; CSM II 4). Embora Descartes tivesse um interesse pessoal em promover seu livro mediante a obtenção da aprovação dos teólogos, seria errado rejeitar como mera reflexão posterior sua professa motivação religiosa para escrever sobre a metafísica da mente e do corpo. Pois a mesma motivação é expressa em sua correspondência privada, já em 1630, quando Descartes havia recentemente começado a trabalhar no assim chamado *Pequeno tratado* (*Petit Traité*) – um pequeno tratado sobre metafísica (hoje perdido), que era destinado, entre outras coisas, a combater aquelas "pessoas audaciosas e impudentes que lutariam contra Deus", mediante o estabelecimento da "existência de nossas almas quando separadas do corpo" (carta a Mersenne, 25 de novembro de 1630: AT I 182: CSMK 29).

Claramente, no século XVII, assim como hoje, qualquer defensor do cristianismo ortodoxo é obrigado a defender a doutrina da imortalidade da alma. O que não é claro, no entanto, é que essa doutrina por sua vez requer que o dualismo seja verdadeiro. Apesar da insistência de Descartes quanto às ligações entre sua própria metafísica e os ensinamentos da Igreja, o fluxo principal do ensinamento religioso ortodoxo certamente não especificava que o portador da consciência pós-morte devesse ser uma *res cogitans* não extensa e não espacial, do tipo concebido por Descartes; ao contrário, uma corrente influente na tradição cristã via a pós-vida em termos da existência de algum tipo de corpo novo, "ressuscitado" – não, por certo, este emaranhado de carne e sangue, mas ainda assim algo possuidor de algum tipo de materialidade.[3] Se a escrutinizarmos cuidadosamente, contudo, a

---

[3] Este parece ser o quadro predominante tanto nas escrituras judaicas quanto nas cristãs. Cf. Jó 19:25: "Embora os vermes destruam este corpo, ainda assim *em minha carne* verei a Deus"; e em 1 Coríntios 15, 42-44: "O mesmo se dá com a ressurreição dos mortos. Semeado corruptível, o corpo ressuscita incorruptível... Semeado corpo biológico (*soma psychicon*), ressucita corpo espiritual (*soma pneumation*)". O Credo de Nicéia (325 d.C.) afirma a "ressurreição do corpo". No entanto, a doutrina do

afirmação de Descartes não diz que seu tipo de dualismo seja necessário para a imortalidade da alma, mas que ele é *suficiente* para estabelecê-la: o objetivo do *Petit Traité* era estabelecer "a independência de nossas almas em relação a nossos corpos, donde se segue sua imortalidade" (*d'où suit leur immortalité*; carta a Mersenne, loc. cit.).

A lógica desta última cláusula evidentemente preocupava o Padre Mersenne, e ele escolheu exprimir suas dúvidas em público uns dez anos mais tarde, ao compilar o segundo conjunto de Objeções às *Meditações*. Estabelecer a incorporealidade da alma, reclamava ele, não é exatamente o mesmo que estabelecer sua imortalidade; Deus poderia, por exemplo, tê-la dotado com "exatamente a força e existência necessárias para assegurar que ela chegasse a um fim com a morte do corpo" (AT VII 128: CSM II 91). Em sua resposta, Descartes agora admitia que não podia fornecer uma prova férrea da imortalidade da alma. Mas ele advertia que não temos "nenhuma evidência ou precedente convincente" para sugerir que a aniquilação de uma substância como a mente possa resultar de uma "causa tão trivial" quanto a morte corpórea, a qual é simplesmente uma questão de "divisão ou mudança de figura" nas partes do corpo (AT VII 153: CSM II 109).

Subjacente a esses enigmáticos comentários, podemos vislumbrar certa lacuna que separa a metafísica de Descartes das ideias de seus predecessores escolásticos. Na concepção aristotélica da alma, que nunca está longe da superfície da doutrina escolástica, há uma conexão integral entre a alma e o corpo. A alma está para o corpo como a forma está para a matéria; e o que isso significa, efetivamente, é que um dado conjunto de funções (locomoção, digestão, sensação) depende de as partes relevantes

---

purgatório que emergiu cedo no pensamento cristão aparentemente implica de fato um estado intermediário no qual almas inteiramente descorporificadas aguardam a ressurreição. Uma tal alma, no entanto, não poderia, de acordo com Tomás de Aquino, ser uma "substância completa" (*Summa Theologiae* Ia 75.4 e Ia 118.2). Ver também Suárez, *Disputas metafísicas*, Disp. 33, Seção I, art. 11: "Anima etiamsi sit separata... est pars... essentialis, habetque incompletam essentiam... et ideo semper est substantia incompleta", citado em Gilson, *Index Scolastico-Cartésien*, p. 278. Ver também Swinburne, *The Evolution of the Soul*, p. 311.

do corpo serem "enformadas" ou organizadas de certa maneira. Um resultado deste quadro aristotélico é que há um tipo de continuidade entre todas as coisas viventes. As plantas, os animais e o homem, todas as coisas que são vivas ou "enalmadas" (*empsychos*), fazem parte de um contínuo, no qual a matéria é progressivamente organizada em uma hierarquia, com cada função mais acima na cadeia pressupondo aquelas funções que operam em um nível inferior.[4] Em um universo cartesiano puramente mecânico, por contraste, há um importante sentido no qual não há nenhuma diferença real entre matéria "viva" e matéria "morta". "A matéria existente no universo é uma e a mesma", escreve Descartes nos *Princípios de Filosofia*, "e ela é sempre reconhecida como matéria simplesmente em virtude de ser extensa" (Parte II, art. 23: AT VIIIA 52: CSM I 232). É, portanto, um sério erro, segundo a visão de Descartes, supor que a morte corporal seja de algum modo causada pela ausência da "alma". Como ele explica nas *Paixões da alma*:

> A morte nunca ocorre pela ausência da alma, mas somente porque uma das partes principais do corpo deteriora-se... A diferença entre o corpo de um homem vivo e o de um homem morto é exatamente como a diferença entre, por um lado, um relógio ou outro autômato (isto é, uma máquina automovente) quando está com a corda dada e contém em si o princípio corpóreo dos movimentos para os quais é destinado, juntamente com tudo o mais que é exigido para sua operação; e, por outro lado, o mesmo relógio ou máquina quando está quebrado, e o princípio de seu movimento cessa de ser ativo (AT XI 331: CSM I 329).

Quando essa visão puramente mecânica da biologia é combinada com a tese de Descartes de que a mente consciente é uma substância incorpórea separada, o resultado final é que a morte corporal torna-se, em certo senti-

---

[4] Aristóteles distinguia cinco funções – vegetativa, sensitiva, apetitiva, locomotiva e intelectual (*De Anima*, II 3); estas foram por sua vez incorporadas ao sistema tomista como as *quinque genera potentiarum animae*; cf. *Summa Theologiae* I 78.1, e Gilson, *Index Scolastico-Cartésien*, pp. 12-15.

do, totalmente irrelevante para a questão da imortalidade pessoal. Descartes coloca esse ponto bastante explicitamente no Resumo das *Meditações*:

> O corpo humano, na medida em que difere dos outros corpos, é simplesmente constituído de certa configuração de membros e outros acidentes semelhantes; ao passo que a mente humana não é assim constituída de quaisquer acidentes, mas é uma substância pura. Pois, mesmo que todos os acidentes da mente se modifiquem, de modo que ela tenha diferentes objetos do entendimento e diferentes desejos e sensações, ela não se torna, por essa razão, uma mente diferente; ao passo que o corpo humano perde sua identidade meramente como resultado de uma mudança na figura de algumas de suas partes. E daí segue-se que, enquanto o corpo pode muito facilmente perecer, a mente é imortal por sua própria natureza (AT VII 14: CSM II 10).

O argumento não é ainda bastante estanque; ele necessita da premissa metafísica adicional de que uma substância, uma vez criada por Deus, é "incorruptível por natureza, e jamais pode cessar de existir, a menos que seja reduzida a nada pela negação do concurso de Deus para com ela" (ibid.).[5] Ainda assim, mesmo quando essa premissa adicional é acrescentada, a cláusula "a menos que" deixa ao final o argumento ainda um pouco aquém de qualificar-se como uma demonstração completamente rigorosa. Há, por certo, uma forte suspeita de que uma substância, uma vez criada, continuará a existir; mas isso, lembra-nos Descartes, deve em última instância depender da vontade eficaz de Deus, e não podemos saber com certeza o que Ele planejou para a alma após a morte.[6] Essa advertência – combinada com sua contínua relutância em pisar nos dedões dos teólogos – explica por que, quando questionado sobre a imortalidade da alma,

---

[5] "Concurso" é o poder de Deus, o preservador, continuamente exercido, e sem o qual (segundo a doutrina ortodoxa de criação e preservação seguida por Descartes) todas as coisas se desfaleceriam no nada. Cf. AT VII 49: CSM II 33.

[6] "Não tenho a pretensão de tentar usar o poder da razão humana para resolver qualquer destas questões que depende da livre vontade de Deus" (AT VII 153: CSM II 109).

Descartes geralmente recuava de qualquer pretensão de fornecer uma prova logicamente irresistível da questão.[7]

Não obstante essas restrições, Descartes podia ainda plausivelmente afirmar que seu próprio sistema metafísico apoiava-se em um terreno muito mais firme que a metafísica escolástica, no que dizia respeito ao problema de reconciliar a filosofia natural com as exigências da fé cristã. Os escolásticos defrontavam-se com um problema de primeira mão sobre a imortalidade da alma. Se a explicação "hilomórfica" ("materio-formal") aristotélica da *psyche* fosse adotada, então não seria fácil enxergar como uma dada função psíquica, tal como o pensamento, poderia possivelmente sobreviver na ausência de um substrato material. Admitidamente, o próprio Aristóteles, em uma passagem notoriamente obscura do *De anima*, introduziu o conceito de um "intelecto ativo" que, sendo definido em termos de pura atividade, seria supostamente capaz de algum tipo de "separação" em relação ao corpo; mas, como a luta da Igreja contra os seguidores heréticos de Averróis posteriormente demonstraria, essa estranha noção dificilmente fornecia um apoio não ambíguo a qualquer coisa semelhante ao conceito de uma consciência pessoal individual capaz de sobreviver à morte.[8] Permanecia o fato de que o sistema aristotélico, em sua interpretação mais natural e plausível, não admitia almas separadas de corpos mais do que (para usarmos as analogias do próprio Aristóteles)

---

[7] A afirmação no subtítulo da primeira edição (1641) das *Meditações* – "*in qua... animae immortalitas demonstratur*" – foi abandonada na segunda edição de 1642; cf. carta a Mersenne de 24 de dezembro de 1640: AT III 266: CSMK 163. O mais evidente recuo em relação à afirmação de demonstrabilidade ocorre na carta a Elizabete de 3 de novembro de 1645: "je confesse que, par la seule raison naturelle nous pouvons bien faire beaucoup de conjectures... et avoir des belles espérances, mais non point aucune assurance" (AT IV 333: CSMK 277). Para a relutância de Descartes em transpor os limites dos teólogos, ver esp. AT V 176, traduzido [para o inglês] em Cottingham (ed.), *Descartes' Conversation with Burman*, pp. 46 e 115s.

[8] Para o "intelecto ativo" de Aristóteles, ver *De Anima* III 5. Averróis, o grande comentador muçulmano de Aristóteles, assumia que, após a morte do corpo, as almas humanas perdiam qualquer individualidade e fundiam-se com um espírito universal. O Concílio de Latrão de 1513 condenou a heresia averroisiana; cf. AT VII 3: CSM II 4.

admitia a visão separada do olho, ou a função de cortar madeira de um machado existindo separada dos materiais que constituem sua lâmina. Confrontados com esta dificuldade, muitos teólogos foram tentados a declarar que a imortalidade pessoal era uma doutrina que não podia ser defendida pela razão humana, mas devia ser baseada unicamente na fé.[9] Contra essa posição, Descartes – e não há nenhuma boa razão para duvidarmos de sua sinceridade neste caso – enxergava sua própria filosofia como abrindo um novo campo.[10] Agora era possível oferecer aos teólogos uma metafísica na qual a consciência era um fenômeno *sui generis*, completamente desvencilhado de eventos corpóreos de qualquer tipo e, portanto, inerentemente imune aos efeitos da dissolução corporal. Ao fornecer, como ele pensava que poderia, uma demonstração filosófica da incorporealidade da mente, Descartes via-se assim explicitamente como preeenchendo o edito do Concílio de Latrão, segundo o qual os filósofos cristãos deveriam utilizar todos os poderes da razão humana para estabelecer a verdade da imortalidade da alma (AT VII 3: CSM II 4).

Há, no entanto, uma volta a mais na história. O que é "puro" e incorpóreo, na explicação de Descartes para a mente, é a intelecção e a volição, não a sensação ou a imaginação. Estas últimas faculdades não são parte de nossa essência enquanto coisas pensantes (AT VII 73: CSM II 51); elas são, como Descartes frequentemente enfatiza, modos "especiais" de consciência, que dependem da

---

[9] Nos comentários "coimbrãos" ao *De Anima* publicados por um grupo de escritores jesuítas em 1598, há uma referência hostil a "certos filósofos recentes que afirmam que, uma vez que a alma racional é a forma do corpo, sua imortalidade baseia-se unicamente na fé, pois, assim afirmam, não se pode mostrar por princípios filosóficos que alguma forma de um corpo tem o poder de existir fora da matéria" (*Commentarii in tres libros de Anima Aristotelis*, Lv. II, cap. 1, q. 6, art. 2; citado em Gilson, *Index Scolastico-Cartésien*, p. 142.)

[10] Na carta a Plempius para Fromondus de 3 de outubro de 1637, Descartes explicitamente contrasta suas visões sobre a alma com aquelas dos escolásticos e sugere que ele pode evitar muitas das dificuldades teológicas que assediam estes últimos; ver esp. AT I 414ss.: CSMK 62s. Ver também a carta a Regius de janeiro de 1642 (AT III 503: CSMK 207-208). Para a sinceridade dos comprometimentos religiosos de Descartes, cf. carta a Mersenne de março de 1642 (AT III 543: CSMK 210).

união da alma com o corpo.¹¹ O que isso parece acarretar é algo que o próprio Descartes nunca discute, mas que ocupou a mais sincera atenção de discípulos cartesianos como Louis de la Forge, posteriormente no mesmo século: após a morte corporal, quando a alma for desunida, sua cognição será desprovida de toda particularidade. Quando as imagens e ideias sensíveis se enfraquecerem, a alma será deixada a contemplar ideias meramente gerais e abstratas, como as da matemática. E isso, por sua vez, torna difícil de ver como qualquer personalidade ou individualidade real pode ser preservada. Exatamente como os tomistas haviam anteriormente lutado contra o problema de o que diferencia um anjo de outro, também os cartesianos posteriores estavam em dificuldades para explicar como uma *res cogitans* impessoal, desencorporada, podia ser distinta de outra. No fim, o fantasma de Averróis, que havia atormentado os escolásticos, retornava para assombrar os cartesianos.¹²

Metafísica: A falácia recorrente

Não podemos saber que provas da tese da incorporealidade Descartes vislumbrou em seu precoce "Pequeno Tratado" sobre metafísica. Nas *Regulae* de 1628 ele meramente afirma a natureza incorpórea do poder de pensamento,

---

[11] *Speciales modi cogitandi*: Sexta Meditação, AT VII 78: CSM II 54. Ver ainda, Cottingham, "Cartesian trialism", p. 226ss. A consciência pós-morte, desprovida destes "modos especiais", seria, ao que parece, um negócio magro e escasso – pelo menos no que diz respeito à individualidade pessoal. Cf. as observações sobre a "imortalidade descorporalizada" em C. Wilson, *Leibniz's Metaphysics*, p. 197; Wilson sugere que a preocupação de Descartes com o prolongamento da vida corpórea pode ter sido motivado por uma percepção implícita da escassa qualidade da existência realizável por um intelecto incorpóreo puro. Para as críticas do próprio Leibniz à imortalidade cartesiana, ver "Supplementary Texts", no. 16, em Martin e Brown (eds.), *Leibniz, Discourse on Metaphysics*, p. 127.

[12] Ver Louis de la Forge, *Traité de l'âme humaine*, citado em Wilson, "Descartes and Cartesianism", p. 593. Para o problema da individuação dos anjos, cf. Tomás de Aquino, *Summa Theologiae* I, 50.4. Ver também AT V 176, e Cottingham (ed.), *Descartes' Conversation with Burman*, pp. 19 e 84.

observando que "nada semelhante a esse poder há de ser encontrado nas coisas corpóreas" (AT X 415: CSM I 42); e em seu "Tratado do Homem", composto durante os anos de 1629-1630 como parte de sua exposição geral de física, *Le Monde*, ele limita-se em grande parte a uma explicação fisiológica dos mecanismos do sistema nervoso central, simplesmente afirmando que Deus une uma alma racional (*une ame raisonable*) à máquina corpórea, localizando seu assento principal (*son siège principal*) no cérebro e dotando-a de uma natureza tal que ela é adaptada a ter todo um leque de sensações correspondentes, em uma base de um para um, às diferentes maneiras segundo as quais o cérebro é estimulado através dos nervos (AT XI 143: CSM I 102). Não foi até a época de sua primeira obra publicada que ele se aventurou a oferecer um esboço de como a natureza não física da alma poderia ser estabelecida. Em uma carta escrita a Jean de Silhon em maio de 1637, na véspera da publicação do *Discours de la Méthode*, ele resume sua abordagem como se segue: "Um homem que duvida de tudo o que é material não pode, apesar de tudo, duvidar de sua própria existência. Disso segue-se (*il suit*) que ele, isto é, sua alma, é um ente ou substância que não é de todo corpórea (*point du tout corporelle*), mas cuja natureza é exclusivamente pensar (*sa nature n'est que de penser*), e esta é a primeira coisa que alguém pode saber com certeza" (AT I 353: CSMK 55).[13]

O palavreado aqui se aproxima bastante da famosa passagem da Parte IV do *Discurso*, na qual, naquele que é ou deveria ser considerado como um das mais notórias falsas conclusões do tipo "não se segue" (*non sequitur*) da história da filosofia, Descartes move-se da proposição de que ele pode duvidar da existência de seu corpo para a conclusão de que ele pode existir sem seu corpo – que ele é um ente "que não requer nenhum lugar, nem depende de nenhuma coisa material, para existir" (AT VI 33: CSM I 127). Mesmo quando escrevendo a Silhon, Descartes admitia que seu argumento não era tão acessível quanto poderia: para torná-lo inteiramente convincente, diz ele, ele "teria de explicar minuciosamente os mais fortes argumentos dos céticos

---

[13] Que o destinatário desta carta seja Silhon é uma conjectura de Adam, tornada plausível pelo fato de que Silhon havia escrito dois tratados sobre a imortalidade da alma; cf. AT I 352.

para mostrar que não há nenhuma coisa material de cuja existência alguém pode estar certo" (loc. cit.).

Mas a dificuldade do argumento, é claro, não é apenas que o "método da dúvida" não é tornado vívido o suficiente para carregar consigo o leitor. Descartes viria a corrigir amplamente esse defeito no dramático monólogo da Primeira Meditação. O que resta é a falha lógica que foi imediatamente aproveitada por um astuto crítico contemporâneo do *Discurso*:

> Do fato de que a mente humana, quando voltada sobre si mesma, não se percebe como outra coisa que não uma coisa pensante, como é que se segue que sua natureza ou essência consiste apenas em ser ela uma coisa pensante, em que a palavra "apenas" (*tantum*) exclui tudo mais que poderia ser dito pertencente à natureza da alma? (AT VII 8: CSM II 7).

Citando essa objeção no Resumo das *Meditações*, Descartes admite que precisa justificar o movimento do "não sou cônscio de nada que pertença à minha essência exceto o pensamento" para o "nada pertence de fato a minha essência exceto o pensamento". Ainda assim, quase perversamente, ele aparentemente procede à repetição do mesmo movimento insatisfatório na Segunda Meditação: "O que é este 'eu' que conheço?", pergunta o meditador; "Eu sou no sentido estrito apenas uma coisa que pensa, isto é, uma mente ou inteligência, ou intelecto, ou razão" (*sum precise tantum res cogitans, id est mens, sive animus, sive intellectus, sive ratio*, AT VII 27: CSM II 18).

Quando questionado acerca dessa passagem alguns anos depois, por Gassendi, Descartes insistiria que a restrição "apenas" (*tantum*) deveria referir-se a "no sentido estrito" (*praecise*), e não a "uma coisa que pensa" (*res cogitans*). Em outras palavras, ele não pretendia afirmar que ele era *apenas* uma coisa pensante e nada mais; a afirmação era mais modesta, dizendo que ele era, "no sentido estrito apenas", uma coisa pensante (AT IXA 215: CSM II 276).[14] Mas o que

---

[14] As críticas de Gassendi a esta passagem da Segunda Meditação foram publicadas em sua *Disquisitio Metaphysica*, em 1644; a resposta de Descartes ocorre na carta a Clerselier de 12 de janeiro de 1646, que foi reimpressa na tradução francesa das *Meditações com Objeções e Respostas*, publicada em 1647. Ver ainda CSM II 268n.

vem a ser este "sentido estrito"? Descartes não pode deixar de admitir que, até onde sabe o meditador na Segunda Meditação, a "coisa pensante" da qual ele é cônscio pode muito bem ser um ente corpóreo de algum tipo; sua habilidade de duvidar da existência dos objetos corpóreos é bastante compatível com a possibilidade de que o que está *produzindo* a dúvida seja, afinal de contas, algo essencialmente corporificado.

Em sua resposta a Gassendi, Descartes insistia com irritação que ele havia reconhecido justamente esta possibilidade na Segunda Meditação: "Mostrei que pelas palavras "no sentido estrito apenas" eu não entendia uma total exclusão ou negação, mas apenas uma abstração das coisas materiais; pois eu disse que apesar disso não temos certeza de que não haja nada de corpóreo na alma, mesmo embora não reconheçamos nela nada de corpóreo" (AT IXA 215: CSM II 276). Isso parece ao menos parcialmente dissimulado. Descartes havia, na Segunda Meditação, levantado a possibilidade de que as coisas materiais que ele havia imaginado que não existiam pudessem ser idênticas à "coisa pensante" da qual ele era cônscio: *fortassis contingit ut haec ipsa, quae suppono nihil esse... in rei veritate non differant ab eo me quem novi*" (AT VII 27: CSM II 18, linhas 29-31). Mas embora essa possibilidade fosse inicialmente deixada no ar, ao final do parágrafo Descartes parece tê-la efetivamente excluído: nenhum objeto corpóreo que a imaginação possa conceber é relevante para minha consciência de mim mesmo, e portanto "a mente deve ser muito cuidadosamente afastada de tais coisas, para que perceba sua própria natureza tão distintamente quanto possível" (AT VII 28: CSM II 19). O que quer que Descartes tenha posteriormente dito a Gassendi, é difícil evitar a leitura dessa passagem como sutilmente insinuando que qualquer tentativa de identificar a natureza da mente com algo material teria sido radicalmente malconcebida. Se, no entanto, eliminarmos essa insinuação, então tudo a que o discurso de Descartes sobre uma maneira "precisa" ou "estrita" de falar pode logicamente reduzir-se é a pouco excitante afirmação de que o meditador pode chegar a *algum* tipo de concepção de si mesmo como um duvidador isolado e descorporificado.

Parece haver duas possíveis interpretações do que está acontecendo aqui. Na interpretação não caridosa, Descartes inicialmente apenas falhou em enxergar a natureza defeituosa do movimento que vai de "posso duvidar de que tenho um corpo" para "o corpo não me é essencial", e, tendo corajosamente içado essa bandeira ao topo do mastro no *Discurso*, não podia mais levar-se a arriá-la e alijá-la. Na interpretação mais caridosa, ele é bastante claro quanto ao fato de que sua consciência subjetiva de si mesmo como um duvidador descorporificado não é nada mais que isso – uma peça de consciência subjetiva – e que resta ainda a ser feito todo o trabalho para estabelecer que a concepção assim alcançada equivale de fato à natureza da realidade. A versão mais caridosa é difícil de conciliar com as passagens da Segunda Meditação já citadas, e acima de tudo com os textos citados da carta a Silhon e do *Discurso*, nos quais nenhuma quantidade de verniz parece ser suficiente para encobrir o resplandecente paralogismo. Mas a visão mais condescendente é apoiada por outras passagens, inclusive uma em um texto precoce como as *Regulae*, em que Descartes faz uma distinção bastante explícita entre cognição subjetiva e realidade essencial, e admite pronta e francamente que "quando consideramos as coisas na ordem que corresponde à cognição que temos delas" (*in ordine ad cognitionem nostram*), nossa visão delas pode ser diferente do que seria se estivéssemos falando delas "de acordo com o modo como elas existem na realidade" (*prout re vera existunt*, AT X 418: CSM I 44).[15] Assim um defensor de Descartes tem algum exemplo para aceitar o protesto do *Resumo* de que, quando ele exclui de sua essência o corpo, Descartes não pretende fazer a exclusão "em uma ordem correspondendo à verdade atual das coisas" (*in ordine ad ipsam rei veritatem*), mas apenas em uma ordem correspondendo a sua própria percepção (*in ordine ad meam perceptionem*, AT VIII 8 : CSM II 7).

Mas mesmo interpretar Descartes caridosamente a esse respeito é algo que está, é claro, muito longe de vindicar seus argumentos metafísicos a favor do dualismo. A lacuna entre cognição subjetiva e realidade objetiva,

---

[15] "Estamos preocupados aqui com as coisas somente na medida em que são percebidas pelo intelecto" (*hic de rebus non agentes nisi quantum ab intellectu percipuntur*), loc. cit. Para mais sobre a significância dos argumentos de Descartes nesta parte das *Regulae*, ver acima, Capítulo 4.

uma vez reconhecida, não é facilmente preenchida; e embora Descartes ao menos tente preenchê-la – mais notavelmente no argumento a partir das percepções claras e distintas divinamente garantidas, na Sexta Meditação – é de conhecimento geral, e já o era mesmo no século XVII, que esse argumento é altamente vulnerável. A armadilha mais notória é o círculo de Arnauld: a lacuna entre cognição subjetiva e realidade essencial é preenchida pela prova da existência de Deus; ainda assim, a prova em si mesma depende da confiabilidade daquela mesma cognição subjetiva que precisa ser validada. Mas mesmo *admitindo* a confiabilidade divinamente garantida do intelecto, há uma segunda armadilha (que novamente Arnauld foi o primeiro a destacar): minha habilidade de perceber claramente X separado de Y (por exemplo, a mente separada do corpo) não pode, uma vez que meu intelecto é limitado, excluir a possibilidade de que haja uma cadeia de conexões necessárias, *não percebidas* por mim, que revele que Y é, afinal, essencial a X.[16]

Dificilmente seria uma queixa nova dizer que as manobras metafísicas de Descartes falham em fornecer uma defesa plausível da tese da incorporealidade. O interessante é que a confiança de Descartes naquela tese permanecia inteiramente inabalada, apesar das poderosas críticas às quais seus argumentos eram repetidamente submetidos por Arnauld e por muitos outros.[17] É quase como se ele sentisse que, não importando se suas demonstrações metafísicas pudessem ser sustentadas ou não, elas ainda assim eram considerações sólidas e inteiramente independentes, para insitir sobre a natureza incorpórea da mente. Essas considerações são insinuadas

---

[16] Para o círculo de Arnauld, ver Quartas Objeções: AT VII 214: CSM II 150. Para sua crítica do argumento a partir da percepção clara e distinta, ver AT VII 201s: CSM II 141s. Para uma análise dessa crítica, ver Cottingham, *Descartes*, p. 113ss.

[17] Entre os muitos argumentos que Descartes parece ter sido capaz de alegremente ignorar, ver esp. os argumentos de Gassendi nas Quintas Objeções: AT VII 334ss.: CSM II 232ss.; cf. também os comentários de "Hyperaspistes" na carta de agosto de 1641: AT III 423s.: CSMK 189s. As críticas que tiveram de fato sucesso em preocupar Descartes dizem respeito não à própria tese da incorporealidade, mas à explicação da união e interação da alma com o corpo. Ver abaixo, nota 31.

em seu trabalho inicial sobre fisiologia e articuladas com força considerável na seção científica do *Discurso*. E é para essa tendência "científica" bastante distinta no dualismo cartesiano que devemos agora nos voltar.

A ciência da mente de Descartes:
A alma em desaparecimento

No trabalho inicial de Descartes sobre a natureza do homem, o que é surpreendente não é o uso que é feito do termo "alma", mas a medida em que os apelos à alma são declarados redundantes. Um radical reducionismo mecanicista permeia o *Traité de l'homme* composto no início dos anos 1630, e toda uma série de atividades humanas são atribuídas às operações de uma máquina automovente que, como um "relógio, fonte artificial, ou moinho" (*horloge, fontaine artificelle, moulin*), tem o poder (*la force*) de operar puramente de acordo com seus próprios princípios internos, dependendo unicamente da disposição dos órgãos relevantes (*la disposition des organes*) (AT XI 120: CSM I 99). Descartes orgulhosamente, e de modo provocativo, declara que não é necessário postular nenhuma "alma sensitiva ou vegetativa", ou outro princípio vital, além do fogo interno do coração – um fogo que tem a mesma natureza que os fogos a serem encontrados em outros lugares, nos objetos inanimados: *il ne faut point... concevoir en elle aucune autre âme végétative, ni sensitive, ni aucun autre principe de mouvement et de vie que... la chaleur du feu qui brûle continuellement dans son coeur, et qui n'est point d'autre nature que tous les feux qui sont dans les corps inanimés* (AT XI 202: CSM I 108).

A lista de funções a serem explicadas desta maneira, sem qualquer referência à alma, é altamente ambiciosa. Ela compreende:

> a digestão dos alimentos, o batimento do coração e das artérias, a nutrição e o crescimento dos membros, a respiração, o caminhar e o sono, a recepção da luz, dos sons, dos gostos, do calor e de outras qualidades semelhantes, pelos órgãos dos sentidos externos, a impressão de ideias dessas qualidades no órgão do "senso comum" e a imaginação,

retenção ou impressão dessas ideias na memória, os movimentos internos dos apetites e das paixões, e finalmente os movimentos externos de todos os membros que se seguem adequadamente (*suivrent à propos*) tanto às ações quanto aos objetos apresentados aos sentidos e também às paixões e impressões encontradas na memória (ibid.).

O que é notável em relação a essa lista é o quanto ela vai além daquilo que poderíamos pensar como "pura fisiologia". O que declaramos como sendo passível de receber uma explicação mecanicista são não apenas as funções pertencentes ao sistema nervoso automático, tais como a respiração e os batimentos cardíacos, mas, a julgar pela aparência ao menos, funções "psicológicas" como a percepção sensorial e a memória, sensações internas como o medo e a fome, e até mesmo, aparentemente, ações voluntárias como correr. Quando uma ovelha vê um lobo e foge, perguntava posteriormente Descartes, de modo incrédulo, devemos realmente acreditar que isso pode ocorrer na ausência de qualquer tipo de "alma sensitiva"? Sua resposta era inequívoca: sim. E ele prosseguia insistindo que, *também no caso dos humanos*, uma explicação mecanicista era inteiramente suficiente para explicar até mesmo ações despertas, como caminhar e cantar, quando ocorrem "sem que a mente atente para elas" (*animo non advertente*, AT VII 230: CSM II 161).[18]

Essa última restrição é, é claro, crucial. Onde a atenção mental está envolvida, Descartes deixa claro que devemos postular uma "alma racional" (*âme raisonable*) separada, que é "unida" ao complexo maquinário do corpo humano por um ato especial do Criador (AT XI 143: CSM I 102). Embora a alma não tenha desaparecido inteiramente, suas funções são muito severamente reduzidas, em comparação com o papel desempenhado pela *psyche* dos Aristotélicos. Ela nem mesmo funciona, por exemplo, como o iniciador dos movimentos físicos: a "alma locomotiva" tradicional sai de cena e tudo o que resta para a *alma racional* fazer é agir como um guar-

---

[18] Para mais informações sobre a relação entre psicologia e fisiologia no pensamento de Descartes, ver Capítulo 11.

dador de fontes (*fontenier*), inspecionando o fluxo das águas (os "espíritos animais" do corpo) e desviando-o para este ou aquele canal, sem afetar a quantidade de movimento do sistema como um todo (AT XI 131: CSM I 101).[19] O reducionismo mecanicista de Descartes é duramente eliminativo: *entia non sunt multiplicanda* – sempre que pudermos possivelmente dispensar a alma, devemos fazê-lo.[20] A alma cartesiana, em suma, é mais como o "Deus das Lacunas" de alguns físicos de hoje em dia – invocado apenas como um último recurso, quando o experimentador encontra-se diante de um fenômeno que frustra os poderes explicatórios do cientista. No caso de Descartes, a razão por que ele via sua ciência do homem como incapaz de, em última instância, dispensar a alma não é tornada clara no *Tratado do homem*, mas emerge com grande vividez no *Discurso* – não na quarta seção, a seção metafísica da obra, mas na quinta seção, dedicada ao mundo físico e ao desdobramento das "leis da natureza".

O principal argumento científico a favor do dualismo, conforme apresentado na Parte V do *Discurso*, depende das capacidades intelectuais do homem – não do pensamento (*la pensée*) no sentido amplo, que Descartes às vezes utiliza para cobrir todo o espectro da consciência, incluindo o sen-

---

[19] Esta é, de qualquer modo, uma leitura possível da passagem (um tanto vaga e esquemática) do guardador de fontes. Cf. também *Paixões da alma*, art. 12: há um fluxo contínuo de espíritos animais do cérebro para os músculos, mas a atividade da alma pode "fazer com que uma quantidade maior flua para alguns do que para outros" (AT XI 337: CSM I 332). Até onde sei, Descartes nunca afirma *explicitamente* que a alma pode mudar a direção, mas não a quantidade total, dos movimentos corpóreos, embora os cartesianos posteriores tenham certamente feito essa afirmação em nome dele. A afirmação foi vivamente criticada por Leibniz, que perspicazmente insistia que qualquer mudança de direção deve implicar uma mudança no momento total: dizer que a alma pode pelo menos mudar a *direção* dos espíritos animais não é "menos inexplicável e contrário às leis da natureza" que afirmar que ela poderia diretamente aumentar a velocidade ou a força do fluxo (*Philosophischen Schriften*, ed. Gerhardt, vol. VI, p. 540; traduzido [para o inglês] em Loemker, *Philosophical Papers and Letters*, p. 587).

[20] Para o "occamismo" de Descartes, cf. *Meteorologia*: "parece-me que meus argumentos devem ser mais aceitáveis na medida em que posso fazê-los depender de menos coisas" (AT VI 239: CSM II 173n.).

timento e a sensação,²¹ mas do poder de formar conceitos e de expressá-los na linguagem: *composer un discours pour faire entendre les pensées* (cf. AT VI 57: CSM I 140). O argumento "chomskiano", como podemos anacronística mas apropriadamente chamar,²² parte da observação de que uma máquina, ou uma *bête machine*, é essencialmente um dispositivo de estímulo e resposta. Podemos treinar uma pega para pronunciar "palavras", como Descartes mais tarde escreveu ao Marquês de Newcastle, mas cada palavra será uma resposta fixada a um estímulo externo, causador de uma dada mudança no sistema nervoso (AT IV 574: CSMK 303).²³ Como coloca Descartes no *Discurso*:

> Podemos certamente conceber uma máquina que seja construída de tal modo que profira palavras (*paroles*)... que correspondam a... alguma mudança em seus órgãos (por exemplo, se a tocam em um ponto, ela pergunta o que queremos dela; e se a tocam em outro ponto, ela grita que lhe fazem mal). Mas não é concebível que uma tal máquina produza arranjos de palavras para responder ao sentido (*pour répondre au sens*) de tudo o que seja dito em sua presença, como até mesmo o mais estúpido dos homens pode fazer (AT VI 56: CSM I 140).

Em suma, o usuário humano de linguagem tem a capacidade de responder apropriadamente a um conjunto indefinido de situações, e essa capacidade parece totalmente diferente de qualquer coisa que possa ser gerada por uma "árvore de busca" ou tabela finita correlacionando entradas com saídas. O que é interessante acerca deste celebrado argu-

---

[21] Para o uso de *la pensée* por Descartes, e o alcance em que seu "amplo" emprego deste termo foi superenfatizado pelos comentadores, ver Cottingham, "Descartes on thought", 208ss.

[22] Cf. Chomsky, *Language and Mind*.

[23] Descartes acrescenta, no entanto, o curioso comentário de que a palavra assim produzida será a "expressão de uma das paixões do pássaro (por exemplo, a esperança de comer)". Para a postura não inteiramente consistente de Descartes sobre se os animais têm, se não pensamentos, então ao menos sensações, ver Cottingham, "A brute to brutes? Descartes treatment of animals", p. 551ss.

mento cartesiano, como ele aparece no *Discurso*, é que a insistência sobre as radicais *limitações* de uma mera máquina segue-se imediatamente a um parágrafo que havia convidado o leitor a refletir sobre o *poder* das explicações mecânicas. Descartes acaba de afirmar que as operações puramente mecanizadas do cérebro e do sistema nervoso podem, dado que estes sejam suficientemente complexos, explicar todo um conjunto de ações que poderiam parecer, a um olhar imparcial, estar inteiramente além do escopo de uma mera máquina. Os processos puramente físicos dos espíritos animais, e o processamento mecânico da *fantasie* ou "imaginação corpórea", podem produzir uma rica série de comportamentos que são inteiramente "apropriados aos objetos de seus sentidos e das paixões internas" (*à propos des objets qui se presentent à ses sens et des passions qui sont en lui*). O cético é convidado a considerar exatamente quão complexas podem ser as respostas dos autômatos engenhosamente construídos pelo homem: se um artefato físico pode exibir tamanha complexidade de resposta, então por que não aceitar que um corpo puramente físico, "feito pelas mãos de Deus" possa fazer ainda mais? "Isso não parecerá de todo estranho àqueles que... estão preparados para considerar o corpo como uma máquina (*consideront le corps comme une machine*) que, tendo sido feita pelas mãos de Deus (*ayant été faite des mains de Dieu*), é incomparavelmente melhor ordenada, e contém em si movimentos muito mais notáveis que qualquer máquina que poderia ser inventada pelos homens" (*est incomparablement mieux ordonée, et a en soi des movements plus admirables, qu'aucune de celles qui peuvent être inventées par les hommes*, AT VI 56: CSM I 139).

Mas se isso for verdade, se Deus tem a sua disposição minuciosos mecanismos físicos de tão incomparável complexidade, podemos realmente saber *a priori* que ele não poderia construir, a partir de estruturas puramente materiais, uma máquina pensante e falante – um ser humano? A resposta de Descartes – e esse é o dilema – é que não podemos absolutamente excluir essa possibilidade. O apelo à flexibilidade e ao escopo da capacidade linguística humana gera um argumento cujo conclusão tem o estatuto apenas de uma esmagadora probabilidade, não de uma certeza absoluta:

Uma vez que a razão é um instrumento universal (*instrument universel*), que pode ser usado em todos os tipos de situação, ao passo que os órgãos [físicos] necessitam de alguma disposição particular para cada ação particular, é *moralmente impossível* (*moralement impossible*) que em uma máquina haja diversos órgãos suficientes para fazê-la agir em todas as contingências da vida da mesma maneira que nossa razão nos faz agir (AT VI 57: CSM I 140, ênfase acrescentada).

A "certeza moral", como Descartes explicaria mais tarde na edição (francesa) de 1647 dos *Princípios de Filosofia*[24] é uma "certeza que é suficiente para regular nosso comportamento, ou que está à altura da certeza que temos em questões relacionadas à conduta da vida, das quais nunca normalmente duvidamos, embora saibamos que seja possível, absolutamente falando, que elas sejam falsas" (*bien que nous sachions qu'il se peut faire, absolument parlant, qu'elles soient fausses*) (Parte IV, art. 205: AT IX 323: CSM I 290). A posição de Descartes é então bastante clara. Suas reflexões sobre nossa habilidade unicamente humana de responder a "todas as contingências da vida" levaram-no a acreditar que o "instrumento universal" da razão não poderia exequivelmente ser realizado em um conjunto puramente físico de estruturas; mas a possibilidade de uma tal realização física é uma possibilidade que, sendo um bom cientista como é, ele não está preparado para excluir.

O sentido em que a postura "científica" de Descartes sobre a natureza da mente está aberta à evidência empírica começa agora a emergir. O que torna a realização física do "instrumento da razão" difícil de vislumbrar para ele é, ao menos parcialmente, uma questão de *número e magnitude* – de quantas estruturas do tipo apropriado

---

[24] Esse comentário não é encontrado no texto latino original de 1644; assim como muitas das significativas adições e esclarecimentos que aparecem na tradução francesa de 1647 dos *Princípios*, ele é quase certamente fornecido pelo próprio Descartes, e não pelo tradutor, Picot. Ver ainda CSM I 177s.

poderiam ser comprimidas em uma dada parte do corpo. Descartes não fazia segredo de seu entusiasmo pela dissecação anatômica como a chave para o entendimento das estruturas minuciosas do sistema nervoso e de outros órgãos corpóreos.[25] Mas o que tais investigações estabeleciam, assim acreditava ele, era a essencial *simplicidade* subjacente destas estruturas. Tudo o que ocorria no coração e no cérebro, nos nervos, nos músculos e nos "espíritos animais" não manifestava, no nível de observação disponível a ele, nada mais que operações de "puxões e empurrões" – operações a princípio nada diferentes do simples funcionamento de engrenagens, alavancas, bombas e roldanas que podiam ser prontamente inspecionadas no mundo macroscópico ordinário da "maquinaria de médio porte". Tudo acontecia *selon les règles des méchaniques quis sont les mêmes que celles de la nature* (AT VI 54: CSM I 139).[26] E aparentemente Descartes não podia vislumbrar o cérebro e o sistema nervoso como sendo capazes de acomodar mecanismos suficientes, da simplicidade necessária, para gerar respostas suficientes da complexidade necessária para constituir o genuíno pensamento ou comportamento linguístico. Contudo, isso por sua vez incita a questão, por um lado absurdamente hipotética, mas por outro lado curiosamente iluminadora: será que Descartes teria mantido sua postura acerca da incorporealidade da mente, se estivesse vivo

---

[25] Em uma carta a Mersenne de 20 de fevereiro de 1639, Descartes afirma que suas investigações anatômicas foram um interesse principal durante pelo menos onze anos: "c'est un exercise où je me suis souvent occupé depuis onze ans, et je cruis qu'il n'y a guère médecin qui ait regardé de si près que moi" (AT II 525: CSMK 134). Para uma explicação geral do trabalho de Descartes nessa área, ver Lindeboom, *Descartes and Medicine*, cap. 3 (Lindeboom, talvez corretamente, suspeita que, apesar da bazófia a Mersenne, as pesquisas empíricas de Descartes foram de fato conduzidas em um nível bastante assistemático, para não dizer amador).

[26] Ver ainda os comentários de Descartes em *A Descrição do corpo humano*: AT XI 224ss.: CSM I 314ss. A assunção (ou preconceito?) "simplicista" que dá forma a boa parte da metodologia científica de Descartes é enunciada de modo mais explícito em uma carta a Huygens de 10 de outubro de 1642: "la nature ne se sert que de moyens qui sont fort simples" (AT III 797: CSMK 215). Ver ainda o Capítulo 9, abaixo.

hoje? O argumento do *Discurso* baseia-se na impossibilidade prática de um mecanismo físico possuir um número suficientemente grande de partes diferentes (*assez de divers organes*) para facilitar o conjunto indefinido de respostas humanas a "todas as contingências da vida" (AT VI 57). Tal argumento, ao que parece, dificilmente sobreviveria à descoberta moderna da desconcertante riqueza estrutural da microestrutura do córtex cerebral, composta, como hoje sabemos, de mais de dez bilhões de conexões neurais. De fato, em um nível mais simples, nem mesmo é claro se o argumento poderia sobreviver a um apelo às modernas máquinas jogadoras de xadrez, capazes, apesar de compostas de nada mais que plástico e metal, de responder coerente e apropriadamente a um conjunto indefinido de movimentos, de maneiras frequentemente novas e surpreendentes, frequentemente capazes de superar oponentes humanos, e o mais crucial de tudo, incapazes de serem preditas de antemão mesmo por seus programadores.

O propósito destes apelos à ciência moderna não é repreender Descartes despropositadamente por uma falha em levar em conta uma evidência que ele não poderia ter possivelmente imaginado; mas é simplesmente sublinhar o estatuto filosófico de seus argumentos científicos a favor do dualismo. Há, no entanto, uma crítica mais conveniente que pode ser feita contra os argumentos de Descartes, a saber, que, mesmo em seus próprios termos, e dentro das limitações de sua própria metodologia científica, ele parece ter sido um gracejador descuidado a respeito das prováveis limitações da "mera matéria". Às vezes ele parece satisfeito em apoiar-se em um simples apelo à dificuldade de enxergar como a mera coisa extensa poderia gerar o pensamento. "Quando examino a natureza do corpo", escreveu ele a um crítico, "simplesmente não encontro nada nela que cheire a pensamento" (*nihil prorsus in ea reperio quod redoleat cogitationem*, AT VII 227: CSM II 160). Ao assumir essa linha "rápida e fácil" com seus críticos, Descartes parece beirar a inconsistência em relação a seu pensamento científico exposto em outros lugares; pois ele certamente não teria aceitado quaisquer protestos de seus oponentes escolásticos no sentido de que quando eles examinavam a natureza da matéria não podiam encontrar nada nela que cheirasse a fogo ou a gravidade, ou a vida. Em todos estes três últimos casos, a resposta de Descartes teria sido brusca: o que importa, ele teria certamente insistido, não é o que qualquer um pode enxergar imediatamente como se seguindo da definição de "coisa extensa", mas o que pode ser mostrado em última instância como emergindo de configurações complexas daquela coisa extensa, quando dividida em partículas infinitamente pequenas de vários tamanhos e figuras, todas movendo-se a várias velocidades e em diferentes direções (cf. *Princípios*, Parte II, art. 64 e Parte IV, art. 187).

Descartes, em suma, não pode seguir os dois caminhos. Seu programa reducionista geral insiste que fenômenos aparentemente misteriosos e *sui generis*, como o fogo ou a gravidade, ou mesmo a própria vida, podem ser todos explicados se estivermos preparados para ir fundo o suficiente nos mecanismos físicos que operam no nível microscópico. Contudo, tendo assumido essa postura, ele não está em uma posição muito fácil para insistir na impotência da "mera" coisa extensa para gerar, em termos semelhantes, a cognição e a fala. O ponto é reforçado quando alguém se lembra que muitas das explicações ordinárias da física de Descartes postulam (embora tenhamos de ter fé na existência deles) eventos microscópicos de minuciosidade quase inconcebível. Consideremos, por exemplo, a "matéria sutil" (matéria composta de partículas muito pequenas, em movimento rápido) invocada para explicar a gravidade (a matéria sutil empurra as partículas terrestres em direção ao centro da Terra; cf. *Princípios*, Parte IV, art. 23). Quando um dos correspondentes de Descartes aventurou-se a identificar esta matéria sutil com as "partículas de poeira que vemos flutuando no ar", Descartes desdenhosamente retrucou que isso era um completo engano: as partículas de matéria sutil eram absolutamente indetectáveis pelos sentidos, menores uma ordem inteira de magnitude, mesmo que as partículas invisíveis do ar, que são por sua vez muito menores que as pequenas partículas de poeira (carta a Morin, 12 de setembro de 1638: AT II 373: CSMK 123). Novamente, contudo, isso não condiz facilmente com a afirmação científica de que o tamanho do cérebro não admite microestruturas suficientes para gerar as respostas ricamente variadas do comportamento humano.

Apesar dessas ocasionais manobras mirabolantes, o impulso geral do trabalho científico de Descartes sobre o sistema nervoso humano aponta inconfundivelmente na direção do *homme-machine* vislumbrado por Julian de la Mettrie no século seguinte e, além disso, para a "neurofilosofia" da mente, que atrai um amplo apoio em nossa própria época.[27] Uma vez que Descartes houvesse dado o passo vital de atribuir tantas das funções tradicionais da "alma" aos minuciosos mecanismos físicos do sistema nervoso, seria apenas uma questão de tempo antes que a ciência ocidental fosse até o fim do caminho, e tornasse redundante até mesmo a *âme raisonable* residual. Embora seja cedo demais para dizer se o moderno programa de pesquisas da neurofilosofia terá sucesso em todos os seus objetivos, o que pode ser dito é que o próprio Descartes unívoca e não dogmaticamente admitia que a questão dos limites da física era sensível à evidência empírica. Se a cognição estava ou não além dos poderes de uma máquina corpórea era uma questão para a argumentação científica. As probabilidades em favor de uma alma especialmente criada são, com base nos argumentos fornecidos na Parte V do *Discurso*, esmagadoramente fortes; mas não há nenhuma garantia logicamente estanque.

---

[27] O livro *L'Homme machine* de La Mettrie apareceu em 1747. Para abordagens fisicalistas modernas da mente, cf. Churchland, *Neurophilosophy*, pt. 2.

Conclusão

Da tríade de considerações, teológicas, metafísicas e científicas, que motivaram a aderência de Descartes à tese da incorporealidade da mente, seria difícil ou impossível destacar qualquer uma delas como tendo a primazia na estruturação das convicções pessoais do próprio Descartes.[28] Se suas últimas palavras ao morrer, "*ça mon âme; il faut partir*", foram relatadas acuradamente,[29] ele terminou seus dias sem oscilar em sua devota crença de que sua parte essencial – *ce moi, c'est-à-dire l'âme para laquelle je suis ce que je suis* (AT VI 33) – continuaria a existir em uma vida futura, livre da prisão do corpo. E embora tenha vacilado sobre se devia anunciar ao mundo sua pretensão de demonstrar a doutrina teológica da imortalidade pessoal, ele sem dúvida via seu dualismo como fornecendo um suporte melhor para aquela doutrina do que o aristotelismo de seus predecessores. Na frente metafísica, suas tentativas de demonstrar a distinção da alma em relação ao corpo foram amplamente rejeitadas como inválidas mesmo em sua própria época, atormentadas como eram pela falha central de seu método – a falha em encontrar uma rota convincente para o exterior, que passasse da prisão interior da cognição subjetiva para o conhecimento confiável da realidade objetiva. No fim, quando abordou a questão a partir do exterior, a partir de suas investigações do comportamento humano e animal, ele foi conduzido por uma visão unificatória e reducionista, que o levou a banir a alma progressivamente da ciência; quando aparece, a alma é

---

[28] Ver, no entanto, o célebre estudo de Henri Gouhier, *La Pensée religieuse de Descartes*, que considera a fé religiosa de Descartes como a fonte principal de sua metafísica: "il partit d'un si bon pas parce qu' une foi profonde avait écarté de son âme toute inquiétude" (p. 314).

[29] Há várias versões. A verdadeira frase, de acordo com o relato de Clerselier, foi bem mais elaborada: "ça mon âme, il y a long temps que es captive; voici l'heure que tu dois sortir de prison et quitter l'embaras de ce cors" (AT V 482).

"alinhavada" no fim da história,[30] invocada para explicar os fenômenos do pensamento e da linguagem que, por razões empíricas, pareciam a Descartes radicalmente resistentes à explicação mecanicista. Resta ainda a ser visto se essa resistência pode ou não ser superada pelos recursos mais sofisticados e empiricamente muito mais ricos da neurofisiologia moderna. Quanto ao próprio Descartes, ele foi sem dúvida capaz de tirar alguma satisfação do pensamento de que, em última instância, as demandas da fé, da razão demonstrativa e da investigação científica pareciam todas tender para a mesma direção – para a conclusão de que a alma do homem é inteira e verdadeiramente distinta de seu corpo: *mon âme est entièrement et veritablement distincte de mon corps*.[31]

---

[30] A *âme raisonable* é introduzida justamente no final, tanto na ordem da exposição do *Traité de l'homme* (AT XI 131: CSM I 101) quanto na recapitulação resumida apresentada no *Discurso*, Parte V (AT VI 59: CSM I 141).

[31] Sexta Meditação: aT IX 62: CSM II 54. O texto latino, como de costume, evita a palavra "alma" e refere-se, em vez disso, simplesmente à "coisa pensante" que sou eu: "quatenus sum tantum res cogitans... certum est me a corpore meo revera esse distinctum" (AT VII 78). Na psicologia posterior de Descartes (especialmente nas cartas a Elizabete de 21 de maio e 28 de junho de 1643), há uma sutil e importante mudança de foco, distanciando-se da distinção entre alma e corpo e voltando-se na direção da noção da "união substancial" de ambos (AT III 665ss. e 691ss.: CSMK 218 e 226). O resultado final dessas manobras (que são assunto para um outro artigo) não deprecia a incorporeidade do puro pensamento ou a "alma racional" em que este reside. O que Descartes faz de fato, no entanto, é desenvolver sistematicamente alusões de sua metafísica anterior, de que os fenômenos do "sentimento", da "sensação" e da "imaginação" não podem ser corretamente atribuídos a uma alma *simpliciter*, mas devem ser considerados como propriedades do misterioso híbrido de alma e corpo que é o ser humano. Algumas das questões que surgem aqui são examinadas em Cottingham, *Descartes*, p. 127ss. Uma importante implicação da atribuição de toda experiência sensorial à união de mente e corpo é que a consciência pós-morte da alma imortal de Descartes será confinada, ao que parece, ao pensamento "puro" e abstrato; cf. acima, pp. 240-241. Sou grato a Stuart Brown, Gary Hatfield, Pauline Phemister, David Scot e Roger Woolhouse pelos valiosos cometários sobre um rascunho anterior deste capítulo.

9 A filosofia da ciência de Descartes e a revolução científica

DESMOND CLARKE

O conceito de ciência de Descartes pode ser entendido somente se prestarmos uma cuidadosa atenção ao contexto histórico no qual ele foi construído. A revolução científica do século XVII envolveu dois desenvolvimentos relacionados: uma mudaça na prática científica (ou, mais precisamente, toda uma série de tais mudanças), que se refletiu na fundação das novas sociedades científicas, tais como a *Royal Society* e a *Académie royale des sciences*; e uma mudança complementar no modo como os filósofos naturais descreviam o tipo de conhecimento que resultava das novas práticas científicas. Descartes contribuiu para ambos os desenvolvimentos. Ele compartilhou essa distinção com figuras eminentes como Galileu Galilei, Francis Bacon, William Harvey, Robert Boyle, Christian Huygens e Isaac Newton, dos quais todos estavam preocupados tanto com melhorar nosso conhecimento da natureza quanto com esclarecer o estatuto deste conhecimento.

Seria uma óbvia supersimplificação classificar todos os filósofos naturais do século XVII como propondo, em algum sentido fundamental, as mesmas teorias científicas. É igualmente insatisfatório sugerir que todos eles aceitavam a mesma teoria da ciência ou o mesmo modelo de conhecimento científico. Ainda assim, apesar das ciladas envolvidas, pode ser útil – pelo menos antes de examinarmos os textos de Descartes – pensarmos em muitos dos mais famosos filósofos naturais da revolução científica como compartilhando um certo número dos novos *insights* sobre a natureza do conhecimento científico e, o mais importante, como repudiando certas características do modelo de ciência geralmente aceito nos colégios e universidades da época. De fato, havia mais concordância sobre o que estava sendo rejeitado do que sobre o que estava sendo proposto em seu lugar. Descartes ocupa um papel central na história desse desenvolvimento, na transição de um conceito escolástico amplamente aceito de ciência para sua completa rejeição por parte dos cientistas praticantes, e no endosso de algum tipo de conhecimento hipotético e empírico da natureza. O contexto histórico no qual Descartes trabalhava deveria levar-nos a esperar, portanto, que ele estivesse enfrentando as questões epistemológicas e metodológicas envolvidas nesta transição. Tal contexto deveria nos levar também a esperar que a transição não fosse nem rápida nem bem delineada. Em outras palavras, havia uma forte chance de que os filósofos naturais do século XVII continuassem a aceitar várias características do mesmo modelo de ciência que eles clamavam explicitamente rejeitar, enquanto adotavam ao mesmo tempo elementos do conceito de ciência em recente desenvolvimento, os quais eram incompatíveis com a fidelidade tradicional destes filósofos.

O conceito tradicional de ciência que era quase universalmente ensinado em colégios e universidades incluía diversas caracaterísticas fundamentais; uma delas era a certeza ou necessidade das genuínas afirmações de conhecimento e sua universalidade. Aristóteles diz nos *Analíticos posteriores*:

> Nós nos supomos possuidores de conhecimento científico irrestritrito de uma coisa, enquanto oposto ao conhecimento acidental dela, da maneira como o sofista conhece, quando pensamos que sabemos a causa da qual o fato depende, como sendo a causa daquele fato e de nenhum outro, e além disso, que o fato não poderia ser diferente do que é... Uma vez que o objeto do conhecimento científico puro não pode ser diferente do que é, a verdade obtida pelo conhecimento demonstrativo será necessária.[1]

O paradigma desse tipo de conhecimento era a matemática pura. Começamos com definições ou primeiros princípios que são conhecidos

---

[1] *Analíticos posteriores*, 71b 81-82, 73a 21-22.

com absoluta certeza, procedemos "demonstrativamente" deduzindo outras proposições a partir daquelas já conhecidas como certas, e a validade lógica de nossas inferências garante para nossas conclusões o mesmo grau de certeza que estava disponível para as premissas iniciais. O modelo matemático do conhecimento demonstrado inspirou uma das características dominantes do conceito escolástico de ciência que era amplamente aceito no início do século XVII.

Uma outra característica deste conceito de ciência era a afirmação de que nosso conhecimento da natureza física depende em última instância da confiabilidade de nossas observações e julgamentos cotidianos.[2] Isso envolvia dois elementos. Um era a assunção de que todo nosso conhecimento depende em última instância da evidência sensorial e que ele não inclui nada que não tenha sido aprendido através da experiência sensorial.[3] Em segundo lugar, as faculdades cognitivas com as quais Deus nos equipou são completamente confiáveis contanto que sejam utilizadas dentro do escopo do plano de seu Criador. Assim, sabemos como é o mundo, e podemos sabê-lo com certeza, mediante a consulta das maneiras como o mundo aparece para nós na sensação.

Um elemento adicional da tradição escolástica era a assunção de que, se desejamos explicar os fenômenos naturais que nos aparecem nas sensa-

---

[2] A medida em que a filosofia escolástica influenciou o currículo dos colégios e universidades na França do século XVII está compreensivamente documentada em Brockliss, *French Higher Education in the Seventeenth and Eighteenth Centuries*.

[3] Isso era resumido no axioma: "nihil est in intellectu quod prius non fuit in sensu". Os cartesianos franceses do período imediatamente posterior a Descartes entendiam sua teoria das ideia inatas como sendo, em parte, uma resposta àquilo que eles consideravam uma doutrina escolástica geralmente aceita: a de que todas as ideias derivam originalmente da sensação. Ver, por exemplo, Poisson, *Commentaire ou remarques sur la méthode de M. Descartes*, prefácio não paginado, que discute o "famoso princípio do qual dependem alguns dos dogmas do escolasticismo, de que nada entra na mente sem passar primeiro pelos sentidos". A mesma doutrina é discutida com algum detalhe nas pp. 124-138. Cf. Le Grand, *An Entire Body of Philosophy*, p. 4. Entre os defensores escolásticos daquela tese, mesmo depois de Descartes, ver Huet, *Censura Philosophiae Cartesianae*, pp. 51-53.

ções, devemos usar a distinção entre "matéria" e "forma".[4] Essa era uma distinção muito amplamente utilizada, que variava em significado de um contexto a outro. Ela era destinada a refletir nossa experiência comum de um mesmo tipo de coisa sendo instanciada de diversas maneiras diferentes; por exemplo, cães podem ser grandes ou pequenos, e suas cores, bem como muitas outras características não essenciais, podem variar sem que eles deixem de ser cães. As características comuns, essenciais, de um cão poderiam ser descritas como a *forma* do cão, enquanto as características váriaveis, não essenciais, poderiam ser descritas (metafisicamente) como a *matéria*. O que aparece na sensação, portanto, é a aparência de uma realidade subjacente (a forma) que, por sua vez, é a dimensão mais fundamental de qualquer realidade. Essa realidade subjacente, ou forma, é o que explica tudo que é necessário ou essencial em qualquer coisa. Dado que o conceito tradicional de conhecimento científico era limitado ao conhecimento do que é necessariamente verdadeiro, segue-se que a *scientia* escolástica era voltada para a aquisição do conhecimento de formas. Assim, uma explicação escolástica de um fenômeno natural é uma descoberta das formas que subjazem às aparências manifestas ao percebedor humano através de sensações confiáveis.

Este resumo bastante breve é quase uma caricatura daquilo que os escolásticos afirmavam sobre o entendimento científico. No entanto, muitos dos contemporâneos de Descartes argumentavam que era precisamente esta filosofia que obstruía a consideração de maneiras alternativas de se investigar a natureza. Este modelo simplório de conhecimento era invocado por aqueles que objetavam às novas ciências e usado como contraste pelos proponentes das novas ciências para mostrar em relevo as características distintivas de sua própria filosofia da ciência.

---

[4] Mesmo cartesianos dedicados, tais como Jacques Rohault, continuaram a tradição de explicar fenômenos naturais em termos de matéria e forma. Ver Rohault, *A System of Natural Philosophy*, traduzido [para o inglês] por J. Clarke, pp. 21-22. O texto francês original foi publicado em 1671.

HIPÓTESES

Descartes começava sua explicação do mundo natural em *Le Monde* (*c.* 1632) discutindo a *in*confiabilidade de nossas sensações como uma base para o conhecimento científico.

> Ao propor tratar aqui da luz, a primeira coisa que quero vosdeixar claro é que pode haver uma diferença entre nossa sensação de luz... e aquilo que se encontra nos objetos que produz em nós esta sensação... Pois, mesmo embora todos sejam comumente persuadidos de que as ideias que são os objetos de nosso pensamento são inteiramente semelhantes aos objetos dos quais elas procedem, não obstante, não posso ver nenhum raciocínio que nos assegure que seja este o caso... Vós bem sabeis que as palavras não carregam nenhuma semelhança com as coisas que elas significam, e ainda assim elas não deixam, por esta razão, de nos fazer conceber aquelas coisas... Agora se as palavras, que não significam nada a não ser por convenção humana, são suficientes para nos fazer conceber coisas com as quais elas não carregam nenhuma semelhança, por que não poderia a natureza ter estabelecido um certo signo que nos faria ter a sensação da luz, mesmo embora aquele signo em si mesmo não carregasse nenhuma similaridade com aquela sensação? (AT XI 3-4).[5]

Em seguida, Descartes utiliza o mesmo exemplo que Galileu para argumentar que uma sensação de cócegas causada por uma pena não se assemelha a nada que se encontre na pena. "Passa-se suavemente uma pena sobre os lábios de uma criança que está adormecendo, e ela percebe que alguém está lhe fazendo cócegas. Pensais que a ideia de cócegas que ela concebe assemelha-se a qualquer coisa que se encontre nesta pena?" (AT XI 6).[6] De modo similar, não há nenhuma razão para se acreditar "que o que se encontra nos objetos dos quais nos chega a sensação de luz

---

[5] Mahoney (trad.), *The World*, pp. 1-3.
[6] Mahoney, *The World*, pp. 5.

seja algo mais semelhante àquela sensação do que as ações de uma pena... são semelhantes às cócegas" (AT XI 6).[7] Se não podemos argumentar validamente a partir de uma descrição de nossa sensação de luz, para chegarmos à afirmação de que a luz que causa esta sensação se assemelha a nossa experiência, então temos um problema fundamental ao tentarmos basear o conhecimento científico em nossas sensações do mundo à nossa volta. A distinção entre nossas experiências ou sensações subjetivas e suas causas objetivas, ou entre qualidades primárias e secundárias, abre uma lacuna epistêmica que só pode ser preenchida por alguma outra estratégia, distinta das assunções de semelhança. Essa estratégia é a hipótese, ou conjetura. Nossas suposições podem vir a ser muito seguras, e podem haver eventualmente muitas razões para pensarmos que elas são tão certas quanto se poderia esperar naquelas circusntâncias; mas isso não muda o fato de que chegamos a ter estas ideias, em primeiro lugar, por conjetura.

O que um filósofo natural deveria assumir a respeito das causas físicas de nossas percepções? Há algumas poucas razões pelas quais Descartes opta por uma assunção em vez de outra nesta junção crucial, algumas das quais se apoiam em seu conceito de explicação (que é discutido abaixo). Além destas razões, ele também pressupõe uma distinção radical entre mente e matéria, a favor da qual ele argumenta nas *Meditações* e nos *Princípios*. Segue-se daí que as causas objetivas de nossas sensações são materiais, em algum sentido. A fim de inserir parte dos detalhes relevantes, Descartes deve ocupar-se da teoria física elementar.

As especulações sobre a matéria das quais dependem a teoria da matéria de Descartes e, subsequentemente, seu conceito de ciência incluem a assunção de que o tamanho, a figura e o movimento de pequenas partículas de matéria seriam adequados para explicar todos os efeitos físicos destas partículas, inclusive os efeitos físicos que agem sobre nossas faculdades sensoriais, as quais estimulam as sensações. Algumas das razões

---

[7] Mahoney, *The World*, p. 7.

para esse grau de parcimônia na construção de teorias são mencionadas abaixo. Ao postular três tipos de matéria em *Le Monde*, Descartes não é muito convincente sobre o porquê de ele assumir três (e não mais, nem menos) tipos; no entanto, uma vez que foram introduzidos, ele é rápido em refugiar-se na construção de um mundo hipotético que permite uma completa liberdade à sua imaginação, sem ter que explicar a base racional de cada hipótese à medida que esta é feita.

> Muitas outras coisas restam a serem explicadas aqui, e eu mesmo estaria contente em acrescentar aqui diversos argumentos para tornar minhas opiniões mais plausíveis. A fim, no entanto, de tornar o comprimento deste discurso menos enfadonho para vós, quero envolver parte dele no manto de uma fábula, no decurso da qual espero que a verdade não deixe de aparecer suficientemente... (AT XI 31).[8]

Quando Descartes escreveu os *Princípios*, doze anos depois, ele havia se tornado mais autoconsciente do caráter hipotético de suas assunções concernentes ao tamanho, figura etc. das partículas de matéria.

> A partir do que já foi dito, estabelecemos que todos os corpos no universo são compostos de uma e a mesma matéria, que é indefinidamente divisível em muitas partes... No entanto, não podemos determinar apenas pela razão o quão grandes são estes pedaços de matéria, ou o quão rápido eles se movem, ou que tipos de círculo eles descrevem. Uma vez que há incontáveis configurações diferentes que Deus poderia ter instituído aqui, somente a experiência pode nos ensinar quais configurações ele de fato selecionou em preferência ao resto. Somos portanto livres para fazer qualquer assunção sobre estes assuntos, com a única condição de que todas as consequências de nossa assunção devem concordar com nossa experiência (AT VIIIA 100-101: CSM I 256-257).

---

[8] Mahoney, *The World*, p. 49.

Descartes não afirma que somos completamente livres para assumir qualquer coisa que desejamos acerca da matéria. Ele argumenta extensamente sobre as propriedades fundamentais da matéria, isto é, suas qualidades primárias, e discute em detalhes a necessidade de incluir ou excluir certas qualidades primárias em uma teoria viável da natureza. Ele argumenta também em algum detalhe acerca das leis do movimento ou, como ele as chama, as leis da natureza, que determinam os movimentos dos corpos materiais e as maneiras segundo as quais eles podem transferir movimentos entre si mediante a ação do contato. No entanto, o ponto relevante aqui é que, tendo decidido quais variáveis atribuir à matéria, não podemos determinar por argumentos similares os valores destas variáveis; não podemos decidir *a priori* o número, tamanho ou velocidade das várias pequenas partes de matéria que sustentam todo o edifício da física cartesiana. Nem poderíamos esperar descobrir por observação quais partículas existem, que formatos elas têm, ou com qual velocidade elas se movem; elas são muito pequenas para serem percebidas diretamente, mesmo com o uso de um microscópio. Não podemos fazer mais que imaginar respostas hipotéticas para estas questões e então verificar posteriormente a plausibilidade de nossas conjeturas.

Assim, tanto a lógica da teoria da sensação de Descartes quanto as implicações de sua teoria da matéria sugerem que ele teria de admitir um lugar central para as hipóteses em qualquer explicação coerente dos fenômenos físicos. O alcance em que ele reconhecia isto variava desde suas reflexões iniciais nas *Regulae* (*c.* 1628), nas quais havia apenas um reconhecimento mínimo do papel das hipóteses na ciência natural, até suas considerações mais maduras no *Discurso* (1637), em que a significância de hipóteses e experimentos é explicitamente admitida. O *Discurso* é de suma importância neste contexto, pois foi composto ao longo de vários anos enquanto Descartes preparava para a publicação os três principais ensaios científicos para os quais o mesmo *Discurso* serviria como prefácio. No "Discurso do método para bem conduzir a própria razão e procurar a verdade nas ciências", Parte VI, Descartes escreve:

> Se alguém ficar chocado a princípio por algumas das coisas que digo no início da *Dióptrica* e da *Meteorologia*, porque as chamo de "suposições" e não pareço me importar em prová-las, que se tenha a paciên-

cia de ler todo o livro com atenção, e espero que fiqueis satisfeitos. Pois tomo meus raciocínios como sendo tão intimamente interconectados que, como os últimos são provados pelos primeiros, que são as suas causas, também os primeiros são provados pelos últimos, que são os seus efeitos... Pois conforme as experiência torna, em sua maioria, muito certos estes efeitos, as causas das quais os deduzo não servem tanto para prová-los quanto para explicá-los; de fato, muito pelo contrário, são as causas que são provadas pelos efeitos (AT VI 76: CSM I 150).

Essa passagem levantou diversos questionamentos dos leitores, um dos quais foi o padre Morin. Descartes respondeu às preocupações deste em 1638, e replicou à objeção de que os ensaios hipotéticos não deveriam ser descritos como demonstrados: "Há uma grande diferença entre provar e explicar. A isto acrescento que se pode usar a palavra 'demonstrar' em um ou outro destes sentidos, pelos menos se alguém a entende de acordo com o uso comum e não de acordo com o sentido especial que os filósofos lhe atribuem" (13 de julho de 1638: AT II 198: CSMK 106). Isso mostra Descartes rompendo explicitamente com a tradição escolástica, para a qual o termo "demonstrar" tinha conotações especiais de deduzir uma conclusão rigorosamente a partir de primeiros princípios. Em vez disso, ele convida seus leitores a entenderem "demonstração" em um sentido menos estrito, no qual se pode incluir o processo de raciocínio por meio do qual alguém argumenta dos efeitos às causas hipotéticas ou, na direção oposta, das causas assumidas aos efeitos observados.

A relativa novidade desse tipo de demonstração é sublinhada em uma carta a Mersenne em 1638, na qual Descartes explica que os tipos de demonstração disponíveis na física são muito diferentes daqueles que se espera na matemática:

> Perguntais se acho que aquilo que escrevi sobre a refração é uma demonstração; e acho que é, ao menos na medida em que é possível fornecer uma neste caso, sem ter primeiro demonstrado os princípios da física por meio da metafísica... e até onde qualquer outra questão da mecânica, ótica ou astronomia, ou qualquer outro assunto que não seja puramente geométrico ou aritmético, foi alguma vez demonstrado. Mas exigir que eu forneça demonstrações geométricas em um assunto que depende da física é exigir o impossível. E se alguém deseja

chamar de demonstrações somente as provas dos geômetras, deve então dizer que Arquimedes nunca demonstrou nada na mecânica, nem Vitello na ótica, nem Ptolomeu na astronomia, e assim por diante; isso, no entanto, não é o que se diz. Pois alguém se satisfaz, nestes assuntos, se os autores – tendo assumido certas coisas que não são manifestamente contrárias à experiência – escrevem consistentemente e sem cometer erros lógicos, mesmo que suas assunções não sejam exatamente verdadeiras... Mas no que diz respeito àqueles que desejam dizer que não acreditam naquilo que escrevi, porque o deduzi de diversas assunções que não provei, eles não sabem o que estão pedindo, nem o que deveriam pedir.[9]

Uma implicação é clara. Não podemos esperar na física o mesmo tipo de demonstração que é dada na matemática pura, e teremos que nos contentar com algo diferente. No entanto, não é claro ainda o que é essa alternativa. Qualquer que seja sua estrutura precisa, e o tipo de resultados que ela pode produzir, ela envolve a produção de assunções sobre as causas dos fenômenos físicos e depois a "demonstração" da plausibilidade destas assunções, mediante o exame de seu papel explicativo em alguma filosofia natural compreensiva. Este é um projeto ao qual Descartes repetidamente se refere em sua afirmação de que ele poderia (pelo menos a princípio) demonstrar estas assunções a partir de algum tipo de fundamento metafísico.

O conceito de explicação

Descartes compartilhava com muitos de seus contemporâneos o *insight* de que as formas e qualidades da tradição escolástica eram, em algum sentido fundamental, não explicativas. Se notarmos algum fenômeno natural, tal como o efeito de um ímã sobre pequenos pedaços de ferro, a tradição

---

[9] Carta a Mersenne, 27 de maio de 1638 (AT II 141-142, 143-144: CSMK 103). O mesmo uso da palavra "demonstração" é encontrado na carta de Descartes a Plempius, 3 de outubro de 1637 (AT I 420: CSMK 64).

escolástica tendia a explicá-lo dizendo que a pedra magnética atrai (ou repele) certos corpos porque tem uma "forma magnética" ou uma "qualidade magnética". Há um sentido óbvio em que isto é verdadeiro. Se algum objeto natural faz algo, então ele deve ter a capacidade de fazê-lo! Enquanto não entendemos o que é esta capacidade, ou em que ela consiste, podemos nomear a propriedade inescrutável em questão em termos do efeito que ela produz. Então pílulas soporíferas têm um poder dormitivo, magnetos têm poderes magnéticos, e seres humanos têm poderes pensantes. Até aqui, não há nada de errado com isso; ele meramente rotula o que precisa ser explicado.

No entanto, se alguém segue a tendência natural da filosofia escolástica e reifica estes poderes recém-nomeados como se eles fossem propriedades distintas dos objetos naturais que os possuem, então surgem problemas. O primeiro é um problema metafísico; a saber, a multiplicação de entidades além da necessidade demonstrada. Mediante a aplicação do princípio de Occam, alguém pode parar antes de introduzir centenas de novas formas ou qualidades que superpopulam seu espaço metafísico.[10] Descartes adverte para esta questão acerca da redundância das formas no Capítulo 2 de *Le Monde*, em que explica como um pedaço de madeira queima e, enquanto queima, emite luz e calor:

> Os outros podem, se desejarem, imaginar a forma do "fogo", a qualidade do "calor" e a ação que "queima" como sendo coisas completamente diferentes nesta madeira. De minha parte, com medo de me enganar se supuser algo além daquilo que vejo que deve estar ali necessariamente, contento-me em conceber ali apenas o movimento de suas partes... dado apenas que me concedais que haja algum poder que violentamente remova as partes mais sutis e as separe das mais brutas, percebo que este sozinho será capaz de causar na madeira todas as mesmas mudanças que se experimenta quando ela queima (AT XI 7-8).[11]

---

[10] O princípio de parcimônia na metafísica, segundo o qual não se deve postular a existência de mais entidades distintas ou tipos de entidades do que o necessário, é usualmente atribuído a Guilherme de Occam (1280?-1349?). Ver, por exemplo, seu *Quodlibeta* V, q. 1.

[11] Mahoney, *The World*, p. 9.

Em segundo lugar, a introdução das formas escolásticas neste contexto dá a impressão de que se realizou um progresso na explicação dos fenômenos naturais, e que pouco mais resta a ser feito. No entanto, as próprias formas que são assumidas como entidades explicativas necessitam elas mesmas de explicação: "Se achais estranho que, ao descrever estes elementos, eu não utilize as qualidades chamadas 'calor', 'frio', 'umidade' e 'secura', como fazem os filósofos, devo dizer-vos que estas qualidades me parecem elas próprias necessitar de explicação" (AT XI 25-6).[12]

Assim, para Descartes, as formas escolásticas são ao mesmo tempo redundantes e pseudoexplicativas. A alternativa sugerida era encontrar as causas materiais e eficientes dos fenômenos naturais. Descartes argumentava que estas causas deviam ser descritas mecanicisticamente; de fato, ele notoriamente argumentava, de modo reducionista, que a maioria das propriedades que os fenômenos naturais exibem podem ser explicadas, em última instância, em termos dos tamanhos, figuras e movimentos das pequenas partes de matéria nas quais, como ele assumia, os objetos físicos podem ser analisados. Portanto, explicar qualquer fenômeno natural, neste sentido, equivale a construir um modelo de como pequenas partes imperceptíveis de matéria podem combinar-se para formar corpos perceptíveis; como as propriedades dos corpos resultam das propriedades de suas partes constituintes; e por que nós os percebemos como percebemos, como um resultado da interação destes corpos com nossos órgãos sensoriais.

Já foi indicado acima que as explicações científicas cartesianas devem ser hipotéticas, e que uma das razões para essa admissão era a inobservabilidade das partículas de matéria em termos das quais a explicação dos fenômenos naturais deve ser construída. Mas como se supõe que devamos descrever e medir as propriedades de partículas inobserváveis de matéria? O padre Morin tinha esse tipo de objeção em mente quando, tendo lido os ensaios científicos de 1637, lhe pareceu que Descartes podia estar tentando

---

[12] Mahoney, *The World*, p. 39.

explicar aquilo que podemos prontamente observar, mediante uma referência àquilo que não observamos nem compreendemos: "... os problemas na física raramente podem ser resolvidos por analogias [*comparaisons*]; há quase sempre alguma diferença [entre o modelo e a realidade], ou alguma ambiguidade, ou algum elemento do obscuro sendo explicado pelo mais obscuro" (12 de agosto de 1638: AT II 291). Parte da resposta de Descartes a essa objeção inclui a afirmação de que não há nenhuma maneira de proceder na física a não ser a construção de modelos de larga escala daquilo que está acontecendo no nível microscópico. Assim, por exemplo, podemos pensar nas partículas imperceptíveis da luz mediante uma analogia com esferas de madeira do tamanho de bolas de bilhar.

> Afirmo que eles [isto é, os modelos e as analogias] são a maneira mais apropriada disponível à mente humana para explicar a verdade sobre questões da física; a tal ponto que, se alguém assume algo sobre a natureza que não pode ser explicado por alguma analogia, penso ter conclusivamente mostrado que esse algo é falso (12 de setembro de 1638: AT II 368: CSMK 122).

Esse ponto já havia sido defendido na correspondência com Plempius, no ano anterior: "Não há nada mais de acordo com a razão do que julgarmos sobre aquelas coisas que não percebemos, por causa de seu pequeno tamanho, mediante comparação e contraste com aquilo que vemos" (3 de outubro de 1637: AT I 421: CSMK 65). A resposta de Descartes ao padre Morin incluía também a afirmação de que os únicos aspectos relevantes do modelo eram o tamanho e a figura das esferas e a direção e a velocidade de seus movimentos, de modo que a disparidade de tamanho podia ser ignorada na construção de uma explicação.

> nas analogias que utilizo, apenas comparo alguns movimentos com outros, ou algumas figuras com outras etc.; quer dizer, comparo aquelas coisas que, por causa de seu pequeno tamanho, não são acessíveis aos nossos sentidos com aquelas que são e que não diferem das primeiras mais do que um círculo grande difere de um pequeno (12 de setembro de 1638: AT II 367-368: CSMK 122)

Além das interessantes assunções acerca de quais aspectos de um modelo são relevantes para a construção de uma explicação, os comentários de Descartes também levantam uma questão sobre o alcance em que nossas hipóteses devem ser verdadeiras a fim de serem explicativas. Em outras palavras, ajudaria na explicação de um fenômeno físico se alguém contruísse um modelo mecânico de sua causa eficiente que não fosse, de fato, equivalente à realidade? Descartes achava que sim, ou pelo menos ele argumentava que um modelo plausível embora incorreto é melhor que nenhum. Além disso, pode acontecer que nunca cheguemos a descobrir os valores das variáveis com as quais descrevemos as partículas microscópicas da matéria, de modo que tenhamos que nos contentar com algo menor que o ideal de compreensão que está disponível para Deus.

A primeira concessão acerca de falsas hipóteses é feita em diversos lugares onde Descartes pensa sobre a evolução do universo desde seu caos inicial até o mundo altamente estruturado que vemos hoje. Na época de Decartes, os teólogos comumente acreditavam, baseados em uma leitura não metafórica do *Gênese*, que o mundo como o vemos havia sido criado por Deus. Descartes comenta:

> Mesmo que no começo Deus tenha dado ao mundo apenas a forma de um caos, uma vez que ele estabeleceu as leis da natureza: e depois emprestado seu concurso para permitir à natureza operar como ela normalmente faz, podemos acreditar sem impugnar o milagre da criação que, por este meio apenas, todas as coisas puramente materiais poderiam ter vindo a ser, no curso do tempo, exatamente como as vemos agora. E sua natureza é muito mais fácil de conceber se as vemos desenvolverem-se gradualmente desta maneira do que se as consideramos apenas em sua forma completa (AT VI 45: CSM I 133-134).

Isto sugere que uma explicação do mundo natural é melhor se imaginamos o mundo como gradualmente evoluindo a partir de um caos inicial, sob o controle das leis da natureza, do que se admitimos a crença dos teólogos de que Deus simplesmente o fez como ele é. A mesma ideia é expressa nos *Princípios*:

> Não há dúvida de que todo o mundo tenha sido criado com toda sua perfeição desde o princípio... Não obstante, para compreender a natureza

das plantas ou do homem, é muito melhor considerar como eles foram criados por Deus no início do Universo. Assim, se pudéssemos pensar em alguns poucos princípios muito simples e facilmente conhecidos, a partir dos quais pudéssemos mostrar que as estrelas e a Terra, e tudo o mais que podemos observar na Terra, poderiam ter se desenvolvido como que a partir de sementes – embora saibamos que elas não se desenvolveram de fato desta maneira – poderíamos explicar sua natureza muito melhor desta maneira do que se simplesmente as descrevêssemos como são agora, ou como acreditamos que foram criadas (AT VIIIA 99-100: CSM I 256).

Assim, Descartes acreditava por razões teológicas que sua explicação evolutiva do desenvolvimento dos fenômenos naturais era falsa; ele também afirmava que, apesar de falsa, ela era explicativa.

A segunda razão para a aceitação de hipóteses possivelmente falsas era o pessimismo de Descartes em relação à exequibilidade de se identificar e medir acuradamente, no nível microscópico, as variáveis relevantes. Havia diversas razões para isso, as quais, em um retrospecto, pareceriam ter sido bem justificadas e ocorreriam ao leitor moderno como uma avaliação realista das técnicas experimentais do início do século XVII. Se alguém insistisse em suspender as hipóteses até que toda a complexidade do mundo natural fosse levada em conta, esse alguém não faria absolutamente nenhum progresso. Descartes argumentava ao longo destas linhas em resposta às objeções de Mersenne, em 1629, acerca da interferência do ar na medição da velocidade dos corpos em queda.

> No entanto, no que diz respeito à interferência do ar que desejais que eu leve em consideração, afirmo que é impossível enfrentá-la e *ela não cai no escopo da ciência*; pois se está quente, ou frio, ou seco, ou úmido, ou nublado, ou milhares de outras circunstâncias, todas elas podem modificar a resistência do ar.[13]

---

[13] Embora a carta tenha sido escrita em francês, a frase em itálico estava em latim: *sub scientiam non cadit*. Descartes a Mersenne, 13 de novembro de 1629 (AT I 73). Ver também Descartes a Mersenne, 11 de junho de 1640 (AT III 80); e Descartes a Cavendish, 15 de maio de 1646 (AT IV 416-417).

A mesma justificativa foi oferecida, quase dezoito anos depois, para a falha aparente das regras de impacto em coincidir como nossa experiência dos corpos em colisão. Diversos correspondentes objetaram que as regras propostas por Descartes nos *Princípios* (Livro II, arts. 46ss.) eram contraditas por nossa experiência. A resposta de Descartes foi:

> De fato, ocorre frequentemente que a experiência pode inicialmente parecer ser incompatível com as regras que acabo de explicar, mas a razão para isso é óbvia. Pois as regras pressupõem que os dois corpos *B* e *C* sejam perfeitamente rijos e estejam de tal modo separados de todos os outros corpos que não haja nenhum outro em seus arredores que possa auxiliar ou atrapalhar seu movimento. E não vemos nenhuma situação desse tipo neste mundo (AT IXB 93).

Essa era uma resposta costumeira às objeções sobre uma falta de ajustamento entre teoria e realidade. As explicações cartesianas são construídas por analogia com as interações de corpos físicos macroscópicos em movimento. A realidade subjacente que elas pretendem explicar é microscópica, inacessível à observação humana, e pode envolver tantos fatores de interferência que nosso modelo fica longe de representá-la adequadamente.[14]

Assim, uma explicação cartesiana é uma hipótese que pode ser reconhecida como falsa ou significativamente inadequada à realidade que ela pretende explicar. Quando carecemos da evidência exigida para identificar a verdadeira causa de algum fenômeno, "é suficiente imaginar uma causa que poderia produzir o efeito em questão, mesmo que ela possa ter sido produzida por outras causas e não saibamos qual é a verdadeira causa" (carta de 5 de outubro de 1646: AT IV 516). A sugestão de que nos contentemos com a melhor hipótese disponível é refletida no estatuto epistêmico reivindicado por várias explicações nos *Princípios*. Por exemplo, diferentes hipóteses astro-

---

[14] Cf. respostas similares a Mersenne, 23 de fevereiro de 1643 (AT III 634) e 26 de abril de 1643 (AT III 652).

nômicas são examinadas, não para decidir qual delas é verdadeira, mas, em vez disso, para descobrir qual é mais bem-sucedida como explicação: "Três diferentes hipóteses, isto é, sugestões, foram descobertas pelos astrônomos, as quais são consideradas não como se fossem verdadeiras, mas meramente como adequadas para explicar os fenômenos" (AT VIIIA 85: CSM I 250). A hipótese preferida de Descartes é escolhida "meramente como uma hipótese, e não como a verdade da questão" (AT VIIIA 86: CSM I 251).

Evidentemente, seria melhor se pudéssemos descobrir as verdadeiras causas dos fenômenos naturais; mas se não podemos, ainda é útil nos contentarmos com uma causa possível ou plausível:

> Até onde diz respeito aos efeitos particulares, sempre que carecemos de experimentos suficientes para determinar suas verdadeiras causas, devemos contentar-nos em conhecer algumas causas pelas quais eles possam ter sido produzidos...
> Acredito que fiz o suficiente se as causas que expliquei forem tais que todos os efeitos que elas possam produzir forem descobertos como sendo similares àqueles que vemos no mundo, sem indagar se eles foram de fato produzidos por aquelas ou por algumas outras causas (AT IXB 185, 322).

A metodologia sugerida aqui, de construir modelos mecânicos tão bem quanto pudermos, coincide com a prática científica cartesiana. Descartes e seus seguidores na França do século XVII eram quase pródigos em imaginar modelos hipotéticos para explicar fenômenos naturais; e também, em alguns casos, para explicar alguns que eram apenas pretensos fenômenos. Eles até mesmo construíam explicações de não eventos. É essa notória e amplamente difundida dedicação à construção desenfreada de hipóteses que ajuda a explicar a famosa rejeição de Newton: "Não construo hipóteses".[15]

Ainda assim, apesar do fato de que a lógica da filosofia de Descartes implicava que as explicações de fenômenos naturais tinham de ser hipoté-

---

[15] No texto original em latim, "hypotheses non fingo". Isaac Newton, *Mathematical Principles of Natural Philosophy and His System of the World*, ed. Cajori, p. 547.

ticas, há em sua obra insinuações igualmente claras de uma metodologia bastante diferente. Descartes frequentemente se referia à possibilidade de construir uma filosofia natural baseada em um fundamento metafísico que produziria o tipo de certeza e irrevisabilidade que está aparentemente em questão nas *Meditações*. Esse traço de sua metodologia necessita de algum esclarecimento antes de indagarmos se ele é compatível com a história contada até aqui.

Os fundamentos da ciência

No Prefácio à edição francesa dos *Princípios*, Descartes introduz uma metáfora que acuradamente expressa suas visões sobre a relação da física com a metafísica. "Assim, o todo da filosofia é como uma árvore. As raízes são a metafísica, o tronco é a física, e os galhos que emergem do tronco são todas as outras ciências, que podem ser reduzidas a três principais, a saber, a medicina, a mecânica e a moral" (AT IXB 14: CSM I 187). Não há nada de extraordinário nesta sugestão. Descartes havia sustentado ao longo de aproximadamente vinte e cinco anos antes disso que a física, como ele a entendia, era baseada na ou dependia da metafísica, e que qualquer filosofia natural digna do nome faria bem em primeiro colocar em ordem sua metafísica, antes de lidar com a explicação de fenômenos naturais específicos. Por exemplo, ele escreveu a Mersenne em 1630 acerca de um breve ensaio sobre metafísica que ele próprio havia começado a escrever: "Foi ali que tentei começar meus estudos; e posso dizer-vos que eu não teria sido capaz de descobrir os fundamentos da física se não tivesse procurado por eles naquela direção" (15 de abril de 1630: AT I 144). Isso ajuda a explicar por que ele objetava à metodologia de Galileu. De acordo com Descartes, o filósofo natural italiano havia ignorado as questões sobre os fundamentos e havia se aplicado, por outro lado, a explicar diretamente os fenômenos físicos particulares: "Sem ter considerado as primeiras causas da natureza, ele [Galileu] procurou meramente as explicações de uns poucos efeitos particulares e construiu, portanto, sem fundamentos" (a Mersenne, 11 de outubro de 1638: AT II 380: CSMK

124). Surge a questão, portanto, sobre os tipos de fundamentos que Descartes tinha em vista para a física, e a conexão entre estes fundamentos e as várias ciências que deles dependem.

Uma maneira de nos concentrarmos nesta questão é contrastar a abordagem de Descartes com aquilo que é a prática ordinária na ciência moderna. Os físicos ou fisiologistas do século XX não começam sua pesquisa com um estudo da metafísica, embora possam bem fazer assunções metafísicas no decurso da construção de suas teorias. Em vez disso, eles primeiro desenvolvem teorias científicas que são testadas tendo em vista a verificação de sua viabilidade, e as implicações metafísicas das teorias são posteriormente lidas a partir do produto científico acabado. Nesta abordagem, não há nenhum critério independente para a aceitabilidade de comprometimentos ontológicos, além do sucesso ou não de uma dada teoria. Descartes sustentava a visão contrária. Ele assumia que podemos e devemos construir nossa metafísica primeiro e que devemos posteriormente considerar as teorias físicas que sejam consistentes com nosso fundamento metafísico. Assim devem haver critérios independentes para decidir qual metafísica adotar.

Neste ponto Descartes está muito próximo da filosofia escolástica. O fundamento epistêmico da metafísica cartesiana é a reflexão sobre o "senso comum" ou sobre nossa experiência cotidiana do mundo natural. A Regra II do método proposto no *Discurso*, a qual reflete a Regra IX das *Regulae*, era "começar com os objetos mais simples e mais facilmente conhecidos, a fim de ascender pouco a pouco... ao conhecimento dos mais complexos" (AT VI 19: CSM I 120).[16] No que diz respeito à metafísica, começamos com experiências cotidianas tais como a experiência de pensar, de sentir, de se mover, etc. Entre estas experiências, Descartes favorece as experiências mais simples, mais acessíveis e amplamente disponíveis, porque espera desse modo encontrar fundamentos indubitáveis. Essa estratégia foi delineada na Parte VI do *Discurso*:

---

[16] Cf. Regra IX das *Regulae*: AT X 400: CSM I 33.

Notei também, quanto às observações, que quanto mais avançamos em nosso conhecimento, mais necessárias elas se tornam. No começo, em vez de procurar aquelas que são mais incomuns e altamente elaboradas, é melhor recorrer apenas àquelas que, apresentando-se espontaneamente aos nossos sentidos, não nos podem ser desconhecidas se refletirmos mesmo que um pouco. A razão disso é que as observações mais incomuns tendem a nos enganar, quando ainda não conhecemos as causas das mais comuns, e os fatores dos quais elas dependem são quase sempre tão especiais e mínimos que é muito difícil discerni-los (AT VI 63: CSM I 143).

A posição privilegiada da experiência cotidiana coincide com uma suspeita complementar em relação aos experimentos sofisticados; estes últimos têm a tendência a nos enganar, porque podem ser mal-executados, seus resultados podem ser incorretamente interpretados, ou eles podem ser comprometidos por vários fatores de interferência dos quais não estamos cônscios.[17] Portanto, a evidência experimental é muito pouco confiável para poder fornecer fundamentos metafísicos para as teorias científicas; isso só pode ser feito pela reflexão sobre a experiência cotidiana.

As afirmações centrais da metafísica cartesiana são resumidas nas *Meditações* e na Parte I dos *Princípios*. Enquanto elas são discutidas em outras partes deste volume, o traço relevante aqui é a medida em que Descartes apoia-se em um conjunto escolástico de conceitos para interpretar metafisicamente as experiências pessoais para as quais ele reivindica a indubitabilidade. Por exemplo, a distinção entre uma substância e seus modos é central para o argumento cartesiano a favor de uma distinção radical entre as coisas que podem pensar e aquelas que não podem.[18] A mesma distin-

---

[17] Descartes frequentemente apontava para os problemas na interpretação de resultados experimentais, especialmente quando eles pareciam desconfirmar suas próprias teorias. No entanto, as objeções levantadas eram, a princípio, legítimas. Ver, por exemplo, Descartes a Mersenne, 9 de fevereiro de 1639 (AT II 497-498), 29 de janeiro de 1640 (AT III 7), 11 de junho de 1640 (AT III 80), e 4 de janeiro de 1643 (AT III 609).

[18] Cf. *Princípios*, Parte I, arts. 51-57: AT VIIIA 24-27: CSM I 210-212.

ção é empregada quando ele define a essência da matéria e quando priva a matéria de muitas das qualidades primárias que outros filósofos naturais estavam dispostos a lhe atribuir, tais como a gravidade ou a elasticidade. Em suma, a metafísica de Descartes é uma sutil combinação de categorias escolásticas, axiomas metafísicos (por exemplo, *ex nihilo nihil fit*) e experiência comum aparentemente incontestável.[19]

Uma vez que este fundamento está assentado, o segundo estágio da construção teórica é a formulação das assim chamadas "leis da natureza". Apesar do fato de que estas se dizem "deduzidas" de um fundamento metafísico, a evidência aduzida em favor das leis, tanto em *Le Monde* quando nos *Princípios*, é uma mistura de axiomas metafísicos e observação cotidiana. Por exemplo a primeira lei, a efeito de que um objeto material continua em sua condição de repouso ou movimento a menos que alguma causa intervenha para mudar esta condição, é parcialmente justificada pela referência ao axioma geral de que todo evento ou mudança exige uma causa, e parcialmente pela referência à nossa experiência cotidiana: "Nossa experiência cotidiana dos projéteis confirma completamente esta nossa primeira regra" (AT VIIIA 63: CSM I 241).[20] As outras duas leis da natureza são confirmadas da mesma maneira, mediante o apelo a axiomas metafísicos e à nossa experiência cotidiana de objetos físicos que se movem no mundo (AT VIIIA 64-65: CSM I 242).

Assim, os fundamentos metafísicos que Descartes afirmava estabelecer para o conhecimento científico incluíam vários elementos relacionados, que se apoiavam no tipo de evidência que acabamos de discutir: (a) uma distinção radical entre matéria e espírito, e uma identificação preliminar das qualidades primárias da matéria. Isso incluía uma rejeição igualmente confiante de várias propriedades que Descartes afirmava que a matéria não

---

[19] Na Terceira Meditação, Descartes argumenta que "não pode surgir algo do nada" (*nec posse aliquid a nihilo fieri*) (AT VII 40: CSM II 28). Nas Segundas Respostas às Objeções, ele diz que o princípio causal em que ele se baseou na Terceira Meditação era equivalente a "nada vem do nada" (*a nihilo nihil fit*) (AT VII 135: CSM II 97).

[20] Cf. Mahoney, *The World*, pp. 61-76: AT XI 38-47.

possuía; (b) uma rejeição da compreensão escolástica de explicação e, em seu lugar, a substituição por um austero modelo de explicação mecânica; (c) um esboço de três leis fundamentais da natureza, de acordo com as quais as partículas materiais interagem e permutam várias quantidades de movimento.

Uma vez que estas estavam assentadas, surgia a questão de como Descartes poderia progredir na construção do tipo de modelos mecânicos exigidos por seu método. Que tipo de inferência estava disponível para se passar dos princípios gerais à explicação de fenômenos naturais específicos?

A prática científica real de Descartes coincidia com sua descrição da construção teórica presente na Parte VI do *Discurso*. À medida que se movia para mais longe dos princípios gerais e para mais próximo dos fenômenos particulares, ele descobria que precisava de hipóteses e testes experimentais:

> Primeiramente, tentei descobrir em geral os princípios ou causas primeiras de tudo o que existe ou pode existir no mundo... Depois disso, examinei quais eram os primeiros e mais costumeiros efeitos dedutíveis destas causas. Desta maneira, ao que me parece, encontrei céus, astros, e a uma terra... e outras coisas tais que, sendo as mais comuns e mais simples de todas, são consequentemente as mais fáceis de conhecer. Em seguida, quando quis descer até as coisas mais particulares, encontrei uma tal variedade que não acredito que seja possível à mente humana distinguir as formas ou espécies de corpos que existem sobre a terra de uma infinidade de outros que poderiam lá existir, se tivesse sido a vontade de Deus colocá-los ali. Consequentemente, pensei que a única maneira... fosse ir ao encontro das causas por meio de seus efeitos, e fazer uso de muitas observações particulares... Devo também admitir que o poder da natureza é tão amplo e tão vasto, e que estes princípios são tão simples e tão gerais, que dificilmente noto qualquer efeito particular do qual eu não saiba imediatamente ser possível deduzi-lo dos princípios de muitas maneiras diferentes; e minha maior dificuldade é comumente descobrir segundo qual destas maneiras [o efeito] depende [dos princípios]. Não sei de nenhum outro meio de descobrir isto a não ser buscando observações adicionais, cujos resultados variem dependendo de qual destas maneiras constitui a explicação correta (AT VI 63-64: CSM I 143-144).

Esse texto é claro ao admitir que não é possível deduzir de maneira *a priori* uma explicação para os fenômenos naturais particulares, a partir das próprias leis gerais que Descartes defende, porque há um número quase infinito de caminhos alternativos – todos consistentes com as leis da natureza – pelos quais Deus pode ter causado os fenômenos naturais particulares. Para descobrir qual caminho Deus escolheu, isto é, para descobrir o mecanismo pelo qual os fenômenos naturais são causados pela interação das partículas de matéria, o indivíduo deve recorrer a experimentos cruciais. E, como já foi notado acima, os resultados que podem ser colhidos por este método são ainda hipotéticos.

No entanto, Descartes não é consistente em reconhecer que as iniciativas hipotéticas devem permanecer hipotéticas e que elas não podem ser convertidas posteriormente em algo mais parecido com as deduções puramente formais da matemática. E, apesar da necessidade de experimentos para ajudar a decidir como um fenômeno natural ocorre, ele às vezes descreve os resultados de seu método científico em uma linguagem que quase poderia ter sido tirada diretamente da seção dos *Analíticos posteriores* de Aristóteles, citada acima: "Até onde diz respeito à física, eu acreditava que não conhecia absolutamente nada se eu só pudesse dizer como as coisas podem ser, sem ser capaz de provar que elas não poderiam ser de outro modo" (carta de 11 de março de 1640: AT III 39: CSMK 145). Isso levanta uma questão a respeito do tipo de certeza que Descartes reivindicava para os resultados de seu método científico, quando aplicado aos fenômenos naturais.

Certeza e probabilidade

As afirmações de Descartes acerca da relativa certeza das explicações científicas são apropriadamente ambivalentes. A ambivalência reflete os conceitos comparativamente pouco sofisticados de certeza e incerteza disponíveis no século XVII. A tradição escolástica estava comprometida com uma aguda dicotomia entre dois tipos de afirmação de conhecimento; uma era certa e demonstrada, e a outra era dialética e incerta. No que dizia respeito aos escolásticos, portanto, o indivíduo tinha que escolher entre afirmar ter um conhecimento certo, demonstrado – que era o único tipo digno de se ter – ou o tipo de opinião incerta que dificilmente merecia discussão adicional, uma vez que era completamente não corroborada. Os esforços de Descartes para descrever o grau de certeza que resultava de sua prática científica são melhor compreendidos como uma tentativa condenada de classificar na linguagem dos escolásticos a probabilidade produzida pelo novo método científico. Assim, ele às vezes afirma que suas explicações são certas; ele não pode admitir que elas são incertas sem automaticamente exclui-las como alternativas genuínas às explicações estabelecidas pelas escolas. Ao mesmo tempo, ele reconhece que elas não são absolutamente certas, que elas não gozam do tipo de certeza que pode ser realizado na matemática, que elas são apenas moralmente certas, ou tão certas quando alguém pode esperar ser neste tipo de empreendimento.[21] Outro compromisso, consistente com as afirmações sobre um fundamento metafísico, é o argumento de que os primeiros princípios são certos ao passo que as explicações dos fenômenos naturais particulares são mais ou menos incertas.

Descartes consistentemente afirma que seus primeiros princípios, ou as afirmações mais gerais sobre a matéria e as leis da natureza, são bastante certas.

> Quanto às outras coisas que assumi não poderem ser percebidas porquaisquer sentidos, todas elas são tão simples e tão familiares, e mesmo tão poucas em número, que se as comparardes com a diversida-

---

[21] Na filosofia e na teologia escolásticas havia uma tradição de distinguir vários graus de certeza em termos do tipo de evidência exigido para obtê-los, e da relativa importância de agir com base em nossas crenças em contextos diferentes. A "certeza moral" referia-se à certeza exigida para ações humanas importantes, tais como se casar ou se defender de um agressor. Nesse tipo de caso, o indivíduo comumente não tem uma certeza matemática acerca de vários elementos relevantes do contexto, mas está suficientemente certo para agir e ser desculpado da responsabilidade, se, apesar de tomar as precauções normais, ele estiver enganado. Cf. a versão francesa do *Princípios*, Parte IV, art. 205: "A certeza moral é uma certeza que é suficiente para regular nosso comportamento ou que está à altura da certeza que temos em questões relacionadas à conduta da vida, das quais nunca normalmente duvidamos, embora saibamos que seja possível, absolutamente falando, que elas sejam falsas" (CSM I 289).

de e o maravilhoso artifício que são aparentes na estrutura dos órgãos visíveis, tereis muito mais razão para suspeitar que, em vez de incluir algumas que não são genuínas, omiti algumas que estão de fato em ação em nós. E sabendo que a natureza sempre opera da maneira mais fácil e simples possível, concordareis talvez que é impossível encontrar explicações mais plausíveis de como ela opera do que aquelas que são aqui propostas (AT XI 201).

Esse ponto foi reiterado em diversas ocasiões; as hipóteses básicas do sistema cartesiano eram ditas simples e relativamente pouco numerosas, e ao mesmo tempo elas explicavam uma grande variedade de fenômenos naturais distintos. "Simples" tinha conotação de serem facilmente compreendidas, possivelmente por analogia com algum fenômeno natural com o qual somos costumeiramente familiares. O termo implicava também que uma hipótese era consistente com as limitadas categorias disponíveis na filosofia natural cartesiana, tais como tamanho, velocidade e quantidade de movimento. Em outras palavras, era possível imaginar ou construir um modelo mecânico de uma assim chamada hipótese "simples", ao passo que os tipos de explicações propostas pelos outros eram supostamente difíceis de entender, não receptivos a uma modelagem simples, e provavelmente expressos na linguagem metafísica das escolas. Assim ele escreveu na Parte III dos *Princípios*: "Não acho que seja possível imaginar quaisquer princípios alternativos para explicar o mundo real que sejam mais simples, ou mais fáceis de entender, ou mesmo mais prováveis" (AT VIIIA 102: CSM I 257).

Descartes tinha consciência da objeção de que alguém podia construir uma hipótese para explicar qualquer fenômeno concebível e que, como resultado, as hipóteses podiam ser acusadas de serem *ad hoc*. Sua resposta a essa objeção incluía diversos elementos. Um era que ele utilizava somente umas poucas hipóteses para explicar muitos fenômenos diferentes: "Parece-me que minhas explicações deveriam ser ainda mais aceitas, conforme as faço depender de menos coisas" (AT VI 239). Dados os poucos princípios dos quais ele parte, a variedade de fenômenos explicados fornece um grau extra de confirmação.

A fim de se chegar a conhecer a verdadeira natureza deste mundo visível, não é suficiente encontrar causas que forneçam uma explicação daquilo que vemos à distância nos céus; as mesmas causas devem também permitir que se deduza delas tudo o que vemos bem aqui na Terra. Não há, no entanto, nenhuma necessidade de considerarmos todos esses fenômenos terrestres a fim de determinarmos as causas de coisas mais gerais. Mas saberemos que determinamos essas causas corretamente depois, quando notarmos que elas servem para explicar não apenas os efeitos que estávamos originalmente considerando, mas todos estes outros fenômenos sobre os quais não estivéramos pensando de antemão (AT VIIIA 98-99: CSM I 255).

Além dos pontos que acabam de ser mencionados, Descartes também argumentava que a nova filosofia natural deveria ser comparada, não com algum critério abstrato sobre o que conta como uma boa teoria, mas com outras teorias disponíveis nos anos 1630 para explicar o mesmo conjunto de fenômenos. Neste contexto, afirmava-se que a ciência cartesiana era a melhor disponível. Isso fica claro a partir de uma carta ao padre Morin de 13 de julho de 1638:

Finalmente, dizeis que não há nada mais fácil que ajustar alguma causa a qualquer efeito dado. Mas embora haja de fato muitos efeitos aos quais é fácil ajustar diferentes causas, de um para um, não é fácil ajustar uma única causa a muitos efeitos diferentes, a menos que ela seja a verdadeira causa que os produziu. Há frequentemente efeitos nos quais, a fim de se provar qual é sua verdadeira causa, é suficiente sugerir uma causa a partir da qual todos eles podem ser claramente deduzidos. E eu afirmo que todas as causas que discuti são desse tipo... Se alguém compara as assunções dos outros com as minhas, isto é, compara todas as suas qualidades reais, formas substanciais, elementos e coisas similares, que são quase infinitas em número, com esta única assunção de que todos os corpos são compostos de partes – algo que pode ser observado a olho nu em alguns casos, e que pode ser provado por um número ilimitado de pessoas em outros... e finalmente, se alguém compara aquilo que a partir de minhas assunções deduzi sobre a visão, o sal, os ventos, as nuvens, a neve, o trovão, o arco-íris e assim por diante, com aquilo eles deduziram das suas... espero que isso seja suficiente para convencer aqueles que têm uma mente aberta de que os efeitos que explico não têm outras causas além daquelas a partir das quais eu os deduzo (AT II 199-200: CSMK 107).

A conclusão dos *Princípios* repete a mesma afirmação; se umas poucas assunções podem explicar uma ampla variedade de fenômenos distintos, então isto é um bom argumento a favor da plausibilidade destas assunções:

> Agora se as pessoas olharem para as muitas propriedades relacionadas ao magnetismo, ao fogo e à fábrica do mundo como um todo, as quais deduzi neste livro a partir de uns poucos princípios, então, mesmo que pensem que minha adoção destes princípios tenha sido arbitrária e sem fundamento, elas ainda reconhecerão, talvez, que teria sido dificilmente possível que tantos elementos se ajustassem a um padrão coerente, se os princípios originais fossem falsos (AT VIIIA 328: CSM I 290).

Se aceitarmos o ponto que está sendo defendido, de que uma poucas hipóteses básicas são empregadas na explicação de todos os fenômenos naturais mencionados, que grau de certeza Descartes deveria reivindicar para seus primeiros princípios? Não surpreendentemente, podem ser encontradas duas afirmações bastante distintas neste contexto: uma delas admite que os princípios confirmados são apenas mais ou menos prováveis, ao passo que a outra assume que eles são certos e demonstrados. A afirmação mais modesta é encontrada em uma carta a um correspondente desconhecido, escrita por volta de 1646: "Eu não ousaria afirmar que estes [princípios] são os verdadeiros princípios da natureza. Tudo o que afirmo é que, ao adotá-los como princípios, tornei-me satisfeito em todas as muitas coisas que deles dependem. E não vejo nada que me impeça de fazer algum progresso no conhecimento da verdade" (AT IV 690). A afirmação mais confiante sobre a certeza moral e metafísica vem no penúltimo artigo dos *Princípios*:

> Há certas questões, mesmo em relação às coisas da natureza, que consideramos como absolutamente, e mais que apenas moralmente, certas... Esta certeza é baseada em um fundamento metafísico... As de-

monstrações matemáticas possuem este tipo de certeza, assim como o possui o conhecimento de que as coisas materiais existem; e o mesmo é válido para todo raciocínio evidente sobre as coisas materiais. E talvez mesmo estes meus resultados sejam admitidos à classe das certezas absolutas, se as pessoas considerarem como eles foram deduzidos em uma cadeia ininterrupta a partir dos primeiros e mais simples princípios do conhecimento humano... parece que todos os outros fenômenos, ou pelo menos as características gerais do universo e da Terra, que descrevi, dificilmente podem ser explicados de modo inteligível exceto da maneira que sugeri (AT VIIIA 328-329: CSM I 290-291).

A versão francesa deste texto é ainda mais explícita quanto ao caráter demonstrativo das explicações encontradas na física cartesiana:

Acho que se deve também reconhecer que provei, por meio de uma demonstração matemática, todas aquelas coisas que escrevi, pelo menos as coisas mais gerais concernentes à estrutura dos céus e da Terra, e da maneira como as escrevi. Pois tomei o cuidado de propor como duvidosas todas as coisas que pensei serem tais (AT IXB 325).

O problema de classificar o tipo de certeza que Descartes poderia razoavelmente ter reivindicado para seus princípios e hipóteses é melhor entendido, historicamente, levando-se em conta a ausência de um conceito de probabilidade no início do século XVII, e a assunção da tradição escolástica de que qualquer coisa inferior às verdades demonstradas era tão pouco confiável quanto uma mera opinião ou conjetura. Neste contexto, Descartes afirmava que sua filosofia natural era certa e demonstrada; ao mesmo tempo, percebendo que ela dificilmente poderia ser tão certa quanto as provas formais da matemática, ele admitia que apenas as assunções mais gerais de seu sistema eram certas, ao passo que as explicações de fenômenos naturais particulares eram mais ou menos certas.

Esse ponto reabre a questão sobre o tipo de evidência que Descartes achava apropriada para apoiar as afirmações científicas e sobre a relativa importância dos argumentos metafísicos face à evidência experimental. Não há nenhuma sugestão de que Descartes tenha alguma vez abandonado a convicção, tão clara nas *Meditações*, de que o indivíduo pode realizar um grau de certeza equivalente à indubitabilidade ao raciocinar sobre conceitos e axiomas. Esse tipo de certeza metafísica é apropriado para os fundamentos de nosso conhecimento, seja esse conhecimento matemático, físico ou outro qualquer.

No entanto, se desejamos produzir juízos sobre o mundo físico, não podemos ingenuamente assumir que nossas sensações refletem a maneira como o mundo é. Nem podemos descobrir em quaisquer detalhes que fenômenos naturais ocorrem, nem quais mecanismos explicam sua ocorrência, mediante a introspecção de nossas ideias. Deve haver alguma condição, portanto, para partirmos de conceitos e axiomas metafísicos claros e distintos e de algum modo fazermos a transição crucial para a descrição e explicação do mundo natural ao nosso redor. Isso pode ser feito somente consultando nossa experiência do mundo natural, e isso implica que utilizemos nossos sentidos a fim de obtermos um conhecimento científico.

Ao mesmo tempo, Descartes pode ser corretamente descrito como um crítico da confiabilidade da evidência empírica. Sua crítica foi cuidadosamente desenvolvida para identificar diversas maneiras segundo as quais podemos tirar conclusões errôneas de nossa experiência sensorial. Duas destas maneiras já foram identificadas: (a) Podemos ignorar a distinção entre qualidades primárias e secundárias e, como resultado, assumir que nossas sensações se assemelham às causas de nossas sensações; e (b) podemos argumentar muito precipitadamente a partir de um experimento, chegando a alguma conclusão, sem levar em conta as muitas maneiras segundo as quais o experimento pode enganar-nos. Em geral, corremos o risco de produzir espontaneamente juízos ingênuos, acríticos, sobre o mundo físico, sem questionar a confiabilidade de nossas sensações ou a lógica das conclusões tiradas de observações confiáveis. Tais juízos espontâneos deveriam ser distinguidos de outros juízos, igualmente baseados na sensação, que são produzidos após a devida deliberação e reflexão. Infelizmente para o leitor moderno, Descartes expressou esta distinção em termos de um contraste entre experiência e razão; o que ele tinha em mente era um contraste entre dois tipos de juízo, ambos igualmente baseados na experiência. Isso fica explícito no texto a seguir:

Daí é claro que quando dizemos 'A confiabilidade do intelecto é muito maior que a dos sentidos' isso significa meramente que quando somos adultos os juízos que produzimos como resultado de várias novas observações são mais confiáveis que aqueles que são formados sem qualquer reflexão em nossa primeira infância; e isso é indubitavelmente verdadeiro (Sextas Respostas: AT VII 438: CSM II 295).

Por essa razão, um verdadeiro filósofo "não deveria nunca confiar nos sentidos, isto é, nos juízos imperfeitos de sua infância, de preferência a seus poderes maduros da razão" (AT VIIIA 39: CSM I 232).

É óbvio, então, que não se pode evitar a necessidade de confiar em evidências baseadas na experiência. Descartes reconhece a necessidade desse tipo de evidência na filosofia natural e utiliza-a extensamente nos experimentos científicos que descreve. Ele diz abertamente, na Parte VI do *Discurso:* "no que diz respeito às observações, que quanto mais avançamos em nosso conhecimento, mais necessárias elas se tornam" (AT VI 63: CSM I 143). Neste ponto, sua prática científica correspondia à sua regra metodológica, pois ele passava muito mais tempo fazendo experimentos ou lendo sobre aqueles feitos por outros do que jamais passou meramente pensando. No entanto, por razões já mencionadas, ele tinha pouca confiança em experimentos que não houvesse ele próprio verificado.[22] Daí haver sérios limites quanto à extensão em que ele podia esperar completar um explicação compreensiva da natureza; ele provavelmente seria frustrado "pela brevidade da vida ou pela a falta de observações" (AT VI 62: CSM I 143). Por essa razão, Descartes decidiu dedicar sua vida à busca daquilo que ele chamava de uma "filosofia prática que pudesse substituir a filosofia especulativa ensinada nas escolas" (AT VI 61: CSM I 142). "Direi apenas que resolvi dedicar o resto de minha vida a nada menos que tentar adquirir algum conhecimento da natureza, a partir do qual possamos tentar derivar regras para a medicina que sejam mais confiáveis que aquelas que tivemos até o

---

[22] "Tenho pouca confiança em experimentos que eu mesmo não realizei" (carta a Huygens de 1643: AT III 617).

presente" (AT VI 78: CSM I 151). Isso equivale a um compromisso com a realização de experimentos, de cujo custo ele frequentemente reclamava. Tentar obter este conhecimento prático de qualquer outra maneira, além de experimentalmente, seria juntar-se àqueles "filósofos que negligenciam a experiência e acham que a verdade emergirá de suas próprias cabeças como Minerva emergiu da de Júpiter" (*Regulae*, Regra V: AT X 380).

Uma explicação completa da contribuição de Descartes à história das filosofias da ciência envolveria um exame de sua obra à luz de seus sucessores no século XVII. Sem examinar aqui esta evidencia suplementar – que incluiria as maneiras como Descartes foi entendido por, por exemplo, La Forge, Malebranche, Rohault, Poisson, Cordemoy e Régis –, há razão para se crer que seus sucessores compartilhavam uma interpretação comum das principais características da filosofia da ciência de Descartes.[23] Estas características comuns são melhor compreendidas em contraste com a filosofia escolástica, para a qual elas eram propostas como um substituto. Para Descartes, o contraste se dava entre o prático e o especulativo, o explicativo e o não explicativo, o crítico e o ingenuamente acrítico, o mecanicista e o formal, o matemático e quantitativo *versus* o qualitativo. Apesar do contraste favorável com a filosofia natural das escolas, no entanto, Descartes continuava a aceitar a assunção escolástica de que devemos construir nossa metafísica primeiro, sobre a base epistêmica da reflexão sobre nossa experiência ordinária, e que quaisquer explicações posteriores dos fenômenos naturais devem ser consistentes com a metafísica fundamental.

Uma vez que os fundamentos estavam assentados, era aceito que nunca poderíamos conhecer a maneira como o mundo é consultando nossas sensações e inferindo delas que as causas de nossas sensações devem ser semelhantes a nossas experiências subjetivas. Além disso, se assumimos que os fenômenos físicos são constituídos pelas interações entre partículas muito pequenas de matéria, então o simples tamanho de tais partículas de matéria infinitamente divisível coloca a observação delas além de nosso al-

---

[23] Para uma análise de como estes autores entenderam a filosofia da ciência de Descartes, ver Clarke, *Occult Powers and Hypotheses*.

cance. Por essas duas razões, só podemos chegar a conhecer como o mundo físico é por meio de hipóteses.

Para Descartes, explicar um fenômeno natural não é redescrevê-lo na linguagem das formas e qualidades, como era feito nas escolas. Explicar, neste contexto, é construir um modelo mecânico de como o fenômeno em questão é causado. Essa construção de modelos é necessariamente hipotética. Assim, começando com as leis básicas da natureza e com os fundamentos metafísicos estabelecidos nas *Meditações* ou no Livro I dos *Princípios*, Descartes pôs-se a construir o tipo de modelos que seu conceito de explicação exigia. Embora ele continuasse a reivindicar uma certeza absoluta para os fundamentos, era claro que ele não poderia ser tão confiante em relação às explicações mais detalhadas dos fenômenos naturais. Essas explicações dependiam de observações e da realização de experimentos complexos cuja interpretação introduzia novas razões para dúvida. Havia também outra razão para cautela que surgia nesta etapa, a saber, o ceticismo de Descartes quanto à possibilidade de algum dia identificar a multiplicidade de variáveis envolvidas em qualquer fenômeno natural complexo. Aquilo que parte de fundamentos "indubitáveis", portanto, torna-se rapidamente enredado no quase imensurável detalhe complexo de partículas inobserváveis de matéria interagindo a velocidades inobserváveis. Os experimentos cruciais que realizamos para ajudar na escolha da explicação mais plausível são abertos a várias interpretações. Daí o nascimento da bem conhecida tradição cartesiana de simplesmente imaginar algum mecanismo por meio do qual pequenas partes de matéria em movimento possam ter causado algum fenômeno natural que observamos.

Àqueles que objetam que isto não resulta no tipo de conhecimento demonstrado apreciado pela tradição escolástica, Descartes responde que aqueles que exigem tais demonstrações não sabem o que estão procurando, nem o que deveriam procurar. Não é possível realizar na física o mesmo tipo de certeza realizado na matemática ou na metafísica. Temos que nos contentar com menos.

Isso sugere que a filosofia da ciência de Descartes foi em grande medida um produto da época em que foi desenvolvida. As décadas de 1630 e 1640 foram uma época de transição da ciência das formas e qualidades para aquilo que descrevemos hoje como ciência moderna. Encontram-se traços de ambas estas filosofias da ciência em Descartes. O que era significativamente novo era o comprometimento com a explicação mecânica, em vez dos "poderes ocultos" da tradição escolástica, e o reconhecimento de que esse tipo de explicação deve ser hipotética. Mas para Descartes, carecendo de uma teoria da probabilidade, isso parecia compatível com a contínua afirmação de que sua filosofia natural era não apenas superior, em poder explicativo, à filosofia natural das escolas, mas que ela era exatamente tão certa quanto esta última; ou, pelo menos, que seus princípios mais fundamentais eram demonstrados.

10 A física de Descartes

Daniel Garber

A física e seus fundamentos eram centrais para o pensamento de Descartes. Embora hoje ele seja provavelmente mais conhecido por sua metafísica da mente e do corpo ou por seu programa epistemológico, no século XVII Descartes era no mínimo igualmente bem conhecido por causa de sua física mecanicista e do mundo mecanicista de corpos geométricos em movimento que ele teve um amplo papel em tornar aceitável a seus contemporâneos. Neste ensaio, resumirei a filosofia mecanicista de Descartes em relação a seu contexto histórico. Após algumas breves observações sobre o pano de fundo imediato do programa de Descartes para a física e um breve resumo do desenvolvimento histórico de sua física, discutiremos os fundamentos da física de Descartes, incluindo seus conceitos de corpo e movimento e suas visões sobre as leis do movimento.

Pano de fundo

Antes de podermos considerar os detalhes da física de Descartes, devemos avaliar algo do contexto histórico em que ela surgiu e cresceu.

O mais importante em relação ao pano de fundo era, é claro, a filosofia natural aristotélica que dominara o pensamento medieval.[1] A filosofia

---

[1] Para explicações da filosofia natural medieval, ver, por exemplo, Grant, *Physical Science in the Middle Ages*; e Kretzmann et al. (eds.), *The Cambridge History of Later Medieval Philosophy*, seção VII.

natural aristotélica havia caído sob significativo ataque no período que veio a ser conhecido como Renascimento.² Mas é importante perceber que ainda no século XVII, ao longo da vida de Descartes, a filosofia natural aristotélica encontrava-se bastante viva e relativamente bem; ela foi o que o próprio Descartes estudou em La Flèche e o que ainda era estudado ali (e na maioria das outras escolas da Europa e da Bretanha) em 1650, quando Descartes encontrou sua morte na Suécia.³

A filosofia natural aristotélica era um assunto de enorme complexidade. Mas brevemente, o que diz respeito a Descartes mais diretamente em sua física é a doutrina das formas substanciais.⁴ Para os escolásticos, os corpos eram constituídos de matéria prima e forma substancial. Matéria é aquilo que todo corpo compartilha, enquanto a forma é o que diferencia os corpos uns dos outros. E assim, é a forma que explica por que as pedras caem e o fogo sobe e por que os cavalos relincham e os homens raciocinam.

---

[2] Para uma visão geral das alternativas renascentistas ao aristotelismo na filosofia natural, ver, por exemplo, Ingegno, "The new philosophy of nature", em Schmidt et al. (eds.), *The Cambridge History of Renaissance Philosophy*, pp. 236-263. Deve ser enfatizado que no Renascimento não havia uma oposição única a Aristóteles e ao aristotelismo, mas uma ampla variedade de programas de oposição bastante diferentes.

[3] Sobre a persistência do aristotelismo no Renascimento e no século XVII, ver especialmente Schmitt, *Aristotle and the Renaissance*. Para uma explicação do tipo de educação que Descartes teria recebido nas escolas jesuítas, ver as notas da parte um em Gilson, *Descartes: Discours de la méthode, texte et commentaire*, e C. de Rochemonteix, *Un collège des Jésuites*. As escolas jesuítas da época deviam seguir a *Ratio Studiorum* jesuíta, um currículo cuidadoso e detalhado que havia sido elaborado e aprovado pela Sociedade de Jesus para uso em suas escolas. Ver, por exemplo, Fitzpatrick (ed.), *St. Ignatius and the Ratio Studiorum*. O texto completo da *Ratio Studiorum* é dado em Ladislaus Lukács, S. J. (ed.), *Ratio atque Institutio Studiorum Societatis Iesu* (1586, 1591, 1599) (*Monumenta Paedagogica Societatis Iesu*, vol. V; *Monumenta Historica Societatis Iesu...*, vol. 129) (Roma: Institutum Historicum Societatis Iesu, 1986). Para uma explicação mais geral da educação superior francesa do período, ver Brockliss, *French Higher Education in the Seventeenth and Eighteenth Centuries*.

[4] Ver, por exemplo, Aristóteles, *Física* I, cap. 7, particularmente como interpretada em S. Tomás, *The Principles of Nature*. Na prática, contudo, a teoria pode tornar-se bastante complexa. Ver, por exemplo, Maier, *On the Threshold of Exact Science*, pp. 124-142.

Há, é claro, várias maneiras diferentes de entender o que eram estas formas para os escolásticos.[5] Descartes gostava de pensar nelas como pequenas mentes presas a corpos, causando o comportamento característico de diferentes tipos de substâncias. Nas *Sextas respostas*, por exemplo, ele tem as seguintes observações a fazer sobre a concepção escolástica de peso que lhe havia sido ensinada na juventude:

> Mas o que torna especialmente claro que minha ideia de gravidade foi tirada amplamente da ideia que eu tinha de mente é o fato de eu achar que a gravidade carregava os corpos em direção ao centro da Terra como se ela tivesse em si mesma algum tipo de conhecimento [*cognitio*] do centro. Pois isso certamente não poderia acontecer sem conhecimento, e não pode haver nenhum conhecimento exceto em uma mente (AT VII 442: CSM II 298).[6]

Essa filosofia natural será um dos alvos mais importantes de Descartes em seus próprios escritos sobre filosofia natural.

Descartes não estava de modo algum sozinho ao se opor à filosofia das escolas. Como notei anteriormente, já haviam ocorrido numerosos ataques à filosofia natural aristotélica quando Descartes veio a aprender sua física na escola: diversas variedades de platonismo, hermetismo, a filosofia alquímica de Paracelso, entre outros movimentos.[7] Mas o mais importante para se compreender Descartes é o

---

[5] Para S. Tomás, por exemplo, a forma substancial é aquilo que atualiza a matéria prima, e a matéria em si mesma é pura potencialidade; ver *On Being and Essence*, cap. 2. Para outros pensadores posteriores, contudo, matéria e forma têm uma maior autonomia uma em relação à outra, e mais capacidade de existência independente. Ver, por exemplo, Whippel, "Essence and Existence", em Kretzmann et al. (eds.), pp. 385-410, especialmente p. 410.

[6] Ver também AT III 667: CSMK 219; AT V 222-223: CSMK 357-358. Descartes oferece uma interpretação similar de Roberval, que havia proposto um tipo de teoria de gravitação universal; ver AT IV 401. Enquanto eu frequentemente tomo emprestadas as excelentes traduções da edição CSM, na maioria dos casos as traduções são minhas, para o melhor ou para o pior.

[7] Ver a referência citada na nota 2, e Vickers (ed.) *Occult and Scientific Mentalities in the Renaissance*.

renascimento do atomismo antigo. Em oposição à visão aristotélica do mundo, os antigos atomistas, Demócrito, Epicuro e Lucrécio, tentavam explicar o comportamento característico dos corpos não em termos de formas substanciais, mas em termos do tamanho, figura e movimento de corpos menores, os átomos, que compõem os corpos mais volumosos da experiência cotidiana, átomos que eram tomados como se movendo no espaço vazio, o vácuo. O pensamento atomista fora amplamente discutido no século XVI, e no ínicio do século XVII ele possuía um certo número de visíveis adeptos, incluindo Nicholas Hill, Sebastiano Basso, Francis Bacon e Galileu Galilei.[8] Quando tudo estava dito e feito, a física de Descartes acabou retendo diversos traços cruciais da física que ele aprendera na escola e diferindo do mundo dos atomistas; mais notavelmente, Descartes rejeitava os átomos indivisíveis e os espaços vazios que caracterizavam a física atomista. Mas a rejeição de Descartes da matéria e forma das escolas e sua adoção do programa mecanicista para explicar tudo no mundo físico em termos de tamanho, figura e movimento dos corpúsculos que compõem os corpos são dificilmente concebíveis sem a influência do pensamento atomista.

O desenvolvimento do sistema de Descartes

Descartes frequentou o colégio jesuíta de La Flèche, onde recebeu um curso completo de filosofia natural aristotélica.[9] Em adição a Aristóteles, que era ensinado em La Flèche a partir de uma perspectiva humanista,

---

[8] Sobre o atomismo do século XVII, ver especialmente Lasswitz, *Geschichte der Atomistik vom Mittelalter bis Newton*; Kargon, *Atomism in England from Hariot to Newton*; Marie Boas, "The establishment of the mechanical philosophy", *Osiris* 10 (1952), pp. 412-541; Jones, *Pierre Gassendi 1592-1655: An Intellectual Biography*; Joy, *Gassendi the Atomist: Advocate of History in an Age of Science*; e Meinel, "Early Seventeeth-Century Atomism: Theory, Epistemology, and the Insufficiency of Experiment".

[9] Embora ele viesse mais tarde a rejeitar a física que havia aprendido, é interessante que quando, em 1638, um amigo lhe perguntou aonde devia mandar seu filho para estudar, ele não recomendou as universidades holandesas, onde havia muitos simpatizantes do pensamento do próprio Descartes, mas La Flèche, enfatizando com especial louvor o ensino de filosofia. Ver AT II 378.

Descartes recebeu uma edução em matemática bastante incomum para a tradição aristotélica.[10] Mas a carreira de Descartes como filósofo natural propriamente dita começa com seu encontro com Isaac Beeckman, em novembro de 1618, na cidade de Breda. Descartes, então com vinte e dois anos e saído da escola há apenas dois anos, vinha levando uma vida de soldado, tendo aparentemente a intenção de tornar-se engenheiro militar. Beeckman, oito anos mais velho que Descartes, era um dedicado amador de ciência e matemática e já o havia sido por alguns anos; seus diários, redescobertos apenas neste século, mostram um interesse por uma ampla variedade de temas matemáticos e científicos. Os diários também fornecem o registro das conversas entre os dois jovens. É claro, a partir destes registros, que Descartes fora muito atraído pela nova física mecanicista e matemática que Beeckman estava entusiasticamente (ainda que assistematicamente) desenvolvendo. Beeckman colocava problemas e questões para seu colega mais jovem, e em seu diário encontram-se os registros dos esforços de Descartes em relação a uma ampla variedade de questões de harmonia e acústica, física e matemática, todas abordadas de maneira decididamente não aristotélica, tentando aplicar a matemática a problemas de filosofia natural.[11] Por certo, há pouca coisa nestes primeiros escritos

---

[10] Sobre o ensino de matemática nas escolas jesuítas, ver Cosentino, "Le matematiche nella *Ratio Studiorum* della Compagnia di Gesù", p. 171-213; Dainville, "L'ensegnement des mathématiques dans les Collèges Jésuites de France du XVIe au XVIIIe siècle", p. 6-21, 109-123; Rodis-Lewis, "Descartes et les mathématiques au collège", em Grimaldi e Marion (eds.), *Le Discours et sa méthode*, p. 187-211; Wallace, *Galileo and his Sources: The Heritage of College Romano in Galileo's Science*, p. 136-148; e Dear, *Mersenne and the Learning of the Schools*, cap. 4.

[11] As notas sobreviventes de Beeckman encontram-se publicadas em Waard (ed.), *Journal tenu par Isaac Beeckman de 1604 à 1634*; as passagens que se relacionam especificamente a Descartes podem ser encontradas em AT X 41-78. O registro feito pelo próprio Descartes de algumas destas conversas pode ser encontrado nas notas do manuscrito do "Parnaso" de Descartes, preservado por Leibniz; ver AT X 219ss. e Gouhier, *Les Premières Pensées de Descartes*, p. 15. A primeira obra completada de Descartes, o *Compendium musicae*, escrito por Descartes como um presente para Beeckman, data deste período. O *Compendium* pode ser encontrado em AT X 88-141 e em uma nova edição comentada por Frédéric de Buzon. O estudo da música

que sugira a física posterior do próprio Descartes em algum nível real de detalhe; de fato, há toda razão para se acreditar que o jovem Sr. du Peron, como Descartes se intitulava na época, aderia às doutrinas dos átomos e do vazio que Beeckman sustentava e que ele, Descartes, viria posteriormente a rejeitar.[12] Embora o contato real tenha durado apenas alguns meses (Beeckman deixou Breda em 2 de janeiro de 1619), os efeitos foram profundos. Como ele escreveu a Beeckman em 23 de abril de 1619, poucos meses depois de se separarem: "Sois verdadeiramente o único que dissipou minha inatividade, que chamou de volta de minha memória um conhecimento que havia quase desaparecido e que conduziu minha mente, a qual vinha se afastando dos empreendimentos sérios, de volta a algo melhor" (AT X 162-163: CSMK 4).

O pouco mais de uma década que se seguiu ao encontro com Beeckman foi muito produtivo para Descartes. Há toda a evidência de que foi então que ele elaborou seu aclamado método, sua geometria e partes importantes de sua teoria da luz, em particular sua lei de refração.[13]

---

era, é claro, para os contemporâneos de Descartes, uma parte da matemática mista, juntamente com a astronomia e mecânica, e assim esta obra se adequa bem ao contexto das outras coisas que Descartes discutia com seu mentor. Sobre o lugar da música no pensamento do início do século XVII, ver Dear, *Mersenne and the Learning of the Schools*, cap. 6.

[12] Em uma das notas de discussão que Descartes apresentou a Beeckman, ele fala em "um átomo de água [*unus aquae atomus*]" viajando duas vezes mais rápido que "dois outros átomos"; ver AT X 68. Ademais, os problemas que Descartes discutia com Beeckman incluíam o problema da queda-livre em um vácuo; ver AT X 58-61, 75-78. Apesar de sugestivos, estes exemplos não são decisivos. Descartes utilizava o termo "átomo", mas não em um contexto no qual sua indivisibilidade ou perfeita rigidez estivessem em questão; assim, não é claro que ele entendia o termo em seu sentido técnico estrito. Ademais, a discussão (contrafactual) do movimento em um vácuo era um lugar-comum entre os filósofos naturais escolásticos, dos quais todos negavam que pudesse realmente existir tais vácuos na natureza.

[13] Sobre o desenvolvimento de Descartes nos anos 1620, ver Milhaud, *Descartes savant*; e Rodis-Lewis, *L'Oeuvre de Descartes*, cap. II. Para a datação e desenvolvimento das *Regras*, ver Weber, *La Constitution du texte des Regulae*; e Schuster, "Descartes' Mathesis universalis, 1619-1628", em Gaukroger (ed.), *Descartes: Philosophy, Mathematics and Physics*, pp. 41-96.

A partir de discussões presentes nas *Regras para a direção do espírito*, há também razão para se acreditar que ele estava também preocupado com outros problemas, como o da natureza do magnetismo.¹⁴ Ademais, nas *Regras* há também evidências de seu interesse pelos fundamentos da filosofia mecanicista que agora caracterizava seu pensamento. Em particular, em sua doutrina das naturezas simples, ele parece ter apresentado as sementes de um argumento de que tudo no mundo físico é explicável em termos de tamanho, figura e movimento. Nas últimas seções das *Regras* temos também uma forte sugestão da doutrina da identificação do corpo e da extensão, que caracteriza seu pensamento maduro.¹⁵

Mas a filosofia natural madura começa a emergir apenas no final dos anos 1620, depois que Descartes deixa de lado a composição das *Regras* e volta-se para a construção de seu sistema completo de conhecimento. Importante nesse período, é claro, é a hoje perdida metafísica do inverno de 1629-1630, a qual, para Descartes, estava claramente ligada aos fundamentos de sua ciência.¹⁶ Mas ao mesmo tempo que se preocupava com a alma e com Deus, ele trabalhava também nas próprias ciências. Cartas de 1629 e 1630 mostram que ele estava trabalhando na teoria do movimento, do espaço e dos corpos, na ótica e na luz, na explicação mecanicista das propriedades físicas dos corpos, na explicação de fenômenos atmosféricos e celestiais particulares e em anatomia.¹⁷ Este trabalho culminou em 1633 com a conclusão de *O mundo*. *O mundo*, como chegou até nós, é composto de duas partes principais, o *Tratado da luz* e o *Tratado do homem*. O *Tratado da luz* lida com a física propriamente dita. Após alguns capítulos introdutórios, Descartes vislumbra Deus criando um mundo de corpos

---

¹⁴ O magnetismo é discutido nas Regras XII, XIII e XIV das *Regras*: AT X 427, 430-431, 439: CSM I 49-50, 52, 57.

¹⁵ Ver particularmente as Regras XII e XIV das *Regras*, AT X 419, 442-447: CSM I 44-45, 59-62.

¹⁶ A metafísica de 1629-1630 é mencionada em uma carta a Mersenne: 15 de abril de 1630, AT I 144: CSMK 22. Para uma explicação de o que ela pode ter contido, ver Rodis-Lewis, *L'Oeuvre*, cap. III.

¹⁷ Ver, por exemplo, AT I 13, 23, 53s., 71, 106-107, 109, 119-120, 127, 179.

puramente extensos nos "espaços imaginários" dos escolásticos. Ele então deriva as leis que estes corpos teriam de obedecer em movimento e argumenta que, se colocados em movimento e deixados entregues a si mesmos, eles formariam o cosmos como o conhecemos, inumeráveis estrelas em torno das quais giram planetas, e mostra como as características de nosso mundo, tais como a gravidade e o peso, emergiriam neste contexto. Deste modo ele explica muitas características de nosso mundo físico sem apelar para as formas substanciais dos escolásticos. O *Tratado do homem*, por outro lado, lida com a biologia humana. Imaginando que Deus formou a partir desta coisa extensa uma máquina que se assemelha a nossos corpos, Descartes mostra como boa parte do que é explicado pelos escolásticos em termos de almas pode ser explicado em termos de tamanho, figura e movimento apenas.

No entanto, este esboço de um mundo mecânico não seria publicado durante a vida de Descartes. Quando Descartes soube que Galileu havia sido condenado em Roma em 1633, ele recolheu seu *Mundo* da publicação, e, de fato, fez um voto de não publicar de todo suas opiniões.[18] Seu voto, no entanto, teve vida curta. Embora *O mundo* nunca tenha aparecido durante a vida de Descartes, por volta de setembro ou outubro de1634 Descartes trabalhava em um novo projeto, e em março de 1636 uma nova obra foi concluída.[19] A obra em questão era uma coletânea de três tratados científicos em francês, a *Geometria*, a *Dióptrica* e a *Meteorologia*, reunidos e publicados em junho de 1637 com uma introdução, o *Discurso do método*. Boa parte do trabalho que aparece nesses escritos data de épocas muito anteriores. Mas o que é distintivo acerca dessa obra é a maneira como ela é apresentada. Uma característica central do *Discurso* e dos *Ensaios* é a ausência do referencial completo da física e da metafísica que, como Descartes

---

[18] Ver AT I 270-722, 285-286; a segunda passagem encontra-se traduzida [para o inglês] em CSMK 42-44.

[19] Ver AT I 314, 339; a segunda passagem encontra-se traduzida [para o inglês] em CSMK 50-52. A primeira passagem, de uma carta a Morin de setembro ou outubro de 1634, não é totalmente clara, mas implica que Descartes podia estar de volta ao trabalho em sua *Dióptrica*.

admitia, jazia sob as amostras de trabalho que ele apresentava. O sistema completo estava esboçado, por certo. Na Parte IV do *Discurso* Descartes apresentava um perfil de sua metafísica e, na Parte V, um rascunho da física de *O mundo*. Mas, como ele explicava na Parte VI do *Discurso*, os verdadeiros tratados científicos que se seguiam forneciam apenas os resultados de suas investigações; o material da *Dióptrica* e da *Meteorologia* é apresentado hipoteticamente, utilizando assunções e modelos plausíveis mas não defendidos, não porque Descartes pensasse que esta era a melhor maneira de apresentar um corpo de material, mas porque desta maneira ele podia apresentar seus resultados sem revelar os detalhes de sua física que ele sabia que suscitariam controvérsias.[20] Os *Ensaios* continham muita coisa de interesse, incluindo a leis da refração, uma discussão da visão, e a importante análise do arco-íris. Mas estava conspicuamente faltando qualquer discussão do copernicanismo ou qualquer explicação da doutrina de Descartes dos corpos como essencialmente extensos.

A recepção dada ao *Discurso* e aos *Ensaios* deve ter sido suficientemente encorajadora, pois no final dos anos 1630 Descartes decidiu embarcar em uma publicação apropriada de seu sistema, disposta em sua ordem própria, começando com a metafísica e os fundamentos de sua física. A primeira obra a ser completada foram as *Meditações*, terminadas na primavera de 1640 e publicadas em agosto de 1641. Embora as *Meditações* estejam principalmente preocupadas com questões metafísicas, elas contêm elementos dos fundamentos da física de Descartes, incluindo a existência de Deus (essencial para fundamentar as leis do movimento, como veremos) e a existência e natureza dos corpos. Em janeiro de 1641, na véspera da publicação das *Meditações*, Descartes confiou a Mersenne:

> Posso dizer-vos, cá entre nós, que estas seis *Meditações* contêm todos os fundamentos de minha física. Mas por favor não conteis às pessoas, pois isso pode tornar mais difícil para os defensores de Aristóteles aprová-las. Espero que os leitores se acostumem gradualmente com os

---

[20] Ver AT VI 74-77: CSM I 149-150.

meus princípios e reconheçam sua verdade antes que notem que eles destroem os princípios de Aristóteles (AT III 297-298: CSMK 173).

Mas mais diretamente importante para a disseminação das visões de Descartes sobre o mundo natural foi a publicação dos *Princípios de Filosofia*.

Descartes começou a contemplar a publicação de sua física completa já no outono de 1640, enquanto as *Meditações* circulavam e ele aguardava as objeções que pretendia publicar juntamente com suas respostas. Originalmente, Descartes havia planejado publicar um livro didático de sua filosofia em latim, diferente de *O mundo* e do *Discurso*, juntamente com uma versão comentada da *Summa* de Eustachius a Sancto Paulo, que era um livro didático amplamente usado nas escolas. Deste modo, pensava Descartes, ele poderia demonstrar a fraqueza da física aristotélica ordinária e a superioridade de sua própria filosofia mecanicista.[21] Este plano foi logo posto de lado em favor de uma exposição direta de suas próprias visões.[22] As primeiras partes da obra incompleta foram para o impressor em fevereiro de 1643 e apareceram em julho de 1644.[23] A obra provou-se popular o suficiente para que se publicasse uma versão francesa em 1647. Embora a tradução não tenha sido feita pelo próprio Descartes, muitas das mudanças significativas entre as edições latina e francesa sugerem que ele teve um real interesse na preparação da nova edição.

Descartes representa o projeto a seu amigo Constantijn Huygens como se os *Princípios* fossem meramente uma tradução de *O mundo*. Referindo-se a algumas disputas nas quais ele estava envolvido na Universidade de Utrecht, Descartes escreve: "Talvez estas disputas escolásticas resultem no fato de meu *Mundo* ser trazido para o mundo. Ele já teria saído, penso eu, se eu não quisesse ensiná-lo a falar latim primeiro. Devo chamá-lo de

---

[21] Ver AT III 232-233: CSMK 156 e AT III 259-260.

[22] Ver AT III 286, 470, 491-492; esta última passagem encontra-se traduzida [para o inglês] em CSMK 205-206.

[23] Ver AT IV 72-73. O livro estava ainda em processo de impressão em maio de 1644; ver AT IV 112-113, 122-123.

Summa Philosophiae para torná-lo mais agradável para os escolásticos" (AT III 523: CSMK 209-210). Mas os *Princípios* são muito mais que uma tradução de *O mundo*. Deixando de lado os muitos lugares em que Descartes esclareceu e revisou significativamente suas visões, a estrutura é completamente diferente. Diferentemente de *O mundo*, os *Princípios* começam com uma explicação da filosofia primeira de Descartes, sua metafísica. As Partes II-IV correspondem de modo mais próximo ao conteúdo de *O mundo*. A Parte II lida com as noções de corpo, movimento e leis do movimento, correspondendo aproximadamente à exposição mais informal presente nos capítulos 6 e 7 de *O mundo*. As Partes III e IV correspondem aproximadamente aos capítulos 8-15 de *O mundo*. Como na obra anterior, Descartes apresenta e defende uma teoria do movimento planetário baseada em vórtices, uma visão que é inconfundivelmente copernicana, apesar das tentativas de argumentar que, em sua visão, a Terra encontra-se mais verdadeiramente em repouso do que em outras teorias. Mas nos *Princípios* a luz carece do papel organizador central que ela tem em *O mundo*, e os *Princípios* contêm discussões de vários tópicos, inclusive o magnetismo, por exemplo, que não aparecem de todo em *O mundo*. Claramente, os *Princípios* são algo diferente de *O mundo* com uma educação clássica.

Com os *Princípios*, temos o que pode ser considerado uma apresentação canônica das visões de Descartes em física. Enquanto as obras anteriores apresentam *insights* importantes, como o fazem também as discussões de diversos tópicos na correspondência de Descartes, os *Princípios* serão nosso texto principal para desembaraçar as complexidades do mundo físico de Descartes.

Corpo e extensão

A filosofia natural de Descartes começa com sua concepção de corpo. Para Descartes, é claro que a extensão é a essência do corpo ou substância corpórea. Ou, para usarmos a terminologia técnica que Descartes adota nos *Princípios*, a extensão é o principal atributo da substância corpórea. Para Descartes, como para muitos outros, conhecemos as substâncias não diretamente, mas apenas através de seus acidentes, propriedades, qualidades etc. Mas Descartes sustenta que, entre estes, um é especial. Assim, nos *Princípios*, escreve: "E de fato uma substância pode ser conhecida a partir de qualquer um de seus atributos. Mas, ainda assim, há uma propriedade especial de qualquer substância que constitui sua natureza e sua essência e à qual se referem todas as outras" (*Princípios*, Parte I, art. 53). Esta propriedade especial é a extensão, no corpo, e o pensamento, na mente. Todas as outras noções "se referem" a esta propriedade especial, na medida em que é através da noção de extensão que entendemos o tamanho, a figura, o movimento etc., e é através da noção de pensamento que entendemos os pensamentos particulares que temos, afirma Descartes.[24] A noção de extensão está tão intimamente ligada à noção de substância corpórea que, para Descartes, não podemos compreender a noção desta substância como separada de seu principal atributo. Descartes escreve nos *Princípios*:

> Quando [os outros] distinguem substância de extensão ou quantidade, eles ou não entendem nada pelo nome de "substância", ou têm apenas uma confusa ideia de uma substância incorpórea, que eles falsamente atribuem à substância corpórea, e deixam para a extensão (a qual, no entanto, eles chamam de acidente) a verdadeira ideia de uma substância corpórea. E assim eles simplesmente expressam em palavras algo diferente daquilo que entendem em suas mentes (*Princípios*, Parte II, art. 9).[25]

---

[24] Deve ser feita alguma menção às noções de substância, duração, ordem e número, que são comuns a todos os existentes e, portanto, não são compreendidas nem através do pensamento, nem através da extensão; ver *Princípios*, Parte I, art. 48. Estas noções aparecem nas *Regras* como as naturezas simples "comuns" (AT X 419: CSM I 44-45), e na célebre carta a Elizabete de 21 de maio de 1643 como um dos grupos de "noções primitivas" em termos das quais tudo é compreendido (AT III 665: CMSK 218). Embora elas pertençam às substâncias mental e material, estas noções não parecem ser compreendidas através do atributo principal, pensamento ou extensão.

[25] Descartes parece assumir um ponto de vista algo diferente em seu colóquio com Burman; ver AT V 156, traduzido [para o inglês] em Cottingham, *Descartes' Conversation with Burman*, p. 17.

Em outra parte Descartes sugere que há apenas uma distinção conceitual ou "distinção de razão" (*distinctio rationalis*) entre a substância corpórea e seu principal atributo.[26] Em adição ao principal atributo do corpo, a extensão, que é inseparável do corpo, Descartes reconhece aquilo que ele chama de modos: tamanhos, figuras e movimentos particulares que todos os corpos individuais podem ter. Embora não essenciais ao corpo, os modos que Descartes atribui aos corpos devem ser entendidos *através* da extensão; eles são *maneiras* de se ser extenso, para Descartes.[27] Desta maneira, na medida em que não são modos da extensão, cores e sabores, calor e frio não se encontram realmente nos corpos, mas na mente que os percebe.

É importante reconhecer que enquanto Descartes sustenta que a essência do corpo é a extensão, ele não entende a noção de essência precisamente da mesma maneira que seus contemporâneos escolásticos. Brevemente posto, a distinção entre uma substância e seus acidentes é básica para a metafísica escolástica.[28] Agora, alguns destes acidentes são especialmente importantes: aqueles que constituem a essência ou natureza da substância em questão. Um ser humano, por exemplo, é essencialmente um ser racional e um animal; retire-se qualquer um destes acidentes de uma substância, e ela não mais será humana. Mas os acidentes não essenciais têm uma relação completamente diferente com a substância; eles podem ser perdidos sem modificar a natureza da substância. Agora, alguns destes acidentes são o tipo de coisa que só pode ser encontrada em seres humanos. A disposição para o riso e o verdadeiro ato de rir eram pensados como possíveis apenas para um ser que possui razão.[29]

---

[26] Ver *Princípios*, Parte I, art. 63.
[27] É interessante notar aqui que o latim *modus* significa "maneira" [no inglês: "*way*"]; a palavra usada na tradução francesa dos *Princípios* é *façon*, também "maneira".
[28] Ver, por exemplo, Aristóteles, *Categorias*, I.2; S. Tomás, *O ente e a essência*, cap. 2, seção 2, e Goclenius, *Lexicon philosophicum*, pp. 26Ss. e 1097-1098.
[29] A "disposição para o riso" é, estritamente falando, o que foi chamado de propriedade; apesar de não ser parte da essência do ser humano, ela pertence a todos os humanos, e somente a eles. Ver Aristóteles, *Tópicos* I.5 102a 17ss. A ato real de rir é o que foi chamado de acidente próprio, algo que só pode estar em um ser humano, mas não está em todo ser humano sempre. Ver Goclenius, *Lexicon philosophicum*, p. 28.

Mas muitos outros acidentes (cor, tamanho, etc.) não têm tal relação com a essência; enquanto tais acidentes devem ser entendidos como estando em *alguma* substância ou outra, eles não são necessariamente ligados à essência do ser humano. Neste sentido, o referencial aristotélico permite que haja acidentes que são, por assim dizer, alinhavados a substâncias que são, quanto ao mais, concebidas como completas. Isso é algo bastante estranho à maneira de pensar de Descartes. Para ele, *todos* os acidentes em uma substância corpórea devem ser entendidos através de sua essência, a extensão; não há nada em um corpo que não seja compreendido através da propriedade essencial da extensão. Desta maneira, os corpos cartesianos são apenas os objetos da geometria tornados reais, objetos puramente geométricos que existem fora das mentes que os concebem.

Embora haja razões de sobra para se acreditar que Descartes tenha sustentado a concepção de corpo como extensão desde o final dos anos 1620 em diante, ele oferece pouca coisa que se assemelhe a argumentos sérios a favor da afirmação antes de 1640, mais ou menos.[30] Mas a questão é abordada com profundidade nos escritos que se seguem, principalmente as *Meditações* (juntamente com as *Objeções e respostas*) e os *Princípios de Filosofia*. Básica para o argumento é a famosa prova que Descartes oferece a favor da existência do mundo exterior. Enquanto que há algumas diferenças significativas entre as versões que Descartes fornece em diferentes lugares, todas as versões do argumento giram em torno do fato de que somos habilitados a acreditar que nossas ideias sensoriais de corpos derivam dos próprios corpos. Na versão que Descartes oferece nas *Meditações*, esta afirmação se baseia no fato de que temos uma grande inclinação para acreditar nisso, e o Deus não enganador não nos deu nenhum meio para corrigirmos esta grande inclinação;[31] na versão dos *Princípios*, a afirmação se baseia no fato de que "a nós mesmos parecemos ver claramente que esta ideia vem de coisas colocadas fora de nós" (*Princípios*, Parte II, art. 1). Mas,

---

[30] Ver as referências dadas acima na nota 15 para as primeiras sugestões da doutrina de Descartes sobre a natureza do corpo.

[31] Ver AT VII 79-80: CSM II 55.

como afirma Descartes, o corpo cuja existência isto prova não é o corpo da experiência cotidiana; quando examinamos nossa ideia de corpo, descobrimos que a ideia que temos dele é a ideia de um objeto geométrico, e é a existência *deste* corpo cartesiano que o argumento prova. Assim, Descartes conclui a versão do argumento na Sexta Meditação como se segue:

> Segue-se que as coisas corpóreas existem. Talvez elas não existam todas de uma maneira que corresponde exatamente à apreensão sensorial que tenho delas, pois em muitos casos a apreensão dos sentidos é muito obscura e confusa; mas, de fato, tudo aquilo que concebemos clara e distintamente se encontra nelas, isto é, tudo aquilo, falando de modo geral, que está incluído no objeto da matemática pura (ATVII 80: CSM II 55).

Deste modo, o argumento a favor da existência do mundo exterior serve não apenas para restaurar o mundo que havia sido perdido para os argumentos céticos da Primeira Meditação; mas também para substituir o mundo sensual de cores, sabores e sons pelo mundo geométrico da física cartesiana.

Mas, é claro, isso apenas empurra a investigação um passo para trás; pois este argumento claramente depende da visão de que nossa ideia de corpo é como Descartes diz que ela é: a ideia de algo que tem propriedades geométricas, e apenas propriedades geométricas. Para estabelecer esta conclusão, Descartes parece apelar para pelo menos três argumentos separados: o que pode ser chamado de argumento a partir da eliminação, o argumento a partir da realidade objetiva e o argumento do conceito completo.

Enquanto ele é sugerido no exemplo da cera nas *Meditações*,[32] o argumento a partir da eliminação aparece mais explicitamente nos *Princípios*. Nos *Princípios*, Parte II, art. 4, Descartes afirma mostrar "que a natureza da matéria, ou do corpo em geral, não consiste no fato de que ela é uma coisa dura, ou pesada, ou colorida, ou afetada por qualquer outro modo de sen-

---

[32] É importante notar, contudo, que ao responder a Hobbes, Descartes nega que o exemplo da cera tenha a intenção de estabelecer algo sobre a natureza do corpo. Ver AT VII 175: CSM II 124.

sação, mas apenas no fato de que ela é uma coisa extensa em comprimento, largura e profundidade". O argumento procede pela consideração do caso da dureza (*durities*). Descartes argumenta que mesmo se imaginássemos que os corpos se afastassem de nós quando tentássemos tocá-los, de maneira que "nunca sentíssemos a dureza", as coisas "não perderiam por este motivo a natureza de corpo". Ele conclui: "Pelo mesmo argumento, pode ser mostrado que o peso e a cor e todas as outras qualidades desse tipo, que sentimos em um corpo material, podem ser tiradas dele, deixando-o intacto. Daí se segue que sua natureza depende de uma destas qualidades" (*Princípios*, Parte II, art. 4, versão latina).[33] O argumento parece ser que a extensão deve ser a essência do corpo, porque todos os outros acidentes podem ser eliminados sem que se elimine portanto o corpo, e, assim, sem a extensão não pode haver corpo.

Mas apesar de interessante, esse argumento não parece dar conta do serviço. Descartes precisa estabelecer que nossa ideia de corpo é a ideia de uma coisa cujas únicas propriedades genuínas são geométricas, uma coisa que *exclui* todas as outras propriedades. Mas o que a estratégia presente nesse argumento estabelece é que nossa ideia de corpo é a ideia de uma coisa da qual pelo menos *algumas* propriedades devem ser geométricas. Do fato de que podemos conceber um corpo sem dureza, ou cor, ou calor, não se segue que *nenhum* corpo seja realmente duro, colorido, ou quente, não mais que do fato de que podemos conceber um corpo não esférico segue-se que nenhum corpo é realmente esférico. No máximo, o argumento a partir da eliminação estabelece que a essência do corpo é a extensão no sentido mais fraco, aristotélico, e não no sentido mais forte, cartesiano.

Aquele que chamei de argumento a partir da realidade objetiva é sugerido mais claramente na Quinta Meditação, cujo título promete uma in-

---

[33] A versão francesa deste artigo acrescenta um enunciado positivo sobre a natureza destas qualidades: "e que sua natureza consiste apenas nisto, que ela é uma substância que tem extensão". Note-se também o argumento bastante similar presente nos *Princípios*, Parte II, art. 11, em que Descartes argumenta que "a extensão que constitui a natureza de um corpo é exatamente a mesma que constitui a natureza do espaço".

vestigação da "essência das coisas materiais...". Quando examinamos nossa ideia de corpo, afirma Descartes, descobrimos que o que é distinto em nossas ideias de corpo é "a quantidade que os filósofos comumente chamam de contínua, ou a extensão de sua quantidade, ou melhor, a extensão da coisa quantificada, extensão em comprimento, largura e profundidade..." (AT VII 63: CSM II 44). Seu raciocínio parece ser algo assim. O que chama a atenção de Descartes como sendo extremamente significativo acerca das características geométricas de nossas ideias de corpo é que podemos realizar provas sobre estas características e demonstrar fatos geométricos que não conhecíamos antes e que parecemos não ter colocado nas próprias ideias. Mas, nota Descartes, "é óbvio que tudo o que é verdadeiro é algo, e já demonstrei amplamente que tudo aquilo de que sou claramente cônscio é verdadeiro" (AT VII 65: CSM II 45). Descartes parece assumir que tudo o que é verdadeiro é verdadeiro de *algo*, e assim ele conclui que essas características geométricas que encontramos em nossas ideias de corpo devem, em algum sentido, existir. Neste estágio do argumento não podemos, é claro, concluir que elas existem fora da mente. E assim, Descartes considera ter estabelecido que nossas ideias de corpo realmente possuem as propriedades geométricas que somos inclinados a lhes atribuir.

Mas o que este argumento realmente mostra? Ele certamente pode ser visto como estabelecendo que nossa ideia de corpo é a ideia de algo que possui propriedades geométricas. Mas Descartes quer estabelecer uma afirmação mais forte: que os corpos não apenas *possuem* propriedades geométricas, mas que eles possuem *apenas* propriedades geométricas, isto é, que eles *carecem* de todas as outras propriedades. Até onde posso ver, o argumento sugerido na Quinta Meditação não chega a estabelecer a essência do corpo, como Descartes implica que ele faz.

Finalmente, voltemo-nos para o que chamei de argumento do conceito completo. Esse argumento é, em essência, encontrado no célebre argumento a favor da distinção entre mente e corpo na Sexta Meditação. Mas as premissas do argumento são consideravelmente esclarecidas nas *Objeções e respostas* e na correspondência do período. Por trás do argumento encontra-se certa visão sobre os conceitos que temos. Quando examinamos nossos conceitos, notamos que alguns deles são incompletos e exigem certas conexões com outros conceitos para que alcancem a total compreensibilidade. Escrevendo a Gibieuf em 19 de janeiro de 1642, Descartes nota:

> A fim de saber se minha ideia foi tornada incompleta ou inadequada por alguma abstração da mente, examino apenas se não a tirei... de uma outra ideia mais rica e mais completa que tenho em mim, através de uma abstração do intelecto... Assim, quando considero uma figura sem pensar na substância ou extensão da qual ela é figura, faço uma abstração mental... (AT III 474-475: CSMK 202).

E assim Descartes nota nas Quartas Respostas, em resposta a uma objeção de Arnauld: "Por exemplo, podemos facilmente entender o gênero 'figura' sem pensarmos em um círculo... Mas não podemos entender qualquer diferença específica do 'círculo' sem ao mesmo tempo pensarmos sobre o gênero 'figura' " (AT VII 223: CSM II 157).[34] Seguindo esta série de dependências conceituais, do círculo à figura, somos levados em última instância à ideia de uma coisa que possui a propriedade apropriadamente geral, uma vez que, sustenta Descartes, "nenhum ato ou acidente pode existir sem uma substância à qual pertença" (AT VII 175-176: CSM II 124).[35] Quando examinamos nossas ideias, descobrimos que todos os conceitos que temos se dividem em duas classes: aqueles que pressupõem a noção de extensão e aqueles que pressupõem a noção de pensamento.[36] Respondendo a Hobbes nas Terceiras Respostas, Descartes escreve:

> Agora, há certos atos que chamamos "corpóreos", tais como o tamanho, a figura, o movimento e todos os outros que não podem ser pensados como separados da extensão local; e utilizamos o termo "corpo" para nos referirmos à substância à qual eles inerem.

---

[34] Ver também a discussão nas *Primeiras Respostas*: AT VII 120-121: CSM II 85-86.

[35] O "ato" (*actus*) não deve ser entendido como uma ação, mas no sentido escolástico, como uma atualidade, algo real.

[36] Nas cartas de 1643 a Elizabete, sobre a união e interação de mente e corpo, Descartes acrescenta uma terceira classe, aqueles que dependem da união de mente e corpo; ver AT III 665-666: CSMK 218.

Não pode ser imaginado [*fingi*] que uma substância é o sujeito da figura, e outra o sujeito do movimento local etc., uma vez que todos estes atos concordam no conceito comum [*communis ratio*] de extensão. Depois, há outros atos que chamamos "atos do pensamento", tais como o entender, o querer, o imaginar, o sentir etc.: todos esses concordam no conceito comum de pensamento, ou percepção, ou consciência [*conscientia*], e chamamos a substância à qual eles inerem de "coisa pensante", ou "mente"... (AT VII 176: CSM II 124).[37]

E assim, observa Descartes, novamente a Hobbes, os "atos de pensamento não têm nenhuma relação com os atos corpóreos, e o pensamento, que é seu conceito comum, é totalmente distinto da extensão, que é o conceito comum dos outros [atos]" (AT VII 176: CSM II 124). Logo, conclui Descartes, as ideias que temos de mente e corpo não dependem uma da outra para sua concepção. Mas, como Descartes argumenta na Quarta Meditação, tudo aquilo que podemos conceber clara e distintamente, Deus pode criar. E assim, as coisas puramente extensas podem existir sem a substância pensante. As coisas pensantes são aquilo que Descartes chama de almas, ou mentes, e a substância extensa da qual elas são distinguidas neste argumento é aquilo que Descartes chama de corpo ou substância corpórea. As almas, ou mentes, contêm sensação, intelecção e vontade, mas a substância extensa contém as propriedades amplamente geométricas de tamanho, figura e movimento, e estas apenas. Na medida em que as qualidades sensoriais como o calor e a cor pressupõem o pensamento e não a extensão e, portanto, exigem uma substância pensante à qual possam inerir, afirma Descartes, elas pertencem não à substância extensa, mas à mente, e à mente apenas. E na medida em que o corpo é concebido de tal maneira que, como somos inclinados a crer, ele é a fonte de nossas ideias

---

[37] Novamente, "ato" deve ser entendido como um termo técnico. A tradução francesa desta passagem traz uma variante interessante; em vez de dizer que todos os atos corpóreos "concordam no conceito comum de extensão", o texto francês diz que "eles concordam entre si na medida em que pressupõem a extensão" (AT IXA 137). Ver AT VII 121, 423-424: CSM II 86, 285-286.

sensoriais de corpo, o corpo é concebido de maneira que ele existe no mundo, conclui Descartes. Os corpos da física são, portanto, os objetos da geometria tornados reais.

Corpo e extensão: algumas consequências

A partir da doutrina do corpo como extensão, seguem-se para Descartes algumas consequências extremamente importantes acerca do mundo físico, doutrinas que dizem respeito à impossibilidade dos átomos e do vácuo, bem como à falsidade da doutrina escolástica das formas substanciais.

O vácuo já havia sido um tópico muito discutido por alguns séculos, quando Descartes voltou-se para ele em seu sistema. Aristóteles havia claramente negado a possibilidade de vácuo e do espaço vazio.[38] Isso levantava certos problemas teológicos para os pensadores cristãos; como notou Etienne Tempier, bispo de Paris, em sua condenação de várias doutrinas aristotélicas em 1277, se o vácuo fosse impossível, então Deus não poderia mover o mundo se Ele assim o desejasse.[39] Mas apesar dos problemas, os escolásticos posteriores continuaram a seguir Aristóteles, negando a existência de espaços vazios no mundo ou sua possibilidade. De fato, a própria ideia de espaço vazio, um nada que era um tipo de algo, continuava a ser muito enigmática para as pessoas ainda no século XVII.[40] Embora Descartes se afastasse de muitas maneiras da explicação escolástica de corpo, como veremos depois, ele via sua identificação de corpo e extensão como levando-o às mesmas conclusões que seus professores haviam alcançado: que o mundo é pleno e que não há nenhum espaço vazio.

---

[38] O principal ataque de Aristóteles contra o vácuo pode ser encontrado na *Física* IV.6-9.
[39] Ver Grant (ed.), *A Source Book in Medieval Science*, p. 48. A seção relevante da condenação é § 49. A objeção assume um mundo finito, como geralmente faziam Aristóteles e seus seguidores medievais.
[40] Ver Grant, *Much Ado about Nothing: Theories of Space and Vacuum from the Middle Ages to the Scientific Revolution*, para uma explicação da história das teorias do espaço e do vácuo.

Enquanto há toda razão para se acreditar que Descartes havia rejeitado a possibilidade do vácuo já no final dos anos 1620,[41] os argumentos mais fortes a favor desta visão são encontrados nos *Princípios*. Ali Descartes apela para o princípio de que toda propriedade requer um sujeito, para argumentar que não pode haver extensão que não seja a extensão de uma substância. Descartes escreve:

> A impossibilidade de um vácuo, no sentido filosófico que indica aquilo em que não há absolutamente nenhuma substância, é clara a partir do fato de que não há diferença entre a extensão de um espaço, ou lugar interno, e a extensão de um corpo. Pois o fato de um corpo ser extenso em comprimento, largura e profundidade garante por si mesmo a conclusão de que ele é uma substância, dado que é uma completa contradição que uma extensão particular não pertença a nada; e a mesma conclusão deve ser tirada a respeito de um espaço que é supostamente um vácuo, a saber: que uma vez que há extensão nele, deve haver também necessariamente substância (*Princípios*, Parte II, art. 16).

E uma vez que, é claro, a substância extensa é apenas corpo, segue-se que o mundo deve ser pleno de corpo.

Descartes oferece uma ilustração gráfica de sua posição. Ele escreve, novamente nos *Princípios*:

---

[41] Até onde posso ver, não há nenhuma clara razão para se acreditar que Descartes tenha enfrentado seriamente o problema do vácuo antes dos últimos estágios da composição das *Regras*. Ali, na Regra XIV, ele sugere que, pelo menos na imaginação, não há nenhuma distinção entre corpo e espaço extenso. No entanto, há ali também uma sugestão de que enquanto o corpo e o espaço são indistinguíveis na imaginação, eles podem ser distinguíveis pela razão. Ver AT X 442-446: CSM I 59-62. Parece claro que Descartes nega o vácuo na época em que está trabalhando em *O mundo*. Mas é interessante que no cap. 4, onde o tópico é discutido, não há nenhum argumento real contra o vácuo; Descartes fornece apenas considerações mais fracas, destinadas a mostrar que não podemos inferir que há um espaço vazio a partir do fato de que não vemos um corpo em um dado lugar. Ver AT XI 16-23: CSM I 85-88.

Não é menos contraditório para nós concebermos uma montanha sem um vale do que é para nós pensarmos... nesta extensão sem uma substância que seja extensa, uma vez que, como dito frequentemente, nenhuma extensão pode pertencer ao nada. E, portanto, se alguém perguntasse o que aconteceria se Deus removesse todo o corpo contido em um recipiente e não permitisse que nada mais entrasse no lugar do corpo removido, devemos responder que os lados do recipiente seriam, em virtude disso, mutuamente contíguos. Pois, quando não há nada entre dois corpos, eles devem necessariamente se tocar. E é obviamente contraditório que eles sejam distantes, isto é, que haja uma distância entre eles mas que esta distância seja um nada, uma vez que toda distância é um modo da extensão, e portanto não pode existir sem uma substância extensa (*Princípios*, Parte II, art. 18, versão latina).[42]

Se os dois lados do recipiente são separados, deve haver alguma distância entre eles, e se há uma distância, deve então haver corpo. Por outro lado, se não há corpo, não pode haver distância, e se não há distância, então os dois lados devem se tocar.

Ao negar a possibilidade do vácuo, Descartes rejeitava uma das doutrinas centrais da tradição atomista de Demócrito, Epicuro e Lucrécio. Há uma outra doutrina atomista central que se dá pouco melhor na concepção de corpo de Descartes. Uma visão importante para os atomistas era a de que o mundo dos corpos é constituído de átomos indivisíveis e indestrutíveis. Como escreveu Epicuro:

---

[42] A versão francesa é ligeiramente diferente. Ver também AT V 194: CSMK 355 e AT V 272-273: CSMK 363-363. Não é de modo algum fácil visualizar como exatamente ficaria o recipiente no momento seguinte à realização do feito por parte de Deus. Jammer sugere que o que Descartes imagina é que o recipiente simplesmente imploderia devido à pressão da atmosfera exterior, embora ele afirme (erroneamente) que Descartes não tinha nenhuma concepção de pressão atmosférica. Ver Jammer, *Concepts of Space: The History of Theories of Space in Physics*, pp. 43-44. Mas certamente isso não é o que Descartes imaginava.

Dos corpos, alguns são compostos, e outros são os elementos dos quais estes corpos compostos são feitos. Estes elementos são indivisíveis e imutáveis, e o são necessariamente, se as coisas não devem ser todas destruídas e passar para a não existência, mas devem ser fortes o suficiente para resistir quando os corpos compostos são partidos, porque possuem uma natureza sólida e são incapazes de ser dissolvidos em qualquer lugar e de qualquer maneira. Segue-se que os primeiros elementos devem ser entidades corpóreas indivisíveis.[43]

Os átomos são, portanto, corpos indivisíveis e imutáveis, as partes últimas nas quais os corpos podem ser divididos e a partir das quais eles podem ser construídos.

Assim como o vácuo, Descartes parece ter rejeitado os átomos desde o final dos anos 1620[44] e preenchido o universo com uma matéria sutil infinitamente divisível e, em algumas circunstâncias, infinitamente ou ao menos indefinidamente dividida.[45] O mais cuidadoso argumento de Descartes contra a possibilidade do átomo aparece, novamente, nos *Princípios*. Descartes escreve:

> Sabemos também que não pode haver átomos, isto é, partes de matéria indivisíveis por natureza. Pois se houvesse tais coisas, elas teriam necessariamente de ser extensas, não importa quão pequenas nós as imaginássemos, e portanto poderíamos em nosso pensamento

---

[43] Diógenes Laércio, *Lives of Eminent Philosophers* ("Vidas de filósofos eminentes") X 41-42; ver também idem, X 54, e Lucrécio, *De rerum natura*, I 483ss.

[44] Para evidências do possível atomismo anterior de Descartes, ver as referências citadas acima na nota 12. As evidências sobre as opiniões de Descartes nos anos 1620 são inconclusivas. O texto mais antigo que conheço no qual Descartes revela-se conclusivamente contrário aos átomos é uma carta a Mersenne, 15 de abril de 1630, AT I 139-140: CSMK 21-22.

[45] Ver *Princípios*, parte II, arts. 33-34. Descartes não afirma que todos os corpos encontram-se neste estado, é claro. Ele reconhece três elementos distintos, que são distinguidos entre si devido à forma e ao tamanho das partículas que os constituem. Ver *O Mundo*, cap. 8, e *Princípios*, Parte III, art. 52.

dividir cada uma delas em duas ou mais partes menores, e assim poderíamos saber que elas são divisíveis. Pois não podemos dividir qualquer coisa em pensamento sem sabermos por este fato mesmo que elas são divisíveis. Logo, se julgássemos que uma dada coisa é indivisível, nosso julgamento seria contrário àquilo que sabemos. Mas mesmo se imaginássemos que Deus quis fazer com que algumas partículas de matéria não possam ser divididas em partes menores, ainda assim elas não deveriam ser apropriadamente chamadas de indivisíveis. Pois de fato, mesmo que Ele houvesse feito algo que não pudesse ser dividido por quaisquer criaturas, Ele certamente não poderia ter se privado da habilidade de dividi-lo, uma vez que Ele certamente não poderia diminuir Seu próprio poder... E portanto, aquela divisibilidade permanece, estritamente falando, uma vez que ele é divisível por natureza (*Princípios*, Parte II, art. 20)[46].

É, portanto, argumenta Descartes, a infinita divisibilidade da extensão geométrica, juntamente com a onipotência divina, que mina o atomismo. Mas tal argumento, de modo importante, erra o alvo. Enquanto ele pode funcionar para antigas versões do atomismo que negam um Deus transcendente e onipotente,[47] ele não funcionará contra os atomistas cristãos encontrados entre os contemporâneos de Descartes, tais como Pierre Gassendi, que acreditavam em um Deus onipotente que era certamente capaz de dividir até mesmo um átomo, se escolhesse fazê-lo.[48] O que está em questão para os atomistas é a divisibilidade *natural*, e não a possibilidade de divisibilidade *sobrenatural*.

---

[46] Para outras discussões do atomismo, ver também AT III 191-192; AT III 213-214: CSMK 154-155; AT III 477: CSMK 202; AT V 273: CSMK 363.

[47] Para os antigos atomistas, os próprios deuses são feitos de átomos e não têm o poder de dividi-los. Ver, por exemplo, Rist, *Epicurus: An Introduction*, cap. 8.

[48] Em seu *Syntagma philosophicum*, Gassendi escreve: "Não há nada que Deus não possa destruir, nada que Ele não possa produzir". Ver *Opera Omnia*, vol. I, p. 308 A. Para explicações gerais do atomismo de Gassendi, ver Jones, *Pierre Gassendi, 1592-1655: An Intellectual Biography*; e Joy, *Gassendi the Atomist: Advocate of History in an Age of Science*, cap. 5.

Mas apesar destes significativos afastamentos em relação à doutrina atomista, Descartes ainda partilhava sua visão mecanicista de explicação; uma vez que tudo o que há no corpo é extensão, o mundo é constituído do mesmo tipo de coisa, e tudo deve ser explicável em termos de tamanho, figura e movimento. Descartes escreve nos *Princípios*: "Admito abertamente que não sei de nenhuma outra matéria nas coisas corpóreas exceto aquela que é capaz de divisão, figura e movimento de todas as maneiras, a qual os geômetras chamam de quantidade e tomam como objeto de suas demonstrações. E, admito, não considero nada nela exceto essas divisões, figuras e movimentos" (*Princípios*, Parte II, art. 64).[49] E assim, como os atomistas, Descartes rejeita as formas substanciais dos escolásticos.

Embora ele frequentemente tentasse esconder, ou pelo menos desenfatizar sua oposição à filosofia das escolas,[50] Descartes oferecia numerosas razões para se rejeitarem as formas substanciais. Às vezes ele sugere que as formas devem ser rejeitadas por considerações de parcimônia; tudo pode ser explicado em termos de tamanho, figura e movimento, e portanto não há razão para postulá-las. Assim escreve ele em *O mundo*:

> Quando [o fogo] queima madeira ou outro material, podemos ver com nossos próprios olhos que ele remove as partes pequenas da madeira e separa-as umas das outras, transformando assim as partes mais sutis em fogo, ar e fumaça e deixando as partes mais grosseiras como cinzas.

---

[49] Ver também *Princípios*, parte II, art. 23.
[50] Ao aconselhar seu então discípulo Henricus Regius sobre como lidar com os ataques do teólogo ortodoxo Gisbertus Voëtius, Descartes aconselha-o a seguir seu exemplo no *Discurso* e nos *Ensaios* e simplesmente não mencionar que sua filosofia natural expulsa as formas escolásticas. Ver AT III 491-492: CSMK 205-206. Na *Meteorologia*, Descartes habilmente contorna a questão. Ver AT VI 239, traduzido [para o inglês] em Olscamp, *Discourse on Method, Optics, Geometry and Meteorology*, p. 268. É também notável que nos *Princípios* Descartes nunca discute a questão das formas substanciais, apesar do fato de que a obra fora originalmente intencionada como resposta direta ao livro didático escolástico de Eustachius. Sobre isso, ver as observações de Descartes ao padre Charlet, assistente do Geral dos jesuítas, a quem ele enviou uma cópia dos *Princípios* em latim, quando estes apareceram em 1644; AT IV 141.

Que os outros [por exemplo, os filósofos das escolas] imaginem nesta madeira, se quiserem, a forma do fogo, a qualidade do calor e a ação que a queima como coisas separadas. De minha parte, com medo de me enganar se assumir algo além do necessário, contento-me em conceber ali apenas os movimentos das partes (AT IX 7: CSM I 83).

Em outra parte ele afirma não compreender o que se supõe ser uma forma substancial, chamando-a de "um ente filosófico desconhecido para mim" e caracterizando-a como uma quimera.[51] Em outra parte ainda ele contrasta a prolificidade da filosofia mecanicista com a esterilidade da filosofia escolástica. Na *Carta a Voëtius*, Descartes observa: "A filosofia comum ensinada nas escolas e academias... é inútil, como a longa experiência já mostrou, pois ninguém jamais fez qualquer bom uso da matéria primária, das formas substanciais, das qualidades ocultas e de coisas semelhantes" (AT VIIIB 26).[52] Todos estes argumentos mostram a clara oposição de Descartes às formas substanciais que subjazem à filosofia natural das escolas. Mas de certa maneira, é sua doutrina mesma do corpo que marca de modo mais claro e não ambíguo sua oposição à filosofia da matéria e forma; não é nenhum mistério o porquê de Descartes ser relutante em mencionar sua identificação de corpo e extensão nos bastante cautelosos *Discurso* e *Ensaios*. Como notei acima, Descartes via as formas substanciais aristotélicas como imposições da mente à matéria. Quando aprendemos, através de sua filosofia, que a mente e o corpo são distintos, descobrimos que todas as ideias que pensávamos ter das formas substanciais e de coisas semelhantes derivam das ideias que temos de nossas próprias mentes, e que

---

[51] Ver AT II 364: CSMK 120; AT II 367; AT III 212; AT III 503-504, 505-506; AT III 648-649: CSMK 216. Ver também as versões francesas dos *Princípios*, Parte IV, arts. 201 e 203.

[52] Ver também AT I 430, AT III 504, 506, e a introdução à versão francesa dos *Princípios*: AT IXB 18-19: CSM I 189. Isto se assemelha à crítica de Bacon da filosofia aristotélica como só conversa e nenhum trabalho; ver, por exemplo, o Prefácio à "Grande Instauração" (*Great Instauration*), em Bacon, *The New Organon and Related Writings*, pp. 7-8. No entanto, diferentemente de Bacon, Descartes não está pensando no sucesso tecnológico, mas no sucesso explicativo.

elas não pertencem de modo algum ao corpo enquanto tal, o qual contém extensão e extensão apenas.[53] Deste modo, a doutrina cartesiana da distinção entre mente e matéria tem a intenção não apenas de esclarecer a noção de mente, mas também a de corpo.[54]

Mas, claros como os argumentos de Descartes parecem ser, convincentes como eles podem ter sido para muitos de seus contemporâneos e influentes como podem ter sido para o declínio da filosofia natural aristotélica, há certas fraquezas profundas no caso que Descartes apresenta contra seus professores. Embora ele às vezes afirme não compreender o que se supõe ser uma forma, sua interpretação mentalista da doutrina escolástica pareceria minar esta postura. E enquanto ele às vezes afirma que tudo na física pode ser explicado apenas com o tamanho, a figura e o movimento e enquanto ele contrasta a prolificidade de sua própria filosofia mecanicista com a das escolas, até mesmo seu mais solidário leitor moderno deve enxergar mais que um pouco de bravata nestas afirmações. O fato é que a filosofia mecanicista de Descartes é consideravelmente mais promessa que façanha, e no fim o tamanho, a figura e o movimento revelaram-se consideravelmente menos prolíficos do que esperavam Descartes e seus contemporâneos mecanicistas. Mas o mais importante é que há um embaraçoso furo, no argumento que leva supostamente da natureza do corpo como extensão à negação das formas substanciais. Se admitimos os argumentos de Descartes a favor da distinção entre mente e corpo e sua caracterização de ambos, podemos concordar que, se existem formas, devem existir pequenas mentes de algum tipo, distintas dos corpos extensos cujo comportamento elas supostamente devem explicar. Mas isto por si mesmo não parece eliminar as formas, até onde posso ver; os escolásticos podem simplesmente continuar a afirmar que, não importando como Descartes queira que as concebamos, elas ainda estão lá. Para ganhar a demanda, Descartes deve

---

[53] Esse é um tema que Descartes aborda em algum detalhe nas Sextas Respostas. Ver AT VII 443-444: CSM II 298-299.
[54] Ver o ainda clássico ensaio de Etienne Gilson, "De la critique des formes substantielles au doute méthodique", em seus *Etudes sur le rôle de la pensée médiévale dans la formation du système cartésien*, pp. 141-190.

mostrar não apenas que as formas são pequenas mentes, mas que fora das mentes humanas (e, talvez, angelicais) não há mentes de todo. Descartes aborda de fato esta questão, embora não em toda sua generalidade; ele tenta sim mostrar que um tipo de formas que os escolásticos postulavam, as formas que constituem as almas dos animais, não existem.[55] Mas mesmo aqui, neste caso especial, Descartes finalmente admite a Henry More, que o pressionava a admitir as almas animais e muito mais, que seus argumentos são apenas prováveis e não podem estabelecer com qualquer certeza a impossibilidade das almas animais.[56] E como ocorre com as almas animais, ocorre também com a questão mais geral das formas substanciais.

Movimento

O movimento é algo bastante crucial para a física cartesiana; tudo que há no corpo é extensão, e a única maneira de os corpos poderem ser individuados uns em relação aos outros, para Descartes, é através do movimento. Desta maneira, é o movimento que determina o tamanho e a figura dos corpos individuais, e, portanto, o movimento é o princípio explicativo central na física de Descartes.

Embora o movimento seja central em seu pensamento, ao longo de boa parte de sua carreira Descartes resistiu em defini-lo. Nas *Regras*, por exemplo, Descartes sustenta bastante explicitamente que o movimento é simplesmente indefinível. Zombando de uma definição escolástica ordinária de movimento, Descartes escreve:

---

[55] A principal discussão publicada sobre as almas animais encontra-se na Parte V do *Discurso*: AT VI 56-59: CSM I 139-141. A questão também emerge nas Quartas Respostas e nas Sextas Respostas, bem como na correspondência. Ver AT VII 230-231: CSM II 161-162; AT VII 426: CSM II 287-288; AT II 39-41: CSMK 99s; AT III 121; AT IV 575-576: CSMK 303-304; AT V 277-278: CSMK 365-366. Para uma explicação geral da questão em Descartes e em pensadores posteriores, ver Rosenfield, *From Beast-Machine to Man-Machine: Animal Soul in French Letters from Descartes to La Mettre*.

[56] Ver AT V 276-277: CSMK 365.

De fato, não parece que qualquer um que diz que o movimento, uma coisa bem conhecida de todos, é *a atualidade de uma coisa em potencialidade na medida em que ela está em potencialidade* está proferindo palavras mágicas...? Pois quem entende estas palavras? Quem não sabe o que é o movimento?... Portanto, devemos dizer que estas coisas não deveriam nunca ser explicadas por definições desse tipo, para que não apreendamos coisas complexas no lugar de uma coisa simples. Em vez disso, todos e cada um de nós deve intuir estas coisas, distintas de todas as outras coisas, pela luz de sua própria inteligência [*ingenium*] (AT X 426-427: CSM I 49).

Essa atitude é encontrada também em *O mundo*, e parece continuar ao longo dos anos 1630.[57] Mas mesmo embora Descartes evite a definição formal, é razoavelmente claro o que ele pensa que o movimento é. Em *O mundo*, por exemplo, o movimento que todos nós imediatamente compreendemos sem recorrer a uma definição é afirmado como sendo "aquilo em virtude do qual os corpos passam de um lugar a outro e sucessivamente ocupam todos os espaços intermediários" (AT IX 40: CSM I 94).[58] O movimento, como Descartes o compreende, é muito simplesmente o movimento local, a mudança de lugar, ou o movimento dos geômetras.

Por trás destas observações encontra-se, novamente, uma ataque à filosofia natural de seus professores. Para os escolásticos, movimento é um termo geral que abarca todas as variedades de mudança. Como Descartes nota em *O mundo*: "Os filósofos... postulam muitos movimentos que eles acham que podem ocorrer sem que um corpo mude de lugar, como aqueles que eles chamam de *motus ad formam*, *motus ad calorem*, *motus ad quantitatem* ('movimento com respeito à forma', 'movimento com respeito ao calor', 'movimento com respeito à quantidade') e muitos

---

[57] Ver AT XI 39: CSM I 93-94; AT II 597: CSMK 139.
[58] Esta explicação do movimento como mudança de lugar também é sugerida nas *Regras*, onde na Regra 12 Descartes assinala que a superfície ambiente de um corpo pode "ser movida (*moveri*) comigo de tal maneira que embora a mesma superfície me rodeie, ainda assim não estou mais no mesmo lugar" (AT X 426: CSM I 49).

outros" (AT XI 39: CSM I 94). É por causa da generalidade da noção de movimento exigida por eles que os escolásticos oferecem a definição bastante geral de movimento que Descartes gosta tanto de ridicularizar, a definição do movimento como a atualidade de uma coisa em potencialidade, na medida em que ela está em potencialidade. O movimento concebido deste modo bastante geral é o processo de passagem de um estado (atualidade) para outro estado que um corpo tem potencialmente, mas não ainda atualmente: do vermelho para o azul, do quente para o frio, do quadrado para o redondo. Mas se Descartes está correto, e todo corpo é apenas extensão, então toda mudança deve estar, em última instância, baseada em uma mudança de lugar. E assim, pela obscura e paradoxal definição de mudança que os escolásticos nos oferecem em sua explicação do movimento, Descartes substitui a noção aparentemente clara e distinta de movimento local, o movimento dos geômetras, que podemos intuir sem o auxílio de uma definição.

Mas posteriormente, quando da elaboração dos *Princípios* e da tentativa de sistematizar seu pensamento, até mesmo a aparentemente clara concepção geométrica de movimento local é sujeita a um escrutínio mais cuidadoso e a uma definição formal. Descartes começa a explicação da noção de movimento nos *Princípios* com uma definição que tem a intenção de captar a noção de movimento conforme entendida pelo vulgo: "O movimento... como normalmente compreendido não é nada além da ação [*actio*] pela qual algum corpo passa [*migrat*] de um lugar a outro" (*Princípios*, Parte II, art. 24). Em contraste com esta, Descartes oferece uma outra definição que supostamente capta a verdadeira noção de movimento:

> Mas se consideramos o que devemos entender por movimento, não tanto como ele é comumente usado mas, em vez disso, de acordo com a verdade da questão, então, a fim de atribuir alguma natureza determinada a ele, podemos dizer que ele é a transferência [*translatio*] de uma parte de matéria ou de um corpo, da vizinhança daqueles corpos que estão em contato imediato com ele e são considerados como estando em repouso, para a vizinhança de outros (*Princípios*, Parte II, art. 25).

A definição positiva que Descartes oferece aqui é muito curiosa, e em sua complexidade quase barroca muitos comentadores enxergaram a sombra da condenação de Galileu.⁵⁹ Mas quaisquer que forem os fatores externos que possam ter estado em ação nestas passagens, pode-se entender razoavelmente bem o que Descartes tinha em mente em sua definição, e por que ele escolheu definir o movimento de modo diferente do que faz o vulgo.

A primeira diferença importante entre Descartes e o vulgo diz respeito à noção de atividade. De acordo com a definição vulgar, o movimento é uma ação, uma *actio*, enquanto na definição apropriada ele é uma trasferência, uma *translatio*.⁶⁰ Descartes oferece duas diferentes razões para esta diferença. Por uma delas, se pensamos no movimento como uma ação, então somos imediatamente levados a pensar no resto como uma *falta de ação*, como Descartes nota em conexão com a definição vulgar: "Na medida em que comumente pensamos que há ação em todo movimento, pensamos que no repouso há uma cessação da ação..." (*Princípios*, Parte II, art. 24). Isso, pensa Descartes, é um erro, um dos muitos preconceitos que adquirimos em nossa juventude.⁶¹ Ao contrário, pensa Descartes, "não

---

⁵⁹ O contemporâneo de Descartes, Henry More, foi o primeiro a afirmar que Descartes modelou sua definição de movimento nos *Princípios* especificamente para se permitir afirmar que a Terra poderia ser considerada como estando em repouso, como ele faz em *Princípios*, Parte III, arts. 28-29. Ver o "Prefácio Geral" à sua *Collection of Several Philosophical Writings*, p. 11. Para discussões posteriores desta afirmação, ver, por exemplo, Koyré, *Galileo Studies*, pp. 261, 265; Blackwell, "Descartes' Laws of Motion", pp. 220-234, e esp. p. 277; Aiton, *The Vortex Theory of Planetary Motions*, pp. 33, 41-42; Dugas, *Mechanics in the Seventeenth Century*, pp. 172-173; e Westfall*Force in Newton's Physiscs*, pp. 57-58. É interessante que enquanto muitos afirmam que Descartes modelou a explicação de movimento nos *Princípios* especificamente para lidar com o problema do copernicanismo, e que portanto não acreditava que ela fosse correta, dificilmente quaisquer dois comentadores concordam sobre como, exatamente, a noção deve supostamente ajudar. No fim das contas, acho tal afirmação altamente implausível; ver a discussão no cap. 6 de Garber, *Descartes' Metaphysical Physics*.

⁶⁰ Bastante interessante é que o próprio Descartes, alguns anos antes, havia definido o movimento como uma ação, "a ação através da qual as partes da... matéria mudam de lugar"; ver carta de Descartes a Morin, 12 de setembro de 1638: AT II 364.

⁶¹ *Princípios*, Parte II, art. 26.

é exigida mais ação para o movimento que para o repouso" (*Princípios*, Parte II, art. 26). E assim, argumenta, a ação necessária para colocar em movimento um corpo que está em repouso não é maior que a atividade necessária para pará-lo; o repouso exige tanto uma causa ativa quanto o movimento.[62] Mas há outra razão pela qual Descartes prefere a transferência à ação. Ele escreve nos *Princípios*:

> E digo que [o movimento] é uma *transferência*, e não a força ou ação que transfere, a fim de mostrar que ele está sempre na coisa móvel, e não naquilo que a está movendo, uma vez que estas duas coisas não são comumente distinguidas com suficiente cuidado, e para mostrar que [o movimento] é um modo de uma coisa, e não alguma coisa subsistente, exatamente da mesma maneira que uma figura é um modo de uma coisa que tem a figura, e o repouso é um modo de uma coisa em repouso (*Princípios*, Parte II, art. 25).[63]

É importante para Descartes distinguir o movimento, que é um modo de um corpo, de sua causa, aquilo que coloca o corpo em movimento, a qual, como veremos depois, é Deus, no caso geral da física.

Há outra importante diferença entre as duas definições digna de nota. A definição vulgar é dada em termos de mudança de lugar, enquanto a definição apropriada fala de um corpo passando de uma vizinhança, considerada em repouso, para outra. Essa diferença está ligada ao fato óbvio de que a designação de um lugar é relativa a um referencial arbitrariamente escolhido, e assim, é apenas em relação a esse referencial arbitrariamente escolhido que se pode dizer que um corpo está ou não mudando de lugar. Descartes escreve na explicação da definição vulgar:

> Pode-se dizer de uma mesma coisa em um dado instante que ela muda de lugar e não muda de lugar e, assim, pode-se dizer que a mesma

---

[62] Ver ibid. Isso também aparece nas cartas de Descartes a More: AT V 345-346, 348.
[63] Ver também AT V 403-404: CSMK 382.

coisa é movida e não é movida. Por exemplo, uma pessoa sentada em um barco enquanto ele se afasta do porto pensa que está se movendo se olha para a costa e a considera imóvel, mas não se ela olha para o próprio barco, entre cujas partes ela sempre mantém a mesma situação (*Princípios*, Parte II, art. 24).[64]

E assim, na definição vulgar de movimento como mudança de lugar não há nenhum fato real sobre a questão de se um dado corpo está ou não em movimento; tudo depende da escolha arbitrária de um referencial de repouso. A intenção de Descartes é que sua definição apropriada não tenha esta característica indesejável. Ele escreve nos *Princípios*:

> Ademais, acrescentei que a transferência ocorre a partir da vizinhança daqueles corpos que imediatamente o tocam para a vizinhança de outros, e não de um lugar para outro, uma vez que... a acepção [*aceptio*] de lugar difere e depende de nosso pensamento. Mas quando entendemos por movimento aquela transferência que há a partir da vizinhança de corpos contíguos, uma vez que somente um grupo de corpos pode ser contíguo ao corpo móvel em um dado instante, não podemos atribuir muitos movimentos a um dado corpo móvel em um dado instante, mas apenas um (*Princípios*, Parte II, art. 28).

Como Descartes nota em diversas ocasiões, movimento e repouso são opostos, e, pensa ele, a definição apropriada de movimento deve apreender este fato.[65] Mas mesmo embora seja claro *que* Descartes quer eliminar a arbitrariedade da distinção entre repouso e movimento, não é de todo claro *por que* ele quer fazer isso ou *como* ele pensa que a definição tem esta consequência.

Quanto ao "porquê", embora Descartes nunca diga nada diretamente a respeito, não é difícil enxergar por que, na física cartesiana, alguém desejaria que houvesse uma distinção genuína entre movimento e repouso.

---

[64] Ver também *Princípios*, Parte II, art. 13, e Parte III, art. 28.
[65] Ver, por exemplo, em *O Mundo*, cap. 6: AT XI 40: CSM I 94. Ver também *Princípios*, Parte II, arts. 27, 37, 44.

Como notado anteriormente, o movimento é uma noção explicativa básica na física de Descartes: "toda variação na matéria, isto é, toda diversidade de suas formas depende do movimento" (*Princípios*, Parte II, art. 23). Mas se a distinção entre movimento e repouso é simplesmente arbitrária, uma questão de escolha arbitrária de um referencial de repouso, como é na definição vulgar, então é difícil enxergar como o movimento poderia preencher esta função. Ou, pelo menos, esta era a maneira como Descartes pensava a respeito. Os físicos posteriores, mais notavelmente Huygens, foram capazes de descobrir como acomodar uma noção radicalmente relativística de movimento em uma física; mas para Descartes, penso eu, se não há nenhuma distinção não arbitrária entre movimento e repouso, então o movimento não é realmente real, e se ele não é realmente real, então não pode ocupar o lugar que Descartes separa para ele em sua física.

O "como" é um pouco mais difícil de enxergar. Descartes escreve:

> Se alguém caminhando em um barco carrega um relógio em seu bolso, as engrenagens do relógio se movem apenas com o movimento que lhes é próprio, mas elas também participam de outro, na medida em que estão ligadas ao homem que caminha e juntamente com ele compõem uma parcela de matéria. Elas também participam de outro na medida em que estão ligadas ao veículo que sacode no mar, e de outro na medida em que estão ligadas à Terra, se, de fato, a Terra como um todo se move. E todos estes movimentos encontram-se realmente nestas engrenagens (*Princípios*, Parte II, art. 31).

Mas na definição apropriada, é claro, isso não pode ser dito; uma vez que um corpo tem somente uma vizinhança imediatamente contígua, ele tem no máximo um movimento próprio. Como coloca Descartes: "Todo corpo tem somente um movimento que lhe é próprio, uma vez que ele é entendido como se afastando de somente um [grupo de] corpos contíguos em repouso" (*Princípios*, Parte II, art. 31). Isto certamente elimina parte da arbitrariedade da noção de movimento; porque uma engrenagem do relógio está em movimento com relação a sua vizinhança contígua, somos obrigados a dizer que ela está em movimento, apesar do fato de que o relógio como um todo está em repouso no bolso de seu dono. Mas, é claro, esta não é toda a história. Há, é claro, dificuldades consideráveis em se especificar exatamente o que é a vizinhança contígua de um dado corpo. Mas deixando isso de lado, há outro problema óbvio. O movimento, diz Descartes, é uma transferência. Mas Descartes também reconhece nos *Princípios* que a transferência é recíproca:

> Finalmente, acrescentei que a transferência ocorre a partir da vizinhança não de quaisquer corpos contíguos, mas somente a partir da vizinhança daqueles que são *considerados como estando em repouso*. Pois tal transferência é recíproca, e não podemos entender o corpo AB como transferido da vizinhança do corpo CD a menos que ao mesmo tempo o corpo CD seja também transferido da vizinhança do corpo AB... Tudo que é real e positivo nos corpos em movimento, aquilo pelo qual se diz que eles se movem, é também encontrado em outros corpos contíguos a eles, os quais, no entanto, são considerados apenas como estando em repouso (*Princípios*, Parte II, arts. 29, 30).

E assim, enquanto pode haver um sentido em que um dado corpo tem somente um movimento próprio, pareceria ainda uma decisão arbitrária dizer que o corpo AB está em movimento e sua vizinhança CD em repouso ou vice-versa.

A doutrina da reciprocidade da transferência convenceu muitos de que a concepção de movimento de Descartes não permite uma distinção genuína entre movimento e repouso.[66] Mas eu penso que isso é um engano.

Há um texto pouco conhecido, muito provavelmente uma nota marginal que Descartes escreveu em sua cópia dos *Princípios* nos anos 1640, quando a edição latina de 1644 estava sendo traduzida para o francês, o qual é crucial para se compreender o que Descartes tinha em mente. A porção relevante é redigida como se segue:

---

[66] Ver, por exemplo, Prendergast, "Descartes and the Relativity of Motion", pp. 64-72; Koyré, *Newtonian Studies*, pp. 81-82; Dugas *Mechanics in the Seventeenth Century*, pp.172-173; Aiton, *The Vortex Theory of Planetary Motions*, p. 33; e Westfall, *Force in Newton's Physics*, pp. 57-58.

Nada é absoluto no movimento exceto a separação mútua de dois corpos moventes. Ademais, que se diga que um dos corpos se move e o outro está em repouso é algo relativo, e depende de nossa concepção, como é o caso com respeito ao movimento chamado local. Assim, quando caminho sobre a Terra, tudo que é absoluto ou real e positivo neste movimento consiste na separação da superfície de meu pé da superfície da Terra, que não está menos na Terra do que eu. Foi nesse sentido que eu disse que não há nada real e positivo no movimento que não esteja também no repouso.[67] Quando, no entanto, eu disse que movimento e repouso são contrários, entendia isto com respeito a um único corpo, que se encontra em modos contrários quando sua superfície é separada de outro corpo e quando não é... Movimento e repouso diferem verdadeira e modalmente [*modaliter*] se por movimento se entende a separação mútua dos corpos, e por repouso a ausência [*negatio*] desta separação. No entanto, quando se diz que um de dois corpos que estão se separando mutuamente se move, e o outro está em repouso, neste sentido movimento e repouso diferem apenas na razão [*ratione*] (AT XI 656-657).

Este comentário sobre as seções dos *Princípios* que viemos examinando sugere que há, de fato, um sentido em que a distinção entre movimento e repouso é puramente arbitrária; quando levanto meu pé, em um sentido é correto dizer tanto que meu pé está em movimento e a Terra em repouso, quanto que a Terra está em movimento enquanto meu pé está em repouso. Mas esta não é a única maneira de se pensar sobre o movimento e o repouso, sugere Descartes. O movimento pode também ser pensado como a separação mútua de um corpo e sua vizinhança, e neste sentido há uma distinção não arbitrária entre movimento e repouso; se um corpo e sua vizinhança estão em transferência mútua, nenhum mero ato de pensamento pode mudar isso e colocá-los em repouso. Por causa da doutrina da reciprocidade da transferência, sempre que um corpo está em movimento, devemos dizer que sua vizinhança também está, propriamente falando; e o corpo AB não pode se separar de sua vizinhança CD

---

[67] Ver *Princípios*, Parte II, art. 30.

sem que, ao mesmo tempo, CD se separe de AB. E assim Descartes nota nos *Princípios*: "*Se queremos atribuir ao movimento sua natureza totalmente própria e não relativa* [*omnino propriam, et non ad aliud relatam, naturam*] devemos dizer que quando dois corpos contíguos são transferidos, um em uma direção e o outro em outra direção, e assim se separam mutuamente, há tanto movimento em um quanto há no outro" (*Princípios*, Parte II, art. 29). Este, de fato, é o principal impulso da doutrina da reciprocidade da transferência: não introduzir a relatividade e minar a distinção entre movimento e repouso, mas enfatizar que um movimento propriamente falando pertence igualmente a um corpo e à sua vizinhança contígua. Mas isto de maneira nenhuma mina o tipo de distinção entre movimento e repouso que Descartes deseja estabelecer. Se o movimento é entendido como a separação mútua de um corpo e sua vizinhança, então é impossível para um corpo estar tanto em movimento quanto em repouso ao mesmo tempo, na medida em que é impossível para aquele corpo estar em transferência e não estar em transferência com respeito à mesma vizinhança contígua. Entendidos desta maneira, movimento e repouso são modos do corpo diferentes e distintos.[68]

Embora a definição apropriada de movimento de Descartes nos permita assim traçar uma distinção não-arbitrária entre movimento e repouso, tal distinção tem um certo custo e resulta em uma concepção de movimento que não é totalmente apropriada para a física que ele deseja construir a partir de tal concepção. Na concepção vulgar de movimento como mudança de lugar, noções como velocidade e direção são bem definidas, dada a escolha de um referencial de repouso. Mas as coisas não são assim tão claras na definição preferida por Descartes. Como um corpo se move em um *plenum*, sua vizinhança de corpos contíguos mudará de um instante para outro, e sem um referencial comum não é claro o sentido que se pode dar às noções de direção e velocidade, básicas para a física mecanicista de Descartes. Não

---

[68] Para uma maneira diferente de traçar a distinção entre movimento e repouso em Descartes, ver Martial Gueroult, "The metaphysics and physics of force in Descartes", em Gaukroger (ed.), pp. 196-229.

há razão para se acreditar que Descartes enxergava os problemas levantados por sua definição. Minha suspeita é que ela era um trabalho em progresso (como eram outros aspectos de sua física), uma tentativa de lidar com um sério problema presente nos fundamentos de sua filosofia natural, que não haviam sido ainda totalmente integrados a seu sistema completo. É significativo que, quando nos voltarmos para as leis de movimento, posteriormente neste capítulo, encontraremos Descartes dependendo implicitamente não da complexa definição de movimento que ele propõe, mas de uma concepção de movimento como mudança de lugar.

As leis do movimento

Há apenas um tipo de corpo no mundo de Descartes: a substância material cuja essência é a extensão e cujas propriedades são todas modos da extensão. Mas como se comporta esta substância? Para os escolásticos, cada tipo de substância tem seu comportamento característico, determinado por sua forma substancial: a água tende a ser fria, o fogo, quente; o ar tende a subir, a terra, a cair. Descartes não pode, é claro, apelar para tais comportamentos característicos. Para ele, o comportamento característico do corpo enquanto tal, a substância corpórea, é dado por uma série de leis da natureza. Uma vez que, como notado acima, toda mudança se baseia no movimento local, estas leis da natureza são, em essência, leis que governam o movimento dos corpos.

Enquanto que há numerosas indicações do interesse de Descartes pelas leis do movimento desde seus primeiros escritos, a primeira tentativa de apresentar uma explicação coerente destas leis é encontrada em *O mundo*. Descartes começa sua explicação no capítulo 7 voltando-se diretamente para Deus. "É fácil acreditar", diz Descartes, "que Deus... é imutável e sempre age da mesma maneira" (AT XI 38: CSM I 93). Daí Descartes deriva três leis, na seguinte ordem:

> [Lei A:] Toda parte de matéria, tomada em si mesma, continua sempre no mesmo estado até que a colisão [*recontre*] com outras a force a mudar... [E assim,] uma vez que tenha começado a se mover, ela con-

tinuará sempre com a mesma força, até que outras a parem ou retardem (AT XI 38: CSM I 93).
[Lei B:] Quando um corpo empurra outro, ele não pode conferir-lhe nenhum movimento sem que ao mesmo tempo perca o mesmo tanto de seu próprio, nem pode tirar nenhum do outro exceto se seu próprio movimento for aumentado do mesmo tanto (AT XI 41: CSM I 94).
[Lei C:] Quando um corpo se move, mesmo que seu movimento seja mais frequentemente em uma trajetória curva..., não obstante, cada uma de suas partes, tomada individualmente, sempre tende a continuar seu movimento em uma linha reta (AT XI 43-44: CSM I 96).

Escondido no argumento que Descartes oferece em favor das duas primeiras leis há um outro princípio de algum interesse:

> Agora, estas duas regras seguem-se de maneira óbvia desta apenas: que Deus é imutável e, agindo sempre da mesma maneira, Ele sempre produz o mesmo efeito. Logo, assumindo que Ele tenha posto uma certa quantidade de movimento na totalidade da matéria desde o primeiro instante, quando Ele a criou, devemos admitir que Ele sempre conserva nela este tanto, ou não acreditaríamos que Ele sempre age da mesma maneira (AT XI 43: CSM I 96).[69]

Este, é claro, é o princípio da conservação da quantidade de movimento, um princípio que desempenhará um papel explícito e importante no desenvolvimento posterior das leis da natureza de Descartes.

As leis que Descartes formulou em *O mundo* e a estratégia básica que ele usou para prová-las, apelando para Deus, permaneceu basicamente a mesma ao longo de sua carreira. Mas quando, no início dos anos 1640, Descartes escreveu as seções correspondentes dos *Princípios de Filosofia*, as leis tomaram uma forma nova e um pouco mais coerente.

---

[69] Ver também AT XI 11: CSM I 85.

Nas explicação das leis que Descartes fornece nos *Princípios* há uma distinção proeminente que não é encontrada em *O mundo*. Descartes começa:

> Tendo notado a natureza do movimento, é necessário considerar sua causa, que é dupla: a saber, primeiro, a causa universal e primária, que é a causa geral de todos os movimentos que há no mundo, e depois a causa particular, da qual decorre que as partes individuais de matéria adquirem um movimento que elas não possuíam anteriormente (*Princípios*, Parte II, art. 36).

Descartes caracteriza a "causa universal e primária" como se segue:

> No que diz respeito à causa geral, parece-me óbvio que ela não é outra coisa senão o próprio Deus, que criou o movimento e o repouso no princípio, e agora, através apenas de Seu concurso ordinário, preserva tanto movimento e repouso no todo quanto Ele ali pôs então (*Princípios*, Parte II, art. 36).

Embora este não seja explicitamente definido como uma lei, Descartes passa imediatamente a enunciar uma versão do mesmo princípio de conservação introduzido anteriormente em *O mundo*:

> Donde se segue que está muitíssimo de acordo com a razão que pensemos que, a partir deste fato apenas, [a saber,] que Deus moveu as partes da matéria de diferentes maneiras quando Ele primeiro as criou, e que Ele agora conserva a totalidade desta matéria da mesma maneira e com as mesmas leis [*eademque ratione*] com as quais Ele as criou anteriormente, Ele também conserva nela a mesma quantidade de movimento (*Princípios*, Parte II, art. 36).

Após discutir a causa universal do movimento, Descartes volta-se para as causas particulares:

> E a partir desta mesma imutabilidade de Deus certas regras ou leis da natureza podem ser conhecidas, as quais são causas secundárias e particulares dos diferentes movimentos que notamos nos corpos individuais (*Princípios*, Parte II, art. 37).

Descartes então introduz três leis do movimento, as reconhecíveis sucessoras das leis apresentadas anteriormente em *O mundo*, embora apresentadas em uma ordem diferente. A primeira lei corresponde de maneira muito próxima à Lei A de *O mundo*:

> [Lei 1:] Toda e cada coisa, na medida em que é simples e não dividida, permanece sempre, na medida em que é capaz [*quantum in se est*], no mesmo estado, e nunca é alterada exceto por causas externas... E portanto devemos concluir que tudo que se move sempre se move na medida em que é capaz (*Princípio*, Parte II, art. 37).[70]

A segunda lei diz respeito ao movimento retilíneo e corresponde à Lei C de *O mundo*:

> [Lei 2:] Toda e cada parte de matéria, considerada em si mesma, nunca tende a continuar movendo-se em quaisquer linhas curvas, mas somente de acordo com linhas retas (*Princípios*, Parte II, art. 39).

A terceira lei diz respeito à colisão, e é um desenvolvimento adicional da Lei B de *O mundo*:

> [Lei 3:] Quando um corpo em movimento acomete outro, se ele tem menos força para continuar em uma linha reta do que o outro tem

---

[70] O texto dado foi traduzido a partir da versão latina. Na versão francesa Descartes escreve que as coisas (corpos, presumivelmente) mudam "através da colisão com outras". Note-se que a formulação na versão latina pareceria aplicar-se à mente bem como ao corpo. Descartes, contudo, nunca faz uso desta implicação; de fato, ela parece inconsistente com uma visão da mente como ativa. Para o seguidor de Descartes, Henricus Regius, no entanto, ela é a base de sua explicação da unidade de mente e corpo. No panfleto que ele publicou declarando suas visões sobre a mente, Regius escreve: "O elo que mantém a alma unida ao corpo é a lei de imutabilidade da natureza, de acordo com a qual tudo permanece em seu estado presente enquanto não for perturbado por outra coisa" (AT VIIIB 344: CSM I 295). A mesma visão pode ser encontrada nos *Fundamenta physices* de Regius, p. 250. Descartes rejeita esta aplicação de seu princípio; ver AT VIIIB 357: CSM I 303.

para resistir a ele, então ele é desviado em outra direção e, retendo seu movimento, muda apenas sua determinação. Mas se ele tem mais, então move o outro corpo consigo, e concede ao outro tanto de seu movimento quanto ele próprio perde (*Princípios*, Parte II, art. 40).

A Lei 3 é então seguida por uma série de sete regras nas quais Descartes elabora os resultados específicos de vários casos possíveis de colisão direta.[71]

Comecemos nossa discussão considerando o princípio de conservação de Descartes, conforme este é dado nos *Princípios*. Quando Descartes fornece este princípio em *O mundo*, como notei anteriormente, ele não é dado como um princípio, mas como parte do argumento em favor da lei de colisão, a Lei B. Ademais, nenhuma medida numérica é sugerida; Descartes caracteriza aquilo que Deus conserva no mundo meramente como uma "certa quantidade de movimentos" (AT XI 43: CSM I 96). A frase que ele usa, "*quantité de mouvements*", bastante curiosamente no plural, pode ser um erro tipográfico, mas pode indicar que aquilo que o Deus de Descartes está preservando é, bem literalmente, um certo número de movimentos, talvez o fato de que tal-e-tal número de corpos está se movendo.[72] No entanto, é também bastante possível que Descartes simplesmente não fosse claro neste ponto a respeito de precisamente o que Deus estava conservando. Nos *Princípios*, contudo, Descartes é bastante claro acerca da medida numérica. Ele escreve:

> Embora... o movimento não seja nada na matéria movente senão seu modo, ainda assim ele tem um quantidade certa e determinada, a qual podemos facilmente entender como capaz de permanecer sempre a mesma em todo o universo de coisas, embora mude em suas partes individuais. E assim, de fato, podemos, por exemplo, pensar que quando

---

[71] Ver *Princípios*, Parte II, arts. 46-52. As sete regras encontram-se resumidas no apêndice do presente capítulo.

[72] Este ponto é especialmente enfatizado em Costabel, "Essai critique sur quelques concepts de la mécanique cartésienne", esp. pp. 250-251.

uma parte de matéria se move duas vezes mais rápido que outra, e a outra é duas vezes maior que a primeira, há na menor a mesma quantidade de movimento que na maior... (*Princípios*, Parte II, art. 36)

O que Deus conserva, sugere Descartes, é o tamanho vezes a velocidade.

É importante aqui não ler no princípio de conservação de Descartes a noção moderna de momento, massa vezes velocidade. Antes de tudo, Descartes e seus contemporâneos não tinham uma noção de massa independente do tamanho; em um mundo em que todo corpo é constituído do mesmo tipo de substância, não há sentido na noção de iguais volumes (sem poros, etc.) contendo diferentes quantidades de matéria.[73] E ao passo que Descartes era certamente cônscio da importância das considerações de direcionalidade,[74] a direcionalidade não entra de todo no princípio de conservação. O que é conservado é o tamanho vezes a velocidade, simplesmente, de modo que, quando um corpo é refletido e muda sua direção, então enquanto não há nenhuma mudança em sua velocidade, não há nenhuma mudança na quantidade de movimento.[75]

O princípio de conservação de Descartes foi extremamente influente para os físicos posteriores; uma restrição básica sobre a natureza, ele definia uma importante maneira de pensar sobre como se fazer física. Infelizmente, a lei provou-se radicalmente errada. Embora muitos cartesianos resistissem

---

[73] Ver *Princípios*, Parte II, arts. 6ss.

[74] Para uma excelente explicação da noção de determinação de Descartes e seu tratamento da direcionalidade, ver Gabbey, "Force and inertia in the seventeenth century: Descartes and Newton", em Gaukroger (ed.), pp. 230-320, esp. pp. 248-260.

[75] Esta característica levou a uma teoria "cartesiana" da interação entre mente e corpo e à afirmação de que a mente age sobre o corpo mudando a direção do movimento de um corpo sem mudar sua velocidade, possibilitando desta maneira a interação mente-corpo sem violar o princípio de conservação. Para uma discussão disto, bem como uma discussão do escopo geral das leis da natureza e a questão de se elas governam ou não os corpos inanimados, ver Garber, "Mind, body, and the laws of nature in Descartes and Leibniz", pp. 105-133.

em admitir isso, o princípio de conservação de Descartes levava a muitos absurdos. Em uma importante série de argumentos nos anos 1680 e 1690, Leibniz exibiu alguns dos absurdos que se seguem do princípio de Descartes, incluindo o fato de que se o mundo fosse governado por este princípio, alguém poderia construir uma máquina de movimento perpétuo.[76]

Mas, certo ou errado, o princípio de conservação não é, por si mesmo, suficiente para a física cartesiana. Embora nos *Princípios* ele seja apresentado como uma restrição geral sobre todo o movimento, ele não nos diz, por si mesmo, como quaisquer corpos individuais se comportam; enquanto a quantidade *total* de movimento no mundo é conservada, o princípio de conservação é satisfeito, não importando como qualquer corpo individual possa vir a se comportar. Penso que é neste sentido que o princípio de conservação é tomado como sendo a causa "universal e primária" do movimento e deve ser complementado com "causas secundárias e particulares", uma série de leis particulares que, como o princípio de conservação, são ditas seguirem-se da imutabilidade de Deus. Conforme são dadas nos *Princípios*, estas leis incluem duas leis que podem ser chamadas de *princípios de persistência*, leis que administram a persistência de certas quantidades presentes em corpos individuais: o movimento, no caso da Lei 1, e a tendência a se mover em uma trajetória retilínea, no caso da Lei 2. Mas às vezes estas leis podem entrar em conflito em corpos diferentes; se A está se movendo da direita para a esquerda, ele pode encontrar o corpo B que está se movendo da esquerda para a direita. As Leis 1 e 2 nos dizem que os movimentos de ambos os corpos tendem a persistir; a Lei 3 nos diz como os movimentos conflitantes destes corpos são reconciliados entre si, e neste sentido ela constitui um tipo de *princípio de reconciliação*.

A Lei 1 afirma que toda coisa permanece no estado em que está, até que este seja alterado por causas externas. O movimento aparentemente

---

[76] O argumento básico de Leibniz pode ser encontrado em seu *Discurso sobre a Metafísica*, art. 17, entre muitos outros lugares. Para uma explicação do argumento e dos debates de Leibniz com os cartesianos do final do século XVII, ver Iltis, "Leibniz and the *vis viva* controversy", pp. 21-35.

entra como um caso especial, algo que é um estado do corpo e, como tal, deve persistir exatamente da mesma maneira que outros estados do corpo. Este princípio é posto em oposição direta às explicações aristotélicas do movimento. Na concepção aristotélica de movimento, um corpo em movimento tende a entrar em repouso. Explicações elaboradas tinham que ser dadas para o porquê de um projétil continuar em movimento depois de deixar aquilo que lhe confere seu impulso inicial.[77] Descartes não tem, é claro, que explicar isto. Ele escreve: "De fato, nossa experiência cotidiana dos projéteis confirma completamente esta nossa primeira regra. Pois não há outra razão por que um projétil deva permanecer em movimento por algum tempo depois de deixar a mão que o lançou, exceto que aquilo que está uma vez em movimento continua a se mover até ser retardado por corpos que estão no caminho" (*Princípios*, Parte II, art. 38). A visão aristotélica de que os corpos em movimento tendem para o repouso é, para Descartes, um absurdo. Descartes nota que aqueles que excetuam o movimento do princípio geral de persistência dos estados sustentam que "[os movimentos] cessam por sua própria natureza, ou tendem para o repouso. Mas isto é, de fato, extremamente oposto às leis da natureza. Pois o repouso é contrário ao movimento, e nada pode, por sua própria natureza, tender para seu contrário ou para sua própria destruição" (*Princípios*, Parte II, art. 37).[78] Duas coisas são especialmente dignas de nota aqui. A primeira é que, diferentemente dos escolásticos, Descartes enxerga o movimento como sendo ele próprio um estado do corpo. Para os escolásticos, o movimento é o processo de passar de um estado para outro;[79] para Descartes, ele é em si mesmo um estado e, como tal, persiste. A segunda coisa é que

---

[77] Para discussões da teoria do ímpeto, uma maneira popular de explicar o movimento continuado dos corpos entre os filósofos naturais medievais, ver, por exemplo, Edward Grant, *Physical Science in the Middle Ages*, p. 48ss., e Maier, *On the Threshold of Exact Science*, caps. 4 e 5.

[78] Ver também AT XI 40: CSM I 94.

[79] Para uma discussão das concepções escolásticas da natureza do movimento, ver Maier, *On the Threshold of Exact Science*, cap. 1.

para Descartes o movimento é um estado distinto de e oposto ao repouso. Descartes parece não ambíguo aqui ao sustentar que movimento e repouso são opostos.

Esta observação, que o movimento em e por si mesmo persiste, é um dos mais importantes *insights* que fundamentam a nova física do século XVII. Descartes não o inventou; ele pode ser encontrado anteriormente em seu mentor Isaac Beeckman, e em várias formas em seus contemporâneos Galileu e Gassendi. Ele recebeu seu enunciado canônico nos *Princípios* de Sir Isaac Newton, em que foi venerado como o princípio de inércia.[80] Descartes às vezes recebe o crédito pelo primeiro enunciado publicado da versão "correta" deste importante princípio, e pode ser que ele o mereça. No entanto, é importante reconhecer que, ao passo que Descartes foi certamente um importante defensor do princípio e importante em sua disseminação, o princípio mesmo já estava no ar na época em que ele escrevia, e a versão que ele oferece, baseada como é na radical distinção entre movimento e repouso e na imutabilidade de Deus, como vimos, difere de importantes maneiras do princípio similar oferecido por outros no mesmo século.[81]

No enunciado explícito da Lei 1, Descartes não é claro acerca do movimento que é dito persistir; ele sempre mantém a mesma direção? A

---

[80] Em 1613, Beeckman escreveu em seu diário o princípio de que "uma coisa uma vez movida nunca chega ao repouso a menos que seja impedida". Ver De Waard, *Journal tenu par Isaac Beeckman de 1604 à 1634*, vol. I, pp. 24, e AT X 60. Descartes quase certamente aprendeu isto de Beeckman; ver o uso que ele faz deste princípio na solução para o problema da queda livre que ele esboçou para Beeckman: AT X 78. Para a versão de Galileu em 1632, ver, por exemplo, Galileu, *Dialogue concerning the Two Chief World Systems* ("Diálogo sobre os dois máximos sistemas de mundo"), pp. 20-21, 28, 147ss. A versão de Gassendi pode ser encontrada em seu *De motu impressu a motore translato* (1640), traduzido [para o inglês] em Brush, *The Selected Works of Pierre Gassendi*, pp. 141, 143. O princípio de inércia de Newton é a Lei 1 dos "Axiomas ou Leis do Movimento" do Livro I de seus *Princípios Matemáticos de Filosofia Natural* (1687).

[81] Ver especialmente a perspicaz comparação entre Descartes e Newton por Gabbey, em Gaukroger (ed.), pp. 287-297.

mesma velocidade? Isso é em alguma medida esclarecido pela Lei 2 dos *Princípios*, que deixa claro que o que persiste é o movimento retilíneo: "Toda e cada parte de matéria, considerada em si mesma, nunca tende a continuar movendo-se em quaisquer linhas curvas, mas somente de acordo com linhas retas" (*Princípios*, Parte II, art. 39). Mas esta lei é mais que apenas uma ampliação e esclarecimento da Lei 1. O verdadeiro foco da Lei 2 é uma importante consequência da persistência do movimento retilíneo, a tendência de um corpo em movimento curvilíneo a se afastar do centro de rotação. Considere-se um corpo girando em torno de um centro, por exemplo, uma pedra em uma funda. Se consideramos todas as causas que determinam seu movimento, então a pedra "tende" [*tendere, tendre*] a se mover circularmente.[82] Mas se consideramos somente "a força do movimento que ela tem em si" (*Princípios*, Parte III, art. 57), então, afirma Descartes, ela "está em ação para se mover", ou "está inclinada a ir", ou "está determinada a se mover" ou "tende" a se mover em uma linha reta, de fato, ao longo da tangente do círculo em qualquer ponto dado.[83] E conclui Descartes: "Daí se segue que todo corpo que é movido circularmente tende a se afastar do centro do círculo que ele descreve" (*Princípios*, Parte II, art. 39).[84] Essa tendência a se afastar, aquela que mais tarde foi chamada de força centrífuga, é muito importante para o programa de Descartes na física. Descartes sustentava que os planetas são conduzidos ao redor de um sol central pelo turbilhão de um fluido, o que ele chamava de vórtice. A luz, na visão de Descartes, é apenas a pressão que este fluido exerce ao tentar se afastar do centro de rotação.[85] A Lei 2 é central para o programa na medida em que estabelece a existência dessa tendência centrífuga que é a luz. Embora, em certo sentido, ela seja apenas uma consequência da Lei 1, que é mais geral, a Lei 2 é suficientemente importante para Descartes para receber um enunciado independente.

---

[82] Ver AT XI 95; *Princípios*, Parte III, art. 57.
[83] Ver AT XI 45-46, 85; *Princípios*, Parte II, art. 39; idem, Parte III, art. 57.
[84] Ver também *Princípios*, Parte III, art. 55s e AT XI 44, 84s.
[85] Ver as referências citadas na nota 99.

A terceira e última lei dos *Princípios* governa o que acontece no impacto, quando dois corpos têm estados que tenderiam ambos a persistir, mas que não podem persistir ao mesmo tempo. A questão fora certamente encetada na Lei B de *O mundo*. Ali Descartes escreve que "quando um corpo empurra outro, ele não pode conferir-lhe nenhum movimento sem que ao mesmo tempo perca o mesmo tanto de seu próprio, nem pode tirar nenhum do outro, exceto se seu próprio movimento for aumentado do mesmo tanto" (AT XI 41: CSM I 94). Mas embora isto se relacione com a questão do impacto, fica consideravelmente aquém de uma genuína lei de impacto. A lei diz que se um corpo transfere movimento para outro em uma colisão, ele deve perder uma quantidade correspondente de seu próprio movimento. Mas ela não diz quando o movimento deve ser transferido, e nem, quando isso ocorre, exatamente quanto um corpo confere a outro. E assim é impossível, a partir desta lei, determinar o verdadeiro resultado de uma colisão real. As coisas ficam um pouco mais claras com a lei de impacto que Descartes apresenta nos *Princípios*. Ali ele divide a questão em dois casos. Considere-se o corpo B colidindo com o corpo C. Se B tem menos força para continuar do que C tem força para resistir, então B é refletido, e C continua em seu estado prévio. Mas se B tem mais força para continuar do que C tem força para resistir, então B pode mover C, conferindo-lhe tanto movimento quanto ele próprio perde. O impacto, portanto, é considerado como um tipo de disputa entre dois corpos. Se a força para continuar, presente em B, é menor que a força para resistir, presente em C, então C vence e mantém seu estado. Se, por outro lado, a força para continuar, presente em B, é maior que a força para resistir, presente em C, então B vence e impõe seu movimento a C.[86]

---

[86] Para uma exposição clara das ideias básicas por trás do modelo de Descartes da colisão como uma disputa de impacto, ver Gabbey, em Gaukroger (ed.), p. 245ss.

Embora a lei de impacto nos *Princípios* seja um avanço considerável em relação à lei paralela de *O mundo*, ainda não fica claro como exatamente ela se aplica a circunstâncias reais; não é claro de modo algum, a partir da lei pura, exatamente como a força para continuar e a força para resistir devem ser calculadas, e quanto movimento deve ser transferido do vencedor para o perdedor da disputa, por exemplo. Mas as coisas são esclarecidas um pouco através de um exemplo que Descartes elabora nos *Princípios*. Imediatamente após o enunciado da Lei 3 (e algumas observações explicativas), Descartes acrescenta sete regras de impacto, lidando com vários casos possíveis nos quais dois corpos movendo-se em uma mesma reta colidem diretamente. (As regras estão resumidas no Apêndice deste capítulo.) A partir das regras fornecidas por Descartes podemos inferir muito a respeito de como ele pensava sobre o impacto. A partir de R1-R3, por exemplo, podemos concluir que, quando estamos lidando com dois corpos em movimento, a força para continuar e a força para resistir dos dois corpos devem ser medidas simplesmente pela quantidade de movimento de ambos, isto é, seu tamanho vezes velocidade. Ademais, a partir de R2 e R3 podemos também inferir que quando um corpo B vence a disputa de impacto, ele impõe a C apenas um movimento suficiente para permitir que B continue na mesma direção em que estava se movendo, apenas um movimento suficiente para B e C serem capazes de se mover na mesma direção com a mesma velocidade. Os casos em que um corpo está em repouso são um pouco mais complexos. Considerem-se R4-R6. É justo assumir, penso eu, que assim como em R1-R3, a força para continuar presente em B é medida pelo tamanho de B vezes sua velocidade. Mas e quanto à força para resistir presente em C? Ao apresentar estes casos, Descartes argumenta que "um corpo em resistência resiste a uma velocidade maior mais do que a uma menor, e isto em proporção ao excesso de uma em relação à outra" (*Princípios*, Parte II, art. 49). Isto sugere que a força para resistir que C exerce é proporcional a seu próprio tamanho e à velocidade do corpo com o qual ele está colidindo. Isso tem a consequência bastante estranha (que Descartes endossava completamente) de que um corpo maior em repouso não poderia nunca ser movido por um corpo menor em movimento, não importa o quão rápido aquele corpo menor viesse a se mover.[87]

As sete regras de impacto de Descartes eram muito problemáticas para seus contemporâneos. Descartes descobriu muito rapidamente que tinha de se explicar mais minuciosamente, particularmente com respeito a sua análise do caso em que um corpo está em repouso, e na edição francesa de 1647 dos *Princípios* estas seções receberam alterações mais extensas que aquelas em qualquer outra seção do livro.[88] De fato, a lei de impacto e as regras que se seguiam parecem ser um trabalho em progresso que Descartes nunca terminou realmente. Tampouco foram elas, aliás, aplicadas a quaisquer problemas reais na física de Descartes. Já tarde, em 26 de fevereiro de 1649, Descartes escreveu a Chanut dizendo que "alguém não precisa" gastar muito tempo com as regras de impacto, porque "elas não são necessárias para se entender o resto" dos *Princípios* (AT V 291: CSMK 369).

---

[87] Tão estranha quanto esta consequência possa ser, devemos reconhecer que Descartes não pretende dizer que esta é a maneira como os corpos se comportam em nosso mundo. Como ele nota, as regras explicitamente omitem quaisquer efeitos que possam emergir do fato de que os corpos em questão estão envoltos em fluido. Este fluido pode mudar drasticamente o resultado e permitir que um corpo menor coloque em movimento um corpo maior que resiste. Ver *Princípios*, Parte II, art. 53, particularmente as passagens acrescentadas na versão francesa, bem como as adições à versão francesa dos *Princípios*, Parte II, art. 50. Para discussões gerais da força de repouso, ver, por exemplo, Gueroult, em Gaukroger (ed.), p. 197ss., e Gabbey, em Gaukroger (ed.), p. 267ss.

[88] Importante também é uma carta que Descartes escreveu a Claude Clerselier, em 17 de fevereiro de 1645: AT IV 183-187. Em resposta à evidente confusão de Clerselier diante das regras de impacto na edição latina dos *Princípios*, particularmente aquelas que envolvem um corpo em repouso, Descartes introduz novas maneiras de pensar sobre o problema, que parecem inconsistentes com o simples modelo de disputa de impacto presente na versão latina dos *Princípios*. O desenvolvimento do pensamento de Descartes sobre o impacto durante os anos 1640 é tratado em algum detalhe no cap. 8 de Garber, *Descartes' Metaphysical Physics*.

Os físicos posteriores rejeitaram de modo bastante decisivo as formulações um tanto grosseiras de Descartes.[89] Mas apesar dos problemas óbvios que há com as regras, elas são bastante reveladoras de certos aspectos do pensamento de Descartes. Por exemplo, as regras de impacto mostram muito claramente a distinção de Descartes entre movimento e repouso. Considerem-se as regras R5 e R6, o caso em que dois corpos desiguais colidem, um dos quais está em repouso. Quando o corpo maior está em repouso, o menor é refletido (R5), mas quando o corpo menor está em repouso, ambos viajam na mesma direção com a mesma velocidade (R6). Estes dois casos claramente não podem ser redescrições um do outro. Mas se a distinção entre movimento e repouso fosse apenas arbitrária, então não deveria fazer nenhuma diferença física se é o menor ou o maior corpo que consideramos como estando em repouso. Mas mesmo embora as regras de impacto incorporem a distinção não arbitrária que Descartes deseja fazer entre movimento e repouso, não há nestas regras nenhuma dica sobre a definição complexa de movimento que supostamente nos permitiria fazer esta distinção.[90] Nas regras de impacto, não há nenhuma referência às vizinhanças presumivelmente separadas dos corpos, que se assume estarem em repouso, e em termos das quais os movimentos apropriados de B e C são definidos. Um referencial comum é assumido; e o movimento é tratado quase como se fosse um movimento local simples.

Movimento e força

Uma questão levantada pelas leis de impacto para a metafísica cartesiana é a questão da força. Como discutimos acima com algum detalhe, para Descartes os corpos são extensão, e apenas extensão, e contêm somente modos

---

[89] Ver especialmente o cuidadoso exame das regras de impacto de Descartes feito por Leibniz em seus "Pensamentos Críticos sobre a Parte Geral dos *Princípios* de Descartes", traduzidos [para o inglês] por Loemker, *Philosophical Papers and Letters*, pp. 383-412, especialmente 398-403.

[90] Mas Descartes menciona-a em sua carta a Clerselier; ver AT IV 186-187.

da extensão. Mas também vimos na Lei 3 dos *Princípios* que Descartes faz um apelo explícito à noção de força, a força para continuar e a força para resistir que os corpos possuem, e que, sustenta Descartes, determinam o resultado de qualquer colisão. Que sentido podemos tirar da afirmação de que corpos meramente extensos possuem tais forças? Ao explicar a Lei 3, Descartes oferece a seguinte explicação das forças às quais aquela lei apela:

> *Em que consiste a força que cada corpo tem para agir ou resistir.* Aqui devemos cuidadosamente notar que a força que cada corpo tem para agir sobre outro ou para resistir à ação de outro consiste nesta única coisa: que toda e cada coisa tende, na medida em que é capaz [*quantum in se est*], a permanecer no mesmo estado em que está, de acordo com a lei postulada em primeiro lugar.[91] Daí que aquilo que está ligado a alguma outra coisa tem alguma força para impedir-se de ser separado; aquilo que está separado tem alguma força para permanecer separado; aquilo que está em repouso tem alguma força para permanecer em repouso, e como consequência tem alguma força para resistir a todas aquelas coisas que poderiam mudar isto; e aquilo que se move tem alguma força para perseverar em seu movimento, isto é, em um movimento com a mesma velocidade e para a mesma direção. (*Princípios*, Part II, art. 43).

Porque os corpos permanecem em seus estados de repouso ou movimento em uma direção particular com uma velocidade particular, eles exercem forças que os mantêm em seus estados e resistem à mudança, afirma Descartes.[92] Mas esta resposta não é inteiramente satisfatória; pois

---

[91] Ver *Princípios*, Parte II, art. 37.

[92] A afirmação de que as forças presentes na disputa de impacto derivam da Lei 1, embora engenhosa, não deixa de ser problemática. Leibniz, que deseja negar a ontologia cartesiana de corpos geométricos e explicitamente acrescenta a força como algo sobre e acima da extensão, faz a seguinte observação sobre esta afirmação ao cartesiano De Volder:

"Vós deduzis a inércia a partir da força que qualquer coisa dada possui para permanecer em seu estado, algo que não difere de sua própria natureza. Então julgais que

ela simplesmente levanta a questão de como os corpos cartesianos podem ter as tendências que Descartes lhes atribui, uma noção não menos problemática que a de força.

Uma resposta satisfatória para estas questões nos leva de volta à base última das leis do movimento, Deus. Como notado acima, Descartes é bastante explícito ao sustentar que é Deus que fundamenta as leis do movimento no mundo. Descartes, juntamente com a tradição do pensamento cristão, sustenta que Deus deve não apenas criar o mundo, mas que Ele deve também sustentar de instante a instante o mundo que criou.[93] É esta a concepção de Deus que é explicitamente introduzida na justificação do princípio de conservação que inicia a exposição das leis nos *Princípios*.

> Devemos também compreender que há perfeição em Deus não apenas porque Ele é em Si mesmo imutável, mas também porque Ele trabalha do modo mais constante e imutável. Portanto, com a exceção daquelas mudanças que a experiência evidente ou a revelação divina apresentam como certas, e que nós percebemos ou acreditamos que acontecem sem qualquer mudança no Criador, não deveríamos supor nenhuma outra mudança em Suas obras, de modo a não argumentar por uma inconstância n'Ele. Donde se segue que está muitíssimo de acordo com a razão que pensemos que meramente a partir do fato de

---

o simples conceito de extensão é suficiente mesmo para este fenômeno... Mas mesmo que haja na matéria uma força para preservar seu estado, esta força certamente não pode de modo algum ser derivada da extensão apenas. Admito que toda e cada coisa permanece em seu estado até que haja uma razão para a mudança; este é um princípio de necessidade metafísica. Mas uma coisa é reter um estado até que algo o modifique, o que mesmo uma coisa intrinsecamente indiferente a ambos os estados faz, e outra coisa bastante diferente, muito mais significativa, é uma coisa não ser indiferente, mas ter uma força e, por assim dizer, uma inclinação para reter seu estado, e assim resistir à mudança" (*Philosophical Papers*, ed. Loemker, p. 516).

[93] Ver, por exemplo, o enunciado disso por Descartes na Terceira Meditação: AT VII 49: CSM II 33. Quando isso é questionado por Gassendi, Descartes responde dizendo que "vós estais debatendo algo que todos os metafísicos afirmam como uma verdade manifesta" (AT VII 369: CSM II 254). Ele prossegue parafraseando a explicação da doutrina encontrada em S. Tomás, *Summa Theologiae* I, q. 104, a. 1.

que Deus moveu as partes da matéria de diferentes maneiras quando Ele primeiro as criou, e que Ele agora conserva a totalidade desta matéria da mesma maneira e com as mesmas leis [*eademque ratione*] com as quais Ele as criou anteriormente, Ele também conserva nela a mesma quantidade de movimento (*Princípios*, Parte II, art. 36).

Descartes similarmente apela para a sustentação divina ao justificar suas "causas secundárias e particulares" do movimento, as três leis que se seguem ao princípio inicial de conservação: "A partir da imutabilidade de Deus podemos também conhecer certas regras ou leis da natureza, as quais são as causas secundárias e particulares dos vários movimentos que vemos nos corpos particulares" (*Princípios*, Parte II, art. 37). O raciocínio de Descartes não é de modo algum claro aqui, e há um amplo espaço para interpretação. Mas de uma maneira ou de outra Descartes sustentava que um Deus imutável, através de Sua sustentação divina, é o responsável pelas várias leis que ele postula: pela conservação da quantidade de movimento, pela persistência do movimento e pelo intercâmbio ordenado de movimento na colisão.

Isto sugere que a força à qual Descartes apela na Lei 3 e a tendência que um corpo tem de perseverar em seu estado derivam de Deus, da maneira imutável como Ele sustenta o mundo que cria e em particular da maneira como Ele sustenta os corpos em movimento nesse mundo. Deste modo a força não se encontra *nos* próprios corpos.[94]

O apelo à conservação divina que subjaz às leis do movimento na física de Descartes sugere fortemente que, no mundo físico pelo menos, é Deus a causa primária do movimento; em um mundo sem as formas substanciais do escolásticos para dar conta da tarefa, Deus entra em cena diretamente para fazer com que os corpos se movam como eles caracteristicamente fa-

---

[94] A questão do estatuto ontológico da força em Descartes é um tema complicado, no entanto. Para outras visões, ver, por exemplo, Guéroult, em Gaukroger (ed.), Gabbey, em Gaukroger (ed.), pp. 234-239; e Hatfield, "Force (God) in Descartes' physics", pp. 113-140.

zem. Isso fica claro com precisão em um intercâmbio que Descartes teve com Henry More. Escrevendo a Descartes em 5 de março de 1649, More perguntava: "A matéria, quer a imaginemos como sendo eterna ou como tendo sido criada ontem, se deixada a si mesma, e não recebendo nenhum impulso de algo mais, mover-se-ia ou ficaria em repouso?" (AT V 316).[95] A resposta de Descartes aparece em agosto de 1649: "Considero a 'matéria deixada a si mesma e não recebendo nenhum impulso de algo mais' como estando evidentemente em repouso. Mas ela é impelida por Deus, conservando em si a mesma quantidade de movimento ou transferência que Ele pôs ali no começo" (AT V 404: CSMK 381). Deus, sugere Descartes, é o que faz com que os corpos se movam no mundo físico. Mas Deus não é a única causa do movimento no mundo de Descartes.

Mesmo embora Deus seja a causa primária do movimento no mundo físico, é importante reconhecer que Deus não é a única destas causas; Descartes admite que também as mentes finitas podem mover corpos. Escrevendo novamente a More, Descartes nota:

> A transferência que chamo de movimento é uma coisa de não menos entidade que a figura, a saber, ela é um modo do corpo. No entanto, a força [*vis*] que move um [corpo] pode ser a de Deus conservando tanta transferência na matéria quanto Ele pôs nela no primeiro momento da criação ou também a de uma substância criada, como nossa mente, ou algo mais ao qual [Deus] concedeu o poder [*vis*] de mover um corpo (AT V 403-404: CSMK 381).

O que é este "algo mais" que Descartes tem em mente aqui? Os anjos certamente estão incluídos, como sugerem certas passagens na correspondência com More e em outras partes.[96] Não é *absolutamente* impossível que Descartes quisesse incluir os corpos entre as substâncias finitas que

---

[95] Ver também AT V 381; Descartes evidentemente deixou escapar a questão da primeira vez, e More teve que repeti-la.
[96] AT V 347: CSMK 375; *Princípios*, Parte II, art. 40.

podem causar o movimento.⁹⁷ Mas penso que isso é altamente improvável. Se Descartes realmente pensasse que os corpos poderiam ser causas de movimento, assim como Deus, nós, e provavelmente os anjos, suspeito que ele os teria incluído *explicitamente* na resposta a More; se os corpos pudessem ser causas genuínas de movimento, este seria um fato importante demais para não ser mencionado. Ademais, toda a estratégia de Descartes para derivar as leis do movimento da imutabilidade de Deus pressupõe que Deus é a causa real do movimento e da mudança de movimento, no mundo inanimado dos corpos que se chocam uns contra os outros. Um pouco mais difícil de determinar é se os corpos podem ou não ser causas genuínas dos estados de sensação ou imaginação. Embora Descartes persista em sustentar que a mente pode causar movimento em corpos, ele é um pouco mais reservado em relação ao elo causal na direção oposta. O argumento a favor da existência do mundo exterior apresentado na Sexta Meditação, no qual se diz que os corpos contêm a "faculdade ativa" que causa em nós as ideias sensoriais, sugeriria que os corpos são as causas reais de nossas sensações. Mas versões posteriores do argumento encontradas nos *Princípios* não fazem uso da noção de uma faculdade ativa presente nos corpos, e parecem postular uma concepção progressivamente mais fraca da relação entre os corpos e as ideias sensoriais que temos deles.⁹⁸ Enquanto que há espaço para discordância, parece-me que todos os sinais importantes conduzem à visão de que os corpos (os corpos inanimados, pelo menos) não têm nenhuma eficácia causal real e carecem da habilidade de causar tanto mudanças de movimento em outros corpos quanto sensações nas mentes.

---

⁹⁷ Ver, por exemplo, Hoenen, "Descartes's mechanicism", em Doney (ed.), *Descartes*, pp. 353-368, especialmente p. 359.

⁹⁸ Em vez de identificar o corpo como a causa ativa de uma sensação, na versão latina dos *Princípios* Descartes diz, mais vagamente, que "parecemos a nós mesmos ver claramente que sua ideia vem de coisas colocadas fora de nós" (*Princípios*, Parte II, art. 1, versão latina). A versão francesa é ainda mais vaga: "Parece-nos que a ideia que temos dela forma-se em nós por ocasião de corpos do exterior" (*Princípios*, Parte II, art. 1, versão francesa). Por falar nisso, é importante não concluir que Descartes era um ocasionalista com base neste e em outros usos similares do termo "ocasião", que não parece ter se tornado um termo técnico até posteriormente no século XVII.

Com a explicação das leis do movimento, completamos os fundamentos do programa de Descartes para a física. Embora eu deva terminar aqui minha explicação, Descartes não o fez. O programa de Descartes estendia-se à explicação de todos os fenômenos do mundo físico, inclusive a vida, todos baseados nos fundamentos simples que ele dispusera: a substância extensa, movendo-se de acordo com as leis do movimento.[99]

APÊNDICE: AS REGRAS DE IMPACTO DE DESCARTES
PRINCÍPIOS, PARTE II, ARTS. 46-52

Considerem-se os corpos B e C, onde v(B) e v(C) são as velocidades de B e C antes do impacto, v(B)' e v(C)' são suas velocidades depois do impacto, e m(B) e m(C) são seus respectivos tamanhos.

Caso I: B move-se da direita para a esquerda, e C move-se da esquerda para a direita

R1. Se m(B) = m(C), e v(B) = v(C), então, após a colisão, v(B)' = v(C)' = v(B) = v(C), B move-se da esquerda para a direita, e C move-se da

---

[99] Há relativamente pouca literatura secundária sobre a física de Descartes, quando se vai além dos fundamentos. Scott, *The Scientific Work of René Descartes*, oferece um resumo dos principais escritos científicos de Descartes, mas nada além disso. Para uma discussão geral da ciência de Descartes, com atenção particular dedicada a sua influência posterior, ver Mouy, *Le Développement de la Physique Cartésienne: 1646-1712*. Para estudos mais especializados, ver os ensaios reunidos em Milhaud, *Descartes savant*; e Costabel, *Démarches originales de Descartes savant*. Para trabalhos mais recentes, ver os ensaios de Crombie, Armogathe, Pessel, Rodis-Lewis, e Costabel em Grimaldi e Marion (eds.), *Le Discours et sa Méthode*, e os ensaios de Costabel, Wickes e Crombie, Zarka, e Rodis-Lewis em Méchoulan (ed.), *Problématique et réception du Discours de la méthode et des essais*. Sobre questões relacionadas à luz e à ótica, ver especialmente Sabra, *Theories of Light from Descartes to Newton*, e Shapiro, "Light, pressure, and rectilinear propagation: Descartes' celestial optics and Newton's hydrostatics". Sobre a teoria do movimento planetário baseado no vórtice e seu destino posterior, ver Aiton, *The Vortex Theory of Planetary Motions*.

direita para a esquerda (isto é, B e C são refletidos em direções opostas) (art. 46).

R2. Se m(B) > m(C), e v(B) = v(C), então, após a colisão, v(B)' = v(C)' = v(B) = v(C), e B e C movem-se juntos da esquerda para a direita (isto é, B continua seu movimento e C é refletido na direção oposta) (art. 47).

R3. Se m(B) = m(C), e v(B) > v(C), então, após a colisão, B e C movem-se juntos da direita para a esquerda (isto é, B continua seu movimento e C é refletido na direção oposta) e v(B)' = v(C)' = ((v(B) + v(C))/2) (art. 48).

Caso II: C está em repouso e B colide com ele

R4. Se m(B) < m(C), então, após a colisão, C permanece em repouso e B ricocheteia (isto é, B se afasta na direção oposta) com v(B)' = v(B) (art. 49).

R5. Se m(B) > m(C), então, após a colisão, B e C movem-se juntos na direção em que B estava se movendo antes da colisão, com v(B)' = v(C)' = (m(B)v(B)/(m(B) + m(C))) [A fórmula é inferida a partir do exemplo utilizando o princípio de conservação.] (art. 50).

R6. Se m(B) = m(C), então, após a colisão, C move-se na direção em que B se movia originalmente, com v(C)' = (1/4)v(B), e B seria refletido na direção oposta, com v(B)' = (3/4)v(B) (art. 51).

Caso III: B e C movem-se na mesma direção, com v(B) > v(C)

R7a. Se m(B) < m(C) e "o excesso de velocidade em B é maior que o excesso de tamanho em C", isto é, v(B)/v(C) > m(C)/m(B), então, após a colisão, B transfere a C movimento suficiente para que ambos sejam capazes de se mover igualmente rápido e na mesma direção. Isto é, v(B)' = v(C)' = (m(B)v(B) + m(C)v(C))/(m(B) + m(C)) [A fórmula é inferida a partir do exemplo utilizando o princípio de conservação. Na versão francesa, Descartes abandona a condição de que m(B) < m(C), embora mantenha a condição de que v(B)/v(C) > m(C)/m(B).] (art. 52).

R7b. Se m(B) < m(C) e "o excesso de velocidade em B" é menor que "o excesso de tamanho em C", isto é, v(B)/v(C) < m(C)/m(B), então, após a colisão, B é refletido na direção oposta, retendo todo seu movimento, e C continua se movendo na mesma direção que antes, com v(B) = v(B)' e v(C) = v(C)' (art. 52).

R7c. Se m(B) < m(C) e v(B)/v(C) = m(C)/m(B), então B transfere "uma parte de seu movimento para o outro" e ricocheteia com o restante [Esta regra encontra-se apenas na edição francesa. Não há nenhum exemplo do qual se possa inferir uma fórmula, mas talvez Descartes queira dizer que B transferiria metade de sua velocidade a C, de modo que, pelo princípio de conservação, v(B)' = v(B)/2 e v(C)' = (3/2)v(C).] (art. 52, versão francesa).

11 A fisiologia de Descartes e a relação desta com sua psicologia

Gary Hatfield

Descartes entendia o assunto da física como encompassando o todo da natureza, inclusive as coisas vivas. Este assunto compreendia portanto não apenas fenômenos não vitais, incluindo aqueles que hoje denominaríamos físicos, químicos, mineralógicos, magnéticos e atmosféricos; e ele estendia-se também ao mundo das plantas e dos animais, incluindo o animal humano (com exceção daqueles aspectos da psicologia humana que Descartes atribuía unicamente à substância pensante). Nas décadas de 1630 e 1640, Descartes formulou amplas explicações das principais manifestações da vida animal, incluindo a reprodução, o crescimento, a nutrição, a circulação do sangue e especialmente o movimento induzido pela sensação. Em conexão com este último, ele discutiu em detalhe as condições corpóreas de fenômenos psicológicos, incluindo a percepção sensorial, a imaginação, a memória e as paixões. Ele examinou também os aspectos mentais destes fenômenos, às vezes como um modo de complementar suas discussões fisiológicas e às vezes como parte de sua investigação sobre os fundamentos do conhecimento humano.

Os leitores filosóficos podem estar curiosos acerca da relação entre estas atividades científicas (Descartes as teria chamado de filosófico-naturais ou físicas) e a filosofia de Descartes, esta última concebida como sua contribuição à metafísica e à epistemologia. Os escritos fisiológicos e psicológicos de Descartes relacionam-se diretamente com tópicos centrais de sua filosofia, notavelmente com a relação entre mente e corpo e com a teoria dos sentidos. Com respeito ao primeiro, eles exemplificam a tentativa de Descartes de distinguir a mente (ou alma) do corpo e levantam a questão da interação entre mente e corpo.

Com respeito ao segundo, eles explicam o funcionamento dos sentidos, que condiciona seu uso na aquisição do conhecimento, e exemplificam a metafísica da percepção sensorial conforme expressa na versão de Descartes da (que Boyle e Locke posteriormente chamaram de) distinção entre qualidades primárias e secundárias. O estudo dos escritos fisiológicos e psicológicos de Descartes pode assim iluminar os tópicos que os filósofos anglófonos do século XX tomaram como sendo de interesse em sua obra.

Seria um erro, no entanto, abordar os escritos fisiológicos e psicológicos de Descartes meramente por meio das descrições usuais de sua problemática filosófica. O estudo destes escritos oferece uma oportunidade de abordar novamente a filosofia de Descartes, trabalhando a partir do entendimento que o próprio Descartes tinha do que era importante nela. E de fato, a julgar pela atenção que ele dedicou aos tópicos fisiológicos e psicológicos, estes tópicos, juntamente com o restante de sua física, formavam a razão de ser de seu programa filosófico. Considere-se a imagem que Descartes faz da relação entre estes tópicos e seu trabalho mais ordinariamente "filosófico" em metafísica, conforme representada em sua "árvore do conhecimento": a metafísica forma as raízes, a física, o tronco, e a medicina (juntamente com a mecânica e a moral) são os galhos da árvore (AT IX 14: CSM I 186). Embora as raízes metafísicas apoiem e deem sustentação ao tronco físico, Descartes não acreditava que ele ou seus seguidores devessem passar muito tempo remexendo lá embaixo. De fato, ele considerava a metafísica como uma (admitidamente essencial) propedêutica que deveria ser empreendida apenas uma vez na vida de um indivíduo, a fim de assegurar os fundamentos apropriados da filosofia natural, pela remoção dos "preconceitos" aristotélicos da juventude e pela descoberta de que a essência da matéria é idêntica ao objeto da geometria pura.[1] Esse

---

[1] Para o ensinamento de Descartes de que a metafísica deveria ser buscada "uma vez na vida", ver sua carta a Elizabete de 28 de junho de 1643: AT III 695: CSMK 228. Ver também Hatfield, "The Senses and the fleshless eye: the *Meditations* as cognitive exercises", em A. O. Rorty (ed.), *Essays on Descartes' Meditations*, pp. 45-79; e Garber, "*Semel in vita*: the scientific background to Descartes' *Meditations*", em A. O. Rorty (ed.), *Essays on Descartes' Meditations*, pp. 81-116.

estudo metafísico haveria de fornecer as bases não apenas para sua abordagem da física das coisas não vivas, mas, significativamente, para sua abordagem dos fenômenos vitais e do comportamento animal. De fato, atribui-se a Descartes o crédito por ter virtualmente iniciado a abordagem micromecânica da fisiologia.[2] No curso do desenvolvimento intelectual do próprio Descartes, este trabalho em metafísica não precedeu seu projeto filosófico-natural, mas começou depois que o projeto já estava em execução; como observou o erudito francês Etienne Gilson, Descartes voltou-se para a metafísica pela primeira vez em 1629, quando já havia estado investigando questões de física matemática por mais de uma década e havia pensado sobre a fisiologia do movimento animal e da percepção sensorial humana por vários anos.[3]

Todas as principais obras de Descartes, aquelas que ele publicou e as que foram impressas postumamente, contêm alguma discussão de tópicos de fisiologia, ou da fisiologia e psicologia dos sentidos. A doutrina da "máquina animal" já se encontra enunciada nas *Regras*, que também abordam brevemente a fisiologia dos sentidos e a imaginação (AT X 412-417: CSM I 40-43). A primeira tentativa de um enunciado geral de sua física por parte de Descartes em *O mundo* deveria ser dividida em três partes: uma física geral dos céus e da Terra, intitulada *Tratado da luz*; uma segunda parte dedicada inteiramente à fisiologia dos fenômenos vitais, dos processos sensoriais e do movimento animal, intitulada *Tratado do homem*; e uma discussão separada da alma racional em uma terceira parte, que não mais existe ou que nunca foi escrita. O *Discurso* contém, na Parte V, um esboço dos resultados fisiológicos de Descartes – os quais ele exemplifica através de uma ampla explicação do movimento do coração na produção da circulação do sangue – e, na Parte VI, uma alusão ao programa médico de Descartes (juntamente com um pedido de fundos); as Partes IV a VI da *Dióptrica* (um dos três ensaios para os quais o *Discurso* servia como prefácio) contém

---

[2] Hall, *History of General Physiology*, vol. I, cap. 18; Rothschuh, *Physiologie: Der Wandel ihrer Konzepte, Probleme und Methoden vom 16 bis 19. Jahrhundert*, cap. 1.

[3] Gilson, *Etudes sur le rôle de la pensée médiévale dans la formation du système cartésien*, pp. 163-184.

uma ampla discussão da fisiologia e psicologia da visão. As *Meditações*, com as quais Descartes esperava introduzir sub-repticiamente "todos os fundamentos de [sua] Física",[4] incluem uma ampla discussão da interação mútua entre a fisiologia nervosa e a sensação corpórea, na Sexta Meditação. Os *Princípios* contêm alguma discussão da metafísica da percepção sensorial na Parte I, e deveriam ter incluído duas partes separadas dedicadas exclusivamente a tópicos fisiológicos e psicológicos, uma sobre as "coisas vivas" (plantas e animais) e outra sobre "o homem"; fora destas partes planejadas, Descartes cobriu uma porção da fisiologia dos sentidos na Parte IV da obra impressa (AT IX 315-323: CSM I 279-285). As *Paixões da alma* contêm um resumo da fisiologia cartesiana dos processos sensoriais e do movimento animal, juntamente com uma ampla discussão dos processos cerebrais que produzem os apetites e paixões. Descartes chegou a revisar e completar seu *Tratado do Homem* em 1647-1648, produzindo parte de um novo tratado intitulado *Descrição do corpo humana*[5] Finalmente, suas cartas incluem numerosas discussões de questões anatômicas e fisiológicas, fornecendo um testemunho do periódico exame empreendido por Descartes de partes animais obtidas de açougueiros locais, bem como de seu acompanhamento de uma autópsia, e seus papéis contêm o rascunho de um ensaio sobre a formação do feto e extensas notas sobre tópicos de anatomia.[6]

A FISIOLOGIA E A PSICOLOGIA EXISTIAM NA ÉPOCA DE DESCARTES?

Até aqui tenho falado sobre a "fisiologia" e a "psicologia" de Descartes, mesmo embora ele apenas raramente usasse o primeiro termo (e então com

---

[4] Uma famosa passagem da carta de Descartes a Mersenne, 28 de janeiro de 1641 (AT III 298: CSMK 173; ver também AT III 233: CSMK 157).

[5] Sobre a data da composição e subsequente publicação deste tratado, ver AT XI 219-22; uma tradução abreviada é fornecida em CSM I 313-324.

[6] Cartas: AT I 102, 137, 263, 377-378, 522-527; II 525-526, 621; III 49, 139, 445; IV 247, 326. Rascunho: *Primae cogitationes circa generationem animalum* (AT XI 499-538). Notas. AT XI 543-639, 651-653.

um significado ligeiramente diferente do nosso) e nunca usasse o segundo. A aplicação irrefletida de categorias disciplinares correntes a pensadores passados distorce o pensamento destes e pode ser especialmente desconcertante quando, como no presente caso, os termos que usamos hoje eram usados no passado com significados diferentes. Devemos, portanto, considerar brevemente o uso destes termos por autores do passado; ao mesmo tempo, devemos perguntar se nossos termos presentes "fisiologia" e "psicologia" – entendidos como significando a ciência das funções e processos vitais dos organismos e a ciência da mente, respectivamente – são adequados para descrever porções das obras de Descartes.

No século XVII, o termo "fisiologia" possuía dois significados relacionados, ambos herdados da antiguidade e nenhum completamente harmonizado com nosso uso. Primeiro, ele significava a teoria da natureza em geral. Havia sido usado com este sentido tanto no grego antigo quanto no latim e continuou a ser usado com este significado ao longo do século XVII e parte do XVIII.[7] Segundo, ele significava a parte da medicina que explica a natureza do corpo humano mediante a aplicação da teoria da natureza em geral. O programa da fisiologia neste segundo sentido deveria fornecer uma explicação da estrutura do corpo, utilizando os elementos reconhecidos pela teoria da natureza (usualmente a terra, o ar, o fogo e a água) para explicar os elementos das coisas vivas (tais como os quatro humores tradicionais da medicina antiga: a bílis amarela, o sangue, a fleuma e a bílis negra); estes últimos elementos eram por sua vez utilizados para explicar as partes "homeômeras" do corpo (tais como os ossos, os nervos, os ligamentos, o coração, o cérebro e o estômago). Galeno utilizava o ter-

---

[7] Aristóteles, *Física*, trad. [para o inglês] de Richard Hope (Lincoln: University of Nebraska Press, 1961), Livro III, cap. 4, 203b15 (pp. 47, 211); Marcus Tullius Cicero, *De natura deorum*, trad. [para o inglês] de H. Rackham (Londres: Putnam, 1933),. i. 20 (p. 23); Goclenius, *Lexicon philosophicum* (Frankfurt e Marburgo, 1615; reimpressão, Hildesheim e Nova Iorque: G. Olms, 1964), 828b; Alexander Gottlieb Baumgarten, *Philosophia generalis*, (Halle e Magdeburgo: Hemmerde, 1770), seção 148 (p. 65); Immanuel Kant, *Critique of Pure Reason* ("Crítica da Razão Pura"), trad. [para o inglês] de Smith, A ix (p. 8).

mo desta maneira: ele definia "fisiologia" como o estudo da natureza do homem, incluindo os elementos dos quais o corpo é composto, a formação do feto e as partes do corpo conforme reveladas pela dissecação. Jean Fernel (1497-1558), cuja obra era conhecida por Descartes (AT I 533), também utilizava o termo desta maneira.[8] Mesmo com este segundo significado, o termo "fisiologia" possuía um escopo mais amplo que o que lhe atribuímos hoje. No entanto, autores como Galeno e Fernel de fato se ocuparam da análise das funções de estruturas e processos corporais; eles o fizeram sob a rubrica de examinar "os usos das partes" ou suas "funções", e nosso termo "fisiologia" pode ser apropriadamente aplicado a esta parte do trabalho destes autores.

O termo "psicologia" aparentemente foi cunhado pela primeira vez no século XVI para se referir à teoria da alma, e mais especificamente à matéria abordada nos tratados *De anima* e *Parva naturalia* de Aristóteles. O próprio termo foi raramente usado durante o século XVII, mas o *De anima* e a literatura associada eram regularmente ensinados no currículo de artes como uma divisão da filosofia, em conexão não apenas com a filosofia natural, mas com a metafísica e a ética.[9] Essa literatura continha de fato muito pouco que rotularíamos retrospectivamente como "psicologia" considerada como um ramo da ciência natural. Em adição a tópicos biológicos tais como o crescimento e a nutrição, as discussões aristotélicas da alma incluíam a recepção sensorial de "espécies" e os subsequentes processos intelectuais de abstração; no primeiro caso, a ênfase era sobre a ontologia das espécies sensíveis, e não sobre tópicos que deveríamos considerar psicológi-

---

[8] Galeno, *Introductio seu medicus*, cap. 7, em sua *Opera omnia*, vol. XIV, 689; Jean Fernel, *Universa medicina*, 6ª ed. (Frankfurt: Marnium e Aubrii, 1607), Parte I, "Physiologiae libri VII". Sobre o desenvolvimento do conceito de fisiologia, ver Rothschuh, *Physiologie*, cap. 1.

[9] Katharine Park e Eckhard Kessler, "The concept of psychology", em Schmitt, Skinner e Kessler (eds.), *Cambridge History of Renaissance Philosophy*, cap. 13; Eckart Scheerer, "Psychologie", em Joachim Ritter e Karlfried Gründer (eds.), *Historisches Wörterbuch der Philosophie*, vol. VII (Basileia: Schwabe, 1989), pp. 1599-1601. Park e Kessler (pp. 456-457) documentam a posição do *De anima* no currículo.

cos – tais como o meio segundo o qual a distância é julgada – e no segundo caso o foco era sobre o estatuto ontológico, lógico e epistêmico das espécies inteligíveis ou formas substanciais abstraídas das espécies sensíveis.[10] Não obstante, uma discussão completa das funções da alma sensitiva e o concomitante "poder motriz" incluiria uma explicação de como os sentidos e os apetites servem para mediar entre a percepção sensorial e a ação motora e incluiria assim um amplo leque de tópicos psicológicos pertencentes à explicação do comportamento humano e animal, tópicos que eram de fato discutidos na literatura médica.[11] Ademais, a percepção da distância era discutida em uma literatura ensinada sob a rubrica de "matemática mista", a assim chamada literatura "perspectivista" originária principalmente de Alhazen, Pecham e Vitello. O Livro Dois do *Opticae thesaurus* de Alhazen contém um amplo tratamento de tópicos psicológicos; discussões correspondentes ocorriam nos tratados óticos do século XVII, tais como o do jesuíta Frances Aguilon, publicado em 1613.[12] Assim, as literaturas médica e ótica incluíam muito do que seria apropriadamente descrito como "psicológico" (em nosso sentido do termo).

Qual era a relação de Descartes com a real terminologia e com o trabalho que podemos retrospectivamente designar como fisiológico e psicológico? Seus escritos sobreviventes revelam apenas dois usos do termo

---

[10] Ver, por exemplo, Suárez, *De anima*, Livro III, cap. xvi, art. 8, e Livro IV, caps. i-v, vii-viii, em sua *Opera omnia*, vol. III, p. 669b-670a, 713a-733b, 738b-745a.

[11] Ver Hall (ed. e trad. [para o inglês]), *Treatise on Man* ("Tratado do Homem"), p. 34, n. 60, para um resumo da explicação de Bartholin dos processos que fazem a mediação entre a percepção sensorial e a ação. Sobre a literatura médica de modo mais geral, ver Katharine Park, "The organic soul", em Schmitt et. al (eds.), *Cambridge History of Renaissance Philosophy*, pp. 464-484.

[12] A *Perspectiva* de Alhazen, que circulou amplamente em manuscrito, foi publicada em 1572 sob o título *Opticae thesaurus*. Sobre a psicologia da visão de Alhazen, ver Sabra, "Sensation and inference in Alhazen's theory of visual perception", em Machamer e Turnbull (eds.), *Studies in Perception*, pp. 160-185; e Hatfield e Epstein, "The sensory core and the medieval foundations of early modern perceptual theory". Aguilon discute a percepção da distância em *Opticourm libri sex, Philosophis juxta ac mathematicus utiles* (Antuérpia, Plantiniana, 1613), Livro III, p. 151ss.

"fisiologia", ambos no segundo sentido, o médico, e ambos para descrever teses discutidas nas escolas (AT III 95; IV 240). Não obstante, ele empreendeu um extenso trabalho que chamou de estudo das "funções" das partes do corpo,[13] e que podemos razoavelmente designar como fisiológico. Similarmente, embora ele não utilizasse de todo o termo "psicologia", discutiu a percepção sensorial e outros fenômenos psicológicos de maneiras que devem ser distinguidas, por um lado, de sua fisiologia puramente mecânica, e por outro, de sua preocupação com o estatuto do conhecimento sensorial. De fato, ele próprio traçava uma nítida distinção entre as funções "naturais" do complexo mente-corpo na percepção sensorial ordinária e os pronunciamentos epistemicamente privilegiados da assim chamada luz natural, uma distinção à qual retornaremos quando examinarmos a relação entre a psicologia de Descartes e sua metafísica.

O PROGRAMA FISIOLÓGICO DE DESCARTES E SUA RELAÇÃO COM A FISIOLOGIA ANTERIOR

O programa de Descartes na fisiologia era uma extensão de sua abordagem geralmente mecanicista da natureza. Onde os fisiologistas anteriores haviam invocado poderes, faculdades, formas ou agências incorpóreas para explicar os fenômenos das coisas vivas, Descartes invocaria apenas a matéria em movimento, organizada para formar uma máquina corpórea. Seu objetivo era:

> fornecer uma explicação tão completa de toda a máquina corpórea que não teremos mais razão para pensar que é nossa alma que produz nela os movimentos que sabemos por experiência não serem controla-

---

[13] AT I 263; II 525; IV 566; V 261. A linguagem funcional é utilizada ao longo do *Tratado do Homem* e da *Descrição do Corpo Humano* (cujo título continua: *e Todas as Suas Funções*), conforme Descartes descreve as "funções" para que "servem" as partes do corpo ou os "usos" das partes.

dos por nossa vontade do que temos razão para pensar que há em um relógio uma alma que o faz dizer as horas (AT XI 226: CSM I 315).

Nunca tímido em especular sobre micromecanismos na natureza, Descartes afirmava que não havia observado em suas muitas dissecações nenhuma parte do corpo que ele não pudesse explicar através de causas puramente materiais – tanto em relação à formação quanto ao modo de operação destas partes (AT II 525-526: CSMK 134-135). Assim, onde a fisiologia anterior invocava os espíritos animais da alma para explicar a formação do feto e o subsequente crescimento e nutrição do corpo, Descartes projetava uma explicação inteiramente mecanicista baseada na asserção de que, ao formar as partes do corpo, "a Natureza sempre age em estrito acordo com as leis exatas da mecânica" (ibid.), reduzindo os "espíritos animais" ao calor do coração (entendido como matéria em movimento; AT V 278-279: CSMK 366). E onde a fisiologia anterior explicava as ações dos nervos na transmissão de estímulos sensoriais à alma postulando uma matéria sutil dotada da faculdade de senciência ou enformada por uma alma sensitiva, Descartes tentava explicar as funções da transmissão nervosa por meios exclusivamente mecanicistas, invocando a alma apenas para explicar a percepção consciente na recepção das sensações.

Não obstante, seria um erro descrever o programa fisiológico de Descartes como se ele fosse uma nova fabricação, recortado de um tecido único. Descartes era familiarizado com os principais textos da tradição médica, que ele invocava livremente em sua correspondência; ele até mesmo afirmava não ter adotado nenhuma estrutura que fosse controversa entre os anatomistas.[14] De fato, quer fosse deliberadamente ou por inadvertência, ele seguia a tradição galênica – como faziam as autoridades com as quais

---

[14] Descartes a Mersenne, 25 de maio de 1637: AT I 378. Em vários lugares Descartes menciona diversos anatomistas e fisiologistas pelo nome, incluindo Galeno, Fernel, Harvey, Bartholin, Bauhin, Fabricius de Aquapendente e Riolano; os historiadores da fisiologia acham que ele também era familiarizado com os escritos de Columbus, Fallopius, van Helmont e Piccolhomini: ver os índices de nomes próprios e de livros citado em AT V, e Hall, pp. 17-22, 32.

era familiarizado – mesmo em assuntos que haviam sido corrigidos por Vesalius, e particularmente na atribuição de uma *rete mirabile* ao cérebro dos seres humanos, uma estrutura que Vesalius havia mostrado estar presente em símios, mas não em humanos. Ademais, o débito de Descartes para com a fisiologia tradicional não parava na anatomia: suas concepções das funções das partes corporais eram amplamente retiradas de trabalhos anteriores. Ele aceitava não apenas "fatos" descritivos da fisiologia escolástica e galênica, mas também suas concepções das funções básicas do coração, do cérebro, dos nervos, do sangue e dos notórios "espíritos animais".[15] Sua inovação, que era verdadeiramente radical, devia-se a sua confiança em categorias exclusivamente mecanicistas para explicar como as funções corporais são realizadas. Em grande parte, sua fisiologia pode ser vista como uma tradução direta de porções selecionadas da fisiologia anterior para o idioma mecanicista.

Não é de surpreender que a fisiologia de Descartes seguisse a de Galeno desta maneira, pois a fisiologia galênica fora de longe a mais influente no período anterior a Descartes.[16] A filosofia da natureza de Galeno partilhava muitas características da filosofia natural aristotélica dominante, inclusive um apelo aos quatro elementos para explicar as propriedades básicas dos constituintes corpóreos e a associação da vida com o calor (associação que é quase universal no pensamento antigo). Mas Galeno fora muito além das descrições de funções corpóreas fornecidas no corpus aristotélico. Ao passo que os dois coincidiam em especificidades, Galeno diferia de Aristóteles

---

[15] Gilson (*Etudes*, 99-100) sustenta que Descartes aceitava somente "fatos" de Fernel e de autoridades escolásticas, os quais ele então explicava através de uma nova teoria. Hall (pp. 31-33. e notas textuais sortidas) aproxima-se mais do alvo quando caracteriza a relação de Descartes com seus predecessores como sendo a adaptação das concepções teóricas destes para sua teoria mecanicista. Descartes concebia os "espíritos animais" como uma matéria sutil, desprovida de quaisquer qualidades exceto tamanho, figura, posição e movimento.

[16] Hall, *Treatise on Man* ("Tratado do Homem"), pp. 26-28; Owsei Temkin, *Galenism: Rise and Decline of a Medical Philosophy* (Ithaca, Nova Iorque: Cornell University Press, 1973), caps. 3-4, esp. pp. 164-179.

em diversos pontos e, em particular, ele tornava o cérebro, não o coração, o centro da função mental e atribuía a causa da pulsação ao próprio coração e artérias, em vez de à "efervescência" do sangue através de seu próprio calor. Entre os escritores médicos conhecidos por Descartes, mesmo aqueles que explicitamente adotavam uma ontologia aristotélica seguiam Galeno em muitos pontos. Assim, Fernel seguia Galeno em fazer do cérebro o centro da ação nervosa; comentadores aristotélicos importantes, tais como os de Coimbra, citavam Fernel ao adotar a posição galênica.[17] No entanto, tanto Fernel quanto os comentadores seguiam Aristóteles em outros assuntos, por exemplo em sua explicação da percepção sensorial (discutida abaixo).

A relação de Descartes para com a tradição fisiológica é exemplificada em sua explicação do batimento do coração e da circulação do sangue. Como um estudo de caso, este tópico na verdade é atípico, na medida em que Descartes adotava a então recente posição de Harvey de que o sangue circula e rejeitava portanto a visão tradicional de um lento fluxo de sangue venoso e uma distribuição arterial separada de sangue rarefeito ou de espíritos animais não sanguíneos. Descartes foi de fato um importante defensor original de Harvey acerca da circulação.[18] Ele discordava, no entanto, da explicação de Harvey do movimento do coração e na explicação da causa eficiente da circulação. Nestes pontos de desacordo, ele seguia a tradição em oposição a Harvey.

De acordo com a explicação galênica, a diástole e a sístole são simultâneas no coração e nas artérias, e são de fato a consequência da expansão e contração ativa pela *vis pulsans* localizada na substância cardíaca e arterial. Na diástole, estes órgãos se expandem, sorvendo os espíritos animais, e na sístole eles se contraem, impulsionando os espíritos animais ao longo do canal das artérias; a "batida" do coração contra o peito ocorre como uma consequência da expansão do coração durante a diástole. Harvey sustentava que a explicação tradicional incorria

---

[17] Fernel, *Universa medicina*, Parte I, livro I, cap. 2, p. 3; para citações dos coimbrãos, ver Gilson, *Index Scholastico-Cartésien*, seleções 171, 173, 174.
[18] Ver Gilson, *Etudes*, Parte I, cap. 2, no qual se baseia minha discussão.

em um erro fundamental em sua descrição da diástole, da sístole e do batimento. Especificamente, ela confundia a sístole com a diástole no coração e explicava erroneamente o pulso das artérias como uma ação diastólica que ocorre simultaneamente com a diástole do coração.[19] De acordo com Harvey, o coração contrai-se ativamente durante a sístole e assim bombeia o sangue para as artérias; logo, a sístole no coração é simultânea com a diástole nas artérias. Além disso, ele sustentava que o coração atinge o peito durante a sístole como uma consequência da contração muscular. Ele portanto desafiava radicalmente a doutrina anterior, não apenas acerca do fluxo do sangue, mas também acerca da identificação da diástole e da sístole, os fenômenos cardíacos mais fundamentais.

Descartes aparentemente aceitou a postulada circulação do sangue de Harvey após ter ouvido uma descrição, mas antes de ler o livro de Harvey; ao mesmo tempo, ele formulou sua própria explicação do movimento do coração, que não se modificou após sua leitura de Harvey.[20] A explicação de Descartes para o movimento do coração concorda completamente com a descrição tradicional: ele sustenta que a diástole no coração é simultânea com o batimento do coração contra o peito e com a pulsação arterial. No entanto, Descartes difere da explicação galênica e de Harvey (mas concorda com Aristóteles) ao atribuir a causa do movimento do coração à expansão do sangue, em vez de à ação expansiva e contrativa do próprio coração. E de fato, é difícil enxergar de que outra maneira ele poderia mecanizar o fenômeno do coração: tendo rejeitado os simples "poderes" tais como a *vis pulsans*, ele precisava fornecer uma explicação mecanicista do poder do coração para forçar o sangue nas artérias, pois de fato ele deveria usar a força do sangue para mover a máquina do corpo como um todo. A expansão do sangue através do aquecimento podia ser facilmente mecanizável através de sua identificação do calor com o movi-

---

[19] Ver Harvey, *Anatomical Studies*, cap. 2, p. 31.
[20] AT I 263; Gilson, *Etudes*, pp. 73-76.

mento das partículas. Como observaram os comentadores, ele deixou sem explicação a fonte de energia do "fogo sem luz" que queima no coração; mas ele pode ter se sentido confortável em fazê-lo, porque podia comparar este fogo com fenômenos aparentemente não vitais, tais como a fermentação ou o calor gerado em uma pilha de feno úmido.[21] Em qualquer caso, é difícil imaginar para onde Descartes poderia ter se voltado em busca de uma força motriz para sua máquina, se ele tivesse que fornecer uma fonte de energia para mover o coração concebido como uma bomba mecânica. O episódio com Harvey talvez possa ser visto como um exemplo de como Descartes selecionou e escolheu – dentre as descrições de fenômenos vitais e concepções de funcionamento vital disponíveis – aquelas mais adequadas à tradução para o idioma mecanicista.

Considerado sistematicamente, o objetivo de Descartes era mecanizar virtualmente todas as funções que haviam sido tradicionalmente atribuídas às almas vegetativa e sensitiva. Os galenistas e aristotélicos concordavam que havia três domínios de fenômenos que deviam ser explicados pelo postulado de uma alma: os vitais ou vegetativos, os sensitivos e os racionais (sendo estes últimos pertencentes apenas aos humanos).[22] Embora eles discordassem quanto à precisa ontologia da alma ou almas comandando estes fenômenos, e em particular quanto a se há três diferentes almas ou uma alma com três poderes, eles concordavam quanto às funções atribuídas a cada poder: a alma vegetativa

---

[21] Comentadores: Gilson, *Etudes*, pp. 84-85; Georges Canguilhem, *La Formation du concept de réflexe aux xviie et xviiie siècles* (Paris: Presses Universitaires de France, 1955), p. 34. Descartes, *Princípios*, trad. [para o inglês] de Miller, Livro parte IV, art. 92 (pp. 225-226).

[22] Sobre as explicações galenista e aristotélica dos poderes/faculdades/partes da alma, ver Hall, *History of General Physiology*, I 107-113, 142-144. Sobre as três almas em Galeno, ver Temkin, *Galenism*, p. 44. Um enunciado aristotélico dos três poderes da alma encontra-se em Tomás de Aquino, *Summa Theologiae*, Parte I, q. 78, art. 1 (vol. 11). Ver Fernel, *Universa medicina*, Parte I, Livro 5, cap. 1 (p. 171), sobre as três partes da alma.

controla o crescimento, a nutrição e a geração reprodutiva; a alma sensitiva governa a percepção sensorial, os apetites e o movimento animal; e a alma racional é o assento do intelecto e da vontade. Dado que os animais possuem apenas as almas vegetativa e sensitiva, à alma sensitiva foram atribuídos poderes suficientes para guiar os movimentos animais que atingem a satisfação dos apetites em uma variedade de circunstâncias. O poder sensitivo tanto nos animais quanto nos seres humanos controlava, assim, respostas aprendidas bem como o mero comportamento automático ou instintivo.[23] Nos seres humanos, à razão e à vontade era atribuído o poder de direcionar o comportamento contra a tração dos apetites.

Notoriamente, Descartes concordava com seus predecessores ao atribuir à razão e à vontade um estatuto especial. Mas ele afirmava ser capaz de explicar mecanicisticamente todos os fenômenos vegetativos e sensitivos, deixando apenas a consciência, a intelecção e a vontade como próprias da alma ou da mente. Logo, o fato de que Descartes separava a alma racional da matéria não o livrava do requerimento de explicar os fenômenos "cognitivos" (tais como as respostas adaptativas a uma variedade de circunstâncias) exclusivamente através de mecanismos corporais; tal era a implicação de sua afirmação de que ele podia explicar aqueles fenômenos atribuídos à alma sensitiva das bestas – e os mesmos fenômenos nos seres humanos (na medida em que a volição consciente não interviesse) – através de um apelo à matéria organizada.

---

[23] Para Tomás de Aquino sobre o poder estimativo, ver *Summa Theologiae*, Parte I, q. 78, art. 4 (vol. 11). Suárez descreve o poder estimativo (*De Anima*, Livro III, cap. 30, art. 7; vol. III, p. 705) e argumenta que ele não é realmente distinto da imaginação e do senso comum (arts. 13-15; III 707-708), e portanto que os sentidos internos são um só (art. 16; III 708-709). Summers, *Judgment of Sense: Renaissance Naturalism and the Rise of Aesthetics*, fornece uma história das teorias do poder estimativo em relação à estética.

A RELAÇÃO ENTRE FISIOLOGIA E PSICOLOGIA EM DESCARTES

Consideremos a lista de fenômenos que Descartes afirmava ter explicado mecanicisticamente em seu *Tratado do homem*:

> a digestão dos alimentos, o batimento do coração e das artérias, a nutrição e o crescimento dos membros, a respiração, a vigília e o sono, a recepção da luz, dos sons, dos odores, dos gostos, do calor e de outras qualidades desse tipo pelos órgãos sensoriais externos, a impressão das ideias destas qualidades no órgão do senso comum e da imaginação e a retenção ou impressão destas ideias na memória, os movimentos internos dos apetites e das paixões e finalmente os movimentos externos de todos os membros (movimentos que são tão apropriados não apenas às ações dos objetos dos sentidos, mas também às paixões e às impressões encontradas na memória, que eles imitam perfeitamente os movimentos de um homem real) (AT XI 201-202: CSM I 108).

Os quatro primeiros pertencem à alma vegetativa; o restante pertence à alma sensitiva e consiste em fenômenos que denominaríamos "psicológicos". Ademais, como os exemplos deixam claro, os fenômenos alegadamente explicados por mecanismos físicos (mais precisamente, por mecanismos descritos segundo o modelo de autômatos movimentados hidraulicamente) incluem respostas psicologicamente complexas a objetos, condicionadas pelas paixões e pela memória. Esta ambiciosa lista não foi uma reflexão da época inicial do *Tratado*: as afirmações de Descartes não foram nem um pouco menos ambiciosas em resposta ao ceticismo de Arnauld, que não acreditava que uma ovelha puramente mecânica – desprovida de uma alma sensitiva – pudesse responder apropriadamente quando a luz refletida de um lobo chegasse até seus olhos (AT VII 229-230: CSM II 161). Aqui Descartes deixava claro que as ações tanto de seres humanos quanto de outros animais podiam ser explicadas mecanicisticamente, abandonando o pretexto do *Tratado*, em que ele supostamente explicava as funções de criaturas artificiais que apenas exteriormente se pareciam com seres humanos reais.

Para fins expositivos, podemos dividir a discussão da fisiologia da percepção e do movimento humano de Descartes em dois ramos: os processos que ele concebia como ocorrendo sem qualquer influência da mente ou sobre ela e aqueles que envolvem uma interação entre a mente e o corpo. Esta divisão concorda de fato com o programa de Descartes, conforme enunciado no *Tratado*: ali ele propunha explicar apenas aquelas ações que podiam ocorrer sem a intervenção da mente, deixando para uma terceira parte (não disponível) sua discussão da alma.

Descartes considerava muitas das ações dos seres humanos e dos animais como tendo uma explicação comum. Ele podia sustentar que existiam tais explicações, apesar de acreditar que os seres humanos têm mentes e os animais não, porque ele também sustentava que muitas ações humanas ocorrem sem governo mental. De fato, poderíamos considerar o principal objetivo do *Tratado* como sendo o de fornecer uma explicação puramente mecanicista da maneira como a estimulação sensorial causa o movimento dos membros – levando em conta os efeitos do instinto, da memória e das paixões – sem invocar a mente. Ele forneceria assim uma explicação integrada do comportamento da "máquina animal", sendo que "animal" era definido – como era ocasionalmente por Descartes – como incluindo tanto os seres humanos quanto outros animais.[24]

A máquina animal de Descartes é movida inteiramente pelo "fogo sem luz" que há no coração, que cria a pressão nas artérias. Os movimentos dos membros (e os movimentos musculares internos, tais como a respiração) são impulsionados pelos "espíritos animais" (matéria sutil) filtrados das artérias na base do cérebro e distribuídos através da glândula pineal, que Descartes localizara no centro das cavidades cerebrais.[25] Estes espíritos animais fluem a partir da glândula pineal e

---

[24] Descartes descreve uma porção de seu *Le Monde* (certamente o *Tratado do Homem*) como um tratado sobre o "animal em geral" (AT II 525-526: CSMK134-135); é muito provável que seja ao *Tratado* que ele se refere em outro lugar como seu "tratado sobre os animais" (por ex., AT IV 326: CSMK 274).

[25] A ideia de que os espíritos animais são filtrados do sangue próximo à base do cérebro era um lugar-comum, e alguns autores até mesmo concediam à glândula

adentram os vários poros que revestem a superfície interior daquelas cavidades, de onde passam através dos túbulos nervosos para os músculos abaixo, os quais eles fazem inflar e contrair, movendo desse modo a máquina.[26] Descartes comparava o controle mecânico do movimento muscular às operações de um órgão de igreja cujas teclas são pressionadas por objetos externos. O coração e as artérias, observava ele, são como os foles do órgão. Ademais, exatamente como a harmonia de um órgão depende inteiramente do "ar que vem dos foles, dos tubos que produzem o som e da distribuição do ar nos tubos", também os movimentos da máquina dependem unicamente da "força que vem do coração, dos poros do cérebro através dos quais ela passa e da maneira como a força é distribuída nestes poros" (AT XI 165-166: CSM I 104). A distribuição dos espíritos animais nestes poros depende ela mesma de três fatores: do caráter dos próprios espíritos (se estes são ativos ou lânguidos, densos ou finos), dos efeitos da atividade sensorial sobre a abertura dos poros e do caráter da matéria do próprio cérebro, que é determinado por sua constituição inata combinada com os efeitos da excitação sensorial prévia.[27] Nos termos psicológicos do próprio Descartes, a distribuição dos espíritos animais depende do estado corrente das *paixões* (uma força abundante "excitando nesta máquina movimen-

---

pineal um papel no controle do fluxo dos espíritos animais entre as cavidades do cérebro. Galeno rejeita esta visão em *Da Utilidade das Partes* ("On the Usefulness of the Parts"), trad. [para o inglês] de Margaret T. May, livro VIII, cap. 14 (Kühn, I 489-490). Hall exemplifica várias posições renascentistas (Hall, p. 86, n. 135). A concepção particular de Descartes para esta distribuição, a concepção de um mecanismo sensorialmente controlado, era aparentemente única.

[26] Descartes, seguindo novamente a tradição galênica (Hall, p. 25, n. 48), descrevia a ação muscular como antagonística; ele descrevia um elaborado sistema de afastamentos por meio do qual um músculo se inflaria e contrairia enquanto outro se esvaziaria e alongaria (AT XI 133-137: Hall, pp. 24-29).

[27] Descartes afirma explicitamente que o arranjo das fibras pode ser "natural" ou "adquirido" (AT XI 192: Hall, p. 103). As ações "incitadas" por objetos que invadem os sentidos são determinadas por seis fatores ao todo, os quais Descartes lista em AT XI 190 (Hall, p. 101).

tos como aqueles que evidenciam em nós a *generosidade*, a *liberalidade* e o *amor*" etc.), da excitação *sensorial* corrente (incluindo os sentidos internos, tais como o da fome), do encanamento *natural* (ou inato) do cérebro (que media todas as respostas e é por si mesmo suficiente para respostas instintivas) e dos efeitos da *memória* e da *imaginação*.[28]

Concentremo-nos no papel da estimulação sensorial no direcionamento dos espíritos animais através de um ou outro túbulo. Como a maioria de seus predecessores, Descartes atribuía às mesmas fibras nervosas tanto funções sensoriais quanto motoras. A função motora é realizada pelo fluxo da força através do tubo; a função sensorial é realizada por uma fina fibrila que se estende como um fio desde os órgãos sensoriais até o cérebro (estas fibrilas são amortecidas no interior da bainha flexível do nervo pelos sempre-presentes espíritos animais). A atividade sensorial produz uma tensão na fibrila, que abre o poro correspondente na superfície interna da cavidade do cérebro, iniciando um fluxo de espíritos animais para fora a partir de uma localização correspondente na glândula pineal. Este fluxo pode ter diversos efeitos, além de causar uma resposta motora; ele pode, por exemplo, alterar a estrutura do cérebro em torno dos túbulos através dos quais ele flui, alternado assim suas características e afetando portanto o comportamento subsequente.

Descartes ilustrava o acoplamento entre a entrada sensorial e a resposta motora com um exemplo simples de movimento automático, presumivelmente governado pela estrutura inata do cérebro da maneira que ele denominava "instintiva" (AT IX 192: Hall 104: *suivant les instincts de notre nature*). Ele retrata uma máquina semelhante a um ser humano, com seu pé próximo a um fogo. As partículas agitadas do fogo movimentam a pele do pé, fazendo com que uma fibra nervosa do pé abra um poro no cérebro. Os espíritos animais fluem para o poro e são direcionados para "alguns músculos que servem para puxar o pé para longe do fogo, alguns músculos que viram a cabeça e os olhos para olhar para ele, e alguns músculos que fazem as mãos se moverem

---

[28] Os termos em itálico encontram-se espalhados ao longo do *Tratado*; ver especialmente AT XI 163-178, 184-197 (Hall, pp. 68-88, 96-108).

e todo o corpo virar-se a fim de protegê-lo" (AT XI 142: CSM I 102).²⁹ De fato, como Descartes posteriormente observa, dependendo de quão perto a parte corpórea se encontra do fogo, o puxão do nervo abrirá o poro de modo diferente e efetuará diferentes caminhos dos espíritos animais através do cérebro e para o interior dos nervos até os músculos, produzindo um sorriso de prazer em um caso e uma careta de dor juntamente com uma retração do membro em outro caso (AT XI 191-193: Hall 102-105). Embora a explicação seja carente de detalhes sobre as especificidades do encanamento neural, ela apresenta uma maneira engenhosa de unir a resposta motora à entrada sensorial em uma máquina puramente hidráulica.

O ambicioso programa de Descartes exigia que ele imaginasse mecanismos sutis para permitir à máquina responder diferencialmente a objetos sob condições ambientais variadas, de uma maneira dependente da "experiência" anterior. Infelizmente, o *Tratado* sobrevivente não desenvolve a explicação do aprendizado que ele promete (AT XI 192: Hall 103-104); ele faz, no entanto, a surpreendente afirmação de que, com base apenas na memória corpórea, independentemente da alma, a máquina é capaz de "imitar todos [*tous*] os movimentos dos homens reais" (AT XI 185: Hall 96). A serviço desta ousada afirmação (que ele tornava condicional em outros escritos) Descartes dedicou uma profunda atenção aos mecanismos que permitiriam que o sentido visual direcionasse os espíritos animais diferencialmente dependendo do tamanho, figura e distância de um objeto em relação ao corpo. Assim, ele apresentou um mecanismo que supostamente faria com que o aparato ótico focalizasse objetos próximos. O padrão de fluxo resultante continha elementos correspondentes à figura do objeto visual (pelo menos em duas dimensões) e à distância deste, conforme determinada pela configuração da musculatura do olho necessária para focalizar o objeto. Estas características do padrão

---

[29] Com base nesta passagem e em outras, Descartes é às vezes descrito como o inventor do conceito de reflexo. Embora ele de fato descrevesse como automáticos alguns movimentos que consideramos reflexos, ele não distinguia explicitamente tais movimentos de outros movimentos automáticos, como aqueles dependentes do hábito. Para uma discussão da origem do conceito de movimento reflexo, ver Canguilhem, *La Formation du concept de réflexe*.

pineal, dependendo das ligeiras diferenças deste padrão, bem como de outros fatores que influenciam o fluxo dos espíritos animais e afetam de antemão a estrutura do cérebro – tais como se a máquina encontra-se em um estado de fome, se ela já comeu maçãs antes e assim por diante – supostamente fazem com que os membros da máquina se movam diferencialmente e, se o objeto for uma maçã (ou talvez se ele for apenas suficientemente "semelhante" a uma maçã – Descartes não levanta este problema aqui), fazem com que o agarrem e levem em direção à boca. Em geral, Descartes imaginava uma relação precisa entre os tubos que vão até os membros do corpo e os poros através dos quais os espíritos animais fluem a partir da glândula pineal, de modo que os tubos correspondessem a membros e os poros correspondessem a direções de movimento destes membros.[30] Desse modo, ele sugeria que todos os movimentos dos membros resultariam de um dispositivo mecânico específico que é ativado unicamente pela direção dos espíritos animais que deixam a glândula pineal, o que significaria que os movimentos governados pela alma devem ser efetuados unicamente pelo influenciamento da direção do movimento dos espíritos animais.[31]

Os mecanismos descritos no *Tratado* para a mediação entre a excitação sensorial e os movimentos subsequentes são argutamente engenhosos. Me-

---

[30] Descartes igualava o fluxo exterior dos espíritos animais, que causam o movimento muscular, à ideia corpórea daquele movimento: "Os movimentos dos membros, e daí as ideias, podem ser reciprocamente causados uns pelos outros" (AT XI 182: Hall, p. 94). Em uma máquina dotada de uma alma racional, o fluxo exterior dos espíritos animais poderia servir para dar à alma uma ideia mental da posição das partes corporais (AT XI 160-161: Hall, pp. 63-65).

[31] AT XI 182: Hall, p. 94; ver também AT VII 229-230: CSM II 161. De acordo com a mecânica de Descartes, as mudanças de direção não contam como uma mudança na quantidade de movimento (AT IX 65-66: CSM I 242-243); logo, a influência da mente sobre a direção dos espíritos animais da glândula pineal não alteraria a quantidade de movimento do universo. Leibniz comentou sobre este aspecto da mecânica e da fisiologia de Descartes em suas "Considerações sobre Princípios Vitais e Naturezas Plásticas" ("Considerations on Vital Principles and Plastic Natures"), em Leibniz, *Philosophical Papers and Letters*, trad. [para o inglês] de Loemker, p. 587; o ensaio apareceu pela primeira vez na *Histoire des ouvrages des savants* (Maio, 1705).

nos caridosamente, eles são produtos da pura fantasia. Em sua maior parte, eles são descritos de uma maneira que une confiantemente padrões de fluxo dos espíritos animais com movimentos externos, mas que é desprovida de detalhes de engenharia. Ademais, até onde os mecanismos centrais de controle pineal são suficientemente descritos para que o leitor apreenda seu modo de operação, é certo que eles não funcionariam.

Não obstante, o retrato de uma máquina animal que se comporta diferencialmente dependendo de se ela comeu recentemente e dependendo de sua experiência passada, e o faz com base em estruturas mecânicas apenas, provou-se poderoso na história subsequente da psicologia, ou pelo menos da metafísica da psicologia.[32] E, de fato, a significância do projeto de Descartes não deve ser omitida porque os detalhes estão ausentes, ou, quando presentes, são altamente implausíveis. Em sua fisiologia, assim como em sua física como um todo, a visão geral que Descartes apresenta é mais importante que suas propostas explicativas particulares.

Dois aspectos do programa fisiológico de Descartes são particularmente interessantes. O primeiro é seu radical mecanicismo, que enfatizei em todo este capítulo. Ao se comparar a obra de Descartes com a literatura fisiológica anterior, de fato pode ser difícil enxergar o quão radical foi o passo dado por ele. Nos cem anos anteriores a Descartes, era de fato bastante comum falar-se em espíritos animais totalmente "corpóreos" distribuídos a partir do cérebro através dos tubos ocos formados pelos nervos.[33] Bernardino Telésio (1509-88), cujo nome era familiar a Descartes (AT I 158), escreveu desta maneira. Telésio até mesmo disse que os espíritos animais que fluem para o exterior fazem os músculos se con-

---

[32] Sobre a recepção da ideia da "besta-máquina", ver Balz, "Cartesian doctrine and the animal soul"; Rosenfield, *From Beast-Machine to Man-Machine*; Vartanian, *Diderot and Descartes*; ver também Thomas Henry Huxley, "On the hypothesis that animals are automata, and its history", em seu *Animal Automatism and Other Essays* (Nova Iorque: Humboldt, 1884), pp. 1-16. O programa de reduzir os seres humanos e outros animais a micromecanismos concebidos fisicamente ainda é confiantemente descrito e ainda carente de detalhes plausíveis: W. V. Quine, *Roots of Reference* (La Salle, Ill.: Open Court, 1973), pp. 10-11.

[33] Canguilhem, *Formation du concept de réflexe*, p. 21; Park, "Organic Soul", pp. 483-484.

traírem e expandirem, movendo assim os membros de maneira maquinal.[34] Mas devemos ter cuidado para não ler estes enunciados pré-cartesianos com olhos pós-cartesianos. Ocorrem diferenças fundamentais entre Telésio e Descartes – diferenças que distinguem entre uma fisiologia verdadeiramente mecanicista e uma fisiologia de poderes modificada – em suas respectivas concepções da operação dos sentidos, do processo que faz a mediação entre a excitação sensorial e a ação motora, e da ação dos nervos sobre os músculos. Descartes postulava um vínculo completamente mecanizado entre os sentidos e os músculos. Telésio relacionava a operação da percepção sensorial a um "poder sensitivo", o qual, se fosse "corpóreo", era realizado em uma substância material dotada de poderes e qualidades.[35] E de fato, sua concepção da influência, sobre os músculos, dos "espíritos animais" que fluem ao longo das fibras nervosas não é mecânica, mas apela para agentes qualitativos imateriais, na forma das duas qualidades primárias que ele postulava, a saber, calor e frio.[36] Estas qualidades, longe de serem elas mesmas mecânicas (isto é, longe de serem redutíveis à matéria em movimento), eram descritas pelo próprio Telésio como agentes incorpóreos.[37] Efetivamente, ele simplesmente reduzia o antigo panteão de quatro qualidades primárias (incluindo a umidade e a secura, bem como o calor e o frio) a duas. No período anterior a Descartes, um alma sensitiva puramente "corpórea" não precisava ser redutível à substância puramente extensa em movimento.[38]

O segundo aspecto do programa de Descartes que é de interesse aqui é sua concepção particular da relação entre os estados corporais e seus efeitos

---

[34] Telésio, *De rerum natura juxta propria principia*, Livro V, xi-xiv (pp. 190-197); xxii-xxiii (pp. 205-206). Ele comparava a ação dos músculos e das juntas à de uma máquina (isto é, à de uma máquina simples, como uma talha).
[35] Ibid., Livro V, x-xi (pp. 188-191).
[36] Ibid., Livro V, xxii-xxiii (pp. 205-206).
[37] Ibid., Livro I, iv (pp. 6-8).
[38] Consideremos ainda que embora Galeno distinguisse da alma a "pneuma" presente nos nervos e a descrevesse como o "primeiro instrumento" da alma, ele não obstante atribuía a senciência à própria pneuma: *On the Doctrines of Hipocrates and Galen*, trad. [para o inglês] de Phillip de Lacy, 3 vols. (Berlim: Akademie Verlag, 1980), vol. 2, pp. 445, 447, 473-475 (Kühn, V 606, 609, 642). Specht, *Commercium mentis et corporis*, pp. 7-12, discute as diferenças cruciais entre Descartes e diversos supostos precursores de seu programa mecanicista.

mentais. Descartes sustentava, é claro, que o corpo humano é ligado a uma alma racional, um fato que serviria para explicar não apenas certos atos de "inteligência geral" que ele considerava incapazes de uma explicação mecanicista, mas também a experiência consciente que acompanha os processos corporais da percepção sensorial, da imaginação, da memória, do movimento voluntário e dos apetites e paixões. Ele designava a glândula pineal como o assento da interação entre a mente e o corpo, citando uma variedade de razões, inclusive o fato de que a glândula é unitária (assim como a consciência), é centralmente localizada e pode ser facilmente movida pelos espíritos animais.[39] Fora isso, ele geralmente tratava a relação entre mente e corpo como um mistério. Quando explicava a relação entre um estado corporal e seu efeito mental (ou vice-versa), ele apelava para uma "instituição da natureza", que é efetivamente uma relação estabelecida por Deus e explica o fato de que um estado mental "apropriado" ocorre por ocasião de uma dada configuração corporal.[40] Seu tratado sobre as *Paixões* é baseado nesta concepção (AT XI 356-357: CSM I 342). Nas *Meditações* ele descreve os apetites e sensações resultantes da união da mente com o corpo como "ensinamentos da natureza"; aqui, a instituição natural da união da mente com o corpo assume o papel da alma sensitiva na produção de impulsos "naturais" que servem para a preservação do complexo mente-e-corpo (AT VII 38-39, 80-89: CSM II 26-27, 56-61).

Depois destas discussões das paixões, o fenômeno fisiológico e mental combinado ao qual Descartes dedicou a maior medida de atenção foi a percepção sensorial, em particular a visão. A execução de seu programa mecanicista exigia que ele fornecesse uma outra teoria dos sentidos em substituição àquela que ele havia rejeitado. Seu programa de explicar tanto

---

[39] AT III 19-20, 47-49, 123, 263-265, 361-362: CSMK 143, 145-146, 149, 162, 180.
[40] Sobre a teoria da "Instituição Natural", ver M. D. Wilson, *Descartes*, pp. 207-218. Em minha visão, o discurso de Descartes acerca de uma tal "instituição" ou "ordenação" é consistente tanto com as leituras ocasionalistas quanto com as leituras interacionistas da interação entre mente e corpo; Specht, *Commercium mentis et corporis*, cap. 3, discute as tendências ocasionalistas nos escritos de Descartes.

quanto possível da psicologia da alma sensitiva por meio apenas de processos corporais levou a algumas especulações interessantes acerca da base fisiológica da percepção sensorial, especulações que iremos considerar em conexão com a explicação de Descartes para as condições corporais e mentais da experiência visual.

Fisiologia e psicologia da visão

No sexto conjunto das *Respostas*, Descartes dividia a percepção sensorial em três "graus" de modo a fornecer um panorama geral para a discussão das relativas contribuições da mente e do corpo em sua teoria da percepção (AT VII 436-439: CSM II 294-296). O primeiro grau consiste na "estimulação imediata dos órgãos corporais por objetos exteriores" e não equivale a "nada além do movimento das partículas dos órgãos"; no caso da visão, ele inclui a excitação do nervo ótico pela luz refletida dos objetos exteriores e o padrão resultante de movimento no cérebro. (Este grau esgota a faculdade sensorial dos animais.) O segundo grau "abarca todos os efeitos imediatos produzidos na mente como um resultado de ser ela unida a um órgão corporal que é afetado"; na visão, isso equivale à "mera percepção da cor e da luz" refletida do objeto exterior. Finalmente, o terceiro grau inclui "todos os juízos sobre coisas fora de nós, que nos acostumamos a realizar desde nossos primeiros anos – juízos que são ocasionados pelos movimentos destes órgãos corporais", o que no caso da visão inclui juízos sobre o tamanho, a figura e a distância dos objetos. Estes juízos são feitos "a uma grande velocidade, graças ao hábito", ou ainda juízos anteriores são rapidamente recordados. Por causa de sua grande velocidade, eles passam despercebidos, e por isso um ato racional ou intelectual (e portanto *não* sensorial, na realidade) é atribuído ao terceiro grau de resposta sensorial (em concordância com a opinião comum, como observa Descartes).

Estes graus correspondem à sequência causal (e temporal) da percepção sensorial como entendida por Descartes. Como uma explicação da direção da causação, a descrição de Descartes concorda com a teoria da intromissão atribuída a Aristóteles, segundo a qual a cadeia causal na visão vai dos objetos para o órgão sensorial, em vez de concordar com a teoria da extromissão endossada por Platão e Galeno, segundo a qual o processo causal procede inicialmente do olho para o objeto.[41] Nesta questão, Descartes toma o partido da corrente principal da tradição ótica (que partia de Alhazen, passando por Pecham e Vitello), como faziam os autores escolásticos com os quais ele era familiarizado.[42]

A divisão dos três graus de Descartes não é, contudo, um mero resumo da cadeia causal da percepção, mas uma divisão baseada na ontologia dos três graus: o primeiro grau é totalmente material, o segundo envolve a interação entre mente e corpo, e o terceiro é totalmente mental. Considerada sob essa ótica, a divisão difere das teorias aristotélicas de intromissão nos seguintes aspectos. O processo de transmissão e recepção que tem lugar no órgão da visão havia sido entendido anteriormente não como a transmissão da mera matéria em movimento (como o havia sido o som, que era comumente entendido como uma percussão no ar), mas como uma "forma sem matéria". O próprio Descartes criticava injustamente as teorias anteriores por serem comprometidas com "espécies intencionais" concebidas como imagens unificadas transmitidas através do ar; embora as teorias epicuristas postulassem tais imagens (em uma forma imaterial), as explicações aristotélicas renascentistas conhecidas por Descartes tipicamente analisavam a visão em termos de raios transmitidos para o olho e recebidos em uma seção transversal bidimensional da pirâmide visual, na superfície do humor cristalino. Uma vez que a forma fosse recebida pelo olho, a descrição usual sustentava uma transmissão "quase-ótica" desta seção transversal ao longo dos nervos óticos, concebidos como tubos ocos preenchidos com "espíritos visuais" transparentes. Este processo não era ele mesmo isento de atributos dependentes da alma: de acordo com a doutrina recebida, os espíritos presentes no humor cristalino, no corpo vítreo e no nervo ótico são dotados

---

[41] Lindberg, *Theories of Vision*, cap. 1, discute as teorias de extromissão.

[42] Lindberg, *Theories of Vision*, segue a teoria da intromissão até seu eventual triunfo. Embora ambas as posições fossem discutidas na literatura escolástica, a intromissão tipicamente acabava no topo, por ex., Suárez, *De Anima*, Livro III, cap. 17 (III, 670a-673b).

do poder de senciência, e a luz e a cor que são recebidas e transmitidas são ao mesmo tempo sentidas. Assim, poder-se-ia dizer que o correlato do "segundo grau" de Descartes ocorre na superfície do humor cristalino, exceto que este "sentir", diferentemente do segundo grau de Descartes, não envolve consciência. Finalmente, de acordo com muitos autores, esta forma transmitida (comunicando uma seção transversal em duas dimensões) é o objeto de um juízo por parte do "poder estimativo" da alma sensitiva, que determina o tamanho de acordo com a distância e o ângulo, ou a distância a partir do tamanho e do ângulo, e assim por diante. Nisto também Descartes afasta-se da doutrina anterior, pois ele atribui tais juízos à alma racional, tendo banido da existência a alma sensitiva juntamente com seu poder estimativo.[43]

Deve-se tomar cuidado ao caracterizar o que é radicalmente diferente na concepção cartesiana do processo sensorial e o que é uma adaptação criativa da teoria anterior. Assim, embora sua concepção da ontologia dos processos sensoriais fosse nova, considerada do ponto de vista da ótica geométrica a teoria de Descartes pode ser vista como uma tradução da doutrina anterior para o idioma mecanicista – levando-se em conta, é claro, as diferenças exigidas pela descoberta da imagem retinal. Estas diferenças não são tão grandes quanto se poderia esperar. De fato, os problemas enfrentados pelos teóricos pré- e pós-keplerianos eram similares: cada um tinha que mostrar como uma relação ponto-a-ponto podia ser estabelecida entre os objetos presentes no campo de visão e a superfície sensitiva do olho, e cada um tinha que mostrar como o padrão estabelecido na superfície sensitiva podia ser transmitido até o assento do juízo (ou como os resultados de um juízo "feito no local" seriam centralmente comunicados). Os escritores óticos anteriores invocavam a receptividade especial do cristalino a raios normais à sua superfície para resolver o primeiro problema, ao passo que Descartes

---

[43] Sobre a transmissão quase-ótica, ver Lindberg, *Theories of Vision*, pp. 81-85; sobre o juízo despercebido daquele que Alhazen chamava de "poder discriminativo", ver Sabra, "Sensation and inference", pp. 170-177.

invocava a ótica da formação de imagens. E, onde os teóricos anteriores postulavam uma transmissão quase-ótica do padrão recebido, Descartes explicava a transmissão do padrão apelando para o arranjo das fibrilas nervosas e, em sua teoria completa conforme apresentada no *Tratado*, para o fluxo dos espíritos pineais (AT XI 175-176: CSM I 105-106). Com efeito, ele traduziu a ótica prévia para uma transmissão mecânica servindo à mesma função, uma função que ele descrevia (na *Dióptrica*) como a transmissão de uma imagem: "As imagens dos objetos são não apenas formadas na parte de trás do olho, mas também passam além, adentrando o cérebro" (AT VI 128: CSM I 167).[44] Ao mesmo tempo, a entidade assim transmitida é concebida de uma maneira radicalmente diferente: embora as diferenças ontológicas acarretadas pelo programa mecanicista de Descartes não alterassem a similaridade geométrica das entidades transmitidas nas duas teorias, Descartes negava que a entidade transmitida contivesse a forma da cor, pois ele negava que a cor fosse uma "qualidade real".[45] Tendo feito isso, ele precisava de uma explicação de como os objetos materiais causam as sensações de cor, uma explicação que ele fornecia em conexão com a interação entre a mente e o corpo: as várias propriedades dos objetos (suas "cores físicas", por assim dizer) comunicam vários movimentos giratórios às partículas de luz, as quais afetam de modo variado as fibrilas nervosas, provocando diferentes padrões do fluxo que parte da glândula pineal e fazendo

---

[44] Sobre a relação de Descartes com a teoria ótica anterior, ver Hatfield e Epstein, "Sensory core".

[45] Descartes sustentava que não precisa haver nenhuma "semelhança" (*ressemblance*) entre as imagens transmitidas ao cérebro, ou, pelo menos, que a semelhança pode ser "bastante imperfeita" (*Dióptrica*: AT VI 112-114: CSM I 165-166). Ele negava a semelhança de duas maneiras. Primeiro, no caso da cor, ele rejeitava toda a semelhança entre as imagens no olho e a cor enquanto experienciada; as imagens são estados corporais possuindo apenas as propriedades de tamanho, figura, posição e movimento (*Princípios*, Parte IV, art. 198: AT IX 322: CSM I 285). Segundo, no caso da figura, ele admitia que há uma "semelhança real", mas explicava que esta podia ser imperfeita, como nos desenhos em perspectiva (a serem discutidos).

assim com que as várias cores sejam percebidas pela alma no segundo grau de resposta sensorial.[46]

O texto das *Sextas respostas* não apenas fornece um resumo da ontologia da percepção sensorial segundo Descartes; ele contém também algumas observações bastante interessantes — embora problemáticas — caracterizando os processos mentais presentes nos graus dois e três. Descartes nos diz que o segundo grau "estende-se à mera percepção da cor e da luz refletida de" um objeto exterior e que ele "emerge do fato de que a mente é tão intimamente unida ao corpo que ela é afetada pelos movimentos que ocorrem nele" (AT VII 437: CSM II 295). Esse enunciado sugere que o segundo grau inclui apenas a percepção da luz e da cor e não inclui nenhuma representação da figura ou forma projetada na retina e comunicada ao cérebro; o foco na luz e na cor pode também sugerir que a relação entre a atividade cerebral e a sensação resultante é do tipo de uma "instituição natural". A mesma passagem logo torna problemáticas ambas as sugestões. Descartes passa a instruir o leitor a "supor que com base na extensão da cor [na sensação visual] e seus limites, juntamente com sua posição relativa às partes do cérebro, faço um cálculo racional sobre o tamanho, a figura e a distância" do objeto. Parece assim que, quer o segundo grau inclua ou não uma percepção da figura projetada do objeto, as sensações apresentam uma área limitada de cor, a partir da qual a figura do objeto poderia ser inferida, juntamente com outras informações relacionadas ao tamanho e à distância. Ademais — e isto é particularmente surpreendente — a sentença citada diz que a posição da sensação de cor é determinada relativamente às partes do cérebro, implicando uma comparação entre a figura apresentada no interior de um evento mental (uma sensação) e localizações espaciais reais no cérebro material.

---

[46] Descartes admitia que a cor é uma propriedade dos objetos físicos, como quando ele dizia que "nos corpos que chamamos de 'coloridos' as cores não são nada além das várias maneiras como os corpos recebem a luz e refletem-na contra nossos olhos" (AT VI 85: CSM I 153; ver também AT VI 92: CSM I 156; AT IX 34: CSM I 218; AT IX 322-323: CSM I 285).

Esta passagem é um exemplo de uma tensão persistente em Descartes entre duas concepções da interação entre mente e corpo e uma concepção segundo a qual os eventos mentais são emparelhados com processos corporais de maneira arbitrária por uma "instituição da natureza" e uma concepção segundo a qual o conteúdo do evento mental é determinado por aquilo que a mente "vê" no corpo, pela inspeção direta de um padrão no cérebro (por assim dizer). Estas podem ser intituladas as concepções da "interação" e da "inspeção".[47] Descartes invocava frequentemente a interação; a questão de interesse é se ele propôs seriamente a posição da inspeção ou foi simplesmte descuidado em seus enunciados aqui e ali.

Descartes não deve ser acusado de sustentar uma ingênua posição de inspeção, pois ele próprio alertou contra tal posição na *Dióptrica*, em que advertia que embora a imagem ou representação transmitida para o cérebro carregue "alguma semelhança para com os objetos dos quais ela provém", não obstante

> não devemos pensar que é por meio desta semelhança que a imagem provoca nossas percepções sensoriais dos objetos – como se houvesse ainda outros olhos no interior de nosso cérebro, com os quais pudéssemos percebê-la. Em vez disso, devemos sustentar que são os movimentos que compõem esta imagem que, agindo diretamente sobre nossa alma na medida em que ela é unida ao nosso corpo, são instituídos pela natureza para fazer com que a alma tenha tais sensações (AT VI 130: CSM I 167).

Mas contra o que Descartes realmente advertia aqui, e como esta relação entre movimentos corporais e sensações, uma relação "instituída pela natureza" (*institué de la Nature*), realmente funciona? É certo que ele pretende negar que as cores dos objetos sejam percebidas por meio da seme-

---

[47] Descartes introduziu a ideia de uma "instituição" ou "ordenação" arbitrária da natureza em uma passagem da *Dióptrica* que será citada em breve. Smith, *New Studies in the Philosophy of Descartes*, cap. 6, reúne e discute passagens nas quais Descartes enfatiza a "inspeção" de imagens corpóreas por parte da mente.

lhança, porque ele nega que a imagem transmitida para o cérebro contenha a cor como uma "qualidade real"; este ponto é um dos mais importantes em sua visão de "não semelhança" (AT VI 113: CSM I 165). Ele observa também que as figuras representadas na imagem cerebral não precisam assemelhar-se de modo exato às figuras que elas nos fazem ver; assim, em uma gravura um círculo deve frequentemente ser representado por uma elipse a fim de que o experimentemos como um círculo (AT VI 113: CSM I 165-166). Este último aviso contra pensar em termos de semelhança é, contudo, irrelevante para a passagem das *Respostas*; pois na *Dióptrica* Descartes está falando sobre a relação entre a imagem no cérebro e nossa experiência do mundo visual (o terceiro grau da sensação), ao passo que nas *Respostas* ele está descrevendo as características da sensação a partir das quais aquela experiência será construída através de um processo de raciocínio despercebido. Assim, o segundo grau da sensação deveria incluir elipses para círculos etc.; mas isso significaria que a fronteira da sensação de cor deveria corresponder precisamente à figura da imagem cerebral.

Não é um acidente que a posição de Descartes seja difícil de interpretar precisamente neste ponto, pois a percepção espacial levanta para ele sérias dificuldades metafísicas. Em particular, ela levanta a questão de como a matéria extensa pode agir sobre uma mente não extensa, podendo fazê-lo ao longo de uma área extensa (como é necessário se assumimos que um padrão cerebral extenso produz coletiva e simultaneamente a sensação de uma mancha limitada de cor), e também levanta a questão de como uma mente não extensa pode "conter" uma representação imagética (em oposição a um mero entendimento conceitual) da extensão e seus modos.[48] Não há soluções fáceis para estes problemas, mas a perspectiva fornecida pelo trabalho fisiológico de Descartes em geral oferece uma maneira de se compreender sua concepção da imagem na glândula pineal. Em particular, pode-se en-

---

[48] George Berkeley, *Principles of Human Knowledge* ("Princípios do Conhecimento Humano") (Dublin, 1710), Parte I, art. 49, levanta o problema de como a mente pode ter uma ideia de extensão (ou ter uma ideia que tem a extensão como "conteúdo") sem ser ela mesma extensa.

xergar sua referência inicial a "ideias corpóreas" (AT X 419: CSM I 44; ver também AT XI 176: CSM I 106; AT VI 55: CSM I 139) e sua recordação de tal referência no segundo conjunto de *Respostas* (AT VII 160-1: CSM II 113), como um outro exemplo de adaptação criativa da doutrina anterior, desta vez relativamente à fisiologia dos processos sensoriais e à intelecção. Na tradição aristotélica, a operação do intelecto requer uma imagem na imaginação corpórea. Descartes certamente rejeitava o lema de que todo pensamento deve ser voltado para uma imagem; mas ele pode de fato ter tido em mente que as sensações espacialmente articuladas resultam do fato de o corpo "enformar" a mente. E esta é efetivamente a mesma linguagem que ele utiliza ocasionalmente para descrever a relação entre as "ideias corpóreas" e as ideias da mente. Assim, quando diz que uma ideia é "a forma de qualquer pensamento dado" (AT VII 160: CSM II 113), ele pode querer dizer que no caso de uma percepção sensorial ou de uma imaginação de uma figura, a mente possui a forma apropriada apenas em virtude de seu contato direto com uma figura real presente no corpo (a ideia corpórea, assim ele diz, "dá forma" à mente).[49] Desta maneira, podemos produzir algum sentido a partir de sua menção ao fato de a mente "voltar-se para" ou mesmo "inspecionar" imagens corpóreas (AT III 361: CSMK 180; AT VII 73: CSM II 51), sem termos que atribuir a Descartes a ingênua posição de que a mente literalmente olha para o corpo. É claro, ficamos com o mistério de como um estado corporal pode servir como a forma de um estado mental, mas isto não era algo facilmente entendido no pensamento aristotélico, e Descartes também não possuía uma sugestão pronta para entender a união da mente com o corpo e a interação de ambos de modo geral, como em última instância ele admitiu a Elizabete (AT III 690-695: 226-229).

Qualquer que fosse a relação entre a imagem pineal e a sensação concomitante, a teoria da percepção visual de Descartes não podia terminar com a criação de uma sensação que simplesmente representava os traços espaciais daquela imagem, pois a imagem variava em apenas duas dimensões e, como reconhecia Descartes, nossa experiência visual fenomenicamente imediata

---

[49] AT VII 161: CSM II 113; ver Smith, *New Studies*, p. 149, n. 2.

– o terceiro grau de resposta sensorial – é de um mundo de objetos distribuídos em três dimensões.⁵⁰ De acordo com a passagem das *Sextas Respostas*, os processos que geram o terceiro grau são julgamentais e portanto dependem da atividade da mente ou da alma. Na última porção citada da passagem, Descartes fala em fazer um "cálculo racional" do tamanho, da figura e da distância de um objeto; em seguida ele diz: "Demonstrei na *Dióptrica* como o tamanho, a distância e a figura podem ser percebidos pelo raciocínio apenas, que descobre qualquer uma destas características a partir das outras" (AT VII 438: CSM II 295). A explicação das percepções de distância e tamanho que ele aqui recorda da *Dióptrica* segue a tradição ótica, ao explicar que o tamanho pode ser julgado a partir do ângulo visual e mais a distância percebida, a distância a partir do ângulo visual mais o tamanho percebido, e a figura a partir da figura projetada e da distância percebida de várias partes. Tais explicações fazem com que as percepções de tamanho e distância pareçam sempre depender de um juízo e, portanto, de um poder racional ou pelo menos estimativo. E, ainda assim, no *Tratado* Descartes afirmava ter mecanizado as funções da alma sensitiva. Será que ele fez isso no caso da visão simplesmente transferindo as atividades do poder estimativo para a alma racional?

Até onde podemos depreender das *Respostas*, foi isso o que ele fez. Mas tanto na *Dióptrica* quanto no *Tratado do homem* ele apresenta uma explicação alternativa da percepção da distância, uma explicação que pode ser descrita como puramente psicofísica. Na *Dióptrica* Descartes afirma que "conforme ajustamos a figura do olho de acordo com a distância dos objetos, modificamos uma certa parte de nosso cérebro de uma maneira que é instituída pela natureza para fazer nossa alma perceber esta distância" (AT VII 137: CSM I 170), atribuindo assim efetivamente um meio de percepção de distância ao segundo grau da sensação; isto é, ao efeito direto

---

⁵⁰ Descartes descreveu o fenômeno da constância da figura: "As imagens impressas por objetos muito próximos de nós são cem vezes maiores que aquelas impressas por objetos dez vezes mais distantes; em vez disso elas fazem os objetos parecerem quase do mesmo tamanho, pelo menos se a distância destes não nos enganar" (*Dióptrica*: AT VI 140: CSM I 172). O fenômeno havia sido anteriormente descrito por Ptolomeu e Alhazen, entre outros (Hatfield e Epstein, "Sensory core", pp. 366, 368-369).

do estado cerebral sobre a alma, não mediado por um juízo. Em seguida ele indica que também a convergência nos faz perceber as distâncias, "como que por uma geometria natural" (AT VI 137: CSM I 170). Embora alguns leitores, talvez influenciados pelo enunciado intelectualista da versão latina da *Dióptrica*, tenham entendido esta geometria natural como envolvendo um juízo racional, Descartes nos diz que de fato este processo ocorre "por um simples ato da imaginação".[51] E quer ele tenha ou não pretendido excluir o juízo da geometria natural na *Dióptrica*, é claro que o fez no *Tratado*, em que ele explica que a "ideia [corpórea] de distância" consiste no grau em que a glândula pineal inclina-se para longe do centro do cérebro como consequência do processo fisiológico de convergência dos olhos (AT XII 183: Hall 94). Esta explicação puramente fisiológica da percepção da distância, na qual a ideia de distância é causada por um estado cerebral sem a mediação de um juízo, representa o cúmulo da tentativa de Descartes de mecanizar a função da alma sensitiva, neste caso, o poder estimativo.[52]

Finalmente, a passagem das *Sextas Respostas* delimita não apenas três graus de percepção sensorial – dos quais o terceiro compreende de fato juízos do intelecto –, mas também indica que os juízos meramente habituais do

---

[51] A frase "par une action dela pensée, qui, n'estant qu'une imagination toute simple, ne laisse point d'enveloper en soy un raisonnement tout semblable a celuy que sont les Arpenteurs, lors que, part le moyen de deux differtes stations, ils mesurent les lieux inacessibles" (AT VI 138), foi traduzida para o latim como "per actionem mentis quae, licet simplex judicium videatur, rationationem tamen quamdam involutam habet, simili ili quâ Geometrae, per duas stationes diversas, loca inaccess dimentiuntur" (AT VI 609-610). A tradução latina (1644) foi feita por Etienne de Courcelles (AT VI v) e anunciada como tendo sido revisada e corrigida por Descartes (AT VI 517); se a frase citada for uma correção de Descartes, talvez ele a tenha introduzido a fim de tornar a *Dióptrica* consistente com as Sextas Respostas (1641).

[52] George Pitcher, *Berkeley* (Londres: Routledge & Kegan Paul, 1977), pp. 19-20, discute as características gerais de uma explicação psicofísica, sem atribuir essa explicação a Descartes. Descartes não propôs uma extensão de sua explicação psicofísica à percepção do tamanho. Pode-se pensar que uma glândula pineal de um dado tamanho produza um tamanho percebido maior ou menor, dependendo da inclinação da glândula (que serve para indicar a distância). Esta proposta enfrenta, no entanto, o problema de que várias partes no interior da imagem pineal devem ser relacionadas

terceiro grau devem ser distinguidos dos juízos deliberados do entendimento maduro. A passagem como um todo surgiu em resposta a uma objeção de que o intelecto não corrige os erros dos sentidos, como havia escrito Descartes, mas que um sentido corrige outro; os objetores ofereciam como exemplo o tato corrigindo a visão no caso de uma vara que parece encurvada dentro d'água (AT VII 418: CSM II 282). Descartes responde que em primeiro lugar não são realmente os sentidos que erram – ele nega a falsidade (e, por implicação, a verdade) tanto dos processos materiais de transmissão quanto das sensações do segundo grau. O erro encontra-se no juízo habitual do terceiro grau. O próprio tato profere o resultado desse juízo habitual, quando notifica que a vara é reta: embora este juízo seja novamente atribuído ao terceiro grau da "sensação", ele é de fato um juízo intelectual despercebido. Com efeito, Descartes atribui aqui uma porção da função da alma sensitiva ao intelecto tomado como agindo de uma maneira habitual. Em sua visão, tais juízos meramente habituais ("atribuídos à sensação") não fornecem bases suficientes para se decidir confiar na visão ou no tato: o intelecto reflexivo do raciocinador maduro toma a decisão. O intelecto maduro neste caso não corrige os sentidos propriamente ditos; em vez disso, ele corrige o intelecto habitual, que produziu aquilo que erroneamente tomamos como sendo uma simples experiência sensorial (AT VII 439: CSM I 296).

Os juízos cuidadosamente cultivados do intelecto maduro fornecem os fundamentos metafísicos sobre os quais Descartes constrói sua física mecanicista, incluindo sua fisiologia. Estes juízos fornecem ostensivamente a base para a doutrina metafísica de que a essência da matéria é a extensão (AT VII 440-443: CSM II 296-298), uma doutrina em que Descartes se apoia ao banir as formas substanciais, as qualidades reais, e, em última instância, as almas vegetativa e sensitiva. Consideremos a relação entre estes juízos e a doutrina fisiológica e psicológica de Descartes.

a diferentes distâncias percebidas; Descartes implica que a percepção "da distância e da posição das partes" de alguns objetos é suficiente para a percepção do tamanho e da figura (AT VI 140: CSM I 172), mas ele não explica como as várias partes dos objetos (encontrando-se em várias direções visuais) são relacionadas de modo variado às diferentes distâncias durante um único ato perceptual.

As relações da fisiologia e da psicologia de Descartes com sua metafísica

Embora a imagem da árvore do conhecimento de Descartes ponha a metafísica antes da física na ordem de justificação, pode-se suspeitar que na ordem do desenvolvimento intelectual de Descartes a metafísica foi desenvolvida como uma reflexão posterior à física, em uma época em que Descartes pensava em maneiras de obter aceitação para os princípios de sua física entre uma audiência que tendia a ser cética em relação ao corpuscularismo. Nesta visão, seu projeto de mecanizar os poderes nutritivo e sensitivo teria surgido junto com seu projeto físico-matemático. Embora esta interpretação da origem da metafísica de Descartes tenha tido algum apoio,[53] ela deve ser rejeitada. Como argumentou Gilson, a física de Descartes não fora totalmente completada antes de sua virada metafísica em 1629; sua física madura desenvolveu-se em interação com sua metafísica, cada qual influenciando a outra.[54] Mas até mesmo Gilson atribuiu a Descartes uma rejeição "gradual", mas geral, das formas substanciais antes de 1629.[55] Examinemos até que ponto Descartes rejeitou as formas substanciais, as qualidades reais e os poderes vitais antes de sua virada metafísica, especialmente na fisiologia e na psicologia sensorial.

No período anterior a 1629, Descartes havia desenvolvido a visão de que os poderes da alma sensitiva podiam ser divididos entre agências puramente corpóreas e puramente espirituais. Já nas *Regras*, abandonadas

---

[53] Caton, *The Origin of Subjectivity: An Essay on Descartes*, especialmente os caps. 1 e 3; Kenneth Dorter, "Science and Religion in Descartes' Meditations", *The Thomist* 37 (1973), 313-340.

[54] Gilson, *Etudes*, Parte II, cap. 1, especialmente pp. 165-168.

[55] Ibid., pp. 167-168. De acordo com Gilson, depois de 1629 Descartes concebeu as formas substanciais como pequenas almas que eram necessárias para explicar os poderes causais de uma matéria que era "matemática" quanto ao mais; ele rejeitou esta ontologia (ibid., pp. 162-163) e, tendo formulado a distinção real entre mente e corpo (pp. 163-168), aplicou-a às formas substanciais, exorcizando-as da matéria e empurrando-as para o esquecimento (pp. 173-184).

antes de (ou com) a virada metafísica, Descartes expressava a tese de que podemos "entender como todos os movimentos dos outros animais podem efetuar-se, mesmo embora nos recusemos a aceitar que eles tenham qualquer consciência das coisas, se meramente lhes concedermos uma imaginação corpórea". Como no *Tratado* posterior, ele atribuía o poder de mover os nervos à "imaginação corpórea" ou "senso comum"; ele também atribuía ao senso comum um "poder motor" (*vis motrix*) possuidor de "um modo de operação puramente corpóreo" (AT X 415: CSM I 42). Seria tentador supor que aqui Descartes não apenas expressava a tese do automatismo animal na medida em que implica uma explicação puramente corpórea do movimento animal, mas que ele também formulava a posição de que todos os poderes corpóreos – incluindo os poderes motor e nutritivo, bem como os poderes causais primários da matéria – podem ser reduzidos à matéria concebida como pura extensão.[56] Mas não é esse o caso. Pois embora Descartes atribua ao poder motor um modo puramente corpóreo de operação, tal atribuição não é equivalente à tese de que a matéria é extensão; a fim de encontrar esta tese, devemos nós mesmos fornecê-la.[57] No entanto, como mencionado anteriormente, devemos ter o cuidado de não ler automaticamente a posição do Descartes maduro em obras anteriores, incluindo as do próprio Descartes.

---

[56] Em suas física e metafísica maduras, Descartes não afirmava reduzir a agência causal da matéria quer ao movimento ou a uma força intrínseca à matéria, mas atribuía esta agência a Deus (AT XI 37-38: CSM I 92-93; AT IX 61-66: CSM I 240-243); mas ele restringia as propriedades da matéria ao tamanho, figura, posição e movimento (AT XI 33: CSM I 90-91; AT IX 52-54: CSM I 232-233).

[57] Gilson está correto, penso eu, em sua afirmação de que a rejeição das formas substanciais por parte de Descartes estava em grande parte relacionada ao fato de ele reconceber a matéria em vez da mente, mas a ênfase de Gilson sobre o papel da distinção entre mente e corpo por si mesma obscurece a significância do *insight* de Descartes (Gilson, *Etudes*, Parte II, cap. 1). A distinção entre mente e corpo implica a rejeição das formas substanciais e das qualidades reais apenas se estiver disponível a concepção da matéria como extensão sem qualidades ou das qualidades como entidades semelhantes a almas: esta é a conclusão de Descartes, e ela não deve ser inserida em seu ponto de partida. O argumento de Gilson repousa sobre duas afirmações questionáveis: que Descartes estava intimamente familiarizado com

Nas *Regras*, Descartes não igualava a matéria à extensão e seus modos geométricos. Embora ele implicasse que faz parte da essência dos corpos o fato de eles serem extensos (AT X 444: CSM I 60), ele também atribuía o peso aos corpos como uma propriedade real; assim, na Regra 14 ele enunciava expressamente que "o peso de um corpo é algo real", contrastando-o com outras dimensões mensuráveis na natureza, tais como o dia enquanto dividido em horas e minutos, que não são considerados reais (AT X 448: CSM I 63). Sem a tese de que a matéria é extensão (ou substância extensa), não podemos assumir que a *vis motrix* da Regra 12 deve ser reduzida à matéria meramente extensa, em vez de ser um poder próprio do corpo animal. De modo similar, não há nenhuma base nas *Regras* para concluirmos que Descartes já havia concebido seu projeto de reduzir o poder nutritivo à matéria em movimento.

> apenas dois corpos de doutrina física, o seu próprio e o do escolasticismo do século XIII (Gilson, *Etudes*, p. 143); e que ele havia desenvolvido sua física da extensão sem qualidades antes de afirmar a distinção entre mente e corpo em 1629 (Gilson, *Etudes*, pp. 149, 166). No que diz respeito a esta última, Descartes tratou o peso como uma qualidade real durante o período das *Regras*, como havia feito em seu tratamento matemático do movimento impelido pelo peso, em conjunto com Beeckman (AT X 68). Ademais, Descartes sem dúvida estava familiarizado com outros corpos de doutrina retratando uma variedade de relações entre o corpo, a alma, as qualidades, as agências incorpóreas e a matéria. No interior da própria tradição escolástica, o tratamento da alma humana como um ser incompleto havia sido desafiado; a alma era às vezes tratada como uma substância por seu próprio direito, que governava o corpo "como o capitão de um navio" (Kessler, "Intelective Soul", em Schmitt [ed.], *Cambridge History of Renaissance Philosophy*, pp. 523-529). De interesse ainda maior é a variedade presente nas concepções disponíveis de matéria. De acordo com uma fonte padrão do século XVI, Demócrito reduzira a matéria ao tamanho e à figura, mas ele também postulara o vácuo e "o incorpóreo"; Epicuro atribuíra o peso à matéria em adição ao tamanho e à figura; e os estoicos postularam dois princípios no universo: um ativo e incorpóreo (Deus) e uma matéria passiva e extensa (pseudo-Plutarco, "Les opinions des philosophes", no vol. 2 de *Les Oeuvres morales et meslées de Plutarche*, trad. [para o francês] Jacques Amyot, 2 vols. [Paris, 1572; reimpressão, Nova Iorque: Johnson, 1971], Livro I, caps. 2 e 9). Além disso, como nos mostrou a literatura fisiológica, simplesmente igualar a alma sensitiva à substância corpórea não equivalia a reduzi-la à matéria em movimento.

Deixando de lado o caminho preciso que Descartes tomou para igualar a matéria à extensão, consideremos de modo mais aprofundado as implicações da nova ontologia de Descartes para sua física. Nas histórias da ciência e da metafísica do século XVII, uma prodigiosa importância conceitual é atribuída a este igualamento: ele torna-se responsável pela distinção entre qualidades primárias e secundárias, pelo banimento da mente para fora da natureza e pela rejeição das causas finais – em suma, "pela mecanização da imagem do mundo".[58] E corretamente. Mas precisamos ver o quão intimamente estes traços consagrados da metafísica da ciência moderna se adequam à doutrina de Descartes no ramo da fisiologia. Concedendo-lhe a distinção entre qualidades primárias e secundárias, examinemos o banimento da mente e a rejeição das causas finais.

A mecânica da matéria em movimento de Descartes, governada por três leis impessoais de movimento (e sete regras de impacto), sugere um conjunto inteiramente "mecânico" de interações – interações que são o produto de uma causação eficiente sem propósito determinado. Descartes atém-se a esse tipo de explicação em suas discussões do impacto, da formação da Terra, da ação dos minerais e assim por diante, ao longo das Partes III e IV dos *Princípios*. Há, no entanto, dois domínios de fenômenos que trazem a mentalidade e as causas finais de volta à cena.

O primeiro domínio de fenômenos simultaneamente reintroduz a mente e as causas finais, mas de uma maneira que é explicitamente reconhecida. Para dispensar a função da alma sensitiva aristotélica de preservar o organismo humano ao julgar danos e benefícios de curto-prazo, Descartes introduziu os "ensinamentos da natureza". Estes ensinamentos são lições que provêm diretamente da interação entre mente e corpo, como quando uma secura na garganta provoca uma sacudidela no cérebro, que por sua vez modifica o fluxo dos espíritos animais e, através da instituição da natureza, faz

---

[58] E. A. Burtt, *The Metaphysical Foundations of Modern Physical Science: A Historical and Critical Essay*, ed. Revisada (Londres: Routledge & Kegan Paul, 1932), caps. 1, 4, 8; Alfred N. Whitehead, *Science and the Modern World* (Nova Iorque: Macmillan, 1926), pp. 79-80.

com que o indivíduo sinta sede e, portanto, direciona-o para a bebida. Estes "ensinamentos da natureza" são instituídos por Deus para a preservação do corpo. Eles não são perfeitos, pois devem fazer o melhor possível a partir de um mecanismo corpóreo falível, como quando uma dor é sentida em um membro que não existe porque a porção central da fibra nervosa é estimulada e a "instituição da natureza" que governa os efeitos mentais da atividade nervosa permanece inalterada (AT VII 84-89: CSM II 58-61). Estes ensinamentos são distinguidos das percepções claras e distintas recebidas através da luz natural: ao passo que estas últimas são um guia verdadeiro para as naturezas das coisas, o "propósito próprio" dos primeiros "é simplesmente informar a mente sobre aquilo que é benéfico ou danoso para o composto do qual a mente faz parte" (AT VII 83: CSM II 57). As causas finais são essenciais aqui: estes ensinamentos são instituídos por Deus para o nosso bem.

Ostensivamente, a situação é melhor se considerarmos apenas os animais e aqueles processos que, nos humanos, dependem unicamente de mecanismos. Para fazê-lo, no entanto, devemos considerar o sentido figurado da palavra "mecanismo", que foi usado até aqui sem comentário. Pois "mecanismo" significa não apenas uma causação cega conforme à lei natural – significa também algo semelhante à máquina. E de fato o "mecanicismo" de Descartes é em um sentido uma filosofia natural das máquinas. Mas máquinas são artefatos; a estrutura de uma máquina é identificada em virtude de uma concepção daquilo que conta como seu funcionamento apropriado e do que conta como ela estar quebrada.[59] Pode ser possível ignorar este aspecto da metáfora da máquina nos tratamentos que Descartes dá ao sal ou ao vento: estas explicações não se utilizam da noção de bom funcionamento implícita ao conceito de máquina. Mas o caso dos corpos

---

[59] Ludwig Wittgenstein, *Philosophical Investigations* ("Investigações Filosóficas"), trad. [para o inglês] de G. E. M. Anscombe, 3ª ed. (Nova Iorque: Macmillan, 1969), seções 193-194, observa que quando as máquinas são consideradas de uma certa maneira, seu movimento parece completamente determinado de uma maneira que ignora a possibilidade de que as partes de uma dada máquina possam se entortar ou quebrar (produzindo assim um movimento diferente do previsto).

animais é diferente, pois Descartes trata cada um destes corpos como um todo em bom funcionamento.⁶⁰

O caráter fabular do *Tratado* permitia a Descartes valer-se do artifício de lidar com esse problema tratando sua máquina como uma criação de Deus, fazendo assim da finalidade expressa na habilidosa organização de suas partes uma obra de Deus. Mas seu programa mecanicista quando expresso de modo não fabular não permite tal movimento. Este programa exige que o universo se desenvolva a partir do caos, não guiado pela intervenção divina e totalmente de acordo com a causalidade eficiente do impacto (AT XI 34-35: CSM I 91; AT IX 101-103: CSM I 257-258). E ainda assim Descartes não fornece nenhuma indicação do que desempenha o papel de artífice de seu *Homem* quando seu *Mundo* se desenvolve a partir do caos; ele aparentemente não resolveu adequadamente o problema da origem ou do estatuto último de sua máquina animal. Conforme sua própria explicação, o universo inclui máquinas caracterizadas por uma disposição de partes em bom funcionamento; ele inclui portanto entidades com aquele grau de finalidade implicado pelas noções de bom e mau funcionamento. Em seus escritos e pensamentos sobre fisiologia, Descartes reconhecia claramente o organismo como um todo integrado, no qual as partes e suas relações demonstram uma certa integridade e são adequadas a certos "usos" ou "funções".⁶¹ E contudo, na Sexta Meditação ele parece rebaixar a alusão ao "bom funcionamento" – quando esta não faz referência específica à admitidamente teleológica "instituição da natureza" en-

---

⁶⁰ Sobre as implicações filosóficas da metáfora da máquina para a fisiologia e a filosofia de Descartes, ver Rodis-Lewis, "Limitations of the mechanical model in the Cartesian conception of the organism", em Hooker (ed.), *Descartes: Critical and Interpretive Essays*, pp. 152-170, e Gisela Loeck *Der cartesische Materialismus*, especialmente cap. 7.

⁶¹ Descartes fala regularmente, em seus escritos fisiológicos, sobre as "funções" do corpo (por ex., AT XI 121, 201: Hall, p. 5, 113; AT XI 224: CSM I 314) ou sobre para que "servem" suas partes (AT XI 154: Hall, pp. 54). Rodis-Lewis, "Mechanical model", pp. 161-165, discute o tratamento dado por Descartes ao corpo como um todo funcional. Descartes discute mais tipicamente a unidade do corpo como um todo funcional em conexão com a união deste com a mente (AT VII 85: CSM II 59; AT IV 166-167).

volvida na união entre mente e corpo – ao estatuto de uma mera criatura (ficcional) ou "rótulo estranho" ao pensamento (AT VII 85: CSM II 59). Como ele observa, um relógio em mau funcionamento segue as leis da natureza tanto quanto um relógio que opera de acordo com as intenções de seu criador (AT VII 84: CSM II 58). De modo similar, raciocina ele, o corpo humano segue as leis da natureza mesmo quando seus mecanismos conduzem-no a um comportamento que é destrutivo para o todo. Aqui o corpo é apresentado como uma mera coleção de corpúsculos, e não como uma máquina organizada.

Talvez não nos deva surpreender o fato de que a tensão entre o "mecanismo" da causação eficiente e o "mecanismo" das máquinas no pensamento de Descartes permaneceu aparentemente sem solução, pois esta tensão persiste na metafísica de nossa própria época. Mas aqui ultrapassamos os limites de um guia filosófico aos escritos de Descartes. De fato, diante de tais problemas filosóficos não resolvidos, deveríamos buscar tornarmo-nos guias filosóficos a Descartes e abordarmos os problemas filosóficos de nossa época assim como ele abordou os da dele. A fim de compreender apropriadamente os problemas que Descartes via diante de si, tivemos de examinar o contexto histórico em que eles surgiram. Isto pode nos ajudar a compreender nossas próprias circunstâncias filosóficas se reconhecermos que nossos problemas não podem ser precisamente os mesmos que os dele, mesmo que alguns sejam seu legado, precisamente porque o contexto que moldou suas questões foi eclipsado por sua resposta a tal contexto. Pois Descartes – como outros filósofos cujas obras continuam a valer o estudo – alterou o espaço de problemas da filosofia de uma maneira tal que suas falhas legaram problemas que assumem sua figura peculiar apenas contra o pano de fundo de seu enorme sucesso.[62]

---

[62] Durante a preparação deste capítulo, recebi o apoio do Centro de Pesquisa Interdisciplinar da Universidade de Bielefeld (Alemanha). Sou grato à *Landesbibliotek*, em Oldenburgo, e à *Bodleian Library*, em Oxford, pela permissão para consultar livros raros em sua posse.

12 Descartes sobre o pensar com o corpo

AMÉLIE OKSENBERG RORTY

Que diferença faz, se é que faz alguma, o caráter específico do corpo de um indivíduo para a maneira como esse indivíduo pensa, para seus pensamentos e para a sequência ou associação de seus pensamentos? Como deve ser o corpo, para que sua contribuição para o pensar seja confiável e talvez até mesmo útil? Embora o próprio Descartes não tenha feito estas perguntas exatamente nestes termos, respondê-las é algo central para o sucesso de sua empreitada. De qualquer modo, ele forneceu os materiais para a abordagem destas questões, as quais ele teria formulado como um problema sobre como a benevolência epistêmica divina – uma garantia da possibilidade do conhecimento científico demonstrativo – se expressa na maneira como o corpo é estruturado, conforme este afeta a mente.[1]

---

[1] Os filósofos do início do Iluminismo – tanto os empiristas quanto os racionalistas – tinham clara consciência de que muita coisa depende da resposta a estas questões e que boa parte disso é político bem como teológico. De fato, parece provável que eles não entraram em pormenores em relação a tais questões porque tinham consciência das consequências teológicas e políticas altamente carregadas de suas visões. Uma vívida consciência desse tipo pode muito bem ter levado Descartes a assegurar às autoridades que suas investigações filosóficas e científicas não iriam e não deveriam afetar os juízos e práticas da vida cotidiana. Para Descartes, a questão implícita é a de se uma pessoa comum, com capacidades não mais que ordinárias e equipamento físico e intelectual ordinário, está em posição de contribuir para a alta ciência matemático-dedutiva ou, falhando em fazê-lo, se esta pessoa – "ele" ou talvez até mesmo "ela"! – tem todo o equipamento necessário para avaliar as afirmações da alta ciência; ou, falhando nisto, se ela está equipada para evitar o erro intelectual e levar uma vida segura e razoavelmente formada confiando nos estímulos de sua natureza, suas

Uma caricatura familiar representa Descartes como possuindo o traços grosseiramente simplificados, quase grotescos, atribuídos aos platonistas que supostamente localizam no corpo a fonte da confusão e do erro, enquanto tratam o intelecto puro como racional e unido à verdade. De acordo com esta múltipla distorção, a possibilidade do conhecimento depende de haver algum modo de pensamento que não seja determinado pelo caráter geral do corpo de um indivíduo e que seja capaz de ser corrigido independentemente deste caráter e mesmo da condição particular do corpo em qualquer dado instante. Segundo esta visão, o poder de uma mente individual depende de sua autonomia, de seu poder de distinguir suas ideias claras e distintas puramente intelectuais das ideias confusas causadas pelo corpo.

Como todas as caricaturas, esta grosseira distinção das visões de Descartes transmite alguns traços do original. Enquanto ele próprio estava profundamente concentrado em atacar a ciência escolástica e em construir os fundamentos metafísicos para a física matemática, Descartes reconhecia as contribuições do pensamento baseado no corpo para as ciências, especialmente para a cinemática e as ciências biológicas. Este pensamento baseado no corpo é o meio e o mensageiro pelo qual a vontade imperativa realiza muitas de suas operações: a recuperação de certos tipos de memória (*Paixões*, Parte I, art. 44) e a determinação daquilo que é valioso e importante. Mesmo quando a vontade elicia imagens ou memórias perceptuais, ela o faz através da cooperação ativa da glândula pineal, dos nervos e dos espíritos animais (*Princípios*, Parte IV, art. 189-196; *Paixões*, Parte I, art. 42). O pensamento baseado no corpo, seguindo os impulsos da natureza, é necessário para guiar as determinações da vontade no direcionamento de uma vida saudavelmente construída, uma vez que o corpo não afeta apenas

---

crenças e reações ordinárias, sem ser ela própria capaz de demonstrar a verdade de suas opiniões. Para os filósofos iluministas e racionalistas posteriores – isto é, para nós – as respostas a estas questões afetam a avaliação do racismo, do sexismo e do epoquismo. Elas têm a probabilidade de influenciar o acesso à educação avançada e ao poder concedido às profissões privilegiadas e às posições de responsabilidade.

o conteúdo, mas também a sequência e a associação das ideias perceptuais (*Paixões*, Parte I, art. 44). Descartes termina afinal seu *Tratado das Paixões* dizendo: "Apenas das paixões depende todo o bem e todo o dano desta vida... Elas nos dispõem a querer aquelas coisas que a natureza julga úteis para nós...".

Na Parte I deste capítulo, caracterizarei as funções das várias ideias que são produzidas na mente pela ação do corpo. A Parte II investiga a relação entre as contribuições epistemológicas do corpo e seu sistema de manutenção homeostático. A Parte III esboça algumas das funções terapêuticas e morais das paixões; e a Parte IV aborda algumas críticas à análise de Descartes.

Tomaremos como estabelecida uma parte do projeto das *Meditações*: a hipótese do gênio enganador foi derrotada, a existência de uma divindade epistemicamente benevolente foi demonstrada, e as demonstrações matemáticas dedutivas foram bem fundamentadas e bem desenvolvidas. Para estabelecer a rudimentar confiabilidade epistêmica das percepções e a confiabilidade das paixões, Descartes não precisa – e, segundo sua compreensão, não deve – estar preparado para responder ao cético mostrando que cada mudança do confuso e enganador pensamento baseado no corpo pode ser transformada ou traduzida para as ideias claras e distintas da alta ciência. Assim como foi suficiente nas primeiras duas Meditações lançar dúvida sobre classes de ideias – sobre a percepção sensorial, sobre a memória, sobre as afirmações matemáticas – também só é necessário estabelecer as condições para a confiabilidade de classes de ideias. Descartes não precisa se comprometer em fornecer um método para fazer aquilo que não pode ser feito, isto é, para testar de modo isolado, uma por uma, as ideias individuais baseadas no corpo.

I

Descartes distingue três classes de paixões; isto é, três classes de ideias que são causadas pelo corpo: as ideias perceptuais são referidas ou atribuídas a suas próprias causas externas; as sensações corpóreas são referidas ou atribuídas a nossos próprios corpos; e as paixões-emoções (estreitamente falando) são referidas ou atribuídas à alma, mas causadas pelos objetos físicos que agem sobre nossos corpos (*Paixões*, Parte I, art. 12, 13, 23).[2]

IDEIAS PERCEPTUAIS

Há, então, para começar, ideias perceptuais que "se referem a coisas fora de nós, aos objetos de nossos sentidos... que causam certos movi-

---

[2] "Na Sexta Meditação, Descartes classifica a fome, a sede e a dor colocando-as junto com as condições fisiológicas que envolvem os atos de evitar danos e buscar aquilo que é benéfico. Esta classe inclui algumas (mas não todas) sensações corporais e algumas (mas não todas) paixões-emoções. Ela é contrastada com a classe das ideias intelectuais, que inclui tanto sensações perceptuais quanto ideias claras e distintas (AT VII 64-70). Nos *Princípios*, Parte IV, art. 190, no entanto, Descartes distingue a sensação (*sensum perceptiones, sensus*: os cinco sentidos externos); os apetites (*appetitus*), tais como a fome e a sede; e as paixões (*affectus*). As paixões são causadas pelas ações do corpo e são sentidas como certos tipos de sentimentos (*sensus*), como, por exemplo, um senso de alegria. E elas também produzem comoções (*commotiones*) específicas para cada paixão. No *Tratado das Paixões da Alma*, a classe geral das paixões (todas as ideias que são causadas na mente pela ação do corpo) é subdividida em sensações perceptuais, sensações corporais e paixões propriamente ditas (*Paixões*, art. 23-25: AT XI 346-347). As diferenças nestes esquemas classificatórios não representam nenhuma mudança principal nas visões de Descartes, salvo que ele interessou-se por abandonar o termo escolástico *appetitus*, que carrega conotações de um movimento natural para a preservação de espécies, incompatível com sua fisiologia mecanicista. As diferenças na classificação podem ser explicadas pelas diferenças nos contextos. Nas *Meditações*, Descartes está preocupado principalmente com o restabelecimento da rudimentar confiabilidade daquilo que a natureza e a experiência nos ensinam. Enquanto a legitimação da percepção sensorial é assegurada por sua absorção pela ciência pura, a reenunciação dos impulsos de sede e medo deve tomar outro caminho. Nos *Princípios*, Parte IV, no entanto, Descartes está apresentando uma explicação da fisiologia humana: para estes propósitos, as distinções entre sensações corporais e paixões não são de nenhum interesse. É apenas nas *Paixões da Alma* que Descartes volta sua atenção para as distinções psicológicas entre paixões e sensações corporais; é somente ali que é importante para ele distinguir seus papéis funcionais." – "Cartesian passions and the union of mind and body", em A. O. Rorty (ed.), *Essays on Descartes' Meditations*, pp. 531-532.

mentos nos órgãos dos sentidos externos e, por meio dos nervos, produzem outros movimentos no cérebro, que fazem com que a alma tenha uma percepção sensorial dos objetos" (*Paixões*, Parte I, art. 23; ver também *Princípios*, Parte IV, art. 191).

Tomadas isoladamente, as ideias perceptuais são, por certo, confusas: elas não são nem verídicas nem informativas. Mesmo em suas formas confusas, elas precisam ser interpretadas pela mente, que usa suas ideias geométricas inatas (de tamanho, figura, localização) para formá-las e organizá-las em juízos. (Cf. *Dióptrica* para uma explicação detalhada da maneira como a mente matematiza e geometriza as sensações perceptuais. A explicação das causas das ideias perceptuais cai no interior de uma teoria da mecânica.) Não obstante, embora as ideias perceptuais não se assemelhem a suas causas, elas carregam os traços daquelas causas e encontram-se em uma relação semelhante a uma lei para com elas. Uma mente equipada com a alta ciência – com a física matemático-dedutiva que demonstra as propriedades necessárias da *extensão* – pode decifrar as ideias perceptuais para formar juízos sobre o tamanho, a figura, a localização e os movimentos dos objetos físicos.

Ao passo que as ideias matemáticas são necessárias para se interpretarem as contribuições das percepções corpóreas, estas percepções apresentam pistas decifráveis e essenciais sobre as propriedades dos objetos físicos. Não apenas, por exemplo, a geometria, mas também a fisiologia da visão binocular fornecem material para se julgarem a distância e o tamanho de objetos particulares (*Dióptrica* VI: AT VI 137). Embora a causa próxima das ideias perceptuais não seja nada além do movimento da glândula pineal inclinando-se desta ou daquela maneira, as ideias perceptuais são afetadas pela estrutura do olho, do sistema nervoso e do cérebro, presumivelmente porque estas estruturas determinam exatamente aquele movimento, naquela direção, àquele ângulo; e a estrutura e os padrões do fluxo dos espíritos animais para o exterior a partir da glândula servem também como causa próxima das ideias perceptuais, novamente porque determinam o movimento da glândula pineal.

Ideias de movimento

Examinemos a contribuição de uma ideia perceptual baseada no corpo – a do movimento de um objeto físico específico – para o pensamento e, de fato, para a alta ciência.

Devemos distinguir: a ideia filosófica inata do movimento como uma ideia de um modo dos objetos físicos; a ideia de um movimento específico, de um corpo físico específico, que fornece condições iniciais para a aplicação das leis do movimento; e a formulação e demonstração das leis específicas do movimento na mecânica cinemática.

Descartes define o movimento da seguinte maneira: "Movimento é a transferência de uma parte de matéria, ou de um corpo, da vizinhança daqueles corpos que estão em contato imediato com ele e são considerados como estando em repouso para a vizinhança de outros corpos" (*Princípios*, Parte II, art. 25). Esta ideia filosófica inata é também uma ideia geométrica: ela é usada para definir retas, planos e curvas. "A fim de traçar as linhas curvas que pretendo introduzir aqui, não precisamos assumir nada exceto que duas ou três linhas mais podem ser movidas umas através das outras... Linhas complexas [são] descritas por movimentos contínuos ou por diversos movimentos sucessivos" (*Geometria* II, "Da natureza das linhas curvas", Olscamp, 190-191). Apesar do fato de que Descartes caracteriza a ideia de movimento como uma ideia geométrica inata, ele a atribui a objetos físicos e insiste que a locomoção – a mudança na localização relativa de um corpo físico – é o único tipo de movimento. A definição filosófica de movimento e sua aplicação na geometria não pressupõem, conforme enunciadas, a observação ou o experimento. Não obstante, Descartes também distingue a geometria da mecânica e da física cinemáticas, sugerindo que enquanto a ideia cinemática de movimento pressupõe a ideia geométrica/filosófica, ela não pode ser derivada desta, presumivelmente porque inclui referências a ideias perceptuais. "Mas parece-me que... entendemos por 'geometria' aquilo que é preciso e exato, e por 'mecânica' aquilo que não é" (*La Géométrie*, Livro II, AT VI 389: Olscamp, p. 191). Ao discutir se um corpo poderia estar ao mesmo tempo em repouso (relativamente a alguns corpos) e em movimento (relativamente a outros), Descartes observa que um homem, sentando-se imóvel no convés de um navio em movimento, é "mais apropriadamente dito estar em repouso do que em movimento, uma vez que não tem nenhuma consciência sensorial de alguma ação sobre ele próprio" (*Princípios*, Parte II, art. 24). Apesar da afirmação *ad hoc* de Descartes de que "os incontáveis tipos diferentes de movimento podem ser derivados da infinita variedade de diferentes figuras" (*Princípios*, Parte II, art. 24), o movimento de um objeto físico particular não pode ser derivado das próprias qualidades geométricas desse objeto. "Estritamente falando", diz Descartes, "a mesma porção de matéria sempre ocupa a mesma quantidade de espaço... e absolutamente falando, há... apenas um único movimento que é o movimento próprio de cada corpo" (*Princípios*, Parte II, art. 31-33). Mas isto significa que o movimento de um objeto físico não pode ser especificado independentemente de uma determinação de seu tamanho, figura e localização; e, certamente não pode ser especificado pelo intelecto apenas.

Mas é claro, não é de surpreender que precisemos de percepções para determinar o movimento de um corpo físico particular. Pode-se pensar que essa admissão não precisa arriscar o projeto principal de Descartes, de fornecer uma explicação filosófica e os princípios *a priori* para uma física matemática dedutiva. Pode a física teórica cartesiana ser construída sem referência a ideias baseadas no corpo? A questão é: Que funções as ideias perceptuais desempenham no desenvolvimento da física teórica e da mecânica cinemática?

Descartes certamente tenta derivar de considerações metafísicas sobre a natureza de Deus (*Princípios*, Parte II, art. 36-52) os princípios que governam as leis do movimento. De fato, ele pensa que o mundo físico simplesmente é o mundo matemático conforme percebido por Deus, que coloca o mundo físico em movimento mas preserva a mesma quantidade de movimento na matéria, continuamente recriando o mundo de acordo com as mesmas leis segundo as quais Ele o criou originalmente.[3] Mas a

---

[3] Sou grata a Daniel Garber por enfatizar este ponto. Cf. seu "Descartes and Experiment in the *Discourse* and *Essays*", em Voss (ed.), *René Descartes: Metaphysics and Classification of the Sciences in 1637*.

partir de tudo isso não se segue que as leis detalhadas da aceleração e do impacto possam ser derivadas das propriedades de Deus e das leis da geometria. Uma coisa é classificar a ideia filosófica de movimento como uma ideia geométrica inata, e outra coisa bastante diferente é afirmar que todas as ciências cinemáticas são dedutíveis da geometria ou mesmo dos princípios gerais que restringem as leis do movimento enquanto asseguradas pela benevolência divina.

Gary Hatfield e Marjorie Grene argumentaram convincentemente, penso eu, que mesmo que fosse possível obter uma física teórica matemático-dedutiva, e mesmo que esta física fosse a física dos corpos físicos bem como da Extensão, ainda assim a maior parte da ciência da natureza – a explicação dos fenômenos naturais – deveria provir da mecânica e da cinemática.[4] Afinal, é o próprio Descartes quem diz que "Toda a variedade na matéria, e toda a diversidade de suas formas, depende do movimento" (*Princípios*, Parte II, art. 23). Enquanto esta afirmação pode ser ela mesma uma afirmação filosófica *a priori*, a variedade e diversidade da matéria não são realmente derivadas da ideia filosófica de movimento, mesmo enquanto esta pode ser estendida aos princípios das leis do movimento pela benevolência divina. Hatfield e Grene argumentam que as leis do movimento servem apenas como princípios de segundo plano para a mecânica; que a mecânica faz a maior parte do trabalho na explicação dos fenômenos naturais; e que as demonstrações da física cinemática, a qual precisa ser suplementada pela mecânica, dependem da observação e do experimento.[5] Como coloca Hatfield:

---

[4] Cf. Gary Hatfield, "The senses and the fleshless eye", em A. O. Rorty (ed.), *Essays on Descartes' Meditations*, pp. 58-59, para uma ótima explicação das camadas deste processo. Marjorie Grene desenvolve uma ideia relacionada no extremamente sugestivo e interessante último capítulo de seu recente livro, *Descartes*. Um desenvolvimento completo desta ideia rastrearia a maneira como Descartes oscila, na *Dióptrica*, entre as ideias geométricas que a mente utiliza para *julgar* as sensações e as sensações corporais essencialmente *táteis* cujas *mudanças* registram os movimentos dos corpos externos. Ver meu "Formal Tracers in Cartesian Functional Explanation".

[5] Hatfield, "The senses and the fleshless eye".

As várias explicações mecanicistas particulares não podem ser defendidas com base apenas na metafísica, uma vez que a intuição matemática por si mesma não fornece nenhum *insight* direto sobre as configurações geométricas particulares dos corpos realmente existentes. Estas configurações devem ser determinadas pela observação sensorial e pelo experimento, pelo postulado de hipóteses mecanicistas particulares, e pela verificação da plausibilidade empírica do postulado. A metafísica revela quais tipos de propriedades podem ser usados na construção de hipóteses; a observação sensorial e o experimento devem ser usados para se determinarem quais destas construções se adequam à ordem real das coisas.[6]

Parece haver ao menos um poderoso argumento contra uma interpretação que atribui um papel significativo à percepção na construção da ciência. Na Segunda Meditação, Descartes afirma ter mostrado que "A concepção que tenho da cera como flexível e mutável não me é dada pela faculdade da imaginação... Afastando tudo aquilo que não pertence à cera, vejamos o que resta: a saber, algo de extenso, flexível e mutável" (AT VII 31: CSM II 21). Descartes aceita o argumento platônico de que formar um juízo sobre a identidade de um objeto físico mutante ("julgar que é *a mesma coisa* que agora tem esta figura e depois aquela") pressupõe um conjunto de ideias puramente intelectuais. Mas isto não acarreta que a ideia de uma mudança particular de localização seja uma ideia puramente intelectual.

Nesta passagem das *Meditações*, Descartes está preocupado principalmente em mostrar que as ideias *gerais* da extensão e de suas propriedades essenciais são ideias intelectuais, independentes da imaginação enquanto faculdade da mente encarnada. Dado que as ideias da imaginação sobre os objetos físicos pressupõem logicamente ideias intelectuais, as propriedades gerais da extensão são melhor analisadas por uma investigação das ideias intelectuais. Mas esta tese é compatível com o posterior reconhecimento de Descartes de que o ato de julgar afirmações *particulares* sobre o movimento, mesmo afirmações sobre as *leis* do movimento e da aceleração, requer

---

[6] Ibid., p. 69.

a cooperação de ideias perceptuais baseadas no corpo. Em suma, é porque temos ideias baseadas no corpo que distinguimos entre o desenvolvimento de dois ramos da física teórica: entre a geometria sólida algebrizada, de um lado, e a mecânica e a física cinemáticas, do outro.

Uma vez que o desenvolvimento e a verificação das leis da física cinemática requerem o apoio das percepções, é necessário estabelecer sua confiabilidade. O término da Sexta Meditação tenciona assegurar-nos de que as percepções não são enganosas em princípio: apropriadamente entendido, "aquilo que a natureza nos ensina" através da ação do corpo sobre a mente é genuinamente informativo. Mas como havemos de determinar quando tais ensinamentos *são* apropriadamente entendidos? Descartes precisa de um critério para identificar um percebedor epistemicamente confiável, cujo sistema perceptual forneça o tipo de informação que apoia o desenvolvimento de uma mecânica cinemática. Ele não precisa, é claro, estabelecer a confiabilidade de todo percebedor. Enquanto os sistemas perceptuais variantes encontram-se em correlações semelhantes a leis para com o modelo inicial, suas percepções são também confiáveis quando elas são adequadamente decodificadas e transportadas através do sistema de correlações.

As ideias de sensações corporais e as paixões-emoções

Creio que as funções das duas classes restantes de ideias baseadas no corpo – as sensações corporais e as paixões-emoções – fornecem uma maneira de identificar um sistema perceptual epistemologicamente confiável, porque elas fornecem uma maneira de identificar um corpo físico saudável em bom funcionamento. O lema de minha hipótese reconstrutiva é este: encontre um tipo corporal saudável e você encontrará um percebedor confiável; analise o sistema perceptual de um percebedor saudável e você terá a base fundamental para a confiabilidade de qualquer sistema perceptual que se encontre em uma relação semelhante a uma lei para com o modelo.

Sem nos envolvermos na mecânica do dualismo cartesiano e sem predispormos o caso, chamaremos de *sistema de informação* os órgãos sensoriais externos e tudo aquilo que se encontra diretamente envolvido no ato de apresentação, por parte destes órgãos, de ideias perceptuais das propriedades dos objetos físicos à mente (incluem-se aí o cérebro, os filamentos que conectam o sistema nervoso ao cérebro, os espíritos animais e a glândula pineal). Mas há mais em nossos corpos do que nossos sistemas de informação. Assim como em outras máquinas, instituições e organizações complexas, muitas das partes e operações de nossos corpos (como as dos sistemas digestivo e circulatório, por exemplo) são voltadas para sua sobrevivência e manutenção. Chamaremos todas essas partes e suas funções de *sistema de manutenção*.

O sistema de manutenção inclui as paixões-emoções e a maioria das sensações corporais – sede, calor, dor, cansaço – que indicam algumas das condições do próprio corpo do indivíduo. Nos *Princípios*, Parte IV, art. 190, Descartes caracteriza as sensações corporais como "apetites naturais, cuja função é manter satisfeitos nossos desejos naturais". Elas envolvem a excitação dos nervos do estômago, da garganta etc. Sensações desse tipo produzem mudanças nos músculos, mudanças que conduzem aos movimentos corporais que são normalmente apropriados para satisfazer os desejos naturais. Quando estas mudanças afetam o cérebro e a glândula pineal, elas produzem ideias que podem por sua vez formar um desejo de modificar ou deter os movimentos naturais iniciados pelas sensações corporais internas. As funções das sensações do corpo assemelham-se às das paixões-emoções, que também geram movimentos protetores e de manutenção do corpo.

As paixões-emoções, estreitamente falando, compreendem a terceira classe de ideias causadas pelo corpo. Diferentemente das percepções e das sensações corporais, as paixões-emoções não são referidas ou atribuídas a suas causas, mas são, em vez disso, predicadas diretamente da mente. É o corpo, e não a mente, que está quente ou queimado; mas é a mente, e não o corpo, que ama, teme ou odeia. As paixões-emoções não apresentam nem representam, nem mesmo confusamente, as propriedades de suas causas últimas ou do corpo tomado como uma causa mediadora ou transmissora de ideias. Elas expressam ou sinalizam um funcionamento corporal acentuado ou diminuído. Assim, por exemplo, as reações fisiológicas que produzem a ideia-paixão de medo são causadas pelo movimento dos nervos óticos, estimulados pela luz refletida proveniente (digamos) de um leão atacando. Esse movimento é comunicado ao cérebro (que foi também presumivelmente ativado para recordar memórias de perigos e danos causados por ataques de leões) e daí para a glândula pineal, onde "incita", como coloca Descartes, "a paixão da ansiedade na alma" (*Paixões*, art. 35-36). Mas mesmo que seja individuado por sua causa, o próprio medo não indica se o pensamento de perigo foi causado por (ou pelos movimentos de) um leão atacando, pela (ou pelos movimentos cerebrais envolvidos na) memória de uma avalanche ou pela (ou pelos movimentos cerebrais da) imaginação de uma invasão marciana. E de qualquer modo, mesmo um leão atacando não produz medo em qualquer pessoa: se ele o faz – e como isso afeta as ideias e o comportamento subsequente – varia conforme as constituições individuais e a experiência individual (*Paixões*, art. 36). No entanto, todas as paixões-emoções produzem uma sequência de outras ideias associadas; e todas, exceto a admiração, produzem uma sequência de ideias associadas que formam um tipo de desejo característico que, na ausência da intervenção de uma volição, é registrado no corpo de tal modo a gerar os movimentos que normalmente evitariam o que é prejudicial ou buscariam o que é benéfico. De qualquer modo, mesmo sem a intervenção de um desejo específico formado pela associação de ideias, a condição física que causou uma ideia-paixão começa automaticamente a produzir movimentos musculares caracteristicamente apropriados para os atos de evitar ou buscar. A condição corporal que é a causa da paixão-emoção do medo também causa o início dos movimentos de fuga. Ela o faz sem a mediação de um juízo ou mesmo a mediação de uma associação de ideias, desejos ou volições. Dado que todos os tipos de causas físicas internas e externas podem afetar o cérebro para produzir os movimentos característicos das paixões-emoções, as paixões-emoções nem sempre sinalizam os benefícios ou danos reais e presentes no corpo. A não ser que a mente ativamente as julgue ou avalie, tentando traçar sua etiologia apropriada, tais paixões são não apenas confusas, mas potencialmente perigosas. Elas podem produzir movimentos e ações que não são apropriadas para a condição real do indivíduo. Mas a corrigibilidade é sempre possível, em princípio. O movimento inicial de fuga associado ao medo pode ser acentuado, direcionado, redirecionado ou impedido por outro movimento corporal causado pelos movimentos associados a um desejo contraventor.

II

Tendo em mente (ou em mãos) esta breve caracterização das variedades de ideias baseadas no corpo, vejamos como elas afetam os pensamentos e, particularmente, as funções epistêmicas da mente.

As sensações corporais têm dois lados. Por um lado, na medida em que representam a condição do corpo, as sensações de sede, frio e pressão são parte do sistema de informação. Ambas as percepções e sensações são registradas no cérebro através do movimento da glândula pineal, que não distingue por si mesma as fontes externas de movimento das internas. Como coloca Descartes:

> Ao mesmo tempo e por meio dos mesmos nervos podemos sentir o frio de nossa mão e o calor da chama próxima... Isso acontece sem que haja qualquer diferença entre as ações que nos fazem sentir o frio em nossa mão e aquelas que nos fazem sentir o... calor fora de nós (*Paixões*, art. 24).

Dado que todas as ideias perceptuais são mediadas através de sensações corporais, todas elas têm um tipo de contabilidade de dupla entrada, ao mesmo tempo registrando uma condição ou mudança do corpo e caracteristicamente indicando algo sobre os movimentos dos objetos físicos que colidem contra nós.[7] Uma vez que Descartes está ansioso para atribuir todas as diferenciações desse tipo ao *juízo* da mente, em vez de à informação fornecida pelos próprios sentidos internos e externos, ele contenta-se em diferenciar as duas coisas de acordo com os papéis funcionais que elas desempenham

---

[7] O funcionamento benéfico dos dois sistemas – o sistema de informação e o sistema de manutenção – poderia, em princípio e dentro de certos limites, variar independentemente. Aquilo que serve para a máxima informação poderia em princípio diminuir a probabilidade de sobrevivência, ao ajustar os limiares perceptuais a um nível tão baixo e finamente granulado que sobrecarregaria e colocaria em perigo o sistema de manutenção. Ou um sistema de manutenção maximamente saudável poderia interferir frequente mas erraticamente com o sistema de informação, arriscando sua confiabilidade. São exatamente estas, é claro, as possibilidades que são excluídas pela derrota da hipótese do gênio maligno.

no pensamento e nas reações. "No caso do frio da mão e do calor da chama próxima, podemos julgar que o primeiro já está em nós e que seu sucessor não está ali ainda, mas no objeto que é sua causa" (*Paixões*, art. 24).

Mas as sensações corporais também funcionam em outro sistema de contabilidade de dupla entrada. Além de serem parte do sistema de informação, as sensações de fome, sede e dor são também parte do sistema de manutenção (*Princípios*, Parte IV, art. 190). Juntamente com as paixões-emoções, elas geram um conjunto de movimentos que protegem e acentuam as atividades do corpo. Em suas causas, as sensações corporais são, como as percepções dos corpos externos, parte do sistema de informação; em seus efeitos elas são, como as paixões-emoções, parte do sistema de manutenção. Como veremos, há uma boa razão para esta instabilidade: as sensações corporais desempenham um papel crucial na identificação de um corpo epistemologicamente confiável e no estabelecimento da correlação particular semelhante a uma lei que conecta o sistema de informação do corpo à alta ciência.

Como identificamos um sistema de informação confiável?

Suponhamos que a benevolência epistêmica divina garanta que, contra o pano de fundo da alta ciência, a mente possa usar o sistema de informação para determinar algo sobre o tamanho, a figura e o movimento dos objetos que afetam o corpo humano. Consideremos o seguinte problema de circularidade: *Como exatamente estabelecemos a princípio os detalhes de tal sistema de tradução codificado?* Dado que as afirmações perceptuais, tomadas em seu valor declarado, permanecem confusas e não confiáveis, não é claro como a ciência pode inicialmente estabelecer mesmo uma grosseira correlação entre os tipos de percepção e as propriedades físicas dos objetos físicos. Como é identificado um corpo epistemicamente confiável? Seria um raciocínio circular identificar um sistema de informação confiável como um que se adeque às predições da alta ciência matemático-dedutiva, uma vez que as predições da alta ciência são geradas como predições daquilo que *seria* percebido por um corpo epistemicamente confiável. (A ciência matemática da ótica não pode, por exemplo, predizer inicialmente *por si mesma* as sensações de cor de um corpo normal. *Primeiro*, é necessário identificar um sistema de informação confiável, para servir como modelo de controle em relação ao qual as predições da ótica matemática possam ser projetadas.)[8]

A solução: A confiabilidade do sistema de informação é assegurada pelo funcionamento efetivo do sistema de manutenção

Descartes insinua sua resposta para esse problema na Sexta Meditação. Temos uma noção imperfeita de um corpo saudável normal e confiável como sendo um cujas interações com outros corpos produzem mudanças que lhe permitem manter e acentuar seu funcionamento. Ele é um corpo cujo sistema de manutenção opera de modo que ele sinta fome e se mova em direção ao alimento, nos momentos em que está esgotado, e um corpo que é, além disso, nutrido pelo alimento que ele come. Ele é um corpo que sente dor e move-se para longe dos estímulos prejudiciais, que experimenta prazer com e move-se na direção de interações físicas benéficas. Ele inclina a mente a temer o que é perigoso, a odiar aquilo que o fere, a amar o que o beneficia.

O sistema de manutenção de um corpo ou acentua sua sobrivevência e funcionamento autorregulador, ou não o faz. Dado que o critério para a confiabilidade do sistema de manutenção é independente do critério para a confiabilidade epistemológica, ele pode ajudar a resolver o problema de

---

[8] Há um problema filosófico-epistemológico adicional: é preciso um sistema de informação saudável para determinar se a saúde *foi* assegurada por esta ou aquela inclinação de manutenção. Ainda assim, há alguma razão para se pensar que a expressão assinalada de dor prové algum tipo de certificação, pelo menos de mal funcionamento. É por esta razão – porque ele encontra-se no meio de um experimento mental desenvolvido para identificar um sistema de manutenção saudável para ajudá-lo a caracterizar os detalhes da estrutura de um sistema de informação confiável – que Descartes preocupa-se com membros fantasmas e dores enganosas.

circularidade: uma análise das operações e estruturas de um corpo saudável pode fornecer um guia, à primeira vista, para a caracterização de um corpo epistemologicamente confiável.

Um problema adicional

Mas obviamente não estamos ainda em território seguro. Como vimos, o sistema de informação e o sistema de manutenção são funcionalmente interdependentes: um sistema de informação sadio precisa de um sistema de manutenção relativamente sadio para mantê-lo em ordem de funcionamento; e um sistema de manutenção relativamente sadio apoia-se em um sistema de informação sadio para reconhecer e evitar o que é perigoso. Poderíamos esperar voltarmo-nos para as emoções para nos ajudar com nosso problema circular de identificar um sistema de manutenção sadio. Afinal, como coloca Descartes: "A função de todas as paixões consiste unicamente nisto, que elas dispõem nossa alma a querer aquelas coisas que a natureza considera úteis para nós e a persistir nesta volição" (*Paixões*, art. 52). "Todo o bem e todos os males desta vida dependem unicamente das paixões" (*Paixões*, art. 212). Um sistema de manutenção sadio é um que inclina a mente a ter paixões-emoções confiáveis, voltadas para a saúde. Infelizmente:

> A última e mais próxima causa das paixões... é simplesmente a agitação pela qual os espíritos animais movem a pequena glândula no meio do cérebro... Parece que as paixões são excitadas por objetos que estimulam os sentidos e que... são suas causas principais e mais comuns... Mas elas podem às vezes ser causadas por uma ação da alma quando ela se põe a conceber um objeto ou outro, pelo mero temperamento do corpo ou pelas impressões que acontecem de estar presentes no cérebro... [A fim de distinguir] entre as várias paixões [e avaliar seus impulsos motivacionais] devemos investigar suas origens e examinar suas causas primeiras (*Paixões*, art. 51).

Mas dado que as emoções não são representacionais, suas causas não podem, mesmo com a ajuda de um manual de tradução, ser decifradas ou inferidas a partir de suas apresentações. As emoções não podem, afinal, fornecer-nos um caminho independente para identificar um sistema de informação sadio. As emoções de uma pessoa são apenas tão boas quanto suas percepções e são apenas tão confiáveis quanto sua capacidade de determinar as causas reais destas emoções. Ao passo que as emoções são necessárias para a manutenção, suas mensagens orientadoras são frequentemente difíceis de decifrar.

Resolução

Ainda assim, o que parecia ser uma grande dificuldade – a interdependência do sistema de informação e do sistema de manutenção – revela-se uma bênção disfarçada. A interdependência funcional ou operacional dos dois sistemas não acarreta a interdependência dos critérios para suas respectivas integridades. Enquanto o *critério* para um sistema de sobrevivência sadio for independente do *critério* para a saúde do sistema de informação, um corpo saudável poderá ser identificado independentemente da confiabilidade epistemológica de seu sistema de informação. Feito isso, é precisamente a interdependência *funcional* dos dois sistemas o que permite a um corpo saudável servir como modelo padrão para a investigação da estrutura e das operações de um sistema de informação confiável.

Revela-se que a benevolência epistêmica divina é de fato muito generosa. A correlação entre um corpo medicamente sadio e um corpo epistemicamente confiável permite um amplo conjunto de variações, enquanto estas variações se encontrarem em uma cadeia de correlações semelhantes a leis para com o corpo modelo. Consideremos que pode haver uma correlação entre a diabetes e certos padrões de daltonismo. Enquanto houver uma maneira de identificar um corpo diabético, e enquanto a cadeia de efeitos diabéticos sobre a percepção for continuamente semelhante a uma lei, tais variações não precisam arriscar a confiabilidade do sistema de informação. Sempre que houver uma série semelhante a uma lei, em vez de uma série errática de correlações entre sistemas de informação e manutenção variantes, haverá uma maneira de identificar um sistema perceptual confiável.

O modelo de corpo saudável que inicialmente identificava um sistema perceptual confiável não serve como uma norma contra quais variações são marcadas como epistemologicamente não confiáveis. Em vez disso, ele fornece uma linha de base para o estabelecimento da confiabilidade de variações que se encontram em uma série – e esta pode ser uma série bastante longa – de correlações semelhantes a leis para com o modelo.

Mas a generosidade epistêmica divina vai ainda mais longe. Mesmo que um corpo medicamente anormal produza efeitos *erráticos* sobre o sistema de informação, de modo que sua informação não possa ser confiavelmente integrada à alta ciência, nem tudo está perdido, epistemologicamente falando. Consideremos as maneiras segundo as quais um corpo que produza um alto nível de testosterona pode sofrer danos em seu sistema de informação. Ele pode, por exemplo, sofrer de uma hipersensibilidade olfativa ou auditiva que deixa os nervos permanentemente irritados ou pode produzir emoções que tipicamente geram movimentos e ações nocivos. Enquanto um indivíduo puder ser levado a reconhecer desvios desse tipo e a admitir que o efeito destes sobre seu sistema de informação é errático, ele não precisará ser enganado. "Não há", diz Descartes, "nenhuma mente tão fraca que não possa, se bem direcionada, adquirir um poder absoluto sobre suas paixões... [mesmo para ideias que a natureza a inclina a aceitar e afirmar]" (*Paixões*, art. 50). Quando descobrimos os padrões de ilusões perceptuais normais – e às vezes erráticas –, podemos limitar, embora nem sempre corrigir, nossas inclinações usuais à crença. Um homem cujo mau funcionamento hormonal errático leva-o a imaginar insultos ou injúrias que conduzem à raiva e ao ódio pode, quando reconhece sua condição, tentar colocar em movimento mudanças corporais que impeçam suas reações ou pelo menos impeçam suas ações. Às vezes "o máximo que a vontade pode fazer enquanto este distúrbio encontra-se em sua plena força é não se render a seus efeitos e inibir muitos dos movimentos para os quais ele dispõe o corpo" (*Paixões*, art. 46). Mesmo quando a condição de uma pessoa é tão errática que ela carece de um manual de tradução corretivo (do tipo que permite à pessoa daltônica formar juízos sadios sobre as cores), ela pode no mínimo suspender o juízo e tentar impedir seu comportamento. No melhor caso, ela pode recuperar as memórias cuja percepção física impeça suas ações e percepções distorcidas; e, no pior, ela pode simplesmente se abster de formar um juízo. (É aqui – no inflexível otimismo de Descartes acerca da autonomia e do poder da vontade – que os clichês de paródia sobre o puro intelectualismo de Descartes têm sua base e justificação.) Enquanto admite que "é apenas ao corpo que devemos atribuir tudo que pode em nós ser observado como opondo-se à razão" (*Paixões*, art. 47), Descartes não obstante mostra também como a vontade depende da cooperação do corpo para corrigir ou impedir seus desvios. Não há nada no corpo que em si mesmo resista ou se oponha à condução da vontade racional. Ao contrário, é o sistema de informação do corpo que fornece à vontade todo o material que ela pode ter para fazer um juízo sadio acerca de como redirecionar o movimento do corpo. Os juízos perceptuais que não são diretamente confiáveis podem frequentemente ser corrigidos; aqueles que não podem ser corrigidos podem frequentemente ser impedidos.[9]

---

[9] Embora Descartes seja um igualitário epistemológico acerca de alguns tipos de conhecimento, ele também distingue os poderes epistemológicos das mentes individuais. Toda e qualquer mente é capaz de avaliar as afirmações das meras autoridade e superstição; e qualquer mente é capaz de reconhecer ideias confusas e de suspender o juízo sobre o que elas significam. Toda e qualquer mente é capaz do *Cogito* e de seguir a prova da existência de Deus. Mas pouquíssimas mentes são capazes de se engajar na alta ciência e na alta filosofia. Em princípio, mais mentes são capazes de corrigir alguns dos erros da alta ciência, e muitas mais são capazes de uma avaliação crítica das afirmações da alta ciência.
Não há regras gerais que possam guiar a vontade em seu projeto de elicitar as ideias que possam substituir emoções inapropriadas por emoções apropriadas. Para neutralizar o medo, uma pessoa faria melhor em elicitar ideias que gerariam orgulho; ao passo que outra faria melhor em elicitar ideias que gerariam vergonha. Ademais, os indivíduos variam radicalmente em relação às maneiras como ideias específicas podem previsivelmente gerar emoções específicas e aos movimentos que poderiam ser apropriados para anular uma emoção indesejável. E obviamente os indivíduos variam enormemente em relação ao tipo de autoconhecimento que é necessário para um projeto bem-sucedido de automanipulação emocional. A afirmação de Descartes acerca da força da vontade é cuidadosamente precavida: não há nenhuma vontade que não seja *em princípio* forte o suficiente para redirecionar ou controlar suas emoções.

Uma dificuldade adicional: Critérios duplos para a saúde corporal

Mas não estamos ainda em segurança: há outra séria dificuldade. São oferecidos à vontade dois padrões para guiar sua correção das paixões e das funções destas na manutenção corporal. Um padrão pondera a pura sobrevivência corporal e o evitamento da dor, enquanto o outro pondera uma manutenção superior e a busca de benefícios corporais. As cinco paixões básicas – amor, ódio, desejo, alegria e tristeza – são todas, diz Descartes, "ordenadas pela natureza para se relacionarem com o corpo... Sua função natural é mover a alma para consentir com e contribuir para ações que possam servir para preservar o corpo ou torná-lo de algum modo mais perfeito" (*Paixões*, art. 137). Mas as duas ações – preservar o corpo, por um lado, e torná-lo mais perfeito, por outro – podem às vezes divergir: um corpo que sirva principalmente a uma pode ser diferente de um que sirva principalmente à outra. Qual deles deve ser tomado como a norma de um corpo medicamente sadio e usado como exemplar inicial de um corpo epistemicamente confiável? A resposta inicial de Descartes é: "A tristeza é de certo modo mais primária e mais necessária que a alegria, e o ódio mais necessário que o amor; pois é mais importante rejeitar as coisas que são prejudiciais e potencialmente destrutivas do que adquirir aquelas que acrescentam alguma percepção sem a qual podemos subsistir" (*Paixões*, art. 137). Isso é o que ele diz ao falar sobre as funções *corporais* das paixões. Mas a ponderação pode também tender para o outro lado, se enfatizarmos a função das paixões em guiar a associação relevante de ideias servindo ao sistema de informação. Os critérios para a identificação de um corpo medicamente sadio podem às vezes variar, dependendo de se o corpo é considerado principal e unicamente como uma máquina homeostática destinada a servir a um sistema de informação epistemicamente sadio. Uma maneira de resolver este problema espinhoso é reconhecer a necessidade de outra extensão da benevolência divina, de modo que ela garanta a típica e geral coincidência ou pelo menos a correlação entre os critérios física e epistemicamente orientados para a saúde médica.

Quando os dois critérios de saúde médica divergem, cabe à livre vontade determinar qual critério de saúde médica – um que serve à simples sobevivência ou um que serve à sobrevivência epistemologicamente orientada – deve ter prioridade em diferentes tipos de circunstâncias. Mas como haverá de ser guiada a vontade, ao fazer tais julgamentos? Nenhuma consideração *a priori* encontra-se disponível e nenhum "experimento" pode permitir à vontade apelar para o juízo de uma mente epistemologicamente sadia para determinar a prioridade dos padrões conflitantes de saúde médica. Parece que devemos nos voltar novamente para a benevolência divina para apoiar o julgamento apropriado da vontade. Mas desta vez a benevolência divina subscreve a conexão entre os critérios para a saúde epistêmica e a saúde *moral* da vontade.

III

As paixões como motivadoras das direções do intelecto

Concentramo-nos até aqui em determinar as condições para assegurar a confiabilidade e corrigibilidade das ideias baseadas no corpo. Voltemo-nos agora para alguns dos benefícios e alegrias gerais das várias ideias baseadas no corpo. Esboçamos algumas das contribuições das ideias perceptuais e juízos perceptuais para o desenvolvimento da alta ciência. A utilidade das sensações corporais, particularmente daquelas que são associadas com a manutenção corporal, é manifesta. Manter o corpo vivo é uma boa maneira de manter a mente funcionando. Por certo, a mente é imortal. Mas uma mente imortal apenas sentada ali sendo imortal é uma coisa, e uma mente imortal que está também viva o suficiente para contribuir para a construção da alta ciência é outra coisa. São, é claro, as emoções, e não o intelecto puro, que nos ajudam a apreciar esta diferença. A essência da mente é o pensamento: do ponto de vista da mente expressando sua essência, não importa se ela pensa sobre Deus, sobre a mente ou sobre a extensão. Nenhuma de suas ideias baseadas no corpo são essenciais para a mente enquanto mente. São as paixões que indicam o benefício ou o dano e nos concedem um sentido do que é importante para nós. De fato, são as emoções que tornam a vida interessante. Elas fornecem os princípios da associação do pensamento, os princípios da direção e da relevância do pensamento. Elas fornecem os motivos para fazermos esta ou aquela ciência, em vez de, digamos, ficarmos repassando as provas da existência de Deus de novo, de novo e de novo. Dado que todo o pensamento intelectual é igualmente uma realização daquela essência, nada na própria mente enquanto tal nos impele a pensar um pensamento em vez de outro. São as emoções, e particularmente a emoção da admiração, que energizam a ciência e lhe dão uma direção.

As paixões, a moralidade e a vontade

E são, finalmente, as emoções que – se algo o faz – nos trazem os benefícios da moralidade. São elas que expandem a saúde médica para a saúde moral. Na Parte III do *Tratado das paixões da alma*, Descartes tenta avaliar os tipos individuais de paixões mediante considerações sobre sua adequação e racionalidade. Esta seção do tratado é tantalicamente evocatica, breve e obscura. Mas sua intenção é, acredito, a de apresentar um modelo dos tipos de considerações que a vontade pode usar para determinar quais dos vários critérios de saúde médica devem ter predominância em vários tipos de situações. Por exemplo, Descartes classifica a *paixão-hábito* da nobreza da mente (*genorisité*) e a autoestima apropriada (uma autoestima baseada no "exercício da livre vontade e no controle que temos sobre nossas volições") como virtudes, contrastando-as com os vícios da vaidade e da servilitude (*Paixões*, Parte III, art. 151-159). Todas as quatro são paixões e, como todas as paixões, cada uma delas envolve movimentos característicos dos espíritos animais, movimentos que reforçam pensamentos específicos, presumivelmente por agirem sobre certas partes do cérebro. As paixões que reforçam pensamentos doentios são vícios; aquelas que reforçam pensamentos apropriados e benéficos, baseados no bem-estar, são virtudes. Por exemplo, a *paixão-hábito* da nobreza de mente nos inclina a uma "firme e constante resolução de usar a vontade e de usá-la bem. A nobreza de mente inclina uma pessoa a acreditar que [os outros] têm uma livre vontade similar" (*Paixões*, Parte III, art. 153). A nobreza de mente cartesiana é, creio eu, um dos ancestrais do princípio de caridade usado como instrumento para interpretar as crenças e ações dos outros. Ela é uma *paixão* porque seu exercício envolve mudanças corporais, os movimentos dos espíritos animais para várias regiões do cérebro; ela é um *hábito* porque é disposicional, dispõe-nos a ter certos tipos de pensamentos sobre nós mesmos e sobre os outros. E é uma *virtude* porque é baseada no bem-estar e continua a gerar ideias baseadas nele, e porque a nobreza de alma requer a ativa cooperação da vontade, para pôr-se a pensar ideias cujas associações motivacionais vão além dos benefícios assegurados por uma máquina homeostaticamente bem regulada. Como todas as paixões, a nobreza de mente envolve ideias causadas pelos movimentos do corpo; mas os movimentos corporais da nobreza de mente são, como aqueles de outras virtudes, elicitados por uma decisão da vontade de formar ideias que possam gerar paixões motivadoras apropriadas.

Há uma questão problemática: "Mas o que determina quais ideias *são* apropriadas? O que *deve* guiar a vontade em suas determinações, quando os interesses do desenvolvimento da ciência são opostos aos da comunidade, quando a admiração e o desejo vão em uma direção, e o amor e a generosidade em outra?". A resposta austera é: "Os valores não são metafisicamente fundamentados. Uma vez que são as emoções que nos concedem nosso sentido do que é importante, a vontade não possui nada semelhante a ideias claras e distintas para ratificar – ou mesmo apoiar – suas inclinações". Este aspecto da posição de Descartes – sua insistência no caráter absolutamente incondicionado da vontade – leva à visão de Sartre de que os valores são constituídos por uma escolha radical. A resposta menos austera é: o corpo fornece algumas inclinações fortes e centrais (por exemplo, o medo); e as *emoções-hábitos* de autorrespeito e *generosité* fornecem outras. Dado que a benevolência divina subscreve a confiabilidade "daquilo que a natureza nos ensina", estas inclinações podem guiar confiavelmente a determinação da vontade. Mas elas não podem fazer mais do que fornecer regras aproximadas para a vontade; e quando há conflito real entre as inclinações de promover o desenvolvimento científico e as inclinações de proteger a comunidade, elas não podem fazer nem isso. A benevolência divina vai muito longe, de fato; mas não tão longe a ponto de fornecer uma base metafísica para os princípios éticos, e muito menos uma base racional para a relativa prioridade destes princípios em situações em que eles possam estar em conflito.

IV

É hora de abordarmos diversas reclamações naturais. Pode ser dito que houve uma proliferação excessivamente generosa de expressões como "tipicamente causam", "caracteristicamente produzem" e "são naturalmente correlacionadas com". Mas não é exatamente a legitimidade de tais tipos de locução que uma investigação dos benefícios intelectuais e psicológicos do corpo tem a intenção de suprir? Repetidamente apelamos para a benevolência divina para resolver problemas de circularidade e petição de princípio. Descartes pode ser acusado de escrever o pior tipo de melodrama, aquele no qual todos os problemas são resolvidos e todos os fios são unidos pela aparição final de um *deus ex machina*, exceto que neste caso ele é um *deus pro machina*. Mas podemos caridosamente ler tudo isso de outra maneira. Esses apelos podem ser traduzidos para um discurso sobre as pré-condições para a possibilidade do conhecimento. Ao localizarmos os pontos – os pontos exatos – em que é necessário apelar para a benevolência divina, localizamos as condições para a possibilidade do conhecimento e da saúde e para a possibilidade da correlação entre conhecimento e saúde. Dado que os critérios para a saúde médica são distintos dos da saúde epistemológica, um sistema de manutenção medicamente sadio pode ser condicionalmente utilizado para identificar um sistema de informação confiável. A interdependência das operações dos sistemas de manutenção e informção nos fornece uma regra aproximada: encontre um corpo sadio e você provavelmente encontrará uma mente sadia. Analise o funcionamento de um corpo sadio e você terá alguma parte da análise das condições físicas para uma mente sadia. Isso não nos concede nenhuma certeza fundamental, nenhuma ideia clara e distinta, nenhuma demonstração, nenhuma critério autocertificador para a confiabilidade perceptual. Nada mais que regras aproximadas pode ser prometido, nada mais pode ser concedido. Por que Descartes deveria fornecer uma fundamentação mais segura que aquela que realmente possuímos? Por que ele deveria fornecer critérios de confiabilidade em um lugar onde não a possuímos?[10]

---

[10] Uma versão anterior deste capítulo foi apresentada em um *NEH Summer Institute* sobre filosofia dos séculos XVII e XVIII, na Brown University, no verão de 1988, e em colóquios na Universidade de New Hampshire e na Duke University. Sou grata aos participantes destes seminários e a Stephen White e David Wong pelas discussões animadas e estimulantes. John Cottingham, Daniel Garber e Gary Hatfield me forneceram extensos e úteis comentários.

13 A recepção da filosofia de Descartes

Nicholas Jolley

No auge de seu entusiasmo em relação a Locke, Voltaire emitiu um veredicto caracteristicamente espirituoso sobre seu grande compatriota:

> Nosso Descartes, nascido para revelar os erros da antiguidade, mas para substitui-los por seus próprios, e, estimulado por aquela mente sistematizadora que cega os maiores homens, imaginou ter demonstrado que a alma é a mesma coisa que o pensamento, assim como a matéria, para ele, é a mesma coisa que o espaço. Ele afirmou que pensamos durante todo o tempo, e que a alma chega ao corpo já dotada de todas as noções metafísicas, conhecendo Deus, o espaço, o infinito, e possuindo todas as ideias abstratas; cheia, de fato, de um saber que ela infelizmente esquece ao deixar o ventre de sua mãe.[1]

O retrato de Descartes oferecido por Voltaire é instantaneamente reconhecível hoje; de fato, sua avaliação de Descartes é uma em que muitos de nós fomos educados, especialmente no mundo anglófono. Descartes é o pai da filosofia moderna, mas foi desencaminhado por sua paixão por sistemas; ele tentou derivar verdades factuais sobre o mundo a partir de princípios que são supostamente conhecidos *a priori*. Em suma, embora Voltaire não utilize esse termo, Descartes é principalmente um racionalista. Além disso, como muitos leitores modernos, Voltaire tende a associar Descartes principalmente a um conjunto característico de doutrinas da filosofia da mente.

---

[1] Voltaire, *Letters on England* ("Cartas inglesas"), trad. [para o inglês] de Tancock, carta 13, p. 63.

O veredicto de Voltaire sobre Descartes pode ter se tornado o padrão, mas não foi o mesmo veredicto emitido pelos primeiros leitores de Descartes. Um século antes, Descartes fora criticado não por construir um castelo metafísico no ar, mas, em vez disso, por propor doutrinas que eram perigosas para a fé cristã. Além disso, o nome de Descartes foi associado menos com os ensinamentos específicos citados por Voltaire que com o mecanicismo e a rejeição das formas substanciais: Descartes foi o arqui-inimigo do escolasticismo. É claro que a acusação de que a filosofia de Descartes é perigosa para a fé não é formalmente compatível com a acusação de que ela é um "castelo no ar", mas na prática estes dois tipos de crítica não foram frequentemente combinados; em vez disso, o primeiro cedeu o espaço para o segundo. Na época de Voltaire, poucos estavam dispostos a atacar Descartes com base em sua heterodoxia teológica. De fato, o Descartes descrito por Voltaire havia se tornado uma figura do estabelecimento, pelo menos na França. Descartes podia ainda ser criticado por aqueles que, como Voltaire, eram eles próprios forasteiros e rebeldes, mas a base da crítica havia sofrido uma notável transformação.

A estrutura deste capítulo é a seguinte. Começaremos analisando as reações oficiais (Seção 1) e as reações das ordens religiosas (Seção 2). Em seguida, as Seções 3 e 4 examinam as visões dos cartesianos e anticartesianos, respectivamente. Concluiremos o capítulo discutindo as reações dos três filósofos "modernos" mais influentes do século XVII depois de Descartes: Espinosa, Leibniz e Locke.

Reações oficiais: Igreja, Estado e Universidade

A filosofia e a ciência de Descartes fizeram rápidos avanços, mas o fizeram enfrentando a perseguição oficial por parte da Igreja, do Estado e das universidades. Não surpreendentemente, a perseguição foi especialmente severa sob a monarquia absolutista católica de Luís XIV; durante esse período, a França experimentava sua própria versão atrasada da Contrarreforma. Mas a perseguição oficial não foi confinada aos países católicos ou às monarquias absolutistas; mesmo na liberal Holanda, o ensinamento de

Descartes enfrentou problemas com as autoridades. As bases da oposição oficial, no entanto, foram afetadas pelas diferenças religiosas entre os dois países. Tanto na França quanto na Holanda a rejeição do escolasticismo por Descartes era considerada uma ameaça pela opinião conservadora, mas, como veremos, os católicos franceses tinham preocupações que não eram compartilhadas pelos protestantes holandeses.

Na Holanda, a perseguição começou em 1641, o ano em que as *Meditações* foram publicadas. Na recém-fundada Universidade de Utrecht, a filosofia de Descartes desagradou ao reitor, Gisberto Voetius, um escolástico em filosofia e calvinista em teologia. Voetius começou atacando o protegido de Descartes, Regius, que era professor de medicina em Utrecht.[2] A inveja e a hostilidade de Voetius foram provocadas pela popularidade das conferências sobre filosofia cartesiana que estavam sendo oferecidas por Regius. Voetius ficou particularmente encolerizado com a incauta afirmação de Regius de que um ser humano não é uma unidade substancial, mas apenas um *ens per accidens*;[3] esta afirmação era claramente derivada da leitura de Descartes por Regius, mas o próprio Descartes nunca a aprovou. O tom geralmente conservador das visões do próprio Voetius pode ser estimado a partir de três "corolários" que ele publicou como apêndice a um tratado acadêmico. Nestes corolários, Voetius atacava não apenas a doutrina de que um ser humano é um *ens per accidens*, mas também a teoria do movimento da Terra e a "filosofia que rejeita as formas substanciais". A denúncia da nova filosofia por parte de Voetius não era nada senão completa: "Esta filosofia é perigosa, favorável ao ceticismo, apta a destruir nossas crenças acerca da alma racional, da procissão das pessoas divinas na Trin-

---

[2] Henricus Regius, ou Henri Le Roy (1598-1679), foi um dos primeiros discípulos de Descartes, mas posteriormente desenvolveu visões materialistas as quais Descartes desaprovou vigorosamente.

[3] *Ens per accidens*: "entidade acidental" (literalmente, "ente por acidente"). Regius está dizendo que, na filosofia de Descartes, um ser humano é apenas uma unidade acidental de duas substâncias heterogêneas, mente e corpo, que não são unidas substancialmente. Tal afirmação era contrária à doutrina escolástica de que a alma, como forma substancial do corpo, conferia uma unidade genuína ao ser humano.

dade, da Encarnação de Jesus Cristo, do pecado original, dos milagres, das profecias, da graça de nossa regeneração e da real possessão demoníaca".[4] Subsequentemente, Voetius passou a atacar Descartes diretamente. Com o auxílio de um jovem protegido seu, ele publicou uma obra chamada *Philosophia Cartesiana*, na qual afirmava que a filosofia de Descartes levava ao ceticismo e ao ateísmo.[5] Muito para o desgosto de Descartes, seu nome foi associado ao de um notório ateísta, Vanini, que havia sido queimado na fogueira anteriormente no mesmo século.

Voetius não se contentou em conduzir uma campanha privada contra Descartes e Regius; ele procurou também usar sua posição como reitor para assegurar a condenação oficial da nova filosofia pelo senado da universidade. De fato, se for para acreditarmos no relato de Descartes, Voetius intimidou seus colegas a votarem a favor do movimento. Os termos da condenação são reveladores:

> Os professores rejeitam esta nova filosofia por três razões. Primeiro, ela é oposta à filosofia tradicional, que as universidades do mundo todo ensinaram até então segundo os melhores conselhos, e mina seus fundamentos. Segundo, ela desvia os jovens desta filosofia sadia e tradicional e impede-os de alcançarem os cumes da erudição; pois uma vez que tenham começado a se apoiar na nova filosofia e em suas supostas soluções, eles serão incapazes de compreender os termos técnicos que são comumente usados nos livros dos autores tradicionais e nas preleções e debates de seus professores. E, finalmente, várias opiniões falsas e absurdas seguem-se da nova filosofia ou podem ser temerariamente deduzidas pelos jovens – opiniões que estão em conflito com outras disciplinas e faculdades, e acima de tudo com a teologia ortodoxa.[6]

Este julgamento revela a mentalidade do conservador ameado e também do administrador acadêmico: o conteúdo do currículo tradicional é

---

[4] Baillet, *La Vie de M. Des-Cartes*, vol. II, p. 146.
[5] Ibid., p. 188.
[6] Carta ao padre Dinet; AT VII 592s; CSM II 393 nota. Cf. Cottingham, *Descartes*, p. 4.

valorizado como um fim em si mesmo, em vez de como um meio para a descoberta da verdade.

Na Holanda, as universidades não eram sujeitas a nenhuma autoridade central, mas respondiam aos conselhos locais das cidades, que de fato as administravam. Não é de surpreender, portanto, que as autoridades civis estivessem diretamente envolvidas na perseguição da nova filosofia cartesiana, especialmente quando uma figura poderosa como Voetius empenhava-se em uma campanha contra ela. Em Utrecht, o envolvimento dos pais da cidade pode ter sido relutante, e por vezes eles agiram como uma influência restritora sobre Voetius; as tentativas deste último para privar Regius de sua cátedra foram frustradas por um burgomestre solidário ao protegido de Descartes. Mas eles de fato realizaram medidas repressoras significativas em diversas ocasiões. Em auxílio a Voetius e a fim de aplacá-lo, os magistrados proibiram Regius de ensinar qualquer coisa que não fosse medicina. Em 1643, depois de Voetius ter atacado Descartes pessoalmente, as autoridades civis intervieram novamente; elas adotaram uma ação direta contra o próprio Descartes. As cartas abertas que Descartes havia publicado em sua própria defesa foram oficialmente declaradas difamatórias;[7] dois anos depois, todas as publicações a favor ou contra Descartes foram proibidas. Em um estágio do incidente, os magistrados da cidade até mesmo ordenaram que Descartes comparecesse em pessoa para responder a uma acusação de calúnia; neste ponto Descartes pode ter estado sujeito a algum perigo pessoal real. Descartes foi capaz de evitar estas acusações apelando para o embaixador francês; o embaixador falou ao Príncipe de Orange, que por sua vez usou sua influência para fazer com que as acusações fossem anuladas.

A filosofia de Descartes encontrou também uma séria oposição na Universidade de Leiden, a mais eminente das universidades holandesas no século XVII. Dois professores de teologia, Revius e Triglandius, atacaram obscenamente os ensinamentos de Descartes em suas conferências. Revius travestiu a dúvida metódica sobrecarregando Descartes com as afirmações

---

[7] Os escritos em questão são a carta a Voetius: AT VIIB 3-194, e a carta ao padre Dinet: AT VII 563-603: CSM II 384-397.

de que "se deve duvidar de que existe um Deus, e... pode-se negar absolutamente por um tempo que existe um".⁸ Com igual inacurácia e com uma coerência ainda menor, Triglandius acusou Descartes de afirmar não apenas que Deus é um impostor, mas também que nosso livre arbítrio é maior que o próprio Deus.⁹ A intenção de Triglandius parece ter sido difamar Descartes como um cripto-jesuíta. O tema implícito de seu ataque era que Descartes simpatizava com a tendência pelagiana de enfatizar a liberdade da vontade nas controvérsias teológicas, em detrimento da graça; o pelagianismo era a acusação frequentemente direcionada contra os jesuítas por seus inimigos católicos e protestantes. Quando Descartes protestou contra tais calúnias, as autoridades da universidade responderam proibindo toda menção à filosofia de Descartes em conferências e debates. Ali, como em Utrecht, as autoridades parecem ter recorrido à censura, não por causa de alguma grande convicção, mas porque essa era a linha de menor resistência em uma situação problemática.

A censura oficial foi muito mais combinada e entusiástica na França absolutista. Diferentemente da Holanda, que era uma federação de estados, a França de Luís XIV era um país altamente centralizado, onde todas as universidades estavam sujeitas à mesma autoridade real e eclesiástica. É claro que na França, assim como na Holanda, a filosofia de Descartes fez inimigos por muitas das mesmas razões; as forças conservadoras foram ofendidas tanto por seu antiescolasticismo quanto pela dúvida metódica, que pareciam licenciar o livre pensamento. Mas na França o fato de que o catolicismo era a religião oficial introduziu fatores complicantes; a opinião católica afligia-se com a questão de se a filosofia da matéria de Descartes podia ser reconciliada com o dogma da transubstanciação. Para a maioria dos leitores de hoje, esta é uma questão extremamente estéril, mas para muitos católicos do século XVII ela podia ser qualquer coisa exceto estéril. Esse dogma central da fé católica havia sido tradicionalmente explicado em termos de princípios escolásticos, e havia muitos que acreditavam que

---

8 Baillet, *Vie*, vol. II, p. 314.
9 Ibid., p. 315.

o dogma não poderia sobreviver à rejeição destes princípios. Infelizmente, Descartes pode não ter ajudado sua causa nesta questão; ao invés de contentar-se em dizer que o dogma era um mistério que devia ser simplesmente aceito com base na fé, Descartes tentou explicá-lo em termos de sua própria filosofia.[10] Os esforços mal-direcionados de Descartes seriam ainda adotados por seus discípulos excessivamente zelosos.

A questão da Eucaristia esteve centralmente envolvida na perseguição que a filosofia de Descartes sofreu na França nos dez anos seguintes à morte do filósofo. Clerselier e outros discípulos leais fizeram esforços extremos para obter uma aceitação para as visões de Descartes acerca da Eucaristia, e estes esforços voltaram-se completamente contra eles. O assunto da Eucaristia parece ter estado por trás do primeiro maior revés, um evento que teve lugar em Roma, mas que não obstante teve grandes ramificações na própria França. Em 1663 as obras de Descartes foram colocadas no *Index Librorum Prohibitorum* com a enigmática condição: *donec corrigantur* (até que sejam corrigidas). Como o autor haveria de corrigir suas obras dez anos depois de sua morte era algo que os inquisidores não explicavam. Um dos correspondentes de Clerselier culpou-o diretamente por este desenvolvimento desfavorável: "Deve ter sido o incidente da Eucaristia que produziu a censura. Podeis ver o quão profético eu fui quando vos disse, há muito tempo, que vosso comércio com o padre Bertet [sobre as visões de Descartes acerca da Eucaristia] desferiria um golpe fatal sobre a filosofia de Descartes".[11] Quatro anos depois, em 1667, a campanha propagandística de Clerselier a favor de Descartes recebeu outro revés, desta vez na própria França. Central para a campanha de Clerselier era um plano para reen-

---

[10] Para as visões de Descartes acerca da Eucaristia, ver Quartas Respostas: AT VII 248-256: CSM II 173-178; e carta a Mesland, 9 de fevereiro de 1645: AT IV 163-170: CSMK 241-246. A explicação da transubstanciação que Descartes forneceu na carta a Mesland foi considerada particularmente suspeita. Descartes não publicou a carta, mas ela circulou em formato manuscrito após sua morte.

[11] Vinot a Clerselier, 1664; citado em McClaughlin, "Censorship and defenders of Cartesian faith in mid-seventeenth-century France", p. 572. Nesta seção estou em grande débito para com este excelente e informativo artigo.

terrar Descartes na capital de seu país de origem. O reenterro prosseguiu com grande cerimônia, mas o serviço foi interrompido por uma ordem da corte proibindo o pronunciamento público de uma oração funeral. Uma grande oportunidade simbólica para elogiar Descartes fora perdida.

Essa proibição foi um presságio das coisas que estavam por vir. Em 1671, o "incidente da Eucaristia" irrompeu novamente e resultou em uma grande onda de perseguição. Um pequeno livro escrito por um beneditino, Desgabets, que oferecia uma interpretação cartesiana da Eucaristia, havia sido publicado sem o consentimento do autor; o rei recebeu uma cópia oferecida por seu confessor jesuíta, que lhe disse que aquela era "uma obra herética e muito perniciosa".[12] Na década que se seguiu, o rei, agindo de comum acordo com as autoridades acadêmicas, montou um grande campanha contra o cartesianismo nas universidades. No mesmo ano (1671), a Universidade de Paris foi informada de, e consentiu com, uma proibição real sobre o ensino da filosofia de Descartes. Outras universidades francesas seguiram a ação. Na Universidade de Angers, as autoridades reclamaram ao rei que os ensinamentos tradicionais estavam sendo substituídos por "uma nova e errônea heresia cartesiana, prejudicial à Fé, ao Soberano e ao Estado".[13] Luís respondeu ordenando aos professores que descontinuassem o ensino da filosofia de Descartes "uma vez que no devido curso esta causaria desordem ao nosso reino".[14] Em termos humanos, as consequências da discórdia podiam ser sérias. Bernard Lamy, um cartesiano professor de filosofia em Angers, foi exilado da cidade e proibido de ensinar ou pregar em qualquer lugar do país.[15]

Mesmo na França absolutista, no entanto, os censores não conseguiram tudo à sua maneira. Um corpo na França que estava investido de poder de censura não se envolveu na perseguição à filosofia de Descartes:

---

[12] McClaughlin, "Censorship and defenders", p. 572.
[13] Ibid., p. 567.
[14] Bouillier, *Histoire de la philosophie cartésienne*, vol. I, pp. 460-461. Embora datado e frequentemente tendencioso, este é ainda um livro valioso.
[15] McClaughlin, "Censorship and defenders", p. 567.

este foi o Parlamento de Paris. Em 1671, o Parlamento foi pressionado pela Universidade de Paris a renovar um decreto anterior que proibia o ensino de filosofia não aristotélica. Mas o Parlamento não cedeu a esta pressão. Sua decisão pode ter sido influenciada por uma poderosa sátira de Nicolas Boileau e François Bernier, que ridicularizava o uso da censura na ciência: "A Soberana Corte de Parnaso... proíbe expressamente o sangue de errar ou circular pelo corpo, sob pena de ser abandonado até a última gota à Faculdade de Medicina".[16] Uma influência mais provável sobre a decisão do Parlamento foi Antoine Arnauld; em seu panfleto intitulado *Plusieurs Raisons pour empêcher la Censure ou la Condemnation de la Philosophie de Descartes* ele havia defendido a filosofia de Descartes em bases teológicas, e em uma veia mais séria do que Boileau e Bernier ele também expôs a futilidade das tentativas de perseguir opiniões filosóficas e científicas.

Ordens Religiosas: Jesuítas, Jansenistas e Oratorianos

As ordens religiosas católicas tenderam a seguir a liderança das universidades em questões de censura: a ordem oratoriana, por exemplo, impôs uma proibição oficial sobre o ensino da filosofia de Descartes em 1678. Mas a estrutura hierárquica e autoritária da Igreja Católica não deve obscurecer as diferenças ideológicas e mesmo as rivalidades entre as ordens; a rivalidade entre jesuítas e jansenistas, em particular, era notória na França do final do século XVII. No que diz respeito às atitudes em relação à filosofia de Descartes, é importante isolarmos três grupos para uma atenção especial: os jesuítas, os jansenistas e os oratorianos.

Descartes havia sido educado pelos jesuítas, e o modelo literário para sua obra-prima, as *Meditações*, foi ao menos em parte os *Exercícios Espirituais* de Santo Inácio de Loyola.[17] Ademais, ao longo de sua vida Descartes manteve boas

---

[16] Citado em McClaughlin, "Censorship and defenders", p. 566.
[17] Ver Z. Vendler, "Descartes' Exercises", *Canadian Journal of Philosophy* 19 (1989): 193-224.

relações com jesuítas individuais, tais como seus antigos professores. Como coloca Leibniz, não parece que Descartes tenha alguma vez buscado "se alistar" com os jesuítas.[18] É verdade que Descartes foi compreensivelmente enraivecido pelas Sétimas Objeções do jesuíta Bourdin e temeu que, por causa da solidariedade entre os jesuítas, a reação de Bourdin se tornasse o padrão na ordem.[19] Mas contrariamente a Leibniz, Descartes parece ter buscado a aceitação de sua filosofia por parte da Sociedade de Jesus. Ele esperava, por exemplo, que seus *Princípios de Filosofia* fossem adotados como um livro didático pelas escolas jesuítas.

Os esforços de Descartes para obter o favor dos jesuítas foram em grande parte inúteis; em geral eles reagiram com hostilidade à filosofia de Descartes. Esta hostilidade da sociedade endureceu após a morte de Descartes; de fato, eles se tornaram os líderes da oposição católica à filosofia de Descartes. As intrigas dos jesuítas estiveram por detrás da decisão de colocar as obras de Descartes no *Index*; e foi um confessor jesuíta que incitou a campanha de Luís contra a filosofia de Descartes em 1671. O jesuítas suspeitavam que os cartesianos favorecessem uma interpretação calvinista – isto é, puramente simbólica – da Eucaristia. Por esta razão, como notado por um contemporâneo, eles estavam determinados a manterem-se fiéis a seu escolasticismo tradicional: "Acreditai-me, eles prefeririam parar de ensinar de uma vez por todas a rejeitar a filosofia de Aristóteles".[20] A força da oposição jesuítica à filosofia de Descartes é sugerida pelo destino de um certo *père* André. André foi o raro exemplo de um jesuíta que era também um cartesiano, e de fato um discípulo de Malebranche. André pagou caro por sua ligação com a filosofia de Descartes: ele foi perseguido e até mesmo aprisionado na Bastilha.

Por contraste, os arquirrivais dos jesuítas, os jansenistas, foram frequentemente vistos como os defensores da filosofia de Descartes.[21] Cer-

---

[18] Ensaio sem título, Gerhardt, vol. IV, p. 304.
[19] Ver carta ao padre Dinet: AT VII 564: CSM II 384.
[20] McClaughlin, "Censorship and defenders", p. 571.
[21] Os jansenistas eram discípulos de Cornelius Jansen, ou Jansenius, bispo de Ypres, cujo *Augustinus* (1640) expunha uma doutrina agostiniana da graça que, aos olhos dos católicos ortodoxos, estava desconfortavelmente próxima do protestantismo. Port-Royal des Champs, perto de Paris, foi a principal comunidade de jansenistas.

tamente esta era a visão de pelo menos um contemporâneo: o teólogo protestante francês Pierre Jurieu notoriamente observou que os teólogos de Port-Royal tinham tanto apego ao cartesianismo quanto ao cristianismo.[22] Como motejo de um crítico hostil, a observação de Jurieu deve ser tratada com certa cautela, e ninguém a aceitaria acriticamente; mas a substância da afirmação de Jurieu foi frequentemente adotada pelos historiadores. Recentemente, no entanto, este quadro tradicional de Port-Royal como um bastião do cartesianismo foi questionado por diversos estudiosos.[23]

A principal evidência a favor de uma aliança natural entre Port-Royal e o cartesianismo são a vida e os escritos de Antoine Arnauld. Arnauld é talvez mais famoso entre os leitores de Descartes como o autor de um penetrante conjunto de objeções às *Meditações*; suas críticas à prova da distinção real entre mente e corpo de Descartes, para não mencionarmos o círculo cartesiano, sempre foram admiradas e são ainda amplamente discutidas. Mas, diferentemente de Hobbes ou Gassendi, Arnauld era um crítico solidário à filosofia de Descartes; seu objetivo era tornar o sistema mais impermeável. Arnauld foi de fato um cartesiano razoavelmente ortodoxo e tornou-se um defensor da filosofia de Descartes, não apenas contra inimigos diretos, mas também contra intérpretes não ortodoxos como Malebranche. Para Arnauld, a filosofia de Descartes oferecia o melhor suporte filosófico para a fé cristã; ela fornecia os melhores argumentos a favor da existência de Deus e da espiritualidade da mente. Dadas estas convicções, Arnauld ficou compreensivelmente consternado com as tentativas católicas de censurar a filosofia de Descartes. Ele foi chocado, em particular, pela condenação do *Index* em 1663; para ele, parecia perverso e injusto que Descartes fosse condenado enquanto a filosofia epicurista de Gassendi escapava à censura.[24] Como vimos, Arnauld

---

[22] A observação de Jurieu ocorre em sua *La Politique du clergé de France* (1681). Ver Rodis-Lewis, "Augustinisme et cartésianisme à Port-Royal", em Dijksterhuis (ed.), *Descartes et le cartésianisme hollandais*, p. 131.

[23] Ver, por exemplo, S. M. Nadler, "Arnauld, Descartes, and transubstantiation: reconciling Cartesian metaphysics and real presence", *Journal of the History of Ideas* 49 (1988): 229-246; e Rodis-Lewis, "Augustinisme et cartésianisme".

[24] Nadler, "Arnauld, Descartes", p. 229.

foi também ativo, e mais bem-sucedido, na campanha para impedir que o Parlamento de Paris proibisse o ensino de Descartes.

Mas o entusiasmo de Arnauld por Descartes parece ter sido a excessão e não a regra em Port-Royal. Em aspectos fundamentais, o espírito da filosofia de Descartes era estranho ao pensamento jansenista. A confiança básica de Descartes no poder da razão humana para compreender o mundo não era calculada para obter muitos aderentes em Port-Royal; o otimismo cartesiano estava em conflito com a pessimista crença jansenista de que a razão humana fora corrompida pela Queda. A esse respeito, a atitude de Nicole em relação a Descartes é reveladora. Nicole havia colaborado com Arnauld na *Lógica* de Port-Royal, um livro didático totalmente cartesiano em inspiração, mas Nicole admirava Descartes mais por expor a vaidade das tentativas anteriores de entender a natureza, e daí por apoiar sua própria crença na impotência da razão: "O que é mais real [na filosofia cartesiana] é que ela faz com que se saiba muito bem que todas as pessoas que passaram suas vidas filosofando sobre a natureza entretiveram o mundo e a si mesmos com adivinhações e quimeras".[25] Em seu aspecto positivo, o cartesianismo se saía pobremente: "Tudo que ele nos propõe reduz-se a algumas suposições prováveis que não contêm absolutamente nada de certo".[26] O famoso julgamento de Pascal, "Descartes, inútil e incerto", é provavelmente mais característico de Port-Royal que o entusiasmo de Arnauld.[27]

Em bases amplamente teológicas, os jansenistas foram perturbados por outros aspectos, mais específicos, da filosofia de Descartes. Le Maistre de Scay foi ofendido pela nova concepção do mundo físico de Descartes; em uma linguagem que lembra Berkeley, ele observou que a explicação mecanicista da natureza depreciava a grandeza da criação de Deus:

> Deus criou o mundo por duas razões... uma, para dar uma ideia de sua grandeza; a outra, para pintar coisas invisíveis naquilo que é visível. M. Descartes destruiu uma, bem como a outra. "O Sol é uma tare-

---

[25] Citado em Rodis-Lewis, "Augustinisme et cartésianisme", p. 149.
[26] Ibid.
[27] Pascal: *Pascal, Pensées*, trad. [para o inglês] de Krailsheimer, p. 300.

fa adorável", alguém lhe diz. "Não de todo", responde ele, "ele é uma massa de limalha metálica". Em vez de reconhecer as coisas invisíveis naquilo que é visível, tais como o Deus da natureza no Sol, e ver uma imagem de Sua graça em tudo que Ele produziu nas plantas, ele insiste, ao contrário, em fornecer uma razão para tudo.[28]

Um outro membro de Port-Royal, Du Vaucel, percebeu os perigos da doutrina da besta-máquina. A doutrina não apenas era contrária às Escrituras, mas também encorajaria as pessoas a acreditarem que uma explicação completamente materialista poderia ser fornecida acerca dos seres humanos bem como das bestas.[29] Du Vaucel foi um verdadeiro profeta; no século XVIII a doutrina da besta-máquina foi de fato desenvolvida na direção do homem-máquina.

Apesar de uma proibição oficial ao ensino de sua filosofia, Descartes encontrou um certo número de discípulos no Oratório. O Oratório era uma nova ordem religiosa que havia sido fundada em 1611 pelo cardeal de Bérulle para rivalizar com os jesuítas.[30] Um dos principais objetivos do Oratório era reviver o estudo da filosofia e da teologia de Agostinho. Em sua devoção a Agostinho, os oratorianos se assemelhavam a Port-Royal, mas o agostinianismo do Oratório era de um caráter diferente. Os oratorianos eram dedicados ao projeto distintamente agostiniano de "filosofia cristã"; em outras palavras, eles buscavam reviver a concepção de Agostinho da íntima relação entre filosofia e teologia expressa no lema: "Crer para compreender". Segundo esta concepção, as doutrinas da teologia revelada podem servir como base para a especulação filosófica, e a filosofia pode, por sua vez, iluminar as verdades reveladas. Para os jansenistas, por contraste, a devoção a Agostinho significava acima de tudo a defesa de sua doutrina da

---

[28] Citado em Nadler, "Arnauld, Descartes", p. 229.
[29] Artigo não publicado de Du Vacel, "Observations sur la Philosophie de Descartes", em Dijksterhuis (ed.), *Descartes*, p. 124.
[30] O cardeal de Bérulle era uma personalidade mística e poderosa, que foi conhecido do próprio Descartes; foi Bérulle que exortou Descartes a fazer um uso completo dos talentos que lhe foram dados por Deus.

graça contra as deformações dos jesuítas. Diferentemente dos oratorianos, os membros de Port-Royal não expressavam nenhum interesse real pelo projeto agostiniano de filosofia cristã. Ao contrário, os jansenistas tendiam a distinguir de modo bastante nítido os domínios da fé e da razão.

O projeto agostiniano de "filosofia cristã" é estranho ao espírito do empreendimento de Descartes; embora ele não seja inteiramente consistente nessa área, Descartes, assim como os jansenistas, caracteristicamente enfatiza a distinção entre fé e razão. Não obstante, apesar desta divergência de espírito, a filosofia de Descartes era de forte apelo para muitos membros do Oratório, e o fato de tal apelo existir é historicamente importante; alguns oratorianos fizeram árduos esforços para legitimar a filosofia de Descartes aos olhos da Igreja Católica, mediante a mostra de sua conformidade com o ensinamento agostiniano.[31] Eles buscavam assim incutir na Igreja a ideia de que havia no interior de sua própria tradição poderosas alternativas a Aristóteles e ao escolasticismo. Um oratoriano fez uma tentativa sistemática de sintetizar os ensinamentos de Descartes e Agostinho; este foi, é claro, Malebranche, que discutiremos abaixo.

Desenvolvimentos cartesianos

De acordo com seu biógrafo, Baillet, poucos anos depois da morte de Descartes já era mais difícil contar o número de seus discípulos que as estrelas do céu ou os grãos de areia de uma praia.[32] Não há dúvida de que, apesar da perseguição oficial, a filosofia e a ciência de Descartes fizeram rapidamente muitos convertidos. Na Holanda, as ideias cartesianas penetraram cedo nas universidades; a recém-fundada Universidade de Breda fora cartesiana desde o início. Na França, os cartesianos trabalhavam sob várias proibições oficiais nas universidades e ordens religiosas, e cartesianos convictos eram excluídos

---

[31] Além de Malebranche, as principais figuras aqui são André Martin (Ambrosius Victor), Nicolas Poisson e Bernard Lamy. Ver Gouhier, *Cartésianisme et Augustinisme au XVIIe siècle*, esp. cap. IV.

[32] Baillet, *Vie*, vol. II, p. 449.

da Academia de Ciências; não obstante, as visões cartesianas circulavam livremente em ambientes informais, como os salões de Paris. Ademais, mesmo nas universidades os professores eram capazes de inventar estratégias para disseminar ideias cartesianas, enquanto obedeciam tecnicamente às proibições oficiais; ou eles ensinavam as ideias de Descartes sem mencioná-lo, ou atribuíam-nas a outros filósofos, tais como Aristóteles.

Os cartesianos não eram um grupo homogêneo. Em um extremo da escala havia discípulos leais que se dedicavam a disseminar o evangelho puro da filosofia de Descartes. Clerselier e talvez Rohault podem ser contados entre estes. Clerselier supervisionou a publicação da obra de Descartes após a morte deste e batalhou incansavelmente para fazer com que a filosofia de Descartes fosse aceita pela Igreja Católica. Às vezes, como vimos, ele foi incauto em seu zelo; seus esforços para promover as visões de Descartes acerca da transubstanciação ajudaram efetuar a decisão do *Index* de 1663. O genro de Clerselier, Rohault, foi um físico e escritor que desempenhou um importante papel na popularização das teorias físicas de Descartes. Ele foi famoso por suas conferências das quartas-feiras, nas quais expunha os princípios básicos da física cartesiana e até realizava experimentos. O *Traité de Physique* de Rohault alcançou a posição de um clássico como exposição didática da física de Descartes. Rohault também representa um exemplo notável da tática empregada pelos cartesianos leais para obter aceitação das novas ideias diante da oposição conservadora. No início, Rohault inclinava-se a defender a física de Descartes à custa da ciência aristotélica. Posteriormente, em resposta à oposição, ele adotou uma abordagem diferente: engenhosamente minimizou as diferenças entre as teorias físicas de Descartes e Aristóteles.[33]

No outro extremo da escala estavam os filósofos que modificavam o ensinamento de Descartes em aspectos significativos. Alguns deles foram tão independentes que é difícil saber se devem mesmo ser classificados como cartesianos; Malebranche é um exemplo óbvio. Um levantamento

---

[33] McClaughlin, "Censorship and defenders", pp. 578-579. Cf. Clarke, *Occult Powers and Hypotheses*, cap. 1.

completo destes cartesianos é obviamente algo muito afastado do escopo deste capítulo, mas não podemos nos dar ao luxo de ignorá-los completamente, pois ao vermos como os cartesianos se afastaram da ortodoxia estrita podemos medir suas avaliações das forças e fraquezas da filosofia de Descartes. Em alguns casos, os cartesianos concordavam com os anticartesianos na rejeição de alguns princípios bastante centrais do pensamento de Descartes; Malebranche, por exemplo, rejeita a doutrina de que a mente é mais bem conhecida que o corpo,[34] e tanto ele quanto Régis, por diferentes razões, rejeitam a doutrina das ideias inatas.[35]

O desenvolvimento da filosofia de Descartes na direção do ocasionalismo é central para o pensamento dos cartesianos menos ortodoxos. O ocasionalismo é uma doutrina muito mal-compreendida, que foi frequentemente apresentada nos livros didáticos como uma resposta *ad hoc* para o problema da interação entre mente e corpo, o qual Descartes supostamente deixara sem solução. Mas este quadro é duplamente enganoso.[36] Em primeiro lugar, o ocasionalismo não é uma invenção do século XVII, mas uma doutrina com uma longa história; suas origens encontram-se no pensamento árabe da Idade Média. Em segundo lugar, o ocasionalismo não é caracteristicamente proposto simplesmente como uma solução para o problema mente-corpo. É perfeitamente verdade que os sucessores de Descartes preocuparam-se com sua explicação da interação entre mente e corpo; até esse ponto o quadro recebido é correto. Mas o ocasionalismo é uma doutrina de aplicação muito mais geral; ele sustenta que uma substância finita criada jamais é a causa genuína de uma mudança de estado em qualquer outra substância finita; apenas Deus é a verdadeira causa. A pedra que atinge a janela, por exemplo, é a causa ocasional da quebra da janela, no sentido de que ela é meramente a ocasião em que o poder causal de Deus é exercido. Mas os ocasionalistas tais como Malebranche não negam

---

[34] Malebranche, *Search after Truth*, ed. e trad. [para o inglês] de Lennon e Olscamp, 3.2.7, pp. 237-239.
[35] Ibid., 3.2.4, pp. 226-227; para Régis, ver Clarke, *Occult Powers*, pp. 43-44.
[36] Para uma boa explicação do ocasionalismo, ver McCracken, *Malebranche and British Philosophy*, cap. 3.

que as mudanças no mundo sejam governadas por leis; o que eles negam é que estas leis sejam genuinamente causais.

O ocasionalismo foi mais completamente desenvolvido por Malebranche, mas versões da doutrina, com graus variados de explicitação, foram propostas por diversos cartesianos.[37] Os filósofos individuais diferiam no peso que atribuíam a argumentos particulares. Geulincx colocava grande ênfase em um argumento que se baseia no princípio de que se A é a causa de B, então A sabe como efetuar B; Malebranche, por contraste, fazia pouco uso desse argumento.[38] No entanto, para nossos presentes propósitos o ponto importante é que os ocasionalistas estavam respondendo a problemas percebidos no ensinamento geral de Descartes acerca da causalidade. La Forge, por exemplo, propunha um argumento a favor do ocasionalismo incondicionado, a partir da doutrina de criação contínua de Descartes. Ele argumentava que, se esta doutrina for pensada em detalhe, não resta nenhum espaço para a atividade causal da parte de uma substância finita; toda atividade causal deve ser atribuída a Deus apenas.[39] O argumento de La Forge apoia-se claramente na assunção de que não pode haver nenhuma sobredeterminação causal.

O ocasionalismo é movido não apenas pelo argumento filosófico, mas por motivos teológicos. A tendência do ocasionalismo é claramente empurrar a metafísica de Descartes em uma direção teocêntrica; ele detinha assim um forte apelo para pensadores como Malebranche, que estavam independentemente convencidos da doutrina paulina de que em Deus "nós vivemos, nós nos movemos e temos nosso ser".[40] Em um nível mais mundano, tais filósofos podiam acreditar que a melhor maneira de legitimar a filosofia cartesiana, concebida de modo amplo, era enfatizar suas vantagens

---

[37] As principais figuras aqui são Géraud de Cordemoy (1626-1684), Johannes Clauberg (1622-1665), Arnold Geulincx (1624-1669) e Louis de la Forge (1632-1666). Para um estudo útil de alguns cartesianos, ver Balz, *Cartesian Studies*. Ver também Clarke, *Occult Powers*.

[38] Ver Bouillier, *Histoire*, vol. I, pp. 286-287.

[39] Ver Garber, "How God causes motion: Descartes, divine sustenance, and occasionalism", *Journal of Philosophy* 84 (1987): 567-580. Cf. Malebranche, *Dialogues on Metaphysics*, Dialogue VII, pp. 156-159.

[40] Atos, 17:28.

teológicas. Essa combinação de argumento filosófico e motivos teológicos está também ativa na doutrina da visão em Deus de Malebranche.

Em termos filosóficos, a doutrina da visão em Deus de Malebranche é uma resposta a fraquezas percebidas na teoria das ideias de Descartes e, de fato, em toda sua filosofia da mente. Como enxerga Malebranche, Descartes propunha uma nova teoria mecanicista do mundo físico, e então classificava como mental tudo aquilo que não se qualificava como físico pelos austeros padrões da nova teoria; assim, os conceitos (por exemplo, o conceito de um triângulo) eram tratados como itens diretamente mentais, par a par com os pensamentos e sensações ocorrentes. Se deixarmos de lado a questão do ocasionalismo, Malebranche não tem nenhuma disputa séria com a teoria do mundo físico de Descartes, e ele não desafia a tese de que o mental e o físico são categorias exclusivas; o que ele desafia é a afirmação de que estas categorias são exaustivas. Contra Descartes, Malebranche deseja insistir que os objetos imediatos do pensamento não são nem mentais nem físicos, mas entidades abstratas cujo lugar é Deus.[41] Em outras palavras, Malebranche protesta contra a tendência de Descartes de combinar a lógica e a psicologia, uma tendência que ele crê estar na raiz da doutrina da criação das verdades eternas de Descartes.[42] Honestamente deve ser admitido que Malebranche deseja ir mais longe que isso no encalço da doutrina da visão em Deus. Ele deseja argumentar que, não apenas no pensamento, mas mesmo na percepção sensorial, a mente relaciona-se diretamente com entidades abstratas (ideias) presentes em Deus.[43] Mas a doutrina da visão em Deus é talvez melhor abordada como uma resposta à tendência de Descartes de combinar a lógica e a psicologia.

A visão em Deus não é menos motivada por considerações teológicas que o ocasionalismo; de fato, a visão em Deus pode ser vista como um paralelo epistemológico da doutrina metafísica do ocasionalismo. De acordo com o ocasionalismo, os seres humanos são por si mesmos causalmente impotentes; de acordo

---

[41] Ver Jolley, *The Light of the Soul: Theories of Ideas in Leibniz, Malebranche and Descartes.*

[42] Ver, por exemplo, a carta de Malebranche a Régis, em Malebranche, *Oeuvres Complètes de Malebranche*, vol. XVII-1, p. 308.

[43] Malebranche, *Search after Truth*, 3.2.6, esp. p. 324.

com a visão em Deus, as mentes humanas são, por assim dizer, cognitivamente impotentes a menos que sejam iluminadas pela luz das ideias de Deus. Ao desenvolver o pensamento de Descartes nessa direção, Malebranche está revivendo e estendendo autoconscientemente a doutrina agostiniana da iluminação divina. Mas Malebranche podia também afirmar estar desenvolvendo temas cartesianos. Na Quinta Meditação, Descartes argumenta que todo conhecimento depende do conhecimento prévio de Deus (AT VII 71: CSM II 49). Descartes também havia dado um viés teológico a sua doutrina das ideias inatas ao afirmar que elas são implantadas pelo próprio Deus (AT VII 51: CSM II 35).

As diferenças entre os cartesianos mais e menos ortodoxos podiam às vezes irromper em amargas controvérsias. Um exemplo célebre é o debate entre Malebranche e Arnauld acerca da natureza das ideias. Em *Das Ideias verdadeiras e falsas* (1683), Arnauld atacou com veemência a doutrina de Malebranche das ideias como sendo o que ele chamou de *êtres représentatifs* sobre e acima dos estados mentais. Arnauld argumentava que essa interpretação das ideias era tanto infiel ao ensinamento de Descartes quanto filosoficamente infundada em si mesma; tais *êtres représentatifs* eram tanto inúteis quanto desnecessários para a explicação da natureza da percepção.[44] Malebranche poderia ter defendido sua teoria em bases filosóficas, enquanto simplesmente se alegava culpado da acusação de abandonar Descartes. Mas, de fato, a resposta de Malebranche a essa última acusação era um tanto equívoca; às vezes ele admitia que achava a teoria das ideias de Descartes insatisfatória, mas outras vezes ele tentava mostrar que estava de fato sendo fiel ao ensinamento do próprio Descartes.[45] Nessa medida, até mesmo Malebranche pensava em si mesmo como um cartesiano fiel.

Anticartesianos

Os anticartesianos convictos são talvez um grupo mais variado que os cartesianos convictos. Como vimos, o cartesianismo encontrou inimigos

---

[44] Ver Nadler, *Arnauld and the Cartesian Philosophy of Ideas*, esp. cap. IV.
[45] Ver, por exemplo, *Trois Lettres I, Oeuvres*, ed. Robinet, vol. VI, pp. 214-218.

entre grupos religiosos tais como os jesuítas e os jansenistas; filosoficamente, seus inimigos vão desde os escolásticos e fideístas céticos, entre os conservadores, até os atomistas e completos materialistas, entre os modernos. O que é surpreendente é a medida em que conservadores e radicais encontram um solo comum; uma coisa é certa: eles tendem a concordar em assemelhar as visões de Descartes a posições filosóficas tradicionais.

Alguns dos mais agudos críticos de Descartes foram colegas modernos decididos a se dedicar a suas próprias agendas filosóficas. É admirável que os intercâmbios mais acrimoniosos de Descartes nos primeiros seis conjuntos de *Objeções e respostas* não sejam com teólogos consevadores, mas com Hobbes e Gassendi. Leibniz acreditava que, ao menos da parte de Descartes, o ciúme profissional fosse o responsável pelo tom acrimonioso destes intercâmbios; Descartes temia Hobbes e Gassendi como rivais cujas filosofias poderiam eclipsar a sua própria e, por essa razão, tratava as objeções deles com menos respeito do que mereciam.[46] De qualquer modo, a agudeza das reações de Descartes serviu apenas para aumentar a hostilidade de Hobbes e Gassendi, embora eles tenham reagido de maneiras acentuadamente diferentes. Após a fria recepção de suas objeções por parte de Descartes, Hobbes nunca mais mencionou a filosofia de Descartes em seus escritos publicados; Gassendi, por contraste, expandiu suas objeções originais em um grande volume, a *Disquisitio Metaphysica* (1644). Nessa obra, Gassendi não apenas amplia suas críticas originais, mas também reclama constantemente do tratamento que recebeu nas mãos de Descartes.

De acordo com John Aubrey, Hobbes admirava Descartes como matemático, mas o rejeitava como filósofo; ele não lhe dava crédito nem pela habilidade filosófica, nem pela integridade intelectual:

> O Sr. Hobbes constumava dizer que se Descartes tivesse dedicado-se inteiramente à geometria, teria sido o melhor geômetra do mundo, mas que sua cabeça não prestava para a filosofia. Ele o admirava muito,

---

[46] Leibniz, "Remarques sur l'abrégé de la vie de Mons. de Cartes", em Gerhardt (ed.), *Philosophischen Schriften* IV 321.

mas dizia que não podia perdoá-lo por escrever em defesa da transubstanciação, o que ele [Descartes] sabia ser absolutamente contra seu julgamento e feito meramente para apascentar os jesuítas.[47]

Não é difícil ver o que há por trás deste julgamento desfavorável acerca da habilidade filosófica de Descartes. Nas Terceiras Objeções, a principal objeção de Hobbes concentra-se no que pode parecer um argumento a favor do dualismo; Hobbes critica a inferência feita por Descartes de "eu penso" a "eu sou pensamento", com base no fato de que ela confunde o mero ato de um sujeito com a natureza essencial do sujeito (AT VII 172: CSM II 122). No máximo, é claro, Hobbes refutou apenas um argumento a favor da teoria dualista da mente de Descartes, e pode-se argumentar que ele não fez nem isso; pois Descartes insiste que não prova a distinção real entre mente e corpo antes da Sexta Meditação. Mas como disse um autor, a concepção cartesiana da mente como uma substância imaterial parece ter sido tão absurda para Hobbes a ponto de ser quase indigna de refutação.[48]

Um traço da filosofia de Descartes que Hobbes não admirava era seu uso do ceticismo na Primeira Meditação; Hobbes expressou surpresa quanto ao fato de Descartes ter decidido publicar esse material antigo (AT VII 171: CSM II 121). Gassendi era similarmente insensível ao uso do ceticismo feito por Descartes, mas há uma diferença nas reações de ambos. Diferentemente de Hobbes, Gassendi parece enxergar que há um elemento novo no ceticismo da Primeira Meditação, mas ele não considera a novidade da contribuição de Descartes como algo a ser admirado.[49] Ao contrário, Gassendi censura Descartes por compreender mal, de modo perverso, céticos gregos antigos tais como Sexto Empírico. Para Gassendi, todo o propósito dos argumentos céticos é mostrar que não podemos conhecer as verdadeiras naturezas interiores das coisas. Como diz Gassendi, os céticos

---

[47] O. L. Dick (ed.), *Aubrey's Brief Lives* (Penguin: Harmondsworth, 1972), p. 185.
[48] J. W. N. Watkins, *Hobbes's System of Ideas*, 2ª ed. (Hutchinson, Londres, 1973).
[49] Sobre essa questão, ver R. Walker, "Gassendi and Skepticism", em Burnyeat (ed.), *The Skeptical Tradition*, pp. 319-336.

antigos diferem de Descartes por não questionarem o que ele chama de "fenômenos" ou aparências.⁵⁰ Em outras palavras, eles aceitam que o mel tem sabor doce para alguns e amargo para outros e, com base nisso, argumentam que é difícil determinar a verdadeira natureza do mel; mas eles não questionam que há realmente algo – o mel – com sabor diferente para diferentes pessoas. Diferentemente de Descartes, os céticos antigos não colocam em questão a existência do mundo exterior.

Para nós, Gassendi pode parecer não ter compreendido o ponto do ceticismo de Descartes acerca dos sentidos, mas é justo notarmos que, de sua perspectiva, foi Descartes que não compreendeu o desafio cético. Aos olhos de Gassendi, Descartes falhou perversamente em apreender a força do ataque cético ao poder do intelecto humano. Descartes afirma ter descoberto as naturezas interiores das coisas, mas ao ser desafiado acerca das bases de seu conhecimento ele deve apelar para a confiabilidade das ideias claras e distintas. Se Descartes for então desafiado acerca da questão de como ele sabe que estas ideias claras e distintas são verdadeiras, ele só pode apelar para a existência de um Deus não enganador. Mas nesse caso, como acusam também outros críticos, seu argumento parece ruidosamente circular.⁵¹

De todos os críticos de Descartes, podemos esperar que os escolásticos sejam os mais conscientes de sua novidade; certamente, a seus olhos Descartes deve parecer um perigoso revolucionário. Curiosamente, no entanto, essa reação parece ter sido menos comum do que se pode imaginar. O caso de um escolástico, Libert Froidmont, é instrutivo a esse respeito. Quando o *Discurso do Método* apareceu pela primeira vez, Froidmont viu corretamente Descartes como um mecanicista e, de modo suficientemente previsível, foi o mecanicismo de Descartes que o ofendeu: "Essa composição de corpos a partir de partes de diferentes figuras parece excessivamente grosseira e mecânica".⁵² Mas de outras maneiras a reação de Froidmont é

---

[50] Gassendi, *Disquisitio metaphysica*, Rochot (ed.). Meditação 2, Dúvida 1, Exemplo, pp. 68-69.
[51] Ibid., Meditação 3, Dúvida 1, Exemplo 1, pp. 204-205.
[52] Carta de Fromondus (Froidmont) a Plempius, 13 de setembro de 1637: AT I 406. Ver Garber, "Descartes, the Aristotelians, and the revolution that did not happen in 1637", p. 475.

surpreendente. Pois Froidmont enxerga Descartes não como um mecanicista, mas como um atomista na tradição de Demócrito e Epicuro. Isso, é claro, é um erro de compreensão; Descartes rejeitava explicitamente o atomismo. Mas é interessante ver Descartes sendo atacado, não como um inovador, mas como ressucitador de velhas heresias que foram há muito solidamente refutadas. De fato, aos olhos de Froidmont, o atomismo havia sido refutado por Aristóteles antecipando-se ao próprio Epicuro.[53]

A acusação de que Descartes era um pensador não original não morreu no século XVII quando sua filosofia tornou-se mais bem conhecida. A falta de originalidade de Descartes é uma das acusações centrais lançadas contra Descartes por Pierre-Daniel Huet em sua imensamente influente *Censura Philosophiae Cartesianae* (1689). Huet foi um patrono e protetor dos jesuítas e, assim como os jesuítas, nutria um profundo respeito pela filosofia de Aristóteles. Mas ele também simpatizava com a tradição de ceticismo filosófico derivada dos gregos e, como outras figuras no século XVII, combinava o ceticismo na filosofia com uma abordagem fideísta da religião.[54]

Para Huet, Descartes era um tipo de fingidor. Descartes afirmava ser o primeiro a estabelecer a filosofia em bases firmes e gabava-se de sua ignorância da tradição filosófica, mas estas afirmações eram em grande parte fraudulentas. A afirmação de Descartes de ser ignorante da tradição era um artifício para persuadir as pessoas de que ele era mais original do que realmente era.[55] De fato, para Huet, havia pouco de verdadeiramente novo na filosofia de Descartes. Ao contrário, quase tudo nela havia sido tomado emprestado do passado filosófico. Na verdade, Huet cataloga os empréstimos de Descartes em detalhes: sua dúvida é tirada dos céticos gregos, seu *Cogito* de Agostinho, o argumento ontológico de Anselmo, e assim por diante.[56] Huet chega próximo de acusar Descartes de plágio; no mínimo ele censura-o por esconder sem ingenuidade seus débitos para com outros

---

[53] Garber, "Descartes, the Aristotelians", pp. 475-477.
[54] Sobre Huet, ver Bouillier, *Histoire*, vol. I, cap. 27.
[55] P.-D. Huet, *Censura philosophiae cartesianae*, pp. 195-196.
[56] Ibid., pp. 201-220.

filósofos. Huet parece assim desmentir a afirmação, frequentemente feita nos dias de hoje em defesa de Descartes, de que no século XVII simplesmente não havia o costume de fazer notas de pé de página mencionando outros autores. Huet pelo menos via Descartes como fazendo algo repreensível.

De modo um tanto previsível, um dos temas principais da crítica de Huet é que a filosofia de Descartes é uma ameaça à fé católica. Huet reconhece as profissões de respeito de Descartes pelos ensinamentos católicos, mas o acusa de que sua arrogância leva-o a adotar uma estratégia perversa com respeito à fé. Descartes deveria ter aceitado os dogmas católicos como dados e então adaptado sua filosofia a eles; em vez disso, ele trata suas próprias opiniões filosóficas como certas e depois talha os dogmas católicos para se adequarem a elas.[57] Huet deixa claro que tem em mente a atitude de Descartes para com a transubstanciação e a criação *ex nihilo*.

Com essa base, Huet oferece um interessante diagnóstico dos motivos de Descartes para introduzir sua estranha doutrina da criação das verdades eternas. De acordo com Huet, Descartes apresenta seu próprio intelecto como um padrão para o que está ou não em conformidade com a razão. Mas ele é forçado a reconhecer que há dogmas católicos, tais como a transubstanciação, que não se adequam a esse padrão. Descartes então infere que Deus pode fazer coisas que não estão meramente acima, mas que são mesmo contrárias à razão.[58] Em vez disso, diz Huet, Descartes deveria ter tomado como axioma a afirmação de que os dogmas católicos nunca são contrários à razão. Se houvesse assumido essa linha, ele teria sido forçado a concluir que suas próprias intuições filosóficas não são o padrão de racionalidade.

A *Censura* de Huet não apenas ataca a falta de originalidade e a heterodoxia teológica de Descartes; ela também oferece um comentário filosófico detalhado sobre o pensamento de Descartes, de um ponto de vista solidário ao ceticismo. Diferentemente de alguns outros críticos conservadores,

---

[57] Ibid., pp. 172-173.
[58] Ibid., pp. 174-175.

Huet não se opõe à dúvida metódica de Descartes por si mesma; de fato, para Huet, esta é a melhor coisa na filosofia de Descartes. Em vez disso, Huet critica Descartes por não levar adiante de modo consistente o projeto da dúvida metódica. Em outras palavras, Descartes coloca para si mesmo uma regra de não aceitar nada que não seja certo, mas ele logo a abandona e admite proposições que são ou meramente prováveis ou realmente falsas.[59] Entre outras críticas, Huet afirma que Descartes não teve sucesso em mostrar que o *Cogito* é indubitável. Nas palavras de um comentador, "Huet argumentou que não apenas o 'penso, logo existo' é uma inferência, mas também que ele envolve uma sequência temporal do momento em que o pensamento está ocorrendo ao momento em que o indivíduo percebe que pensou, e que a memória pode ser inacurada".[60]

Foi afirmado que, em sua crítica filosófica, Huet depende muito de Gassendi.[61] Isso é talvez um exagero, mas é certamente verdade que Huet e Gassendi atacam muitas das mesmas doutrinas, e que às vezes Huet reproduz as próprias objeções de Gassendi. Assim, Huet segue Gassendi ao criticar Descartes por dizer que pretende rejeitar todas as suas opiniões anteriores como falsas; isso não é duvidar, mas adquirir uma nova crença, e essa nova crença é quase certamente falsa, pois entre as velhas opiniões encontram-se presumivelmente algumas verdadeiras. Portanto, o empreendimento da dúvida metódica não pode ser caracterizado nestes termos.[62] Ademais, como Gassendi, Huet constrói um ataque amplamente empirista à doutrina das ideias inatas e à tese de que a mente é mais bem conhecida que o corpo.[63] O ponto importante

---

[59] Ibid., p. 13.
[60] R. Popkin, "Pierre-Daniel Huet", em P. Edwards (ed.), *Encyclopedia of Philosophy* (Nova Iorque, 1967), vol. 4, p. 67. Ver Huet, *Censura* pp. 19-21.
[61] Bouillier, *Histoire*, vol. I, p. 584.
[62] Huet, *Censura*, p. 13; Gassendi, Quintas Objeções: AT VII 257-258: CSM II 180.
[63] Para a rejeição das ideias inatas, ver Huet, *Censura*, pp. 90-96; Gassendi, Quintas Objeções: AT VII 279-290: CSM II 195. Para a rejeição da afirmação de que a mente é mais bem conhecida que o corpo, ver Huet, *Censura*, pp. 81-85; Gassendi, Quintas Objeções: AT VII 275-277: CSM II 192-193.

para nossos propósitos é que Huet e Gassendi tenham podido encontrar tanto solo comum. Ao passo que Huet é um conservador, Gassendi é um dos modernos; de fato, ele está envolvido em um projeto, não diferente do de Descartes, de propor uma filosofia antiescolástica e mecanicista da natureza.

Falar sobre cartesianos e anticartesianos é de certa forma enganoso, pois ignora o fato de que alguns filósofos podiam mudar de afiliação. Mesmo Huet, apesar de sua hostilidade, havia sido um cartesiano em certo ponto de sua carreira. Talvez o exemplo mais visível de uma aparente apostasia da fé cartesiana seja Henry More, o platônico de Cambridge. More havia se correspondido com Descartes e por algum tempo foi um de seus mais ardentes admiradores, mas, como Huet, tornou-se um de seus piores inimigos.

A apostasia de More confundiu os estudiosos, e sua natureza exata tem sido debatida. Não parece que as posições filosóficas do próprio More tenham se alterado ou mesmo que sua avaliação puramente filosófica de Descartes tenha passado de uma aceitação inicial para uma rejeição final.[64] Desde o início More teve reservas filosóficas acerca das visões de Descartes, e tais reservas permaneceram razoavelmente constantes; por exemplo, ele nunca aceitou a tese de que a extensão é a essência da matéria e, mesmo em correspondência com Descartes, foi um áspero opositor da doutrina da besta-máquina.[65] O que parece ter mudado é a natureza das preocupações fundamentais de More; a defesa da religião contra os ateístas veio a assumir uma importância maior em relação a seus interesses puramente filosóficos. Como resultado, a austera explicação mecanicista do mundo físico de Descartes parecia oferecer um conforto excessivo para os inimigos da religião; nas palavras de um escritor, ela era "perfeita para os propósitos do ateísta".[66]

---

[64] Ver Gabbey, "Philosophia cartesiana triumphata: Henry More (1646-1671)", em Lennon, Nicholas e Davis (eds.), *Problems of Cartesianism*, p. 195.
[65] Ver carta de More a Descartes, 11 de dezembro de 1648: AT V 243.
[66] Gabbey, "Philosophia cartesiana", p. 233.

Espinosa e Leibniz

Espinosa compôs uma exposição dos *Princípios de Filosofia* de Descartes, e Leibniz escreveu um comentário crítico sobre a mesma obra.[67] A filosofia de Descartes era realmente de importância primária para seus dois principais sucessores "racionalistas", mas nem Espinosa nem Leibniz podem ser classificados de modo simples como cartesianos ou anticartesianos; suas atitudes em relação a Descartes são complexas e ambivalentes. Apesar das enormes diferenças em suas motivações filosóficas, em muitos aspectos suas atitudes em relação a Descartes tendem a ser paralelas. Espinosa e Leibniz notoriamente concordam que Descartes criou um problema de interação entre mente e corpo que ele não foi capaz de resolver; como coloca Leibniz, "Descartes desistiu de lutar com este problema, até onde podemos saber a partir de seus escritos".[68] De modo mais geral, Espinosa e Leibniz simpatizam com o projeto de uma metafísica *a priori*, mas ambos concordam que Descartes falhou na execução do projeto. De fato, neste aspecto a reação de Leibniz complementa a de Espinosa, pois se Espinosa afirma que Descartes não foi longe o suficiente na direção de seu próprio sistema, Leibniz sustenta, ao contrário, que Descartes foi longe demais naquela direção; no mínimo, Descartes tornou possível o espinosismo. Como coloca Leibniz, "Espinosa meramente cultivou certas sementes da filosofia de Descartes".[69]

A ambivalência característica da atitude de Espinosa para com Des-

---

[67] Espinosa, *Parts I and II of Descates' Principles of Philosophy*, em Gerhardt (ed.), *Opera* I, pp. 127-281, e em Curley (ed.), *Collected Works* I, pp. 224-346; Leibniz, "Critical remarks concerning the general part of Descartes' principles", Gerhardt IV 350-392, e em Loemker (ed.), *Leibniz, Philosophical Papers and Letters*, pp. 383-412. A obra de Espinosa contém um apêndice intitulado *Pensamentos Metafísicos*, no qual ele expõe suas próprias visões filosóficas.

[68] "New System of the Nature and Communication of Substances", Gerhardt IV 483, Loemker 457.

[69] Carta de Leibniz a Nicaise, 15 de fevereiro de 1697: Gerhardt II 563.

cartes pode ser percebida no Prefácio de sua exposição dos *Princípios* de Descartes; este Prefácio foi escrito por um certo Lodewijk (ou Luís) Meyer, mas recebeu a bênção de Espinosa. De um lado, Descartes é elogiado como "a estrela mais brilhante de nossa época";[70] foi Descartes quem "descobriu fundamentos firmes para a filosofia, fundamentos sobre os quais muitas verdades podem ser construídas, com ordem e certeza matemáticas".[71] Ainda assim, como indica Meyer, embora em sua exposição didática Espinosa sinta-se obrigado a seguir Descartes, isso não significa que ele concorde com Descartes em tudo; ao contrário, há muitas doutrinas de Descartes que ele rejeita como falsas. Como um exemplo desse desacordo, Meyer assinala a inabilidade de Espinosa em aceitar o compromisso de Descartes com a existência de uma faculdade de livre arbítrio distinta do intelecto.[72]

Aos olhos de Espinosa, Descartes falhou em seguir seus próprios princípios até a conclusão lógica destes últimos. Para Espinosa, ao que parece, não há nenhum mistério real acerca da fonte da falha de Descartes a esse respeito. Descartes foi influenciado pela política teológica; ele temeu alçar voo diante da doutrina da Igreja. Em particular, Descartes fez concessões em seu sistema a fim de acomodar crenças cristãs tradicionais sobre Deus, a liberdade e a imortalidade. Por exemplo, Descartes definiu "substância" de modo a implicar que somente Deus satisfaria a definição, mas evadiu-se de reconhecer esta consequência (*Princípios*, Parte I, art. 51). Novamente, a fim de encontrar espaço em seu sistema para o livre arbítrio e para a imortalidade, Descartes abraçou uma explicação incoerente da mente humana como isenta do reino da causalidade natural; Descartes e outros concebem o homem na natureza como um "reino dentro de um reino".[73] Se Descartes houvesse se mantido consistentemente fiel a seus princípios, ele teria sido levado ao tipo de metafísica naturalista que Espinosa expôs na *Ética*.

---

[70] Gerhardt I 128, Curley I 226.
[71] Ibid.
[72] Gerhardt I 132, Curley I 229.
[73] *Ética* III, Prefácio: Gerhardt II 137: Curley I 491.

A visão madura de Leibniz sobre Descartes foi poderosamente moldada pela consciência que ele tinha de Espinosa, e sua preocupação com a ameaça do espinosismo levou-o a dar uma nova direção à queixa familiar de que a filosofia de Descartes é um perigo para a religião. Leibniz para antes de questionar a sinceridade de Descartes; ele o acusa, em vez disso, de adotar princípios que têm "estranhas" – isto é, espinosísticas – consequências.[74] Como dissemos, a definição de "substância" de Descartes podia ser vista como tendo implicações espinosísticas, e Leibniz não hesitou em apontar esse fato.[75] Mas a acusação de espinosismo incipiente feita por Leibniz contra Descartes vai além disso; Leibniz se baseia em outras doutrinas da filosofia de Descartes para apoiar sua acusação. Uma dessas doutrinas é particularmente proeminente na crítica de Leibniz: a expulsão das causas finais da física, por parte de Descartes, prepara o terreno para a rejeição completa de todas as formas de explicação teleológica por parte de Espinosa.[76] Às vezes Leibniz parece desviar-se de seu caminho para pintar Descartes com o pincel do espinosismo. Leibniz gostava de citar uma obscura passagem dos *Princípios de Filosofia*, em que Descartes anuncia que "a matéria assume sucessivamente todas as formas de que é capaz" (Parte III, art. 47: AT VIIIA 103: CSM I 258). Leibniz comenta:

> Não creio que uma proposição mais perigosa que essa possa ser formulada. Pois se a matéria assume, sucessivamente, todas as formas possíveis, segue-se que não há nada que possa ser imaginado de tão absurdo, tão bizarro e tão contrário àquilo que chamamos de justiça, que não possa ter acontecido e não venha a acontecer um dia. Estas são precisamente as opiniões que Espinosa expôs mais claramente.[77]

---

[74] Ver, por exemplo, carta de Leibniz a Nicaise, 15 de fevereiro de 1697: Gerhardt II 562.
[75] "Conversation of Philarete and Ariste": Gerhardt VI 582, Loemker 620.
[76] Carta de Leibniz a Nicaise, 15 de fevereiro de 1697: Gerhardt II 562; carta de Leibniz a Philippi, sem data: IV 281.
[77] Carta de Leibniz a Philippi, janeiro de 1680: Gerhardt IV 283.

Descartes poderia ter respondido que ele estava meramente expondo uma versão do assim chamado "Princípio de Plenitude", e que longe de ser uma perigosa inovação, este é um princípio que vem desde Aristóteles. Ou, se a aceitação deste princípio faz dele um espinosista, ele está em respeitável companhia.

O outro grande tema da crítica de Leibniz alinha-o com Huet, de cuja *Censura* sabe-se que ele foi um admirador.[78] Como Huet, Leibniz constrói um ataque geral às pretensões de Descartes à originalidade e, novamente como Huet, ele mescla a crítica filosófica com ataques pessoais ao caráter de Descartes; em particular, ele ataca Descartes por sua "estranha ambição de tornar-se o líder de uma seita".[79] O substrato da crítica de Leibniz à originalidade de Descartes é, na verdade, duplo. Em primeiro lugar, Descartes deve muito mais à tradição filosófica do que está disposto a admitir; Leibniz segue Huet ao catalogar os empréstimos não declarados tomados por Descartes de filósofos anteriores.[80] Leibniz talvez estivesse particularmente impressionado pelo débito de Descartes para com Platão; às vezes ele parece considerá-lo como um tipo de platônico obstinado.[81] Em segundo lugar, as coisas nas quais Descartes prioritariamente baseia suas afirmações de originalidade não valem muito. As regras do método de Descartes são criticadas por sua vacuidade, e são de fato o objeto de uma das zombarias mais memoráveis de Leibniz: "Elas são como os preceitos de um químico: toma o que precisas, faze o que deves, e terás o que queres".[82] De modo similar, o critério de verdade de Descartes – Tudo aquilo que percebo clara e distintamente é verdadeiro – é inútil a menos que sejam fornecidos critérios de clareza e distinção; e Leibniz

---

[78] Leibniz esperava até mesmo que suas próprias críticas a Descartes pudessem ser incluídas em uma edição futura da *Censura* de Huet (Gerhardt I 421). Ver Brown, *Leibniz*, p. 47, n. 2.
[79] Por exemplo, "Remarques sur l'abrégé", Gerhardt IV 320.
[80] Ensaio sem título, Gerhardt IV 305.
[81] Ver "On the correction of metaphysics and the concept of substance", Gerhardt IV 468-9, Loemker 432. Cf. Brown, *Leibniz*, pp. 37-38.
[82] Ensaio sem título, Gerhardt IV 329.
[83] Ibid., 331. Ver Belaval, *Leibniz, critique de Descartes*, esp. cap. 1.

pensa que Descartes não teve sucesso em fornecer critérios adequados.[83]

De certa forma, mesmo a crítica de Leibniz à física cartesiana pode ser vista como um comentário sobre as regras do método de Descartes. O valor de um método deve ser julgado por seus resultados; se o método de Descartes tivesse algum valor real, então sua aplicação aos problemas da física teria resultado em decobertas genuínas, e apenas descobertas genuínas. Mas de fato a física de Descartes é cheia de erros, e Leibniz deleitou-se em apontá-los; como mostra Leibniz, as leis de impacto de Descartes estão seriamente em conflito com os dados empíricos.[84] Assim, se assumimos que Descartes foi fiel a seus próprios princípios, segue-se que o método não tem valor nenhum. Como vimos, a visão de Leibniz não é tanto que as regras do método têm substância mas são errôneas, mas que elas são desprovidas de qualquer conteúdo real.

A crítica de Leibniz a Descartes é bastante inclusiva; ela abarca suas teorias físicas bem como sua metafísica, sua teoria do conhecimento e sua metodologia. Não é de admirar, então, que Leibniz tenha colidido com cartesianos convictos; ele foi acusado por Regius, por exemplo, de buscar construir sua reputação sobre as ruínas da de Descartes.[85] Contudo, como Leibniz foi rápido em apontar, sua atitude para com a filosofia de Descartes não foi de modo algum inteiramente negativa. Ao contrário, Leibniz diz estar acostumado a chamar a filosofia de Descartes de antecâmara da verdade.[86] Presumivelmente, com este comentário Leibniz busca chamar atenção para sua simpatia em relação ao empreendimento cartesiano da teologia natural; Leibniz aprova completamente as tentativas de Descartes de provar a existência de Deus e a imaterialidade da alma, mesmo embora ele pense que as provas de Descartes são defeituosas ou incompletas. De fato, Leibniz está de muitas maneiras engajado em uma reinterpretação criativa de doutrinas cartesianas tais como a das ideias inatas e a tese de que a mente está sempre pensando.

---

[84] Nos *Acta Eruditorum* de março de 1686, Leibniz publicou um artigo importante, crítico das leis de impacto de Descartes, intitulado "Uma breve demonstração de um erro notável em Descartes", Loemker 296-302.

[85] Gerhardt IV 333.

[86] Carta de Leibniz a Philippi, sem data: IV 282; "Réponse aux Refletions", p. 337.

LOCKE

> Os primeiros livros (como me disse o próprio Sr. Locke) que lhe propiciaram um gosto por estudos filosóficos foram os de Descartes. Ele regozijava-se na leitura destes livros porque, embora muito frequentemente diferisse deste autor em opinião, ainda assim achava bastante inteligível aquilo que ele dizia; donde era encorajado a pensar que o fato de não ter entendido outros não havia, possivelmente, procedido de modo algum de um defeito em seu entendimento.[87]

A observação de Lady Marsham revela uma verdade que foi desde então frequentemente perdida de vista; Locke, como Leibniz e Espinosa, era ambivalente em sua atitude para com Descartes. Para Locke, Descartes foi o primeiro, ou um dos primeiros, a emancipar as mentes das pessoas de sua servidão às doutrinas ininteligíveis de Aristóteles e dos escolásticos. Mas Descartes foi também um dogmático, e o dogmatismo era quase tão perigoso para o avanço do conhecimento e da ciência quanto os "escombros" do escolasticismo, o qual Descartes ajudara a enterrar.

Lady Marsham refere-se modestamente às diferenças de opinião de Locke em relação a Descartes, e Locke é talvez tão famoso quanto qualquer um por ter diferenças de opinião com Descartes. Contudo, se nos concentrarmos em temas específicos, pode parecer que há pouca coisa nova na crítica de Locke a Descartes. De fato, em quase qualquer tema as críticas particulares de Locke foram antecipadas por outros; Gassendi é talvez o principal precursor, pois, como Locke, opôs-se ao dogmatismo cartesiano em nome de uma explicação supostamente atomística da natureza. Embora esteja bastante afatado dele filosoficamente, até mesmo o compatriota de Locke, More, antecipou algumas das críticas de Locke; como vimos, More opôs-se constantemente às doutrinas cartesianas do automatismo animal e da extensão como essência da matéria, e

---

[87] Citado em M. Cranston, *John Locke: A Biography* (Londres, 1957), p. 100.
[88] Ver *Ensaio* II.xi.11; II.xiii.11.

estas críticas estão presentes no *Ensaio* de Locke.[88]

Feitas todas as concessões, é difícil escapar do sentimento de que Locke introduziu um novo estágio na recepção da filosofia de Descartes. Locke parece promover uma visão de Descartes que seria popularizada por Voltaire no século XVIII e tornar-se-ia assim a voga do Iluminismo. Uma coisa é certa: enquanto Huet, Leibniz e alguns escolásticos afirmavam enxergar pouca coisa original em Descartes, Locke parece aceitar implicitamente que com Descartes a filosofia começa de novo; Locke pode não fazer uso da frase, mas ele dificilmente entraria em disputa contra a afirmação de que Descartes é o "pai da filosofia moderna". Há traços adicionais da atitude de Locke para com Descartes que, tomados juntos minimamente, põem-no de lado em relação a seus contemporâneos e apontam para o século que se seguiu.

Locke não foi, é claro, o primeiro a acusar Descartes de ter sido seduzido pela "vaidade de dogmatizar"; Huet havia feito a mesma acusação.[89] Contudo, há uma diferença entre Locke e Huet na maneira como lidam com essa acusação. No caso de Huet, é às vezes difícil dizer se ele está atacando as pretensões do intelecto humano ou as pretensões do intelecto de Descartes; em outras palavras, as questões filosóficas acerca dos limites das faculdades cognitivas humanas encontram-se misturadas, ou mesmo fundidas, com ataques pessoais à arrogante confiança de Descartes em seus próprios argumentos. Por contraste, a acusação de dogmatismo de Locke contra Descartes é livre desse tipo de fusão. Para Locke, dizer que Descartes é dogmático é dizer que ele está sob o controle de uma crença errônea acerca dos poderes da razão humana; o que está em questão é um erro filosófico, em vez de uma falha pessoal. Em sua discussão do problema mente--corpo, por exemplo, a visão clara, apesar de implícita, de Locke não é tanto que Descartes confia em seus próprios argumentos a favor do dualismo em detrimento de outros argumentos que poderiam ser melhores, mas sim, em vez disso, que Descartes está comprometido com a dúbia assunção de

---

[89] "A Vaidade de Dogmatizar", *The Vanity of Dogmatizing* (1961), é o título de uma obra de Joseph Glanvill. Glanvill estava intimamente ligado à primitiva Royal Society.

[90] Ver *Ensaio* IV.iii.6.

que a razão humana deve ser capaz de resolver esse problema.[90]

Para muitas figuras do século XVII, Descartes era principalmente um filósofo-cientista revoltado contra a filosofia escolástica da natureza. Descartes era famoso, ou notório, como inimigo das formas substanciais e qualidades ocultas e como defensor de explicações puramente mecânicas. Em outras palavras, eram a ciência de Descartes e sua ontologia do mundo físico que estavam no centro da atenção e da controvérsia. Este lado de Descartes não está ausente, é claro, das discussões de Locke, pois a acusação de dogmatismo proferida por Locke abarca as afirmações de Descartes sobre a *res extensa* não menos que suas afirmações sobre a *res cogitans*. Mas há pouca dúvida de que Locke está mais preocupado com o Descartes filósofo da mente do que com o Descartes cientista natural. De fato, pareceria que, para Locke, Descartes é acima de tudo o proponente de uma teoria dogmática da mente a partir da qual ele deduziu supostas verdades tais como a de que a alma sempre pensa e de que ela está abastecida de ideias inatas. Essa mudança de ênfase é sutilmente refletida nos escritos de Voltaire sobre Descartes. Pascal havia acusado Descartes de escrever uma "novela da natureza";[91] Voltaire apropria-se dessa frase e transforma-a, acusando implicitamente Descartes de ter escrito uma "novela da alma".[92] Desde a época de Voltaire, é a "novela da alma" de Descartes, em vez de sua "novela da natureza", que é de maior interesse para os filósofos.

De Luís XIV em diante, os críticos de Descartes do século XVII acusaram sua filosofia de ser perigosa para a fé cristã. Em Locke, por contraste, tais acusações não apareceram. É claro que, como protestante, Locke não tinha as preocupações distintamente católicas de um Huet; ele não tinha que se preocupar com a compatibilidade da filosofia da matéria de Descartes com o dogma da transubstanciação. Mas, como vimos, o brado de de a filosofia de Descartes era perigosa para a fé cristã não foi levantado exclusivamente pelos católicos; ele havia sido ouvido de protestantes como Voetius, Leibniz e More. Pode-se salientar que, como alguém que se

---

[91] Pascal, *Pensées*, p. 356.
[92] Voltaire, *Letters on England*, p. 63.

recusava a excluir a possibilidade de uma matéria pensante, Locke não estava estrategicamente bem-posicionado para acusar Descartes de minar as crenças cristãs, mesmo se tivesse querido fazê-lo.[93] Mas Locke certamente não tinha nenhum interesse em construir o tipo de campanha difamadora que interessava a tantos de seus contemporâneos. Como um latitudinário, Locke se opunha profundamente ao espírito sectário que subjazia caracteristicamente a tais ataques. Não é exagero dizer que Locke buscava provocar uma mudança na voga do discurso filosófico.

Em 1741, exatamente cem anos depois da publicação das *Meditações*, um escritor examinou a posição do cartesianismo na França:

> É verdade que o cartesianismo não é mais proibido hoje em dia, nem perseguido como foi anteriormente; ele é permitido, e mesmo protegido, e talvez isso seja importante em certos aspectos; mas ele envelheceu, perdeu os encantos que adquiriu da perseguição injusta – encantos ainda mais picantes que os da juventude.[94]

Por volta da metade do século XVIII, o cartesianismo havia passado, nas palavras de um estudioso, da oposição ao poder; pelo menos na França, Descartes havia se tornado uma figura do estabelecimento.[95] Essa mudança na reputação de Descartes teve suas ironias. Em 1751, a Sorbonne viu-se incitada a defender a doutrina cartesiana das ideias inatas contra o novo empirismo de Locke.[96] Um século antes, por contraste, a mesma Sorbonne havia atacado as ideias inatas em nome da velha citação escolástico-aristotélica: "Não há nada no intelecto que não tenha estado antes nos sentidos". Assim, no intervalo de um século havia ocorrido uma completa reversão de posições. As ideias inatas tinham se tornado a nova ortodoxia, e o empiris-

---

[93] Ver *Ensaio* IV.iii.6.
[94] Citado em Bouilliet, *Histoire*, vol. II, p. 547.
[95] Ibid.
[96] Ibid., p. 624.

mo era agora a doutrina radical. Uma outra ironia da situação foi notada por Voltaire. Descartes estava sendo aceito pelo estabelecimento acadêmico na França ao mesmo tempo que sua física estava sendo suplantada por Newton. Como colocou Voltaire: "Que revolução nas opiniões dos homens! A filosofia de Descartes era proscrita na França enquanto tinha alguma aparência de verdade e suas engenhosas hipóteses não haviam sido desmentidas pela experiência, e agora que nossos olhos demonstram seus erros, não será permitido abandoná-las".[97]

Quais foram as razões para essa dramática mudança nos destinos de Descartes? Uma discussão completa desta questão está além do escopo do presente ensaio, mas dois possíveis fatores são dignos de nota aqui. Primeiro, vimos que vários pensadores batalharam para legitimar Descartes aos olhos da Igreja Católica, associando-o a Agostinho; eles buscavam lembrar aos ortodoxos uma tradição não escolástica na teologia e filosofia cristãs, à qual Descartes podia ser plausivelmente ligado, e da qual ele poderia de fato parecer ser o representante moderno. Essa campanha sem dúvida alcançou algum grau de sucesso; ela teve sucesso em concentrar a atenção sobre aquele lado de Descartes que fornecia um apoio para a defesa da fé cristã. Um segundo fator é talvez mais importante. No século XVIII, Descartes havia sido suplantado na esquerda filosófica por outros modernos; Hobbes e Espinosa eram especialmente notórios, mas até mesmo Locke havia defendido a possibilidade da matéria pensante. Os conservadores voltaram-se para Descartes com alívio, porque as alternativas pareciam muito piores. Mas, como diz Voltaire, na metade do século XVIII tal movimento era muito tardio; a filosofia de Descartes havia sido surpreendida por Locke, e sua física havia sido demolida por Newton.

[97] Ibid., p. 563.

Bibliografia

Textos e Edições: Descartes

Adam, C. e Milhaud, G. (eds.), *Descartes, Correspondence*. Paris: Presses Universitaires de France, 1936-1963.

AT: Adam, C. e Tannery, P. (eds.), *Oeuvres de Descartes*. Edição revisada, 12 vols. Paris, Vrin/CNRS, 1964-1976.

Alquié, F. (ed.), *Descartes, Oeuvres Philosophiques*, 3 vols. Paris: Granier, 1963.

Buzon, F. (ed.), *Descartes, Abrégé de Musique, avec Présentation et Notes*. Paris: Presses Universitaires de France, 1987.

Cottingham, J. G. (ed.), *Descartes Conversation with Burman*. Oxford: Clarendon, 1976.

CSM: Cottingham, J. G., Stoothoof, R. e Murdoch, D. (eds.), *The Philosphical Writings of Descartes*, 2 vols. Cambridge University Press, 1985; **CSMK:** Volume três da coleção anterior, pelos mesmos tradutores e Anthony Kenny. Cambridge University Press, 1991.

Crapulli, G. (ed.), *Descartes: Regulae ad Directionem Ingenii*. A Haia: Nijhoff, 1966.

Gilson, E., *René Descartes, Discours de la Méthode, Texte et Commentaire*. Paris: Vrin, 1925; 4ª ed., 1967.

Hall, T. S. (ed.), *Descartes, Treatise on Man*. Cambridge: Harvard University Press, 1972.

Mahoney, M. S. (trad.), *Descartes, The World*. New York: Abaris, 1979.

Marion, J.-L. (ed. e trad.), *Règles Utiles et Claires pour la Direction de l'Esprit*. A Haia: Nijhoff, 1977.

Miller, V. R. e Miller, R. P. (eds.), *Descartes, Principles of Philosophy*. Dordrecht: Reidel, 1983.

Olscamp, P. J. (trad.), *Discourse on Method, Optics, Geometry and Meteorology*. Indiannapolis: Bobbs-Merrill, 1965.

Rodis-Lewis, G. (ed. e trad.), *Lettres à Regius et remarques sur l'explication de l'esprit humain*. Paris: Vrin, 1959.

Verbeek, T. (ed. e trad.), *René Descartes et Martin Schook, la querelle d'Utrecht*. Paris: Les Impressions Nouvelles, 1988.

Voss, S. (ed.), *The Passions of the Soul*. Indiannapolis: Hackett, 1989.

Textos e Edições: Outros escritores anteriores ao século XX

Alberto de Saxe, *Quaestiones super quatuor libros de caelo et mundo*. Roma, 1567.

Bacon, Francis, *The New Organon and Related Writings*, ed. F. H. Anderson. Indiannapolis: Bobbs-Merrill, 1960.

Baillet, A., *La Vie de M. Des-Cartes*. Paris: Horthemels, 1691; reimpressão fotográfica, Hildesheim: Olms, 1972.

Balzac, Guez de, *Le Socrate chrétien*. Paris: Courbé, 1652.

Barbier, A., *Trois Médecins poitevins au XVIe siècle*. Poitiers: Marche, 1899.

Beeckman, I., *Journal tenu par Isaac Beeckman de 1604 à 1634*, ed. C. de Waard, 4 vols. A Haia: Nijhoff, 1939-1953.

Belarmino, R., *Louvain Lectures*, trad. [para o inglês] U. Baldini e G. V. Coyne. Studi Galileani, 1984.

Borel, P., *Renati Cartesii... vita*. Paris, 1653; 2ª ed. 1656.

Bouillier, F., *Histoire de la philosophie cartésienne*. Paris: Durand, 2 vols., 1854; 3ª ed., 1868.

Comentadores Coimbrãos, *Commentarii in tres libros de anima Aristotelis*. Coimbra, 1598.

Espinosa, *Opera*, ed. C. Gebhardt, 4 vols. Heidelberg: Winters, 1925; reimpr. 1972.

_____, *Collected Works*, trad. [para o inglês] E. Curley Princeton, N. J.: Princeton University Press, 1985.

Eustachius a Sancto Paulo, *Summa philosophica quadripartita*. Paris, 1609.

Galeno, *Opera omnia*, ed. Kuhn. Leipzig: Cnoblock, 1821-1833.

Galileu Galilei, *Siderius nuncius*. Veneza, 1610, trad. [para o inglês] Van Helden. Chicago: Chicago University Press, 1989.

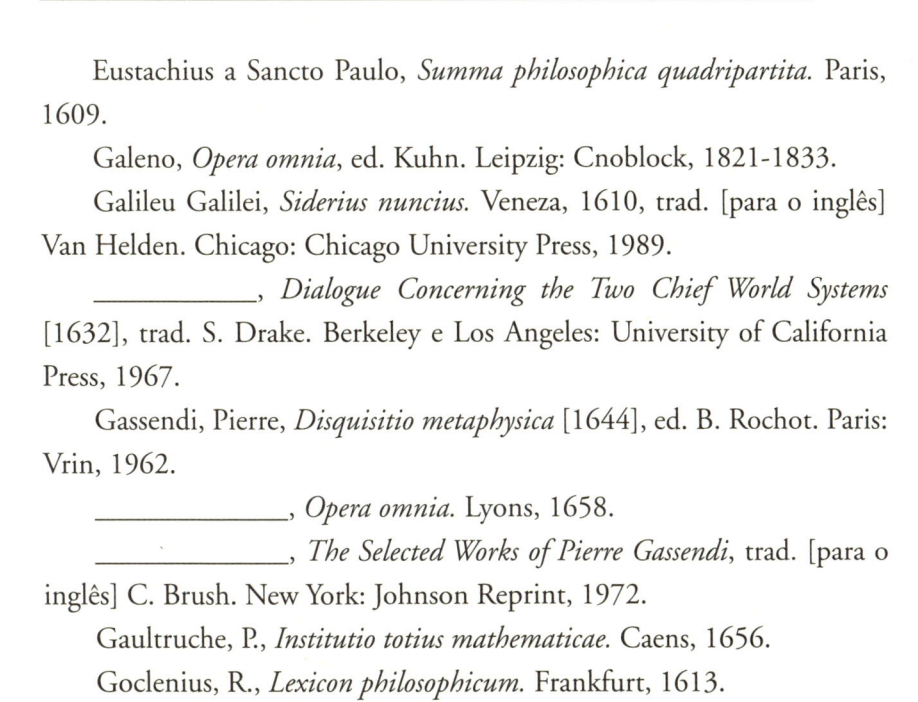

_____, *Dialogue Concerning the Two Chief World Systems* [1632], trad. S. Drake. Berkeley e Los Angeles: University of California Press, 1967.

Gassendi, Pierre, *Disquisitio metaphysica* [1644], ed. B. Rochot. Paris: Vrin, 1962.

_____, *Opera omnia*. Lyons, 1658.

_____, *The Selected Works of Pierre Gassendi*, trad. [para o inglês] C. Brush. New York: Johnson Reprint, 1972.

Gaultruche, P., *Institutio totius mathematicae*. Caens, 1656.

Goclenius, R., *Lexicon philosophicum*. Frankfurt, 1613.

Harvey, William, *De motu cordis* [1628], trad. [para o inglês] C. D. Leake, *Harvey, Anatomical Studies on the Motion of the Heart and Blood*. Baltimore: Thomas, 1931.

Huet, P. D., *Censura philosophiae cartesianae* [Kempen, 1690], reimpressão, Hildesheim: Olms, 1971.

Hume, David, *A Treatise of Human Nature* [1739-1740], ed. L. A. Selby-Bigge, rev. P. H. Niddich. Oxford: Oxford University Press [Clarendon], 1978.

_____, *Enquiry into the Human Understanding* [1748], ed. L. A. Selby-Bigge, rev. P. H. Niddich. Oxford: Oxford University Press [Clarendon], 1975.

Kant, Immanuel, *Critique of Pure Reason* [1781], trad. [para o inglês] N. Kemp Smith. London: Macmillan, 1929.

La Forge, Louis de la, *Traité de l'âme humaine* (Paris: Girard, 1666), reimpresso em Clair, P. (ed.), *Louis de la Forge, Oeuvres Philosophiques*. Paris: Presses Universitaires de France, 1974.

Lasswitz, K., *Geschichte der Atmoistik vom Mittelalter bis Newton*. Hamburgo e Leipzig: Leopold Voss, 1890.

Le Bossu, R., *Parallèle des principes de la physique d'Aristote et de ce de Descartes*. Paris, 1674.

Le Grand, A. *An Entire Body of Philosophy*. London, 1694.

Leibniz, G. W., *Die philosophischen Schriften*, ed. C. I. Gerhardt, 7 vols. Berlin: Wiedmann, 1875-1890.

_____, *Philosophical Papers and Letters*, ed. L. E. Loemker, 2ª ed. Dordrecht: Reidel, 1969.

_____, Martin, R. N. D. e Brown, S. (eds.), *Leibniz: Discourse on Metaphysics*. Manchester: Manchester University Press, 1988.

Listorp, D., *Specimina philosophiae cartesianae*. Leiden: Elzevier, 1653.

Locke, John, *An Essay Concerning Human Understanding* [1689], ed. P. H. Nidditch. Oxford University Press, 1975.

Malebranche, Nicolau, *Oeuvres complètes de Malebranche*, ed. A. Robinet, 20 vols. Paris: Vrin, 1958-1967.

_____, *Dialogues on Metaphysics*, trad. [para o inglês] W. Doney. New York: Abaris, 1980.

_____, *Search after Truth*, trad. [para o inglês] T. M. Lennon e P. J. Olscamp. Columbus: Ohio State University Press, 1980.

Mersenne, M., *Correspondence*, ed. De Waard. Paris: Beauchesne, 10 vols., 1932-1967.

Millet, J., *Descartes, sa vie, ses travaux, ses découvertes*. Paris: Didier, 1867.

More, Henry, *A Collection of Several Philosophical Writings*. London: 1662.

Newton, Isaac, *Mathematical Principles of Natural Philosophy and His System of the World* [1687], trad. A. Motte, 1729; revisado por F. Cajori. Cambridge University Press, 1934.

Oresme, N., *Livre du ciel et du monde*, ed. e trad. [para o francês] A. D. Menu e A. J. Denomy. Madison: University of Wiscosin Press, 1968.

Pascal, B., *Oeuvres complètes*, ed. J. Mesnard. Paris: Bloud et Gay, 1970.

_____, *Pensées*, trad. (para o inglês) A. J. Krailsheimer. Harmondswoth: Penguin, 1966.

Poisson, N. J., *Commentaire ou remarques sur la méthode de M. Descartes*. Paris, 1671.

Regius, H., *Fundamenta physics*. Amsterdan: Elsevier, 1646.

Rochemonteix, Camille de, *Un Collège des Jésuites au XVIIe et XVIIIe siècles: le Collège Henri IV de la Flèche*, 4 vols. Le Mans: Leguicheux, 1889.

Rohault, J., *A System of Natural Philosophy* [1671], trad. [para o inglês] J. Clarke. London, 1723.

Scipion Dupleix, *Corps de philosophie contenant la logique, l'ethique, la physique et la métaphysique*. Genebra, 1627.

Sexto Empírico, *Outlines of Pyrrhonism*. Edição Loeb, London: Heinemann, New York: Putnam, 1933.

Suárez, F., *Disputationes metaphysicae*. Salmanticae, 1597.

_____, *Opera omnia*, ed. M. André, 28 vols. Paris: Vives, 1856-1878.

Telésio, B., *De rerum natura juxta propria principia*, livro ix. Nápoles: Salvianum, 1586.

Tepel, J., *Historia philosophiae cartesianae*. Nuremburgo, 1674.

Tomás de Aquino, *Summa Theologiae*, texto latino com tradução inglesa, 61 vols. Cambridge: Blackfriars, 1964-1981.

Livros publicados depois de 1900

Aiton, E. J., *The Vortex Theory of Planetary Motions*. New York: Neale Watson, 1972.

Alquié, F., *La Découverte métaphysique de l'homme chez Descartes*. Paris: Presses Universitaires de France, 1950; 2ª ed. 1987.

Armogathe, J.-R., *Theologiaa cartesiana: l'explication physique de l'Eucharistie chez Descartes et Dom Desgabets*. A Haia: Nijhoff, 1977.

Ayer, A. J., *Language, Truth and Logic*. New York: Dover, 1936.

Ayers, M. e Garber, D. (eds.), *Cambridge History of Seventeenth Century Philosophy*. Cambridge University Press.

Balz, A. G. A., *Cartesian Studies*. New York: Columbia University Press, 1951.

Beck, L. J., *The Metaphysics of Descartes: A Study of the Meditations*. Oxford: Oxford University Press [Clarendon], 1965.

Belaval, Y., *Leibniz, critique de Descartes*. Paris: Gallimard, 1960.

Beyssade, J.-M., *La Philosophie première de Descartes*. Paris: Flammarion, 1979.

Brockliss, L. W. B., *French Higher Education in the Seventeenth and Eighteenth Centuries: A Cultural History*. Oxford: Oxford University Press [Clarendon], 1987.

Brophy, S. (ed.), *The Cartesian and Newtonian Revolution; Essays on Matter, Motion and Mechanism*. Dordrecht: Reidel, no prelo.

Brown, S., *Leibniz*. Brighton: Harvester, 1984.

Burnyeat, M. (ed.), *The Skeptical Tradition*. Berkeley e Los Angeles: University of California Press, 1983.

Caton, H., *The Origins of Subjectivity: An Essay on Descartes*. New Haven, Conn.: Yale University Press, 1973.

Chisholm, R., *Person and Object*. London: Allen & Unwin, 1986.

Chomsky, N., *Language and Mind*. New York: Harcourt Brace and World, 1968.

Churchland, P., *Neurophilosophy*. Cambridge, Mass.: MIT Press, 1986.

Clarke, D. M., *Occult Powers and Hypotheses*. Oxford: Oxford University Press [Clarendon], 1989.

Cohen, G., *Les Ecrivains français en Hollande*. Paris: Champion, 1920.

Costabel, P., *Démarches originales de Descartes savant*. Paris: Vrin, 1982.

Cottingham, J., *Descartes*. Oxford: Blackwell, 1986.

_____, *The Rationalists*. Oxford: Oxford University Press, 1988.

Crapulli, G., *Mathesis universalis: Genesi di una idea nel XVI secolo*. Roma: Ateneo, 1966.

Curley, E., *Descartes against the Skeptics*. Oxford: Blackwell, 1978.

Dainville, François de, *L'Education des Jésuites*. Paris: Editions de Minuit, 1987.

Dear, P., *Mersenne and the Learning of the Schools*. Ithaca, New York: Cornell University Press, 1988.

Dijksterhuis, E. J. (ed.), *Descartes et le cartésianisme hollandaise*. Paris: Presses Universitaires de France, 1950.

Doney, W. (ed.), *Descartes: A Collection of Critical Essays*. New York: Doubleday, 1967.

Dugas, R., *Mechanics in the Seventeenth Century*. Neuchatel: Griffon, 1958.

Fitzpatrick, E. A. (ed.), *St. Ignatius and the Ratio Studiorum*. New York: MacGraw Hill, 1933.

Frankfurt, H. G., *Demons, Dreamers, and Madmen*. Indiannapolis, Ind.: Bobbs-Merrill, 1970.

Garber, D., *Descartes' Metaphysical Physics*. Chicago: University of Chicago Press, 1992.

Gaukroger, S. (ed.), *Descartes: Philosophy, Mathematics and Physics*. Sussex: Harvester, 1980.

_____, *Cartesian Logic*. Oxford: Oxford University Press [Clarendon], 1989.

Gilson, E., *Etudes sur le rôle de la pensée médiévale dans la formation du système cartésien*, 4ª ed. Paris: Vrinn, 1975.

_____, *Index Scolastico-Cartésien*. Paris: Alcan, 1913.

_____, *La Doctrine cartésienne de la liberté et la théologie*. Paris: Alcan, 1913.

Gouhier, H., *Cartésianisme et augustinisme au XVIIe siècle*. Paris: Vrin, 1978.

_____, *La Pensée métaphysique de Descartes*. Paris: Vrin, 1962.

_____, *La Pensée religieuse de Descartes*. Paris: Vrin, 1924.

_____, *Les Premières Pensées de Descartes*. Paris: Vrin, 1958.

Grant, E., *Much Ado about Nothing: Theories of space and vacuum from the Middle Ages to the Scientific Revolution*. Cambridge University Press, 1981.

_____, *Physical Science in the Middle Ages*. New York: John Wiley & Sons, 1971.

_____ (ed.), *A Source Book in Medieval Science*. Cambridge, Mass.: Harvard University Press, 1974.

Grene, M., *Descartes*. Minneapolis: University of Minnesota Press, 1985.

Grimaldi, N. e Marion, J.-L. (eds.), *Le Discours et sa méthode*. Paris: Presses Universitaires de France, 1987.

Gueroult, M., *Descartes selon l'ordre des raisons*. Paris: Montaigne, 1953. Trad. inglesa por R. Ariew, *Descartes' Philosophy Interpreted According to the Order of Reasons*. Minneapolis: University of Minnesota Press, 1984.

Hall, T. S., *History of General Physiology*, 2 vols. Chicago: University of Chicago Press, 1975.

Hamelin, O., *Le Système de Descartes*. Paris: Alcan, 1911.

Heilbron, J., *Electricity in the Seventeenth and Eighteenth Centuries. A Study of Early Modern Physics*. Berkeley e Los Angeles: University of California Press, 1979.

Holland, A. J. (ed.), *Philosophy: Its History and Historiography*. Dordrecht: Reidel, 1985.

Hooker, M. (ed.), *Descartes: Critical and Interpretive Essays*. Baltimore: Johns Hopkins University Press, 1978.

Jammer, M., *Concepts of Space: The History of Theories of Space in Physics*, 2ª ed. Cambridge, Mass.: Harvard University Press, 1969.

Jolley, N., *The Light of the Soul: Theories of Ideas in Leibniz, Malebranche and Descartes*. Oxford: Oxford University Press, 1990.

Jones, H., *Pierre Gassendi, 1592-1655: An Intellectual Biography*. Nieuwkoop: B. De Graaf, 1981.

Joy, L. S., *Gassendi the Atomist: Advocate of History in an Age of Science*. Cambridge University Press, 1987.

Kargon, R., *Atomism in England from Hariot to Newton*. Oxford: Oxford University Press, 1966.

Kenny, A., *Descartes: A Study of His Philosophy*. New York: Random House, 1968.

Klein, J., *Greek Mathematical Thought and the Origin of Algebra*. Cambridge, Mass.: MIT Press, 1968.

Kneale, W., e Kneale, M., *The Development of Logic*. Oxford: Oxford University Press [Clarendon], 1962.

Knorr, W. R., *The Evolution of the Euclidean Elements*. Dordrecht: Reidel, 1975.

Koyré, A., *Galileo Studies*, trad. [para o inglês] J. Mepham. Atlantic Highlands, N. J.: Humanities Press, 1978.

_____, *Newtonian Studies*. Cambridge, Mass.: Harvard University Press, 1965.

Kretzmann, N., Kenny, A. e Pinborg, J. (eds.), *The Cambridge History of Later Medieval Philosophy*. Cambridge University Press, 1982.

Laporte, J., *Le Rationalisme de Descartes*. Paris: Presses Universitaires de France, 1945; 3ª ed., 1988.

Lennon, T. M., Nicholas, J. M. e Davis, J. W. (eds.), *Problems of Cartesianism*. Montreal: McGill Queens University Press, 1982.

Lenoble, R., *Mersenne ou la naissance du mécanisme*. Paris: Vrin, 1943.

Lindberg, D., *Theories of Vision from al-Khindi to Kepler*. Chicago: University of Chicago Press, 1976.

_____ (ed.), *Science in the Middle Ages*. Chicago: University of Chicago Press, 1978.

Lindeboom, G. A., *Descartes and Medicine*. Amsterdan: Rodopi, 1978.

Loeck, G., *Der cartesische Materialismus: Maschine, Gesetz und Simulation*. Frankfurt e New York: Lang, 1986.

Lukács, L. (ed.), *Ratio atque Institutio Studiorum Societatis Jesu (1586, 1591, 1599)* [*Monumenta Paedagogica Societatis Jesu*, vol. V; *Monumenta Historica Societatis Jesu*, vol. 129]. Rome: Institutum Historicum Societatis Jesu, 1986.

Machamer, P. K., e Turnbull, R. G. (eds.), *Studies in Perception*. Columbus: Ohio State University Press, 1978.

McCracken, C. J., *Malebranche and British Philosophy*. Oxford: Oxford University Press, 1983.

McGinn, C., *The Subjective View*. Oxford: Clarendon, 1983.

Maier, A. *On the Threshold of Exact Science*, trad. [para o inglês] S. D. Sargent. Philadelphia: University of Pennsylvania Press, 1982.

Marion, J.-L., *Sur la théologie blanche de Descartes* (Paris: Presses Universitaires de France, 1981; 2ª ed. 1991.

_____, *Sur le prisme métaphysique de Descartes*. Paris: Presses Universitaires de France, 1986.

_____, *Sur l'ontologie grise de Descartes*. Paris: Vrin, 1975; 2ª ed. 1981.

_____, *Questions Cartésiennes*. Paris: Presses Universitaires de France, 1991.

Markie, P., *Descartes' Gambit*. Ithaca, N. Y.: Cornell University Press, 1986.

Méchoulan, H. (ed.), *Problématique et réception du Discours de la méthode et des Essais*. Paris: Vrin, 1988.

Meryless, W. A., *Descartes, An Examination of Some Features of his Metaphysics and Method*. Melbourne: Melbourne University Press, 1934.

Milhaud, G., *Descartes savant*. Paris: Alcan, 1921.

Mouy, P., *Le Développement de la physique cartésienne, 1646-1712*. Paris: Vrin, 1934.

Nadler, S., *Arnauld and the Cartesian Philosophy of Ideas*. Manchester: Manchester University Press, 1989.

Nagel, T., *The View from Nowhere*. Oxford: Oxford University Press, 1986.

Perini, E., *Il problema delle fondazione nelle Regulae di Descartes*. Rimini: Maggiri, 1983.

Rist, J. M., *Epicurus: An Introduction*. Oxford: Oxford University Press, 1972.

Rodis-Lewis, G., *Descartes*. Paris: Libraire Générale Française, 1984.

_____, *Idées et vérités éternelles chez Descartes et ses successeurs*. Paris: Vrin, 1985.

_____, *L'oeuvre de Descartes*. Paris: Vrin, 1971.

_____, *L'antropologie cartésienne*. Paris: Presses Universitaires de France, 1991.

Rorty, A. O. (ed.), *Essays on Descartes' Meditations*. Berkeley e Los Angeles: University of California Press, 1986.

Rorty, R., *Philosophy and the Mirror of Nature.* Oxford: Blackwell, 1980.

Rosenfield, L. C., *From Beast-Machine to Man-Machine: The Theme of Animal Soul in French Letters from Descartes to La Mettrie.* New York: Oxford University Press, 1941.

Rothschuh, K. E., *Physiologie: Der Wandel ihrer Kozepte, Probleme un Methoden vom 16 bis 19 Jahrhundert.* Friburgo e Munique: Alber, 1966.

Sabra, A. I., *Theories of Light from Descartes to Newton.* London: Oldbourne, 1967.

Schmitt, C. B., *Aristotle and the Renaissance.* Cambridge: Harvard University Press, 1983.

Schmitt, C. B., Skinner, Q. e Kessler, E. (eds.), *Cambridge History of Renaissance Philosophy.* Cambridge University Press, 1988.

Scott, J. F., *The Scientific Work of René Descartes.* London: Taylor e Francis, 1952.

Sirven, J., *Les Années d'apprentissage de Descartes.* Albi: Imprimerie Coopérative du Sud Quest, 1928; reimpr. New York: Garland, 1987.

Smith, N. Kemp, *New Studies in the Philosophy of Descartes.* London: Macmillan, 1966.

Summers, D., *Judgment of Sense: Renaissance Naturalism and the Rise of Aesthetics.* Cambridge University Press, 1987.

Swinburne, R., *The Evolution of the Soul.* Oxford: Oxford University Press [Clarendon], 1986.

Szabó, A., *The Beginnings of Greek Mathematics.* Dordrecht: Reidel, 1978.

Tomas, V. (ed.), *Charles S. Peirce, Essays in the Philosophy of Science.* Indiannapolis: Bobbs-Merrill, 1957.

Vartanian, A., *Diderot and Descartes: A Study of Naturalism in the Enlightenment.* Princeton, N. J.: Princeton University Press, 1953.

Verbeek, T., *Descartes and the Dutch: Early reactions to Cartesianism.* Journal of the History of Philosophy Monographs, Carbondale: Southern Illinois University Press, 1992.

Vickers, B. (ed.), *Occult and Scientific Mentalities in the Renaissance.* Cambridge University Press, 1984.

Voss, S. (ed.), *René Descartes: Metaphysics and the Classification of the Sciences in 1637*, proceedings of the conference at San Jose State University, Calif., 1988.

Vuillemin, J., *Mathématiques et métaphysique chez Descartes*. Paris: Presses Universitaires de France, 1960; 2ª ed., 1987.

Wahl, J., *Du rôle de l'idée d'instant dans la philosophie de Descartes*. Paris: Alcan, 1920.

Wallace, W., *Galileo and His Sources: The Heritage of the Collegio Romano in Galileo's Science*. Princeton, N. J.: Princeton University Press, 1984.

Weber, J.-P., *La Constitution du texte des Regulae*. Paris: Société de l'édition de l'enseignement supérieur, 1964.

Westfall, R. S., *Force in Newton's Physics*. New York: Neale Watson, 1971.

Williams, B., *Descartes: The Project of Pure Inquiry*. Penguin: Harmondsworth, 1978.

Wilson, C. *Leibniz's Metaphysics*. Manchester: Manchester University Press, 1989.

Wilson, M. D., *Descartes*. London: Routledge, 1978.

Wright, J., *The Skeptical Realism of David Hume*. Cambridge University Press, 1985.

Artigos

Anscombe, E., "The first person", em S. Guttenplan (ed.), *Mind and Language: Wolfson College Lectures 1974*. Oxford: Oxford University Press [Clarendon], 1975, pp. 45-65.

Ayer, A. J., "I think therefore I am", em *Descartes, A Collection of Critical Essays*. Ver Dorney (ed.).

Balz, A., "Cartesian doctrine and the animal soul", em Columbia Philosophy Dept. (ed.), *Studies in the History of Ideas*. New York: Columbia University Press, 1935, vol. 3, pp. 117-177.

Becco, A. "Première Apparition du terme de substance dans la Méditation III de Descartes", *Annales de l'Institut de Philosophie*. ULB: Brussels, 1976.

_____, "Remarques sur le 'Traité de la substance' de Descartes", *Recherches sur le XVIIᵉ siècle 2*. Paris: CNRS, 1978.

Bennett, J., "Truth and stability in Descartes's *Meditations*", *Canadian Journal of Philosophy*, volume suplementar 16 (1990), 75-108.

Blackwell, R., "Descartes' Laws of Motion", *Isis* 57 (1966): 220-234.

Boas, M., "The establishment of the mechanical philosophy", *Osiris* 10(1952): 412-541.

Cosentino, C., "Le matematiche nella *Ratio Studiorum* della Compagnia de Gesu", *Miscellanea Storica Ligure*. Istituto di Storia Moderna e Contemporanea, Universita di Genova 2, 1970: 171-213.

Costabel, P., "Essai critique sur quelques concepts de la mécanique cartésienne", *Archives Internationales d'Histoire des Sciences* 80 (1967): 235-252.

Cottingham, J. G., "A brute to the brutes? Descartes' treatment of animals", *Philosophy* (1978): 551ss.

_____, "Cartesian trialism", *Mind* (1985): 218-230.

_____, "Descartes on thought", *Philosophical Quarterly* (1978): 208ss.

_____, "The Cartesian legacy", *Proceedings of the Aristotelian Society*, vol. sup. LXVI (1992).

Dainville, F. de, "L'enseignement des mathématiques dans les Collèges Jésuites de France du XVIᵉ au XVIIIᵉ siècle", *Revue d'Histoire des Sciences* 7 (1954), pp. 6-21, 109-123.

Doney, W., "The Cartesian Circle", *Journal of the History of Ideas* 16 (1955): 324-338.

_____, "Descartes's conception of perfect knowledge", *Journal of the History of Philosophy* 8 (1970): 387-403.

Etchemendy, J., "The Cartesian Circle: *circulus ex tempore*", *Studia Cartesiana* 2 (1981): 5-42.

Feldman, F., "Epistemic appraisal and the Cartesian Circle", *Philosophical Studies* 27 (1975).

_____, "On the performatory interpretation of the Cogito", *Philosophical Review* 82 (1973).

Feldman, F., e Levison, A., "Anthony Kenny and the Cartesian Circle", *Journal of the History of Philosophy* (1971): 491-496.

Frankfurt, H., "Descartes' discussion of his existence in the Second Meditation", *Philosophical Review* 75 (1966).

_____, "Descartes' validation of Reason", *American Philosophical Quarterly* 2 (1965): 149-156.

_____, Memory and the Cartesian circle", *Review* 71 (1962): 504-511.

Gabbey, A., "Force and the inertia in the seventeenth century: Descartes and Newton", em *Descartes: Philosophy, Mathematics and Physics*. Ver Gaukroger (ed.).

Garber, D., "Descartes, the Aristotelians and the revolution that did not happen in 1637", *Monist* 71 (1988): 471-487.

_____, "Mind, body, and the laws of nature in Descartes and Leibniz", *Midwest Studies in Philosophy* 8 (1983): 105-133.

Garns, R. L., "Descartes and indubitability", *Southern Journal of Philosophy* (1988): 83-100.

Gaukroger, S., "Aristotle on intelligible matter", *Phronesis* XXV (1980): 187-197.

Gewirth, A., "Clearness and distinctness in Descartes", *Philosophy* 18 (1943), reimpresso em *Descartes, A Collection of Critical Essays*. Ver Doney (ed.).

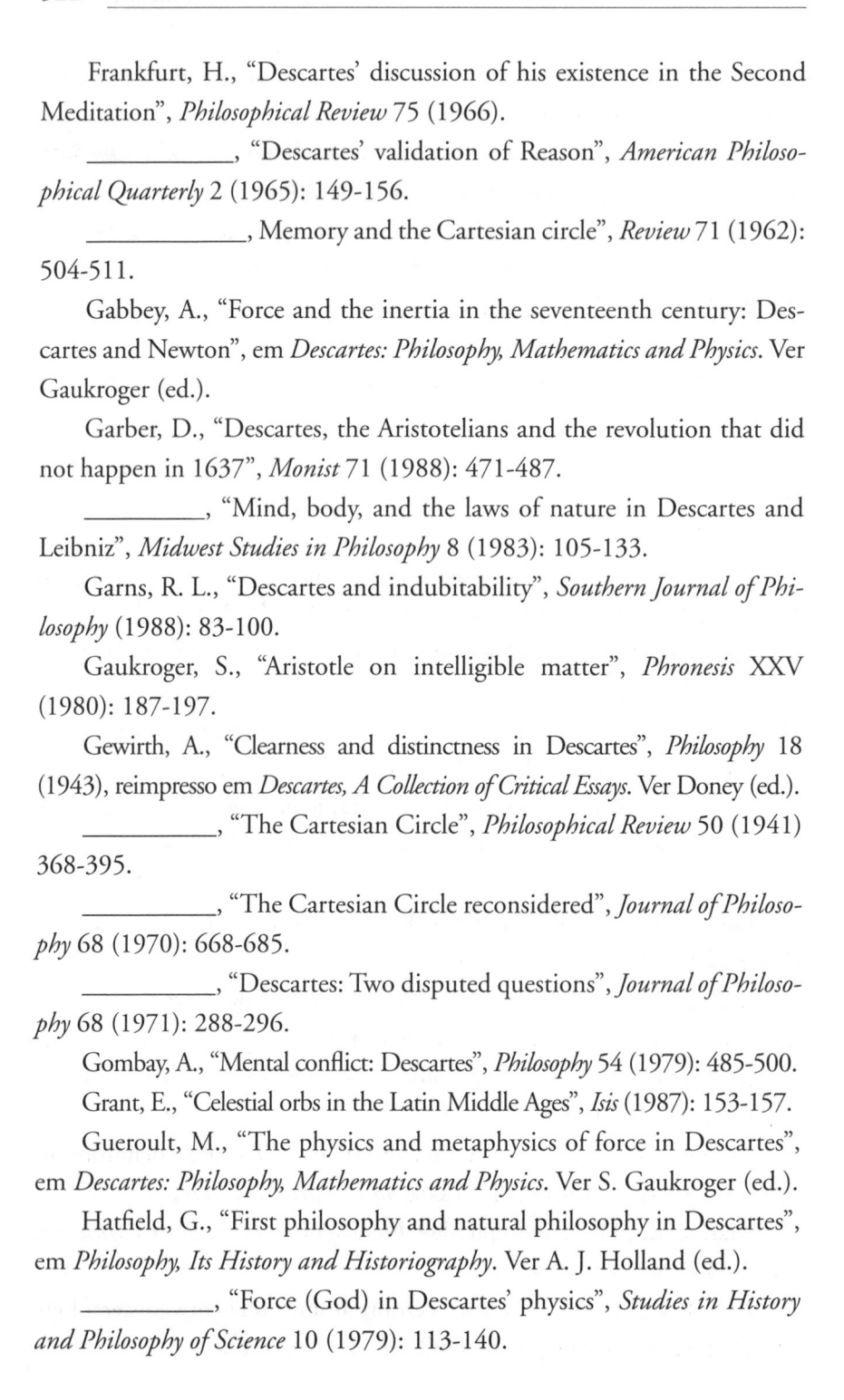

_____, "The Cartesian Circle", *Philosophical Review* 50 (1941) 368-395.

_____, "The Cartesian Circle reconsidered", *Journal of Philosophy* 68 (1970): 668-685.

_____, "Descartes: Two disputed questions", *Journal of Philosophy* 68 (1971): 288-296.

Gombay, A., "Mental conflict: Descartes", *Philosophy* 54 (1979): 485-500.

Grant, E., "Celestial orbs in the Latin Middle Ages", *Isis* (1987): 153-157.

Gueroult, M., "The physics and metaphysics of force in Descartes", em *Descartes: Philosophy, Mathematics and Physics*. Ver S. Gaukroger (ed.).

Hatfield, G., "First philosophy and natural philosophy in Descartes", em *Philosophy, Its History and Historiography*. Ver A. J. Holland (ed.).

_____, "Force (God) in Descartes' physics", *Studies in History and Philosophy of Science* 10 (1979): 113-140.

Hatfield, G. e Epstein, W., "The sensory core and the medieval foundations of early modern perceptual theory", *Isis* 70 (1979): 363-384.

Hintikka, J., "Cogito ergo sum: Inference or perfomance", em *Descartes, A Collection of Critical Essays*. Ver W. Doney (ed.).

_____, "Cogito ergo sum as an inference and a performance", *Philosophical Review* 72 (1963).

Hoenen, P. H. J., "Descartes's mechanism", em *Descartes, A Collection of Critical Essays*. Ver W. Doney (ed.), pp. 353-368.

Iltis, C., "Leibniz and the *vis viva* controversy", *Isis* 62 (1971): 21-35.

Kenny, A., "A reply to Feldman and Levison", *Journal of the History of Philosophy* 67 (1970).

_____, "The Cartesian Circle and the eternal truths", *Journal of Philosophy* 67 (1970).

Larmore, C., "Descartes' psychologistic theory of assent", *History of Philosophy Quarterly* (1984): pp. 61-74.

Lehrer, K., "Why not scepticism", *Philosophical Forum* 2 (1971).

Levett, M. J., "Note on the alleged Cartesian Circle", *Mind* 46 (1937): 206-213.

Loeb, L., "Is there radical dissimulation in Descartes' *Meditations*?" em *Essays on Descartes' Meditations*. Ver A. O. Rorty (ed.).

_____, "The priority of reason in Descartes", *Philosophical Review* 98 (1990): 243-270.

Lohr, C. H., "Renaissance Latin Aristotle Commentaries", *Renaissance Quarterly* (1974, 1975, 1976, 1980, 1982).

McClaughlin, T., "Censorship and defenders of the Cartesian faith in mid-seventeenth-century France", *Journal of the History of Ideas* 40 (1979).

McRae, R., "Descartes: The project of a universal science", em *The Problem of the Unity of the Sciences, Bacon to Kant* (Toronto, 1963).

Marion, J.-L., "The essential incoherence of Descartes' definition of divinity", em A. O. Rorty (ed.), *Essays on Descartes' Meditations*.

Markie, P., "The Cogito puzzle", *Philosophy and Phenomenological Research* 43 (1982).

Meinel, C., "Early seventeenth-century atomism: Theory, epistemology and the insufficiency of experiment", *Isis* 79 (1988): 68-103.

Noonan, H., "Identity and the first person", em C. Diamond e J. Teichman (eds.), *Intention and Intentionality* (Ithaca, N. Y.: Cornell University Press, 1979).

O'Neil, B., "Cartesian simple natures", *Journal of the History of Philosophy* 10/2 (1972).

Parsons, C., "Review of Frankfurt, *Demons, Dreamers and Madmen*", *Journal of Philosophy* (1972): 38-46.

Parsons, K., "Mistaking sensations". *Philosophical Review* 79 (1970).

Prendergast, T. L., "Descartes and the relativity of motion", *Modern Schoolman* 49 (1972): 64-72.

_____, "Review of Frankfurt, *Demons, Dreamers and Madmen*", *International Philosophical Quarterly* (1972): 303-305.

Reif, P., "The textbook tradition in natural philosophy 1600-1650", *Journal of the History of Ideas* 30 (1969): 17-32.

Rodis-Lewis, G., "Du doute vécu au doute suprême", *Actas del III Congreso de Lenguages natureles y lenguages formales* (Barcelona: Vide, 1988), pp. 865-885.

_____, "L'alto e il basso e il sogni di Descartes", *Rivista di Filosofia* (1989): 189-214.

_____, "Le dernier fruit de la métaphysique cartésienne: la générosité", *Etudes philosophiques* (1987): 43-45.

_____, "Le premier régistre de Descartes", *Arquives de Philosophie* (1991): 353-377; 639-657.

_____, "On the complimentarity of Meditations III and IV", em *Essays on Descartes' Meditations*. Ver A. O. Rorty (ed.).

Rorty, A. O., "Cartesian Passions and the Union of Mind and Body", em A. O. Rorty (ed.), *Essays on Descartes' Meditations*.

_____, "Formal Tracers in Cartesian Functional Explanation", *Canadian Journal of Philosophy*, 1984.

_____, "The Structure of Descartes' *Meditations*", ver A. O. Rorty (ed.).

Rubin, D., "Descartes's validation of clear and distinct apprehension", *Philosophical Review* (1977): 197-208.

Sanford, D. H., "Review of Frankfurt, *Demons, Dreamers and Madmen*", *Philosophical Review* (1973): 120-124.

Shapiro, A., "Light, pressure and rectilinear propagation: Descartes' celestial optics and Newton's hydrostatics", *Studies in the History and Philosophy of Science* 5 (1974): 239-296.

Sievert, D., "Descartes' self-doubt", *Philosophical Review* 84 (1975).

_____, "Sellars and Descartes on the fundamental form of the mental", *Philosophical Studies* 37 (1980).

Stout, A. K., "The basis of knowledge in Descartes", *Mind* 38 (1929): 330-342, 458-474. Reimpresso em *Descartes, A Collection of Critical Essays*. Ver W. Doney (ed.).

Stubbs, A. C., "Bernard Williams and the Cartesian Circle", *Analysis* 40 (1980): 103-108.

Tlumak, J., "Certainty and Cartesian method", em *Descartes, Critical and Interpretive Essays*. Ver M. Hooker (ed.).

Unguru, S., "On the need to rewrite the history of Greek mathematics", *Archive for History of Exact Sciences* XV (1975-6): 67-114.

Van Cleve, J., "Foundationalism, epistemic principles, and the Cartesian Circle", *Philosophical Review* 88 (1979) 55-91.

_____, "Conceivability and the Cartesian argument for dualism", *Pacific Philosophical Quarterly* 64 (1983).

Vendler, Z., "Descartes's exercises", *Canadian Journal of Philosophy* 19 (1989).

Watson, R. A., "Descartes and Cartesianism", *Encyclopaedia Britannica*, vol. 15 (1989).

Williams, B., "Descartes' use of skepticism", em *The Skeptical Tradition*. Ver M. Burnyeat (ed.).

Wolz, H. G., "The Double guarantee of Descartes' ideas", *Review of Metaphysics* 3 (1950): 471-489.

Zemach, E., "*De Se* And Descartes: A new semantics for indexicals", *Nous* 19 (1985).

Índice remissivo

Agostinho, 172, 485, 486, 495, 508
álgebra, 15, 115ss., 123ss., 132
alma: imortalidade da, 287, 309; sensitiva *versus* racional, 434-438
Alquié, F., 147, 149, 217, 221
análise de Descartes, método da, 133
animais, 301-302, 419-420, 444
Anscombe, G. E. M., 206
Aquaviva, Claudio, 90-91
Aristóteles, 14, 57, 71, 80, 85-89, 99, 103-104, 113, 116, 125-128, 143, 289, 291, 312, 333, 346, 348, 353-357, 364, 409, 410, 414-416, 428, 482, 486, 487, 495, 502, 504
aritmética, 117-118, 130
Arnauld, Antoine, 64, 73, 109, 167, 298, 362, 417, 481-485, 491
Averróis, 291, 293
Ayer, A. J., 203, 209-210

Bacon, Francis, 52
Baillet, Adrien, 33-41, 43-54
Beeckman, Isaac, 15, 34, 41, 45, 46, 52-55, 113, 349-350, 390
Bennett, J., 245
Bérulle, Cardeal de, 53, 485
Bourdin, Pierre, 65, 67, 101ss.
Burman, Frans, 72
Busca da Verdade, 58, 74, 174, 246

certeza, 190ss., 304, 333ss.
Chanut, Hector-Pierre, 47, 48, 51
ciência, 312ss.: e matemática, 16, 319; e metafísica, 328, 341, 406

Círculo Cartesiano, 21, 243ss.
clareza e distinção, 180, 185, 192, 244ss.
Clerselier, Claude, 67, 69, 71, 73, 479, 487
Cogito ergo sum, 11, 184, 188, 201
coimbrãos, 103, 105, 107, 292, 415
Compendium musicae, 40, 45, 349
conhecimento, 51, 249, 281
conservação, princípio da, 386
corpo, natureza do, 289, 317s., 356ss., 369, 439-440, 461-462
Curley, E., 228, 230, 231, 233, 240, 245

dedução, 135-136, 176, 332
Descartes: nascimento de, 36; filha de, 61, 62; sonhos de, 45-50; pai de, 34-35, 62; irmã de, 35, 62
Desgabets, Robert, 111, 480
Deus: e engano, 185s., 250, 259; infinito, 20-21, 165, 223ss.; benevolência de, 28, 443, 463; causa do movimento, 384-385, 398-399, 453; criador de verdades eternas, 150; existência de, 166, 213ss.; incompreensibilidade de, 213-215, 228ss., 235-237; perfeição de, 218-223; unidade de, 234-235
Discurso do Método, 15, 78, 115, 174, 216, 248, 318, 352, 494
Doney, W., 217
dualismo, 22, 285ss.
dúvida, 18, 162, 185, 187-192, 193ss., 149ss.

Elizabete, Princesa da Boêmia, 50, 68
emoções, 456-458, 462-463, 467-468
Epicuro, 348, 366, 411, 495
escolasticismo, 77ss., 103ss., 113, 311-314, 320s., 329s., 343, 347, 364, 371, 372
Espinosa, Bento, 229, 235, 474, 499ss.
Etchemendy, J., 268

eu, 206-207
eucaristia, 479ss.
Eustachius a Sancto Paulo, 104ss., 354
explicação, 320

Fernel, Jean, 410, 415
física e metafísica, 24
fisiologia, 27, 71, 408ss.
formas substanciais, 86, 347, 369-372
Froidmont, Libert, 494

Galeno, 409, 410, 414, 415, 429
Galileu Galilei, 51, 60, 95, 108, 315
Garns, R. L., 266
Gassendi, Pierre, 31, 56, 64, 69, 73, 182, 295, 296, 368, 390, 483, 492-494, 497-498, 504
générosité, 30, 68
geometria, 46, 60, 115ss., 122, 134, 146,
Geulincx, Arnold, 31, 489
Gibieuf, Guillaume, 54-55
Gilson, E., 43, 238, 407, 439, 440
glândula pineal, 28, 425, 434, 458
Gueroult, M., 159

Harvey, William, 311, 415-417
Hatfield, G., 27, 454
hipótese heliocêntrica, 40, 94, 108
hipóteses, 318-320, 324-327
Hobbes, Thomas, 31, 64, 135-136, 362, 363, 483, 492, 493, 508
Huet, Pierre-Daniel, 32, 495-496
Hume, David, 12, 283

Igreja Católica, 56, 474ss., 496
impacto, regras de, 392ss.
incorrigibilidade, 209
indução, 231
inércia, princípio de, 390s.
intelecto *versus* imaginação, 138-140, 146
intuição, 176

jansenistas, 31, 481, 482, 484-486, 492
jesuítas, 13-14, 37, 42, 65, 85ss., 101ss., 481s.
Jurieu, Pierre, 483

La Forge, Louis de, 293, 341, 489
La Flèche, 13-14, 34, 36, 41, 43, 51, 78-83, 92ss., 101, 103, 107, 111, 346, 348
Lehrer, K., 208-210
Leibniz, Gottfried Wilhelm, 47, 482, 499, 503
linguagem, 302
Locke, John, 504ss.
luz natural/razão, 180

Malebranche, Nicolau, 26, 31, 341, 482ss.
Marion, J.-L., 228
matemática, 41, 47, 149-150
mathesis universalis, 145, 156, 166-169
matéria, natureza da (*Ver* corpo, natureza do)
mecânica/mecanismo, 61, 299, 305, 342, 412, 425, 445
medicina, 43
Meditações, 17, 63, 69, 152ss., 354
memória, 254, 271
mente e corpo, 285ss., 294ss., 362, 425s., 434, 442-443, 456, 466-467, 505
metafísica, 147, 152

Mettrie, Julien de la, 308
modelos na ciência, 323, 342
moralidade, 30, 68, 468
More, Henry, 73, 498, 504, 506
Morin, Jean Baptiste, 63, 97ss.
movimento, 27, 372ss., 452, 457
movimento e força, 395ss.
movimento, leis do, 382
Mundo, O, 24, 58, 108, 353-354, 407

Nascimento da Paz, 39, 74
naturezas simples, 16, 138ss., 143ss., 151s.
Newton, Isaac, 26, 311, 327, 390, 508
noções comuns
Noël, Etienne, 37, 43, 83

ocasionalismo, 26, 488-490
ótica, 59
oratorianos, 481ss.
ordem, 167s.

Paixões da Alma, 28, 70
paixões, 421, 448ss., 456, 462, 450
Papus, 15, 59, 60, 115, 120ss.
Pascal, Blaise, 70, 484
pensamento, 159, 240
Port-Royal, 482-486
Princípios de Filosofia, 20 24, 107, 355

racionalismo, 13, 31
Raconis, Carlos d'Abra de, 104, 105
Regius, Henricus, 66, 476
Regulae, 16, 133, 147, 154
religião, 14, 286

sangue, circulação do, 415s.
Sartre, Jean-Paul, 469
sensação/sentidos, 292-293, 313, 315, 340, 421, 428ss., 456s.,
Sextus Empiricus, 134
silogismo, 181, 197
Suárez, Francisco, 110 ,288, 411, 418, 429
substância, 164s., 184, 199, 203-204

Traité d'Escrime, 51
Tratado do Homem, 301, 352
Telesio, Bernardino, 425-426
Tomás de Aquino, 55, 80, 85, 90

vácuo, 70, 71, 89, 348, 350, 364-367, 441
verdades eternas, 72, 151, 155, 213, 490, 496
visão, 436s., 451
Voetius, Gilberto, 475-477, 506
Voltaire, 31, 473-474, 505-506, 508
vontade, 466, 468

Williams, B., 262, 263
Wittgenstein, Ludwig, 12, 443

Esta obra foi composta em CTcP
Capa: Supremo 250g – Miolo: Pólen Soft 80g
Impressão e acabamento
Gráfica e Editora Santuário